# 会社法
# 実務大系

## 成和明哲法律事務所 編

発行 民事法研究会

はしがき

## は　し　が　き

　かつて「六法全書」という言葉があった。法令もパソコンで簡単に検索できる時代となり、この言葉は死語となってしまった。

　六法とは、星の数ほどもある法令の中から、6つの基本法を中心にして、その関連法規を網羅しているという意味に用いられていたように思う。

　その基本法とは、憲法・刑法・民法・商法（会社法）・刑事訴訟法・民事訴訟法のことを指す。

　これら基本六法のうち、改正の質と量が突出して多いのが会社法である。

　そもそも、会社法は、かつて株式会社法として商法典の一部でしかなかったが、平成17年に「会社法」として商法典から分離独立して新規に成立したものである。しかも、会社法はその後もたびたび小規模の改正を重ねてきた。

　これらの会社法改正の中でも、とりわけ注目しなければならないのは、直近の平成26年6月改正である。この改正のポイントは次の点にある。

・親子会社間の役員兼務についてガバナンス強化

・支配株主とその親族の社外取締役選任の禁止

・監査等委員会設置会社の新設

・社外取締役選任の促進

　これらの改正点が、同時期に制定されたスチュワードシップ・コードとコーポレートガバナンス・コードと相互に深く関連していることは明らかである。つまり、上記の会社法の改正点は、明らかにガバナンス強化のための改正であった。

　ガバナンスという用語は、わが国では、バブル経済崩壊後に用いられるようになったようだ。しかしその趣旨は、時として抽象的な理念や経営者の心がまえを意味したり、あるいは経営者による部下の監視、はたまたコンプライアンスと同義に用いられてきたこともあった。

　今回のコーポレートガバナンス・コード等の制定は、明らかに、株主による経営陣の監視を基礎として、社長以下の人事と報酬を統治することを通し

1

はしがき

て、会社の中長期的な価値の向上と持続的な発展を図る意図を有している。上場会社の多くが当該コードを受け入れたので、今後はガバナンスという用語はこの意味で特定されるようになるだろう。

　したがって、これからの時代の会社法実務は、単に会社法の法文解釈や運用の適法性のみに注意を払うことだけでは足りなくなったのである。

　コーポレートガバナンス・コードでは、上場会社は、株主はじめ多くのステークホルダーに関連する社会的な公器の一つであると明確に位置づけられ、上場会社である株式会社は社会・環境・ガバナンスを通して永続的に発展しなければならない存在であるとされたのである。

　これによって、企業法務のあり方や会社役員の責務も、従前のように、必要最小限の合法性を探ることに終始したり、法規の抜け穴を利用しようとしたり、はたまた法規の存在について知らない振りをしたり、弁解の口実に終始すればよいという姑息なことは許されなくなったのである。

　確実に時代が変ったのだ。会社法実務も変わらなければならない。

　会社の環境が変ったのだから、企業法務も新しい時代に合わせて会社法の解釈・運用にも意を払うように心がけることは不可避になったのである。

　日々の変化は微細でしかなくとも、それが積み重なっていくうちに次第に大きな魂となり、やがては社会を大きく変えていくことは歴史上の真理である。現代は社会や国家がグローバルに変動する渦中にあるから、われわれは過去の経験を未来への希望へと結びつける努力を不断に行うべき義務を負っているのである。

　本書は、かかる視点から従前に出版または発表した論文などを全面的に見直す総点検を行ったうえで、新規に会社法実務大系として刊行し直すものである。日常的にリスクを伴う業務に精励している会社役員の皆さんに本書が役立つことを祈念して「はしがき」とさせていただく。

成和明哲法律事務所

弁護士　渡邊　顯

# 凡　例

## 〈法令等略称表記〉

| | |
|---|---|
| 法 | 会社法（カッコ内において、条文のみを表記している場合は、すべて会社法を表す） |
| 整備法 | 会社法の施行に伴う関係法律の整備等に関する法律 |
| 施規 | 会社法施行規則 |
| 計規 | 会社計算規則 |
| 商 | 商法 |
| 旧商 | 旧商法 |
| 金商 | 金融商品取引法 |
| 金商令 | 金融商品取引法施行令 |
| 社債株式振替 | 社債、株式等の振替に関する法律 |
| 商登 | 商業登記法 |
| 企業開示 | 企業内容等の開示に関する内閣府令 |
| 他社株 | 発行者以外の者による株券等の公開買付けの開示に関する内閣府令 |
| 財規 | 財務諸表等の用語、様式及び作成方法に関する規則 |
| 連結財規 | 連結財務諸表の用語、様式及び作成方法に関する規則 |
| 民 | 民　法 |
| 民訴 | 民事訴訟法 |
| 民保 | 民事保全法 |
| 民執 | 民事執行法 |
| 民執規 | 民事執行規則 |
| 独禁 | 私的独占の禁止及び公正取引の確保に関する法律 |

## 〈判例集・定期刊行物略称表記〉

| | |
|---|---|
| 民集 | 最高裁判所民事判例集、大審院民事判例集 |
| 刑集 | 最高裁判所刑事判例集 |
| 高民集 | 高等裁判所民事判例集 |
| 下民集 | 下級裁判所民事裁判例集 |
| 集民 | 最高裁判所裁判集民事 |
| 金判 | 金融・商事判例 |
| 判時 | 判例時報 |
| 判タ | 判例タイムズ |
| 新聞 | 法律新聞 |
| 金法 | 金融法務事情 |
| 商事 | 旬刊商事法務 |
| 資料版商事 | 資料版商事法務 |

『会社法実務大系』

# 目　　　次

# 第1章　株式会社の設立

Ⅰ　発起設立と募集設立 ……………………………………………… 1

　1　発起設立 ………………………………………………………… 1

　　〔図表1-1〕　発起成立の手続概略図 ……………………………… 1

　　〔図表1-2〕　募集設立の手続概略図 ……………………………… 2

　2　募集設立 ………………………………………………………… 2

Ⅱ　設立手続の概略 …………………………………………………… 2

　1　定款の作成（26条）…………………………………………… 2

　2　引受けと募集（25条）………………………………………… 3

　　(1)　発起設立の場合 ……………………………………………… 3

　　(2)　募集設立の場合（25条、57条）………………………… 3

　3　取締役会設置会社の場合──設立時代表取締役の選定 ……… 3

　4　指名委員会等設置会社の場合──設立時委員および設立時
　　代表執行役の選定 ……………………………………………… 3

　5　法人格の付与 …………………………………………………… 4

Ⅲ　定款の作成 ………………………………………………………… 4

　1　発起人による定款の作成 ……………………………………… 4

　　(1)　発起人とその権限 …………………………………………… 4

　　〔図表1-3〕　参考人の権限 ………………………………………… 5

　　(2)　定款の作成方式 ……………………………………………… 5

　　(3)　定款の内容 …………………………………………………… 6

　2　株式発行事項の決定 …………………………………………… 11

Ⅳ　株式会社の設立過程 ………………………………………………11

| | | |
|---|---|---|
| 1 | 発起設立の場合 | 11 |
| (1) | 株式の引受けと申込証の有無など | 11 |
| (2) | 出資の履行——資本充実の原則 | 12 |
| (3) | 設立時取締役と設立時監査役の選任 | 13 |
| (4) | 変態設立事項の調査 | 14 |
| (5) | 設立時取締役・設立時監査役による設立手続の調査 | 14 |
| 2 | 募集設立の場合 | 15 |
| (1) | 株式の引受け | 15 |
| (2) | 出資の履行 | 16 |
| (3) | 変態設立事項の調査 | 17 |
| (4) | 創立総会 | 17 |

## Ⅴ 設立登記 … 18

| 1 | 準則主義 | 18 |
|---|---|---|
| 2 | 登記手続・登記事項 | 19 |
| 3 | 登記の効果 | 19 |

## Ⅵ 設立無効・不成立および不存在 … 20

| 1 | 設立無効 | 20 |
|---|---|---|
| (1) | 意 義 | 20 |
| (2) | 無効原因 | 20 |
| (3) | 設立無効の訴え | 21 |
| (4) | 設立無効判決 | 21 |
| 2 | 会社の不成立 | 21 |
| 3 | 会社の不存在 | 22 |

## Ⅶ 設立に関する責任 … 22

| 1 | 現物出資・財産引受けの不足額支払義務 | 22 |
|---|---|---|
| (1) | 発起人および設立時取締役の責任 | 22 |
| (2) | 現物出資・財産引受けの証明・鑑定評価を行った者の責任 | 22 |
| 2 | 出資の履行を仮装した場合の責任 | 23 |

目 次

　(1)　発起人および設立時取締役の責任･･････････････････････23

　(2)　仮想の払込み等に係る設立時発行株式の権利の制限･･････23

　3　任務懈怠責任･･････････････････････････････････････････････24

　(1)　発起人･･････････････････････････････････････････････････24

　(2)　設立時取締役・設立時監査役･･････････････････････････････24

　4　第三者に対する責任･･･････････････････････････････････････24

　(1)　発起人･･････････････････････････････････････････････････24

　(2)　設立時取締役・設立時監査役･･････････････････････････････24

　5　疑似発起人･･････････････････････････････････････････････25

Ⅷ　合弁会社と合弁契約･････････････････････････････････････25

　1　合　弁･･････････････････････････････････････････････････25

　2　合弁契約･･･････････････････････････････････････････････26

　(1)　概　要･････････････････････････････････････････････････26

　(2)　会社の運営･････････････････････････････････････････････26

　(3)　株式の譲渡･････････････････････････････････････････････27

　(4)　資金調達･･･････････････････････････････････････････････27

　(5)　デットロックへの対応･･･････････････････････････････････27

　(6)　契約違反･･･････････････････････････････････････････････28

　(7)　合弁の解消･････････････････････････････････････････････28

# 第2章　株　式

## 第1節　総　説 ･･････････････････････････････････････29

Ⅰ　株式の意義･･･････････････････････････････････････････････29

　1　株式とは･･･････････････････････････････････････････････29

　2　株主の権利（社員権）･････････････････････････････････････29

　(1)　自益権と共益権･････････････････････････････････････････29

|   |   |   |
|---|---|---|
| (2) | 単独株主権と少数株主権 | ………………………………30 |
| (3) | 株式買取請求権 | …………………………………………30 |
| 〔図表2-1〕 | 少数株主権の要件 | ………………………………31 |

3 株式の共有 ……………………………………………………35
  (1) 法の規定 ………………………………………………………35
  (2) 相続による共有 ………………………………………………36

Ⅱ 株主平等原則 ……………………………………………………36
  1 株主平等原則の意義 ………………………………………36
  2 株主優待制度と株主平等原則 …………………………36

Ⅲ 株式の内容と種類株式 …………………………………………37
  1 株式の内容 …………………………………………………37
    (1) 配当・残余財産分配について内容の異なる株式 ………37
    〔図表2-2〕 株式の内容・種類 ………………………………38
    (2) 議決権制限株式 ……………………………………………39
    〔図表2-3〕 優先株・劣後株・普通株・混合株の定義と特徴 ……39
    (3) 拒否権付種類株式 …………………………………………40
    (4) 役員選任権付種類株式 ……………………………………40
    (5) 譲渡制限株式 ………………………………………………41
    (6) 自己の株式の「取得」に関する特殊な株式 ……………41
  2 定款変更手続 ………………………………………………41
    (1) すべての株式についての特別の定め ……………………41
    (2) 種類株式発行のための定款変更 …………………………42
  3 全部取得条項付種類株式の取得にあたっての手続 ……………42

Ⅳ 株式数の増減と株式の単位 ……………………………………44
  1 株式数の増減——株式の併合・株式の分割・株式無償割
    当て ………………………………………………………………44
    (1) 株式の併合 …………………………………………………44
    〔図表2-4〕 株式併合手続概略図 ……………………………45

7

(2)　株式分割………………………………………………………46

　　〔図表2-5〕　株式分割の手続………………………………………47

　　(3)　株式無償割当て…………………………………………………47

　2　単元株制度………………………………………………………47

　　(1)　単元株制度の趣旨………………………………………………47

　　〔図表2-6〕　株式分割と株式無償割当て…………………………48

　　〔図表2-7〕　株式無償割当ての手続………………………………48

　　(2)　単元未満株主の権利……………………………………………49

　　(3)　単元株式数の設定および変更の手続…………………………50

Ⅴ　株　　券……………………………………………………………50

　1　株券不発行の原則………………………………………………50

　2　株券発行会社における株主の静的安全保護…………………50

　　(1)　非公開会社における株券発行留保（215条4項）……………51

　　(2)　株券不所持制度（217条）………………………………………51

　　(3)　株券喪失登録制度（221条以下）………………………………51

Ⅵ　株主名簿と振替口座簿……………………………………………53

　1　株主名簿…………………………………………………………53

　　(1)　株主名簿の意義…………………………………………………53

　　(2)　株主名簿の記載事項と備置き…………………………………53

　　(3)　株主名簿の効力…………………………………………………54

　　(4)　基準日……………………………………………………………54

　　(5)　名義書換…………………………………………………………55

　　(6)　株主名簿の閲覧…………………………………………………56

　2　振替口座簿………………………………………………………57

　3　所在不明株主に対する通知の省略等…………………………58

　　(1)　所在不明株主に対する通知の省略……………………………58

　　(2)　所在不明株主の株式売却制度…………………………………58

**第2節　株式の譲渡**································59

I　株式の自由譲渡性と制限································59

　1　株式譲渡自由の原則································59

　2　株式譲渡の制限································59

　　⑴　法律による制限································60

　　⑵　定款による制限································62

　　〔図表 2-8〕　譲渡制限株式の承認・買取手続································64

　　⑶　契約による制限································67

　3　株式譲渡契約································68

　　⑴　株式譲渡契約の特徴································68

　　⑵　株式譲渡契約締結の流れ································68

　　⑶　株式譲渡契約の典型的な内容と各条項································69

　　⑷　子会社株式の譲渡に対する規制································71

　　〔図表 2-9〕　株式譲渡契約とその内容································72

II　自己株式································73

　1　自己株式の取得································73

　　⑴　総　説································73

　　⑵　合意による取得································74

　　〔図表 2-10〕　自己株式の取得事由と財源規制································75

　　⑶　特殊な株式による自己株式の取得································80

　　〔図表 2-11〕　合意による自己株式の取得手続································80

　　⑷　違法な自己株式取得の効果································84

　2　保有自己株式の地位································84

　3　自己株式の処理································85

　　⑴　自己株式の処理方法································85

　　⑵　消　却································85

　4　自己株式に関する開示································85

目　次

　　⑴　会社法上の開示･･････････････････････････････････････････････85
　　⑵　金融商品取引法上の開示･･････････････････････････････････････86
Ⅲ　　株式の担保化･･･････････････････････････････････････････････････86
　1　株式担保の種類と設定方法･･････････････････････････････････････86
　　⑴　総　論･････････････････････････････････････････････････････86
　　⑵　質　権･････････････････････････････････････････････････････86
　　〔図表 2-12〕　振替株式の質権設定処理･･･････････････････････････87
　　⑶　譲渡担保･･･････････････････････････････････････････････････88
　2　担保設定の効果･･････････････････････････････････････････････89
　　⑴　略式質･････････････････････････････････････････････････････89
　　⑵　登録質･････････････････････････････････････････････････････90
　　⑶　譲渡担保･･･････････････････････････････････････････････････90
　　⑷　担保権の実行･･･････････････････････････････････････････････90
Ⅳ　　金融商品取引法の規制･････････････････････････････････････････91
　1　公開買付制度･･･････････････････････････････････････････････91
　　⑴　意　義･････････････････････････････････････････････････････91
　　⑵　公開買付けが必要な場合･････････････････････････････････････91
　　⑶　公開買付けの方法･･･････････････････････････････････････････93
　2　大量保有報告制度･･･････････････････････････････････････････95
　3　インサイダー取引規制･･････････････････････････････････････････96
　　⑴　会社関係者等によるインサイダー取引規制･････････････････････96
　　〔図表 2-13〕　会社関係者・第一次情報受領者のイメージ図････････････99
　　〔図表 2-14〕　会社関係者（金商166条 1 項）･･･････････････････････100
　　〔図表 2-15〕　上場会社と上場会社の子会社における重要事実･･････････101
　　⑵　公開買付けにおけるインサイダー取引規制･････････････････････104
　　⑶　自己株式取得および処分に関するインサイダー取引規制･･･････････105
　　⑷　会社関係者・公開買付等関係者の情報伝達・取引推奨行為･･････････106
　4　不正取引規制･････････････････････････････････････････････108

(1)　相場操縦規制等‥‥‥‥‥‥‥‥‥‥‥‥‥‥‥‥‥‥‥108

　(2)　風説の流布等‥‥‥‥‥‥‥‥‥‥‥‥‥‥‥‥‥‥‥‥109

　(3)　金融商品取引法157条に定める不正取引‥‥‥‥‥‥‥‥109

# 第3章　株式会社の資金調達

## 第1節　総　説（資金調達方法の比較）‥‥‥‥110

Ⅰ　自己資金‥‥‥‥‥‥‥‥‥‥‥‥‥‥‥‥‥‥‥‥‥‥‥110

Ⅱ　外部資金‥‥‥‥‥‥‥‥‥‥‥‥‥‥‥‥‥‥‥‥‥‥‥111

　1　直接金融‥‥‥‥‥‥‥‥‥‥‥‥‥‥‥‥‥‥‥‥‥‥111

　(1)　募集株式の発行等‥‥‥‥‥‥‥‥‥‥‥‥‥‥‥‥‥111

　(2)　新株予約権の発行‥‥‥‥‥‥‥‥‥‥‥‥‥‥‥‥‥111

　2　間接金融‥‥‥‥‥‥‥‥‥‥‥‥‥‥‥‥‥‥‥‥‥‥112

　(1)　銀行などの金融機関からの借入れ‥‥‥‥‥‥‥‥‥‥112

　(2)　社　債‥‥‥‥‥‥‥‥‥‥‥‥‥‥‥‥‥‥‥‥‥‥112

　3　その他‥‥‥‥‥‥‥‥‥‥‥‥‥‥‥‥‥‥‥‥‥‥‥112

## 第2節　社　債‥‥‥‥‥‥‥‥‥‥‥‥‥‥‥‥‥‥‥113

Ⅰ　社債の意義・機能‥‥‥‥‥‥‥‥‥‥‥‥‥‥‥‥‥‥‥113

　1　社債の意義‥‥‥‥‥‥‥‥‥‥‥‥‥‥‥‥‥‥‥‥‥113

　(1)　社債の意義‥‥‥‥‥‥‥‥‥‥‥‥‥‥‥‥‥‥‥‥113

　(2)　社債の法規制‥‥‥‥‥‥‥‥‥‥‥‥‥‥‥‥‥‥‥113

　2　社債の資金調達機能‥‥‥‥‥‥‥‥‥‥‥‥‥‥‥‥‥114

　3　社債の分類‥‥‥‥‥‥‥‥‥‥‥‥‥‥‥‥‥‥‥‥‥114

　(1)　担保の有無‥‥‥‥‥‥‥‥‥‥‥‥‥‥‥‥‥‥‥‥114

　(2)　権利の移転方法による区別‥‥‥‥‥‥‥‥‥‥‥‥‥115

　(3)　発行形態による区別‥‥‥‥‥‥‥‥‥‥‥‥‥‥‥‥115

11

（4） 社債管理者設置債と不設置債 ……………………………… 115

（5） 普通社債とエクイティ・リンク債 ……………………… 116

## Ⅱ 社債と株式との異同 ……………………………………… 116

### 1 株式との差異 ……………………………………………… 116

〔図表 3-1〕 株式と社債の差異 ……………………………… 117

### 2 株式との類似点 …………………………………………… 117

（1） 経済的な接近 ………………………………………………… 117

（2） 社債と株式の中間的形態 ………………………………… 118

## Ⅲ 社債の発行 ………………………………………………… 119

### 1 社債発行の分類 …………………………………………… 119

### 2 社債発行の制限 …………………………………………… 119

（1） 再募集の制限 ………………………………………………… 119

（2） 金額の制限 …………………………………………………… 119

（3） 割増金の制限 ………………………………………………… 119

（4） 金融商品取引法上の制限 ………………………………… 120

### 3 社債発行の手続 …………………………………………… 120

（1） 取締役会の決議 …………………………………………… 120

（2） 社債管理者の設置 ………………………………………… 120

（3） 発行の方法 …………………………………………………… 121

（4） 社債の成立 …………………………………………………… 121

（5） 社債の払込み ………………………………………………… 121

## Ⅳ 社債権者の権利 …………………………………………… 122

### 1 権利の内容・規制 ………………………………………… 122

### 2 社債券 ……………………………………………………… 122

### 3 社債原簿 …………………………………………………… 122

## Ⅴ 社債管理者 ………………………………………………… 123

### 1 社債権者の団体性 ………………………………………… 123

### 2 社債管理者 ………………………………………………… 123

| | (1) | 資　格……………………………………………… | 123 |
| | (2) | 広範な職務権限…………………………………… | 123 |
| | (3) | 辞任の制限・解任………………………………… | 124 |
| | (4) | 報酬・費用………………………………………… | 124 |
| | (5) | 責　任……………………………………………… | 125 |
| | (6) | 社債管理者の設置除外…………………………… | 126 |

**Ⅵ　社債権者集会**……………………………………………… 126

1　意　義……………………………………………………… 126

(1)　社債権者集会における裁判所の関与…………………… 126

(2)　社債権者集会の議決権……………………………………… 126

(3)　社債権者集会の特別決議の成立要件…………………… 127

(4)　無記名社債券の供託……………………………………… 127

〔図表3-2〕　社債権者集会と株主総会の比較……………… 127

2　社債権者集会と株主総会の比較……………………… 128

**Ⅶ　新株予約権付社債**……………………………………… 128

1　意　義……………………………………………………… 128

2　新株予約権付社債の発行手続………………………… 129

**Ⅷ　社債の権利移転**………………………………………… 129

1　記名債権で社債を発行する旨の定めがある場合における社債
の権利移転の要件等……………………………………… 129

(1)　譲渡・質入れの権利移転の効力発生要件……………… 129

(2)　譲渡の対抗要件…………………………………………… 129

(3)　質入れの対抗要件………………………………………… 129

2　記名社債で社債券不発行の場合における社債の権利移転の
要件等……………………………………………………… 130

(1)　譲渡・質入れの効力発生要件…………………………… 130

(2)　譲渡・質入れの対抗要件………………………………… 130

3　無記名社債の場合における社債の権利移転の要件等………… 130

目 次

   4　社債券の占有による権利推定・善意取得 ················ 130

Ⅸ　社債の銘柄統合 ········································· 131

   1　意　義 ················································· 131

   2　機　能 ················································· 131

**第3節**　**募集株式の発行等** ··············· 132

Ⅰ　総　説 ··················································· 132

   1　意　義 ················································· 132

     (1)　「募集株式の発行等」とは ························· 132

     (2)　「募集」概念 ····································· 133

   2　募集株式の発行等に伴う効果等 ················· 133

     〔図表3-3〕　募集株式の発行等の目的 ············· 133

   3　授権株式制度 ········································· 134

     (1)　制度の意義 ······································· 134

     (2)　発行済株式総数と発行可能株式総数との関係 ······· 134

     (3)　発行済株式総数が減少する場合の発行可能株式総数への影響の

       有無 ············································· 136

   4　割当方法 ············································· 137

Ⅱ　募集株式の発行等の手続 ··························· 137

   1　募集株式の発行等の手続規制の概要 ················ 137

     〔図表3-4〕　割当方法 ······························· 138

     (1)　非公開会社 ······································· 138

     (2)　公開会社 ········································· 139

     〔図表3-5〕　募集株式の発行手続の概要 ············ 140

   2　株主割当て以外（公募、第三者割当て）の発行手続 ········ 140

   3　株主割当て以外の募集株式発行手続の内容 ············ 140

     (1)　募集事項の決定 ··································· 140

     〔図表3-6〕　株主割当て以外の発行手続 ············ 141

14

| (2) | 募集事項の公示（公開会社のみ）……………………144 |
|---|---|
| (3) | 引受申込希望者への通知…………………………144 |
| (4) | 引受申込み………………………………………145 |
| (5) | 割当ての決定……………………………………145 |
| (6) | 割当株式数の通知………………………………146 |
| (7) | 総数引受けの場合………………………………146 |
| (8) | 引受けの無効・取消しの制限…………………146 |

4 　株主割当ての発行手続…………………………………146

〔図表 3-7〕　株主割当ての募集株式の発行手続………147

(1) 　株主割当事項の決定…………………………………147

(2) 　株主割当事項の通知…………………………………147

(3) 　引受申込み……………………………………………148

5 　ディスクロージャー（開示）…………………………148

(1) 　金融商品取引法上のディスクロージャー（開示）……………148

(2) 　金融商品取引所の規制による開示（適時開示）…………150

6 　公開会社における支配株主の異動を生じる募集株式の
発行等……………………………………………………151

(1) 　制度の意義……………………………………………151

(2) 　対象となる募集株式の発行等の要件…………………151

(3) 　手続の流れ……………………………………………152

(4) 　株主総会決議の要件…………………………………153

7 　出資の履行……………………………………………154

(1) 　出資の履行……………………………………………154

(2) 　株主となる時期………………………………………154

(3) 　現物出資の規制（検査役の調査を要する場合）………155

〔図表 3-8〕　券面評価を行う場合の会計処理………………157

Ⅲ　募集株式の発行等に係る責任…………………………158

1 　払込金額が著しく不公正な場合の責任………………158

目　次

2　現物出資財産の価額が著しく不足する場合の責任 ················ 159

（1）　現物出資者の責任 ············································· 159

（2）　取締役等の責任 ··············································· 159

3　出資の履行を仮装した場合の責任等 ························· 159

（1）　募集株式の引受人の責任 ······································ 159

（2）　取締役等の責任 ··············································· 160

（3）　仮装払込みが行われた場合の募集株式の効力等 ··············· 160

Ⅳ　募集株式の発行等を争う手続 ······························· 161

〔図表 3-9〕　募集株式の発行等に関する訴え ··················· 161

1　差止請求 ····················································· 162

（1）　差止事由 ····················································· 162

（2）　いわゆる主要目的ルール ······································ 162

（3）　差止手続 ····················································· 164

2　募集株式の発行等の無効の訴え ····························· 164

（1）　無効の訴えの制度 ············································· 164

（2）　無効原因 ····················································· 165

3　不存在確認の訴え ············································ 166

Ⅴ　金融商品取引法上の規制 ····································· 166

1　規制を受ける場合の発行手続 ································· 166

（1）　有価証券届出書の届出 ········································ 166

〔図表 3-10〕　公募増資（金融商品取引法の適用がある場合）の手続 ······· 167

（2）　有価証券の届出の効力 ········································ 167

（3）　目論見書 ····················································· 168

2　発行登録制度 ················································ 168

第4節　新株予約権 ················································· 169

Ⅰ　新株予約権の内容 ············································· 169

1　意　義 ······················································· 169

| | | |
|---|---|---|
| 2 | 新株予約権の金銭的評価 | 170 |
| 3 | 新株予約権の実務上の用途 | 170 |

**Ⅱ　新株予約権の発行および行使** 171

1　新株予約権の内容 171
　(1)　法定の内容 171
　(2)　希薄化防止条項 173
　(3)　権利行使価額の修正条項 173
　(4)　行使条件 174
　(5)　登　記 174

2　募集新株予約権の発行 175
　(1)　発行手続の概要 175
　(2)　新株予約権の第三者割当て・公募 175
　〔図表 3-11〕　募集新株予約権の割当手続 176
　(3)　新株予約権の株主割当て 179
　(4)　総数引受契約 180
　(5)　新株予約権の発効と募集新株予約権に係る払込み 181

3　新株予約権無償割当て 181
　(1)　意　義 181
　(2)　発行手続 182
　(3)　新株予約権無償割当ての活用 182

4　新株予約権の発行を争う手続 183

5　新株予約権の行使 185
　(1)　新株予約権の行使方法 185
　(2)　出資の履行 185
　(3)　株主となる時期 185

**Ⅲ　新株予約権の譲渡等** 186

1　新株予約権の譲渡方法 186
　(1)　証券が発行されていない場合 186

17

目　次

(2)　証券が発行されている場合 ･････････････････････････････････ 186

〔図表 3-12〕　新株予約権の譲渡方法 ･･･････････････････････････ 186

**2　新株予約権の譲渡制限と名義書換請求** ･･････････････ 187

**3　自己新株予約権** ･･･････････････････････････････････････････ 187

(1)　自己新株予約権の取得・保有・処分 ･･････････････････････ 187

〔図表 3-13〕　新株予約権原簿の記載・記録 ･･････････････････ 187

(2)　取得条項付新株予約権 ･･････････････････････････････････ 188

(3)　自己新株予約権の行使 ･･････････････････････････････････ 189

(4)　自己新株予約権の消却 ･･････････････････････････････････ 189

**4　組織再編の場合の取扱い** ･･････････････････････････････ 189

**Ⅳ　新株予約権の活用** ･･･････････････････････････････････ 190

〔図表 3-14〕　組織再編と新株予約権の交付 ･･････････････････ 190

**1　新株予約権付社債** ･･･････････････････････････････････････ 191

(1)　意　義 ･･･････････････････････････････････････････････････ 191

(2)　新株予約権付社債の発行手続 ･･･････････････････････････ 191

(3)　MSCB（修正条項付転換社債型新株予約権付社債） ･････････ 192

**2　その他の資金調達** ･･･････････････････････････････････････ 192

(1)　エクイティ・コミットメントライン ･･････････････････････ 193

(2)　MS ワラント（行使価額修正条項付新株予約権） ･････････ 193

(3)　新株予約権付ローン ･････････････････････････････････････ 194

(4)　ライツ・オファリング ･･････････････････････････････････ 194

**3　ストック・オプション** ･･････････････････････････････････ 195

(1)　総　説 ･･･････････････････････････････････････････････････ 195

(2)　会社法上の規制 ･･･････････････････････････････････････････ 195

【書式 3-1】　従業員等に対するストック・オプション発行議案例（有利

条件の例） ･･･････････････････････････････････････････ 196

【書式 3-2】　取締役に対するストック・オプション発行議案例 ････････ 198

(3)　会計上の取扱い ･･･････････････････････････････････････････ 202

18

(4)　金融商品取引法上の取扱い ………………………………… 202

　(5)　税務上の取扱い …………………………………………………… 203

　4　企業防衛策 ………………………………………………………… 204

【書式3-3】　買収防衛策としての新株予約権およびその無償割当ての

　内容例 ……………………………………………………………………… 205

# 第4章　コーポレート・ガバナンス

## 第1節　総　説 …………………………………………………………… 209

Ⅰ　コーポレート・ガバナンスの意義 …………………………………… 209

　1　コーポレート・ガバナンスとは何か ……………………………… 209

　2　コーポレート・ガバナンスの起源 ………………………………… 210

　3　会社法をとらえる視点 ……………………………………………… 210

　4　コーポレートガバナンス・コード ………………………………… 211

Ⅱ　株式会社における機関設計 …………………………………………… 212

　1　株式会社の区分 ……………………………………………………… 212

　(1)　公開性の有無による区分——公開会社と非公開会社 ………… 212

　〔図表4-1〕　会社法の規律 ……………………………………………… 212

　(2)　規模の大小による区分——大会社と非大会社の区分 ………… 213

　2　機関の種類 …………………………………………………………… 214

　〔図表4-2〕　公開会社・非公開会社の区分 …………………………… 214

　〔図表4-3〕　機関と職務権限など …………………………………… 215

　3　会社の区分により設置が強制される機関 ………………………… 216

　4　機関設計の選択肢 …………………………………………………… 216

　5　取締役会の設置の有無による規律の違い ………………………… 216

　〔図表4-4〕　会社の区分により設置が強制される機関 ……………… 217

　〔図表4-5〕　株式会社の機関設計 …………………………………… 217

19

目　次

〔図表 4-6〕　公開会社・非公開会社並びに取締役会の有無による株主
総会の規律の相違 ······································································218

6　監査役の業務監査権限の有無による規律の違い ··················218

〔図表 4-7〕　監査役の業務監査権限の有無による規律の相違 ·············219

**第2節**　**株主総会** ·····························································219

Ⅰ　株主総会の意義と権限 ·······················································219

Ⅱ　招集手続・株主提案権 ·······················································220

1　招集の時期・招集地 ·······················································220

(1)　定時株主総会 ····························································220

(2)　臨時株主総会 ····························································220

(3)　招集地 ·····································································220

2　招集権者 ·····································································221

(1)　取締役または取締役会 ··················································221

(2)　少数株主の招集権 ······················································221

3　招集方法 ·····································································222

(1)　招集通知 ·································································222

(2)　全員出席総会の場合 ····················································223

(3)　招集手続の瑕疵 ························································224

【書式 4-1】　定時株主総会招集通知例 ·····································224

4　株主提案権 ···································································227

(1)　議題提案権 ·······························································227

(2)　議案提案権 ·······························································227

Ⅲ　議　事 ········································································229

1　報告事項と決議事項 ·······················································229

〔図表 4-8〕　計算書類・事業報告 ···········································230

2　議事運営 ·····································································230

(1)　議　長 ·····································································230

（2）　議事運営 ……………………………………………………………… 231

　3　説明義務 ……………………………………………………………………… 232

　　（1）　回答拒否事由 ………………………………………………………… 232

　　（2）　説明義務の範囲と程度 …………………………………………… 234

　　（3）　質問状と一括回答 …………………………………………………… 235

## Ⅳ　議決権の行使 …………………………………………………………………… 236

　1　1株1議決権の原則 …………………………………………………… 236

　2　累積投票制度 ……………………………………………………………… 237

　3　議決権の行使方法 ……………………………………………………… 238

　　（1）　株主総会に出席して議決権を行使する場合 ………………… 238

　　（2）　書面による行使（書面投票制度）………………………………… 238

　　（3）　電磁的方法による行使（電子投票制度）……………………… 239

　　（4）　不統一行使 …………………………………………………………… 240

　　（5）　代理行使 ……………………………………………………………… 240

　　（6）　委任状勧誘 …………………………………………………………… 241

　　（7）　議決権行使書面の様式と株主提案の扱い ………………… 242

　　（8）　株主の権利の行使に関する利益供与の禁止 ……………… 242

　　【書式4-2】　株主総会参考書類モデル ……………………………… 244

## Ⅴ　株主総会の決議 ………………………………………………………………… 249

　1　決議の種類 ………………………………………………………………… 249

　　（1）　普通決議事項 ………………………………………………………… 249

　　（2）　特別決議事項 ………………………………………………………… 251

　　（3）　特殊の決議 …………………………………………………………… 252

　2　審議および採決の方法 ……………………………………………… 253

　　（1）　議案の審議方式 ……………………………………………………… 253

　　（2）　採決の方法 …………………………………………………………… 253

　3　総会決議の省略（みなし決議・書面決議）………………………… 254

　4　総会検査役と調査者 …………………………………………………… 254

目 次

    (1)   総会検査役····················································· 254

    (2)   調査者···························································· 255

  5   決議の瑕疵····················································· 255

    (1)   各種の訴え····················································· 255

    〔図表 4-9〕   決議取消し、決議不存在確認・決議無効の訴えの方法 ······· 256

    (2)   訴訟当事者····················································· 257

    (3)   決議取消しの訴えにおける訴えの利益···················· 257

    (4)   決議不存在と決議取消し···································· 258

    (5)   裁量棄却························································ 259

## 第3節　取締役および取締役会 ·············· 259

**Ⅰ　取締役**···························································· 259

  1   意　義···························································· 259

    (1)   取締役··························································· 259

    (2)   社外取締役····················································· 260

  2   資格・選任・終任等········································· 263

    (1)   取締役の資格·················································· 263

    (2)   取締役の員数・任期········································· 265

    (3)   取締役の選任·················································· 266

    (4)   取締役の終任·················································· 268

  3   職務・権限・義務············································ 270

    (1)   業務執行························································ 270

    (2)   会社の代表権·················································· 271

    (3)   取締役の義務·················································· 272

    〔図表 4-10〕   業務執行の権限··································· 273

  4   報酬等···························································· 280

    (1)   報酬の決定方法·············································· 280

    (2)   ストック・オプション····································· 281

（3）　役員賞与 ………………………………………………… 282

　　（4）　退職慰労金 ……………………………………………… 283

　5　補欠取締役・一時取締役 ………………………………… 284

　　（1）　補欠取締役 ……………………………………………… 284

　　（2）　一時取締役 ……………………………………………… 285

　6　職務執行停止・職務代行者 ……………………………… 286

　　（1）　職務執行停止の仮処分・職務代行者の選任 ………… 286

　　（2）　職務代行者の権限 …………………………………… 287

Ⅱ　取締役会 …………………………………………………… 287

　1　意　義 ……………………………………………………… 287

　2　取締役会の職務・権限 …………………………………… 288

　　（1）　業務執行に関する意思決定 ………………………… 288

　　（2）　業務執行の監督・取締役の監視義務 ……………… 291

　3　取締役会の招集 …………………………………………… 293

　　（1）　開催の頻度 …………………………………………… 293

　　（2）　招集権限 ……………………………………………… 293

　　（3）　招集手続 ……………………………………………… 293

　4　取締役会の決議 …………………………………………… 294

　　（1）　決議の方法 …………………………………………… 294

　　（2）　取締役会決議の省略、報告の省略 ………………… 295

　　（3）　取締役会の決議を経ない取引の効力 ……………… 296

　　（4）　取締役会の決議を経ない重要な取引の無効を取引の相手方が

　　　　主張できるか …………………………………………… 296

　5　取締役会議事録 …………………………………………… 297

　　（1）　作　成 ………………………………………………… 297

　　（2）　株主等の閲覧・謄写請求権 ………………………… 297

　6　代表取締役 ………………………………………………… 298

　　（1）　代表取締役の意義 …………………………………… 298

目　次

(2)　代表取締役の選定 ……………………………………………… 298

(3)　代表取締役の権限 ……………………………………………… 300

(4)　代表取締役の終任 ……………………………………………… 300

(5)　表見代表取締役 ………………………………………………… 301

7　特別取締役による取締役会の決議 …………………………… 301

### 第4節　監査役および監査役会等 ……………………… 302

Ⅰ　監査役 …………………………………………………………… 302

1　意　義 ………………………………………………………… 302

2　資格・選任・終任 …………………………………………… 303

(1)　監査役の資格 …………………………………………… 303

(2)　監査役の選任 …………………………………………… 304

(3)　監査役の員数・任期・社外監査役 …………………… 304

(4)　監査役の終任 …………………………………………… 306

3　職務・権限・義務 …………………………………………… 307

(1)　監査役の職務 …………………………………………… 307

(2)　監査役の権限・義務 …………………………………… 309

4　報　酬 ………………………………………………………… 311

5　補欠監査役 …………………………………………………… 311

6　職務執行停止・職務代行者 ………………………………… 312

Ⅱ　監査役会 ………………………………………………………… 312

1　意　義 ………………………………………………………… 312

(1)　監査役会 ………………………………………………… 312

(2)　常勤監査役 ……………………………………………… 313

2　監査役会の職務・権限 ……………………………………… 313

(1)　職　務 …………………………………………………… 313

(2)　監査役会の監査報告の作成 …………………………… 314

3　監査役会の招集・決議・議事録 …………………………… 314

目　次

(1)　招　　集 ………………………………………………………… 314

(2)　決議・議事録 ……………………………………………………… 314

## 第5節　会計監査人 ……………………………………………………… 315

### Ⅰ　意義・資格 …………………………………………………………… 315

### Ⅱ　資格・選任・終任 …………………………………………………… 315

1　会計監査人の資格・選任・任期 ……………………………… 315

2　会計監査人の終任 ……………………………………………… 316

(1)　株主総会による解任 …………………………………………… 316

(2)　監査役会または監査役による解任 …………………………… 316

(3)　会計監査人の意見陳述権 ……………………………………… 316

### Ⅲ　会計監査人の権限・義務・責任 …………………………………… 317

1　会計監査人の職務 ……………………………………………… 317

2　会計監査人の権限 ……………………………………………… 317

3　会計監査人の義務・責任 ……………………………………… 317

## 第6節　会計参与 ………………………………………………………… 319

### Ⅰ　意　義 …………………………………………………………………… 319

### Ⅱ　資格・選任・終任 …………………………………………………… 319

1　会計参与の資格・選任・任期 ………………………………… 319

2　会計参与の終任 ………………………………………………… 320

(1)　株主総会による解任 …………………………………………… 320

(2)　辞　　任 ………………………………………………………… 320

### Ⅲ　会計参与の権限・義務・責任 ……………………………………… 320

1　会計参与の職務 ………………………………………………… 320

2　会計参与の権限 ………………………………………………… 321

3　会計参与の義務・責任 ………………………………………… 321

25

目 次

## 第7節　指名委員会等設置会社 ································· 322

Ⅰ　総　説 ······················································· 322

  1　はじめに ···················································· 322

    〔図表4-11〕　監査役会設置会社、監査等委員会設置会社、指名委員会等

              設置会社の機能の比較 ··························· 324

    〔図表4-12〕　監査役会設置会社のしくみ ······················· 324

    〔図表4-13〕　指名委員会等設置会社のしくみ ··················· 325

  2　指名委員会等設置会社の趣旨 ································· 325

    ⑴　企業経営の効率性の確保 ································· 325

    〔図表4-14〕　監査等委員会設置会社のしくみ ··················· 326

    ⑵　監督機能の強化 ········································· 327

  3　指名委員会等設置会社となるための要件 ···················· 328

    ⑴　取締役会設置会社であること ····························· 328

    ⑵　会計監査人設置会社であること ··························· 328

    ⑶　定款で指名・監査・報酬の3委員会を設置する旨の定めがある

      こと ···················································· 329

  4　指名委員会等設置会社と登記 ································· 329

    ⑴　指名委員会等設置会社の登記 ····························· 329

    ⑵　指名委員会等設置会社に関する変更の登記 ················ 329

Ⅱ　取締役会 ····················································· 330

  1　取締役会 ···················································· 330

    ⑴　取締役会の権限 ········································· 330

    〔図表4-15〕　取締役会決議事項・執行役決定事項の比較 ·········· 331

    ⑵　取締役会の招集手続・運営等 ····························· 335

  2　取締役 ······················································ 335

    ⑴　取締役の選任・解任 ····································· 335

    ⑵　資格・任期 ············································· 335

|   | 目 次 |
|---|---|

(3) 取締役の員数……………………………………………………336

(4) 取締役の権限……………………………………………………336

(5) 取締役の義務……………………………………………………337

Ⅲ 指名委員会等……………………………………………………337

1 概 要……………………………………………………………337

2 指名委員会等の構成等…………………………………………338

(1) 委員の人数・選任………………………………………………338

(2) 社外取締役………………………………………………………338

(3) 監査委員会の特例………………………………………………338

〔図表 4-16〕 各委員会の権限……………………………………338

〔図表 4-17〕 各委員会の構成と権限の関係図…………………339

3 指名委員会等の権限および義務………………………………340

(1) 取締役・執行役の委員会への出席・説明義務………………340

(2) 取締役会の招集権限……………………………………………340

(3) 指名委員会等から取締役会への報告義務……………………341

(4) 指名委員会等の議事録の閲覧・謄写…………………………341

(5) 費用前払請求等…………………………………………………341

4 指名委員会等の運営等…………………………………………342

(1) 指名委員会等の招集権者………………………………………342

(2) 招集通知・招集手続の省略……………………………………342

(3) 決議方法…………………………………………………………342

(4) 議事録の作成……………………………………………………342

5 指名委員会等の権限……………………………………………343

(1) 指名委員会…………………………………………………………343

(2) 監査委員会…………………………………………………………344

(3) 報酬委員会…………………………………………………………347

Ⅳ 執行役……………………………………………………………349

1 執行役の意義……………………………………………………349

〔図表 4-18〕 取締役と代表執行役の関係図 ･･････････････････････････ 349

  2 執行役の選任・解任 ･･････････････････････････････････････ 350

  3 執行役の資格・任期等 ････････････････････････････････････ 350

   (1) 執行役の資格 ････････････････････････････････････････ 350

   (2) 執行役の任期 ････････････････････････････････････････ 351

  4 執行役の権限 ･･････････････････････････････････････････ 351

   (1) 業務執行の決定を執行役に委任する旨の取締役会の決議に
      基づき、当該決議により委任を受けた事項の決定 ･･････････ 351

   (2) 業務の執行 ･･････････････････････････････････････････ 351

   (3) 取締役会の招集請求権 ････････････････････････････････ 351

   (4) 提訴権限 ････････････････････････････････････････････ 352

  5 執行役の義務 ･･････････････････････････････････････････ 352

   (1) 取締役会に対する職務執行状況の報告義務 ･･････････････ 352

   (2) 会社に著しい損害を及ぼすおそれのある事実を発見したときの
      報告義務 ････････････････････････････････････････････ 353

   (3) 株主総会における説明義務 ････････････････････････････ 353

   (4) 善管注意義務など取締役規定の準用 ･･･････････････････ 353

  6 執行役相互の関係 ････････････････････････････････････ 354

  7 その他 ･･････････････････････････････････････････････ 354

   (1) 執行役員との相違 ･･･････････････････････････････････ 354

   (2) 執行役会の設置 ････････････････････････････････････ 354

   〔図表 4-19〕 執行役制度と執行役員制度との比較 ･････････････････ 355

Ⅴ 代表執行役 ･･････････････････････････････････････････････ 356

  1 代表執行役の意義 ････････････････････････････････････ 356

  2 代表執行役の選定 ････････････････････････････････････ 356

  3 代表執行役の権限 ････････････････････････････････････ 356

  4 表見代表執行役 ･･････････････････････････････････････ 356

## 第8節 監査等委員会設置会社 ……………………357

### Ⅰ 総 説 ………………………357
  1 監査等委員会設置会社とは ………………………357
  2 監査等委員会設置会社制度創設の背景 ………………358
### Ⅱ 監査等委員会設置会社制度の概要 ………………358
  1 監査等委員会の設置 ………………………358
  2 監査等委員の地位 ………………………359
    (1) 選任および解任 ………………………359
    (2) 任 期 ………………………359
    (3) 報 酬 ………………………359
    (4) 同意権、議題・議案提出請求権、意見陳述権 ………360
  3 監査等委員会の構成等 ………………………360
    (1) 監査等委員会の構成 ………………………360
    (2) 常勤の監査等委員 ………………………361
  4 監査等委員と監査等委員会の権限 ………………361
    (1) 監査役会または監査委員会と共通する権限等 ………361
    (2) 監査等委員会特有の権限 ………………………362
  5 監査等委員会の運営 ………………………363
    (1) 運営方法 ………………………363
    (2) 監査等委員会の招集 ………………………363
    (3) 決議方法 ………………………363
    (4) 議事録の作成 ………………………363
  6 監査等委員会設置会社の取締役会の権限等 ………364
    (1) 監査等委員会設置会社の取締役会の権限 ………364
    (2) 取締役への重要な業務執行の決定の委任 ………364
    (3) 利益相反取引等における取締役の任務懈怠推定規定の適用

      除外 ………………………365

目 次

Ⅲ　監査等委員会設置会社への移行 ······························· 365

　1　監査等委員会設置会社への移行のメリット ··············· 365

　　(1)　社外役員数の削減効果 ·································· 365

　　(2)　監査等委員会設置会社独自の権限・制度 ··············· 366

　2　監査等委員会設置会社への移行の手続 ··················· 366

　　(1)　監査役（会）設置会社から監査等委員会設置会社に移行する

　　　場合 ················································· 366

　　(2)　指名委員会等設置会社から監査等委員会設置会社に移行する

　　　場合 ················································· 367

　　(3)　変更の登記 ········································· 367

# 第5章　役員等の責任

## 第1節　会社に対する責任 ·················· 369

Ⅰ　責任原因 ················································ 369

　1　任務懈怠（423条1項） ································· 369

　　(1)　役員等が負う法令上の義務と責任の内容 ··············· 369

　　〔図表5-1〕　会社法における取締役の責任体系の一覧 ········· 370

　　(2)　損害額の推定（423条2項） ························· 373

　　(3)　責任を負うべき役員等の範囲 ························· 374

　　(4)　任務懈怠の推定（423条3項） ······················· 374

　2　違法配当（462条1項） ································· 375

　　〔図表5-2〕　違法配当の責任を負う取締役および執行役 ········· 376

　3　利益供与（120条4項） ································· 376

　　〔図表5-3〕　利益供与の責任をとるべき取締役および執行役 ······ 377

Ⅱ　責任減免 ················································ 378

　1　責任の全部免除 ········································ 378

目 次

　2　責任の一部免除‥‥‥‥‥‥‥‥‥‥‥‥‥‥‥‥‥‥‥‥‥‥‥378

　　⑴　株主総会の特別決議による事後的な減免‥‥‥‥‥‥‥‥‥‥‥378

　　〔図表 5-4〕　賠償額の算定の基礎となる報酬‥‥‥‥‥‥‥‥‥‥‥379

　　〔図表 5-5〕　立場の違いによる免除限度額‥‥‥‥‥‥‥‥‥‥‥379

　　⑵　定款の定めによる取締役会決議による減免‥‥‥‥‥‥‥‥‥‥381

　　⑶　定款の定めに基づく契約による減免——非業務執行取締役等の

　　　　場合‥‥‥‥‥‥‥‥‥‥‥‥‥‥‥‥‥‥‥‥‥‥‥‥‥‥‥382

　　〔図表 5-6〕　責任減免制度の手続‥‥‥‥‥‥‥‥‥‥‥‥‥‥‥383

　3　訴訟上の和解‥‥‥‥‥‥‥‥‥‥‥‥‥‥‥‥‥‥‥‥‥‥‥384

　4　会社役員賠償責任保険（D&O 保険）‥‥‥‥‥‥‥‥‥‥‥‥384

Ⅲ　責任の消滅時効・遅延損害金の利率‥‥‥‥‥‥‥‥‥‥‥‥‥384

## 第2節　株主代表訴訟‥‥‥‥‥‥‥‥‥‥‥‥‥385

Ⅰ　制度趣旨‥‥‥‥‥‥‥‥‥‥‥‥‥‥‥‥‥‥‥‥‥‥‥‥‥‥385

Ⅱ　株主代表訴訟の手続‥‥‥‥‥‥‥‥‥‥‥‥‥‥‥‥‥‥‥‥‥385

　1　訴えの提起‥‥‥‥‥‥‥‥‥‥‥‥‥‥‥‥‥‥‥‥‥‥‥‥385

　　⑴　手　続‥‥‥‥‥‥‥‥‥‥‥‥‥‥‥‥‥‥‥‥‥‥‥‥‥385

　　⑵　株主代表訴訟を提起することができない場合‥‥‥‥‥‥‥‥‥387

　　⑶　不提訴理由の通知‥‥‥‥‥‥‥‥‥‥‥‥‥‥‥‥‥‥‥‥387

　　⑷　担保提供‥‥‥‥‥‥‥‥‥‥‥‥‥‥‥‥‥‥‥‥‥‥‥‥387

　2　審　理‥‥‥‥‥‥‥‥‥‥‥‥‥‥‥‥‥‥‥‥‥‥‥‥‥‥389

　　⑴　訴訟参加‥‥‥‥‥‥‥‥‥‥‥‥‥‥‥‥‥‥‥‥‥‥‥‥389

　　⑵　判決の効力‥‥‥‥‥‥‥‥‥‥‥‥‥‥‥‥‥‥‥‥‥‥‥390

　　⑶　代表訴訟の和解‥‥‥‥‥‥‥‥‥‥‥‥‥‥‥‥‥‥‥‥‥390

　　⑷　費用の会社負担‥‥‥‥‥‥‥‥‥‥‥‥‥‥‥‥‥‥‥‥‥390

Ⅲ　多重代表訴訟‥‥‥‥‥‥‥‥‥‥‥‥‥‥‥‥‥‥‥‥‥‥‥‥390

　1　制度趣旨‥‥‥‥‥‥‥‥‥‥‥‥‥‥‥‥‥‥‥‥‥‥‥‥‥390

　2　手　続‥‥‥‥‥‥‥‥‥‥‥‥‥‥‥‥‥‥‥‥‥‥‥‥‥‥391

31

目　次

(1)　持株要件……………………………………………………… 391

(2)　最終完全親会社の株主………………………………………… 391

(3)　特定責任の追及………………………………………………… 391

(4)　適用除外………………………………………………………… 392

**第3節**　**第三者に対する責任**……………………… 392

Ⅰ　悪意・重過失による任務懈怠の責任……………………… 392

　1　間接損害………………………………………………………… 393

　2　直接損害………………………………………………………… 393

Ⅱ　責任を負う取締役…………………………………………… 393

　1　名目的取締役…………………………………………………… 393

　2　事実上の取締役………………………………………………… 394

Ⅲ　書類等の虚偽記載・虚偽登記等の責任………………… 394

Ⅳ　責任の消滅時効・遅延損害金の利率…………………… 395

**第4節**　**違法行為のその他の是正手段**………… 396

Ⅰ　違法行為の差止請求権……………………………………… 396

　1　差止請求………………………………………………………… 396

　2　差止めの仮処分………………………………………………… 397

Ⅱ　検査役選任請求権…………………………………………… 397

# 第6章　組織再編

**第1節**　**総　説**……………………………………………… 398

Ⅰ　組織再編とは何か…………………………………………… 398

　〔図表6-1〕　組織再編…………………………………………… 398

Ⅱ　組織再編行為の特徴………………………………………… 399

32

〔図表 6-2〕 組織再編行為の特徴 ……………………………………… 400

Ⅲ　組織再編行為に潜在するリスク ……………………………… 401

**第2節**　**事業譲渡等** ………………………………………………… 403

Ⅰ　事業譲渡の意義 ………………………………………………… 403

　1　意義と内容 …………………………………………………… 403

　　〔図表 6-3〕 事業譲渡 …………………………………………… 404

　2　事業譲渡の該当性の判断基準の具体例 ………………………… 405

Ⅱ　事業譲渡・譲受けの手続 ……………………………………… 407

　1　事業譲渡契約の締結 ………………………………………… 407

　　〔図表 6-4〕 事業譲渡・譲受けの手続（上場会社の場合）………… 407

　　【書式 6-1】 事業譲渡契約書例 …………………………………… 408

　2　株主総会決議 ………………………………………………… 410

　　【書式 6-2】 議決権行使についての参考書類例 ………………… 411

　3　株式買取請求権 ……………………………………………… 412

　　(1)　行使要件 ……………………………………………………… 412

　　(2)　株式買取手続と買取価格 …………………………………… 413

　　〔図表 6-5〕 株式買取請求権の行使方法 ……………………… 414

　　(3)　買取請求権の例外 …………………………………………… 415

　4　子会社株式（持分）の譲渡 ………………………………… 415

　5　事業譲渡の実行 ……………………………………………… 416

Ⅲ　会社再建手段としての事業譲渡と事後設立 ……………… 417

　1　会社再建手段としての事業譲渡 …………………………… 418

　2　事後設立 ……………………………………………………… 418

　3　少数株主の救済方法 ………………………………………… 419

　4　債権者の保護 ………………………………………………… 419

Ⅳ　簡易事業譲渡、略式事業譲渡 ……………………………… 420

　1　簡易事業譲渡 ………………………………………………… 420

33

目　次

　　⑴　事業譲渡の場合……………………………………………………420

　　⑵　事業譲受けの場合…………………………………………………420

　　〔図表 6-6〕　簡易手続の利用が可能な場合（事業譲渡）……………421

　　⑶　簡易事業譲渡・譲受けの流れ……………………………………421

　　〔図表 6-7〕　簡易手続の利用が可能な場合（事業譲受け）…………422

　2　略式事業譲渡……………………………………………………………422

　　〔図表 6-8〕　簡易事業譲渡・譲受けの手続…………………………423

　　【書式 6-3】　事業譲受公告例………………………………………423

## 第3節　合　併 ……………………………………………………………424

Ⅰ　合併の意義 ………………………………………………………………424

Ⅱ　合併の種類 ………………………………………………………………425

Ⅲ　合併の手続 ………………………………………………………………426

　1　合併の具体的手続 ……………………………………………………426

　2　合併契約書 ……………………………………………………………426

　　⑴　吸収合併における合併契約書の記載事項………………………426

　　〔図表 6-9〕　通常の合併手続（上場会社の場合）…………………427

　　⑵　新設合併における合併契約書の記載事項………………………427

　　【書式 6-4】　合併契約書例…………………………………………428

　3　事前の開示 ……………………………………………………………431

　　⑴　備置開始日…………………………………………………………431

　　⑵　閲覧・謄写…………………………………………………………431

　4　合併承認株主総会 ……………………………………………………432

　5　少数株主保護 …………………………………………………………432

　　【書式 6-5】　議決権行使についての参考書類例 …………………433

　6　債権者保護手続 ………………………………………………………435

　7　合併効力発生日 ………………………………………………………436

　8　合併登記 ………………………………………………………………436

目　次

9　事後の開示 ………………………………………………… 437

Ⅳ　簡易合併、略式合併 …………………………………………… 437

1　簡易合併 …………………………………………………… 437

(1)　簡易合併とは ………………………………………… 437

(2)　簡易合併の要件 ……………………………………… 437

〔図表6-10〕　簡易合併の構造 ……………………………… 438

(3)　簡易合併の手続 ……………………………………… 438

2　略式合併 …………………………………………………… 439

〔図表6-11〕　略式合併の構造 ……………………………… 439

Ⅴ　合併の無効 ……………………………………………………… 440

1　無効事由 …………………………………………………… 440

2　手　続 ……………………………………………………… 441

(1)　提訴権者 ……………………………………………… 441

(2)　提訴期間 ……………………………………………… 441

3　無効判決の効果 …………………………………………… 441

Ⅵ　合併の差止め …………………………………………………… 442

第4節　会社分割 ……………………………………………… 443

Ⅰ　会社分割の意義 ………………………………………………… 443

Ⅱ　会社分割の種類 ………………………………………………… 443

1　吸収分割と新設分割 ……………………………………… 443

2　会社分割の方法 …………………………………………… 444

3　会社分割の効果 …………………………………………… 444

〔図表6-12〕　会社分割の方法 ……………………………… 444

Ⅲ　会社分割の手続 ………………………………………………… 445

1　会社分割の具体的手続 …………………………………… 445

2　分割契約書・分割計画書 ………………………………… 445

〔図表6-13〕　会社分割の手続（吸収分割）………………… 446

35

目　次

(1)　吸収分割の分割契約書の記載事項 …………………… 447

(2)　新設分割の分割計画書の記載事項 …………………… 448

3　事前の開示 ……………………………………………… 449

【書式 6-6】　吸収分割契約書例 ………………………… 449

4　分割承認株主総会 ……………………………………… 452

5　債務の移転 ……………………………………………… 453

6　債権者保護手続 ………………………………………… 454

7　会社分割の効力発生日 ………………………………… 454

8　事後の開示 ……………………………………………… 455

Ⅳ　簡易分割、略式分割 ……………………………………… 455

1　簡易分割 ………………………………………………… 455

(1)　簡易分割とは ……………………………………… 455

(2)　簡易分割の要件 …………………………………… 456

(3)　簡易分割の手続 …………………………………… 456

2　略式分割 ………………………………………………… 457

Ⅴ　会社分割の無効 …………………………………………… 457

1　無効事由 ………………………………………………… 457

2　手　続 …………………………………………………… 458

(1)　提訴権者 …………………………………………… 458

(2)　提訴期間 …………………………………………… 458

3　無効判決の効果 ………………………………………… 458

4　その余の不服申立方法 ………………………………… 459

(1)　詐害的会社分割 …………………………………… 459

(2)　差止請求 …………………………………………… 459

第5節　株式交換 …………………………………………… 460

Ⅰ　株式交換の意義 …………………………………………… 460

〔図表 6-14〕　各方法の特徴 …………………………… 461

1　株式買取り ･････････････････････････････････････････ 461

　　　〔図表 6-15〕　株式買取りの関係図 ･･････････････････････ 462

　　2　現物出資 ･･････････････････････････････････････････ 462

　　　〔図表 6-16〕　現物出資の関係図 ･･････････････････････ 463

　　3　株式交換 ･･････････････････････････････････････････ 463

　　　〔図表 6-17〕　株式交換の関係図 ･･････････････････････ 464

Ⅱ　**株式交換の手続** ･････････････････････････････････････ 465

　　1　株式交換契約 ･････････････････････････････････････ 465

　　　〔図表 6-18〕　通常の株式交換の手続 ･････････････････ 466

　　　【書式 6-7】　株式交換契約書例 ･･･････････････････････ 467

　　2　事前備置書類 ･････････････････････････････････････ 469

　　3　株式交換承認総会 ･･･････････････････････････････ 469

　　　(1)　招　　集 ････････････････････････････････････････ 469

　　　(2)　決　　議 ････････････････････････････････････････ 470

　　　(3)　株式交換反対株主の株式買取請求権 ･･･････････ 470

　　　【書式 6-8】　議決権行使についての参考書類例 ･･･････ 471

　　4　株券提出手続 ･････････････････････････････････････ 472

　　5　株式交換の効力発生日 ･････････････････････････ 472

　　6　債権者保護手続 ･････････････････････････････････ 472

　　7　登　　記 ････････････････････････････････････････････ 473

　　8　事後の開示 ･･･････････････････････････････････････ 473

　　　【書式 6-9】　株式交換に関する事後開示例 ･･･････････ 473

Ⅲ　**簡易株式交換、略式株式交換** ････････････････････ 474

　　1　簡易株式交換 ･････････････････････････････････････ 474

　　　(1)　簡易株式交換とは ･･･････････････････････････････ 474

　　　〔図表 6-19〕　簡易株式交換の関係図 ･････････････････ 475

　　　〔図表 6-20〕　簡易株式交換の流れ ････････････････････ 476

　　　(2)　簡易株式交換の手続 ･･･････････････････････････ 476

目　次

　　2　略式株式交換 ·················································· 477

Ⅳ　株式交換の無効 ··················································· 477

　　1　無効原因 ······················································· 477

　　2　手　続 ························································· 477

　　　(1)　提訴権者 ···················································· 477

　　　(2)　提訴期間 ···················································· 478

　　3　無効判決の効果 ················································ 478

Ⅴ　株式交換の差止め ················································· 478

### 第6節　株式移転 ················································ 479

Ⅰ　株式移転の意義 ··················································· 479

　　1　意　義 ························································· 479

　　2　持株会社の解禁と利点 ·········································· 480

　　3　株式移転による純粋持株会社の創設 ······················· 481

Ⅱ　株式移転の手続 ··················································· 482

　　〔図表6-21〕　株式移転の手続 ·································· 482

　　1　株式移転計画 ·················································· 483

　　2　事前備置書類 ·················································· 483

　　3　株式移転承認株主総会 ·········································· 484

　　　(1)　招　集 ····················································· 484

　　【書式6-10】　議決権行使についての参考書類例 ················ 485

　　　(2)　決　議 ····················································· 486

　　4　株券提出手続 ·················································· 487

　　5　債権者保護手続 ················································ 487

　　6　株式移転の登記 ················································ 488

　　7　事後の開示 ···················································· 488

　　【書式6-11】　株式移転に関する事後開示例 ···················· 489

Ⅲ　株式移転の無効 ··················································· 491

38

目 次

1 無効原因 ································································· 491

2 手 続 ··································································· 491

(1) 提訴権者 ························································· 491

(2) 提訴期間 ························································· 491

3 無効判決の効果 ················································· 492

## 第7節 キャッシュアウト ································ 492

Ⅰ 株式交換・合併の利用 ········································· 493

〔図表6-22〕 株式交換によるキャッシュアウトの場合 ········ 493

〔図表6-23〕 吸収合併によるキャッシュアウトの場合 ········ 494

Ⅱ 全部取得条項付種類株式の利用 ····························· 495

〔図表6-24〕 全部取得条項付種類株式によるキャッシュアウト ········· 496

Ⅲ 株式併合の利用 ················································· 497

〔図表6-25〕 株式併合によるキャッシュアウト ··············· 497

Ⅳ 株式等売渡請求制度 ············································ 498

〔図表6-26〕 株式等売渡請求制度によるキャッシュアウト ········· 499

〔図表6-27〕 キャッシュアウト手法の特徴の比較 ············ 500

## 第8節 M&A の会計と税務 ······················· 501

Ⅰ M&A の会計 ···················································· 502

1 企業結合に関する会計基準 ································· 502

2 事業分離等に関する会計基準 ····························· 503

3 会社計算規則の規定 ········································· 503

Ⅱ M&A の税務 ···················································· 503

Ⅲ IFRS ······························································ 504

1 IFRS とは ······················································ 504

2 IFRS 適用による組織再編への適用 ····················· 504

3 国内における IFRS 適用の動向 ·························· 505

39

目 次

## 第9節 登 記 ……………………………………………………… 506

Ⅰ 組織再編における登記 ………………………………………… 506

Ⅱ 登記の内容 ……………………………………………………… 506

　1 新設型組織再編 …………………………………………… 506

　2 吸収型組織再編 …………………………………………… 507

　3 事業譲渡等 ………………………………………………… 507

　　〔図表6-28〕 新設型組織再編の場合の概要 ………………… 508

　　〔図表6-29〕 吸収型組織再編の場合の登記の概要 ………… 509

Ⅲ 登記申請の方式 ………………………………………………… 509

　　【書式6-12】 株式会社合併による変更登記申請書例 ……………… 510

# 第7章 計 算

Ⅰ 総 論 …………………………………………………………… 512

　1 会計の意義 ………………………………………………… 512

　　(1) 会計の機能 ……………………………………………… 512

　　(2) 財務会計と管理会計 …………………………………… 512

　2 会計に関する法令等による規制 ………………………… 513

　　(1) 会計規範の相互関係 …………………………………… 513

　　〔図表7-1〕 会計制度のトライアングル体制 ……………… 514

　　〔図表7-2〕 会計に関する会社法上の規定 ………………… 515

　　(2) 会社法計算規定の全体像 ……………………………… 516

Ⅱ 決算と計算関係書類の作成 …………………………………… 517

　1 決算の意義 ………………………………………………… 517

　　(1) 事業年度 ………………………………………………… 517

　　(2) 決 算 …………………………………………………… 517

　2 会計帳簿の作成 …………………………………………… 518

40

(1)　会計帳簿の作成義務‥‥‥‥‥‥‥‥‥‥‥‥‥‥‥‥‥518

　(2)　会計帳簿の閲覧‥‥‥‥‥‥‥‥‥‥‥‥‥‥‥‥‥‥‥518

　〔図表 7-3〕　株式会社の決算手続‥‥‥‥‥‥‥‥‥‥‥‥518

　〔図表 7-4〕　会計帳簿の開示対象者‥‥‥‥‥‥‥‥‥‥‥519

3　計算書類の作成‥‥‥‥‥‥‥‥‥‥‥‥‥‥‥‥‥‥‥520

　(1)　計算書類の種類‥‥‥‥‥‥‥‥‥‥‥‥‥‥‥‥‥‥520

　(2)　貸借対照表および損益計算書‥‥‥‥‥‥‥‥‥‥‥‥520

　(3)　株主資本等変動計算書‥‥‥‥‥‥‥‥‥‥‥‥‥‥‥521

　(4)　個別注記表および附属明細書‥‥‥‥‥‥‥‥‥‥‥‥521

　〔図表 7-5〕　貸借対照表‥‥‥‥‥‥‥‥‥‥‥‥‥‥‥‥522

　〔図表 7-6〕　損益計算書‥‥‥‥‥‥‥‥‥‥‥‥‥‥‥‥523

4　事業報告の作成‥‥‥‥‥‥‥‥‥‥‥‥‥‥‥‥‥‥‥524

5　連結計算書類の作成‥‥‥‥‥‥‥‥‥‥‥‥‥‥‥‥‥524

　(1)　連結計算書類を作成する会社‥‥‥‥‥‥‥‥‥‥‥‥524

　(2)　連結の範囲の確定‥‥‥‥‥‥‥‥‥‥‥‥‥‥‥‥‥525

　(3)　連結決算特有の会計処理‥‥‥‥‥‥‥‥‥‥‥‥‥‥525

　(4)　連結計算書類の表示方法‥‥‥‥‥‥‥‥‥‥‥‥‥‥526

6　計算書類の監査と承認‥‥‥‥‥‥‥‥‥‥‥‥‥‥‥‥526

　(1)　計算書類、事業報告書の確定手続‥‥‥‥‥‥‥‥‥‥526

　(2)　計算書類および事業報告の監査‥‥‥‥‥‥‥‥‥‥‥526

　〔図表 7-7〕　計算書類の確定手続‥‥‥‥‥‥‥‥‥‥‥‥527

　〔図表 7-8〕　監査報告通知期限と監査報告提出先‥‥‥‥‥528

　(3)　取締役会の承認‥‥‥‥‥‥‥‥‥‥‥‥‥‥‥‥‥‥529

　(4)　株主総会による承認‥‥‥‥‥‥‥‥‥‥‥‥‥‥‥‥530

　〔図表 7-9〕　直接開示の方法‥‥‥‥‥‥‥‥‥‥‥‥‥‥530

　〔図表 7-10〕　間接開示の方法‥‥‥‥‥‥‥‥‥‥‥‥‥531

　(5)　計算書類の確定‥‥‥‥‥‥‥‥‥‥‥‥‥‥‥‥‥‥532

　(6)　公　　告‥‥‥‥‥‥‥‥‥‥‥‥‥‥‥‥‥‥‥‥‥532

〔図表 7-11〕 取締役会設置会社の計算書類の確定時期 …………………… 532

(7) 計算書類等に関する責任 ………………………………………… 533

7　上場会社の決算開示制度 ……………………………………………… 533

(1) 投資家保護のための決算開示制度の必要性 …………………… 533

(2) 開示すべき内容 ………………………………………………… 534

〔図表 7-12〕 連結キャッシュ・フロー計算書 ………………………… 536

(3) 証券取引所の規制による開示 ………………………………… 539

Ⅲ　計算書類の内容 ………………………………………………………… 540

1　資　産 …………………………………………………………………… 540

(1) 資産の分類 ……………………………………………………… 540

〔図表 7-13〕 資産の分類と内容 ……………………………………… 540

(2) 資産の評価 ……………………………………………………… 541

2　負　債 …………………………………………………………………… 541

〔図表 7-14〕 負債の分類と内容 ……………………………………… 542

3　純資産 …………………………………………………………………… 542

(1) 資本金、準備金およびその他剰余金 ………………………… 542

〔図表 7-15〕 減資・減準備金決議とその機関 ……………………… 544

(2) 自己株式 ………………………………………………………… 546

(3) 評価・換算差額等 ……………………………………………… 547

(4) 新株予約権 ……………………………………………………… 547

(5) 少数株主持分 …………………………………………………… 547

4　収益および費用 ………………………………………………………… 547

(1) 売上高、売上原価および販売費・一般管理費 ……………… 547

(2) 営業外収益および営業外費用 ………………………………… 548

(3) 特別利益および特別損失 ……………………………………… 548

Ⅳ　臨時計算書類 …………………………………………………………… 549

1　臨時計算書類の作成目的 ……………………………………………… 549

2　臨時計算書類の作成手続 ……………………………………………… 549

⑴　臨時決算日‥‥‥‥‥‥‥‥‥‥‥‥‥‥‥‥‥‥‥‥‥549

　⑵　監査および承認‥‥‥‥‥‥‥‥‥‥‥‥‥‥‥‥‥‥549

　⑶　開　　示‥‥‥‥‥‥‥‥‥‥‥‥‥‥‥‥‥‥‥‥‥549

Ⅴ　剰余金の配当‥‥‥‥‥‥‥‥‥‥‥‥‥‥‥‥‥‥‥‥550

　1　会社法における配当規制‥‥‥‥‥‥‥‥‥‥‥‥‥‥550

　2　分配可能額‥‥‥‥‥‥‥‥‥‥‥‥‥‥‥‥‥‥‥‥550

　⑴　財源規制の対象となる行為‥‥‥‥‥‥‥‥‥‥‥‥550

　⑵　剰余金の計算‥‥‥‥‥‥‥‥‥‥‥‥‥‥‥‥‥‥551

　⑶　分配可能額の計算‥‥‥‥‥‥‥‥‥‥‥‥‥‥‥‥551

　3　配当に関する手続‥‥‥‥‥‥‥‥‥‥‥‥‥‥‥‥‥552

　⑴　配当に関する事項の決定‥‥‥‥‥‥‥‥‥‥‥‥‥552

　⑵　配当決定機関の特則‥‥‥‥‥‥‥‥‥‥‥‥‥‥‥553

　〔図表7-16〕　剰余金の配当決定機関に関する特則‥‥‥‥‥553

　4　配当等に関する責任‥‥‥‥‥‥‥‥‥‥‥‥‥‥‥‥554

　⑴　分配可能額を超えて配当等が行われた場合の責任‥‥‥‥‥554

　⑵　欠損が生じた場合の責任（期末のてん補責任）‥‥‥‥‥‥555

# 第8章　解散・清算

Ⅰ　解散とは‥‥‥‥‥‥‥‥‥‥‥‥‥‥‥‥‥‥‥‥‥‥557

　1　株主総会の決議（471条3号）‥‥‥‥‥‥‥‥‥‥‥557

　2　合併により消滅する会社に該当する場合（471条4号）‥‥‥‥558

　3　解散を命ずる裁判（471条6号）‥‥‥‥‥‥‥‥‥‥558

　⑴　解散命令‥‥‥‥‥‥‥‥‥‥‥‥‥‥‥‥‥‥‥‥558

　⑵　解散判決‥‥‥‥‥‥‥‥‥‥‥‥‥‥‥‥‥‥‥‥558

　4　休眠会社のみなし解散（472条）‥‥‥‥‥‥‥‥‥‥558

Ⅱ　清算とは‥‥‥‥‥‥‥‥‥‥‥‥‥‥‥‥‥‥‥‥‥‥559

　1　通常清算‥‥‥‥‥‥‥‥‥‥‥‥‥‥‥‥‥‥‥‥‥559

43

| （1） | 意　義 | 559 |
| （2） | 清算会社の機関 | 559 |
| （3） | 清算人の職務 | 559 |
| （4） | 清算の終了 | 561 |

2　特別清算とは 561
| （1） | 意　義 | 561 |
| （2） | 特別清算手続のメリット・デメリット | 561 |
| （3） | 申立て | 562 |
| （4） | 清算人の職務等 | 563 |
| （5） | 協定型と和解型 | 565 |
| （6） | スケジュール | 567 |

〔図表 8-1〕　特別清算手続のスケジュール（協定型） 568

# 第9章　会社の種類──各種会社

Ⅰ　会社の類型・種類 569

　〔図表 9-1〕　会社の形態 569

Ⅱ　各種会社の特徴 570

1　株式会社 570

2　合名会社 571

3　合資会社 571

4　合同会社（日本版 LLC） 571

5　有限会社の帰すう 572

　〔図表 9-2〕　各種会社の特徴 573

　〔図表 9-3〕　有限会社の帰すう 574

Ⅲ　会社の類型・種類の変更 574

目　次

# 第10章　登　記

Ⅰ　会社法における登記 ……………………………………… 575

Ⅱ　機関設計の登記 …………………………………………… 575

Ⅲ　就任時・退任時の役員等の登記 ………………………… 576

・事項索引…………………………………………………………… 578

・判例索引…………………………………………………………… 588

・会社法・会社法施行規則・会社計算規則条文索引……………… 594

・執筆者略歴………………………………………………………… 603

45

# 株式会社の設立

## Ⅰ 発起設立と募集設立

株式会社の社団の実体を形成するには、発起設立と募集設立の手続がある。

### 1 発起設立

発起設立とは、会社が設立に際して発行する株式の総数の全部を発起人が引き受けて会社を設立する場合（26条以下）をいう。

実務的には、発起人だけで設立時の出資をまかなうことが困難な大規模な会社を設立するには次に述べる募集設立が適しているが、設立時に発起人以外から出資を募る例は少ないため、募集設立よりも発起設立が利用される場

〔図表1-1〕 発起設立の手続概略図

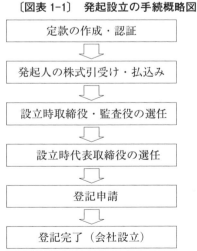

第1章　株式会社の設立

〔図表 1-2〕　募集設立の手続概略図

```
┌─────────────────────────────┐
│        定款の作成・認証        │
└─────────────────────────────┘
              ⇩
┌─────────────────────────────┐
│     発起人の株式引受け・払込み   │
└─────────────────────────────┘
              ⇩
┌─────────────────────────────┐
│     株主募集・申込み・割当て     │
└─────────────────────────────┘
              ⇩
┌─────────────────────────────┐
│           株式払込み           │
└─────────────────────────────┘
              ⇩
┌─────────────────────────────┐
│  創立総会（設立時取締役・監査役の選任等）  │
└─────────────────────────────┘
              ⇩
┌─────────────────────────────┐
│      設立時代表取締役の選任      │
└─────────────────────────────┘
              ⇩
┌─────────────────────────────┐
│           登記申請           │
└─────────────────────────────┘
              ⇩
┌─────────────────────────────┐
│      登記完了（会社設立）      │
└─────────────────────────────┘
```

合が多い。

## 2　募集設立

　募集設立とは、発起人がその一部のみを引き受け、残余については他から引受人を募集する場合（57条以下）をいう。

# Ⅱ　設立手続の概略

## 1　定款の作成（26条）

　まず、いずれの場合も、発起人が定款を作成し、株式発行のための必要な

II 設立手続の概略

事項を決定する。

## 2 引受けと募集 (25条)

### (1) 発起設立の場合

発起設立では、設立に際して発行する株式総数を発起人が引き受ける（25条1項1号）。

発行価額全額の払込みおよび現物出資全部の履行がなされ、かつ、設立時取締役・設立時監査役等の設立時役員を選出すると、実体が完成する。

### (2) 募集設立の場合 (25条、57条)

募集設立では、設立に際し発行する株式総数の一部を発起人が引き受け、残りの株式につき株主を募集し、申込みに対し割当てをする（25条1項2号）。

発行価額全額の払込みおよび現物出資全部の履行がなされた後、創立総会を招集し、設立手続を調査するとともに設立時取締役・設立時監査役等を選任すると、実体が完成する。

## 3 取締役会設置会社の場合——設立時代表取締役の選定

設立しようとする株式会社が取締役会設置会社（指名委員会等設置会社を除く）の場合は、設立時取締役（設立しようとする株式会社が監査等委員会設置会社である場合、設立時監査等委員である設立時取締役以外の設立時取締役）の中から設立時代表取締役を選定する（47条1項）。

## 4 指名委員会等設置会社の場合——設立時委員および設立時代表執行役の選定

設立しようとする株式会社が指名委員会等設置会社の場合、設立時取締役は、設立時取締役の中から、指名委員会・監査委員会・報酬委員会の各設立時委員を選定し、設立時代表執行役を選定する（48条1項3号）。

3

第 1 章　株式会社の設立

## 5　法人格の付与

　設立時代表取締役（または、設立時代表執行役）が、設立登記を申請し設立登記がなされると、法人格が付与されることになる（準則主義）。

# Ⅲ　定款の作成

## 1　発起人による定款の作成

### (1)　発起人とその権限

　発起人とは、会社の設立の企画者として定款に署名または記名押印（電子署名を含む）した者をいう（26条1項・2項）。

　発起人の資格に制限はなく、行為能力のない者でも法人でもよい。

> ⚜ *One point advice*　**発起人の権限の範囲は？** ─────
>
> 　発起人は設立中の会社の執行機関である。
>
> 　そして、設立中の会社とは、自らが会社として成立することを目的とする権利能力なき社団（権利能力なき社団とは、多数の構成員からなり、整備された組織をもつなど、社団としての実体を有しながら、法人格を有しないものをいう）であり、かかる設立中の会社が成長し、権利能力を付与されて会社になると考えることにより（同一性説）、定款の作成、設立時取締役、設立時監査役の選任等の法律関係が成立後の会社に帰属すると説明される（通説）。
>
> 　よって、発起人の権限の範囲は、会社の成立それ自体を目的とする行為に限られず、会社の設立のために法律上経済上必要な行為を行う権限を有すると解されている。そして、発起人がその権限の範囲内でなした行為は、成立後の会社に帰属する。
>
> 　では、発起人が定款に記載のない取引をした場合はどうなるのか。
>
> 　確かに、発起人が開業準備行為（成立後の事業活動に必要または有益な人的準備をするなどの取引行為）を行った場合、定款に記載のない取引行

4

Ⅲ　定款の作成

〔図表 1-3〕　発起人の権限

| 発起人の権限 | |
| --- | --- |
| 会社の成立それ自体を目的とする行為 | 会社の設立のために法律上、経済上必要な行為 |
| ・定款の作成<br>・社員の確定<br>・機関の具備 | ・設立事務所の賃借<br>・株主募集のための株式申込証用紙の作成等 |

為の効果は成立後の会社に及ばないが、取引の相手方を保護する必要がある。

　そこで、発起人は、取引行為の時に会社が存在しないという意味で本来の無権代理人にはあたらないが、民法117条を類推して善意無過失の相手方は、発起人に無権代理人としての責任を追及することができる（最判昭和33・10・24民集12巻14号3228頁）。

発起人の権限を整理すると〔図表 1-3〕のようになる。

⑵　**定款の作成方式**

　定款は、公証人の認証を受けなければ効力を有しない（30条 1 項）。その内容を明確にし、後日の紛争および不正を防止するためである。

⚜ *One point advice*　**電磁的定款の認証** ━━━━━━━━━

　発起人が、指定公証人の面前で当該電磁的定款に電子署名したことを自認すれば、指定公証人は認証文に相当する情報を電磁的方式により交付する。

　会社法でいう「電磁的記録」（施規224条）とは、①磁気テープ、フロッピーディスク等の電磁的方法によるもの、②IC カード、IC メモリー等の電子的方法によるもの、③CD-ROM 等の光学的方法によるものを含むと解されるが、定款は設立登記の申請書に添付が必要であり（商登47条 2 項 1 号）、登記申請書に添付できる電磁的記録は、「日本工業規格 X6223 に適合する90ミリメートルフレキシブルディスクカートリッジ」または、

5

第1章　株式会社の設立

「日本工業規格 X0606 に適合する120ミリメートル光ディスク」を用いることになる（商登19条の2、商登規36条1項）。

### (3)　定款の内容

定款の記載事項は、①絶対的記載事項、②相対的記載事項および③任意的記載事項に分けられる。

#### ㋐　絶対的記載事項

絶対的記載事項とは、定款に必ず記載されなければならない事項をいう。

したがって、その記載を欠くときは定款自体が無効となる。具体的には、以下の記載を要する。

①　会社存立上不可欠な事項として、「目的」（27条1号）、「商号」（同条2号）、「本店の所在地」（同条3号）

②　株式等に関する事項として、「設立に際して出資される財産の価額またはその最低額」（27条4号）、および「発行可能株式総数」（37条）

③　「発起人の氏名または名称及び住所」（27条5号）、

このうち、「発行可能株式総数」は定款認証時には記載がなくてもよいが会社設立時までに発起人全員の同意で定める（変更する）ことが必要である（37条1項・2項）。

また、公開会社の場合、設立時発行株式総数は発行可能株式総数の4分の1以上でなければならない（37条3項）。

---

### ✤ *One point advice*　商号に使用できる文字 ────

商号を登記するには、ローマ字その他の符号で法務大臣の指定するものを用いることができる（商登規50条）。具体的には、ローマ字、アラビア数字、コンマ、ハイフォンを用いることができる。

いずれにしても、株式会社の場合、「株式会社」を記載しなければならない。

6

### (イ) 相対的記載事項

#### (A) 相対的記載事項とは

相対的記載事項とは、定款に記載しなくても定款自体の効力は否定されないが、定款に記載しないとその事項の効力が認められないものをいう。

これには、会社法上規定されている（28条：変態設立事項、299条1項：総会の招集期間、939条1項：公告の方法など）もののほか、解釈によって導かれるもの、たとえば、剰余金配当請求権の除斥期間の定めや、総会の議決権行使の代理人資格を株主に限る定め、等である。

#### (B) 変態設立事項とは

相対的記載事項の中で特に問題とされるのは変態設立事項である。

変態設立事項は、発起人または第三者の利益を図って会社の財産的基礎を危うくする可能性のある設立費用・現物出資・財産引受けなどの事項であり、そのため、①設立時定款に記載・記録しなければ効力を認められず（28条柱書・1号）、②原則として裁判所が選任する検査役の調査を要し（33条1項）、③その内容が不当なときは裁判所が定款変更をし（同条7項）、または創立総会で定款変更をすることができる（募集設立の場合：96条）。

さらに、募集設立の場合には、応募する株主を保護するため株式申込証用紙の記載事項とされている（59条1項2号）。

以下、変態設立事項（28条）の中で、特に問題とされている設立費用（同条4号）、現物出資（同条1号）、財産引受け（同条2号）を取り上げ具体的に説明する。

#### (C) 設立費用

##### (i) 設立費用とは

会社設立事務の執行のために必要な費用であり、設立事務所の賃料、株式申込証の印刷費等である。株式の募集広告費もこれにあたる（大判昭和2・7・4民集6巻428頁）。

##### (ii) 設立費用は変態設立事項

発起人が設立費用を支出した場合、発起人は本来、会社が設立したときに

は、当然に会社に対し求償できるはずである。

　しかし、無制限な支出を許すと会社の財産的基礎が害されるので、変態設立事項とされている。

　したがって、発起人は、定款に記載された金額の限度内で（28条4号）、かつ、検査役の調査で認められた金額のみ（33条）、会社に求償できる。

　それでは、発起人が会社成立後においても設立費用に関する債務を履行していない場合、その債務の帰属関係はどうなるのか。

　この点判例は、設立費用債務は、定款に記載され、かつ創立総会で承認された金額の限度で、会社の債務となり、発起人は免責されるとする（前掲大判昭和2・7・4。旧法下のもの）。

　しかし、かかる判例の立場によると、設立費用の債権総額が上記の限度を超えた場合に、会社に請求できる額を債権額による按分比例で決めるのか、時間的先後により決めるのか等、困難な問題が生じることから、現在この判例を支持する見解はない。

　現在の学説では、全額会社に帰属するとする見解、全額発起人に帰属するとする見解が対立する。

　発起人の権限の範囲を、会社の成立それ自体を目的とする行為に限定されるとすれば、会社の設立事務の執行は発起人の権限外の行為と解されるから、設立費用債務は全額を発起人に帰属させることになる。

　しかし、前述のように、発起人の権限には会社の設立のために法律上、経済上必要な行為も含まれるから、会社の設立事務の執行は発起人の権限内の行為であると解するべきであり、設立費用債務は、全額会社に帰属すると解される。

### (D)　現物出資

　現物出資とは、金銭以外の財産をもってする出資であり、目的となる財産は、動産・不動産・有価証券・営業の全部または一部等である。

　現物出資の目的物は、貸借対照表に資産として計上できるものであることを要すると解されている。したがって、労務出資（民667条2項）は現物出資

の目的物とはならない。

　株式会社では金銭出資を本則とするが、会社が特定の財産を必要とする場合もあるので現物出資も認められる。

　ただ、目的物を過大に評価し会社の財産的基礎を害する危険性があることから、会社法は現物出資を変態設立事項とした（28条1号）。

　さらに、現物出資は引受人間の不平等を生じるおそれがあるため、不足額てん補責任（52条）を負う発起人のみが現物出資をできることとされている。

　なお、現物出資と財産引受けについて、①対象となる財産の価格が少額（500万円を超えない）の場合、②対象となる財産が市場価格のある有価証券である場合（たとえば、上場株式において定款記載の価額が、定款の認証の日における当該有価証券を取引する市場における最終の価格を超えない場合）、③現物出資財産等について定款に記載され、または記録された価額が相当であることについて、弁護士・公認会計士・税理士等の証明を受けた場合（たとえば不動産鑑定士の評価を相当とする証明）には、裁判所が選任する検査役の調査を要しない（33条10項）。

　検査役の調査を要しない場合であっても、設立時取締役等は、①、②の場合には定款記載の価額が相当であるかどうか調査し、③の場合は証明が相当かどうかなどを調査する義務を負う（46条1項1号・2号、93条1項1号・2号、94条）。

### (E)　財産引受け

#### (i)　財産引受けとは

　発起人が会社の成立を条件として、成立後の会社のために特定の財産を譲り受けることを約する契約をいう。

#### (ii)　財産引受けは変態設立事項

　財産引受けは取引法上の行為であって、社員関係の問題である現物出資とは異なる。

　しかし、目的物を過大に評価し会社の財産的基礎を害する危険性があることは現物出資と同様であって、現物出資の潜脱手段として用いられるおそれ

第1章　株式会社の設立

がある。

　そこで、会社法はこれを変態設立事項としている（28条2号）。

　　(iii)　定款に記載のない財産引受け

　定款に記載のない財産引受けについて、判例は、会社が成立後にこれを追認できると財産引受けにつき厳重な条件を定めた法の趣旨が没却されるので、追認を認めるべきではない、と解している（最判昭和28・12・3民集7巻12号1299頁、最判昭和61・9・11判時1215号125頁等）。

　このように追認を否定すると、財産引受契約の相手方は会社に対し、契約に基づく履行を請求できないことになりそうである。

　しかし、財産引受けを原始定款に記載しなかったことによる無効を会社に主張することができない特段の事情がある場合、会社が契約に基づく履行の請求を拒むことは信義則（民1条2項）に反し、許されないといえる。

　判例も、営業譲渡契約が譲受会社にとって財産引受けにあたるのに、これを譲受会社の原始定款に記載しなかったことにより無効である場合であっても、「譲渡人が営業譲渡契約に基づく債務をすべて履行済みであり、譲受会社も営業譲渡契約が有効であることを前提に譲渡人に対し自己の債務を承認して譲受代金の一部を履行し、譲り受けた製品、原材料等を販売又は消費し、しかも、譲受会社は契約後約9年を経て初めて右の無効の主張をするに至ったもので、その間、譲受会社の株主や債権者等が営業譲渡契約の効力の有無を問題にしたことがなかったなどの事情があるときは、譲受会社が営業譲渡契約の無効を主張することは、信義則に反し、許されない」としている（前掲最判昭和61・9・11）。

---

　⚜ *One point advice*　**事後設立** ━━━━━━━━━━━━

　　事後設立とは、会社の成立前から存在する財産で事業のために継続して使用する財産を会社がその成立後2年内に純資産の20%超にあたる対価で取得することをいう。

　　検査役調査は不要だが、現物出資に関する規制の趣旨を潜脱するおそれ

があるので、株主総会の特別決議を必要とする（467条1項5号、309条2項11号）。なお、この20％の基準は定款で引き下げることができる（467条1項5号）。

### (ウ) 任意的記載事項

任意的記載事項とは、定款に記載しなくても定款自体が無効となるわけではなく、また定款で定めなくてもその事項の効力が認められないわけではないが、定款に記載されている事項である。たとえば、代表権を有する取締役、取締役・監査役の員数などである。

## 2 株式発行事項の決定

設立に際して出資される財産の価額またはその最低額は定款で定めなければならない（27条4号）。

それ以外の事項は定款外で適宜定めることができ、原則として発起人の多数決で定めることができるが（民670条）、①発起人が割当てを受ける設立時発行株式の数、②①の設立時発行株式と引換えに払い込む金銭の額、③設立後の株式会社の資本金・資本準備金の額に関する事項については、定款に定めている場合を除き、発起人全員の同意が必要である（32条1項）。

なお、設立しようとする株式会社が種類株式発行会社であり、発起人が割当てを受ける設立時発行株式が種類株式であるときは、発起人全員の同意によりその内容を定めなければならない（32条2項、108条3項）。

# IV 株式会社の設立過程

## 1 発起設立の場合

### (1) 株式の引受けと申込証の有無など

設立時発行株式は、発起人がその全部を引き受ける。株式の引受けの時期

第1章　株式会社の設立

は、特に定められておらず、定款作成前でも後でもよい。

　発起人は出資の履行をすれば、会社設立時に株主となる（50条1項）。

(2)　**出資の履行──資本充実の原則**

　株式を引き受けた発起人は、遅滞なく、各自が引き受けた各株につき発行価額全額の払込みをし、また現物出資もその全部を給付することを要する（34条1項本文）。ただし、発起人全員の同意がある場合、権利の設定または移転の第三者対抗要件具備は、会社成立後でもよい（同項ただし書）。

　金銭出資については、発起人の不正や「預合い」などの仮装行為を防止して、払込みを確実にするため、発起人は、払込みをなすべき銀行または信託会社等の払込取扱場所においてしなければならない（34条2項）。

　なお、払込取扱機関の保管証明制度は、募集設立のみとされている（64条1項）。

---

### ⚜ *One point advice*　預合い・見せ金 ────────

1．預合い

　株式払込みの仮装行為は、「預合い」と「見せ金」に類別できる。

　預合いとは、発起人等が払込取扱機関から借入れをなし、それを株式の払込金として会社の預金に振り替えたうえで、借入金を返済するまで上記預金を引き出さないことを約することをいう。

　かかる預合いは、資本充実を害し無効な行為であるから、法は出資を仮装した発起人および設立時取締役にてん補責任を課し（52条の2第1項・2項、103条2項）、預合罪（965条）を定め、他に募集設立の場合には、払込みを仮装した設立時株式について株主の権利を制限し（102条3項）、払込取扱機関に保管証明責任（64条2項）を課してその禁圧を図った。

2．見せ金

　預合いに代わる仮装手段として横行したのが「見せ金」である。

　見せ金の典型例としては、発起人等が払込取扱機関以外の第三者から借入れをなし（行為ⓐ）、それを株式の払込みにあて（行為ⓑ）、会社成立後または新株発行の効力発生後間もなくこれを払込取扱機関から引き出して借入先に返済する（行為ⓒ）場合をいう。

この点、株式の払込みは常に自己資金で行われる必要はないから、見せ金の個々の行為のうち、行為ⓑを他の行為と切り離して判断すると、かかる払込みに違法性はなく有効であると考えられそうである。

しかし、見せ金は当初から払込みを仮装しようとする意図の下になされた行為であって、資本充実を期する法の趣旨に反するといえる。

したがって、見せ金による払込みは、無効というべきである。

見せ金と有効な払込みとの区別は、客観的に払込み仮装の意図を推認するしかない。その基準としては、①会社成立後借入金を返済するまでの期間の長短、②払込金が会社資金として運用された事実の有無、③借入金の返済が会社の資金関係に及ぼす影響の有無等、により判断するべきである（最判昭和38・12・6民集17巻12号1633頁等）。

### (3) 設立時取締役と設立時監査役の選任

発起人は、出資の履行が完了した後、設立しようとする株式会社の機関設計に応じて、遅滞なく設立時取締役（設立しようとする株式会社が取締役会設置会社である場合、設立時取締役を3名以上選任する（39条1項））および設立時監査役等の設立時役員を選任しなければならない（38条～41条）。

設立しようとする会社が監査等委員会設置会社の場合には、設立時取締役の選任は、設立時監査等委員である設立時取締役と、それ以外の設立時取締役とを区別して選任しなければならない（88条2項）。

次に、設立しようとする株式会社が取締役会設置会社である場合は設立時代表取締役を（47条1項）、指名委員会等設置会社である場合は設立時代表執行役を（48条1項3号）、それぞれ設立時取締役の過半数をもって決定しなければならない（47条3項、48条3項）。

### ✣ *One point advice* 選任の方法・時期 ━━━━━━

設立時取締役および設立時監査役等の選任は、発起人の議決権（1株につき1個）の過半数でなされるが（40条1項）、募集設立の場合のように創立総会類似の特別の会議体によることを要しない。

なお、設立時代表取締役または設立時代表執行役については、設立登記

の関係で、会社成立までに設立時取締役の過半数をもって決定（47条1項）しておく必要がある（商登47条1項）。

### (4) 変態設立事項の調査

変態設立事項がある場合には、原則として、取締役の請求に基づいて裁判所が選任した検査役の調査が必要である（33条）。

検査役には、弁護士が選任されることが多い。ただし、一定の場合には、検査役の調査は不要である。この場合、設立時取締役・設立時監査役が調査する必要がある（46条1項）。

検査役の調査の結果が妥当であれば問題はないが、不当な場合には裁判所が定款を変更することになる（33条7項）。この点は事後設立の場合と異なるところである。

### (5) 設立時取締役・設立時監査役による設立手続の調査

設立時取締役（設立しようとする会社が監査役設置会社である場合、設立時取締役および設立時監査役）は、選任後遅滞なく、次の事項を調査しなければならない（46条1項1号～4号）。

① 現物出資・財産引受けについて、検査役の調査が不要の場合に、定款記載の価額が相当であること

② 現物出資・財産引受けが相当であることについて、弁護士・弁護士法人・公認会計士・監査法人・税理士・税理士法人の証明を受けた場合（不動産の場合には不動産鑑定士の鑑定評価を含む）にその証明が相当であること

③ 出資の履行が完了していること

④ 株式会社の設立の手続が法令または定款に違反していないこと

調査の結果、法令・定款の違反または不当な事項があった場合には、各発起人に通知しなければならない（46条2項）。

また、設立しようとする株式会社が指名委員会等設置会社である場合、設立時取締役は、調査が終了したときはその旨を、調査の結果、法令・定款の

違反または不当な事項があったとして発起人に通知した場合はその旨およびその内容を、代表執行役に通知しなければならない（46条3項）。

## 2　募集設立の場合

### (1)　株式の引受け

#### (ア)　発起人による株式の引受け

まず、発起人が株式を引き受ける。発起人が設立に際して発行する株式総数の一部を引き受けるにすぎない点で、発起設立の場合と異なる。

#### (イ)　株主の募集

発起人が引き受けた残りの株式について、発起人が設立時発行株式を引き受けようとする者を募集する（57条、58条）。

募集の態様に別段の制限はなく、公募でも縁故募集でも差し支えない。

株式の引受けを申し込もうとする者の募集にあたっては、定款の認証の年月日およびその認証をした公証人の氏名、定款の必要的記載事項、変態設立事項、設立時発行株式および設立時募集株式に関する事項（32条1項、58条1項）、発起人が出資した財産の価額、払込取扱場所などの事項を通知しなければならない（59条1項、施規17条）。

#### (ウ)　株式の申込み

発起人の募集に応じて、設立時募集株式の引受けの申込みをする者は、申込みをする者の氏名または名称および住所、引き受けようとする設立時募集株式の数を記載または記録した書面または電磁的方法により申込みをしなければならない（59条3項・4項）。

株式申込みの際、一定の申込証拠金を添えて申し込むのが通例である。

株式申込みの無効・取消しについては、会社の設立に影響を及ぼすことをできるだけ避けるため、次の特例が規定されている。

すなわち、株式申込人が無能力のときは民法の一般原則によるが、その意思表示に瑕疵があるときでも、心裡留保・通謀虚偽表示を理由とする無効についての民法の規定は、設立時株式の引受けには適用されず（51条1項、102

第1章　株式会社の設立

条2項）、また、錯誤無効の主張および詐欺・強迫による取消しは、一定の時期以後は認められない（51条2項、102条3項）。

なお、申込みが他人の名義でなされた場合には、実際に申込みをした者が実質上の引受人・株主となる（実質説。旧商法201条2項に関し、最判昭和42・11・17民集21巻9号2448頁）。ただし、会社は名義人を引受人・株主として扱えば足り、実質上の株主がその地位を会社に主張するためには株主名簿の名義書換え（130条）をしなければならない。

(エ)　株式の割当て

募集した株式につき申込みがあると、発起人は割当て、つまり特定の申込人に株式を引き受けさせるかどうかを決定する。[1]

(オ)　権利株の譲渡

割当てにより、株式申込人は株式引受人の地位（権利株）を取得する。

株式引受人の地位の譲渡は、当事者間では有効であると解されるが、会社との関係では効力を生じさせるものではない（35条）。

(2)　出資の履行

発起人は株式引受け後遅滞なく（34条1項本文）、募集株式の引受人は発起人が定めた払込期日または払込期間中に（63条1項）引き受けた株式について発行価額全額の払込みをし、[2]現物出資の場合はその全部の給付をしなければならない。

払込みがなかった場合には、迅速な設立を図るために失権手続が認められ[3]ている（36条、63条3項）。

---

1　株式の割当ては、理論的には発起人が自由になしうる（割当自由の原則）。しかし、実際には、申込みに際して発行価額と同額の株式申込証拠金を払い込ませ、申込みが募集株式総数に達すると募集を打ち切る、という方法がとられるので、実務上、割当自由の原則が問題になることはない。

2　会社法は銀行または信託会社等を払込取扱機関として定めさせ（34条2項、59条2項10号）、株式の払込みは払込取扱機関にすべきものとした（34条2項、63条）。募集設立の場合、払込取扱機関が、発起人等の請求により払込金の保管証明書を交付すると（64条）、その証明した金額の払込みがなかったこと、または返還に関する制限（預合い）があることを、第三者に対抗できない（64条。保管証明責任）とする。

### ⑶ 変態設立事項の調査

定款で変態設立事項を定めた場合には、発起人は、検査役の選任を裁判所に請求しなければならない（33条）。

一定の場合に、調査が不要になることは、発起設立の場合と同様である。

### ⑷ 創立総会

#### ㋐ 招集・決議

募集設立においては、払込期日または期間が経過すると、発起人は遅滞なく創立総会[4]を招集しなければならない（65条1項・2項）。

#### ㋑ 権　限

##### ⒜ 発起人の報告

まず、発起人は、会社の設立に関する事項を創立総会に報告することを要する（87条1項）。

設立に関する事項とは、定款の作成や株主の募集など、発起人が設立に関してなしたすべての事項である。

##### ⒝ 設立時取締役・設立時監査役の選任

創立総会では、設立時取締役（設立しようとする会社が監査等委員会設置会社である場合、設立時取締役の選任は、設立時監査等委員である設立時取締役と

---

3　失権手続とは、発起人が払込み（出資の履行）をしなかった場合、失権予告付きで払込みを催促して払込みがなければ引受人を失権させ（36条）、発起人以外の引受人が払込みをしなかった場合は当然に失権させる（63条3項）制度をいう。この場合、他の出資者により出資された財産の価額が定款で定めた「設立に際して出資される財産の価額またはその最低額」を満たしているときは、設立手続を続行できるが、満たしていなければ追加の引受人の募集をしないと設立手続を続けられない。なお、発起人は設立時株式を1株以上引き受ける義務があるので（25条2項）、失権により発起人が1株も権利を取得しなくなるような場合には、他の出資者により出資された財産の価額が定款で定めた「設立に際して出資される財産の価額またはその最低額」を満たしていたとしても設立無効となる。ただし、実務上は、前述のとおり株式申込証拠金として発行価額の全額を徴収することが通例であるため、失権手続をとる必要はない。

4　創立総会は、設立時に株主となる株式引受人からなる設立中の会社の議決機関であり、設立後の会社の株主総会にあたる。したがって、招集手続・議決権・議長等については株主総会の規定とほぼ同様である（67条〜86条）。しかし、決議方法については、出席した株式引受人の議決権の3分の2以上であり、かつ議決権総数の過半数の多数によりされ、株主総会の特別決議よりも厳重である（73条1項）。

第1章　株式会社の設立

それ以外の設立時取締役とを区別して選任しなければならない）および設立時監査役等、設立しようとする株式会社の機関設計に応じて設立時役員を選任しなければならない（88条）。

### (C)　設立時取締役および監査役の調査および報告

創立総会で選任された設立時取締役および設立時監査役（監査役設置会社の場合）は、変態設立事項等を調査し、その結果を創立総会に報告することを要する（93条、94条）。

また、発起人は、変態設立事項に関する裁判所の選任した検査役の報告および現物出資または財産引受けの対象となる財産が相当であることの弁護士等の証明資料・鑑定資料を報告する（87条2項、93条2項）。

### (D)　創立総会における変態設立事項の変更

創立総会は、発起人、裁判所の選任した検査役および設立時取締役・設立時監査役の報告を検討し、変態設立事項を不当と認めたときは、それを変更することができる（96条）。

変更に不服のある引受人は、自己の株式の引受けの意思表示を取り消すことができる（97条）。

### (E)　定款変更・設立廃止

創立総会の招集通知に記載または記録がない事項については決議することはできないが、定款変更・設立廃止については招集通知に記載または記録がなくても決議することができる（73条1項）。

# Ⅴ　設立登記

## 1　準則主義

発起設立と募集設立のそれぞれにおいて、以上の諸手続が履践されると社団の実体が形成されるが、法人格を取得するにはさらに設立登記が必要である（準則主義。911条、49条）。

## 2 登記手続・登記事項

　設立登記は、会社の代表者が（商登47条1項）、①発起設立の場合には、設立時取締役の調査（46条）の終了の日または発起人が定めた日のいずれか遅い日から2週間内に（911条1項）、②募集設立の場合は創立総会終結の日等から2週間内に（同条2項）、本店所在地において（49条）、登記申請書に所定の書類（商登47条2項）を添えて申請する。

　登記事項は、定款事項であるかどうかを問わず、公示の必要がある事項が定められている（911条3項）。

## 3 登記の効果

　設立登記により会社が成立し（49条）、会社は法人として権利義務の主体となる。

　設立登記の付随的な効果として、①～③の効果が生じる。

① 株式引受けの無効・取消しの主張が制限される（51条）。

② 会社成立により権利株が株式になるから、権利株譲渡の制限（35条、63条2項）の適用がなくなる。もっとも、新たに株券発行前の株式譲渡の制限に関する規定（128条2項）が適用されることになる。

③ 株券発行禁止が解除され（215条1項、976条13号）、株券発行会社は遅滞なく株券を発行しなければならなくなる。

---

5　準則主義とは、一般的な法律（この点、団体のための特別な法律に基づく、「特許主義」とは異なる）に従い、実体が形成されれば、個別的な主務官庁の許可を要せず（この点、主務官庁の許可を要する、「免許主義」と異なる）、設立登記により法人格が与えられるという主義である。したがって、準則主義の下では公益上認められるべきではない会社設立も認められることになるが、かかる弊害を是正するため解散命令（824条）が規定されている。また、会社設立が法定の手続を遵守しなかったにもかかわらず、設立登記がなされてしまった場合には、後述する設立無効の問題になる。

第1章 株式会社の設立

# Ⅵ 設立無効、不成立および不存在

## 1 設立無効

### (1) 意 義

設立登記により、形成された社団に法人格が与えられるが、設立登記申請が形式的に要件を満たしていれば設立登記がなされる（形式的審査主義）。

したがって、設立登記がなされた会社の中には、設立手続が法定の要件に合致しない、無効な会社も含まれることとなる。

無効の一般原則によれば、①無効を主張する方法、相手方、時期等に制限がなく、かつ②判決の相対効により、ある者との間には会社は適法に存在し他の者との間では存在しないと扱われる可能性もある。

しかし、会社が設立されると、たとえ無効な会社であっても、多数の利害関係が生じるため、かかる会社の設立を当然に無効とし、無効の一般原則に服するものとするならば、法律関係が混乱し、利害関係人に不測の損害を与えるおそれがある。

そこで法は、①画一的確定の要請（838条）、②遡及効阻止の要請（839条）、③無効主張の可及的制限の要請（828条1項1号・2項1号）の見地から、一定の要件の下で、設立無効の訴えを認め（同条項）、訴えをもってのみ、会社の設立が無効とされることとした。

### (2) 無効原因

会社法に設立無効原因を定めた規定は存在しない。

しかし、設立無効の訴えが認められる上記の理由から、無効原因は、設立手続が法律の規定に従っていないことであると解される[6]（客観的無効原因）。たとえば、①定款の絶対的記載事項の記載がないか、その記載が違法であること（27条）、②定款に認証がない場合（30条1項）、③株式の発行事項につき発起人全員の同意がない場合（32条1項）、④募集設立において創立総会

20

が適法に開催されない場合（65条）等が考えられる。

### (3) 設立無効の訴え

設立無効の主張は、①会社成立の日から2年以内に（主張期間の制限）、②訴えをもってのみ（主張方法の制限）、主張することができる（828条1項1号）。

また、この訴えは、③株主、取締役、監査役（監査の範囲が会計事項に限定されている者を除く）、執行役または清算人（828条2項1号）に限って（主張権者の制限）、提起することができる。これは、無効主張の可及的制限の要請に基づく。

### (4) 設立無効判決

#### (ア) 対世効

設立無効の訴えで原告が勝訴し、設立を無効とする裁判が確定した場合に[7]は、その判決は第三者に対しても効力を及ぼす（対世効。838条）。これは、法律関係の画一的確定の要請に基づく。

#### (イ) 遡及効の制限

設立を無効とする判決があっても、すでに会社、株主および第三者の間に生じた権利義務に影響はなく（839条）、清算の開始原因となる（475条2号）。

すなわち、設立無効判決があっても、それは設立時までさかのぼることなく、将来に向かってのみ効力を生じ、それまでになされた利益配当、会社と第三者との取引等の効力は維持されることになる。

## 2 会社の不成立

会社の不成立とは、会社の設立が実体形成の途中で挫折することをいう。

---

6　特定の株式引受人が引受けを取り消し、あるいは払込みをしなかったという事由（主観的事由）は、株式会社の場合は株主の個性が重視されないことから、その者が会社に加入しないだけであって、人的会社と異なり無効事由にならない。ただし、設立に際して発行する株式総数の引受け・払込みがないこととなるから、この点で（客観的）無効原因となる。

7　原告が敗訴した場合には一般原則（民訴115条1項）に従い、判決の効力は当事者間に生ずるにすぎない。したがって、提訴期間経過前であれば、他の者はさらに無効の訴えを提起できる。

設立登記にまで至らない点で、設立無効と区別される。

会社の不成立の場合、それまで進展した手続の結末をつけなければならず、その責任は、設立の企画者であり設立事務の担当者である発起人が全責任を負うべきである。

そこで、発起人は、会社の設立に関してした行為につき無過失の連帯責任を負い（56条前段）、しかも設立に関して支出した費用は定款に定めがある場合（28条4項）であってもその全部を発起人が負担する（56条後段）。

株式の払込みを受けていた場合は、これを引受人に返還しなければならない。

## 3 会社の不存在

会社の不存在とは、設立登記だけはあるが、設立手続が全くの仮装のもので会社事業の実体が存在しない場合をいう。

会社の不存在は一般原則により、いつでも誰でもその不存在を主張できる。

# VII 設立に関する責任

## 1 現物出資・財産引受けの不足額支払義務

### (1) 発起人および設立時取締役の責任

現物出資・財産引受けの対象となった財産の会社成立時の実価が定款で定めた価額に著しく不足する場合は、発起人および設立時取締役は連帯してその不足額を支払う義務を負う（52条1項）。

ただし、現物出資・財産引受けにつき検査役の調査を受けたとき、または無過失を立証したとき（発起設立に限る）は、現物出資者または財産の譲渡人以外の発起人と設立時取締役は支払義務を免れる（52条2項、103条1項）。

### (2) 現物出資・財産引受けの証明・鑑定評価を行った者の責任

現物出資・財産引受けの対象となった財産の会社成立時の実価が定款で定

めた価額に著しく不足する場合は、証明・鑑定評価を行った弁護士等は、連帯してその不足額を支払う義務を負う（52条3項）。

ただし、無過失を立証したときは、支払義務を免れる（52条3項ただし書）。

## 2　出資の履行を仮装した場合の責任

### (1)　発起人および設立時取締役の責任

発起設立において発起人が、払込みを仮装し、または、現物出資の給付を仮装した場合、仮装した出資に係る金銭の全額の支払い、または、仮装した出資に係る財産の全部の給付（会社が財産の給付に代えて金銭の支払いを請求した場合は当該金銭の全額）をしなければならない（無過失責任。52条の2第1項）。

また募集設立において株式引受人が払込みを仮装した場合、仮装した出資に係る金銭の全額の支払いをしなければならない（無過失責任。102条の2）。

さらに、これらの仮装の払込み等に関与した発起人または設立時取締役は、職務を行うについて注意を怠らなかったことを証明しない限り、仮装の払込み等をした発起人および株式引受人と連帯して、仮装した出資に係る財産の全部を支払わなければならない（発起設立につき52条の2第2項・3項、募集設立につき103条3項）。

### (2)　仮装の払込み等に係る設立時発行株式の権利の制限

発起設立における発起人、または、募集設立における設立時募集株式の引受人は、仮装の払込み等をした場合てん補責任を履行した後でなければ、設立時株式について設立時株主および株主としての権利を行使することはできない（発起設立につき52条の2第4項、募集設立につき102条3項）。

また、これらの者から設立時株式またはその株主となる権利を譲り受けた者の場合には取引の安全に配慮し、悪意または重過失の場合を除き、設立時株主および株主としての権利を行使することができることとされた（発起設立につき52条の2第5項、募集設立につき102条4項）。

23

第1章　株式会社の設立

## 3　任務懈怠責任

### (1)　発起人

　発起人は、設立中の会社の執行機関としての職務を有するため、その職務につき任務を怠ったときは、成立後の会社に対して、連帯して損害賠償責任を負う（53条1項、54条）。[8]

### (2)　設立時取締役・設立時監査役

　設立時取締役・設立時監査役は、設立手続において調査機関としての職務を有するため、その職務を行うにつき任務懈怠があって会社に損害を与えたときは、会社に対し連帯して損害賠償責任を負う（53条1項、54条）。

## 4　第三者に対する責任

### (1)　発起人

　発起人が、その職務執行について悪意・重過失があるときは、会社債権者等の第三者に対して、連帯して損害賠償責任を負う（53条2項、54条）。

　発起人が上記の責任を負う場合として、たとえば、払込未済の株式があるにもかかわらず、発起人が悪意・重過失で会社を設立させ、設立無効となったときの会社債権者の損害を賠償する場合（大判昭和8・5・22民集12巻1230頁）、などが考えられる。

　この責任は、取締役の第三者に対する責任（429条）と同じ性質のものである。

### (2)　設立時取締役・設立時監査役

　設立時取締役、設立時監査役が、その職務を行うについて悪意または重過失があるときは、会社債権者等の第三者に対して、連帯して損害賠償責任を負う（53条2項、54条）。

---

8　発起人、擬似発起人、設立時取締役、設立時監査役の会社に対する責任については、株主が会社を代表して責任追及すること（代表訴訟制度）が適用される（847条）。また、発起人等が責任を負う場合には、連帯責任となる（54条）。

## 5 擬似発起人

擬似発起人とは、定款に発起人として署名しておらず、会社法上発起人ではないが、株式募集に関する文書等に、自己の氏名または名称および会社の設立を賛助する旨の記載または記録することを承諾した者をいう。

会社法は、英米法の禁反言の法理と同様の考えに基づき、かかる擬似発起人に対し発起人と同一の責任を負わせている（103条4項）。

> ⚜ *One point advice* **発起人等の責任の免除**
>
> 　発起人・擬似発起人・設立時取締役の不足額てん補責任（52条1項、103条4項）、出資の履行を仮装した発起人・擬似発起人・設立時募集株式の引受人およびこれに関与した発起人・疑似発起人・設立時取締役の全額支払責任（52条の2第1項・2項、102条の2第1項、103条2項・4項）、並びに発起人・擬似発起人・設立時取締役・設立時監査役の会社に対する任務懈怠責任（53条、103条4項）は、総株主の同意がなければ免除されない（55条、102条の2第2項、103条3項・4項）。
>
> 　第三者に対する責任は、総株主の同意があっても免除されないことは当然である。

# Ⅷ 合弁会社と合弁契約

## 1 合 弁

合弁（ジョイント・ベンチャー）とは、複数の企業が、ともに高い比率での出資を行い、人材の派遣等を通じて経営に能動的に参加して特定の事業を行うものであり、合弁事業の代表的な形態は会社形態と組合形態である。

合弁は、販売網、設備、技術力や開発力などの経営資源の相互補完による競争力確保や新規市場や海外進出時の投資リスクの分散やコスト削減のため

第1章　株式会社の設立

などのために行われる。

## 2　合弁契約

### (1)　概　要

　合弁事業を行う場合、その交渉開始段階において、守秘義務契約が締結され、最終合意の前に、その交渉内容の確認のためレター・オブ・インテントが取り交わされ、そして、最終段階では株主間契約（合弁会社が株式会社の場合）という形式で合弁契約が締結されることが多い。

　合弁契約では、①当事者、②用語の定義、③合弁の目的、④前提条件（condition precedent）、⑤会社の設立時期・本店所在地等、⑥資本金（増資手続）、⑦株主総会（決議事項、議決権行使に関する合意等）、⑧取締役および取締役会（派遣元、選任方法、権限、取締役の決議要件等。株主代表者でつくる委員会（steering committee）に法定決議事項の権限を委譲することもある）、⑨財務（配当政策、借入金に対する株主の保証等）、⑩経理（会計方針等）、⑪業務運営（資材調達、製造、販売、研究・開発等。株主は、会社への資材の一手供給、会社製品の一手販売、会社の開発した技術の利用等に利益を有するのが通常）、⑫株式の譲渡制限、⑬競業避止義務・守秘義務、⑭紛争解決（デッドロックの処理方法、合弁の解消）、⑮その他（契約準拠法）を含むことが多い[9]。

　合弁契約の契約内容について、実務的なポイントをいくつか取り上げ説明する。

### (2)　会社の運営

　一般的には、取締役会の設置、監査役の設置などの機関設計や、株主総会や取締役会での決議事項の範囲や決議要件、役員の指名権や選任に係る議決権拘束条項などについて定められる。

　また、少数株主の発言権を確保するために、株主総会決議のうち特定の重要議案に関して決議要件を加重する旨の条項を規定することや拒否権付種類

---

　9　江頭憲治郎編『会社法コンメンタール〈1〉総則・設立(1)』246頁〔武井一浩〕、江頭憲治郎『株式会社法〔第6版〕』64頁。

株式（108条1項8号）や役員選任種類株式（同9号）を発行することを取り決めることなどが考えられる。

### (3) 株式の譲渡

合弁会社では合弁当事者間の信頼関係に基づき事業を遂行することが重要であることから、第三者の参入を制限するため、株式の譲渡を制限する条項を定めることが多い。たとえば、第三者に対する株式の譲渡について、取締役会や株主総会などの定款上の譲渡承認機関による承認に加え、合弁当事者の相手方の承認を要するとする条項を定めることがある。

また、先買権条項（一方の合弁当事者が株式の譲渡を希望する場合、他の合弁当事者が優先的に買い取る権利を認める条項）、買取強制条項（一方の合弁当事者が他の合弁当事者に対して自己の保有する株式を強制的に買い取ることを求める権利を認める条項）、売渡強制条項（一方の合弁当事者が他の合弁当事者が保有する株式を強制的に売り渡すことを求める権利を認める条項）などが定められることもある。

### (4) 資金調達

合弁事業を継続するうえで資金調達が必要となることが考えられる。この場合、出資比率を維持するため、株主割当てによる募集株式の発行を行うことが多いが、第三者からの出資を受ける場合に備え、支配比率の変更を一定の範囲内で認める条項を定めたり、第三者割当ての株主総会決議について少数株主の拒否権を設定することもある。

また、銀行借入れに関して、合弁当事者の出資割合に応じた保証義務を定めておくこともある。

### (5) デットロックへの対応

出資比率が50対50の場合や、少数株主に一定の拒否権が付与されている場合などには、合弁当事者間で意見の相違が生じ、会社としての決議がなされない状態（デットロック）が生じるおそれがあることから、その解決方法を定めることがある。

まずは、合弁当事者間で誠実に協議することとし、協議がまとまらないと

きは、第三者的立場の者（議長や社外取締役など）が決定するところに従うとする場合や、交渉期限を定めたうえで一定の制裁的手段として合弁解消規定（株式の強制買取条項や強制売渡条項など）と組み合わせることにより合弁当事者間の合意を促すという解決方法などを定めることがある。

(6)　**契約違反**

一方の合弁当事者が合弁契約に違反した場合、単なる金銭賠償だけでは信頼関係を回復できず、合弁を解消せざるを得ないこともあることから、これに備え、株式の強制売渡条項や強制買取条項を設けることがある。

(7)　**合弁の解消**

合弁の解消については、解消事由、解消方法、解消後の取扱いなどが定められる。解消事由としては、重大な合弁契約違反がある場合をはじめとして、合弁目的の達成や不成功（一定期間を区切って設定した収益目標の不達成）、一方の合弁当事者の支配権の異動により信頼関係の基礎が失われたことなどを定めることがある。解消方法としては、一方の合弁当事者が株式を買い取るという方法などがある。これに備え、株式の買取価格や買取手続などを規定することが考えられる。

合弁解消後の取扱いとしては、合弁事業と関係する契約の取扱い、合弁事業の遂行の過程で生じた知的財産権などの権利や財産の分配方法、債務や損失の処理方法、競業避止義務や守秘義務などについて定めることが考えられる。

I 株式の意義

# 第2章 | 株 式

## 第1節 総 説

### Ⅰ 株式の意義

## 1 株式とは

株式とは、株式会社における社員の地位を細分化して割合的単位の形とし
たものをいう。株式を所有する者は株主とよばれる。

株式の割合的単位は均一であり（均一性）、1株を細分化することは原則
として認められない（不可分性）。

ただし、会社が株式の分割や併合を行うことにより1株に満たない端数が
生じる場合がある。

## 2 株主の権利（社員権）

株主の権利（社員権）は、権利の性質の観点から自益権と共益権に、また、
権利行使要件の観点から単独株主権と少数株主権に分類することができる。

### (1) 自益権と共益権

自益権は、剰余金配当請求権など会社から直接経済的利益を受ける権利を
いい、共益権は、総会議決権など会社の経営に参加する権利をいう。

- 自益権：例) 剰余金配当請求権（453条）、残余財産分配請求権（504条）、株
  式買取請求権（116条）など
- 共益権：例) 総会議決権（308条）、総会招集権（297条）、代表訴訟提起権
  （847条）、違法行為差止請求権（360条）など

## (2) 単独株主権と少数株主権

単独株主権は、1株を保有していれば認められる権利をいい、少数株主権は、一定割合または一定数以上の議決権あるいは株式を保有する株主のみに認められる権利をいう。

少数株主権の要件は、定款で緩和可能（単独株主権化も可能）である。

株式等振替制度を利用している会社の振替株式の株主が、少数株主権・単独株主権を行使するには、振替機関等に申請をして、個別株主通知を発行会社宛てに出してもらうという手続が必要である（社債株式振替154条）。ただし、会社が株主権を行使する者について基準日を設定する権利については、個別株主通知は必要ない（株主総会議決権の行使、配当受領権など（同法277条））。

- 単独株主権
  - 例) すべての自益権、総会議決権（308条）、取締役・執行役の違法行為差止請求権（360条、422条）、代表訴訟提起権（847条）など
    自益権はすべて単独株主権であるが、共益権の中には単独株主権と少数株主権とがある。
- 少数株主権
  - 例) 株主提案権（303条〜305条）、総会検査役選任請求権（306条）、帳簿閲覧請求権（433条）、財産調査のための検査役選任請求権（358条）、取締役等の解任請求権（854条1項）、総会招集権（297条）、など

## (3) 株式買取請求権

会社の組織再編等の重要事項について、株主総会の決議等がなされた場合、当該組織再編等に反対する株主が、投下資本を回収するための方法として、株式買取請求権の行使がある。

### (ア) 請求が認められる場合

株主の株式買取請求が認められるのは、

① 株式譲渡制限を定める定款変更（116条1項1号）

② ある種類の株式について譲渡制限株式または全部取得条項付株式とする定款変更（116条1項2号）

I 株式の意義

〔図表2-1〕 少数株主権の要件

| 議決権・持株要件 | 保有期間要件 | 該当する権利 | 条文 |
|---|---|---|---|
| 1％以上または300個以上（議決権） | 6カ月 | 株主提案権 | 303条2項、305条1項ただし書 |
| 1％以上（議決権） | | 総会検査役選任請求権 | 306条 |
| 3％以上（議決権または持株） | なし | 帳簿閲覧請求権、検査役選任請求権 | 437条、358条 |
| | 6カ月 | 取締役等の解任請求権 | 854条1項 |
| 3％以上（議決権） | なし | 取締役等の責任軽減に対する異議権 | 426条5項 |
| | 6カ月 | 総会招集請求権 | 297条 |
| 10％以上（議決権または持株） | なし | 解散請求権 | 833条1項 |
| 原則として1/6以上（持株。ただし議決権があることが必要） | なし | 簡易合併等の反対権 | 796条4項、施規197条 |

※1 議決権要件＝保有議決権数／総株主の議決権
※2 持株要件＝保有株式数／発行済株式総数（自己株式除く）
※3 非公開会社では保有期間要件は不要

③ 次の行為をする場合で、ある種類株主に損害を及ぼすおそれがある行為につき定款で種類株主総会を不要としている場合（116条1項3号）

ⓐ 株式の併合または分割

ⓑ 株式無償割当て

ⓒ 単元株式数についての定款変更

ⓓ 株式を引き受ける者の募集

ⓔ 新株予約権を引き受ける者の募集

ⓕ 新株予約権無償割当て

ⓖ 株式併合（182条の4）

第2章　第1節　総　説

　　ⓗ　事業譲渡等（469条）

　　ⓘ　組織再編行為（785条、797条、806条）

である。

　ただし、ⅰ簡易事業譲渡（469条1項2号）、ⅱ簡易吸収分割（785条1項2号）、ⅲ簡易新設分割（806条1項2号）、ⅳ簡易吸収合併（797条1項ただし書）、ⅴ特別支配会社（469条2項2号、785条2項・3項、797条2項・3項）の場合には買取請求権が認められないなど除外される場合もある。これらの場合は、株主に与える影響が軽微で買取請求権を認める必要がないと考えられるからである。

　⑷　請求の要件

　　(A)　請求できる株主

株式の買取りを請求できる株主は以下のとおりである。

①　株主総会決議を要する行為の場合で議決権を行使しうる株主の場合
　　株主総会に先立ち、書面で反対の意思を通知し、株主総会において反対の議決権を行使することが必要である。

②　株主総会決議を要する行為の場合で議決権を行使し得ない株主の場合
　　特段の要件なく株主であれば認められる。

③　株主総会決議を要しない行為の場合
　　特段の要件なくすべての株主に認められる。

　ただし、事業譲渡等、組織再編の場合では、特別支配会社は、買取請求できない（769条2項2号、785条2項2号、797条2項2号）。

　　(B)　請求期間と請求方法

　会社の行為の効力発生日の20日前の日から効力発生日の前日までの間に、会社に対し、買取請求に係る株式数を明示して買取請求しなければならない（116条3項、182条の4第4項、469条5項、785条5項、797条5項）。ただし、新設合併等の場合は、効力発生日が定められていないので、会社が通知または公告をした日から20日以内に行使することが必要とされている（806条5項）。

*32*

株券発行会社の場合には、請求に際して、株券を提出しなければならない。（116条7項、182条の4第5項、469条6項、785条6項、797条6項、806条6項）。

振替株式の場合で、会社が株主であることを争った場合には、その審理の終結までの間に、社債、株式等の振替に関する法律154条3項所定の通知（個別株主通知）が必要となる（最決平成24・3・28民集66巻5号2344頁）。

### (ウ) 効果

会社は株主が買取りを請求する株式を公正な価格で買い取らなければならない（形成権）。株式の買取りは、買取請求権発生の原因となった会社の行為が効力を発生する日（以下、「効力発生日」という）にその効力を生ずる（117条6項、182条の5第6項、470条6項、786条6項、798条6項、807条6項）。

買取請求の撤回は、会社の承諾を得た場合に限り、行うことができる（116条7項、182条の4第7項、469条7項、785条7項、797条7項、806条7項）。ただし、効力発生日から60日以内に価格決定の申立てがない場合には、株主は、買取請求を撤回することができる（117条3項、182条の5第3項、470条3項、786条3項、798条3項、807条2項）。

### (エ) 買取価格

買取価格は、株主と会社間の協議により決定する。協議が整った場合は効力発生日から60日以内に代金を支払わねばならない（117条1項、180条の5第1項、470条1項、786条1項、798条1項、807条1項）。

効力発生日から30日以内に協議が整わないときは、株主または会社は、裁判所に価格決定の申立てを行って裁判所が決定する（117条2項、182条の5第2項、470条2項、786条2項、798条2項、807条2項）。

会社は、裁判所の決定価格に加えて、同価格に対する効力発生日から60日の期間満了日以降の年6分の利息も支払わなければならない（117条4項、182条の5第4項、470条4項、786条4項、798条4項、807条4項）。

買取価格は「公正な価格」と規定されているのみであるため、裁判所の裁量に委ねられており、多数の裁判例がある（最判平成23・4・19金判1375号16頁〔楽天TBS事件〕、最決平成23・4・26金判1375号28頁〔インテリジェンス事

件〕、東京高決平成25・2・28判タ1393号239頁〔テクモ事件の差戻審〕など）。裁判例をみると、多くの場合は、買取請求日の市場価格またはこれに近接する一定の期間の市場価格の平均値が「公正な価格」と認められているが、以下の場合には、他の価格が用いられる余地がある。

①　市場価格が偶発的な他の要素の公表等による影響を受けていると認められる場合

　　買取請求日の市場価格またはこれに近接する一定の期間の市場価格の平均値に一定の補正を加えた価格（大阪高決平成24・1・31金判1390号32頁）、あるいは、他の要素の公表等による影響を受けていないとみられる一定期間の市場価格の平均値（東京地決平成25・3・14金判1429号48頁、東京地決平成25・11・6金判1431号52頁）

②　組織再編により企業価値の毀損が生じていると認められる場合

　　組織再編公表の影響を受けていないとみられる公表前の一定期間（毀損により市場価値が下落する前の一定期間）の市場価格の平均値

③　組織再編計画において定められていた組織再編の比率が公正でないと認められる場合

　　鑑定人による評価に基づく価格（最決平成24・2・29民集66巻3号1784頁〔テクモ事件許可抗告審〕の須藤裁判官補足意見）

④　非上場会社の場合

　　鑑定人による評価に基づく価格（収益還元法を用いて評価した価格について非流動性ディスカウントは認められないと判示した事例がある（最決平成27・3・26判タ1413号95頁））。

　㋑　価格決定前の支払制度

反対株主の株式買取請求の相手方となる株式会社は、株式の価格の決定があるまでは、株主に対し、当該株式会社が公正な価格と認める額を支払うことができる（117条5項、182条の5第5項、470条5項、786条5項、798条5項、807条5項）。

平成26年会社法改正により創設された制度である。会社は、上述のとおり

買取代金に対する年6分の利息も支払わなければならず、この利息の支払いが濫用的な株式買取請求を誘発する一因となっているとの指摘もあることから仮払いの制度を設けることとしたものである。これにより会社は、利息発生を止めることができる。

(カ) 財源規制

組織再編、事業譲渡等以外の場合（(ア)の①、②、③ⓐ～ⓖの場合）の買取請求に応じて株式を買い取る場合には、株主への支払額が分配可能額を超えない範囲でなければならないという財源規制がある（464条1項）。

## 3　株式の共有

### (1)　法の規定

株式は、2人以上の者が共同で保有することができる。

しかし、共有者全員が株主権を行使することができるとすると会社の事務処理が複雑になる。そこで、共有の場合には、株主は、共有者の中から、株主権を行使する者（権利行使者）1人を定め、会社に対し、その者の氏名または名称を通知しなければ、当該株式についての権利を行使することができないとの規定が設けられた（106条）。

ただし、会社が同意した場合は、例外的に権利行使者の指定および通知をしなくても権利行使が認められる（106条ただし書）。

この点、106条本文は、民法の共有に関する規定に対する「特別の定め」（民264条ただし書）を設けたものであり、106条ただし書は、上記「特別の規定」の排除を定めたものにすぎないから、権利行使者の指定および通知を欠く権利行使がただし書の同意により有効となるのは、当該権利の行使が民法の共有に関する規定に従ったものである必要があると解するのが判例である（最判平成27・2・19判時2257号106頁）。そして、共有に属する株式の議決権の行使は、株式の管理に関する行為として、各共有者の持分の価格に従い、その過半数で決するのが、民法の規定に従った権利行使である（民252条本文）との判例がある（前掲最判平成27・2・19）。

第2章 第1節 総説

### (2) 相続による共有

株式は、株主が死亡した場合には、自益権も共益権も含めて相続の対象となる財産である（最判昭和45・7・15判時597号70頁）。

相続により共有関係になった場合も権利行使者を指定しなければ、株主権の行使はできないのが原則である（最判平成9・1・28判時1599号139頁）。

ただし、相続により共有となった場合で、権利行使対象株式が会社の発行済株式の全部に相当し、共同相続人のうちの1人を取締役に選任する旨の株主総会決議がされて登記がされている場合について、特段の事情があるとして、権利行使者として通知されていない共有者に株主総会不存在確認訴訟の原告適格を認めた判例がある（最判平成2・12・4判時1389号140頁）。

## Ⅱ 株主平等原則

## 1 株主平等原則の意義

株主平等原則とは、株主を、その有する株式の内容および数に応じて、平等に取り扱わなければならないという原則をいう（109条1項）。この株主平等原則に違反した場合、法律に特段の規定がない限り、当然に無効となると解されている（最判昭和45・11・24判時616号97頁）。

ただし、非公開会社では、株主平等原則の例外として、①剰余金の配当を受ける権利、②残余財産の分配を受ける権利、および、③総会議決権について、定款で株主ごとに異なる取扱いをすることが認められる（109条2項）。具体的には、配当や議決権を持株数に関係なく頭割りで認めたり、特定の株主に対してのみ多くの配当を与えたり、保有株式数に株式保有期間を加味して議決権数を定めたりすることが考えられる。

## 2 株主優待制度と株主平等原則

上場会社では、個人投資家の資本参加を促すため、株主に対して、自社の

製品や割引券、無料入場券、無料乗車券などを提供する株主優待制度が広く行われている。

　株主優待制度は株主の権利内容と直接関係するものではないので、本来株主平等原則に違反するものではないと解されているが、会社法では現物配当が明確に認められており、また、優待券は金券ショップなどで現金化することができるものも多いため、優待の内容や条件づけの内容によっては、株主平等原則に抵触する場合もあるといえよう[1]。

# Ⅲ　株式の内容と種類株式

## 1　株式の内容

　会社法では、株式の内容について特別な定めを設けることや種類株式を発行することが認められている。許容される特別の定め・種類株式の内容は、法定されており、その主な内容は〔図表2-2〕および以下のとおりである（107条、108条）。

### (1)　配当・残余財産分配について内容の異なる株式

#### (ア)　優先株・劣後株・普通株・混合株

　それぞれの株式の内容、特徴は〔図表2-3〕のとおりである。

#### (イ)　配当優先株

　配当優先株とは、剰余金の配当について優先的取扱いを受ける株式をいう（108条1項1号）。配当優先株には、優先配当を受けた後、さらに普通株とともに配当を受けられるかどうかで参加的か非参加的かに分類することができる。

　参加的優先株は、優先配当を受けた後の残余の利益について、普通株とと

---

1　参考判例として東京地判平成19・12・6判タ1258号69頁〔モリテックス事件〕がある（会社が議決権行使を条件として株主1名につきQUOカード1枚（500円分）の提供をしたことが株主に対する利益供与（120条1項）に該当し、株主総会決議が取り消された事例）。

37

第2章　第1節　総　説

〔図表2-2〕　株式の内容・種類

| | 株主の権利内容 | 特殊な株式の名称 | 株式の内容 | 全部 | 種類 |
|---|---|---|---|---|---|
| 1 | 剰余金配当請求権 | 優先株式、劣後株式等 | 剰余金の配当や残余財産の分配について、基準となる普通株式より優先または劣後的取扱いを受ける種類株式 | | ○ |
| 2 | 残余財産分配請求権 | | | | ○ |
| 3 | 議決権 | 議決権制限株式 | 議決権行使可能な事項に制限のある種類株式 | | ○ |
| 4 | | 拒否権付種類株式 | 普通株主総会や取締役会の決議に対して拒否権をもつ種類株式 | | ○ |
| 5 | | 役員選任権付種類株式※ | ある種類株式の種類株主総会で、取締役・監査役の選任をする定款の定めがある場合の当該種類株式 | | ○ |
| 6 | 自由譲渡性 | 譲渡制限株式 | 譲渡による株式の取得に会社の承認を必要とする株式 | ○ | ○ |
| 7 | | 取得請求権付株式 | 株主が会社に対して保有株式の取得を請求することができる株式 | ○ | ○ |
| 8 | | 取得条項付株式 | 一定の事由が生じたことを条件に会社が株主から当該株式を取得することができる株式 | ○ | ○ |
| 9 | | 全部取得条項付種類株式 | 会社が株主総会の特別決議により、その全部を取得することができる種類株式 | | ○ |

※　役員選任権付種類株式は非公開会社のみ可能（指名委員会等設置会社を除く）

もに配当を受けることができる株式であり、非参加的優先株は、優先配当を受けた後の残余の利益の配当にあずかれない株式である。

　また、ある年度に優先配当金額に達するまで優先配当を受けられなかった場合に、次期以降、利益から不足額の補てんを受けられるかどうかで累積的か非累積的かに分類することができる。

　累積的優先株は、ある年度の配当金が所定の優先配当金額に達しなかった場合、その不足額が累積し、次期以降の利益から優先的に支払われる株式である。非累積的優先株は、不足額が累積しない株式である。非参加的累積的優先株は、継続的に安定配当が期待できるので、社債に近い性格をもつ。

### (2)　議決権制限株式

　議決権制限株式とは、議決権を行使できる事項につき制限がある株式をいう（108条1項3号）。一切の議決権が認められない無議決権株式のほか、定款で議決権が復活する旨の規定を定めた議決権復活条項付議決権制限株式も、この一類型である。

　剰余金の配当など経済的利益を享受することのみに関心がある投資家のニーズに応えつつ、会社の支配関係に変動を与えずに資金調達したい場合に利用される。また、銀行がDES（デット・エクイティ・スワップ）として株式を引き受ける場合に、5％ルールを考慮して、無議決権株式を利用するとい

〔図表2-3〕　**優先株・劣後株・普通株・混合株の定義と特徴**

|  | 定　　　　義 | 特　　　徴 |
|---|---|---|
| 優先株 | 配当、残余財産分配または双方につき優先的取扱いを受ける株式 | 業績不振会社が資金調達を行いやすい |
| 劣後株 | 上記につき劣後的取扱いを受ける株式 | 業績好調な会社が既存株主の利益を害さずに資金調達できる |
| 普通株 | 標準となる株式 |  |
| 混合株 | ある点で優先的だが、他の点で劣後的な株式 |  |

うニーズもある。5％ルールとは、銀行業務の健全性を確保するため、銀行とその子会社が国内の一般事業会社の議決権を合算して5％を超えて保有することを原則禁止するというルールである（銀行法16条の3第1項）。

公開会社の議決権制限株式の発行については次の制限が設けられている。

〔発行数の制限〕（115条）
　議決権制限株式の総数≦発行済株式総数または総単元の1/2
⇒少額しか出資していないが議決権のある株式を有する株主が会社を支配することを防止するため

この制限に違反しても、議決権制限株式自体は無効とはならないが、他の株式を発行するよう必要な措置を講じなければならない。

(3)　拒否権付種類株式

拒否権付種類株式は、株主総会や取締役会で決議すべき事項のうち、当該決議のほか、当該種類の種類株主を構成員とする種類株主総会の決議があることを必要とするものをいう（108条1項8号）。

拒否権付種類株式は、創業者一族が持株比率の減少による影響を受けずに会社の重要事項の意思決定に関与することができる手段として、あるいは大口投資家が一定の重要事項に対するコミットメントを要求する手段として活用することができる。

拒否権付種類株式は、友好的企業に発行しておくことで、重要事項の決議には当該友好的企業の賛同を得られない限り可決されなくなるため、敵対的企業買収に対する防衛策としての活用が可能である（黄金株ともいわれる）。

(4)　役員選任権付種類株式

役員選任権付種類株式は、当該種類の株式の種類株主を構成員とする種類株主総会において取締役または監査役を選任することができる株式をいい（108条1項9号）、指名委員会等設置会社以外の非公開会社においてのみ認められる。

ジョイント・ベンチャーなど特定の株主に一定数の取締役の選任を認める株主間合意がなされることがあるが、これを種類株式とすることにより、当該合意の法的効果を強化することができる。

### (5) 譲渡制限株式

譲渡制限株式とは、譲渡による当該株式の取得について当該株式会社の承認を要する株式をいう（2条17号、108条1項4号）。

同族会社やジョイント・ベンチャーなど株主の個性が重視される株式会社では、会社にとって好ましくない者を株主から排除したいというニーズがあるため、定款で、株式の譲渡に株式会社の承認を要求することが認められている（107条1項1号）。

### (6) 自己の株式の「取得」に関する特殊な株式

会社が自己の株式を取得することに関する特殊な株式として、①株主が株式会社に対して保有株式の取得を請求することができる取得請求権付株式（2条18号）、②一定の事由が生じたことを条件として株式会社が当該株式を取得することができる取得条項付株式（同条19号）、および、③2種類以上の株式を発行している株式会社が、株主総会の特別決議により当該種類株式全部を取得することができる全部取得条項付種類株式（171条1項、108条1項7号）の3種類がある。

全部取得条項付種類株式を活用すれば、法的倒産手続外で株主総会の特別決議により無償強制消却（100%減資）をすることができる。

いずれの株式も取得の対価に制限はなく、社債、新株予約権、新株予約権付社債、他の種類の株式（種類株式の場合）、金銭その他の財産を対価とすることができる。

## 2 定款変更手続

### (1) すべての株式についての特別の定め

すべての株式について特別の定めを設けるための定款変更には、それぞれ次の手続を経ることが必要である。

① 取得条項付株式：株主全員の同意（110条）

② 譲渡制限株式：株主総会の特殊決議（309条3項1号、466条）

③ 取得請求権付株式：株主総会の特別決議（309条2項11号、466条）

　種類株式発行会社で、ある種類の株式の種類株主に損害を及ぼすおそれがある場合には、当該種類の種類株主総会の特別決議も必要（324条2項4号、322条1項1号）である。

### (2)　種類株式発行のための定款変更

　種類株式発行のためには、原則として、株主総会の特別決議が必要である。ただし、一定の事項についてはその内容の要綱のみを定款で規定し、具体的内容は株主総会（取締役会設置会社では株主総会または取締役会）の決議で決めることもできる（108条3項）。

　種類株式を発行している会社が、株式の内容の変更または種類の追加により、ある種類の株式の種類株主に損害を及ぼすおそれがある場合には、当該種類の種類株主総会の特別決議も必要となる（324条2項4号、322条1項1号）。

　ただし、例外として、以下があげられる。

① 取得条項付種類株式：当該種類株主全員の同意（111条1項）

② 譲渡制限種類株式：当該種類株式に係る種類株主総会の特殊決議（111条2項、324条3項1号）

③ 全部取得条項付種類株式：当該種類株式に係る種類株主総会の特別決議（111条2項、324条2項1号）

## 3　全部取得条項付種類株式の取得にあたっての手続

　全部取得条項付種類株式の取得は、実務的には、現金を対価として少数株主を会社から締め出すための手法としても利用されている（このような手法はキャッシュ・アウトまたはスクィーズ・アウトとよばれる。以下、「キャッシュ・アウト」という）。キャッシュ・アウトについては、一般的には、長期的視野に立った柔軟な経営の実現、株主総会に関する手続の省略による意思決

定の迅速化、上場コスト削減や株主管理コストの削減等のメリットが存すると指摘されている。

　ただし、全部取得条項付種類株式は、キャッシュ・アウトの手法という利用を想定していたものではなかったため、少数株主保護の観点からみると不十分な点があった。このため、全部取得条項付種類株式の取得に関して、平成26年改正において少数株主保護のために規定が新設されたり見直されるなどして以下のような制度が設けられた。

① 全部取得条項付種類株式の取得対価等に関する以下の事項を記載した書面等の事前の備置きおよび閲覧等（171条の2、施規33条の2）
　　新設された規定である。

　ⓐ 株式の取得と引き換えに取得する対価（以下「取得対価」という）の内容

　ⓑ 取得対価の割当てに関する事項

　ⓒ 株式の取得日

　ⓓ 取得対価の相当性に関する事項

　ⓔ 取得対価について参考となるべき事項

　ⓕ 計算書類等に関する事項

　ⓖ ⓓ〜ⓕに変更が生じた場合は変更後の内容

② 全部取得条項付種類株式の取得をやめることの請求（171条の3）

③ 裁判所に対する価格の決定の申立て（172条）
　　申立期間は、取得の決議をした株主総会から20日以内であったが、取得日後に申立てがされることを避けるため、取得日の20日前の日から取得日の前日まで、に変更された。

④ 株主に対する通知または公告（172条2項・3項）
　　新設された規定である。会社は取得日の20日前までに全部取得条項付種類株式を取得する旨を通知または公告しなければならない。

⑤ 全部取得条項付種類株式の取得に関する以下の事項を記載した書面等の事後の備置きおよび閲覧等（173条の2、施規33条の3）

*43*

新設された規定である。

ⓐ　取得した株式の数

ⓑ　株式を取得した日

ⓒ　②の請求に係る手続の経過

ⓓ　③の申立てに係る手続の経過

ⓔ　その他取得に関する重要な事項

全部取得条項付種類株式の取得価格の判断基準については、「取得日における客観的価値＋今後の株価の上昇に対する期待を評価した価格」とする裁判例があるが（東京高判平成20・9・12金判1301号28頁など）、具体的な事案においてはあてはめの仕方によって金額が異なる事例もあり、基準およびあてはめについて最高裁判所による判断が待たれるところである。

## Ⅳ　株式数の増減と株式の単位

### 1　株式数の増減
#### ——株式の併合・株式の分割・株式無償割当て

#### (1)　株式の併合

##### ㋐　定　義

株式の併合とは、数個の株式を合わせてそれよりも少数の株式とすることをいう。合併比率の調整や出資単位を引き上げる目的で行われるほか、少数株主をキャッシュ・アウトする方法として利用されることもある。

##### ㋑　手　続

株式の併合の手続は、〔図表2-4〕のとおりである。

##### ㋒　端数となる株式の株主の利益保護の制度

次の①および②の会社による株式併合の場合には、㋑の手続のほか、以下のⓐⓑの手続が必要である。また、この場合には、ⓘⓙの制度の適用がある（182条の2第1項カッコ書）。これらは平成26年改正で新設された規定である。

44

Ⅳ 株式数の増減と株式の単位

① 単元株式数を定めていない会社による株式併合
② 単元株式数を定めている会社による株式併合で、当該単元株式数に併合割合を乗じて得た額に1に満たない端数が生ずる場合（＝端数となるのが単元未満株式に限られない場合）
ⓐ 事前書類開示
　総会決議または公告・個別通知のいずれか早い日から2週間前から効力発生日の6カ月後まで、株式の併合に関する事項に関する書面等の事前備置きおよび閲覧（182条の2）
ⓑ 事後書類開示


〔図表2-4〕 **株式併合手続概略図**

```
┌─────────────────────────────────────┐
│  株主総会の特別決議（180条2項）      │
│  ①併合割合                           │
│  ②効力発生日                         │
│  ③併合する株式の種類（種類株式発行会社の場合）│
│  ④効力発生日における発行可能株式総数 │
└─────────────────────────────────────┘
```

効力発生日の2週間前までに（株式併合の結果、1株に満たない端数が生じる場合には、効力発生日の20日前までに（182条の4第3項））

```
┌─────────────────────────────────────┐
│ 決議事項の公告・株主および登録株式質権者へ通知（181条） │
└─────────────────────────────────────┘
```

```
┌─────────────────────────────────────┐
│ 効力発生日に株式併合の効力発生（182条1項） │
│ 効力発生日に④の決議内容の定款変更をしたものとみなされる │
│ （182条2項）                         │
└─────────────────────────────────────┘
```

※株券が発行されている場合には、株券提出公告が必要であり（219条1項）、株券を提出することができない者には、異議催告手続が認められる（220条）。
※決議事項④は平成26年改正によって追加された決議事項である。ここで定める発行可能株式総数は、効力発生日における発行済株式総数の4倍を超えない範囲でなければならない（ただし公開会社でない場合は制限なし（180条3項））。
④の趣旨は、株式の併合と合わせて第三者割当増資が行われた場合に、既存株主の持株割合が大幅に希釈化される可能性があるという問題が指摘されていたことから、これを制限するためである。

45

効力発生日後、6カ月間、株式の併合に関する書面等の事後の備置きおよび閲覧（182条の6第1項・2項）

ⅰ　買取請求

株式併合により1株未満の端数が生ずる場合、反対株主は、当該株式会社に対し、自己の有する株式のうち1株に満たない端数となるものの全部を公正な価格で買い取ることを請求することができる（182条の4第1項）。

ⅱ　株式の併合をやめることの請求

株式の併合が法令または定款に違反する場合において、株主が不利益を受けるおそれがあるときは、株主は、会社に対し、当該株式の併合をやめることを請求することができる（182条の3）。

(エ)　株式の併合により1株未満の端数が生じる場合の手続

株式併合により1株未満の端数が生じる場合、その端数の合計数に相当する数の株式を競売または売却し、その端数に応じて売却代金を当該者に交付する（234条）。競売以外の方法による売却の場合、市場価格のある株式については、市場価格（原則として市場の終値）により売却すればよく、市場価格のない株式については、裁判所の許可を得て競売以外の方法により売却する。

## (2)　**株式分割**

(ア)　定　義

株式分割とは、既存の株式を細分化して従来よりも多数の株式とすることをいう。高騰している株価の引下げや配当の代わりに株式を分配する等の目的で行われる。

(イ)　手　続

株式分割の手続は〔図表2-5〕のとおりである。

(ウ)　**株式分割により1株未満の端数が生じた場合の処理**

株式分割により1株未満の端数が生じる場合、その端数の合計数に相当する数の株式を競売または売却し、その端数に応じて売却代金を当該者に交付

Ⅳ　株式数の増減と株式の単位

〔図表2-5〕　株式分割の手続

```
株主総会の普通決議（取締役会設置会社では取締役会決議。183条）
　①分割割合および基準日
　②効力発生日
　③分割する株式の種類（種類株式発行会社の場合）
```

```
効力発生日に基準日の名簿上の株主について効力発生（184条）
```

※この場合、原則として、株主総会の特別決議によらずに、発行可能株式総数を分割割合に応じて増加する定款変更を行うことができる（184条2項）。

する（234条）。競売以外の方法による売却の場合、市場価格のある株式については、市場価格（原則として市場の終値）により売却し、市場価格のない株式については、裁判所の許可を得て競売以外の方法により売却する。

(3)　株式無償割当て

(ア)　定　義

株式無償割当てとは、株式会社が株主または種類株主に対し、保有株式数に応じて当該株式会社の株式を無償で割り当てることをいう（185条）。

株式無償割当てと株式分割は、経済的効果は類似しているが、株式無償割当ては、株式の発行・交付の一態様であるため、両者には自己株式への効力の有無など〔図表2-6〕のような違いがある。

(イ)　手　続

株式無償割当ての手続は、〔図表2-7〕のとおりである。

## 2　単元株制度

(1)　単元株制度の趣旨

単元株制度とは、定款により、一定数の株式を「1単元」の株式と定め、1単元に1個の議決権を付与することとする制度である。単元株式数の上限は1000とされている（188条、施規34条）。

株主管理コストの観点から出資単位を大きくすべき要請があり、株式の流

47

〔図表2-6〕 株式分割と株式無償割当て

|  | 株式の分割 | 株式無償割当て |
| --- | --- | --- |
| 割当対象 | 同一種類の株式 | 同一または異種の株式 |
| 自己株式の交付 | 不可 | 可 |
| 自己株式への効力 | 生じる | 生じない（186条2項） |
| 決定機関 | 株主総会普通決議（取締役会設置会社では取締役会決議） | 同左（ただし定款で別段の定め可能） |
| 発行可能株式総数の増加 | 取締役（会） | 株主総会特別決議 |
| 効力発生後の通知 | 不要 | 必要（187条） |

〔図表2-7〕 株式無償割当ての手続

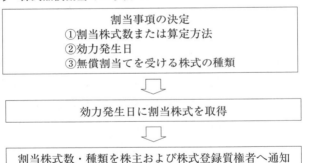

動性の観点からは小さな出資単位を維持すべき要請があるところ、これらの要請を調整するために生まれた制度である。

 ✣ *One point advice*　株式の売買単位の統一

　全国証券取引所は、平成19年11月27日に、すべての国内上場会社の株式の売買単位（＝単元株式数）を100株に統一することを目標とする「売買単位の集約に向けた行動計画」を発表した。このため、上場会社では、単

元株式数を100株にする定款変更を順次行っている。

　統一のための第1段階として、2種類の売買単位（100株と1000株）への集約期間が平成26年4月1日まで設けられ、同日までに集約を完了したため、以後は100株への統一のための移行期間が開始されている。

### (2)　単元未満株主の権利

　単元株制度をとると、1単元に満たない株主（単元未満株主）が生じる。単元未満株主には議決権は認められない。議決権以外の権利については、原則として定款で自由に定められるが（189条）、次の権利については、定款によっても制限することはできない（2条1号～6号）。

---

〔定款によっても制限できない単元未満株主の権利〕

①　全部取得条項付種類株式の取得対価の受領権

②　取得条項付株式の取得対価の受領権

③　株式無償割当てを受ける権利

④　単元未満株式の買取請求権

⑤　残余財産分配請求権

⑥　定款の閲覧謄写請求権

⑦　株主名簿記載事項を記載した書面等の交付請求権

⑧　株主名簿の閲覧謄写請求権

⑨　相続等の一般承継、会社分割、株式交換・移転、所在不明株主の株式売却に伴う名義書換請求権

⑩　上記⑨記載の事由に伴う譲渡承認請求権

⑪　株券の発行が留保されている場合の株券発行請求権

⑫　株券不所持の申出

⑬　株式の併合・分割、新株予約権無償割当て、剰余金の配当、および組織変更により金銭等の交付を受ける権利

⑭　合併により新設・存続する会社、株式交換・移転による完全親会社

---

第2章　第1節　総　説

> の交付する金銭等の交付を受ける権利

### ⑶　単元株式数の設定および変更の手続

単元株式数の設定および変更の手続は以下のとおりである。

### ㈎　単元株式数の設定・増加

原則として、株主総会の特別決議が必要である（309条2項11号、466条）。ただし、例外として、株式分割と同時に単元株式数を増加または設定する場合で、単元株式数の増加・設定後の株主の保有単元株式数が、増加・設定前の保有（単元）株式数を下回らない場合には、株主総会決議によらずに定款を変更することができる（191条）。

### ㈏　単元株式数の減少・廃止

取締役の決定（取締役会設置会社では取締役会決議）で行うことができる（195条）。ただし、単元株式数の減少・廃止の定款変更をした旨の通知・公告が必要である。

# Ⅴ　株　券

## 1　株券不発行の原則

株券は発行しないのが原則であり、定款で定めた場合に限り株券の発行が可能となる（214条）。

なお、株券を発行する旨の定款の定めのある会社を株券発行会社といい（117条7項）、株券を発行する旨の定款の定めのない会社を本書では「株券不発行会社」という。

## 2　株券発行会社における株主の静的安全保護

株券を発行している場合、株券の取得者には善意取得（民192条）が認められるため、株券の紛失・盗難により真の株主がその地位を失わないよう、

会社法では、株主の静的安全を保護するための制度として、①非公開会社における株券発行留保、②株券不所持制度および、③株券喪失登録制度を設けている。

### (1) 非公開会社における株券発行留保（215条4項）

株券発行会社は、株式を発行した日以後、遅滞なく株券を発行しなければならない（215条1項）。

ただし、非公開会社の場合には、株主の変動が乏しいため株券を必要としない場合が多く、株券の発行により紛失・盗難のリスクを生じるため、株主の請求がある時までは株券を発行しないことができる（215条4項）。

### (2) 株券不所持制度（217条）

株券発行会社において株券の所持を欲しない株主は、会社に対して対象となる株式数を明らかにして、株券不所持の申出をすることができる。すでに株券の発行がなされている場合には、対象株券の提出も必要である。

株券不所持の申出を受けた会社は、遅滞なく株主名簿に株券を発行しない旨を記載・記録しなければならず、当該記載・記録がなされると、提出を受けた株券は無効となる（217条3項・5項）。

株券不所持制度を利用している株主は、いつでも株券の発行を請求することができるが、発行済みの株券について不所持の申出をしていた場合には、株券の再発行に伴う費用を株主が負担しなければならない（217条6項）。

### (3) 株券喪失登録制度（221条以下）

株券発行会社の株主が株券を喪失した場合に、当該株券を無効とさせるための手続として、株券喪失登録制度が設けられている。

#### ㋐ 株券喪失登録手続

株券を失効させる手続の概要は、以下のとおりである。

##### (A) 株券喪失登録請求

株券喪失者は、株券発行会社または株主名簿管理人に対し、株券喪失の事実を証する資料等を提供して、株券喪失登録簿へ所定の事項を記載・記録するよう請求することができる（223条）。

請求に際し、株券が所在不明になった理由を確定する必要はないと解される（最判昭和52・11・8判時875号101頁）。

### (B)　株券喪失登録および通知

株券発行会社が株券喪失登録請求を受けた場合には株券喪失登録をしなければならない（221条）。

株券喪失登録者と株主名簿の名義人とが異なるとき、または、株券喪失登録されている株券を権利行使のために株券発行会社に提出してきた者がいたときは、遅滞なく名義人や権利行使者に対して株券喪失登録簿の記載事項を通知しなければならない（224条）。

### (C)　株券喪失登録簿の抹消申請

#### (i)　株券所持者の抹消申請

株券喪失登録された株券の所持者（株券喪失登録者以外の者）は、株券喪失登録日の翌日から１年間、株券発行会社に株券を提出して、当該株券喪失登録の抹消申請をすることができる（225条１項・２項）。

当該申請があった場合、株券発行会社は、遅滞なく株券喪失登録者に対して所定の事項を通知し、通知日から２週間を経過した日に株券喪失登録を抹消して、株券を申請者へ返還しなければならない（225条３項・４項）。通知日から２週間株券の返還が留保されるのは、権利帰属を争う株券喪失登録者に、当該株券の占有移転禁止の仮処分を行う時間的猶予を与えるためである。

#### (ii)　株券喪失登録者からの抹消申請

紛失株券の発見などにより、株券喪失登録者から抹消申請があった場合には、申請日に株券喪失登録は抹消される（226条）。

### (D)　株券の失効と再発行

株券喪失登録のなされた株券は、当該株券喪失登録が抹消された場合を除き、株券喪失登録日の翌日から１年を経過した日に無効となる。この場合、株券発行会社は、株券喪失登録者に対し、新株券を再発行しなければならない（228条）。

### (イ)　株券喪失登録の効力

株券発行会社は、株券喪失登録の抹消日か株券喪失登録日の翌日から起算して1年を経過した日のいずれか早い日（登録抹消日）までの間は、株券喪失登録のなされた株券に係る株式の名義書換をすることができず、また、株券の再発行をすることができない（230条1項・2項）。

さらに、株券喪失登録者が名義人でないときは、当該株式の株主は、登録抹消日までの間は株主総会または種類株主総会において議決権を行使することができない（230条3項）。

# Ⅵ　株主名簿と振替口座簿

## 1　株主名簿

### (1)　株主名簿の意義

会社には株主名簿が備え置かれ、株式を取得した者は、株主名簿へ記載または記録（名義書換）しなければ会社に対して権利を行使することができない（130条）。会社との関係において株主資格を有する者を確定し、会社からの通知や株主の権利行使など会社と株主との間の法律関係を集団的・画一的に処理する必要から設けられている制度である。

### (2)　株主名簿の記載事項と備置き

株式会社は、株主名簿を作成し、次の①～④の事項を記載または記録しなければならない（121条）。

① 　株主の氏名・住所

② 　保有する株式の数（種類株式発行会社にあっては株式の種類および種類ごとの数）

③ 　取得年月日

④ 　株券番号

株主名簿は会社の本店に備え置かれるが、会社に代わって株主名簿の作成、

備置き、その他の株主名簿に関する事務を行う株主名簿管理人（旧商法下の名義書換代理人に相当する）をおく旨定款で定めることができる（123条）。実際に名義書換に要する時間と費用を省くため、信託銀行や証券代行会社に名義書換事務を委託している会社が多い。

### (3)　株主名簿の効力

株主名簿への記載・記録の効力は次の①〜④のとおりである。

①　株式取得者は、名義書換をしなければその権利を会社に主張することができない（130条）。

②　株主名簿に記載・記録されている株主または登録株式質権者は、権利行使のつどその株主資格を証明しなくても権利を行使することができ、会社はその者の権利行使を拒絶することはできない。

③　会社は、株主名簿上の株主または登録株式質権者が真の権利者でなくても、その者の無権利およびこれを容易に立証できることについて悪意または重過失がない限り、その者を権利者として取り扱えば免責される。

④　会社は、株主名簿上の株主の住所へ通知・催告をすれば足り、その通知・催告は通常到達すべきであった時に到達したものとみなす（126条1項・2項）。

なお、会社は、株主名簿に記載・記録のない株主からの権利行使を拒否することができるが、会社側から自己の責任において積極的にその権利行使を認めることは可能である（最判昭和30・10・20民集9巻11号1657頁）。

### (4)　基準日

会社と株主との法律関係は株主名簿によって処理されるが、上場会社など名義書換が大量かつ頻繁に行われる会社においては、その時その時の株主名簿上の株主を把握することが容易ではなく、剰余金の配当や総会における議決権行使など、すべての株主や種類株主が一度に権利行使をする場合には、その権利を行使できる株主を確定させる必要がある。

そこで、株式会社は、権利行使日の3カ月前までの一定の日を基準日として定め、基準日における株主名簿上の株主（基準日株主）を権利行使可能な

株主とすることができる。基準日を定める場合には、基準日株主が行使することのできる権利の内容も定めなければならない（124条1項・2項）。

基準日は、定款で定めることができるが、それ以外の日を取締役会等で定めることができる。その場合には、当該基準日および基準日株主の行使できる権利内容を当該基準日の2週間前までに公告する必要がある（124条3項）。3月決算会社においては、6月下旬の株主総会に備え、定款で3月末日を議決権や剰余金の配当の基準日とするのが通常である。

また、基準日株主の行使できる権利が（種類）株主総会の議決権である場合には、会社は、基準日株主の権利を害さない範囲内で、当該基準日後に株式を取得した者の全部または一部を当該権利の行使者と定めることができる（124条4項）。基準日後の増資や組織再編により株主となった者に対して議決権行使を認めることは可能だが、基準日後の株式譲渡により譲受人に議決権行使を認めることは原則としてできない。

### ⑸　名義書換

株式譲渡の場合の株主名簿への記載・記録について、会社法では、次のような規定がおかれている。

#### ㋐　発行会社からの取得または発行会社への譲渡

具体的には、株式の発行、自己株式の取得および処分の場合である。発行会社は株主の異動を認識できるため、当然に名義書換を行わなければならない（132条）。

#### ㋑　発行会社以外の者との間の譲渡

発行会社は、発行会社以外の者との間の株式譲渡を認識できないのが通常のため、名義書換は株主からの名義書換請求を待ってなされる。

株式取得者は、原則として名義書換請求をすることができるが、当該株式が譲渡制限株式である場合には、譲渡承認手続を経たうえでなければ名義書換請求をすることができない（134条）。

名義書換請求は、原則として株式取得者と株主名簿上の株主との共同で行わなければならないが、株式取得者が株券を提示して請求した場合や、株式

55

第2章　第1節　総　説

交換・株式移転による完全親会社からの請求、一般承継人が承継の事実を証する資料を提供して請求した場合など、利害関係人の利益を害するおそれがないものとされる一定の場合には、株式取得者による単独請求が認められる（133条、施規22条）。

　なお、会社が正当な事由なく名義書換を拒否した場合または過失により名義書換を拒否した場合には、名義書換がなされていなくても株主は会社に対して権利を行使することができる（①最判昭和41・7・28民集20巻6号1251頁、②最判昭和42・9・28民集21巻7号1970頁）。

### (6)　株主名簿の閲覧

　株主名簿は、本店に備え置かなければならず、株主および債権者は、会社の営業時間内はいつでも閲覧または謄写の請求ができる（125条1項・2項）。

　株主および債権者からの閲覧謄写請求の拒否は、法で列挙されている以下の場合に限られる（125条3項）。

① 　請求者が権利の確保または行使に関する調査以外の目的で請求を行ったとき
② 　請求者が当該会社の業務の遂行を妨げまたは株主の共同利益を害する目的であるとき
③ 　請求者が閲覧謄写によって知り得た事実を利益を得て第三者に通報するために請求を行ったとき
④ 　請求者が過去2年以内において、株主名簿の閲覧謄写によって知り得た事実を利益を得て第三者に通報したことがあるとき

> ✠ *One point advice*　競業関係にある者の株主名簿閲覧請求 ──
> 　平成26年改正以前は、株主名簿閲覧請求者が「当該株式会社の業務と実質的に競争関係にある事業を営み又はこれに従事するものであるとき」についても拒否事由とされていたが、改正によりこの拒否事由は削除された。
> 　そもそも株主名簿の閲覧拒否事由は、会社法制定時に会計帳簿の閲覧謄写請求権との並びで規定が設けられたものであった。
> 　しかし、会社法制定後、この規定については学者や経済界からの反発が

強くあり、改悪との評もあった。さらに、制定後、敵対的買収や少数株主権行使にあたって賛同者を募るため名簿閲覧請求するという株主権行使のための正当な事由のある場合について、競業企業であることを理由に会社が開示を拒否する事例が相次ぎ、裁判に発展する事案がいくつも発生した。

これに対し、下級審では明文に該当する以上、拒否は正当との判断が相次いだが、実務的には不当との批判が多く、平成20年になって主観的に濫用の意図がないこと、すなわち株主としての正当な権利であることを株主が立証すれば、会社は閲覧請求を拒否できないと判断する高裁判決が出るに至った（参考判例：東京高判平成20・6・12金判1295号12頁）。これを受けて、削除する改正に至ったものである。

## 2 振替口座簿

「社債、株式等の振替に関する法律」に基づき、上場会社の株式に係る株券等を廃止するに伴い、株券の発行を前提として行われてきた株主の権利の管理（発生、消滅および移転）を、証券保管振替機構および証券会社等に開設された口座において電子的に行う制度（以下、「株式等振替制度」という）が、平成21年1月5日より開始された。株式等振替制度は、金融商品取引所に上場されている株式、新株予約権、新株予約権付社債、投資口、優先出資、投資信託受益権およびそれらに準ずるものであって、発行会社が制度の利用について同意した場合に適用される。適用対象となる株式を振替株式という。

振替株式は、すべて振替機関および下位の口座管理機関における口座管理簿によって管理される。

振替株式の譲渡・質入れは、譲渡人・質権設定者の申請により、譲受人・質権者がその口座における保有欄・質権欄に譲渡・質入株式数の増加の記載・記録がなされることによって効力が生じる。

加入者は、口座における記載・記録がなされた振替株式についての権利を適法に有するものと推定され、振替株式についての株式数の増加の記載を受けた加入者について善意取得が認められる。

第2章　第1節　総　説

　振替機関は基準日等における自己および下位口座管理機関の振替口座簿の内容を発行者に通知しなければならず（総株主通知）、発行者は総株主通知を受けたときは株主名簿に通知事項等を記載しなければならない。

　また、発行者は、正当な理由があるときは、振替機関に対し、所定の費用を支払って、一定の日の株主についての総株主通知を請求することができる。

## 3　所在不明株主に対する通知の省略等

### (1)　所在不明株主に対する通知の省略

　会社が株主に対して通知または催告をする場合には、株主名簿上の株主の住所または別途株主が通知した住所に宛てて発すれば足り、当該通知・催告は通常到達すべきであった時に、到達したものとみなされる（126条）。

　会社の株主に対する通知または催告が5年以上継続して到達しない場合には、以後の通知・催告は不要となる（196条1項）。

　この場合、会社は、配当すべき剰余金も社内留保しておき、株主から請求があった場合に支払えば足りる（196条3項）。

### (2)　所在不明株主の株式売却制度

　株式会社は、①株主・登録株式質権者に対する通知または催告が5年以上継続して到達せず、かつ、②当該株主・登録株式質権者が継続して5年間剰余金の配当を受領しなかった場合、株式を競売または売却することができる（197条1項・2項）。

　当該株式を競売以外の方法で売却する場合、当該株式に市場価格があるときは市場価格により、市場価格がない場合には、裁判所の許可を得て競売以外の方法で売却することができる。

　ここでいう「市場価格」とは、取引市場において売却するときには売却時の市場価格をいい、市場以外で売却する場合には、原則として売却日の取引市場における最終価格をいう（施規38条）。

　また、株式会社は、売却する株式の全部または一部を買い取ることもできる。この場合には、①買取株式数および、②買取りと引き換えに交付する金

58

銭の総額を取締役会決議により定めなければならず（197条3項・4項）、自己株式取得の一つとして、分配可能額による財源規制に服する（461条6号）。

## 第2節　株式の譲渡

### Ⅰ　株式の自由譲渡性と制限

#### 1　株式譲渡自由の原則

株主は、その有する株式を原則として自由に譲渡することができる（127条。株式譲渡自由の原則）。

株主の責任が出資払込みの限度（有限責任）とされている株式会社においては、債権者保護のため会社財産の確保が重視され、退社による出資の払戻しは認められない。そのため株主が投下資本を回収する手段としては株式譲渡によるしかなく、自由譲渡性がなければ投資家から出資を募ることが困難となる。

また、株式会社では、通常株主の個性が重視されないから、その地位の自由譲渡性を認めても不都合がない。

そのため、株式には原則として自由譲渡性が認められている。

#### 2　株式譲渡の制限

株式の譲渡は原則として自由であるが、法律、定款または契約によりその譲渡が制限される場合がある。なお、法律による制限については、私的独占の禁止及び公正取引の確保に関する法律（以下、「独占禁止法」という）や外国為替及び外国貿易法（外為法）といった会社法以外の法律による制限もあるが、以下では会社法による制限に限定して記述する。

第2章 第2節 株式の譲渡

## (1) 法律による制限

### (ア) 時期による制限

会社成立前または新株発行前の株式引受人の地位（権利株）や株券発行前の株式が譲渡され、譲渡の効力が会社との関係でも認められてしまうと、株主名簿の整備や株券発行事務が混乱・遅延するおそれがある。

そこで、会社の事務処理上の便宜から、権利株や株券発行前に行われた株式譲渡は、会社には対抗できないとされている（35条、50条2項、63条2項、208条4項、128条2項）。

もっとも、株券発行会社は、株式を発行した日以後遅滞なく、当該株式に係る株券を発行しなければならないとされており（215条1項）、この義務を怠っている場合にまで会社の事務処理上の便宜に配慮する必要はない。

そこで、判例は、株式会社が株券の発行を不当に遅滞し、信義則に照らして株式譲渡の効力を否定することが相当でない状況に至ったときには、株券発行前であっても、株主はその意思表示のみによって会社に対する関係でも有効に株式を譲渡することができるとしている（最判昭和47・11・8民集26巻9号1489頁）。

なお、権利株および株券発行前の譲渡も当事者間では有効である。また、時期による制限の趣旨は会社の事務処理上の便宜にあるので、会社自ら譲渡を有効と認めることはできるものと解される。

### (イ) 自己株式の有償取得の制限

自己株式の取得について、会社法は取得事由を列挙し（155条）、取得事由ごとに取得手続や財源等を規律している。詳細は後述する（後記II以下参照）。

---

2 一例として、独占禁止法は、公正自由な競争の観点から、一定の株式取得・保有に制限を設けている（独禁9条〜11条、14条、17条）。また、特定業種の企業については、個別に株式の譲渡制限や、取得・保有についての制限が定められている場合がある。たとえば、日刊新聞紙の発行を目的とする株式会社においては、定款により、株式の譲受人を、当該会社の事業に関係のある者に限ることができる、とされている（日刊新聞紙の発行を目的とする株式会社の株式譲渡の制限等に関する法律1条）。また、株式会社組織の金融商品取引所では、総株主の議決権の20％を超える株式を取得・保有することが制限される（金商103条の2第1項）。

*60*

㈦　子会社による親会社株式取得の制限

### (A)　子会社による親会社株式取得の禁止とその例外

総株主の議決権の過半数を有するなど、ある会社の経営を支配している会社等（外国会社、組合その他これに準ずる事業体を含む）を「親会社」といい（2条4号、施規3条2項・3項、2条3項2号）、会社がその経営を支配している他の会社等を「子会社」という（2条3号、施規3条1項・3項、2条3項2号）。ここでいう経営を支配しているとは、財務および事業の方針の決定を支配している場合をいう（施規3条）。

子会社は、親会社株式を原則として取得してはならない（135条1項）。主として資本充実、維持の原則の観点から規制されているため、名義のいかんを問わず、子会社の計算で取得することが禁止されるものと解される。

ただし、次の①〜⑥のような場合には、例外的に取得が許容される（135条2項、800条、施規23条）。

① 組織再編や事業全部の譲渡により他の会社等から承継取得する場合

② 配当や組織再編等の対価として親会社株式の交付を受ける場合

③ 無償取得の場合

④ 連結配当規制適用会社である親会社株式を、他の子会社から譲り受ける場合

⑤ 権利の実行にあたり目的を達成するために親会社株式を取得することが必要かつ不可欠である場合

⑥ 子会社の組織再編に際して親会社株式を対価とする場合（三角合併）

### (B)　子会社が保有する親会社株式の地位

子会社が保有する親会社株式について、議決権および株主提案権などの議決権を前提とする権利は認められないものの（308条1項カッコ書）、親会社と子会社は別人格である以上、その他の共益権や自益権は認められる。

### (C)　子会社が保有する親会社株式の処分

子会社による親会社株式の取得が例外的に認められる場合でも、三角合併に利用する場合を除き、相当な時期に保有株式を処分しなければならない

（135条3項）。

　もっとも、親会社株式に市場価格がない場合や子会社が大量の親会社株式を取得したような場合には、処分が困難な場合もある。

　そこで、親会社は、取締役会決議により、子会社の保有する親会社株式（自己株式）を取得することが認められる（163条）。

### (2)　定款による制限

#### ㋐　総　説

　株式会社の中には、合弁会社や同族会社のように、株主間の信頼関係の存続が会社の存立基盤となっている会社がある。このような閉鎖的な会社で株式の譲渡が自由に行われてしまうと、株主間の信頼関係が損なわれ、会社の存立基盤を失う可能性がある。

　そこで、譲渡による取得について株式会社の承認を必要とする旨定款で定めることが会社法上認められており、このような株式を譲渡制限株式という（2条17号）。

#### ㋑　譲渡制限の方法等

##### (A)　対象株式

　譲渡制限は、発行株式の全部について行うことも、その一部についてのみ行うこともできる（107条1項1号、108条1項4号）。

　発行する全部の株式に譲渡制限の定めをおく会社が「非公開会社」であり、一部または全部に譲渡制限の定めをおかない会社が「公開会社」である（2条5号）。

##### (B)　定款変更の手続

　定款変更により株式に譲渡制限を設ける場合、既存株主の権利に重大な制約を課すことになるため、会社法上特に厳格な手続によることが求められている。

　すなわち、発行する全部の株式について当該定款の定めをおく場合は、議決権を行使できる株主の半数以上でかつ当該株主の議決権の3分の2以上にあたる多数の賛成が必要とされ（309条3項1号）、当該議案に反対した株主

には株式買取請求権が付与される（116条1項1号）。加えて、譲渡制限株式となる株式を目的とする新株予約権を有する新株予約権者には、当該新株予約権の買取請求権が認められる（118条1項）。

(C) 承認機関

譲渡制限株式の譲渡承認を行う機関は、取締役会設置会社では取締役会の決議、それ以外の場合には株主総会の決議を要する（139条1項）。

譲渡承認機関について定款により別段の定めをおくことも可能であり、たとえば取締役会設置会社において、決定機関を株主総会と定めることも可能である（139条1項ただし書）。ただし、定款の定めによっても、取締役会より下位の機関（取締役会設置会社の代表取締役、指名等委員会設置会社における執行役等）を決定機関とすることはできないと解されている。

また、譲渡制限の定めをおいた場合であっても、さらに一定の場合においては株式会社が譲渡を承認したものとみなす旨を定款で定めることにより、譲渡承認を不要とすることが認められる（107条2項1号、108条2項4号）。

(D) 適用範囲

相続、合併、会社分割その他の一般承継による株式の取得については、定款の定めによる譲渡制限は適用されない。この場合の買取請求（174条）については、後述する。

㋒ 譲渡承認手続

譲渡承認手続の流れは、次のとおりである（〔図表2-8〕参照）。

(A) 譲渡承認請求・買取請求

譲渡承認請求は、譲渡人からも譲受人からもすることができる（136条、137条1項）。譲受人が請求する場合には、株券所持者からの請求など一定の場合を除き、原則として株式取得者と株主名簿上の株主との共同で行わなければならない（137条2項、施規24条）。

(B) 承認・不承認の決定

譲渡承認請求を受けた株式会社は、承認するか否かを決定して通知しなければならない。この場合の決定機関は、取締役会設置会社の場合には取締役

第2章　第2節　株式の譲渡

〔図表 2-8〕　譲渡制限株式の承認・買取手続

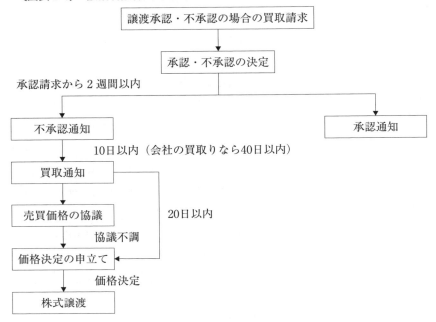

会、取締役会を設置していない会社の場合には株主総会が原則だが、定款で別段の定めをすることができる。なお、判例は、株式の譲渡制限規定は、もっぱら会社にとって好ましくない者が株主となることを防止し、もって譲渡人以外の株主の利益を保護することにあると解されることから、株主が1人しかいない会社の当該株主が譲渡を承認している場合、定款所定の承認機関の承認がなくても、その譲渡は会社との関係においても有効となるとしている（最判平成5・3・30民集47巻4号3439頁）。

不承認の通知は、承認請求から原則として2週間以内にしなければ、承認したものとみなされる（145条1号）。

(C)　買取通知等

譲渡を不承認とした場合、自ら当該株式を買い取るか、他の買取人（指定

買取人）を指定しなければならない（140条1項・4項）。

自社株式取得には、株主総会の特別決議が必要である（140条、309条2項1号）。他方、指定買取人を指定する場合は、株主総会の特別決議（取締役会設置会社では取締役会決議）によるのが原則だが、定款によりあらかじめ指定買取人を指定しておくこともできる（140条5項）。

当該株式の買取通知の際、1株あたりの純資産額に買取対象株式数を乗じた額を株式会社の本店所在地に供託し、供託の証明書を譲渡等承認請求者へ交付しなければならない（141条1項・2項、142条1項・2項）。

### (D) 価格の決定

買取人と譲渡等承認請求者との間で売買代金の協議が調わない場合には、買取通知の日から20日以内に裁判所に対して価格決定の申立てをすることができる（144条1項・2項）。協議が調わないにもかかわらず、20日以内に価格決定の申立てがなされなかった場合には、1株あたりの純資産額に対象株式数を乗じて得た額が売買価格とされる（同条5項）。

なお、会社が譲渡制限株式を買い取る場合には、支払対価は分配可能額の範囲内でなければならないという財源規制が課されている（461条1項1号）。

### (エ) 譲渡承認を得ないでなされた譲渡の効力

譲渡制限株式について、会社の承認を得ないでなされた譲渡の効力については、会社にとって好ましくない者の経営関与を排除するという定款による譲渡制限の趣旨から、会社との関係では効力を生じないが、譲渡当事者間では有効であるとするのが判例（最判昭和48・6・15民集27巻6号700頁）、多数説である（相対説）。判例は、この譲渡の効力について、譲渡が競売手続によってなされた場合でも、任意譲渡の場合と同様に解すべきとしている（最判昭和63・3・15判時1273号124頁）。

### (オ) 相続人等に対する売渡請求制度

譲渡制限株式は、あくまで譲渡に会社の承諾を必要とするものにすぎず、相続や合併など一般承継の場合には承諾を必要としない。

しかし、会社にとって好ましくない者を株主にさせないという要請は、一

般承継の場合であっても同様であるため、定款で定めれば、会社から相続人等の一般承継人に対して譲渡制限株式の売渡しを請求することができる（174条）。

会社が、一般承継人へ売渡請求をするためには、対象株式の種類および数、並びに当該株式保有者の氏名、名称を株主総会の特別決議で定め、一般承継の事実を知った日から1年以内に請求しなければならない（175条、176条、309条2項3号）。

会社が売渡請求を行った場合、買取価格は当事者間の協議によって定められるが、協議が調わない場合には、請求日から20日以内であれば裁判所に対して価格決定の申立てをすることができる（177条1項・2項）。この申立てがあった場合、裁判所は、請求時の株式会社の資産状態その他一切の事情を考慮して買取価格を定める（同条3項・4項）。買取価格の協議が調わないまま前記申立期間を徒過した場合には、売渡請求の効力を失う（同条5項）。

譲渡制限株式は、非上場株式であり、市場価格がないためにその評価には困難が伴う。一般に、非上場株式の評価は、対象会社の将来収益獲得能力を現在価値に反映させるインカム・アプローチ（DCF方式[3]、配当還元方式[4]、収益還元方式[5]）、対象会社の現在の純資産に基づいて評価する純資産方式、類似企業や対象会社の取引先例を参照するマーケット・アプローチを、単独で、または組み合わせて行われる。いずれの評価方式が適切かは、対象会社の企業継続の確率の高低や対象株式の支配比率等諸事情により異なる（一般少数非支配株主の株式について、ゴードン・モデル式を単独で用いた例として大阪高[6]

---

3 「DCF方式（Discount Cash Flow method)」とは、企業の将来のキャッシュ・フローを一定の割引率で現在価値に換算して企業価値を算定する方式をいう。

4 「配当還元方式」は、その株式を所有することによって受け取る1年間の配当金額を、一定の利率（10%）で還元して元本である株式の価額を評価する方法をいう。

5 「収益還元方式」とは、評価対象企業の平均収益額を適正な資本還元率で除して企業価値を評価し、これを発行株式数で除して1株あたりの株価を算定する方法をいう。

6 「ゴードン・モデル式」とは、企業が獲得した利益のうち配当にまわされなかった内部留保額は再投資によって将来利益を生み、配当の増加を期待できるものとして企業価値を評価する手法である。

判平成元・3・28判時1324号140頁)。

　なお、当該売渡請求による株式取得も、自己株式取得の一形態であるため、分配可能額による財源規制に服する（461条1項5号）。

### (3) 契約による制限

　合弁会社を設立する場合やスポンサーが出資をする場合、あるいは従業員の財産形成、勤労意欲・経営参加意識の向上、安定株主形成等を目的とする従業員持株制度を創設する場合などに、株式会社・株主間または株主相互間で契約により株式譲渡制限をする場合がある。この株式譲渡制限契約を契約自由の原則から当然に有効としてしまうと、定款による譲渡制限の潜脱となるおそれもあるので、その有効性が問題となる。

### ㋐ 契約の有効性

#### (A) 株式会社と株主との間の契約

　株式会社と株主との間でなされる譲渡制限の取決めは、たとえば株式会社に無制限の拒否権を与え、しかも株主の投下資本回収の方法を与えないような合意など定款による譲渡制限の潜脱となるような場合には無効と解される。

　判例は、従業員持株制度の下で、株式会社の株式を従業員株主に額面金額で取得させる際、株式会社と従業員株主との間で、退職時には、同制度に基づいて取得した株式を額面金額で取締役会の指定する者に譲渡する旨の合意をしたことについて、定款による譲渡制限規定〔旧商204条1項〕あるいは公序良俗に反するものではなく有効であるとしている（最判平成7・4・25集民175号91頁）。また、日刊新聞の発行を目的とする株式会社が、定款による譲渡制限を規定するとともに、日刊新聞紙の発行を目的とする株式会社の株式譲渡の制限等に関する法律1条に基づき、譲受人を同社の事業関係者に限定する社員株主制度を採用している場合において、同社の持株会が、持株会から従業員への譲渡価格を額面額とし、株主が株式保有資格を失ったとき、または個人的理由でこれを売却する必要が生じたときは、持株会が額面額で同社株式を買い戻す旨のルールが成立していたという事案において、最高裁判所は、当該ルールに従う旨の合意は有効と判示した（最判平成21・2・17集民

230号117頁）。

### (B) 株主間の契約

株主間でなされる譲渡制限契約は、実質的に定款による譲渡制限を潜脱するものや公序良俗に反するようなものでない限り、原則として有効であると解される。

### (イ) 契約違反の効果

契約による譲渡制限は、その契約が有効とされる場合であっても、その契約に違反してなされた譲渡自体は有効であり、契約当事者間で債務不履行責任が問題となるにすぎないと解されている。

## 3 株式譲渡契約

### (1) 株式譲渡契約の特徴

株式譲渡とは、売り手企業の既存株主がその保有株式を買い手企業に譲渡し、買い手企業はその対価を支払う手法である。株式譲渡は、中小企業のM&Aにおいて多く利用されている。

株式譲渡契約は、法的構成としては単なる株式の売買契約であるため、法律上の事業再編行為にはあたらず、契約主体性や当事者の法人格にも変更がない。このため、後述の場合を除き、株主総会の特別決議や債権者保護手続といった企業再編行為に伴う特別な手続を行う必要はなく、また、既存の取引関係や雇用に影響を与えずに企業買収を実行することができるメリットがある。

### (2) 株式譲渡契約締結の流れ

株式譲渡契約による企業買収のプロセスは、他の事業再編行為により行われる企業買収の場合と共通する。

まず、具体的な契約内容についての協議を行う前に、①「守秘義務契約」を締結する。企業買収は当事者や取引会社の事業や資産等に影響を与える蓋然性が高く、取引の存在およびその内容を公表段階に至るまで秘匿し、かつ取引の過程で双方に公開された内部情報を他の目的に転用されたり、外部に

開示されることを避けるために締結される。

続いて、②基本合意書が締結される。基本合意書は、案件によってさまざまに異なりうるものの、締結時点までに合意された当該取引の基本事項に加え、典型的には企業買収についての独占交渉権を付与する条項や、次に述べるデューデリジェンスに対する協力義務に関する条項が定められる。

次に、③デューデリジェンス（「Due Diligence」（買収監査））手続が行われる。デューデリジェンスとは、法務・会計・税務・ビジネス・人事等のさまざまな観点から対象会社を調査する手続であり、この手続中で判明した種々の評価やリスクは、契約締結の是非を含む取引契約の内容に反映される。

その後、④買収契約書等が正式に締結され、その内容に従い企業買収行為が完了する（クロージング）。以上が企業買収行為の基本的な流れとなる。

## (3) 株式譲渡契約の典型的な内容と各条項

企業買収の一手法として株式譲渡契約が締結される場合、当事者の関心事や契約上の重要事項は事案によって異なり得る。以下では、企業買収を目的とした株式譲渡契約の代表的規定とその内容を概説する。

### (ア) 株式譲渡の合意

譲渡の対象となる株式を特定し、譲渡価格を定める条項である。

譲渡価格は、対象会社の上場・非上場の別、事業内容や規模その他の状況に応じて、市場株価平均法[7]、DCF 法、時価純資産価額法[8]、類似会社比較法[9]などの算定方法を用いて企業価値や株価の評価が行われ、それを基に交渉の

---

7 「市場株価平均法」とは、証券取引所で成立した市場価格を基に株価を評価する方法であり、上場株式の評価では最も基本的な評価法とされる。市場株価として、評価基準日の終値、一定期間の終値の単純平均、一定期間の終値の出来高による加重平均による方法がある。

8 「時価純資産価額法」には、個別資産の再調達時価を用いて評価する再調達時価純資産法と、別資産の処分価額を用いて評価する清算処分時価純資産法とがある。前者は、当該企業を新規に事業開始する場合の価値を算定するという考え方による算定方法であり、後者は、解散を前提とする清算価値を評価する方法である。

9 「類似会社比較法」とは、事業の種類が同一または類似する複数の上場会社の株価の平均値に比準する方式をいう。評価対象会社が非上場企業の場合、証券取引市場で形成される市場価格がないため、同手法により類似している公開企業の市場価格を参照することで、評価対象企業の市場価値を間接的に算定する。

うえ合意されることが通常である。

　㈠　代金の支払いおよび価格調整

　株式譲渡代金の支払時期について、契約に定める当初の代金算定の時点と支払時期までに相当の期間がある場合には、代金算定の基礎となった事情が変動し、当該代金がクロージング日時点における対象会社の企業価値を反映するものではなくなっている可能性がある。

　そのような事情変動に備え、クロージング日時点における対象株式会社の企業価値に基づいて代金を修正する条項が設けられることが少なくない。

　代金調整には、当事者および取引の状況に応じて種々の方法があり得るが、クロージング日後にクロージング日における（当初の代金の算定の基礎となった）計算書類等を作成し、その計算書類に基づく代金の修正により最終的な代金を算出するのが典型的である。

　㈡　表明および保証

　表明および保証についての合意は、英米法上の概念から導入されたものであるが、一般に、当事者が相手方に対し、一定の時点において一定の事項が正確かつ真実であることを表明し、保証することを内容としている。

　当該条項を日本法の下でいかに解釈するかが問題であるが、基本的には当該取引におけるリスク分担として、①契約の前提となった企業情報が異なっていた場合における補償請求の根拠としての機能、②クロージングの前提条件としての機能、③情報開示を促進する機能を果たすものと解される。

　㈢　誓　約

　元は英米系の契約書のコベナンツ（covenants）条項に由来する概念であり、日本法上の意義は必ずしも明確ではないが、一般的には、株式の譲渡とこれらに対する譲渡代金の支払いといった契約の主たる義務とは別に、取引の実行に際して求められる付随的な義務についての特約として整理される。

　㈣　クロージングの前提条件

　株式譲渡につき、株式の処分または取得のために許認可の取得や官公庁への届出が必要となる場合といった、一定の手続の完了などの条件が充足しな

ければ取引が実行できない場合がある。このような取引の実行条件をあらかじめ確認し、これらの条件が充足されるまで取引を実行しなくてよいことを合意しておくことを目的とする条項である。

(カ) クロージング

取引の実行、すなわち売主が行う株式の権利移転義務の履行および買主が行う代金支払義務の履行についての具体的な内容を合意する条項である。

(キ) 補　償

当事者に、株式譲渡契約上の義務違反または表明保証違反があった場合に、当該違反により相手方当事者が被った損害を補償する旨合意する条項である。

通常、補償事由としては、①表明保証した事項の不実・不正確および②誓約その他の契約上の義務の不履行・不遵守があった場合における、補償の具体的内容が規定される。

(ク) 契約の解除、終了

M&A としての株式譲渡が行われる場合には、契約締結時点からクロージング日の間に一定期間がおかれることが通常である。その間に、契約に定められた手続が予定どおりに履行されなかったり、契約締結時には想定外であった事情が発生した場合には、補償等により解決を図る選択肢のほか、当事者としては取引の実行をやめて白紙に戻したいと検討することがある。

契約の解除・終了に関する規定は、このような場合に備え、契約の解除事由や終了事由をあらかじめ定めおくものである。

(ケ) 一般条項

上記のほか、多くの株式譲渡契約に共通して定めおかれる条項として、秘密保持契約、契約の公表時期についての合意、費用負担、準拠法等がある。

## (4)　子会社株式の譲渡に対する規制

(ア) 改正とその目的

株式の譲渡は、事業再編行為ではないため、他の事業再編行為と異なり会社法上の手続は不要であると前述した。しかし、親会社が子会社の株式等を譲渡し当該子会社の議決権の過半数を失うような場合、親会社株主からみれ

第2章　第2節　株式の譲渡

〔図表2-9〕　株式譲渡契約とその内容

| | 条　項 | 内　容 |
|---|---|---|
| 1 | 株式譲渡の合意 | 譲渡の対象となる株式を特定し、譲渡価格を定める。<br>　譲渡価格は、対象会社の上場・非上場の別、事業内容や規模その他の状況に応じて、市場株価平均法、DCF法、時価純資産価額法、類似会社比較法などの算定方法を用いて企業価値や株価の評価が行われ、それを基に交渉のうえ合意されることが通常である。 |
| 2 | 代金の支払および価格調整 | 株式譲渡契約締結時からクロージング日までの対象会社の企業価値の変動を反映する等といった、譲渡価格の調整を行う。 |
| 3 | 表明および保証 | 当事者が相手方に対し、一定の時点において一定の事項が正確かつ真実であることを表明し、保証することを内容とする。<br>　取引の前提となる事情が、合意された時点で了解されていたものと実際には異なっていた場合に、そのリスクを分担することを目的として締結される条項である。 |
| 4 | 誓約 | もともと英米系の契約書のコベナンツ（Covenants）条項に由来する概念であり、日本法上の意義は必ずしも明確ではないが、一般的には、株式の譲渡とこれに対する譲渡代金の支払いといった契約の主たる義務とは別に、取引の実行に際して求められる付随的な義務についての特約として整理される。 |
| 5 | クロージングの前提条件 | 株式の処分または取得のために許認可の取得や官公庁への届出などが必要となるといった、一定の手続の完了などの条件が充足しなければ取引が実行できない事情がある場合に、取引の実行条件をあらかじめ確認し、これらの条件が充足されるまで取引を実行しなくてよいことを合意しておくことを目的とする条項である。 |
| 6 | クロージング | 取引の実行（クロージング）、すなわち売主が行う株式の権利移転義務の履行および買主が行う代金支払義務の履行がクロージングにおける当事者の行為の主たる内容を構成する。 |
| 7 | 補償 | 当事者に株式譲渡契約上の義務違反または表明保証違反があった場合に、当該違反により相手方当事者が被った損害を補償する旨を合意するものである。 |
| 8 | 契約の解除・終了 | 株式譲渡契約締結時には想定されていなかった事情が発生したり、契約の前提となる条件が充足されないことが明らかになった場合に備え、契約の終了・解除に関する規定を合意するものである。 |
| 9 | 一般条項 | 多くの株式譲渡契約に共通して定められる一般的な条項について定められる。 |

ば実質的には親会社の事業の一部を第三者に譲渡する場合と異ならない。

このことから、親会社株主の利益を保護するため、平成26年改正により、一定の要件を満たす子会社の株式等の譲渡については、事業譲渡等に関する規律（株主総会の承認、反対株主の買取請求等）が適用されることとなった。

（イ）　対象となる株式譲渡

具体的な規律内容としては、株式会社が子会社の株式等の全部または一部を譲渡する場合、譲渡する株式等の帳簿価額が当該株式会社の総資産額として法務省令で定める方法により算定される額の5分の1（これを下回る割合を定款規定で定める場合は、その割合）を超え、かつ、当該親会社が効力発生日に当該子会社の議決権の総数の過半数の議決権を有しなくなる場合は、親会社株主総会の特別決議による承認を受けなければならない（467条1項2の2号）。

「当該親会社が効力発生日に当該子会社の議決権の総数の過半数の議決権を有しなくなる」場合とは、譲渡それ自体によって議決権の過半数を失う場合のほか、株式譲渡と同時に子会社が新株発行等を行い、結果として議決権の過半数を失う場合も含まれる。

（ウ）　反対株主の株式買取請求権

上記の株主総会特別決議が行われた場合、当該決議に反対の株主には、事業譲渡等と同様、株式買取請求権を行使することが認められる（469条）。

# Ⅱ　自己株式

## 1　自己株式の取得

### (1)　総　説

#### （ア）　自己株式取得の規制

自己株式の有償取得は、従来、①出資の払戻しとなり資本維持原則に違反する、②取得の対価によっては特定の株主を優遇することになり、株主平等

原則に違反する、③会社の資金が経営者の保身に使われ支配の公正を害するおそれがある、④相場操縦、インサイダー取引のおそれがあるという政策的理由から、原則として禁止されていた。

しかし、バブル崩壊後の株式の持合いの解消や、企業再編の増加に伴い、株式の需給調整や企業再編の容易化、自己株式の取得・保有・処分に関する規制を緩和するニーズが経済界から高まり、平成13年6月の商法改正以降、自己株式の取得は原則自由とされた。

会社法においても、自己株式の取得は法が定める場合に限って認められると規定されているが（155条、施規27条）、実質的には、一定の手続・方法・財源の規制の下、広く自己株式の取得が認められている。

　(イ)　財源規制（〔図表2-10〕参照）

会社法では、自己株式の有償取得について、株式買取請求に応じる場合など一定の場合を除き、剰余金の配当と同様に、統一的な財源規制を及ぼすこととしている。すなわち、自己株式取得の対価として会社が株主に交付する金銭等の帳簿価格の総額が「分配可能額」（461条2項）を超える場合には、自己株式を取得することはできないとされている（同条1項、170条5項、166条1項ただし書）。

また、業務執行取締役等は、期末の見通しを誤り、自己株式の有償取得等を行った結果、資本の欠損を生じさせた場合、欠損額と対価の簿価のいずれか低い額についててん補責任を負う（465条）。

　(2)　**合意による取得**

会社法において株式会社が株主との合意により自己株式を取得する方法としては、①株主全員を対象に譲渡の申込みを受ける方法、②特定の株主から譲渡の申込みを受ける方法、および、③市場取引・公開買付けによる方法の3つがある（156条以下。〔図表2-11〕参照）。ただし、上場株券等については、株主全員を対象に譲渡の申込みを受ける方法はとれないとされている（金商27条の22の2第1項）。

II 自己株式

〔図表 2-10〕 自己株式の取得事由と財源規制

| | 取得事由 | 財源規制 | 事後の超過額支払義務 | 期末のてん補責任 |
|---|---|---|---|---|
| 合意による取得 | 全株主から譲渡申込みを受ける手続、相対取引、市場取引・公開買付け | あり | あり | あり |
| 譲渡制限株式 | 会社が買取人となる場合 | あり | あり | あり |
| | 相続等一般承継人への売渡請求 | | | |
| 特殊な株式 | 取得請求権付株式の取得 | あり（※） | なし | あり |
| | 取得条項付株式の取得 | | | |
| | 全部取得条項付種類株式の取得 | あり | あり | |
| 事業再編等 | 事業全部の譲受けに伴う取得 | なし | なし | なし |
| | 合併に伴う取得 | | | |
| | 吸収分割に伴う取得 | | | |
| その他 | 端数処理手続における取得 | あり | あり | あり |
| | 所在不明株式の取得 | | | |
| | 単元未満株式の買取請求による取得 | なし | なし | なし |
| | 株式買取請求による取得 | | 組織再編等以外はあり | |
| | 無償取得 | | なし | |
| | 別法人から配当等として取得 | | | |
| | 別法人の組織再編等に際して取得 | | | |
| | 別法人への新株予約権行使の対価として取得 | | | |
| | 権利実行のために必要不可欠な場合の取得 | | | |

※取得請求権付株式、取得条項付株式は、対価が当該会社の他の株式以外の場合、その帳簿価格が分配可能額を超えてはならない。

### (ア) 株主全員を対象に譲渡の申込みを受ける方法

株主全員を対象に譲渡の申込みを受ける手続の具体的な流れは、①取得事項の決定、②取得価格等の決定、③株主への通知・公告、④株主からの譲渡の申込みとなる。

#### (A) 取得事項の決定

まず、株主総会（臨時総会でもよい）の普通決議（授権決議）により、取得株式数、取得対価の内容および総額、取得可能期間（1年以内）を定めて、具体的な取得の決定を取締役（会）へ授権する（156条1項）。

#### (B) 取得価格等の決定

株式会社が授権決議に基づいて自己の株式の取得をしようとするときは、取締役（取締役会設置会社では取締役会）は、取得株式数、1株を取得するのと引き換えに交付する金銭等の内容および数等、株式を取得するのと引き換えに交付する金銭等の総額、並びに申込期日を決定する（157条1項・2項）。

#### (C) 株主への通知・公告

取得条件を決定した場合、株式会社は株主全員に対し、取得条件を通知しなければならない（158条1項）。公開会社の場合、公告をもって通知に代替することができる（同条2項）。

#### (D) 株主からの譲渡の申込み

株式譲渡の申込みをしようとする株主は、申込期日までに、申込株式数を明らかにして申込みをする（159条1項）。申込株式数が取得条件で定めた取得総数を超えた場合には、按分比例した数の株式が譲渡されることになる（同条2項）。

### (イ) 特定の株主から譲渡の申込みを受ける方法

特定の株主から譲渡の申込みを受ける手続は、以下のとおりである。

#### (A) 特定の株主から譲渡の申込みを受ける手続（原則）

手続の流れは、株主全員を対象に譲渡の申込みを受ける手続と同様、①取得事項の決定（授権決議）、②取得価格等の決定、③株主への通知、④株主

からの譲渡の申込みとなる。

　もっとも、③の株主への通知は株主全員に対してではなく、譲渡人である特定の株主のみに対して行い（160条5項）、授権決議は、譲渡人以外の株主を保護する観点から、特別決議が必要である〔309条2項2号カッコ書）。

　さらに、他の株主には原則として自分も売主として議案に追加するよう請求する権利（売主追加請求権）が認められる（160条3項）。この売主追加請求権は、株主相互の平等を図るためのものであり、株主提案権（304条）の特則である。売主追加請求権の行使機会を確保させるため、株式会社は株主に対し、原則として総会会日の2週間前までに、売主追加請求権を行使できることを通知しなければならず（160条2項、施規28条）、株主は総会会日の5日（定款でこれを下回る期間を定めたときは、その期間）前まで売主追加請求権を行使することができる（160条3項、施規29条）。

　売主である特定の株主（売主追加請求権を行使した株主を含む）は、決議の公正を図るため、原則として当該株主総会において議決権を行使することができない（160条4項本文）。

### (B)　売主追加請求権が排除される場合（例外）

　特定の株主から取得する場合には、原則として他の株主に売主追加請求権が認められる。ただし、以下の(i)～(iv)の場合には、例外として売主追加請求権が排除されている。

### (i)　市場価格のある株式の市場価格以下での取得

　市場価格のある株式を市場価格以下で取得するのであれば他の株主の不利益は大きくないため、売主追加請求権が排除される（161条）。

　これまで、上場会社では、実質的な相対取引として証券取引所の時間外取引（ToSTNeT-2等）が利用されていたが、時間優先の原則が働くため、意図したとおりの売買ができない可能性があった。この市場価格のある株式を市場価格以下で取得する方法を利用することにより相対での売買を確実に行うことができるようになった。

　ここでいう「市場価格のある株式」には、上場株式のほか、店頭登録株式

77

（外国店頭登録を含む）やグリーンシート銘柄も含まれる。

　また、取得価格における「市場価格」とは、授権決議日の前日の市場終値をいう（当該株式が公開買付けの対象となっているときには買付価格と市場終値のいずれか高い額。施規30条）。

　　(ii)　非公開会社による相続人等からの取得

　非公開会社の閉鎖性を尊重する趣旨で売主追加請求権が排除される（162条）。ただし、この特例は、当該一般承継人が（種類）株主総会で議決権を行使する前に取得するときに限られる。

　　(iii)　親会社による子会社からの取得

　子会社が親会社株式を取得・保有した場合、相当の時期に処分しなければならず（135条3項）、親会社がこの受け皿となる要請が強いため売主追加請求権が排除される（163条）。

　親会社が子会社から自己株式を取得する場合には、取締役会設置会社では取得事項を取締役会で決議することができ、取得価格等の決定、株主への通知・公告、および株主の譲渡の申込みに関する規定はいずれも適用されない。

　　(iv)　定款の定めによる排除

　売主追加請求権は定款によって排除することもできる（164条）。ただし、売主追加請求権は、当該権利が売主となっていない株主の保護を図るという株主平等原則に基礎をおくものであり、多数決による排除は適切ではないので、株式の発行後に定款変更を行う場合には、株主全員の同意を得なければならない。

　　(ウ)　市場取引・公開買付けによる方法

　自己株式の取得は、市場取引や公開買付けの方法によることも可能である（165条）。

①　市場取引（オークション市場、ToSTNeT-2（終値取引）など）

②　公開買付け

　　　不特定多数の者に対し、新聞などでの公告により一定期間内に一定価額で一定量の株式買付けの申込みの勧誘を行い、取引所有価証券市場外

Ⅱ　自己株式

で株式の買付けを行うこと（金商第2章の2第2節）

　市場取引・公開買付けによる取得の場合、定款で定めれば取得事項を取締役会決議により決定することができる（165条2項・3項）。また、取得価格等の決定、株主への通知・公告、および株主の譲渡の申込みに関する規定はいずれも適用されない（同条1項）。

　なお、市場取引には、各証券取引所におけるオークション市場において行う買付けとToSTNeT市場（立会市場以外の市場）において行う買付けがある。

　　✤ *One point advice*　**東京証券取引所における自己株式取得の方法** ──
　東京証券取引所における自己株式取得の方法としては、特定の売方を前提とせず、オークション市場の流動性を利用して行う、オークション市場での単純買付けと、持合い解消等で大株主等の特定の売方にあらかじめ売却の依頼等を行い、買付内容を事前に公表したうえで買付けをする事前公表型の買付けとがある。

　事前公表型の買付けについては、オークション市場における買付けのほかに、立会外取引として終値取引（ToSTNeT-2）および自己株式立会外買付取引（ToSTNeT-3）による買付けがある。

　終値取引（ToSTNeT-2）は、立会市場で決まった終値で、立会時間外に売り注文と買い注文を集めて取引を成立させるものをいい、自己株式取得は午前8時20分から8時45分の前日終値を利用した取引で行われる。終値取引では、原則として売り注文と買い注文が対当するたびに、時間的に早く発注されたものから優先して成立させていくことになる（時間優先の原則）。

　自己株式立会外買付取引（ToSTNeT-3）も、東京証券取引所のToSTNeT市場における売買だが、終値取引（ToSTNeT-2）とは異なり、自己株式取得のための売買のみが行われる。すなわち、買付会社からの買い注文と、午前8時から8時45分までの間に売り付けた売り注文との間で前日終値において取引を成立させる。自己株式立会外買付取引（ToSTNeT-3）は、買付注文は買付会社の注文に限定されるため、買付会社の注文は必ず成立すること、売り注文の総数量が買付数量を超えた場合、

*79*

第2章　第2節　株式の譲渡

　　　　時間優先の原則は適用されず、按分方式により取引を成立させること等の
　　　　点で、終値取引（ToSTNeT-2）とは異なる。

### ⑶　特殊な株式による自己株式の取得

株式会社が自己株式を取得することに関する特殊な株式として、①取得請

〔図表2-11〕　合意による自己株式の取得手続

| | (A) | (B) | (C) |
|---|---|---|---|
| | 株主全員を対象に譲渡の申込みを受ける方法 | 特定の株主から譲渡の申込みを受ける方法 | 市場取引・公開買付けによる方法 |
| (i)取得事項の決定 | 株主総会の普通決議<br>①取得株式数<br>②対価の内容および総額<br>③取得期間（1年以内） | 株主総会の特別決議<br>①〜③　(A)と同じ<br>④特定の株主へ通知する旨<br>・売主追加請求権あり | 株主総会の普通決議または取締役会決議（定款の定めがあるとき）<br>①〜③　(A)と同じ |
| (ii)取得価格等の決定 | 取締役（会）による決定<br>①取得株式数<br>②1株の対価の内容・額等<br>③対価の総額<br>④譲渡申込期日 | (A)と同じ | ― |
| (iii)株主への通知・公告 | 全株主へ(ii)の内容を通知。公開会社は公告でも可 | 特定の株主へ(ii)の内容を通知 | ― |
| (iv)株主からの譲渡申込み | 申込みのあったものには承諾があったものとみなされる。申込総数が取得総数を超えたときは按分 | (A)と同じ | 市場または公開買付けのルールに従う |

80

求権付株式、②取得条項付株式、および、③全部取得条項付種類株式の3種類があることは前述のとおりである。

以下では、これらの株式の取得手続について説明する。

### ⑺ 取得請求権付株式

取得請求権付株式は、権利行使期間中であれば、財源規制に抵触しない限り、いつでも会社に対して取得請求権付株式の取得を請求することができる（166条1項）。

取得請求権の行使は、対象株式数を明らかにし、株券が発行されている場合には、当該株券を提出して行う（166条2項・3項）。

取得請求権が行使された場合、請求日に会社は当該株式を取得し、株主は定款の定めに従って社債、新株予約権、新株予約権付社債、他の株式等の対価を取得する（167条1項・2項）。なお、取得請求により他の株式、新株予約権および社債が交付された場合の変更登記は、毎月末日現在により、当該末日から2週間以内に行えば足りる（915条3項2号）。

### ⑻ 取得条項付株式

#### (A) 取得日および一部の取得の決定・通知等

取得条項付株式は、取得日を会社が定めることとし、または一部の株式のみ取得することとすることも可能である（107条2項3号ロ・ハ、108条2項6号イ）。

これらの場合、取得日や一部取得の対象となる株式の決定は、定款に別段の定めがない限り、株主総会決議（取締役会設置会社では取締役会決議）で行う。これらの決定をした場合、会社はその内容を、取得の対象となる取得条項付株式の株主およびその登録株式質権者に通知または公告しなければならない。一部取得の決定の通知・公告は決定後直ちに、取得日の決定の通知・公告は取得日の2週間前までに行う必要がある（168条、169条）。

なお、株券発行会社の場合には、効力発生日の1カ月前までに、当該取得条項付株式に係る株券を提出しなければならない旨を公告し、かつ通知しなければならない（219条1項4号）。

### (B) 取得条項付株式の取得

取得事由が生じた日（一部取得の通知・公告の日から2週間を経過した日が取得事由の発生日よりも遅い場合には、当該2週間を経過した日）に、会社は取得条項付株式を取得し、株主は定款の定めに従って社債、新株予約権、新株予約権付社債、他の株式等の対価を取得する（170条1項・2項）。ただし、取得の対価が分配可能額を超えているときには、会社は取得条項付株式を取得することができない（同条5項）。

取得事由が生じた場合、会社は、遅滞なく取得対象株式の株主および登録株式質権者に対し、その旨通知または公告しなければならない（170条3項・4項）。ただし、取得日を定めたときは、その日の2週間前までに通知または公告が行われているので、あらためて通知・公告をする必要はない（同条3項ただし書）。

### (ウ) 全部取得条項付種類株式

### (A) 全部取得条項付種類株式の取得

会社が全部取得条項付種類株式を取得するには、株主総会の特別決議により、取得を必要とする理由を説明したうえで、①取得対価の内容・額等、②取得対価の割当てに関する事項（保有株式数に応じたものでなければならない）、③取得日を定めなければならない（171条、309条2項3号）。

当該株主総会の決定に従って、会社は取得日に全部取得条項付種類株式すべてを取得し、当該種類株式の株主は対価を取得する（173条）。

なお、①総会決議に先立って反対の通知をし、かつ、当該総会において取得に反対した株主、および、②当該株主総会において議決権を行使することができない株主は、総会決議の日から20日以内に、裁判所に対して取得価格の決定の申立てをすることができる（172条）。

株式買取請求が行われてから、実際に買取価格が決定されるまでには、通常一定の時間を要し、その間に商事法定利息（年6分）が発生することとなるが、改正により、会社は買取価格の決定前に自らが公正な価格と認める額を支払うことが可能となった（172条5項）。このため、あらかじめ公正と認

める額の支払いを行っておくことで、当該一定額について商事法定利息の支払いを免れることができるようになった。

また、株券発行会社の場合には、取得条項付株式同様、効力発生の1カ月前までに、当該全部取得条項付種類株式に係る株券を提出しなければならない旨を公告し、かつ通知しなければならない（219条1項3号）。

---

✤ *One point advice*　**民法改正──商事法定利率の廃止**──────

民法（債権法）の改正法が平成29年5月26日に成立し、同年6月2日に公布され、公布から3年以内（平成32年まで）に施行されることになった。

改正前民法は民事法定利率を年5％（民404条）、商事法定利率を年6％（商514条）ととして両者を区別していたが、改正民法により民事法定利率が変動制へと移行するのにあわせて、商事法定利率は廃止され民事法定利率に統一される。

---

### (B)　全部取得条項付種類株式の活用

全部取得条項付種類株式は、支配株主による完全子会社化や、敵対的買収に対する防衛策として利用されるほか、以下のとおり、債務超過会社が法的倒産手続外でスポンサーから資本を受け入れるに際し、既存株主の株主責任として株式の無償強制消却（100％減資）を行う場合に利用される。

たとえば普通株式のみを発行している債務超過会社の場合、同一の株主総会において、

① 　新たな種類の株式を発行できる旨および既存の普通株式に全部取得条項を付す旨の定款変更

② 　全部取得条項付種類株式の取得（債務超過のため取得対価はゼロ円）

③ 　資本減少

の各決議（いずれも特別決議）を行い、これらの決議に基づき、会社が、全部取得条項付種類株式を取得してこれを消却するとともに資本金をゼロ円とし（なお、資本減少には債権者保護手続が必要である）、同時に新株式をスポンサー等へ発行する。

第2章　第2節　株式の譲渡

これにより無償強制消却および100％減資がなされ、スポンサー等へ発行した新株式だけが残ることになる。

#### ⑷　違法な自己株式取得の効果

自己株式取得の手続・方法の規制に違反して自己株式を取得した場合には、その効果は無効と解されるが、無効の主張は会社側のみができると解されてきた（①東京高判平成元・2・27判時1309号137頁、②最判平成5・7・15判時1519号116頁）。もっとも、違法な自己株式の取得であっても、市場から取得した場合にはこれを元の状態に戻すことは事実上不可能あるいは極めて困難である。このような場合には、自己株式処分の手続により、速やかに処分しなければならないといえよう。

また、違法な自己株式の取得により会社に損害が生じた場合、取締役等は会社に対して損害賠償責任を負担する（423条）。この場合の損害額の算定について、裁判所は、自己株式を取得後保有し続けているケースについて、自己株式の取得価額から取得時点における自己株式の時価を減算した額と判示したもの（大阪地判平成15・3・5判時1833号146頁）がある。また、子会社による親会社株式取得が禁止される前の旧商法下において、100％子会社が親会社のために同社株式を取得し、その後当該株式を売却したケースについて、親会社の被った損害を100％子会社の被った損害としたうえで、自己株式の取得価額から処分価額を差し引いた額を親会社の損害と解したもの（最判平成5・9・9民集47巻7号4814頁）がある。

## 2　保有自己株式の地位

株式会社は、取得した自己株式を期間の制限なく保有することができる。株式会社の保有する自己株式の法的地位については、議決権は認められず（308条2項、325条）、その他の共益権も認められないと解される。

他方、自益権についても、剰余金分配請求権（453条カッコ書）、残余財産分配請求権（504条3項カッコ書）、株式の募集（202条2項カッコ書）、新株予約権の募集（241条2項カッコ書）、合併等の場合に新株の割当てを受ける権

利（吸収合併につき749条1項3号カッコ書、新設合併につき753条1項7号カッコ書等、株式交換について768条1項3号カッコ書等）などは否定されている。

ただし、株式の併合（182条）および株式の分割（184条1項）については、ある種類について一律に、かつ、当然に効力が生ずべきものであるから、自己株式についても効力が及ぶものと解される。

## 3 自己株式の処理

### (1) 自己株式の処理方法

自己株式の処理方法としては、消却（178条）、代用自己株としての利用（839条参照）および処分（199条以下）が認められる。

なお、新株の発行における株式と自己株式の処分の場合の処分株式を合わせて、「募集株式」（199条1項）という統一的な概念の下、自己株式の処分と新株の発行とを同一の規律におくこととしている（募集株式の発行等については第3章第3節で詳述）。

### (2) 消 却

消却とは、会社の存続中に特定の自己株式を消滅させることをいう。会社は自己株式を消却することができ、取締役（取締役会設置会社においては取締役会）が、消却する自己株式の数（種類株式発行会社にあっては、自己株式の種類および種類ごとの数）を定めて行う（178条）。

会社が株式を消却した場合、消却した分だけ発行可能枠が増加すると解されている。

## 4 自己株式に関する開示

### (1) 会社法上の開示

自己株式の取得・保有・処分に関しては、株主資本等変動計算書および連結株主資本等変動計算書において、前期末残高、当期変動額および当期末残高につき記載しなければならない（計規96条）。また、株主資本等変動計算書の注記表において、当該事業年度の末日における自己株式の数を記載しな

ければならない。

### (2) 金融商品取引法上の開示

上場会社の自己株式の取得・保有・処分については、上記の会社法上の規定のほか、有価証券届出書や有価証券報告書において、定時株主総会での決議状況や前決議機関における取得自己株式などの情報開示が要求されている（企業開示・第3号様式「自己株式の取得等の状況」参照）。

また、合意による自己株式の取得について、株主総会または取締役会の決議があった月から取得期間の最終日の属する月までの各月ごとに、買付状況を記載した自己株式買付状況報告書を翌15日までに提出しなければならない（金商24条の6第1項）。

## Ⅲ 株式の担保化

### 1 株式担保の種類と設定方法

#### (1) 総 論

株式は担保にも利用される。

株式に対する担保の種類としては質権と譲渡担保がある。株式の譲渡と同様、株券を発行しているか否かによって、担保権の設定方法、対抗要件が異なっている。

#### (2) 質 権

##### ㋐ 略式質

質権は、略式質と登録質に分かれる。

略式質は、株主名簿に記録することなく、関係当事者間において質権を設定する方法である。株券発行会社の株式または振替株式につき認められる方法であり、株主名簿に記載・記録されないので、会社その他の第三者には、質入れの事実がわからない。

株券発行会社の株式の場合、当該株式に係る株券を質権者に交付すること

86

〔図表2-12〕 振替株式の質権設定処理

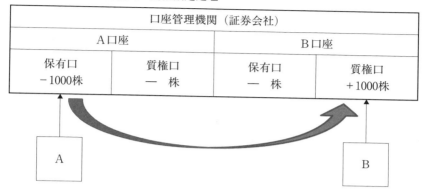

により効力を生じる（146条2項）。株券の占有が第三者に対する対抗要件となる（147条2項）。

振替株式の場合には、振替先口座の質権欄への記載・記録により質権が成立するが、総株主通知の際には質権設定者（株主）に対してのみ通知される。具体的には、〔図表2-12〕のように質権設定者（株主）の保有欄（保有口座）から、債権者（質権者）の質権欄（質権口座）への口座振替によって処理されることとなる。

なお、株券不発行会社で、振替株式でないものについては、略式質による質権設定を行うことができないため、留意が必要である。

(イ) 登録質

登録質は、設定者である株主の承諾を得て株主名簿に質権者の氏名・住所が記載されたものであり、各種通知等も、登録質権者に対してなされる。

株券不発行会社で、振替株式でないものについても、登録質の方法によれば質権を設定することができる。

振替株式については、略式質の方法により質権を設定したうえで、質権者から口座の開設証券会社に対して、質権欄に記載されている質権設定者の氏名等に加えて、質権者の氏名等をも通知するよう申出を行うことにより、登

録質とすることができる。申出により、総株主通知において、株主に加え、質権者の氏名等も通知されることになり、株主名簿に質権者の氏名等が記載され、以後登録質として扱われる（社債株式振替151条3項）。

### (3) 譲渡担保

#### (ア) 譲渡担保の設定方法

　株券発行会社においては、株券を譲渡担保権者に交付することにより、譲渡担保を設定できる（128条1項）。株券の交付は効力発生要件であるとともに、第三者への対抗要件となる。

　振替株式の場合、譲渡担保権設定者（株主）の振替口座の保有欄から譲渡担保権者（債権者）の振替口座の保有欄へと株式を移すことにより、譲渡担保を設定できる。この場合、振替口座の記録上は通常の株式の譲渡と異ならないが、担保権者が口座の開設証券会社に対して、譲渡担保権設定者（株主）を総株主通知に際して「株主」とするよう求める旨の申出を行えば、担保権設定者たる株主の氏名等が通知されることとなり、譲渡担保権設定者である株主が権利を行使することができるようになる（社債株式振替151条2項1号）。

　株券不発行会社で、振替株式でないものについては、通常の株式譲渡と同様に譲渡担保権設定者（株主）から譲渡担保権者（債権者）に株主名義を書き換える方法によって設定される。この場合、株主名簿上は通常の株式譲渡と異ならず、会社は担保権者を株主として処遇するほかなく、議決権行使等に関し担保権設定者・担保権者間で取決めがなされても、それは当事者間の内部関係を定めるものにすぎない。

#### (イ) 質権と譲渡担保の区別

　質権か譲渡担保かの区別は、通常担保差入書によって行うが、不明な場合には、流質契約の制限（民349条）がなく、簡易な実行方法が認められる点で担保権者に有利な譲渡担保と推定すべきである。

*88*

## 2　担保設定の効果

担保権の効果が及ぶ範囲は、設定された担保の種類によって異なる。

### (1)　略式質

略式質には、優先弁済権（民362条2項、342条）、転質権（同法362条2項、348条）および物上代位権が認められる（151条）。物上代位権の効力が及ぶ範囲については、次のとおりであるが、略式質の場合には、質権者は株式会社から通知・催告を直接受け取ることができないため、物上代位権を行使するには、株式会社が株主に金銭等の支払いをする前に差押えをする必要がある。

この差押えは、引渡請求権等の特定性の保持のために必要であり、対抗要件としての性格を有するものではないというべきであるから、その差押えは必ずしも他の債権者による差押えに先立つ必要がない、とするのが裁判例である（東京高判昭和56・3・30高民集34巻1号11頁）。

なお、会社法成立前において、略式質の物上代位の効力が剰余金の配当に及ぶかについて争いがあり、登録質の形をとらない限り質権の効力は及ばないとする裁判例もあったが（前掲東京高判昭和56・3・30）、会社法において剰余金の配当についても物上代位の効力が及ぶ旨が明文化された（151条8号）。

〔質権の効力の及ぶ範囲〕（151条）

　　株式会社の以下の行為により株主が取得する金銭等
①　取得請求権付株式・取得条項付株式・全部取得条項付株式の取得
②　株式の併合、分割、株式無償割当て
③　新株予約権無償割当て
④　剰余金の配当
⑤　残余財産の分配
⑥　組織変更
⑦　合併・株式交換・株式移転
⑧　株式の取得

第2章　第2節　株式の譲渡

### (2)　登録質

登録質についても、優先弁済権および転質権が認められる。さらに、登録質の場合、株式会社から直接前記の金銭等を受領し、他の債権者に先立って自己の債権の弁済に充当することができる（151条～154条）。債権の弁済期が到来していない場合には、当該金銭等に相当する金額を供託させ、その供託金について質権を及ぼすことができる（154条2項）。

また、株式会社の通知・催告も登録株式質権者の株主名簿上の住所宛てになされ、通常到達すべきであった時に到達したものとみなされる（150条）。

### (3)　譲渡担保

株券発行会社の場合、株券の交付により譲渡担保が成立し、株主名簿の書換えがなされたか否かで登録譲渡担保権か略式譲渡担保権かどうかが分かれ、それぞれ登録質、略式質と同様の効力が認められると解される。

株券不発行会社においては、登録・略式の区別は生じない。

譲渡担保の場合には、登録の有無にかかわらず清算方法に制約がなく、任意売却による処分清算型をとることも、自ら株式を取得する帰属清算型をとることも可能である。

### (4)　担保権の実行

#### ㈠　質権の場合

株券発行会社の場合の質権の実行方法は、原則として株券の競売により行う（民執190条、122条）。具体的には、質権者からの執行官に対する株券の提出により開始することとなる（同法190条1項1号）。

また、振替株式については、執行裁判所からの差押命令を得て、民事執行規則150条の2以下の手続により実行される。この場合、質権者の口座に記録されている担保株式を減少させ、買受人の口座に当該株式を記録することとなる。

株券不発行会社で振替株式でないものについては、「その他の財産権」に対する担保権の実行方法によることとなる（民執193条、民執規180条の2）。

90

(イ) 譲渡担保の場合

譲渡担保権の実行方法としては、質権者が質物である株券の所有権を自ら取得して株券の価格と被担保債権の差額を質権設定者との間で清算する帰属清算型と、質物を第三者に任意に売却処分して清算する処分清算型がある。

なお、当該株式が振替株式の場合に、質権者と買受人の口座へ減少および増加を記録する点については質権の場合と同様である。

## Ⅳ 金融商品取引法の規制

### 1 公開買付制度

#### (1) 意 義

公開買付けとは「不特定かつ多数の者に対し、公告により株券等の買付け等の申込み又は売付け等の申込みの勧誘を行い、取引所金融商品市場外で株券等の買付け等を行うこと」をいう（金商27条の2第6項）。

上場株式の売買は、通常、証券取引所で証券会社を通して行われる[10]が、個人投資家や会社などの法人間では、何らかの理由で直取引が行われる場合がある。

証券取引所市場内で行われる取引と異なり、市場外で行われる取引は、取引内容が不透明であり、一般株主にとって不公正な取引が行われるおそれがある。

このため、金融商品取引法は、会社支配権等に影響を及ぼしうるような一定の証券取引については、公開の取引によってこれを行うことを強制しており、これにより取引の透明性と公平な売却の機会の確保が図られている。

#### (2) 公開買付けが必要な場合

有価証券報告書提出会社の株券等を取得する場合で、次の(ア)〜(カ)のいずれ

---

10 このような、証券取引所市場内で行われる取引を「市場取引」といい、取引所以外で行われる取引を「場外取引」という。

かを行う場合には、当該取得を行う者は、公開買付けにより株式等の取得を行わなくてはならない（金商27条の2第1項）。

　　㋐　**所有割合が5％を超えることになる市場外の買付け**

　買付け後の公開買付者および特別関係者の株券等所有割合の合計が5％を超える場合には、当該取引は会社の支配権に影響が大きいと解されることから、公開による買付けが強制される（金商27条の2第1項1号）。

　ただし、少数の者から株式を買い集める場合は、法が情報開示を強制したり、広く株主に買付けの機会を与えたりする必要はない。このような取引は相対取引とよばれ、具体的には、市場外取引で60日間に10人以下の者からの買付けを行う場合は、特定買付けとよばれ公開買付けの適用除外となっている（金商令6条の2第3項）。

　　㋑　**少数者からの買付けであって、所有割合が3分の1を超えることになる買付け**

　少数の者から買い付ける場合であっても、買い付ける株式数が特に多い場合には、公開買付けが強制される。このような取引は、会社支配権に変動が生じる可能性が高く、また支配権の移転を伴う株式の売却価格は、通常の取引価格と比べプレミアがつくことから、他の株主にも取引参加の機会を与えるためである。

　具体的には、買付けの後における株券等の所有割合が3分の1を超える場合、当該買付けは公開買付けにて行わなければならない（金商27条の2第1項2号）

　　㋒　**所有割合が3分の1を超えることになる市場内の特定売買等**

　ToSTNet取引など、全国の証券取引所で行われる立会外取引といった一定の取引は、形式的には市場内における取引であってもその実質においては相対取引と取引の性質が類似することから、同様の規制の対象となっている（金商27条の2第1項3号）。

　　㋓　**市場内取引と市場外取引との組合せによる買付け**

　金融商品取引法には、上記㋑、㋒の3分の1ルールを潜脱するような取引、

たとえば30％を市場外取引により買付け、残り４％を市場内取引で取得することにより３分の１超の株式を所有するような取引に対する規制が設けられている。

すなわち、３カ月に10％を超える株券等の買付け等または新規発行取得を行うことで、株券所有割合が特別関係者[11]と合計して３分の１を超える場合には、当該買付け等は公開買付けによらねばならない（金商27条の２第１項４号、金商令７条２項３号）。

(オ)　他者の公開買付け中における買付け等

公開買付けが行われている最中に、会社の支配権に影響を及ぼすような割合の株式を有する株主が、公開買付けによらず別の条件で取引を行うのであれば、公開買付けに応じて株式を売却しようとする株主に不利な結果が生じることになる。

そこで、株券等所有割合がすでに３分の１を超えて所有している者が、公開買付期間内に５％以上を取得する場合には、公開買付けによらなければならないと定められている（金商27条の２第１項５号、金商令７条５項・６項）。

(カ)　その他の取引

以上列挙した株券等の買付け等のほか、政令（金商令７条７項）によって公開買付けが強制される取引が定められている。

### (3)　公開買付けの方法

(ア)　公開買付け開始時の規制

(A)　公　告

公開買付けを行おうとする者は、金融商品取引法に定められた事項を記載した事項を公告（公開買付け開始公告）しなければならない（金商27条の３第１項、他社株10条）。

---

11　「特別関係者」とは、①公開買付者と株式の所有関係、親族関係等にあるもの（金商27条の２第７項１号）、②公開買付者との間で、共同して当該株券等を取得し、もしくは譲渡し、もしくは当該株券等の発行者の株主としての議決権その他の権利を行使することまたは当該株券等の買付け等の後に相互に当該株券等を譲渡し、もしくは譲り受けることを合意している者（金商27条の２第７項２号）、をいう。

### (B) 公開買付届出書の提出

買付者は、公開買付け開始公告を行った日に、公開買付届出書を内閣総理大臣に提出し（金商27条の3第2項、他社株12条）、提出後直ちに公開買付けの対象会社、対象会社が上場している証券取引所等に当該届出書の写しを送付しなければならない（金商27条の3第4項）。

買付者等は、公開買付届出書を提出していなければ、買付け等の申込みまたは売付け等の申込みの勧誘などをすることを禁止される（金商27条の3第3項、他社株15条）。

### (イ) 買付時の規制

#### (A) 買付期間

公開買付けの期間は、公告を行った日から起算して20営業日以上で60営業日以内でなければならない（金商27条の2第2項、金商令8条1項）。

この買付期間の短縮は認められないが（金商27条の6第1項3号）、60営業日を超えない限り原則として買付者が自由に延長することができる。

また、買付者が買付期間を20営業日台に設定した場合は、買付対象者は、買付期間を30営業日まで延長することを請求することができる（金商27条の10第2項2号、金商令9条の3第6項）。

#### (B) 公開買付説明書の交付

買付者は、買付者に対し対象株券等の売付けを行おうとする者に対し、あらかじめ公開買付説明書を作成し、これを交付しなければならない（金商27条の9、他社株24条）。この公開買付説明書の記載内容は、公開買付届出書とほぼ同様である。

#### (C) 意見表明報告書および対質問回答報告書の開示

公開買付けの対象者は、公開買付け開始公告が行われた日から10営業日以内に当該公開買付けに関する意見および買付者に対する質問等を記載した「意見表明報告書」を内閣総理大臣に提出し、その写しを買付者に送付するとともに、対象株券等を上場している取引所に送付しなければならない（金商27条の10第1項・9項、他社株25条）。

この意見表明報告書において買付対象者が買付者に対する質問事項を記載したときは、買付者は、意見表明報告書の送付を受けた日から5営業日以内に「対質問回答報告書」（他社株・8号様式）を内閣総理大臣に提出し、その写しを対象者および上場取引所に送付しなければならない（金商27条の10第11項・13項）。

　　㈑　買付終了時の規制

　　⒜　結果の公表

　買付者は、公開買付けの期間が終了したときは、遅滞なく、買付け等をする株券等の数その他内閣府令で定める事項を記載した通知書を応募株主に送付しなければならない（金商27条の2第5項、金商令8条5項1号、他社株5条）。また、買付期間終了日の翌日には、買付けの結果を公告し、または公表しなければならない（金商27条の13第1項）。

　　⒝　公開買付けの撤回

　買付者は、対象会社またはその子会社において、公開買付けの目的の達成に重大な支障となる事情が生じた場合には公開買付けの撤回をすることがある旨を公開買付け開始公告および公開買付届出書において記載した場合や、自らに破産手続開始決定が生じた場合等には、公開買付けの撤回を行うことができる（金商27条の11、金商令14条）。上記の「目的の達成に重大な支障となる事情」には、対象者または子会社による買収防衛策の発動の決定などがある。

　撤回を行う場合には、買付者は、公開買付期間の末日までに、撤回を行う旨およびその理由等を公告し（金商27条の11第2項、他社株27条）、同日公開買付撤回届出書を内閣総理大臣に提出しなければならない（金商27条の11第3項）。

## 2　大量保有報告制度

　株式等の大量の取得・保有・処分に関する情報を迅速に投資家に開示することを目的として、金融商品取引法において大量保有報告制度が定められて

いる。

　上場株券等の保有者であり、共同保有者との保有割合の合計が５％を超える者（以下、「大量保有者」という）は、大量保有者となった日から５日以内に大量保有報告書を内閣総理大臣に提出しなければならない（金商27条の23第１項）。

　共同保有者とは、株券等の保有者とともに共同して当該株式を取得したり、議決権等の権利行使を合意している者をいう（金商27条の23第５項）。

　大量保有報告制度は、会社の支配権への変動をもたらしうる地位を開示することにあるため、対象となる株券等には、議決権のない株式が除かれている（金商令14条の５の２、株券等の大量保有の状況の開示に関する内閣府令３条の２）。ただし、いわゆる相互保有により議決権のない株式（308条１項）は、上記議決権のない株式には該当せず、大量保有報告の対象となる（金融庁「株券等の大量保有に関するQ&A」問６）。

　また、大量保有者となった日以後、保有割合につき１％以上の増減がある場合には変更報告書を提出しなければならない（金商27条の25第１項）。

　以上の規制は、自己株式を取得した場合にも適用される。

　大量保有報告書および変更報告書等の提出は、EDINET（開示用電子情報処理組織）を使用して行うことが義務づけられている（金商27条の２、27条の30の３第１項）。

## 3　インサイダー取引規制

### (1)　会社関係者等によるインサイダー取引規制

#### (ア)　意　義

　インサイダー取引（内部者取引）とは、上場会社の役職員や大株主などの「内部者」が、会社の株価に重大な影響を与えるような情報を知って、その情報が公表される前に、その会社の株式等の売買を行うことをいう。

　内部者は、一般の投資家に比べ、株価に重大な影響を与える情報を入手しやすい立場にあるため、そのような情報を知りながら自由に株式の売買等を

Ⅳ　金融商品取引法の規制

行えるとすれば、金融商品市場が健全に機能しない状態となってしまうおそれがある。このため、金融商品市場の公正性・健全性を確保する観点から、インサイダー取引が規制されている。

具体的には、「会社関係者等」が、「重要事実」の「公表」前に、「特定有価証券等の売買等」を行うことを禁止するものである（金商166条1項）。

なお、結果的に利益を得たか損失が生じたかには関係なく、規制対象になることに注意が必要である。

---

〔インサイダー取引規制のキーワード〕

① 会社関係者等

② 重要事実

③ 公表

④ 特定有価証券等の売買等

---

インサイダー取引規制に違反した場合には、5年以下の懲役もしくは500万円以下の罰金、またはこれらを併科され（金商197条の2第13号）、取得財産は没収される（同法198条の2）。また、法人の代表者や使用人等が、その法人の業務または財産に関してインサイダー取引を行った場合には、その行為者のみならず、法人に対しても、5億円以下の罰金が科せられる（同法207条1項2号）。

さらに、自己の計算でインサイダー取引を行った者には、罰金のほかに課徴金が課せられる（金商175条）。

　(イ)　会社関係者等

インサイダー取引規制の対象となる「会社関係者等」とは、①会社関係者、②元会社関係者、③第一次情報受領者をいう。

　(A)　会社関係者

会社関係者とは、①上場会社等（上場会社とその親会社・子会社）の役員等、②上場会社等の帳簿閲覧権を有する株主等、③上場会社等の投資主または会

97

計帳簿閲覧請求権のある親法人の投資主、④上場会社等に対して法令に基づく権限を有する者、⑤上場会社等と契約を締結している者または契約締結交渉中の者、⑥上記②、③または⑤に該当する者が法人である場合には、その役員等をいう（金商166条1項）。

③の類型は、平成25年の金融商品取引法改正により新設された。上場投資法人等の投資主は、上記②の会社株主と異なり、投資口の保有割合等にかかわらず、すべての投資主が会計帳簿閲覧請求権を有する。このため、すべての投資主が会社関係者とされることとなった。

④の例としては、法令によって発行会社を調査したり、書類の提出を求めることのできる公務員が該当する。

⑤の例としては、会計監査を行う公認会計士、顧問弁護士、増資の際の引受証券会社などが該当する。

しかし、これらの者がすべて規制の対象になるわけではなく、それぞれの立場を利用して、重要事実を知った場合に、インサイダー取引として規制を受けることとなる（〔図表2-13〕、〔図表2-14〕参照）。

### (B) 元会社関係者

会社関係者でなくなって1年以内の者についても、インサイダー取引規制の対象となる。

ただし、会社関係者であった時に重要事実を知っていた場合に限定される。会社関係者でなくなった後に重要事実を知った場合については、元会社関係者の問題ではなく、後述する情報受領者の問題となる。

### (C) 第一次情報受領者

会社関係者（元会社関係者を含む）から、①重要事実の伝達を受けた者、および、②職務上重要事実の伝達を受けた者が所属する法人の他の役員等で、その者の職務に関し重要事実を知った者も、インサイダー取引規制の対象となる（金商166条3項）。

なお、第二次情報受領者以降は、原則的には規制の対象外とされる。

しかし、秘書等を通じて伝達を受けた者は、形式的には第二次情報受領者

Ⅳ 金融商品取引法の規制

〔図表 2-13〕 会社関係者・第一次情報受領者のイメージ図

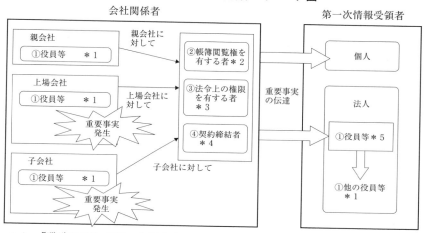

＊1 「職務に関して知った場合」
＊2 「権利の行使に関して知った場合」
＊3 「権限の行使に関して知った場合」
＊4 「契約の履行等に関して知った場合」
＊5 「職務に関して伝達を受けた場合」

であっても、実質的に判断され、規制の対象となる場合があるので、注意が必要である。

(ｳ) **重要事実**

「重要事実」には、上場会社にかかわる重要事実、上場会社の子会社にかかわる重要事実、および上場会社が上場投資法人である場合の当該上場会社の資産運用会社およびその特定関係法人等の重要事実がある（金商166条2項等）。

それぞれ、以下のとおりに細分することができる（〔図表 2-15〕参照）。

① 意思決定にかかわる重要事実（決定事実）
② 意思にかかわりなく発生した重要事実（発生事実）
③ 決算情報の業績予想の変動にかかわる重要事実
④ その他投資家の判断に著しい影響を及ぼす重要事実（バスケット条項）

第2章　第2節　株式の譲渡

〔図表2-14〕　会社関係者（金商166条１項）

| 会社関係者 | 規制がかかる場合 | 具体例 |
|---|---|---|
| ①上場会社等の役員等 | その職務に関して知ったとき | 役員、社員、契約社員、派遣社員、アルバイト、パートタイマーなど |
| ②上場会社等の帳簿閲覧権を有する株主 | その権利行使に関して知ったとき | |
| ③上場会社等の投資主または会計帳簿閲覧請求権のある親法人の投資主 | その権利行使に関して知ったとき | |
| ④上場会社に対して法令に基づく権限を有する者 | その権限の行使に関して知ったとき | 許認可権限を有する公務員等 |
| ⑤上場会社等と契約を締結している者または締結交渉中の者 | 契約の締結・交渉または履行に関して知ったとき | 取引先、会計監査を行う公認会計士、顧問弁護士等 |
| ⑥同一法人の他の役員等（②、③、⑤が法人の場合） | その職務に関して知ったとき | |

　なお、決定事実は「業務執行を決定する機関」が決定した場合に、「重要事実」となる（金商166条２項１号）。

　ここでいう「業務執行を決定する機関」とは、会社法所定の決定権限のある機関に限らず、実質的に会社の意思決定と同視されるような意思決定を行うことのできる機関をいう（最判平成11・6・10刑集53巻5号415頁〔弁護士インサイダー取引事件〕）。

　したがって、各社の実情により、取締役会など会社法上の機関のみならず、実質的な意思決定を行っている機関（たとえば、常務会など）があるのであれば、その決定時点において重要事実が発生したということになる。

　ただし、決定事実、発生事実に該当する項目であっても、一定の数値基準に満たないものは、投資家の判断に与える影響は軽微であると考え、重要事

IV　金融商品取引法の規制

〔図表2-15〕　上場会社と上場会社の子会社における重要事実

| 上場会社 | 上場会社の子会社 |
|---|---|
| ①上場会社の決定事実（金商166条2項1号、金商令28条） | ⑤上場会社の子会社の決定事実（金商166条2項5号、金商令29条） |
| ・株式（処分自己株式含む）、新株予約権の募集<br>・資本金の額の減少、資本準備金または利益準備金額の減少<br>・自己株式の取得<br>・株式・新株予約権の無償割当て<br>・株式分割<br>・剰余金の配当<br>・株式交換<br>・株式移転<br>・合併<br>・会社の分割<br>・事業の譲渡または譲受け<br>・解散（合併による解散を除く）<br>・新製品または新技術の企業化<br>・業務上の提携・提携解消<br>・子会社の移動を伴う株式または持分の譲渡または取得<br>・固定資産の譲渡または取得<br>・事業の休止または廃止<br>・株券の上場廃止等の申請<br>・破産手続開始、再生手続開始または更生手続開始の申立て<br>・新たな事業の開始<br>・公開買付けに対する対抗買いの要請<br>・預金保険法74条5項の規定による申出 | ・株式交換<br>・株式移転<br>・合併<br>・会社の分割<br>・事業の譲渡または譲受け<br>・解散（合併による解散を除く）<br>・新製品または新技術の企業化<br>・業務上の提携・提携解消<br>・孫会社の異動を伴う株式等の譲渡または取得<br>・固定資産の譲渡または取得<br>・事業の休止または廃止<br><br>・破産手続開始、再生手続開始または更生手続開始の申立て<br>・新たな事業の開始<br><br>・預金保険法74条5項の規定による申出<br>・ある株式の剰余金の配当が、特定の子会社の剰余金の配当に基づき決定されている場合の、当該子会社の剰余金の配当 |
| ②上場会社の発生事実（金商166条2項2号、金商令28条の2） | ⑥上場会社の子会社の発生事実（金商166条2項6号、金商令29条の2） |
| ・災害等に起因する損害・業務遂行の | ・災害等に起因する損害・業務遂行の |

101

| | |
|---|---|
| 過程で生じた損害<br>・主要株主の異動<br>・上場廃止等の原因となる事実<br>・財産上の請求に係る訴えが提起されたこと等<br>・事業の差止め等に係る仮処分命令の申立てがなされたこと等<br>・免許の取消し等の行政処分<br>・親会社の異動<br>・債権者その他の上場会社等以外の者による破産の申立て等<br>・手形または小切手の不渡り等<br>・子会社に係る破産の申立て等<br>・債務者等の不渡り等により債権等について債務不履行のおそれが生じたこと<br>・主要取引先との取引の停止<br>・債権者による債務の免除等<br>・資源の発見<br>・特定有価証券等の取扱有価証券の指定取消しの原因となる事実 | 過程で生じた損害<br>・財産上の請求等に係る訴えが提起されたこと等<br>・事業の差止め等に係る仮処分命令の申立てがなされたこと等<br>・免許の取消し等の行政処分<br><br><br>・債権者その他の当該子会社以外の者による破産の申立て等<br>・手形または小切手の不渡り等<br>・孫会社に係る破産の申立て等<br>・債務者等の不渡り等により債権等について債務不履行のおそれが生じたこと<br>・主要取引先との取引の停止<br>・債権者による債務の免除等<br>・資源の発見 |
| ③上場会社の業績予想の変動（金商166条2項3号） | ⑦上場会社の子会社の業績予想の変動（金商166条2項7号） |
| ・当該上場会社等の売上高、経常利益、純利益、配当もしくは中間配当または上場会社等の属する企業集団の売上高、経常利益または純利益の予想値に差異が生じたこと（売上高：変動率10％以上、経常利益：変動率30％以上かつ変動幅が純資産の2.5％以上、配当：変動率20％以上） | ・当該上場子会社（当該子会社が上場会社等もしくは店頭登録会社またはトラッキングストックの対象子会社の場合のみ）の売上高、経常利益、純利益の予想値に差異が生じたこと（売上高：変動率10％以上、経常利益：変動率30％以上かつ変動幅が純資産の2.5％以上） |
| ④上場会社のその他の重要事実（金商166条2項4号） | ⑧上場会社の子会社のその他の重要事実（金商166条2項8号） |
| ・①から③のほか、上場会社の運営、業務または財産に関する重要な事実であって投資者の投資判断に著しい影響を及ぼすもの | ・⑤から⑦のほか、上場会社の子会社の運営、業務または財産等に関する重要な事実であって投資者の投資判断に著しい影響を及ぼすもの |

実として取り扱わない。この一定の数値基準を、軽微基準という。一例としては以下の基準があげられる（有価証券の取引等の規制に関する内閣府令49条～53条）。

> 〔軽微基準の具体例〕
> ①　株式発行→発行額1億円未満
> ②　株式分割→1対1.1未満
> ③　配当金の増減→増減比率が対前期比20％未満
> ④　事業譲渡→純資産の30％未満かつ売上高の10％未満

　㈡　公　表

次の①～③の場合には、重要事実の「公表」に該当する（金商166条4項、金商令30条）。

①　重要事実にかかわる事項が記載された有価証券届出書、有価証券報告書、半期報告書、臨時報告書、発行登録書、発行登録追補書類等が公衆の縦覧に供されたとき

②　代表取締役など重要事実の公表権限を有する者が、2社以上の報道機関に対して重要事項を公開し、12時間が経過したとき（12時間ルール）

③　上場会社等が、その発行する有価証券を上場する各金融商品取引所の規則で定めるところにより、重要事実を各取引所に通知し、かつその重要事実が各取引所のホームページよりアクセスすることのできる「適時開示情報閲覧サービス」により公衆の縦覧に供されたとき

　㈥　特定有価証券等の売買等

「特定有価証券等」には、株券、社債券、新株予約権証券のほか、これらの証券にかかわるオプション等を表示する証券なども含まれる。

また、対象とされる行為である「売買等」については、売買その他の有償の譲渡もしくは譲受け、合併もしくは分割による承継（合併または分割により承継させ、または承継することをいう）またはデリバティブ取引をいう（金

商166条1項)。

　ただし、重要事実を知ったこととは無関係に行われる売買については、証券市場の公正性・健全性を害することにはならないから、インサイダー取引規制の適用が除外されている（金商166条6項、有価証券の取引等の規制に関する内閣府令59条）。

　たとえば、従業員持株会や役員持株会において買い付ける場合で、1回の拠出金が100万円に満たない場合（有価証券の取引等の規制に関する内閣府令59条1項4号）などがあげられている。持株会による買付けは、一定の計画に従い、個別の投資判断に基づかずに継続的に行われるのが通例であり、裁量の余地がない買付けであるから、インサイダー取引規制の適用を除外したものである。

#### (2)　公開買付けにおけるインサイダー取引規制

　公開買付者等関係者は、公開買付者等が公開買付けを行うことについての決定をしたことを知ったときは、この事実が公表された後でなければ、当該株式の買付けを行ってはならない。

　また、公開買付けの中止に関する決定を知った者は、この事実が公表された後でなければ、当該株式の売付け等を行ってはならない（金商167条1項・2項）。

　この「公開買付者等関係者」とは、通常のインサイダー取引における、「会社関係者」（上記(1)(イ)(A)参照）とほぼ同様であるが、通常のインサイダー取引では子会社の役員等も関係者に含まれるものの、公開買付けにおけるインサイダー取引では、子会社の役員は含まれない点などに違いがある。

　「公開買付けを行うことについての決定」については、公開買付け等の実施のため、公開買付け等またはそれに向けた作業等を会社の業務として行う旨の決定がされれば足り、公開買付け等の実現可能性があることが具体的に認められることは要しないとされている（最決平成23・6・6刑集65巻4号385頁）。

　会社関係者等によるインサイダー取引とは異なり、公開買付けの実施に関

しては買付けのみが、公開買付けの中止に関しては売付けのみがインサイダー取引の対象となっている点に留意する必要がある。

### (3) 自己株式取得および処分に関するインサイダー取引規制

インサイダー取引は、自己株式の取得と処分の関係で問題となる。

#### (ア) 自己株式取得の場面

まず、自己株式の取得の場面においては、株主総会へ自己株式取得議案を提出すること、および授権決議あるいは定款授権に基づいてなされた具体的な取得決定のいずれもが重要事実となる。そのため、これらの事実が未公表のうちに役職員等が自社の株式を売買することは禁止される。他方、授権決議後の具体的な取得決定を公表しないまま自己株式を取得することは、インサイダー取引には該当しないとされているが（金商166条6項4号の2）、適時開示が要求されるため、実際には公表がなされている。

また、会社が自己株式の取得を決定・実行するときに、他の未公表の重要事実が存在する場合、その決定・実行者が当該重要事実を知っているときにはこれを行うことができない。そのため、実務上は、信託銀行に買付けを一任する信託方式が利用される場合も多い。

この信託方式により自己株式を買い付ける場合には、以下の①②の要件を満たすときにはインサイダー取引に違反しないものと解されている。[12]

① 信託契約または投資一任契約の締結・変更が、当該会社により重要事実を知ることなく行われたものであって、

② 当該会社が契約締結後に注文に係る指示を行わない契約である場合、または、当該会社が契約締結後に注文に係る指示を行う場合であっても、指示を行う部署が重要事実から遮断され、かつ、当該部署が重要事実を知っている者から独立して指示を行っているなど、その時点において重要事実に基づいて指示が行われていないと認められる場合

---

12 金融庁・証券取引等監視委員会「インサイダー取引規制に関するQ&A（最終改訂：平成27年9月2日）」〈http://www.fsa.go.jp/common/law/insider_qa/01.pdf〉問1。

### (イ)　自己株式処分の場面

処分する自己株式を引き受ける者の募集の決定は重要事実に該当する（金商166条2項1号イ）。したがって、募集決定が未公表のうちに会社の役職員等が自社の株式を売買することは禁止される。また、他の未公表の重要事実があるにもかかわらず、会社が処分自己株式の募集決議をすることも禁止される。

### (4)　会社関係者・公開買付等関係者の情報伝達・取引推奨行為

平成25年の金融商品取引法改正により、会社関係者・公開買付等関係者のインサイダー取引のみならず、これら関係者が重要情報を他者に伝達し、または重要情報を知りながら他者に株式の取引等を推奨する行為も、規制の対象とされることとなった（金商167条の2）。

従来、インサイダー取引を引き起こす可能性のある情報を伝える行為自体は規制の対象ではなかった（教唆・幇助犯としての処罰可能性はあったが、実際の摘発例はごく少数だった）。しかし、近年、内部関係者から重要情報の伝達を受けた第三者によって重要事実公表前に不公正な取引が行われる事案が増加しており、また、上場会社の公募増資に際し、引受証券会社からの情報漏洩によるインサイダー取引事案も発生していた。こうした状況を踏まえ、内部者取引のみならず、内部者による不公正取引の推奨行為に対しても規制の導入が必要とされ、上記改正が行われることとなった。

### (ア)　規制の対象者

#### (A)　会社関係者を対象とした情報伝達・取引推奨行為（金商167条の2第1項）

会社関係者（上場会社等と一定の関係（役職員、契約締結者等）を有する者）または元会社関係者であって、当該上場会社等に係る重要事実を職務等に関して知った者が規制の対象者とされる。一般のインサイダー取引規制と異なり、第一次情報受領者は規制の対象となっていない。

### ⒝ 公開買付者等関係者を対象とした情報伝達・取引推奨行為（金商167条の2第2項）

公開買付者等関係者または元公開買付者等関係者であって、当該上場会社等に係る重要事実を職務等に関して知った者が規制の対象者とされる。第一次情報受領者は規制の対象とならない点は同様である。

#### ⒤　規制の対象行為

禁止の対象となる行為は、他人に対し、①重要事実を伝達すること（情報伝達行為）、または②重要事実の公表前に売買等をすることをすすめること（取引推奨行為）である。ただし、上記行為が行われた際に、他人に対し、重要事実の公表前に売買等をさせることにより、当該他人に利益を得させ、または当該他人の損失の発生を回避させる目的がある場合に限定されている。

このような目的要件が設けられた趣旨は、上場会社において、情報伝達・取引推奨行為全般を規制対象とした場合には企業の通常の業務・活動に支障が生じるとの指摘があることから、こうした企業の通常の業務活動の中で行われる情報伝達行為等に支障を来すことなく、強い不正の疑いが認められる行為のみを摘発の対象とするためと解されている。

#### ⒥　責　任

会社関係者・公開買付等関係者が重要情報を他者に伝達し、または重要情報を知りながら他者に株式の取引等を推奨する行為が刑事罰等の対象となるのは、そのような情報伝達・取引推奨行為によって実際に売買等が行われた場合に限定される。同行為規制の趣旨がインサイダー取引の発生を未然に予防しようとするものであることを踏まえ、目的要件を満たす情報伝達等が行われたとしても、実際の売買等が行われていない場合には処罰の対象外とされている。

処罰等の水準は、インサイダー取引規制と同水準である（5年以下の懲役もしくは500万円以下の罰金、またはこれらを併科され（金商197条の2第14号・15号）、両罰規定として、法人に対しても、5億円以下の罰金が科せられる（同法207条1項2号）。また、課徴金も課せられる（同法175条の2））。

*107*

第2章　第2節　株式の譲渡

## 4　不正取引規制

### (1)　相場操縦規制等

#### (ｱ)　意　義

相場操縦とは、本来自由競争原理によって、正常な需要と供給の関係に基づき形成されるべき証券市場に、人為的な操作を加え、これを変動させる行為である。

#### (ｲ)　相場操縦の類型

金融商品取引法159条では、相場操縦行為として禁止される行為を具体的に列挙しているが、それらを大きく分類すると次の①〜④のとおりとなる。

① 　仮装取引（金商159条1項1号〜3号）

　　仮装取引とは、その売買取引が繁盛であると誤解させるなど、他人に誤解を生じさせる目的をもって権利の移転を目的としない売買を行うことをいう。

② 　馴合取引（金商159条1項4号〜8号）

　　馴合取引とは、他人に誤解を生じさせる目的をもって、自己のする売付けと同時期に、それと同価格において他人が買い付けることをあらかじめその者と通謀のうえ、当該売付けを行うことをいう。

③ 　相場操縦を誘引する目的の行為（金商159条2項1号〜3号）

　　有価証券の売買取引等を誘引する目的をもって、当該有価証券の売買取引等が繁盛であると誤解させ、または売買の委託等を行うこと（1号）、相場が自己または他人の操作によって変動するべき旨を流布すること（2号）、有価証券の売買等につき重要な事項について故意に虚偽または誤解を生じさせるべき表示を行うこと（3号）を禁止している。

④ 　安定操作取引（金商159条3項）

　　安定操作取引とは、相場をくぎ付けし、固定し、または安定させる目的をもって一連の売買等を行うことをいう。この安定操作取引については、有価証券の募集または売り出しの際に一定の条件を満たすことによ

108

り、同取引を行うことが認められている（金商令20条〜25条）。

### ㈦　自己株式に関する相場操縦規制

　自己株式の取得については、通常の相場操縦禁止規制（金商159条）に加え、金融商品取引法162条の2により、上場株券等の合意による自己株式取得に関し、相場操縦防止のため必要かつ適当であると認める事項を内閣府令で定めることができるとされ、これを受けて有価証券の取引等の規制に関する内閣府令17条は、買付けにあたって注意すべき事項として注文時間、注文価額、注文数量、証券会社の数等を規定している。

### (2)　風説の流布等

　金融商品取引法158条では、有価証券の発行および流通の過程において、取引が円滑に行われることを阻害する行為として、相場の変動を図る目的をもって、①風説の流布、②偽計、③暴行・脅迫の行為を行うことを禁止している。なお、これらの行為を行う対象者には制限がなく、行為者が実際に有価証券の売買等を行ったかは関係がない。

### (3)　金融商品取引法157条に定める不正取引

　前述(1)および(2)の相場操縦規制や風説の流布に係る規制ではとらえきれない不公正な取引を幅広く規制するものとして、金融商品取引法157条は、以下の①〜③の行為を禁止している。

①　有価証券の売買その他の取引またはデリバティブ取引等について、不正の手段、計画または技巧をすること

②　有価証券の売買その他の取引またはデリバティブ取引等について、重要な事項について虚偽の表示があり、または誤解を生じさせないために必要な重要な事実の表示が欠けている文書その他の表示を使用して金銭その他の財産を取得すること

③　有価証券の売買その他の取引またはデリバティブ取引等を誘引する目的をもって、虚偽の相場を利用すること

第3章 第1節 総 説

# 第3章 | 株式会社の資金調達

## 第1節 総説（資金調達方法の比較）

　株式会社が事業に要する資金を調達する手段としては、大きく分けて、自己資金と外部調達資金の2つがある。外部調達資金はさらに資本市場から直接資金を調達する直接金融と、銀行などの金融機関からの借入れ等で資金調達する間接金融とに分かれる。

## I 自己資金

　株式会社の自己資金としては、事業から得られた利益の内部留保（剰余金）があげられる[1]。一定の内部留保（剰余金）があることは、当該会社の与信との関係では評価され、外部からの資金調達余力が増す。

　一方、内部留保（剰余金）は株主への配当原資でもあることから、具体的な投資目的もないまま内部留保を積み上げることは、株主との間で緊張関係を生じさせる。

　さらに、投資されない内部留保（剰余金）は、当該会社の事業の将来価値の向上に直接つながらないことから、特に上場会社では株価の下方圧力がかかり、株式の時価総額に比して内部留保（剰余金）が過大となれば、敵対的買収の標的になりやすいという問題もある。

　このような点から、株式会社が内部留保（剰余金）を無制限に積み上げることは、配当政策上または資本政策上、難しい問題を抱えることとなり、自己資金と外部資金とのバランスを考慮して資金調達をする必要がある。

---

1　広義の内部留保として減価償却費があげられる。減価償却費は会計上費用として計上されるものの、キャッシュフロー上は外部流出を伴わないため、実質的には内部資金の性質を有する。

## Ⅱ　外部資金

　外部資金による資金調達方法としては、募集株式の発行等や新株予約権等の発行による直接金融、銀行などの金融機関からの借入れや社債の発行等による間接金融、および、新株予約権付社債などの直接金融と間接金融を融合させた金融商品の組成等がある。

## 1　直接金融

　直接金融による資金調達方法の代表的なものとしては、募集株式の発行と新株予約権の発行がある。剰余金の配当はあるものの、返済の必要のない資金であり、長期の資金需要に資する。また、自己資本比率の高さは、間接金融における与信力の強化につながる。

### (1)　募集株式の発行等

　募集株式の発行等には、いわゆる新株発行と自己株式の処分が含まれる。

　自己資本比率が増加し、財務体質改善には寄与するが、募集（発行）価額によっては、既存株主と新株主との利益相反の問題や、株式の希釈化の問題が発生する可能性がある。

　また、剰余金の配当は、借入金の利息などのように税引前当期純利益を減少させない（費用として認められない）ことから、募集株式の発行等に際しては、税務上の観点にも留意する必要がある。

### (2)　新株予約権の発行

　新株予約権のコール・オプションとしての成立を利用したさまざまな資金調達手法が考案されている。新株予約権のみを資金調達手法とするものとしては、エクイティ・コミットメントライン、MS ワラント、ライツ・オファリングなどがあるが、詳細については後述する（第4節Ⅳ2参照）。

## 2　間接金融

　間接金融による資金調達方法の代表的なものとしては、銀行などの金融機関からの借入れと社債の発行がある。十分な与信がある会社にとっては、安定的かつ長期的な資金調達源となり得、また、事業の収益利回りが金利よりも高ければ、事業投資のレバレッジを効かせることも可能となる。

### ⑴　銀行などの金融機関からの借入れ

　民法上の金銭消費貸借契約に基づく。会社資産を引当てに融資がされることから、担保に供する財産や内部留保等の自己資金の多寡等によって与信判断がなされ、融資額や融資期間および利率が左右される。

　ただし借入金の利息は税引前当期純利益を減少させる費用として認められることから、税務上のメリットがある。

### ⑵　社　債

　銀行からの金融機関からの借入れによらない会社の借入れであり、債務を証券化して、一般の投資家から資金を募るものである。事業の確実性や業績の安定性に与信判断の軸足がおかれる傾向があるが、一方で、マーケットの需給バランスにより起債額や償還利率が左右される。

## 3　その他

　上述のとおり、直接金融と間接金融にはどちらも長所と短所があることから、両者を組み合わせた金融商品も考案されている。代表的なものとしては、新株予約権付社債、MSCB（修正条項付転換社債型新株予約権付社債）、新株予約権付ローンなどがあげられるが、詳細については後述する（第4節Ⅳ参照）。

# 第2節　社　債

## Ⅰ　社債の意義・機能

### 1　社債の意義

#### (1)　社債の意義

　社債とは、会社が行う割当てにより発生する当該会社を債務者とする金銭債権であって、676条各号に掲げる事項についての定めに従い償還されるものをいう（2条23号）。

　会社が負担する債務という点では、買掛金や借入金と異ならないが、その大量的・定型的・公衆的・長期的特殊性から、会社の資産状態を害したり、株主の経済的利益を害しないような法規制が必要となる。

#### (2)　社債の法規制

　社債は、株式会社が債券発行の方法により多額かつ長期の資金を公衆から借り入れるものである。

　社債は、借入主体が通常大規模な株式会社であり、借入れの相手方が一般公衆であること、しかもその額が極めて多額であること、期間が継続的であること、借入総額が同一金額（割合的単位）に区分されること、各社債権者について条件が同一なこと、債券が発行されるという特色が認められ、あたかも株式会社の株式がその特色に応じた法規制を受けるのと同様に、社債の特色に応じた法規制が必要である。

　社債の法制度においては、社債の発行からその償還に至るまで、社債をめぐる経済主体の利益を調整することになるが、社債権者の利益保護、発行会社の株主の利益保護、発行会社の利益保護の視点から利益調整を整理することが必要である。

　なお、社債には、「（普通）社債」と「新株予約権付社債」の2つがあるが、

*113*

新株予約権付社債のうち、新株予約権の部分は、潜在的新株発行としての意味・意義をもつことから、新株発行の場合と同様の法規制の下にある。

## 2 社債の資金調達機能

社債は、新株発行などと同様、株式会社における資金調達手段としての機能があるが、社債発行による資金調達方法には新株発行と比較して具体的には以下のようなメリットがある。

① 新株発行によると、株式数が増加するから、将来的には多額の利益配当を要することになるが、社債の場合には利益配当を要しない。

② 社債発行によれば課税上有利である。

発行会社の立場から両者の相違をみると財務上の取扱いに大きな差がある。

株式の発行による調達資金は、会社の貸借対照表上、自己資本として資本の部に計上されるが、社債による調達資金は他人資本として負債項目に計上される。

したがって、損益計算書上、株式配当は法人税支払い後の利益またはその積立てによる任意準備金から支払われるが、社債の利払いは費用として計上されるから、社債利払い分には課税されないことになる。

## 3 社債の分類

社債は、さまざまな観点から分類を行うことができる。

### (1) 担保の有無

#### (ア) 担保付社債

担保付社債信託法に基づく物上担保が付けられた社債をいう。同法の物上担保は限定列挙とされていたが、平成18年の信託法改正により、物上担保の限定列挙は撤廃され、多様な担保を社債に付すことが可能になった。特別法による一般担保がある社債や、いわゆる「negative pledge」(他の債権者のための担保に特定物件を提供しない旨の約定) 付きの社債は担保付社債とはいわない。

### ㈳ 無担保社債

担保付社債以外のすべてを示すこともあるが、狭義には、人的担保・一般担保が付されない社債をいう。

## ⑵ 権利の移転方法による区別

### ㈎ 記名社債

会社の備える社債原簿に社債権者の氏名（名称）・住所が記載される社債（681条4項）であり、社債券を発行する定めがある場合にはその交付により譲渡・質入れの効力が生じ、譲渡については社債原簿の名義書換が会社に対する対抗要件となる。社債券を発行しない場合には譲渡・質入れの効力は意思表示により生じ、社債原簿の名義書換は会社その他の第三者に対する対抗要件となる。

### ㈳ 無記名社債

無記名社債は、動産とみなされ、社債券の交付により譲渡・質入れの効力が生じる。

## ⑶ 発行形態による区別

### ㈎ 公募債

募集社債の申込みの勧誘が不特定・多数の者に対しなされ、金融商品取引法にいう有価証券の募集として内閣総理大臣への有価証券届出書または発行登録書・発行登録追補書類の提出および法定事項を記載した目論見書の使用が必要なものをいう。

### ㈳ 私募債

上記の公募債の定義に該当しないものをいう。

## ⑷ 社債管理者設置債と不設置債

### ㈎ 社債管理者設置債

社債管理者がおかれる社債である。社債管理者は、社債の発行会社の委託を受けて、社債権者のために償還・利息の支払い等の弁済を受け、また、債権の実現を保全するために必要な一切の裁判上・裁判外の行為をする権限を有し、社債の管理を行うものである。

第3章　第2節　社　債

#### (イ)　不設置債

社債管理者がおかれない社債である。社債を募集する会社は原則として社債管理者をおかなくてはならず（702条）、不設置とするには、社債管理者をおかなくても社債権者の保護に欠けるおそれがないものとして法務省令で定める要件を満たすことが必要である。

### (5)　普通社債とエクイティ・リンク債

#### (ア)　エクイティ・リンク債

何らかの形で特定の株式と関係づけられた社債である。新株予約権付社債のほか、交換社債、他社株転換社債などの新しい形態のものが開発されている。

#### (イ)　普通社債

特定の株式と関係づけられていない社債である。普通社債についても、変動利付債、デュアル・カレンシー債その他さまざまな形態のものがあるが、利益参加社債等、内容により会社法の社債として認められるか否かについて議論があるものもある。

## Ⅱ　社債と株式との異同

### 1　株式との差異

前述のように資金調達面から考えても株式と社債は異なる機能を有するが、さらに広く両者にはどのような異同があるだろうか。

まず、社債と株式とは法律的には全く異なる。すなわち、社債は債権である。債権とは特定の人に対する請求権であるが、社債は会社に対する金銭の支払請求権であり、これを有する社債権者は会社に対する消費貸借上の債権者（民587条）であり、各社債権者は個人としての権利である。

これに対し、株式は、株式会社における社員たる地位をいう。株主は、会社の所有権者であり（ただし、物に対する支配権である所有権とはやや異なるか

〔図表 3-1〕 株式と社債の差異

| | 株　式 | 社　債 |
|---|---|---|
| 経営参加 | 会社の実質的所有権者である株主には、株式会社の会社経営に参加する権利として、株主総会における議決権や、取締役等の違法行為差止請求権など各種の監督是正権が認められている。 | 債権者にすぎない社債権者には、会社の経営に参加する権利は認められていない。 |
| 配　当 | 株主は配当可能利益が存する場合にのみ不確定額の配当を受ける。 | 社債は債権であるから、社債権者は会社の利益の有無にかかわらず、一定の時期に一定の確定額の利息の支払いを請求できる。 |
| 償　還 | 株式は、原則として償還が予定されておらず、株主は、資本充実原則の下、会社存続中には出資金の払戻しを受けられない。 | 社債は債権であるから、償還（弁済）が予定されており、社債権者は、償還期限が到来すれば元本の償還を受けることができる。 |
| 残余財産 | 会社が解散・清算した場合、株主は、会社債権者に弁済した後に会社財産が残った場合にのみ、すなわち純資産がプラスの場合にのみ残余財産の分配を受ける。 | 社債権者は、会社債権者であるから、一般債権者と同順位で株主に先んじて会社財産から弁済を受けることができる。 |

ら、厳密には実質的所有権とでもいうべきか）、また構成員でもあることから、団体法上の地位を有する。

　このような根本的な差異から、社債権者と株主とは〔図表3-1〕のような具体的差異が生ずることになる。

## 2　株式との類似点

### (1)　経済的な接近

　以上のように、社債と株式とは法律的には全く異なるが、経済的には極めて接近する。すなわち、会社の側からみればいずれも資金調達の方法であり、また投資家（株主・社債権者）の側からみても投資の対象である点では同一

である。また、両者は、その流通性を高めるため有価証券化されている点でも類似している。

## (2) 社債と株式の中間的形態

こうした類似性を考慮して、法律上の制度としても社債と株式との中間的形態が認められている。

### (ア) 株式の社債化

#### (A) 議決権制限株式・完全無議決権株式

会社は株主総会において、議決権を行使することができる事項について内容の異なる数種の株式を発行することができる（108条）。これにより、会社に対する支配の側面は後退することになる。

#### (B) 償還株式

会社は利益をもってする株式の消却につき内容の異なる数種の株式を発行することができる（108条）。利益配当によって株式が消却する点で、社債の償還と類似する。

#### (C) 配当優先株（特に非参加的累積的優先株）

会社は利益または利息の配当につき内容の異なる数種の株式を発行することができる（108条）。配当を普通株式より優先させることで、債務の弁済である社債の償還に一歩近づくことになる。

### (イ) 社債の株式化

新株予約権付社債がある。会社は新株予約権を付した社債である新株予約権付社債を発行することができる（254条以下）。新株予約権付社債については、後述する（Ⅶ参照）。

会社法は、社債を株式と同様に扱うという見地から、株券不発行制度と同様に、社債券不発行制度を設けている。会社法では、募集社債に関して会社が定めなければならない事項の一つとして「社債券を発行するときは、その旨」と定めており（676条6項）、募集時に社債券を発行する定めがなければ、社債券不発行の社債ということになる。

*118*

# Ⅲ　社債の発行

## 1　社債発行の分類

社債発行には、私募（総額引受け）と、一般公募により募集する公募がある（後述 3 (3)参照）。

## 2　社債発行の制限

### (1)　再募集の制限

旧商法では、会社は以前に募集した社債総額の払込みをなさしめた後でなければ、さらに社債を募集することができないとされていた（旧商298条）が、この規制は撤廃され、既存社債に未払込みがあっても、新たに社債を発行できるようになった。

### (2)　金額の制限

旧商法では、同一種類の社債にあっては各社債の金額は均一かまたは最低額で整除しうべきものであることを要した（旧商299条）が、この制限は撤廃された。

### (3)　割増金の制限

償還額が券面額を超えるときは、超過額は同率であることを要した（旧商300条）。平成 5 年改正前は、社債は資本および準備金の総額または最終の貸借対照表により会社に現存する純資産額のいずれか低い額を超えては発行できないとしていた。この社債発行限度枠の規制は、通常の借入れに制限がないことと比べ意味がなく、また社債発行による資金調達に大きな障害となっていたため、撤廃された。これにより、社債契約において、繰上償還条項を定め、償還時期により券面額を超える部分について異なった額を支払うことも可能となった。

**119**

第3章　第2節　社　債

### (4)　金融商品取引法上の制限

　社債は、有価証券であるので、金融商品取引法の規制下にあり、公募債の発行には、有価証券届出書または発行登録書・発行登録追補書類の提出、および目論見書の作成・交付が必要である。

## 3　社債発行の手続

### (1)　取締役会の決議

　社債を発行できる主体は、「会社」であり、株式会社に加え、合名会社、合資会社および合同会社も社債の発行が可能である。外国会社は、会社の定義に含まれないので社債は発行できない。

　社債の発行は、新株の発行と同様に、取締役会決議を要する（362条4項5号）。社債は一種の借入金として、その発行は組織法上の事項ではなく業務執行の一場合であるが、大量的かつ継続的な借入れなので、会社の財産状況および株主の利益に重大な関係を有する重要事項である。

　ただし、取締役会の決議を経ずに代表取締役が社債を発行しても、社債権者となる公衆の保護および社債の流通の保護という取引の安全から、こうした社債発行も有効と解されている。

　この点、新株発行における同様のケースでは、新株引受人は多数であり、取引の安全の要請が強いことから、原則として有効と解しているのと同じ趣旨である。新株発行は、株主の地位という組織法上の側面があるにもかかわらず有効と解される以上、業務執行の一環である社債発行の場合には、より有効と解釈すべき合理性があるというべきである。

### (2)　社債管理者の設置

　社債の発行には、社債管理者を設置し、社債権者のための社債の管理を委託することを要する（702条本文）。社債管理者の資格には制限があり、銀行・信託会社等がなることができる（703条）。なお、会社法では、会社以外の者にも有資格が認められており、社債管理会社から「社債管理者」へと表現が改められた。

### (3) 発行の方法

社債の発行には、「総額引受け」(679条)と「公募発行」の方法(677条、678条)がある。総額引受けとは、特定人が社債の総額を包括的に引き受ける方法であり(証券会社が引き受け、後に公衆に売り出す)、公募発行とは、直接公衆から募集する方法である。

社債発行は、資金調達のため、多数に分割された部分について、公衆から広く出資者を求める点で経済的には新株発行と同様である。しかし、社債の発行方法は、総額引受けと公募発行だけであり、株主割当てなどの方法は認められていない。

旧商法では、設立時の株式発行と同様に、社債発行の際、募集総額に満たない応募しかなかったときは社債の発行は無効になるのが原則とされていたが、会社法では、応募があった分のみ社債を発行することとした(打切発行の原則。676条11号)。この点は、資金調達面を重視する新株発行のケースと結果的に同様である。なお、募集総額に満たない応募しかなかった場合に社債の発行を取りやめるときは、その旨を応募者に事前に開示しなければならない(同号。旧商303条の削除)。

### (4) 社債の成立

公募発行の場合には、募集者の作成に係る「社債申込証」による申込みが要求されている(677条)。多数の申込みの事務処理の便宜、かつ一般公衆である応募者を保護するためである。

社債の申込みに対して、発行会社または募集事務の受託会社が割当てをすれば引受けが確定する。

### (5) 社債の払込み

社債の募集が完了したときは、遅滞なく各社債につき払込みをさせることを要する(676条11号(旧商303条))。会社債権者の保護のための資本充実の原則がはたらく株式の場合と異なり、分割払いも認められ、相殺の禁止もなく、代物弁済も認められる。

121

第3章　第2節　社　債

# Ⅳ　社債権者の権利

## 1　権利の内容・規制

社債は借入金の一種であるから、社債権者は期限が到来すれば償還、すなわち会社から債務の弁済を受け、それまでの間は利息の支払いを受ける権利を有する。

社債の償還請求権の消滅時効期間は10年である（701条1項）。社債の公衆性・継続性を考慮し、商事債権よりも消滅時効を長くしたとされる。社債の利息支払請求権の消滅時効期間は5年である（同条2項）。

## 2　社債券

社債券とは、すでに成立した社債契約上の権利を表章する要因証券である。

社債券は、記載事項が法定された要式証券であり、必要的記載事項は、①会社の商号、②当該社債券に係る社債の金額、③当該社債券に係る社債の種類であるが、これら以外に債券番号および発行会社の代表者の署名（記名・押印）を要する（697条）。

募集事項として社債券を発行する旨を定めている場合には、会社は、社債を発行した日以後遅滞なく、当該社債に係る社債券を発行しなければならない（696条）。

## 3　社債原簿

社債原簿とは、社債権者および社債権に関する事項を記載した発行会社の帳簿である（681条）。株式でいえば、株主名簿にあたるものである。無記名社債の場合は、社債権者に関する記載は必要ない。

*122*

# $\boxed{V}$　社債管理者

## 1　社債権者の団体性

　社債権者は共通の利害関係に立ち、実質的には利益共同団体を構成しているので、会社法は社債権者が共同の利益のために団体的行動をとることを認め、受託会社たる社債管理者および社債権者集会の制度を設けている。

## 2　社債管理者

　社債管理者は、社債発行後社債権者のために社債の管理にあたる者である。

　社債においては小口かつ多数の社債権者が存在し、社債権者は一般に債権管理の能力が十分ではないので、発行会社が経営困難に陥っても自ら適切に社債の管理を行うことは困難である。したがって、発行会社が社債管理者と社債管理委託契約を締結し、設置することが原則とされている（702条）。

　会社法は社債管理者の資格を制限し、社債権者の利益を継続的に保護すべき義務を負わせている。

### (1)　資　格

　社債管理者には、債権管理の能力が要求されるので、銀行、信託会社または担保付社債信託法3条の免許を受けた者等でなければ社債管理者にはなれない（703条）。なお、会社法においては、旧商法上用いられていた「社債管理会社」という呼び方を「社債管理者」と変更した。

### (2)　広範な職務権限

　社債管理者は社債権者のために弁済を受け、または債権の実現を保全するのに必要な一切の裁判上または裁判外の行為をなす権限などを有する（705条等）。社債管理者が存在しても、各社債権者が発行会社に対し元利金の支払請求をすることは妨げられない（大判昭和3・11・28民集7巻1008頁。なお、この判決の事案は、担保付社債における社債権者の単独償還請求に関するもので

**123**

あるが、解釈上は会社法が適用される社債の場合と同じとされている）。ただし、社債管理者が総社債権者のため元利金支払請求の訴えを提起したときは、各社債権者が別個に訴えを提起することはできない。

社債管理者は、当該社債の全部についてする訴訟行為または倒産手続に属する行為をするにあたって、社債権者集会の決議を得なければならないが、社債管理委託契約で別段の定めをした場合、このような定めを募集事項として申込みをしようとする者に通知したときは、社債権者集会の決議によらず社債管理者が一定の行為をすることができる（706条1項2号、676条8号、677条1項2号）。

また、債権者の異議手続において、社債管理者が社債権者のために異議を述べる場合、原則的に社債権者集会の同意は不要であり、例外的に社債権者集会の同意を要するとするときは、社債管理委託契約で別段の定めをしなければならない（740条2項）。

### (3) 辞任の制限・解任

社債管理者は社債発行会社および社債権者集会の同意を得て辞任することができる。この場合においては、あらかじめ事務を承継すべき社債管理者を定めることを要する（711条1項）。また、会社法では社債管理委託契約において社債管理者が辞任できる事由を定めることにより、一方的に辞任ができる。ただし、当該契約に事務の承継者を定めておく必要がある（711条2項）。

なお、社債管理者が、責任回避のために辞任することを防ぐため、

① 社債発行会社が社債の償還や利息の支払いを怠ったとき

② 社債発行会社について支払いの停止があったとき

③ 前記①または②の事由が生じたその前3カ月以内に社債管理者が辞任をしたとき

は、後述(5)の社債管理者の社債権者に対する損害賠償の責任に関する規定（710条2項）が適用される（712条）。

### (4) 報酬・費用

社債管理者、代表者または執行者に対して与えるべき報酬、その事務処理

のために要する費用およびその支出の日以後における利息並びにその事務処理のため自己に過失なくして受けた損害の賠償額は、社債発行会社との契約にその定めある場合を除き、裁判所の許可を得て会社が負担する（741条）。

### (5) 責　任

　社債管理者は、「社債の管理」を行うにつき、社債権者に対し公平・誠実義務および善管注意義務を負う（704条）。「社債の管理」には、決定権限のみならず、約定権限の行使も含まれると解されている。社債管理者が法や社債権者集会決議に反した場合は（複数の社債管理者がある場合連帯して）損害賠償責任を負う（710条）。また、社債管理者（銀行等）は、発行会社が経営困難になると、自己の計算で発行会社に対し有する貸付債権等の回収を優先し社債権の回収を懈怠する危険があるので、以下の①〜③のとおり、一定の要件の下に利益相反行為について特別の損害賠償責任を負う（710条2項）。

①　社債発行会社が社債の償還や利息の支払いを怠ったとき

②　社債発行会社について支払いの停止があったとき

③　前記①または②の事由が生じたとき、その前3カ月以内に社債管理者が次の行為をしたときは、原則として社債管理者は社債権者に対して損害賠償の責任を負う。

　ⓐ　社債管理者が、社債発行会社に対する債権を回収するにあたって、社債発行会社から担保の供与または債務消滅に関する行為を受けた場合（710条2項1号）

　ⓑ　社債管理者が、社債発行会社に対する債権を回収するにあたって、子会社等に回収をさせた場合（同項2号）

　ⓒ　社債管理者が、上記の期間内に、もっぱら相殺に供する目的で、社債発行会社の財産を処分（社債管理者への譲渡等）させる契約や社債発行会社に対して債務を負担する者の債務を引き受ける契約をして、このような契約に基づく債務と自らの債権を相殺した場合（同項3号）

　ⓓ　社債管理者が、上記の期間内に、社債発行会社に対する債権を譲り

第3章　第2節　社　債

受け、自己が社債発行会社に対して負担している債務と相殺した場合
（同項4号）

### (6)　社債管理者の設置除外

各社債の金額が1億円を下らない場合または社債の総額を社債の最低額を
もって除した数が50を下る場合は、社債管理者を設置しなくてもよい（702
条ただし書）。

## Ⅵ　社債権者集会

## 1　意　義

社債権者集会とは、同じ種類の社債権者で組織され、社債契約の内容の変
更など社債権者の利害関係がある事項につき決議をなす臨時的な合議体であ
る。

### (1)　社債権者集会における裁判所の関与

旧商法では、法定決議事項以外の事項を社債権者集会で決議するには、裁
判所の許可を事前に得ることが必要とされていた（旧商319条）。これは多数
決の濫用により少数者の不利益に権利内容が変更されることを防止すること
等が趣旨であった。

会社法では、旧商法下の社債権者集会において法律上定められている決議
事項以外を決議する場合における裁判所の事前許可の制度を廃止した（716
条）。この改正によって、社債権者集会の決議についての裁判所のチェック
は、決議後の裁判所の認可により行われることになった。

### (2)　社債権者集会の議決権

会社法では、社債権者は、残存元本額すなわちその有する当該種類の社債
の金額の合計額（償還済みの額を除く）に応じて、議決権を有する（723条1
項）。

また、社債は債権とはいってもそれ自体客観的な財貨ともいえるので、社

**126**

債発行会社は混同の例外によって自己の社債を取得しうるが、社債発行会社が有する自己の社債には議決権が認められない（723条2項）。

### (3) 社債権者集会の特別決議の成立要件

会社法706条1項各号に掲げる行為に関する事項等を可決するには、定足数の制限なく、議決権を行使できる社債権者の議決権の総額の5分の1以上で、かつ、出席した議決権者の議決権の総額の3分の2以上の議決権を有する者の同意で足りるとする旨を定める（724条2項）。

### (4) 無記名社債券の供託

会社法では、旧商法の無記名社債券の供託の制度を廃止し、これに代えて、無記名社債券を有する社債権者が社債権者集会の招集を請求する場合においては、社債発行会社または社債管理者に対して、また、社債権者集会で議決権を行使する場合においては、社債権者集会の日の1週間前までに、招集者に対して、それぞれ社債券を提示すればよいとされている（718条4項、723

〔図表3-2〕 社債権者集会と株主総会の比較

|  | 社債権者集会 | 株主総会 |
|---|---|---|
| 常置的機関であるか否か | 社債権者集会は決定の臨時的機関にすぎず、常置的機関ではない。株主総会と異なり、社債権者集会には「定時」の集会はない。 | 常置的機関ではないが、定時株主総会がある。 |
| 決議事項 | 社債権者集会は法または担保付社債信託法に規定する事項および社債権者の利害に関する事項について決定することができる（716条）。 | 法令以外に定款で定めることができる。 |
| 決議取消し・無効・不存在訴訟 | 決議は当然には効力を生ぜず、裁判所の許可により初めて効力が生じる（734条）。裁判所が介在するので、決議取消し・無効・不存在の訴えの制度はない。 | 決議取消し・無効・不存在訴訟の制度がある。 |

第3章　第2節　社　債

条3項）。

　社債券の提示で足りるとされたことにより、二重提示を防止する措置が必要となる。

## 2　社債権者集会と株主総会の比較

　社債権者集会の特色の、株主総会との比較における概要は〔図表3-2〕のとおりである。

# Ⅶ　新株予約権付社債

## 1　意　義

　新株予約権付社債とは、新株予約権を付した社債であって、新株予約権の分離譲渡・質入れができないものをいう。

　社債は一定の償還を受けるという意味で、値下がりのある株式よりリスクは少ないが、新株予約権付社債は会社の業績が上がれば新株予約権を行使して株主として有利な地位を取得できるものであり、社債の堅実性と株式の投機性をあわせ有しているので、広く利用される。

　旧商法の平成13年改正前においては（普通）社債以外に転換社債と新株引受権付社債という概念があり、それぞれ独立の社債類型とされていた。平成13年商法改正で新株予約権という概念を認めたことに伴い、社債は、「（普通）社債」と「新株予約権付社債」という2つの概念に整理分類されることになった。

　新株予約権付社債には、転換社債型（新株予約権を行使する場合には必ずその社債が消滅するもの）と、非分離の新株引受権付社債型（金銭等当該社債以外の財産を出資する形で新株予約権が行使されるもの）がある。

128

## 2 新株予約権付社債の発行手続

新株予約権付社債の募集には、新株予約権の募集に関する規定が適用され、社債の募集に関する規定は適用されない（なお、新株予約権付社債の詳細については、第4節Ⅳ1参照）。

# Ⅷ 社債の権利移転

旧商法では、記名社債の権利移転についての会社その他の第三者に対する対抗要件は、取得者の氏名および住所の社債原簿への記載およびその氏名の債券への記載であった（旧商307条1項）。会社法では社債券不発行制度も認められたことに対応して以下のとおり、規定された。

## 1 記名債権で社債を発行する旨の定めがある場合における社債の権利移転の要件等

### (1) 譲渡・質入れの権利移転の効力発生要件

社債券を発行する旨の定めがある社債の譲渡・質入れは、社債券を交付しなければその効力を生じない（687条、692条）。

### (2) 譲渡の対抗要件

社債券を発行する旨の定めがある社債の権利移転の社債発行会社への対抗要件は、その社債を取得した者の氏名または名称および住所の社債原簿への記載または記録である（688条1項・2項）。

### (3) 質入れの対抗要件

社債券を発行する旨の定めがある社債の質入れの社債発行会社および第三者への対抗要件は、質権者が社債券を継続して占有することである（693条2項）。

## 2 記名社債で社債券不発行の場合における社債の権利移転の要件等

社債券不発行の場合における社債の権利移転の要件等は、会社法上、以下のとおり定められている。

### (1) 譲渡・質入れの効力発生要件

社債券を発行しない社債の場合は、権利移転・質入れの効力発生要件は権利移転・質入れの意思表示（の合致）のみで足りる。

### (2) 譲渡・質入れの対抗要件

社債券を発行しない記名式の社債の場合は、その社債を取得した者（質入れの場合は質権者）の氏名または名称および住所の社債原簿への記載または記録が、社債発行会社のみならずその他の第三者との関係でも対抗要件になる（688条1項・3項、693条）。

なお、旧商法では、記名社債の移転について、株式と同様に、定款の定めにより名義書換代理人をおくことができる旨が定められていたが（旧商307条2項、206条2項）、会社法では、会社は、定款の定めを要することなく、社債原簿管理人を定め、会社に代わって社債原簿の作成および備置きその他の社債原簿に関する事務を委託できることとなった（683条）。

## 3 無記名社債の場合における社債の権利移転の要件等

無記名社債は、動産とみなされ、常に社債券の発行を要する。

社債券の交付により譲渡・質入れの効力が生じる（687条、692条）。

## 4 社債券の占有による権利推定・善意取得

社債券の占有者は、手形や株券の占有者・所持人と同様に、当該社債券に係る社債についての権利を適法に有するものとの権利推定を受ける（689条1項）。また、社債券の交付を受けた者は、悪意または重大な過失がない限り、当該社債券に係る社債についての権利を取得する（同条2項）。

# Ⅸ 社債の銘柄統合

## 1 意 義

　社債の銘柄統合とは、発行日等が異なる2以上の種類の社債を、同一種類の社債として取り扱うことをいう。

## 2 機 能

　社債の市場における流動性はある程度以上のロットがないと乏しくなるので、事後的に社債発行の取扱いを大型化する社債の銘柄統合は、社債の流動性の向上につながり、社債権者集会も一緒にできるという事務処理上のメリットもある。

　旧商法上は社債の銘柄統合が認められるかについて不明確であったため、会社法は、676条3号から8号までに掲げる事項（利率、償還の方法・期限、利息支払いの方法・期限等）その他の社債の内容を特定するものとして法務省令で定める事項を「種類」と定義して、これを社債原簿に記載しなければならないとした（681条1号）。

　これにより、発行日等が異なる社債であっても、「種類」が同じであれば、同一種類の社債として取り扱うことができ、異なる権利内容の社債権者が1つの債権者集会を組織すると利益相反の問題が生じるので、社債の種類ごとに組織されるものとされている社債権者集会（715条）が、1つの社債権者集会として組織できることにもなる。

*131*

第3章　第3節　募集株式の発行等

$$\boxed{\text{第3節　募集株式の発行等}}$$

## $\boxed{\text{I}}$　総　説

## 1　意　義

### (1)　「募集株式の発行等」とは

会社法は、「その発行する株式」または「その処分する自己株式」を引き受ける者の「募集」について、「募集株式の発行等」として統一的に規律している（199条以下）。

前者の「発行する株式」の「募集」とは、会社設立後に新たに自己の株式を発行するいわゆる「新株の発行」である。他方、後者は、自己の株式の取得（155条）の結果、株式会社が保有している自己の株式を、さまざまな必要から第三者に交付する「自己株式の処分」である。

このように、会社法がこの両者を統一的な規制をしているのは、両者が、

①　会社の運営上、機動的な資金調達を可能にする。

②　その場合の会社に対する出資の履行を確実にする。

③　結果として、新たに株主になる者と既存の株主との利害の調整をする。

という点で共通していると解されるためである。

なお、両者は、全く同一ということではなく、会社の計算上、「新株の発行」をしても資本金および資本準備金が増加するだけで分配可能額が増加することはないが、「自己株式の処分」をすれば、自己株式が減少し、その処分差損益がその他資本剰余金を増減させる結果、分配可能額を増加させることになるという違いがある。

---

2　講学上「通常の新株発行」とよばれる。なお、株式無償割当て・組織再編等により新株が発行されることがあり、これを「特殊の新株発行」というが、本章では前者のみを対象にする。

132

(2) 「募集」概念

会社法上の募集株式の「募集」とは、会社法において明文では定義されておらず、広く株式会社が発行する新株や処分する自己株式についての引受けの申込みの誘引を指す概念であると解される。

この点、資本市場における発行市場の適正を確保することを目的として、金融商品取引法上で明確に定義された「募集」とは異なっている（金融商品取引法上の「募集」概念は後述する）。

また、後述するとおり、会社法上の「募集」の方式としては、公募に限らず第三者割当てや株主割当ても含まれる。

## 2 募集株式の発行等に伴う効果等

募集株式の発行等が行われると、一般的には、
① 流通株式の増加（株主の加入）
② 会社財産の増加（資金調達）
③ 持株比率の変動（会社支配の変動）

という3つの効果が生じる。

通常は、資金調達を目的として募集株式の発行等がなされる場合が多いが、法文上は目的について特に規制が設けられているわけではない。

通常想定されることが多い目的に対応して募集株式の発行等を整理すると

〔図表3-3〕 募集株式の発行等の目的

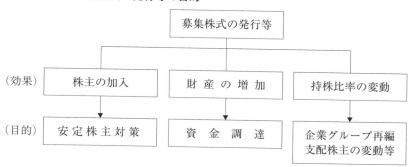

第3章 第3節 募集株式の発行等

〔図表3-3〕のとおりとなる。

## 3 授権株式制度

### (1) 制度の意義

「授権株式制度」とは、会社が将来発行を予定する株式数（発行可能株式総数）を定款で定め（37条1項・3項）、それによって「授権」された範囲内で会社が取締役会決議等により適宜株式を発行することができる制度をいう。「授権資本制度」とよばれることもある。

会社法が授権株式制度を採用する目的は、一方で、将来発行可能な株式数を定め、取締役会決議等による募集株式の発行を認めることによって機動的な資金調達を可能にしつつ、他方で、募集株式の発行によって生じる既存株主の支配比率の減少（持株比率の低下等）に一定の限界を画することである。

### (2) 発行済株式総数と発行可能株式総数との関係

公開会社の場合には、通常、取締役会決議による募集株式の発行が認められること（201条）を背景に、新株発行によって既存株主が被る持株比率の低下に一定の制限を加える必要から、発行可能株式総数は発行済株式総数の4倍以内という関係が原則として要求される（4倍ルール）。

具体的には、設立時に発行される株式数と発行可能株式総数との関係に加え（37条3項本文）、会社成立後の募集株式の発行（株式数の増加）に伴い、定款変更によって発行可能株式総数を増加させる際の発行済株式総数との関係についても、発行済株式総数の4倍を超える発行可能株式総数を定款で設定することはできないとするものである（113条3項本文。なお、株式併合についても同様の規制がある（180条3項））。

他方、非公開会社の場合には、発行可能株式総数について、上記の4倍ルールの適用はなく、法律上の上限はない。これは、非公開会社については、一定の場合（取締役の決定（取締役会の決議）で募集事項等を定めることができる旨を定款で定めた場合の株主割当ての場合等。202条3項1号・2号）を除き、そもそも募集株式の発行に株主総会の特別決議が要求され、株主自身が持株

**134**

比率の減少を決することになるからである。

　もっとも、発行可能株式総数に関する定款を変更する場合、当該会社がその時点では非公開会社であっても、あわせて定款を変更して公開会社となる場合は、その定款変更について公開会社と同様の規制を受ける（113条3項2号）。

　なお、上記4倍ルールについては、定款変更によって発行可能株式総数を増加させる場合、定款を変更する株主総会決議の時点ではなく、実際に定款変更の効力が発生する時点で、発行可能株式総数が発行済株式総数の4倍以内であればよいと解されている。したがって、発行可能株式総数を増加させる定款変更の効力発生を、実際に募集株式を発行して発行済株式総数が増加する時点とする条件付株主総会決議も認められると解される（最判昭和37・3・8民集16巻3号473頁）。

---

〔授権株式制度〕（37条、113条）
公開会社：発行可能株式総数≦発行済株式総数×4
非公開会社：発行可能株式総数の設定・変更についての制限なし
　　　　　　（ただし、定款変更により公開会社となる場合は除く。）

---

　授権株式制度に関連し、既存株主の利益保護や会社支配の適正維持等の観点から、発行できる株式数について以下の規制がなされている。

　まず、権利行使期間が到来している新株予約権がある場合、その権利行使により発行される株式数は、発行可能株式総数から発行済株式（自己株式を除く）の総数を控除した数（現存する授権枠）を超えてはならない（113条4項）。

　また、種類株式発行会社の場合、他の株式を取得対価とする取得請求権付株式や取得条項付株式が発行されているときは、株主が取得対価として取得する種類株式の数を、その種類株式についての発行可能種類株式総数から当該種類株式の発行済株式（自己株式を除く）の総数を控除した数を超えては

ならず（114条2項1号・2号）、新株予約権者が新株予約権の行使により取得する種類株式についても同様である（同項3号）。

加えて、公開会社の場合、議決権制限株式が、発行済株式の2分の1を超えるに至ったときは、直ちに、これを2分の1以下にするために必要な措置を講じなければならない（115条）。

### (3) 発行済株式総数が減少する場合の発行可能株式総数への影響の有無

株式の消却等により発行済株式総数が減少する場合、おおむね、次の3つの問題が生じると考えられる。

#### (ア) 発行済株式総数の減少と発行可能株式総数の関係

株式の消却等によって、発行済株式総数が減少する場合、4倍ルールに従って、発行可能株式総数も自動的に減少することになるのかという問題が生じる。会社法では、定款変更の手続をとらない限り、発行可能株式総数自体は減少しないと解される。

これは、たとえば、株式の併合が行われると発行済株式総数は減少するが、その場合、あわせて発行可能株式総数の減少を株主総会で決議すべきことが会社法上特に求められ（180条2項・3項）、効力発生日に発行可能株式総数に係る定款の変更をしたものとみなす（182条2項）点からみても、会社法は、発行可能株式総数が自動的に減少することを認めていないと解されるからである。

#### (イ) 発行済株式総数の減少と発行できる募集株式の数

次に、発行可能株式総数は自動的に減少しないとしても、減少した株式数についてあらためて募集株式の発行ができるかという問題が生じる。この点、一度使用された授権枠を再度使用して新株の発行をすることはできないとの考え方もある。

しかし、会社法が、上記のとおり、授権株式制度を、既存株主の持株比率の低下の下限を定めたものと解すれば、既存株主には、株式数の減少等の経過いかんにかかわらず、結果として発行可能株式総数として定められた株式数までは株式が発行されることが許容されていると考えられる。

したがって、減少した株式数分についてもあらためて募集株式の発行をすることができると解される。

(ウ) 発行済株式総数の減少と4倍ルールの関係

公開会社の場合、株式の消却等で発行済株式総数が減少して、発行可能株式総数の4分の1未満になったとすると、会社法に反し、違法ではないかが問題となる。この点、会社法113条1項3号は定款変更によって発行可能株式総数が増加する場合のみを規制しているので、かかる状態が生じても違法ではない。

もっとも、株式併合については、上記のとおり、併合に際して、発行可能株式総数を減少する手続が必要なので（180条2項）、それを怠れば違法となる。

## 4　割当方法

会社が募集株式の発行等に際して当該株式の割当てを受ける権利を付与することを株式の割当てという。

これを、当該権利を取得する者およびそれを募集する方法の点から分類すれば、「株主割当て」、「公募」および「第三者割当て」の3種類がある。

それぞれの意義や特徴は〔図表3-4〕のとおりである。

# Ⅱ　募集株式の発行等の手続

## 1　募集株式の発行等の手続規制の概要

すでに述べたとおり、募集株式の発行等は、重要な資金調達手段の一つであるが、機動的な資金調達を行うためには業務執行機関の決定による迅速な募集株式の発行等がなされる必要がある。

他方で、募集株式の発行等は、既存株主に持株比率の低下をもたらし、保有株式の経済的価値の減少につながる可能性があるので、既存株主の保護に

第3章　第3節　募集株式の発行等

〔図表3-4〕　割当方法

| | 意　義 | 特　徴 |
|---|---|---|
| 株主割当て | 株主に対し、持株数に応じて株式の割当てを受ける権利を与える方法 | ・持株比率の維持の点を含め、既存株主への不利益は少ない<br>・行使比率の予測ができず、いくらの資金が調達できるかについて見通しが立たないため、機動的な資金調達には不向き |
| 公　募 | 不特定多数の者から株式の引受けを広く募集する方法 | ・市場からの機動的な資金調達に適する<br>・時価発行であれば、持株比率の低下を招くものの、既存株主への経済的不利益（株式の価値等）は少ない |
| 第三者割当て | 株主の地位を有するかどうかと関係なく特定の者に株式を割り当てる方法 | ・資金調達のほか、業務提携、不振企業の支援、買収防衛策等にも利用される<br>・発行価額が時価より低いと既存株主に不利益大（有利発行：持株比率の減少にとどまらず、1株の経済的な価値も減少する） |

も配慮する必要がある。

　この2つの要請の調整を図るため、募集株式の発行等の手続について、会社法は、以下のような規律をしている。

　なお、いずれの場合も、募集事項は、募集ごとに均等でなければならない（199条5項）。

　また、募集株式の発行等の手続のうち、特に出資の履行については7以下を参照いただきたい。

(1)　**非公開会社**

　もともと株主の個性が重視され、株主構成の自由な変動が想定されていない非公開会社については、既存株主の利益を保護すべく、株主割当ての方法

『会社法実務大系』

# 正　誤　表

　下記の箇所に誤りがございましたので、お詫びして訂正させていただきます。

〔図表 7-15〕　減資・減準備金決議とその機関（544頁）

〔誤〕

| 決　議　機　関 | |
| --- | --- |
| 原則（447条、309条 2 項 9 号） | 株主総会普通決議 |
| 欠損額の範囲内で資本金を減少させる場合（447条、309条 2 項 9 号カッコ書） | 定時株主総会特別決議 |

〔正〕

| 決　議　機　関 | |
| --- | --- |
| 原則（447条、309条 2 項 9 号） | 株主総会特別決議 |
| 欠損額の範囲内で資本金を減少させる場合（447条、309条 2 項 9 号カッコ書） | 定時株主総会普通決議 |

を利用することが多い。その際、原則として株主総会の特別決議が求められるが、株主割当てであることから、定款に定めることにより取締役会決議（取締役の決定）によることもできる（202条3項）。

他方で、株主割当て以外の方法についても、既存株主に不利益を及ぼす可能性について株主の大多数の承認を得られる場合には、例外的に認めることとされている。

具体的には、株主割当てでないことによって持株比率の低下が生じる不利益や、それに加えて、払込価額が有利発行に該当する場合に株主が被る経済的利益の喪失という不利益について、株主総会の特別決議を経ることにより、株主割当てでない方法も可能とされている。

なお、この株主総会決議を経ることなく募集株式の発行等がなされた場合には、既存株主の割当てを受ける権利を無視して行われた募集株式の発行等として、その無効事由となると解される（最判平成24・4・24民集66巻6号2908頁）。

### (2) 公開会社

会社法は、公開会社については、授権株式制度の下で、資本市場からの機動的な資金調達をすることが想定され、その必要性が高いこと等に鑑み、株主割当ての方法だけでなく、既存株主の持株比率の低下をもたらすものであるもののその経済的利益は確保されることになる時価発行（ここでは、「公正な払込金額」（201条2項参照）による発行を意味する）についても、取締役会決議による募集株式の発行を認めている。

もっとも、時価発行であっても、第三者割当てによって支配株主の異動を伴うような募集株式の発行については、一定の場合に株主総会の普通決議が必要とされる（206条の2）。

さらに、第三者割当てにおいて、時価でない「特に有利な」払込価額による発行については、非公開会社と同様、株主総会の特別決議が必要となる（有利発行）。

募集株式の発行等の手続の概要は〔図表3-5〕のとおりである。

*139*

第3章　第3節　募集株式の発行等

〔図表3-5〕　募集株式の発行手続の概要

| | | 株主割当て以外の場合 | | 株主割当ての場合 | |
| --- | --- | --- | --- | --- | --- |
| | | 公開会社 | 非公開会社 | 公開会社 | 非公開会社 |
| 1 | 募集事項等の決定（原則） | 通常発行：取締役会決議 有利発行：総会特別決議 | 総会特別決議 | 取締役会決議 | 総会特別決議（定款で取締役（会）可） |
| 2 | 株主への募集事項の公示 | 通常発行：通知・公告等 有利発行：不要 | 不　要 | 通　知 | |
| 3 | 申込希望者への情報提供 | 通知・目論見書等 | 通　知 | 通知・目論見書等 | 通　知 |
| 4 | 引受申込み | 書面・電磁的方法による | | 書面・電磁的方法による | |
| 5 | 割当ての決定（原則） | 代表取締役等 | 取締役会無：総会特別決議 取締役会有：取締役会決議 | 持株数に応じて当然に割当て | |
| 6 | 割当通知 | 必　要 | | 不　要 | |
| 7 | 出資の履行 | 払込期日または払込期間に払い込む | | 払込期日または払込期間に払い込む | |

　なお、支配株主の異動を伴う募集株式の発行等（206条の2）については、後述する（後記6参照）。

## 2　株主割当て以外（公募、第三者割当て）の発行手続

　株主割当て以外の発行手続の流れは、〔図表3-6〕のとおりである。

## 3　株主割当て以外の募集株式発行手続の内容

### (1)　募集事項の決定

#### ㋐　内　容

　会社が募集株式を引き受ける者（以下、「引受人」という）の募集をするには、そのつど次の各事項（募集事項）を定めなければならない（199条1項）。

140

Ⅱ 募集株式の発行等の手続

〔図表3-6〕 株主割当て以外の発行手続

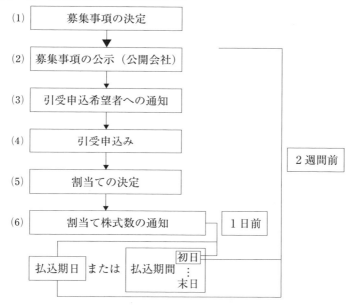

〔募集事項の内容〕

① 募集株式の数(種類株式の場合はその種類および数)
② 払込金額またはその算定方法
　⇒払込金額は公正でなければならない(201条2項参照)。
③ 現物出資の場合には、その旨並びに当該財産の内容および価額
④ 払込み・給付期日または払込み・給付期間
　⇒この期日または期間の経過後引受人は失権する(208条5項)。
⑤ 株式を発行するときは、増加する資本金および資本準備金に関する事項(自己株式の処分の場合は不要)
　⇒払込みまたは給付された全額を資本金の増加額とするのが原則である。ただし、その2分の1までの金額は資本金とせず、資本準

141

備金とすることができる（445条1項〜3項）。

なお、公開会社が市場価格のある株式の募集をする場合には、②「払込金額又はその算定方法」に関し、「公正な価額による払込みを実現するために適当な払込金額の決定の方法」を定めるだけでよいとされており（201条2項）、実務上「ブック・ビルディング方式」[3]が多く用いられている。

(イ) 決定機関

公開会社か非公開会社かの区別、すでに述べた「有利発行」に該当するか否か等によって、募集事項の決定機関が異なる。

非公開会社では、原則として、株主総会の特別決議が要求される（199条2項、309条2項5号）。

ただし、株主総会の特別決議によって、募集株式数の上限および払込金額の下限を定めるとともに、他の事項を取締役（取締役会設置会社においては取締役会）に委任することができる（200条1項）。この委任決議の有効期間は1年である（同条3項）。

公開会社では、資金調達の機動性を確保するため、原則として取締役会決議で行うことができる（201条1項）。もっとも、会社の支配権の変動を伴う第三者割当てについては、一定の場合に株主総会決議を要することとされている（206条の2）。

また、公開会社であっても、第三者に対する「有利発行」となる場合には、非公開会社と同様に株主総会の特別決議によらなければならない（199条2項・3項、201条1項、309条2項5号）。

なお、「有利発行」となる場合には、公開会社か非公開会社かを問わず、株主総会での決議に際して、有利発行の必要性の理由を説明しなければなら

---

3 ブック・ビルディング方式とは、機関投資家など専門性の高い者の意見を参考に仮条件（ブック・ビルディングの価格帯）を設定し、これを投資家に提示して需要調査を行い、当該調査結果に基づき、株式発行までの期間の株式相場の変動リスク等を総合的に勘案して、払込金額を決定するというものである。

ない（199条3項。「有利発行」については、下記(ウ)参照）。

　また、募集事項の決定は、監査等委員会設置会社については、一定の場合に取締役に委任することができ（399条の13第5項本文・6項）、指名委員会等設置会社については、執行役に委任できる（416条4項本文）。

### ✤ *One point advice*　証券取引所の規制 ─────

　　上場会社の第三者割当てについては、金融商品取引所は、過去の不適切事例の発生を踏まえて、既存株主の持株比率の希釈化の割合が25％以上となるとき、または、支配株主の異動が生じるときは、一定の場合を除き、①経営陣から独立した者による当該第三者割当ての必要性と相当性に関する意見の入手、②株主総会の決議などの株主の意思確認の手続を経ることを求めている（東京証券取引所有価証券上場規程432条等）。

　　また、授権枠の変更と募集株式の発行等を絡めるなどした結果、希釈化率が300％を超えるときは、株主の利益を侵害するおそれが少ないと認められる場合を除き、「株主の権利の不当な制限」（東京証券取引所有価証券上場規程601条1項17号）に抵触するとして、上場廃止とされる（同規程施行規則601条14項6号）。

　(ウ)　「特に有利な金額」（199条3項）による発行（有利発行）

　「特に有利な（払込）金額」とは、公正な発行価額（公正価額）に比して株式引受人に特に有利な金額をいう。上場株式の場合、原則として発行価額決定直前の市場価格（時価）が公正価額の基準となると解される。

　一般に、公正価額（通常は時価）より1割程度低くても「特に有利」とはいえないと解されている（東京高判昭和46・1・28高民集24巻1号1頁）。

　また、時価については、諸事情に基づき一時的に株価が高騰する場合もあるので、一時的に高騰した価格ではなく、一定期間の株価の平均値などを基準に時価を考えることもできると解されている（東京地決平成16・6・1判時1873号159頁等）

　さらに、時価に関連し、事業提携等の目的で特定の第三者に対して株式が発行される場合に、その提携等の効果を想定して発行前の株価が変動した場

**143**

合には、変動以前の株価を基準に発行しても「特に有利」には該当しないとした例がある（東京高判昭和48・7・27判時715号100頁）。

この点、日本証券業協会の自主ルールでは、「特に有利な金額」といえない発行価額について、「払込金額は、株式の発行に係る取締役会決議の直前日の価額（直前日における売買がない場合は、当該直前日からさかのぼった直近日の価額）に0.9を乗じた額以上の価額であること。ただし、直近日又は直前日までの価額又は売買高の状況等を勘案し、当該決議の日から払込金額を決定するために適当な期間（最長6か月）をさかのぼった日から当該決議の直前日までの間の平均の価額に0.9を乗じた額以上の価額とすることができる」としている。

なお、非上場株式の場合、株式価額の算定方法には、配当還元方式、収益還元方式、類似会社比準方式、純資産価額方式などがあり、公正な発行価額をどの方式により算定するべきか定説をみない。

### (2) 募集事項の公示（公開会社のみ）

公開会社では、原則として取締役会が募集事項を決定するので、株主の不測の損害を防止し、差止めの機会を保障するため、払込期日または払込期間の初日の2週間前までに、株主に対して募集事項を通知または公告しなければならない（201条3項・4項）。

ただし、上場会社等が、払込期日または払込期間の初日の2週間前までに、有価証券届出書、有価証券報告書等金融商品取引法上の書面等を届出または提出している場合には、株主は財務局やEDINETなどでこれを閲覧することにより、募集事項等を知ることができるため、株主への公示は不要である（201条5項、施規40条）。

### (3) 引受申込希望者への通知

株式会社は募集株式の引受けの申込みをしようとする者に対し、次の事項を通知しなければならない（203条1項、施規41条）。

---

4 日本証券業協会「第三者割当増資の取扱いに関する指針（平成22年4月1日）」〈http://www.jsda.or.jp/katsudou/kisoku/files/c0301.pdf〉。

〔引受申込希望者に対する通知事項〕

① 株式会社の商号

② 募集事項

③ 払込取扱場所

④ 発行可能株式総数

⑤ 発行株式に取得請求権、取得条項または譲渡制限が付されているときには、当該株式の内容

⑥ 種類株式発行会社が内容の異なる株式を発行することとしている場合には、各種類の株式の内容

⑦ 単元株式数

⑧ 特別な定款の定めがあるときには、その規定（139条1項、140条5項、145条1号もしくは2号、164条1項、167条3項、168条1項もしくは169条2項、174条、347条または会社法施行規則26条1号もしくは2号について）

⑨ 株主名簿管理人の氏名・名称および住所並びに営業所

⑩ 定款記載事項のうち引受申込希望者が通知を請求した事項

　上場会社が引受申込希望者に対して金融商品取引法上の目論見書を交付するなど引受申込希望者に必要な情報開示がなされている場合には、通知を行う必要はない（203条4項、施規42条）。

（4）**引受申込み**

　引受申込希望者は、申込者の氏名・名称および住所並びに申込株式数を記載した書面を株式会社に交付する方法により、引受申込みを行う（203条2項）。一定の場合には、電磁的方法による申込みも可能である（同条3項）。

（5）**割当ての決定**

　会社は、申込者の中から募集株式の割当てを受ける者および割当株式数を定める（204条1項）。割当てについては、割当自由の原則が認められると解

**145**

されているが、不公正発行に該当しないようにしなければならないという限界がある。

割当ての決定は、募集株式が譲渡制限株式でない場合には、取締役（取締役会設置会社は取締役会）が行い、募集株式が譲渡制限株式の場合には、定款に定めがある場合を除き、株主総会の特別決議（取締役会設置会社では取締役会決議）による（204条2項）。

#### (6) 割当株式数の通知

株式会社は、払込期日（払込期間を定めた場合はその初日）の前日までに、申込者に割当株式数を通知しなければならない（204条3項）。

#### (7) 総数引受けの場合

引受申込希望者が募集株式の総数引受契約を締結する場合には、引受申込希望者への通知、引受申込み、割当ての決定および申込者への通知に関する規定（203条、204条）は適用されない（205条1項）。

また、この場合に、募集株式が譲渡制限株式であるときは、特に定款に定めがない限り、株主総会の特別決議（取締役会設置会社では取締役会決議）によって総数引受契約の承認を受けなければならない（205条2項）。

#### (8) 引受けの無効・取消しの制限

募集株式の引受申込み、割当ておよび総数引受契約の意思表示について、心裡留保（民93条ただし書）および通謀虚偽表示（同法94条）による無効を主張することができない（211条1項）。

また、引受人は、株主となった日から1年経過した場合、または株主権を行使した場合には、錯誤無効の主張や詐欺・強迫による取消しはできない（同条2項）。

### 4 株主割当ての発行手続

株主割当ての発行手続の流れは、〔図表3-7〕のとおりである。以下において、株主割当てに特有の事項を説明する。

〔図表3-7〕 株主割当ての募集株式の発行手続

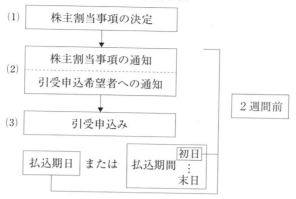

(1) **株主割当事項の決定**

(ア) 内 容

株式会社が株主に株式の割当てを受ける権利を与える場合には、次の事項を定めなければならない（202条1項）。

① 募集事項
② 株主に対し、引受申込みをすることにより当該株式会社の募集株式の割当てを受ける権利を与える旨
③ 引受申込期日

(イ) 決定機関

非公開会社は、株主割当事項を、原則として株主総会の特別決議により決定する必要があるが、取締役（取締役会設置会社では取締役会決議）により決定する旨定款で定めることができる（202条3項1号・2号・4号）。

公開会社では、取締役会決議により決定する（202条3項3号）。

(2) **株主割当事項の通知**

株式会社が株主割当事項を決定した場合、株主に申込みをするか否かの判断の機会を与えるため、引受申込期日の2週間前までに、株主に対し、募集事項、割当株式数および引受申込期日を通知しなければならない（202条4

項)。

### (3) 引受申込み

　株主は引受申込期日までに引受申込みをしなければならず、期日までに申込みをしない場合には、募集株式の割当てを受ける権利を失う（204条4項）。

## 5　ディスクロージャー（開示）

　株主割当以外の募集株式発行でも、株主割当ての募集株式発行でも、一定の場合は、金融商品取引法上のディスクロージャー（開示）が必要となり、金融商品取引所に上場している会社の場合には、金融商品取引所の規制による開示（適時開示）が必要となる。

### (1) 金融商品取引法上のディスクロージャー（開示）

　上場会社等の場合、募集株式の発行等に際し、金融商品取引法上、ディスクロージャー（開示）が必要となるが、その対象は、投資家である。

　投資家とは、これからその会社の株式等を取得しようとする者だけではなく、たとえば現在の株主も今後その会社の株式を売却することや、買い増しすることもありうるため、投資家に含まれる。

　金融商品取引法では、投資家に対する直接開示、間接開示が定められている。

#### (ア) 直接開示──目論見書の作成・交付

　目論見書とは、有価証券の「募集」もしくは「売出し」または適格機関投資家向け有価証券の一般投資家向け勧誘のために、当該有価証券の発行者の事業などを記載した文書をいう（金商2条10項）。

　ここで、「募集」とは、主として50名以上の者に対して、新たに発行される有価証券の取得の申込みの勧誘を行う場合等をいう（金商2条3項、金商令1条の5）。

　「売出し」とは、50名以上の者に対してすでに発行された有価証券の売付けの申込みまたはその買付けの申込みの勧誘を行う場合等をいう（金商2条4項、金商令1条の8）。

**148**

「適格機関投資家」とは、有価証券に対する投資に係る専門知識および経験を有する者で、具体的には証券会社、銀行、保険会社等をいう（金商2条3項、金融商品取引法第2条に規定する定義に関する内閣府令10条）。

目論見書は、募集または売出しについて内閣総理大臣に届出をした有価証券の発行者および開示が行われている場合における有価証券の売出しに係る有価証券の発行者が、その募集または売出しをする際に作成・交付しなければならない（金商13条1項、15条2項）。

目論見書は、原則として、後述する有価証券届出書をベースに作成される（金商13条2項）。

### (イ)　間接開示

#### (A)　有価証券届出書

有価証券の募集または売出しをする場合には、発行者は内閣総理大臣に対して、有価証券届出書を作成して届け出なければならない（金商4条、5条）。

有価証券届出書の様式は、企業内容等の開示に関する内閣府令に定められている。

なお、発行・売出総額が1億円未満である場合等は、届出は必要なく、内閣府令に定めるところにより、有価証券通知書を内閣総理大臣に提出すれば足りる（金商4条1項5号・6項）。

#### (B)　有価証券報告書

有価証券届出書は、有価証券の募集・売出しの際のいわゆる発行開示であるが、これに加えて、継続開示として有価証券報告書の開示が定められている。

有価証券報告書は、募集・売出しのために有価証券届出書を内閣総理大臣に提出した会社や、株式を証券取引所に上場している会社などが投資家に対して、その投資判断に必要な情報を開示するために作成すべきものである。

有価証券報告書には、企業の概況、事業の状況、設備の状況などとともに、連結情報を中心とした経理の状況などが記載される（金商24条1項、企業開示15条1号）。

なお、有価証券報告書は、全国の財務局、各証券取引所、日本証券業協会、および提出会社で閲覧することができる。

また、有価証券報告書などの金融商品取引法上の開示書類の提出、受理、縦覧という手続を電子化し、これらの情報をインターネットで提供するシステムが稼働しており、EDINET（Electronic Disclosure for Investors' NETwork）とよばれる。ホームページ[5]にアクセスすれば、インターネット上で、有価証券報告書を閲覧することができる。

平成16年より、有価証券報告書、有価証券届出書等の主要な開示書類は、EDINET による電子開示が義務づけられている。

### (C) 四半期報告書・半期報告書・臨時報告書・内部統制報告書

上記の開示に加え、有価証券報告書提出会社のうち、上場会社等では、迅速な情報開示のための四半期報告書の提出が義務づけられている（金商24条の4の7）。それ以外の有価証券報告書提出会社でも、1年決算の会社は、事業年度が開始した日以後6カ月間の企業の概況、事業の状況、設備の状況に加え、経理の状況として中間連結財務諸表を記載した半期報告書を提出しなければならない（金商24条の5第1項、企業開示18条1項）。

また、同じく有価証券報告書提出会社は、会社の財政状態や経営成績に重大な影響を及ぼす事項が発生した場合、たとえば親会社や子会社、主要株主に異動があった場合、重要な災害が発生または止んだ場合、代表取締役の異動があった場合、などに臨時報告書を作成して、内閣総理大臣に提出しなければならない（金商24条の5第4項、企業開示19条）。

### (2) 金融商品取引所の規制による開示（適時開示）

金融商品取引法上の開示制度として、上記のとおり、有価証券届出書、有価証券報告書等の法定開示制度があるが、金融商品取引所に上場している会社は、金融商品取引所が定めた開示規制にも拘束される。

流通市場における売買は、時々刻々と発生する各種の会社情報により大き

---

5 〈http://info.edinet-fsa.go.jp/E01EW/BLMain-Controller.jsp〉.

く影響を受けることから、重要な会社情報を適時・適切に投資家に対して開示する「適時開示」が、会社法、金融商品取引法の法定開示を補完する重要な役割を担っている。

適時開示については、上場有価証券の発行者が最低限遵守すべき重要な会社情報の適時開示の要件・方法等について、「上場有価証券の発行者の会社情報の適時開示等に関する規則」が制定されている。

## 6　公開会社における支配株主の異動を生じる募集株式の発行等

### (1)　制度の意義

公開会社において募集株式の発行等が行われると、その結果として支配株主の異動をもたらす場合がある。そうなると既存株主の利益を損なう可能性もあるため、次に述べるように、一定の条件を満たし、かつ、一定の手続を経たうえで株主総会決議を要するものとされている（206条の2）。

なお、募集新株予約権の発行についても、同様の規制がなされている（244条の2）。募集新株予約権の発行によって自由に支配権の異動を生じることができると、本制度の規制が潜脱されるおそれがあるからである。

もっとも、この規制は、既存株主の利益を保護することを目的としているが、会社法は、同様に支配株主の異動をもたらす組織再編などと全く同視しているわけではない（たとえば、求められる株主総会決議は普通決議とされ、また、反対株主の株式買取請求権は認められないなど）。

### (2)　対象となる募集株式の発行等の要件

会社法206条の2の規制は、公開会社の募集株式の発行等において、

Ⓐ　「募集株式の引受人（その「子会社等」（2条第3号の2）を含む）がその引き受けた募集株式の株主となった場合に有することとなる議決権の数」

Ⓑ　「当該募集株式の引受人の全員がその引き受けた募集株式の株主となった場合における総株主の議決権の数」

を比較し、Ⓐのビに対する割合が2分の1を超える場合である。

この場合の引受人は、法律上、「特定引受人」と規定されている。

もっとも、特定引受人が発行会社の親会社等（2条4号の2）である場合または株主に株式の割当てを受ける権利を与えた場合（202条）には、206条の2の規制の対象外となる（206条の2第1項ただし書）。前者の場合にはもともと実体として支配株主の異動をもたらさず、後者の場合は、手続においては支配割合を変動させない前提であったからである。

### (3) 手続の流れ

#### (ア) 株主に対する情報開示（通知・公告）

募集株式の発行会社は、払込期日（払込期間を定めた場合は、その期間の初日）の2週間前までに、既存株主に対し、特定引受人の氏名または名称・住所、特定引受人が募集株式の発行等により有することとなる議決権の数（上記Ⓐ）その他の法務省令（施規42条の2）で定める事項を通知しなければならない。

この通知は、公告をもって代えることができる（206条の2第1項・2項）。さらに、通知・公告すべき事項を記載した有価証券届出書、発行登録書および発行登録追補書類、有価証券報告書、四半期報告書、半期報告書、臨時報告書の各書類（株主に対して通知すべき事項をその内容にするものに限る）を提出し、それが公衆の縦覧に供された場合は、通知・公告そのものが不要となる（206条の2第3項、施規42条の3）。

---

〔通知・公告すべき事項〕

① 特定引受人の氏名または名称および住所

② 特定引受人がその引き受けた募集株式の株主となった場合に有することとなる議決権の数

③ 発行する募集株式の全部に係る議決権の数

④ 募集株式の引受人の全員がその引き受けた募集株式の株主となった場合における総株主の議決権の数

Ⅱ　募集株式の発行等の手続

⑤　特定引受人に対する募集株式の割当てまたは特定引受人との間の205条1項の総数引受契約の締結に関する取締役会の判断およびその理由

⑥　社外取締役をおく株式会社において、⑤の取締役会の判断が社外取締役の意見と異なる場合には、その意見

⑦　特定引受人に対する募集株式の割当てまたは特定引受人との間の205条1項の総数引受契約の締結に関する監査役、監査等委員会または監査委員会の意見

(イ)　株主総会決議

総株主（206条の2に基づく株主総会で議決権を行使することができない株主を除く）の議決権の10分の1（これを下回る割合を定款で定めることも可能）以上の議決権を有する株主が、上記の通知の日または公告の日から2週間以内に、特定引受人（その子会社等を含む）による募集株式の引受けに反対する旨を会社に対して通知したときは、発行会社は、払込期日（または払込期間の初日）の前日までに、株主総会の普通決議によって、当該特定引受人に対する募集株式の割当て（または当該特定引受人との間の205条1項の総数引受契約）の承認を受けなければならない（206条の2第4項本文）。

(ウ)　株主総会が不要な場合

ただし、発行会社の財産の状況が著しく悪化している場合において、会社の事業の継続のため緊急の必要があるときは、株主総会を開催する時間的余裕がないと考えられるため、上記(イ)の株主総会による承認は不要である（206条の2第4項ただし書）。

(4)　**株主総会決議の要件**

上記(イ)の株主総会決議は普通決議であり、原則として、議決権を行使することができる株主の議決権の過半数を有する株主が出席し（定足数）、その出席株主の議決権の過半数で決定する（決議要件）ことになる。

このうち、定足数については、定款による引下げが可能であるが、議決権

153

第3章　第3節　募集株式の発行等

を行使することができる株主の議決権の3分の1の割合以上でなければならない。他方、決議要件については、定款で引き上げることが認められている（206条の2第5項）。

---

⚜ *One point advice*　**新株発行等無効の訴えのリスク**　────

　公開会社における支配株主の異動を生じる募集株式の発行等を行う場合、株主から10％以上の反対を受けると、特定引受人に対する募集株式の割当てについて株主総会決議を経る必要が生じるため、取締役会決議で行うよりも資金調達の時期が遅れる結果となる。

　確かに、「事業の継続のために緊急の必要がある」ときは、株主から10％以上の反対を受けたとしても、株主総会決議は必要ないが、後から、新株発行等の無効の訴えの対象となるリスクが伴うため、株主から10％以上の反対を受ける見込みがある場合は、あらかじめ、株主総会の開催を前提としてスケジュールを組み、資金調達のタイミングをコントロールすることが重要である。

---

## 7　出資の履行

### (1)　出資の履行

　募集株式の引受人は、払込期日または払込期間内に、払込取扱場所への払込金額全額の払込み、またはそれに相当する現物出資財産の給付をしなければならない（208条1項・2項）。これがなされないと、引受人は株主となる権利を失う（同条5項）。この払込みの証明は、残高証明等の方法で足りる。

　引受人は、出資の履行債務と株式会社に対する債権とを相殺することができない（208条3項）。ただし、会社側からの相殺は許容される。

### (2)　株主となる時期

　募集株式の引受人は、払込期日を定めた場合には払込期日に、払込期間を定めた場合には出資の履行日に、株主となる（209条）。払込金額の支払いと株式の交付は同時履行の関係に立つことになる。

154

もっとも、後述するとおり、出資の履行が仮装された場合については、募集株式の引受人は、会社法213条の2第1項または213条の3第1項の規定による支払い等がなされて仮装状態が解消された後でなければ、株主の権利を行使することはできないとされている（209条2項）。

なお、新株発行の場合には、発行済株式総数に変動が生じ、かつ、資本金額が増加することになるので、変更登記を要する（911条3項5号・9号）。

### (3) 現物出資の規制（検査役の調査を要する場合）

募集株式の発行等についても、金銭以外の財産を出資の目的とすること（現物出資）ができるが、授権資本制度の趣旨から、設立時のような定款の定めは要求されていない。

しかし、現物出資財産の価額を調査させるため、設立時と同じく、原則として検査役の調査が要求される（207条1項）。

検査役は、裁判所によって選任され、調査結果を裁判所に書面等にて報告するとともに、株式会社に対してもその情報を提供する（207条2項～6項）。裁判所が、当該調査結果により現物出資財産の価額を不当と認めたときは、これを変更する決定を行う（同条7項）。

ただし、会社成立後の資金調達を円滑に行えるよう、一定の場合には検査役の調査が不要とされており、会社法では当該事由を次のとおり定めている（207条9項1号～5号。下記①⑤は設立時にはないものである）。

① 現物出資者全員への割当株式総数が、募集株式発行前の発行済株式総数の10％を超えない場合

② 現物出資財産の募集事項で定めた価額の総額が500万円を超えない場合

③ 市場価格のある有価証券について、募集事項で定めた価額がその市場価格を超えない場合

④ 現物出資財産の募集事項で定めた価額が相当であることについて弁護士・弁護士法人・公認会計士・監査法人・税理士・税理士法人（ただし、207条10号に該当する者を除く）の証明を受けた場合（不動産については不

**155**

第3章　第3節　募集株式の発行等

動産鑑定士の鑑定評価が必要）

⑤　弁済期到来済みの会社に対する金銭債権であって、募集事項で定めた
　価額が当該金銭債権に係る負債の帳簿価額（券面額）を超えない場合

ここで、上記③の「市場価格のある有価証券」とは、証券取引所における
上場株式だけでなく、グリーンシート銘柄や店頭登録株式（外国における店
頭登録を含む）が含まれる。ここでの市場価格は、募集事項において価額を
定めた日（価格決定日）における取引市場の最終価額を原則とする（施規43
条）。

また、⑤の結果、デットエクイティスワップ（DES）を円滑に行うことが
できるようになっている。

### ✤ *One point advice* 　デットエクイティスワップとは ─────

募集株式を発行する会社に対する金銭債権を現物出資し、株式を取得す
ることをデットエクイティスワップという。すなわち債務の株式化である。

発行会社のほうには、業績が悪化し倒産の危機に瀕した場合の会社の再
建を図る目的等のために、借入金を資本金に振り替えることで、キャッシ
ュアウトなしに負債を減らせるというメリットがある。他方、金銭債権を
有する金融機関等の債権者からみれば、金銭債権が回収順位の低い株式に
振り替わることになるが、不良債権の処理が必要な局面で会社の倒産によ
り貸倒れになるよりは株式を取得し会社の再生を図ったほうがより妥当で
あるとの判断に基づき、デットエクイティスワップを用いることが多い。

手続的には、他の種類の財産を出資の目的とする現物出資と異なるとこ
ろはないが、金銭債権の評価については、それを券面額とするか実質額と
するかで検査役の負担が大きく異なることから争いがある。実務上は、出
資により券面額の負債が減少する点から券面額で評価する処理をとってい
る。

券面額評価を行う場合の会計処理は、〔図表3-8〕のようになる（企業
会計基準委員会実務対応報告第6号による）。

また、金銭債権の評価を券面額とするか実際の価値とするかは、株式を
取得する債権者に発行する株式の数を決定する基準となる。そのため、券
面額と実際の価値の差が大きく、券面額による評価に基づくと、発行され

156

Ⅱ 募集株式の発行等の手続

る株式数が多くなり、有利発行の問題が生じる可能性がある。
　この場合、非公開会社であれば、募集事項の決定について株主総会の特別決議を経ることになるが（199条2項・3項、201条1項、309条2項5号）、デットエクイティスワップを行うときは、種類株式を使うことが多く、種類株式発行会社ではない場合、種類株式発行会社になるための定款変更について、いずれにせよ、株主総会の特別決議を経る必要がある（108条2項、309条2項11号）。

〔図表3-8〕　券面評価を行う場合の会計処理

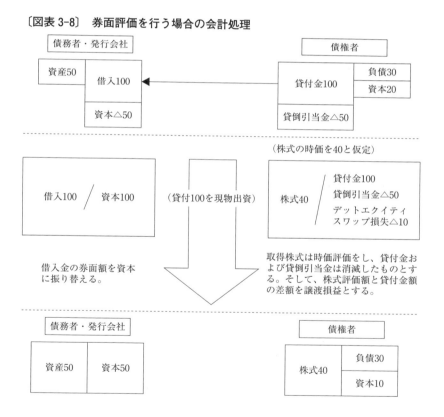

## Ⅲ 募集株式の発行等に係る責任

### 1 払込金額が著しく不公正な場合の責任

　募集株式の引受人が、取締役（指名委員会等設置会社では取締役または執行役）と相通じて著しく不公正な払込金額で募集株式を引き受けた場合には、公正な株式価値に相当する金額の払込みをした他の既存株主の利益を損なうことになるため、当該払込金額と募集株式の公正な価額との差額相当額を株式会社に対して支払う義務を負う（212条1項1号）。当該責任は株主代表訴訟の対象となる（847条）。

　ここで、旧商法下の判例においては、会社法212条1項1号の「著しく不公正な払込額」に相当する「著しく不公正な発行価額」の解釈について、上場株式に関しては、原則として払込価額を時価とすべきとしつつ、資本調達の目的を達成する見地から、払込価額を時価より引き下げる要請があることを全く無視することはできないとして、公正な発行価額（払込価額）は、発行価額（払込価額）の決定前の当該会社の株式価額、株価の騰落習性、売買出来高の実績、会社の資産状態、収益状態、配当状況、発行済株式数、新たに発行される株式数、株式市場の動向、これから予測される新株の消化可能性等の諸事情を総合し、既存株主の利益と会社が有利に資本調達を実現するという利益との調和の中に求められるべきものとしている。そのうえで、時価に対して発行価額（払込価額）を10％の減額修正をした事案について、「著しく不公正な発行価額」に該当しないと判断した例がある（最判昭和50・4・8民集29巻4号350頁）。

　また、企業提携の見込みを反映してすでに株価が高騰している中で、その影響を受けない時期における株価を前提とした払込価額による新株発行がなされた事案について、当該価額がその企業の客観的価値を基準として適正に定められている限り、不公正な発行価額とはいえないと判断した例もある

（東京高判昭和48・7・27判時715号100頁）。

## 2　現物出資財産の価額が著しく不足する場合の責任

### (1)　現物出資者の責任

現物出資者の実際に給付した現物出資財産の価額が、「募集事項で定めた価額に著しく不足する場合」には、当該出資者は不足額を株式会社に対して支払う義務を負う（212条1項2号）。当該責任も株主代表訴訟の対象となる（847条）。

当該責任には、下記(2)の取締役の不足額てん補責任のように、注意義務を尽くした場合には免責されるという規定はおかれておらず、無過失責任と解される。

もっとも、無過失責任をそのまま維持すると、現物出資者にとって過酷な責任を負わせることになりかねないため、募集株式の引受人（現物出資者）が、現物出資財産の価額が募集事項に定められた価額に著しく不足することにつき善意かつ重過失がない場合には、引受人は、引受申込みまたは総数引受契約を取り消すことができる（212条2項）。

### (2)　取締役等の責任

現物出資者の給付した現物出資財産の価額が募集事項で定めた価額に著しく不足する場合、現物出資財産の価額決定に関与した取締役・執行役、あるいは価額が相当であるとの証明をした弁護士等は、不足額を株式会社に対して、現物出資者と連帯して支払う義務を負う（213条、施規44条～46条）。

当該責任は過失責任であり、取締役等が注意を尽くしたことを証明した場合や検査役の調査を経た場合には免責される（213条2項2号・3項）。

## 3　出資の履行を仮装した場合の責任等

### (1)　募集株式の引受人の責任

募集株式の引受人が募集株式に係る金銭の払込みまたは現物出資財産の給付を仮装した場合には、会社に対して、払込みを仮装した払込金額の全額の

159

支払いまたは給付を仮装した現物出資財産の給付（会社が給付に代えて現物出資財産の価額に相当する金銭の支払いを請求した場合は、その金銭の全額の支払い）をする義務を負う（213条の2第1項）。

この責任は、無過失責任と解され、総株主の同意がなければ免除できない（213条の2第2項）。また、株主代表訴訟の対象となっている（847条1項）。

### (2) 取締役等の責任

募集株式の発行等に際して出資の履行を仮装することに関与した取締役・執行役として法務省令で定める者も、上記(1)と同様の責任を負う。

なお、出資の履行を仮装した取締役等自身については、上記(1)と同様無過失責任であるが、その他の取締役等が職務を行うについて注意を怠らなかったことを立証した場合には、この責任を免れる（213条の3第1項）。

また、募集株式の引受人と取締役等の責任は連帯責任となる（213条の3第2項）。

### (3) 仮装払込みが行われた場合の募集株式の効力等

募集株式の発行等に際して出資の履行が仮装された場合、募集株式の引受人等に上記の責任が認められる結果、募集株式の発行等自体は有効と解することになる。

もっとも、有効な払込みがないまま、上記責任を負うとはいえ、引受人等に株主としての権利を与えることは妥当ではないので、募集株式の引受人または取締役等の責任の履行がされた後でなければ、募集株式の引受人は、出資の履行が仮装された募集株式について株主の権利を行使することができない（209条2項）。

これに対し、この募集株式が譲渡されたような場合は、取引の安全の観点から、譲受人が悪意または重過失があるときを除いて、その募集株式についての株主の権利を行使することができるとされている（209条3項）。

# Ⅳ　募集株式の発行等を争う手続

　新株の発行および自己株式の処分の効力を争う方法として、募集株式の発行等の効力が発生する前については、①募集株式の発行等の差止め（210条）、効力発生後については、②無効の訴え（828条1項2号・3号）、および③不存在確認の訴えが認められる（829条1号・2号）。これは、募集株式の発行等に瑕疵ある場合、その効力発生前なら広く差止めを認めても問題がないが、いったん募集株式の発行等の効力が発生すると、事情を知らずにその株式を取得する者等利害関係者が多数生じることになり、株式に関する取引の安全

〔図表3-9〕　募集株式の発行等に関する訴え

| | 事　前 | 事　後 | |
| --- | --- | --- | --- |
| | 差止請求 | 無効の訴え | 不存在確認の訴え |
| 根　　拠 | 210条 | 828条1項2号・3号　2項2号・3号　834条2号・3号等 | 829条1号・2号　834条13号・14号等 |
| 提訴権者 | 株　　主 | 株主、取締役、監査役、執行役または清算人 | 制限なし（確認の利益を有する者） |
| 相手方 | 発行会社 | | |
| 提訴期間 | 新株発行前 | 株式発行の効力発生日から1年以内（公開会社にあっては6カ月以内） | 制限なし |
| 提訴原因 | ①法令または定款に違反する場合　②著しく不公正な方法により行われる場合 | 株式の発行等の無効（具体的内容は解釈による） | 株式の発行等の不存在（具体的内容は解釈による） |
| 判決の効力 | 違反は無効原因（※） | 将来効　対世効 | 遡及効　対世効 |

※　最判平成5・12・16民集47巻10号5423頁参照。

を図る要請も高くなるので、その効力を否定する手続を厳格にしたものである。

これら3種の訴えの異同は〔図表3-9〕のとおりである。

## 1　差止請求

### (1)　差止事由

新株発行または自己株式の処分が、「法令・定款に違反」し、または「著しく不公正な方法により行われる」ことにより、株主が不利益を受けるおそれがあるときは、株主は、株式会社に対し、新株発行または自己株式の処分をやめることを請求することができる（210条）。

ここで、差止請求が認められる場合を検討すると、

① 法令・定款違反としては、公開会社が株主総会の特別決議を経ずに第三者に対する有利発行を行う場合や、検査役の調査を受けずに現物出資による募集株式の発行等をする場合、定款で発行を予定する株式数や種類を逸脱した新株の発行などがあげられる。

② 著しく不公正な方法による発行は、一般に不当な目的を達成する手段として募集株式の発行等がなされる場合をいい、たとえば、資金調達の必要がないのに特定の者に多数の新株を割り当てる場合、特に、敵対的買収者が現れた場合に、支配権の維持・争奪等を主たる目的として行う株式の発行などがあげられる。このような場合は、第三者割当てにおいて、たとえ払込価額が公正であり有利発行にならない場合であっても著しく不公正な発行として差止めの対象となり得る。

### (2)　いわゆる主要目的ルール

#### (ア)　著しく不公正な方法による発行

募集株式の発行が著しく不公正な方法にあたるかどうか、については、従前、上場会社が第三者から株式の買占め等を受け、大量の第三者割当てをした事例で問題にされ、一般に「主要目的ルール」とよばれる理論が、判例上形成されている。

162

判例は、原則として、従来の株主の持株比率に重大な影響を及ぼすような数の新株が発行され、第三者に割り当てられる場合、その新株発行が特定の株主の持株比率の低下と現経営者の支配権の維持を主要な目的とするときは、一般に、著しく不公正な方法による発行にあたると解している。

さらに、判例においては、主要な目的は上記と異なっていても、募集株式の発行において特定の株主の持株比率が著しく低下することを認識しつつ新株の発行がされたときは、これを正当化させるだけの合理的理由がない限り、著しく不公正な方法による発行にあたるとして募集株式の発行差止めの仮処分を認めたものがあり（東京地決平成元・7・25判時1317号28頁）、当初の「主要目的ルール」の対象は拡張されているとも解される。

これに対し、会社に具体的な資金調達の必要性があり、その調達方法として第三者割当てを行った場合については、判例上も、著しく不公正な方法による募集株式の発行とはいえないとされている（東京高決平成16・8・4金判1201号4頁）。

〔イ〕 現経営陣の支配権維持

その後、この「主要目的ルール」は、支配権についての争いがある状況において取締役会決議で行われる募集株式の発行は、原則として現経営陣の支配権維持を主要目的とするものと推認されるという理論に発展したと解されているが（買収対抗策としての新株予約権の発行を差し止めた東京高決平成17・3・23判時1899号56頁参照）、現在も「著しく不公正な方法による発行」に該当するか否かで争いが続いている。

なお、その後の判例の状況に基づくと（東京高決平成24・7・12金判1400号52頁、仙台地決平成26・3・26金判1441号57頁など）、「主要目的ルール」として、会社において経営支配権に関する争いがある場合に、株主総会の議決権行使の基準日後、総会前に募集株式の発行が行われ、会社が総会でその新株発行の割当て先に議決権行使を認めた（124条4項本文参照）ときには、現経営陣の支配権の維持を主要目的とする募集株式の発行と推認するという運用がなされていると解されるとの見解もある。[6]

### (3) 差止手続

差止請求は、会社の本店所在地の地方裁判所に差止めの訴えを提起することによって行うことはできるが、現実に株式の発行等がなされてしまうと差止めができなくなってしまうため、実務上は、その訴えを本案として、募集株式の発行等の差止めの仮処分を求めることが通常である（民保23条2項）。

---

**✤ *One point advice* 株式分割、株式無償割当て等の差止め** ───

　株式分割、株式・新株予約権無償割当てには、差止めに関する規定がおかれていない。これらは、株主の持株比率に応じて株式の割当てがなされるため、株主の利益を特段害することがないとの理由による（株式分割について、東京地決平成17・7・29判時1909号87頁参照）。

　ところが、株式公開買付け期間中に支配権の維持を目的として、対象株式の分割等が行われると、買収者が害される可能性がある。

　このように、株式分割や株式・新株予約権無償割当てについても、差止めを認めるべき場合があり、募集株式の発行等の差止請求の準用や取締役の違法行為の差止請求の応用などにより対処すべきとする見解が有力に唱えられている。

---

## 2　募集株式の発行等の無効の訴え

### (1) 無効の訴えの制度

募集株式の発行等の無効は、訴えをもってのみ主張することができる（828条1項2号・3号）。

ここで、募集株式の発行等の無効が認められる事由（無効原因）は法定されておらず解釈に委ねられるが、すでに株式が発行され、多くの利害関係人が生じる可能性があることから、取引の安全を重視して限定的に解されている。

たとえば、取締役会を経ないでなされた募集株式の発行等や株主総会の特

---

6　神田秀樹『会社法〔第16版〕』157頁。

別決議を経ていない有利発行なども無効にはならないと解されている。

　もっとも、これに対して、募集株式の発行等に瑕疵があるものの、一般的な無効原因に該当しないと解される場合であったとしても、引受人の下に株式がとどまっている場合のように取引の安全を考慮する必要がない場合には無効とする見解も有力である。

　法的安定性を重視する観点から、募集株式の発行等の無効の訴えは、提訴権者は、株主、取締役、監査役、執行役等に限られ、被告を会社として（834条2号・3号）、提訴期間が募集株式の発行等の効力が発生してから6カ月間（非公開会社の場合は1年）に限定される（828条1項2号・3号、2項2号・3号）。また、無効判決がなされる場合、その効力は将来に向かって生じ（839条）、第三者に対しても効力を生じる（838条）。

　無効判決が確定した場合、会社は、無効判決確定時における当該株式に係る株主に対し、払込みを受けた金額または給付を受けた財産の給付時における価額に相当する金銭を支払わなければならない（840条1項、841条1項）。

　ただし、判決確定時の会社財産の状況に照らして著しく不相当な結果となる場合には、裁判所は、会社または株主の申立てにより金額の増減を命じることができる（840条2項以下、841条2項）。

### (2) 無効原因

　判例上、「無効原因」と認められた募集株式の発行等としては、①授権株式数を超過して株式が発行された場合、②発行通知・公告を欠いた場合（ただし、通知・公告がなされたとすれば他に差止事由がなかったという場合は無効原因にならないと解されている（最判平成9・1・28民集51巻1号71頁）、③新株発行差止めの仮処分命令に違反した場合（最判平成5・12・16民集47巻10号5423頁））などがあげられる。

　これに対し、無効原因が認められなかったものとして、取締役会を経ないでなされた募集株式の発行等（最判平成6・7・14判時1512号178頁）や株主総会の特別決議を経ていない有利発行（最判昭和46・7・16判時641号97頁）などがあげられる。

第3章 第3節 募集株式の発行等

## 3 不存在確認の訴え

募集株式の発行等が存在しないことの確認を、訴えをもって請求することができる（829条1号・2号）。

募集株式発行等の不存在確認の訴えは、募集株式の発行等の実体がないのに変更登記がなされているなど、「無効原因」が認められる場合よりも瑕疵の程度が著しいと解される場合に認められる。

この訴えは、発行会社を被告とすべきこと以外に特段の制限はなく、出訴期間に制限はなく、不存在確認の判決の効力についても、遡及的無効となり、第三者に対しても効力を生ずる（対世効）と解されている。

# Ⅴ 金融商品取引法上の規制

## 1 規制を受ける場合の発行手続

金融商品取引法の規制を受ける場合の発行手続の流れは、〔図表3-10〕のとおりである。

### (1) 有価証券届出書の届出

金融商品取引法では、有価証券の募集または売出しは、原則として、発行者が当該募集または売出しに関し有価証券届出書の届出をしているものでなければすることはできない（金商4条1項、5条）としている。

ただし、新株の発行が有価証券の募集に該当する場合であっても、例外として、発行価額1億円未満で内閣府令で定める場合等には届出を免除できる（金商4条1項ただし書）。

払込期日または払込期間の初日の2週間前までに、有価証券届出書等を提出している場合には、会社法上の株主への募集事項の公示は免除される（201条5項、施規40条）。

166

〔図表 3-10〕 公募増資（金融商品取引法の適用がある場合）の手続

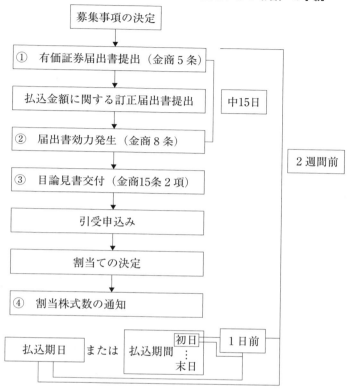

(2) **有価証券届出書の届出の効力**

　発行者、証券会社等は、有価証券届出書の届出を必要とする場合には、有価証券届出書の届出が効力を生じた後でなければ、有価証券の取得や売付けをしてはならないとされている（金商15条1項）。

　届出の効力は、原則として、届出書が受理されてから15日を経過した日である（金商8条）。

　もっとも、有価証券届出書の内容が公衆に容易に理解されると認められる場合、または、届出者の企業情報がすでに公衆に広範に提供されていると認

第3章 第3節 募集株式の発行等

められる場合は、内閣総理大臣は、15日に満たない期間を指定し、または、直ちにもしくは受理の翌日に効力を生ずる旨を通知できるとされている（金商8条）。

実務上は、この規定を使って、有価証券届出書の発行価格を未定にして提出を行っておき、その後、募集開始日に近い日に価格を決め、その段階で訂正届出書を提出し、効力発生期間短縮の適用を受けるのが通常である。

### (3) 目論見書

有価証券の募集または売出しについて、有価証券届出書の提出を要求される発行者は、当該募集または売出しに際して目論見書を作成しなければならず（金商13条1項）、発行者、証券会社等は、有価証券を取得させ、売り付ける際、目論見書をあらかじめ、または同時に交付しなければならない（同法15条2項）。目論見書の記載内容は、有価証券届出書とほぼ同じである。

会社が引受申込希望者に目論見書を交付している場合には、会社法上要求される引受申込希望者への通知は免除される（203条4項、施規42条）。

## 2 発行登録制度

発行登録制度とは、すでに有価証券報告書を提出している大規模な会社が、一定期間内に発行を予定する有価証券の発行予定額、種類等をあらかじめ登録書という形で開示しておくことで、発行ごとの有価証券届出書の提出を省略できるという制度である。

下記の①〜③の要件を満たす者が発行登録制度を利用できる（株式の場合。金商23条の3、5条4項）。

① 1年以上継続して有価証券報告書を提出していること（企業開示9条の4第2項・3項）

② 上場または店頭登録株式を発行していること（企業開示9条の4第5項）

③ ⓐ発行済株式の年平均売買金額および時価総額が100億円以上であること、ⓑ最近3年間の発行済株式の平均時価総額が250億円以上である

168

こと等の一定の要件を満たすとき（企業開示9条の4第5項第1号）

　発行登録制度を利用する場合は、あらかじめ発行登録書を提出しておけば、各個の発行にあたっては、発行登録追補書類を提出することで直ちに有価証券を取得させ、または売り付けることが認められる（金商23条の8第1項）。ただし、株主割当ての場合は、時価で発行する場合を除いて、10日前までに発行登録追補書類を提出しなければならない（金商23条の8第3項、企業開示14条の10、3条2号）。

　規模の大きい公開会社の場合には、この制度を利用することで新株発行の手続を簡易・迅速に行うことができる。

## 第4節　新株予約権

### Ⅰ　新株予約権の内容

#### 1　意　義

　新株予約権とは、新株予約権者が、あらかじめ定められた行使期間内（236条1項4号）に、あらかじめ定められた権利行使価額（同項2号・3号）を株式会社に対して払い込む方法により、新株予約権を行使することで、その株式会社の株式の交付を受けることができる権利をいう（2条21号）。株式会社は、新株予約権の行使に際し、新株だけでなく自己株式を交付してもよい。

　新株予約権者は、新株予約権の行使により当然に株主となる（282条。形成権）点で、新株予約権は潜在的に株式の性格（実務上は潜在株式と呼称されることもある）を有しているが、一方で、新株予約権者は、株式の時価が権利行使価額を上回っている場合、または、権利行使期間内に株式の時価が権利行使価額を上回る期待が存在する場合、新株予約権の保有により何らかの経済的利益を得ているといえ、新株予約権はそれ自体が財産的価値を有してい

る。

## 2 新株予約権の金銭的評価

新株予約権の財産的価値に着目した場合、新株予約権は株式を原資産とする一種のコール・オプション[7]であるといえる。

コール・オプションの金銭的価値は、①権利行使価額、②交付される株式の時価、③当該株式のボラティリティー（株価変動の標準偏差）、④行使期間、⑤金利を要素として算出され、いくつかのオプション価格評価モデルにより算定され得る。コール・オプションの金銭的価値は一義的に決まるものではないが、合理的な価格評価モデルを用いることによって、ある幅をもった合理的な評価額を観念することができる[8]。

コール・オプションとしての新株予約権の価額については、新株予約権の発行時に有利発行か否かが論点となるほか、新株予約権付社債等の金融商品の金銭的評価の際に問題となるが、この点については後述する（Ⅳ2）。

## 3 新株予約権の実務上の用途

新株予約権の実務上の用途としては、取締役等に対し職務執行の対価（ストック・オプション）、新株予約権付社債、資金調達手段としての利用（エクイティ・コミットメントライン、MSワラント、新株予約権付ローン、ライツ・オファリングなど）、敵対的企業買収に対する防衛策（いわゆるポイズン・ピル）などがあるが、それぞれについて後述する（後記Ⅳ）。

---

7 コール・オプションとは、その保有者にあらかじめ決められた満期日、あるいはそれ以前に特定の行使価格で株式を買う権利を与えるものである（リチャード・A・ブリーリーほか（藤井眞理子＝國枝繁樹訳）『コーポレートファイナンス〔第10版〕（下）』6頁）。
8 江頭憲治郎『株式会社法〔第6版〕』780頁、ブリーリーほか・前掲書（注7）21頁。

## Ⅱ　新株予約権の発行および行使

## 1　新株予約権の内容

### (1)　法定の内容

　新株予約権を発行するときは、次の新株予約権の内容を定めなければならない（236条1項）。

〔新株予約権の内容〕
① 　当該新株予約権の目的となる株式の数（種類株式発行会社では株式の種類および種類ごとの数）またはその数の算定方法
② 　当該新株予約権の行使に際して出資される財産の価額（権利行使価額）またはその算定方法
③ 　金銭以外の財産を当該新株予約権の行使に際してする出資の目的とするときは、その旨並びに当該財産の内容および価額
④ 　当該新株予約権を行使することができる期間
⑤ 　当該新株予約権の行使により株式を発行する場合における増加する資本金および資本準備金に関する事項
⑥ 　譲渡による当該新株予約権の取得について当該株式会社の承認を要することとするときは、その旨（新株予約権の譲渡制限）
⑦ 　当該新株予約権について、当該株式会社が一定の事由が生じたことを条件としてこれを取得することができることとするとき（取得条項付新株予約権）は、次に掲げる事項
　ⓐ 　一定の事由が生じた日に当該株式会社がその新株予約権を取得する旨およびその事由
　ⓑ 　当該株式会社が別に定める日が到来することをもってⓐの事由とするときはその旨

ⓒ　ⓐの事由が生じた日にⓐの新株予約権の一部を取得することとするときは、その旨および取得する新株予約権の一部の決定方法

ⓓ　ⓐの新株予約権を取得するのと引換えに当該新株予約権の新株予約権者に対して当該株式会社の株式を交付するときは、当該株式の数（種類株式発行会社にあっては、株式の種類および種類ごとの数）またはその算定方法

ⓔ　ⓐの新株予約権を取得するのと引換えに当該新株予約権の新株予約権者に対して当該株式会社の社債（新株予約権付社債についてのものを除く）を交付するときは、当該社債の種類および種類ごとの各社債の金額の合計額またはその算定方法

ⓕ　ⓐの新株予約権を取得するのと引換えに当該新株予約権の新株予約権者に対して当該株式会社の他の新株予約権（新株予約権付社債に付されたものを除く）を交付するときは、当該他の新株予約権の内容および数またはその算定方法

ⓖ　ⓐの新株予約権を取得するのと引換えに当該新株予約権の新株予約権者に対して当該株式会社の新株予約権付社債を交付するときは、当該新株予約権付社債についてのⓔの事項および当該新株予約権付社債に付された新株予約権についてのⓕの事項

ⓗ　ⓐの新株予約権を取得するのと引換えに当該新株予約権の新株予約権者に対して当該株式会社の株式等以外の財産を交付するときは、当該財産の内容および数もしくは額またはこれらの算定方法

⑧　当該株式会社が、次のⓐからⓔまでに掲げる行為をする場合において、当該新株予約権の新株予約権者に当該ⓐからⓔまでに定める株式会社の新株予約権を交付することとするときは、その旨およびその条件

ⓐ　合併（合併により当該株式会社が消滅する場合に限る）
　　合併後に存続する株式会社または合併により設立する株式会社

ⓑ　吸収分割

吸収分割をする株式会社がその事業に関して有する権利義務の全部または一部を承継する株式会社

ⓒ 新設分割

新設分割により設立する株式会社

ⓓ 株式交換

株式交換をする株式会社の発行済株式の全部を取得する株式会社

ⓔ 株式移転

株式移転により設立する株式会社

⑨ 新株予約権を行使した新株予約権者に交付する株式の数に1株に満たない端数がある場合において、これを切り捨てるものとするときは、その旨

⑩ 当該新株予約権（新株予約権付社債に付されたものを除く）に係る新株予約権証券を発行することとするときは、その旨

⑪ ⑩に規定する新株予約権証券を発行することとする場合において、新株予約権者が会社法290条に定める記名式新株予約権証券と無記名式新株予約権証券との間の転換請求の全部または一部をすることができないこととするときは、その旨

### (2) 希薄化防止条項

新株予約権の目的となる株式の数および権利行使価額については、株式分割等の原因で、当該新株予約権が発行された時点の発行済株式総数と相違が生じた場合の、当該新株予約権者の不利益を回避する目的で、希薄化防止条項が定められるのが通常である。

### (3) 権利行使価額の修正条項

新株予約権の目的となる株式の、発行後の株価の変動に応じて、権利行使価額を上方・下方修正する旨を定める場合がある。

かかる修正条項において留意すべき法的論点としては、特に下方修正条項が付されている場合に、当該下方修正条項付新株予約権の発行が、「特に有

利な払込み金額」による発行に該当するか否か（238条3項2号）につき検討
が必要となる。また、権利行使価額の下方修正に伴い新株予約権の目的とな
る株式の数が増大する可能性があり、その際には、113条4項の新株予約権
の目的となる株式の数に対する授権枠規制に抵触するか否かを確認する必要
がある。[9]

### (4) 行使条件

以上のほか、新株予約権の行使について条件を付すことも可能であり、そ
の条件は新株予約権の内容となる。敵対的企業買収に対する防衛策（いわゆ
るポイズン・ピル）などは、新株予約権の行使条件に差を設けたものである
（差別的行使条件）。

### (5) 登 記

新株予約権のうち、以下の事項は登記事項となる（911条3項12号）。

①　新株予約権の数

②　新株予約権の内容のうち当該新株予約権の目的となる株式の数（種類
　　株式発行会社では株式の種類および種類ごとの数）またはその数の算定方法

③　権利行使価額

④　金銭以外の財産を当該新株予約権の行使に際してする出資の目的とす
　　るときは、その旨並びに当該財産の内容および価額

⑤　当該新株予約権を行使することができる期間

⑥　新株予約権の行使の条件を定めたときは、その条件

⑦　取得条項付新株予約権に関する事項

⑧　募集新株予約権と引換えに金銭の払込みを要しないこととする場合に
　　はその旨

⑨　募集新株予約権の払込金額（募集新株予約権1個と引換えに払い込む金
　　銭の額）またはその計算方法

---

9　権利行使価額の上方・下方修正は、特にMSCB（修正条項付転換社債型新株予約権付社債）
　等の場合において、株価の変動に伴い権利行使価額の修正が頻繁に行われることから問題とな
　る。詳細については後記Ⅳ1(3)、2(2)参照。

Ⅱ　新株予約権の発行および行使

## 2　募集新株予約権の発行

### (1)　発行手続の概要

　新株予約権の発行方法および手続は、「募集」の概念、募集・割当ての決定機関など、募集株式の発行等とほぼ同様の整理がなされている。

　ただし、自己新株予約権の処分は、募集株式の発行等とは異なり、募集新株予約権の発行と同じ規律に服させることはせず、自由に行うことができる。

　また、新株予約権も、金融商品取引法上の有価証券またはみなし有価証券に該当するため（金商2条1項5号・9号・2項）、募集株式の発行等における募集規制と同様の募集規制に服する。

　募集新株予約権の発行手続の概要は〔図表3-11〕のとおりである。

　また、新株予約権の発行形態としては、次のものがある。

---

〔新株予約権の発行形態〕

①　募集による発行

②　新株予約権無償割当て

③　取得請求権付種類株式の取得の対価としての発行

④　取得条項付株式の取得の対価としての発行

⑤　全部取得条項付種類株式の取得の対価としての発行

⑥　持分会社から株式会社への組織変更の際の社員に対しての発行

⑦　合併、会社分割、株式交換または株式移転の際に株主・社員・新株予約権者に対しての発行

---

### (2)　新株予約権の第三者割当て・公募

#### (ア)　募集事項の決定

　会社が、新株予約権の引受人を募集するときは、そのつど、次の募集事項の決定を行わなければならない（238条1項）。この募集事項は、募集ごとに均等に定める必要がある（同条5項）。

*175*

第3章　第4節　新株予約権

〔図表3-11〕　募集新株予約権の発行手続

① 募集事項等の決定（238条、240条、241条）

② 募集事項等の公示(240条2項)

③ 引受申込希望者への通知(242条1項)

④ 引受申込み(242条2項)

⑤ 割当ての決定(243条1項、2項)

⑥ 割当ての通知(243条3項)

⑦ 募集新株予約権の割当て

〔募集事項の内容〕
① 募集新株予約権の内容および数
② 無償発行の場合には、その旨
③ 有償発行の場合には、払込金額（募集新株予約権1個と引換えに払い込む金銭の額）またはその算定方法
④ 割当日
⑤ 払込みの期日を定めるときは、その日
⑥ 新株予約権が新株予約権付社債に付されたものであるときには、社債に関する会社法676条に規定する事項（募集社債の発行事項）
⑦ 上記⑥の場合において、会社法上新株予約権買取請求権が発生する場合で請求方法につき別段の定めをするときは、その定め

以上の募集事項の決定機関は、募集株式の場合と同様、非公開会社の場合には原則として株主総会の特別決議が（238条2項、309条2項6号）、公開会

社の場合には原則として取締役会決議が必要となる（240条1項）。

　ただし、公開会社の場合でも、第三者に対して「特に有利な条件」で発行する場合には、株主総会の特別決議が必要となる。

　「特に有利な条件」に該当するか否かは、実務上、新株予約権の発行価額が公正か否かで判断されるが、新株予約権の発行価額の公正性は、いわゆるオプション評価理論に基づき、発行時点での価額を算定し、その価額と実際の発行価額とを比較して判断される。

　ニッポン放送事件東京地裁決定でも、「新株予約権の公正な発行価額とは、現在の株価、権利行使価額、権利行使期間、金利、株価変動率等の要素をもとにオプション評価理論に基づき算出された新株予約権の発行時点における価格をいう」として、オプション評価理論に基づく価額を基準とする考え方を採用している（東京地決平成17・3・11金判1213号2頁。なお、同旨の事例として、東京地決平成18・6・30金判1247号6頁がある）。

　また、新株予約権の一種であるストック・オプションに関しては、オプション評価理論に基づいて価額を計算する方向で会計基準が整備されており、オプション評価理論に基づく価額算定を基準とする方法が、実務上定着している。

　なお、オプション評価の方法としては、ブラック＝ショールズ・モデルを用いる方法がよく知られるが、そのほか2項モデル、格子モデルなどを用いる方法もある。いずれの評価モデルを採用するにせよ、複雑な計算を要するため、実務上は算定機関に算定を依頼して行う必要がある。

　（イ）　募集事項の公示（公開会社のみ）

　公開会社が募集事項を定めた場合には、割当日の2週間前までに、株主に対して募集事項を通知または公告しなければならない（240条2項・3項）。

　ただし、上場会社等が、割当日の2週間前までに、有価証券届出書等を届出または提出している場合には株主への通知・公告が免除されることは、株式の場合と同様である（240条5項、施規53条）。

*177*

第3章　第4節　新株予約権

## (ウ)　引受申込希望者への通知

　株式会社は募集新株予約権の引受申込みをしようとする者に対し、次の事項を通知しなければならない（242条1項、施規54条）。

---

〔引受申込希望者に対する通知事項〕

① 株式会社の商号

② 募集事項

③ 有償発行の場合には払込取扱場所

④ 発行可能株式総数（種類株式発行会社にあっては、各種類の株式の発行可能種類株式総数を含む）

⑤ 株式会社（種類株式発行会社を除く）が、株式の内容について会社法107条1項各号に掲げる事項を定めているときは、当該株式の内容

⑥ 株式会社（種類株式発行会社に限る）が、会社法108条1項各号に掲げる事項につき内容の異なる株式を発行することとしているときは、各種類の株式の内容（ある種類の株式につき同条3項の定款の定めがある場合において、当該定款の定めにより株式会社が当該種類の株式の内容を定めていないときは、当該種類の株式の内容の要綱）

⑦ 単元株式数についての定款の定めがあるときは、その単元株式数（種類株式発行会社にあっては、各種類の株式の単元株式数）

⑧ 次に掲げる定款の定めがあるときは、その規定

　ⓐ 法139条1項、140条5項または145条1号もしくは2号に規定する定款の定め

　ⓑ 法164条1項に規定する定款の定め

　ⓒ 法167条3項に規定する定款の定め

　ⓓ 法168条1項または169条2項に規定する定款の定め

　ⓔ 法174条に規定する定款の定め

　ⓕ 法347条に規定する定款の定め

　ⓖ 施行規則26条1号または2号に規定する定款の定め

⑨　株主名簿管理人をおく旨の定款の定めがあるときは、その氏名または名称および住所並びに営業所

⑩　定款に定められた事項（①から⑨に掲げる事項を除く）であって、当該株式会社に対して募集新株予約権の引受けの申込みをしようとする者が当該株式会社に対して通知することを請求した事項

なお、上場会社が引受申込希望者に対して金融商品取引法上の目論見書を交付しているなど必要な情報開示がなされている場合には、重ねて通知を行う必要はない（242条4項、施規55条）。

　㋔　引受申込み

引受申込希望者は、申込者の氏名・名称および住所並びに申込新株予約権数を記載した書面等を株式会社に交付する方法により、引受申込みを行う（242条2項・3項）。

　㋕　割当ての決定

株式会社は、申込者の中から募集新株予約権の割当てを受ける者および割当新株予約権数を定める（243条1項）。

割当ての決定は、原則として取締役（取締役会設置会社は取締役会）が行う。

ただし、募集新株予約権の目的である株式の全部もしくは一部が譲渡制限株式の場合、または募集新株予約権が譲渡制限新株予約権である場合には、定款に別段の定めがある場合を除き、株主総会の特別決議（取締役会設置会社では取締役会決議）による（243条2項）。

　㋖　割当株式数の通知

株式会社は、割当日の前日までに、申込者に割当新株予約権数を通知しなければならない（243条3項）。

### (3)　新株予約権の株主割当て

　㋐　株主割当事項の決定

株式会社が株主に新株予約権の割当てを受ける権利を与える場合には、次の事項を定めなければならない（241条1項）。

〔株主割当事項〕

① 募集事項

② 株主に対し、引受申込みをすることにより当該株式会社の募集新株予約権（種類株式発行会社にあっては、その目的である株式の種類が当該株主の有する種類と同一の種類のもの）の割当てを受ける権利を与える旨

③ 募集新株予約権の引受けの申込みの期日

　株主割当事項の決定機関について、非公開会社では原則として株主総会の特別決議が必要であるが、定款で定めれば、取締役（取締役会設置会社では取締役会決議）により決定することができる。

　他方、公開会社では、取締役会決議により決定する（241条3項）。

　⑷　株主割当事項の通知

　株式会社が株主割当事項を決定した場合、株主に申込みをするか否かの判断の機会を与えるため、引受申込日の2週間前までに、株主に対し、募集事項、割当募集新株予約権の内容および数、引受申込期日を通知しなければならない（241条4項）。

　⑼　引受申込み

　株主は引受申込期日までに引受申込みをしなければならず、期日までに申込みをしない場合には、募集新株予約権の割当てを受ける権利を失う（243条4項）。

(4)　**総数引受契約**

　募集新株予約権の発行に際し、特定の第三者が契約によって、当該募集新株予約権の総数を引き受ける場合には、引受けの申込手続や割当手続は不要となるため、当該手続に関する規定は適用されない（244条1項）。

　募集新株予約権が新株予約権付社債に付されたものである場合は、当該新株予約権付社債の総額を契約により引き受けることとなる（244条2項）。上

*180*

場会社が一般投資家向けに新株予約権付社債の公募を行う際に、証券会社が当該募集新株予約権付社債の総額を自己名義で引き受けたうえで、一般投資家に販売する場合（買取引受け）等で利用される。

### (5) 新株予約権の発効と募集新株予約権に係る払込み

#### ㋐ 新株予約権者となる日

募集新株予約権の引受申込みをした者または総数引受契約により募集新株予約権の総数を引き受けた者は、払込みの有無を問わず、当該募集新株予約権の割当日に新株予約権者となる（245条1項）。募集新株予約権が新株予約権付社債に付されたものであるときには、割当日に新株予約権者となるとともに、当該新株予約権付社債についての社債の社債権者となる（同条2項）。

#### ㋑ 募集新株予約権の払込み

募集新株予約権の引受人は、募集事項で定めた期日（238条1項5号）、特に定めていない場合には新株予約権の行使期間の初日の前日（払込期日）までに、払込取扱場所への払込金額全額の払込みをしなければならない（246条1項）。

会社の同意を得た場合には、払込みに代えて、金銭以外の財産を給付することや、会社に対する債権をもって相殺することができる（246条2項）。払込みを金銭以外の財産等で行うことについて、募集事項に定めることも、検査役の調査も要求されない。

新株予約権者が、払込期日までに、募集新株予約権の払込金額の全額の払込みまたは全部の給付をしないときは、当該募集新株予約権を行使することができない（246条3項）。

## 3 新株予約権無償割当て

### (1) 意 義

新株予約権無償割当てとは、株式会社が株主または種類株主に対し、新たに払込みをさせないで、当該株主の保有株式数に応じて当該株式会社の新株予約権を無償で割り当てることをいう（277条）。新株予約権付社債に付され

*181*

た新株予約権の無償割当ても可能である。

### (2) 発行手続

　株式会社が新株予約権無償割当てをしようとするときは、定款に別段の定めがある場合を除き、株主総会の普通決議（取締役会設置会社では取締役会決議）により、次の事項を定めなければならない（278条1項・3項）[10]。

---

〔新株予約権無償割当事項〕

① 株主に割り当てる新株予約権の内容および数またはその算定方法

② ①の新株予約権が新株予約権付社債に付されたものであるときは、当該新株予約権付社債についての社債の種類および各社債の金額の合計額またはその算定方法

③ 効力発生日

④ 種類株式発行会社の場合には、当該新株予約権無償割当てを受ける株主の保有する株式の種類

---

　新株予約権無償割当てにより新株予約権の割当てを受けた株主は、効力発生日に新株予約権者となる。

　また、株式会社は、割り当てた新株予約権の行使期間の初日の2週間前までに、株主（種類株式発行会社の場合には、割当てを受ける種類の種類株主）およびその登録株式質権者に対し、当該株主が割当てを受けた新株予約権の内容および数を通知しなければならない（279条）。

### (3) 新株予約権無償割当ての活用

　新株予約権無償割当ては、上場会社等において、新株予約権無償割当ての手法を用いて、実質的に株式の割当てを受ける権利の譲渡を可能とする、い

---

10　「新株予約権無償割当ては、実質的に株主割当てによる募集株式の発行と同じ意味を持ち、全株式譲渡制限会社における株主割当てによる募集株式の発行の決定には原則として株主総会の特別決議を要することに鑑みると、制度の不整合が存在している。」との指摘がある（江頭・前掲書（注8）791頁）。

*182*

わゆる「ライツ・イシュー」や、敵対的企業買収に対する防衛策等で活用されるが、詳細については後述する（後記Ⅳ）。

## 4　新株予約権の発行を争う手続

　新株予約権の発行を争う方法についても、株式の場合と同様、①募集新株予約権の発行の差止め（247条）、②無効の訴え（828条1項4号等）、および、③不存在確認の訴え（829条3号）が認められる。いずれも基本的には株式の場合と同様の規律に服する。

　新株予約権の不正発行については、ニッポン放送事件では、一定の条件の下、新株予約権の発行に際し、主要目的ルールの適用を肯定したうえで、「株主全体の利益の保護という観点から新株予約権の発行を正当化する特段の事情がある場合には、例外的に、経営支配権の維持・確保を目的とする発行も不公正発行に該当しない」とし、その特段の事情として、買収者が、①グリーンメーラー（高値で株式を引き取らせる目的での買収）、②焦土化目的（事業資産を買収者等に移す目的での買収）、③資産流用目的（会社の資産を買収者等の債務の担保や弁済原資として利用する目的での買収）、④高配当・売抜け目的（高額資産を処分させて一時的な高配当を受け、あるいは高配当による株価急上昇の際に株を売り抜ける目的での買収）など、会社を食い物にしようとしている場合をあげている。

　新株予約権の無償割当てと株主平等の原則については、差別的な行使条件を付した新株予約権の無償割当てがなされた場合、当該新株予約権の発行が株主平等原則に反するとして会社法247条の「法令又は定款に違反する場合」に該当するか否かが争われた事案で、最決平成19・8・7民集61巻5号2215頁は、「株主平等の原則は、個々の株主の利益を保護するため、会社に対し、株主をその有する株式の内容及び数に応じて平等に取り扱うことを義務付けるものであるが、個々の株主の利益は、一般的には、会社の存立、発展なしには考えられないものであるから、特定の株主による経営支配権の取得に伴い、会社の存立、発展が阻害されるおそれが生ずるなど、会社の企業価値が

き損され、会社の利益ひいては株主の共同の利益が害されることになるような場合には、その防止のために当該株主を差別的に取り扱ったとしても、当該取扱いが衡平の理念に反し、相当性を欠くものでない限り、これを直ちに同原則の趣旨に反するものということはできない」としたうえで、「特定の株主による経営支配権の取得に伴い、会社の企業価値がき損され、会社の利益ひいては株主の共同の利益が害されることになるか否かについては、最終的には、会社の利益の帰属主体である株主自身により判断されるべきものである」としている。

上記最高裁決定は、株主の地位に実質的な変動を及ぼす場合には会社法247条の類推適用の余地を認め、差別的な行使条件を付した新株予約権の無償割当てには、株主の地位に実質的な変動を及ぼす場合であるとする原審（東京高決平成19・7・9金判1271号17頁）、原々審（東京地決平成19・6・28金判1270号12頁）の考え方を踏まえたうえで、会社法247条の要件につき実質的な判断を行ったものと解されている。

新株予約権の発行差止事由が、法令、定款違反と不公正発行であるという点は株式の場合と同様であるが、不公正発行の内容については、株式とは事情が異なると解される。

すなわち、株式の発行における不公正発行は、従来、主要な目的が資金調達目的であるか否かによって判断される傾向にあったが（いわゆる「主要目的ルール」。東京地決平成元・7・25判時1317号28頁）、新株予約権は、必ずしも資金調達目的で発行されるとは限らないため、主要目的ルールがそのままあてはまるか否かについては明確でなかった。

この点、ニッポン放送事件（東京高決平成17・3・23判時1899号56頁）では、ライブドアの買収に対する対抗手段としてニッポン放送が大量の新株予約権の発行決議を行ったことについて、「会社の経営支配権に現に争いが生じている場面において、株式の敵対的買収によって経営支配権を争う特定の株主の持株比率を低下させ、現経営者又はこれを支持し事実上の影響力を及ぼしている特定の株主の経営支配権を維持・確保することを主要な目的として新

株予約権の発行がされた場合」には、原則として、当該新株予約権の発行は不公正発行に該当するとして、新株予約権の発行に際し、主要目的ルールの適用を肯定した。

## 5 新株予約権の行使

### (1) 新株予約権の行使方法

新株予約権者が新株予約権を行使するには、①その行使に係る新株予約権の内容および数、②新株予約権の行使日を明らかにして行う（280条1項）。新株予約権証券が発行されている場合には、当該証券を株式会社に提出する必要がある（同条2項）。

### (2) 出資の履行

新株予約権者は、新株予約権の行使日に、払込取扱場所へ、新株予約権の内容として定められた払込金額全額の払込み、または現物出資財産全部の給付をしなければならない。

金銭以外の財産を新株予約権の行使に際してする出資の目的とする場合、募集株式の発行等の場合（207条）と同様、原則として検査役の調査が必要とされるが、一定の場合にはその調査が免除される（284条）。この検査役調査の適用除外規定については、新株予約権1個ごとに判定されるとするのが立法担当官の見解である[11]。

また、現物出資財産の価額が新株予約権の行使に際して出資される財産の価額に足りないときは、その差額に相当する金銭を払い込まなければならない（281条2項）。

### (3) 株主となる時期

新株予約権を行使した新株予約権者は、行使日に、当該新株予約権の目的である株式の株主となる（282条）。

---

11 相澤哲＝豊田祐子「新会社法の解説(6)新株予約権」商事1742号23頁。

## Ⅲ 新株予約権の譲渡等

### 1 新株予約権の譲渡方法

新株予約権も株式と同様に譲渡性を有する（254条1項）。

新株予約権の譲渡方法および対抗要件は、新株予約権証券を発行しているか否か、証券を発行しているとしても記名式か無記名式かによって異なる。

**(1) 証券が発行されていない場合**

新株予約権証券が発行されていない新株予約権の譲渡は、意思表示のみにより効力が生じ、新株予約権原簿への記載・記録が株式会社その他の第三者に対する対抗要件となる（257条1項）。

**(2) 証券が発行されている場合**

新株予約権証券が発行されている場合の新株予約権の譲渡は、意思表示とともに証券を交付することにより効力が生じる（255条1項本文・2項本文）。

対抗要件は、記名式証券の場合には、新株予約権原簿の記載・記録が会社に対する対抗要件となり（257条2項）、新株予約権証券の占有が第三者に対する対抗要件となる。

他方、無記名式証券の場合には、新株予約権原簿に氏名・名称および住所等は記載・記録されないので、その記載・記録は対抗要件とならず（257条

〔図表3-12〕 **新株予約権の譲渡方法**

| | | 譲渡方法 | 対抗要件 | |
|---|---|---|---|---|
| | | | 対：第三者 | 対：会社 |
| 証券不発行 | | 意思表示 | 新株予約権原簿の記載・記録 | |
| 証券発行 | 記名式 | 意思表示＋証券交付 | 証券の占有 | 新株予約権原簿の記載・記録 |
| | 無記名式 | 意思表示＋証券交付 | 証券の占有 | |

3項)、証券の占有が会社その他の第三者に対する対抗要件となる（民178条）。

## 2　新株予約権の譲渡制限と名義書換請求

新株予約権原簿への記載・記録を求める（名義書換）手続についても、基本的には株主名簿の名義書換と同様に律せられるが（259条～261条）、譲渡制限新株予約権については、譲渡制限株式とは異なり、譲渡承認をしない場合の買取請求が認められていないため、会社が譲渡を承認しない場合には名義書換をすることができない。

## 3　自己新株予約権

### ⑴　自己新株予約権の取得・保有・処分

自己新株予約権に関する一般的な規定はおかれていないが、随所に自己新株予約権に関する規定が設けられており（255条1項・2項、256条等）、会社が自己の新株予約権を取得することは認められ、原則として自由に取得・保有・処分をすることができる。

なお、自己株式の処分と異なり、自己新株予約権の処分については、募集新株予約権の発行手続による必要はない。

〔図表3-13〕　新株予約権原簿の記載・記録

| 新株予約権の発行・取得、自己新株予約権処分の場合 | 発行会社は請求を待たずに新株予約権原簿へ記載・記録しなければならない。 |
| --- | --- |
| 上記以外 | 新株予約権取得者は名義書換請求をすることができる。<br>ただし、譲渡制限新株予約権については、新株予約権取得者が次のいずれかの場合にしか名義書換請求できない。<br>①　譲渡承認を受けている場合<br>②　一般承継人である場合 |

※以上は、無記名式新株予約権・無記名式新株予約権付社債に付された新株予約権には適用なし（259条2項、260条3項）。

## (2) 取得条項付新株予約権

### (ア) 総　説

　取得条項付新株予約権とは、一定の事由が生じたときに会社が当該新株予約権を取得することができる新株予約権をいう。取得条項付新株予約権は会社法で新設された制度であり、取得条項付新株予約権付社債も認められる（236条1項7号、273条1項）。

　取得条項付新株予約権の取得の対価に制限はなく、株式、社債、他の新株予約権、新株予約権付社債、金銭その他の財産を対価とすることができる。取得の対価を当該株式会社の株式とする場合には、会社の側から強制的に新株予約権を行使させたのと同様の効果を得ることができる。

### (イ) 取得条項付新株予約権の発行

　株式会社が取得条項付新株予約権を発行する場合、新株予約権の内容として、次の事項を定めなければならない（236条1項7号）。

---

〔取得条項付新株予約権の発行事項〕

① 　取得条項のある旨および取得事由（会社が定める日でも可）

② 　一部を取得するときは、その旨および取得対象の決定方法

③ 　対価を当該会社の株式とするときは、株式数または算定方法

④ 　対価を当該会社の社債とするときは、社債の種類および種類ごとの各社債の合計額またはその算定方法

⑤ 　対価を当該会社の他の新株予約権とするときは、その新株予約権の内容および数またはその算定方法

⑥ 　対価を当該会社の新株予約権付社債とするときは、その新株予約権付社債についての④および⑤に記載する事項

⑦ 　対価を当該会社の株式等以外の財産とするときは、その財産の内容および数もしくは額またはこれらの算定方法

---

### ㈦ 取得日および一部の取得の決定・通知等

取得条項付新株予約権は、発行事項で記載のとおり、取得事由を会社が定める日の到来とする旨の定めや、取得事由の生じた日に当該新株予約権の一部のみを取得することとする旨の定めをすることができる。

取得日や一部取得の対象は、別段の定めがない限り、株主総会の普通決議（取締役会設置会社では取締役会決議）によって定め、その決定をしたときは、取得対象となる取得条項付新株予約権の新株予約権者およびその登録新株予約権質権者に対し、決定内容を通知または公告しなければならない（273条、274条）。

### ㈤ 取得条項付新株予約権の取得

原則として取得事由の発生日に、会社は取得条項付新株予約権を取得し、新株予約権者は新株予約権の内容に従って、株式、社債、他の新株予約権、新株予約権付社債等を取得する（275条1項・3項）。

この場合、会社は、遅滞なく取得対象の新株予約権者等に対し、通知・公告をしなければならない（275条4項）。

### ⑶ 自己新株予約権の行使

会社法では、自己新株予約権を行使できないことを明確にしている（280条6項）。

### ⑷ 自己新株予約権の消却

新株予約権の消却についても、株式の消却と同様、取得した自己新株予約権の消却のみを認めている。

株式会社が自己新株予約権を消却するときは、消却する自己新株予約権の内容および数を定めなければならない（276条1項）。その決定は、取締役会設置会社においては取締役会が、取締役会非設置会社においては取締役が決定する（同条2項）。

## 4 組織再編の場合の取扱い

株式会社が合併、会社分割、株式交換および株式移転という組織再編行為

〔図表 3-14〕 組織再編と新株予約権の交付

| 組織再編行為 | 交付する新株予約権 |
|---|---|
| 合併（消滅会社となる場合に限る） | 存続会社または新設会社 |
| 吸収分割 | 承継会社 |
| 新設分割 | 新設会社 |
| 株式交換 | 完全親会社となる会社 |
| 株式移転 | 新設会社 |

を行う場合、消滅会社や完全子会社となる会社で発行している新株予約権が
そのまま存続すると、完全親子会社の関係が崩れてしまうなどの不都合があ
る。

　そこで、新株予約権の発行の際、新株予約権の内容として、組織再編の場
合に、〔図表3-14〕のとおり、組織再編後の会社の新株予約権を交付する旨
およびその条件を定めることができる（236条1項8号）。

　ただし、実際の組織再編行為にあたって、新株予約権の内容と異なる取扱
いをする場合があることを前提に、新株予約権の内容に沿わない取扱いがな
される場合における新株予約権者や、新株予約権の内容に承継に関する定め
のない新株予約権であって、組織再編行為により他の会社に承継されること
となる新株予約権者は、買取請求権を行使することができる（787条1項、
808条1項）。

# Ⅳ　新株予約権の活用

　新株予約権は、将来その行使により株式を取得する権利であるから、株式
と同様に資金調達目的や業務提携の一環として利用される。その他、新株予
約権は株式取得のオプションであるという点から、ストック・オプション、
退職金の代わりとしての利用や敵対的買収に対する防衛策としても活用され
ている。

IV 新株予約権の活用

## 1 新株予約権付社債

### (1) 意 義

新株予約権付社債とは、新株予約権を付した社債であって、新株予約権と社債とを分離して譲渡・質入れができないものをいう。

値下がりのリスクのある株式に比べ、社債は一定の償還を受けるという意味でリスクは少ないが、新株予約権付社債は会社の業績が上がれば新株予約権を行使して株主として有利な地位を取得できるものであり、社債の堅実性と株式の投機性をあわせ有している。会社の資金調達の便宜および投資家のニーズのため、広く利用される。

新株予約権付社債には、社債の発行価額と新株予約権の行使に際して払い込むべき金額を同額としたうえで、新株予約権を行使するときは、必ず社債が償還され、社債の償還額が新株予約権の行使に際して払い込むべき金額の払込みにあてられるものとするもの（転換社債型）と、金銭等当該社債以外の財産を出資する形で新株予約権が行使されるもの（新株引受権付社債型）とがある。[12]

### (2) 新株予約権付社債の発行手続

会社が新株予約権付社債を発行する場合は、定款をもって株主総会がこれを決する旨を定めたときを除き、取締役会において発行の決議を行う（240条）。

株主以外の者に対して特に有利な条件をもって新株予約権を付した新株予約権付社債を発行するには、社債の数および最低発行価額につき、株主総会の特別決議を経なければならない。

また、この場合においては、取締役は、株主総会において特に有利な条件をもって新株予約権付社債を発行することを必要とする理由を開示する必要

---

12 新株引受権付社債型には、社債と新株予約権とを同時に募集し、同時に割り当てるものの、社債と新株予約権とを分離して譲渡・質入れすることができる分離型新株引受権付社債型も存在する。

がある（240条、238条）。新株予約権付社債は、潜在的には新株であり、新株の有利発行と同様に旧株主の株価の値下がりのリスクが生ずるからである。

### (3) MSCB （修正条項付転換社債型新株予約権付社債）

MSCBとは、Moving Strike Convertible Bondの略で、修正条項付転換社債型新株予約権付社債をいう。

東京証券取引所では、転換社債型新株予約権のうち、当該新株予約権の行使に際して払込みをなすべき1株あたりの額が、6カ月間に1回を超える頻度で、当該新株予約権等の行使により交付される上場株券等の価格を基準として修正が行われ得る旨の発行条件を付したものをMSCBと定義している[13]。

MSCBは、権利行使価額の修正が頻繁になされ、修正後の下限額も低く設定されていることが多いことから、MSCBの発行が「特に有利な払込み金額」による発行に該当するか否か（238条3項2号）が問題となるだけでなく、株式の希薄化や株価の下落を招き、既存株主の利益を害しているとの指摘がなされ、日本証券業協会の自主ルールの厳格化および金融商品取引所の

---

13　東京証券取引所有価証券上場規程410条（MSCB等の転換または行使の状況に関する開示）は、「上場会社は、施行規則で定める有価証券（以下「CB等」という。）であって、施行規則で定める発行条件が付されたもの（以下「MSCB等」という。）を発行している場合は、毎月初めに、前月におけるMSCB等の転換又は行使の状況を開示しなければならない」と定めている。

　東京証券取引所有価証券上場規程施行規則411条（MSCB等の定義）は、「規程第410条第1項に規定する施行規則で定める有価証券とは、上場会社が第三者割当により発行する次の各号に掲げる有価証券をいう。

(1)　新株予約権付社債券（同時に募集され、かつ、同時に割り当てられた社債券（法第2条第1項第5号に掲げる有価証券又は法第2条第1項第17号に掲げる有価証券で同項第5号に掲げる有価証券の性質を有するものをいう。）及び新株予約権証券であって、一体で売買するものとして発行されたものを含む。）

(2)　新株予約権証券

(3)　取得請求権付株券（取得請求権の行使により交付される対価が当該取得請求権付株券の発行者が発行する上場株券等であるものをいう。）

2　規程第410条第1項に規定する施行規則で定める発行条件とは、上場会社が発行するCB等に付与又は表章される新株予約権又は取得請求権（以下この条及び第436条において「新株予約権等」という。）の行使に際して払込みをなすべき1株あたりの額が、6か月間に1回を超える頻度で、当該新株予約権等の行使により交付される上場株券等の価格を基準として修正が行われ得る旨の発行条件をいう」としている。

192

規則や金融商品取引法による開示規制の厳格化がなされている。

## 2　その他の資金調達

### ⑴　エクイティ・コミットメントライン

エクイティ・コミットメントラインとは、資金調達を行おうとする会社（発行会社）が、第三者割当てにより割当先（主に証券会社）に対して新株予約権を発行し、同時に、コミットメント条項付第三者割当契約を締結することにより、発行会社の指示により割当先が新株予約権を行使することを約する（コミットする）ことで、機動的な資金調達を図る手法である。

本来、コール・オプションである新株予約権は、オプション行使の決定権は割当先にあるが、それを契約により、発行会社の指示によりオプションの行使がなされるようにしたものである。

エクイティ・コミットメントラインの新株予約権には、権利行使価額の下方修正条項が付されるのが一般であり、当該修正条項付新株予約権の発行が、「特に有利な払込み金額」による発行に該当するか否か（238条3項2号）が問題となる。

### ⑵　MSワラント（行使価額修正条項付新株予約権）

MSワラントとは、Moving Strike Price Warrant の略で行使価額修正条項付新株予約権をいう。

MSワラントでは、エクイティ・コミットメントラインと異なり、新株予約権のオプション行使の決定権を割当先に留保したまま、権利行使価額や権利行使価額の修正条項または権利行使条件などで、割当先にオプション行使のインセンティブを与える設計がなされる。

具体的には、新株予約権の目的たる株式の数を増減させる権利行使価額の修正条項により、常に新株予約権の目的たる株式の時価を下回る価額で権利行使ができるようにするなどの設計がなされる。

かかるMSワラントの性質から、MSCBと同様に、MSワラントの発行が「特に有利な払込み金額」による発行に該当するか否か（238条3項2号）が

問題となるだけでなく、権利行使価額の下方修正に伴い新株予約権の目的となる株式の数が増大する可能性があり、その際には、113条4項の新株予約権の目的となる株式の数に対する授権枠規制に抵触する可能性がある。

このことから、MSワラントは、株式の希薄化や株価の下落を招き、既存株主の利益を害しているとの指摘がなされ、日本証券業協会の自主ルールの厳格化および金融商品取引所の規則や金融商品取引法による開示規制の厳格化がなされている。

### (3) 新株予約権付ローン

発行会社が借入れによる資金調達をする際に、担保または信用補完の目的で新株予約権を発行することをいう。

貸出金融機関が発行会社（借入会社）の株式を直接保有することを回避するため、信託スキームを利用する方法、保証協会に新株予約権を発行し、保証協会付融資とする方法などがある。

### (4) ライツ・オファリング（Rights Offering）

ライツ・オファリングとは、発行会社が、一定の期日における株主全員に対して、新株予約権を無償で割当て、当該無償割当てを受けた株主が所定の行使価額を支払うことにより、発行会社が資金調達するものである。

ライツ・オファリングにおいては、当該新株予約権（Rights）が上場されるのが一般であり、新株予約権の割当てを受けた株主は、当該新株予約権を行使する代わりに、当該新株予約権を売却することにより資金回収することもできる。したがって、ライツ・オファリングにおいて、新株予約権の割当てを受けた株主は、当該新株予約権の行使価額を支払うことにより持株比率を維持するか、当該新株予約権を市場で売却することにより、株式の希薄化による経済的損失を回収するかを選択することができる。

また、引受証券会社が、一定の期間内に権利行使がなされなかった新株予約権について、自ら発行会社から新株予約権を取得し、行使するコミットメント型ライツ・オファリングと、そのような新株予約権の取得および行使がなされないノン・コミットメント型ライツ・オファリングとがある。

ライツ・オファリングは、全株主に新株予約権の無償割当ておよび行使を前提とする資金調達方法であるが、発行会社の株主に米国居住株主がいる場合、米国証券法 Rule801による登録免除制度の適用の可否が問題となるほか、当該登録免除制度を利用するために適格機関投資家である米国居住株主のみに新株予約権の行使を認めるとする行使条件を設定した場合に、当該行使条件が株主平等原則に反しないかが問題となる。

また、そもそも米国証券法の適用を排除するために、米国居住株主の権利行使を一律に不可とすることが、株主平等原則に反しないかについても問題となる。

## 3 ストック・オプション

### (1) 総 説

ストック・オプションとは、インセンティブ報酬として、会社が取締役や従業員などの会社関係者に対して新株予約権を付与する制度のことをいう。

会社の役職員等が新株予約権の発行を受けた後、その努力によって会社の業績を向上させ、それに伴って株価が新株予約権の権利行使価額より高くなるほど役職員はストック・オプションの行使により、より大きな利益を得ることができるため、その経営努力や勤労意欲の促進を期待できる。

ストック・オプションは、いわゆるベンチャー企業において現金報酬の補完として用いられるとともに、上場会社でも多くの会社が導入している。また、株価上昇への経営施策を求める一環として、取締役にストック・オプションによる潜在株式を含めた、自社株式の一定程度の保有を求める株主も増えている。

### (2) 会社法上の規制

ストック・オプションは、従来新株予約権の無償発行という形で行われ、株主総会の特別決議が必要とされてきた。

しかし、取締役に対して付与するストック・オプションは、「報酬等のうち額の確定したもの」であり、かつ「報酬等のうち金銭でないもの」に該当

第3章　第4節　新株予約権

するものとして、その額および具体的内容を株主総会の普通決議により定めることで足りると解される（361条1項1号・3号）。

　なお、従業員にストック・オプションを付与する場合には、ストック・オプションは現金報酬ではないことから、従業員の給与に代えて付与することはできない（労基24条）。

【書式3-1】　従業員等に対するストック・オプション発行議案例（有利条件の例）

第○号議案　当社及び当社子会社の従業員に対して、ストックオプションとして新株予約権を発行する件
　会社法第236条、第238条及び第239条の規定に基づき、当社及び当社子会社の従業員に、下記の要領により特に有利な条件をもって新株予約権を発行すること、ならびにかかる新株予約権の募集事項の決定を当社取締役会に委任することのご承認をお願いするものであります。
記
Ⅰ．特に有利な条件により新株予約権を発行する理由
　　当社及び当社子会社の従業員の業績向上に対する意欲や士気を一層高め、長期的な業績向上を目的として、新株予約権を無償で発行するものであります。
Ⅱ．新株予約権発行の要領
　1．新株予約権の割当てを受ける者
　　当社及び当社子会社の従業員
　2．新株予約権の目的となる株式の種類及び数
　　当社普通株式100,000株を上限とする。
　　なお、当社が株式分割又は株式併合を行う場合には次の算式により新株予約権の目的となる株式の数を調整するものとする。ただし、かかる調整は、新株予約権のうち、当該時点で行使されていない権利の目的となる株式の数について行うものとし、調整により生じる1株未満の端数は切り捨てる。
　　調整後株式数＝調整前株式数×分割・併合の比率
　　また、当社が合併又は会社分割を行う場合等、新株予約権の目的となる

Ⅳ　新株予約権の活用

　株式の調整を必要とするやむを得ない事由が生じたときは、合理的な範囲
で付与株式数を調整することができるものとする。

３．新株予約権の総数

　　1,000個を上限とする。

　　（新株予約権１個当たりの目的となる株式数は100株）

４．新株予約権と引換えに払い込む金銭

　　新株予約権と引換えに金銭を払い込むことを要しない。

５．新株予約権の行使に際して出資される財産の価額

　　　各新株予約権の行使に際して出資される財産の価額は、新株予約権を行
　　使することにより交付を受けることができる株式１株当たりの払込金額
　　（以下「行使価額」という。）に付与株式数を乗じた金額とする。

　　　行使価額は、新株予約権を発行する日の属する月の前月の各日（取引が
　　成立していない日を除く）の東京証券取引所における当社普通株式の終値
　　の平均価格に1.01を乗じた金額とし、１円未満の端数は切り上げる。

　　　ただし、当該金額が新株予約権を発行する前取引日の東京証券取引所に
　　おける当社普通株式の終値（取引が成立しない場合はその前日の終値）を
　　下回る場合は、当該終値に1.01を乗じた金額（１円未満の端数は切り上げ
　　る。）とする。

　　　なお、当社が株式分割又は株式併合を行う場合には、次の算式により払
　　込金額を調整するものとし、調整の結果生じる１円未満の端数は切り上げ
　　る。

$$調整後払込金額＝調整前払込金額 \times \frac{1}{分割・併合の比率}$$

６．新株予約権の行使することができる期間

　　平成○年○月○日から平成○年○月○日まで

７．新株予約権の行使の条件

　(1)　新株予約権者は、権利行使時において当社または当社子会社の取締役、
　　　監査役又は従業員の地位を保有していることを要する。但し、任期満了
　　　による退任、定年退職、その他正当な理由のある場合にはこの限りでは
　　　ない。

　(2)　その他権利行使に関する条件については、当社の取締役会決議により
　　　定めるものとする。

第3章　第4節　新株予約権

8．新株予約権の譲渡制限

　　譲渡による新株予約権の取得については、取締役会の承認を要する。

9．新株予約権の取得の事由及び条件

　(1)　当社が消滅会社となる合併契約書が株主総会において承認されたとき、または当社が完全子会社となる株式交換契約書もしくは株式移転の議案が株主総会で承認されたときは、新株予約権は無償で取得することができる。

　(2)　新株予約権の割当てを受けた者が7に定める事由により新株予約権を行使する条件に該当しなくなったときは、新株予約権は無償で取得することができる。

10．取締役会への委任

　　上記に定めるもののほか、新株予約権に関する事項は、取締役会決議において定める。

以上

**【書式 3-2】　取締役に対するストック・オプション発行議案例**

第○号議案　取締役にストック・オプションとして新株予約権を付与する件

　　会社法第361条第1項第3号の規定に基づき、以下の要領により、当社取締役（社外取締役を除く）に対して、報酬として新株予約権を年額○○百万円の範囲で付与することにつきご承認をお願いするものであります。現在の取締役（社外取締役を除く）は10名でありますが、第○号議案のご承認を賜りますと、9名となります。

1．取締役に対し新株予約権を発行する理由

　　当社の業績向上に対する意欲や士気をより一層高めて業績向上を図り、株主と利害を共有化することにより企業価値の一層の増大を図ることを目的とし、ストック・オプションとして当社の取締役に対して、新株予約権を発行するものであります。

2．新株予約権の割当の対象者

　　当社の取締役に新株予約権を割り当てるものとし、社外取締役および常

勤・社外監査役については対象外とする。

3．新株予約権発行の要領

(1) 新株予約権の目的となる株式の種類および数

当社普通株式100,000株を上限とする。

なお、新株予約権発行日（以下「発行日」という）後に当社が株式分割または株式併合を行う場合、次の算式により目的となる株式の数を調整するものとする。ただし、かかる調整は、新株予約権のうち、当該時点で行使されていない新株予約権の目的となる株式の数について行われ、調整の結果生じる1株未満の端数は切り捨てるものとする。

調整後株式数＝調整前株式数×株式分割・株式併合の比率

また、発行日後に当社が他社と合併する場合、会社分割を行う場合、資本減少を行う場合、その他これらの場合に準じ、株式数の調整を必要とする場合には、合理的な範囲で当該株式数は適切に調整されるものとする。

(2) 新株予約権の総数

1,000個を上限とする（新株予約権1個当たりの目的となる株式の数（以下「付与株式数」という）は100株。ただし、(1)に定める株式の数の調整を行った場合は、付与株式数について同様の調整を行う）。

(3) 新株予約権の発行価額

付与日においてブラックショールズモデルにより算定した価額を発行価額とする。

(4) 新株予約権の行使に際して払込みをすべき金額

新株予約権1個当たりの払込金額は、次により決定される1株当たりの払込金額（以下「行使価額」という）に付与株式数を乗じた金額とする。

行使価額は、発行日の前取引日から遡って20取引日間の各日（取引が成立しない日を除く）における東京証券取引所の当社株式普通取引の終値の平均値に1.05を乗じた金額とし、1円未満の端数は切り上げる。ただし、当該金額が発行日における東京証券取引所の当社株式普通取引の終値（取引が成立しない場合はそれに先立つ直近日の終値）を下回る場合は、発行日の終値（取引が成立しない場合はそれに先立つ直近日の終

**199**

値）とする。

　なお、発行日後に当社が株式分割または株式併合を行う場合は、次の算式により行使価額を調整し、調整の結果生じる1円未満の端数は切り上げるものとする。

$$調整後行使価額＝調整前行使価額\times\frac{1}{株式分割・株式併合の比率}$$

　また、発行日後に当社が時価を下回る価格で新株の発行（時価発行として行う公募増資、新株予約権および新株予約権証券の行使に伴う株式の発行を除く）を行う場合は、次の算式により行使価額を調整し、調整の結果生じる1円未満の端数は切り上げるものとする。

$$\begin{matrix}調整後\\行使価額\end{matrix}＝\begin{matrix}調整前\\行使価額\end{matrix}\times\frac{既発行株式数＋\dfrac{新規発行株式数\times1株当り払込金額}{新株発行前の株価}}{既発行株式数＋新規発行株式数}$$

　また、発行日後に当社が他社と合併する場合、会社分割を行う場合、資本減少を行う場合、その他これらの場合に準じ、行使価額の調整を必要とする場合には、合理的な範囲で行使価額は適切に調整されるものとする。

(5)　新株予約権を行使することができる期間

　　平成〇年〇月〇日から平成〇年〇月〇日までとする。

(6)　増加する資本金および資本準備金に関する事項

　　資本金の増加額は、(4)に基づいて算出された払込みをなすべき額に0.5を乗じた額とし、その結果1円未満の端数が生じたときは、これを切り上げた額とする。

　　残額は資本準備金に組み入れるものとする。

(7)　新株予約権の行使の条件

　①新株予約権の割当を受けた者（以下「新株予約権者」という）は、当社の取締役たる地位を失った後も、後記④に掲げる新株予約権付与契約に定めるところにより、新株予約権を行使することができるものとする。

　②新株予約権者が死亡した場合、新株予約権者の相続人による本新株予約権の相続は認めないものとする。

　③新株予約権の質入れその他の処分は認めないものとする。

④その他の条件については、本定時株主総会および取締役会決議に基づき、当社と新株予約権者との間で締結する「新株予約権付与契約」に定めるところによる。

(8) 新株予約権の取得・消却事由および条件

①当社が消滅会社となる合併契約書が承認されたとき、当社が完全子会社となる株式交換契約書承認の議案または株式移転の議案につき株主総会で承認されたときは、当社は本新株予約権を無償で取得し消却することができる。

②本新株予約権は、新株予約権者が(7)①、②または④に定める規定により、権利を行使する条件に該当しなくなった場合は、当社は当該新株予約権を無償で取得し、消却することができる。ただし、この場合の取得手続は新株予約権の行使期間終了後一括して行うことができるものとする。

(9) 新株予約権の譲渡制限

新株予約権を譲渡するには取締役会の承認を要するものとする。

(10) 組織再編時の取扱い

組織再編に際して定める契約書または計画書等に以下に定める会社の新株予約権を交付する旨を定めた場合には、当該組織再編の比率に応じて、以下に定める会社の新株予約権を交付するものとする。

①合併（当社が消滅する場合に限る）

合併後存続する株式会社または合併により設立する会社

②吸収分割

吸収分割をする株式会社がその事業に関して有する権利義務の全部または一部を承継する株式会社

③新設分割

新設分割により設立する株式会社

④株式交換

株式交換をする株式会社の発行済株式の全部を取得する株式会社

⑤株式移転

株式移転により設立する株式会社

(11) 新株予約権の行使により発生する端数の切捨て

新株予約権者に交付する株式の数に1株に満たない端数がある場合には、これを切り捨てるものとする。

⑿　その他

本新株予約権の発行に関する細目事項については、新株予約権発行の取締役会決議により決定するものとする。

### (3)　会計上の取扱い

ストック・オプションに関する会計基準は平成18年12月に改正され、ストック・オプションを付与した会社は、その評価額を従業員等からのサービスの取得に応じた費用として会計処理することとし、相手勘定として、その対応金額を、ストック・オプションの権利行使または失効までの間、貸借対照表の純資産の部に「新株予約権」として計上しなければならない（企業会計基準第8号「ストック・オプション等に関する会計基準」および企業会計基準適用指針第11号「ストック・オプション等に関する会計基準の適用指針」）。

### (4)　金融商品取引法上の取扱い

新株予約権は有価証券とされ（金商2条1項9号・2項、企業開示1条5号・6号）、新株予約権の発行に際しては、金融商品取引法上、新株の発行とほぼ同様の規制を受け、有価証券届出書の提出が必要となる（金商4条1項）。

ただし、ストック・オプション目的の新株予約権の発行の場合については厳格な開示を求めることは不要であるため、次の①②の場合には、有価証券届出書の届出義務が免除される。

①　新株予約権の譲渡が禁止される旨の制限が付されている発行会社またはその完全子会社の取締役、会計参与、監査役、執行役または使用人に付与する場合（金商4条1項1号、金商令2条の12、企業開示2条1項・2項）

②　新株予約権の発行価額または売出価額の総額に当該新株予約権の行使に際して払い込むべき金額の合計額を合算した金額が1億円未満の場合（金商4条1項5号、企業開示2条4項1号）

Ⅳ　新株予約権の活用

## ⑸　税務上の取扱い

新株予約権をストック・オプションとして用いる場合に、一定の要件を満たすことで税制上の優遇措置を受けることができる。言い換えれば、実務上は、できるだけ税制上の優遇措置を受けるような形でストック・オプションを発行することになろう。

税制上の優遇措置を受けるための要件は、以下のとおりである。

〔税制上の優遇措置を受けるための要件〕
① 　対象者
　　発行会社の取締役、従業員であること
　　子会社（発行会社が議決権のある株式または出資の50％超を保有する会社）の従業員、取締役であること
② 　行使期間
　　有利発行の株主総会決議の日から２年を経過した日以降であること
③ 　発行価額
　　新株予約権は無償発行であること
④ 　行使価額
　　年間1200万円以下であること
　　１株あたりの行使価額が付与契約締結時の株式の１株あたりの価額以上であること
⑤ 　譲渡禁止
　　新株予約権の譲渡が禁止されていること
⑥ 　その他
　　新株の発行または株式の移転が付与決議の内容に反しないで行われるものであること
　　新株が、発行会社と証券業者等とのあらかじめの取り決めに従って、株式取得後直ちに、発行会社を通じて証券業者等に保管されること
⑦ 　調　書

203

第3章　第4節　新株予約権

> 付与時および権利行使時に発行会社が税務署長に調書を提出すること

また、会計基準の変更に合わせ、税制適格要件を満たさないストック・オプションについては、会計上ストック・オプションが費用計上されることに伴い、権利行使時に当該費用を損金算入することが認められる。

## 4　企業防衛策

新株予約権は、資金調達目的以外の目的でも発行することが認められるため、近時企業防衛策としての活用が注目されている。具体的には、あらかじめ新株予約権を株主や信託銀行などに発行し（またはその予告をし）ておき、敵対的買収者が出現した場合に、当該買収者以外の株主に極めて低廉な行使価額で新株予約権を行使できるようにすることで、買収者の保有株式を希薄化させるというもので、ライツ・プランとよばれている。

ライツ・プランには、新株予約権を株主割当ての方法によりあらかじめ発行しておくもの、事業会社あるいは信託銀行に第三者割当てを行っておくもの、買収者が出現したときに発行するという条件付決議のみを行っておくもの、あるいは発行の予告のみをしておくものなどさまざまなバリエーションがあるが、会社法で認められた新株予約権の無償割当てを活用することにより、株主割当ての方式における引受申込みの手続を省略することができる。

また、取得条項付新株予約権の取得の対価として当該会社の株式を交付することとすれば、会社の側から強制的に新株予約権を行使したのと同様の状態を作出させることができ、ライツ・プランの実効性を高めることができる。

もっとも、新株予約権をポイズン・ピルとして利用するとしても、それはあくまでも不当な買収を防衛するためのものとして、適法かつ合理的なものでなければならず、経営陣の保身のために悪用されるようなものであってはならない。

経済産業省・法務省から平成17年5月27日に公表された「企業価値・株主

Ⅳ　新株予約権の活用

共同の利益の確保又は向上のための買収防衛策に関する指針」によれば、買
収防衛策は、次の３原則に従わなければならないとされている。

①　企業価値・株主共同の利益の確保・向上の原則

　　買収防衛策は、企業価値ひいては株主共同の利益の維持・向上を図る目
　的をもって行わなければならない。

②　事前開示・株主意思の原則

　　　買収防衛策は、その目的や内容などが具体的に開示されるとともに
　（事前開示の原則）、株主の合理的な意思に依拠していなければならない
　（株主意思の原則）。

③　必要性・相当性の原則

　　　買収防衛策は、過剰なものであってはならず、企業価値・株主共同利
　益の維持・向上に必要かつ相当なものでなければならない。具体的には、
　企業価値向上に資する買収提案がなされた場合には防衛策を廃止できる
　措置が講じられており、また定期的に株主総会の承認を得るようなしく
　みが望ましいといえる。

【書式3-3】　買収防衛策としての新株予約権およびその無償割当ての内容例

### 新株予約権及び無償割当ての内容

一　新株予約権の内容は以下のとおりとする。

　１．新株予約権の目的となる株式の種類

　　　当社普通株式

　２．新株予約権の目的となる株式の数

　　　新株予約権１個当たりの目的となる株式の数は、２株以下で取締役会が
　　別途定める数とする。

　３．新株予約権の行使に際して出資される財産の価額

　　　新株予約権の行使に際してする出資の目的は金銭とし、その価額は１円
　　に各新株予約権の目的となる株式の数を乗じた額とする。

205

第3章　第4節　新株予約権

4．新株予約権を行使することができる期間

　　無償割当効力発生日以降の日から開始する取締役会が別途定める一定の期間。また、行使期間の最終日が行使に際して払い込まれる金銭の払込取扱場所の休業日に当たるときは、その前営業日を最終日とする。

5．新株予約権の行使の条件

（1）　特定買収者等が保有する新株予約権（実質的に保有するものを含む）は、行使することができない。

（2）　新株予約権者は、当社に対し、上記5(1)の条件を充足していること（第三者のために行使する場合には当該第三者が上記5(1)の条件を充足していることを含む）についての表明・保証条項、補償条項その他当社が定める事項を記載した書面、合理的範囲内で当社が求める条件充足を示す資料及び法令等により必要とされる書面を提出した場合に限り、新株予約権を行使することができるものとする。

（3）　適用ある外国の証券法その他の法令上、当該法令の管轄地域に所在する者による新株予約権の行使に関し、所定の手続の履行又は所定の条件の充足が必要とされる場合、当該管轄地域に所在する者は、当該手続及び条件が全て履行又は充足されていると当社が認めた場合に限り、新株予約権を行使することができる。なお、当社が上記手続及び条件を履行又は充足することで当該管轄地域に所在する者が新株予約権を行使することができる場合であっても、当社としてこれを履行又は充足する義務を負うものではない。

（4）　上記5(3)の条件の充足の確認は、上記5(2)に定める手続に準じた手続を取締役会が定めるところによる。

6．新株予約権の行使手続等

（1）　新株予約権の行使は、当社所定の新株予約権行使請求書に、行使する新株予約権の個数、対象株式数及び住所等の必要事項その他取締役会決議により別途定められる必要事項を記載し、これに記名捺印した上、取締役会決議により別途定める必要書類を添えて取締役会決議にて別途定める払込取扱場所に提出し、かつ、上記3に規定する価格の全額を当該払込取扱場所に払い込むことにより行われるものとする。

（2）　新株予約権の行使請求の効力は、上記6(1)の規定に従い、行使に係る

新株予約権行使請求書及び添付書類が払込取扱場所に到着した時に生じるものとする。新株予約権の行使の効力は、かかる新株予約権の行使請求の効力が生じた場合であって、かつ、当該行使に係る新株予約権の目的たる株式の行使価額全額に相当する金額が払込取扱場所において払い込まれたときに生じるものとする。

7．譲渡承認

譲渡による新株予約権の取得には、取締役会（又は会社法第265条第1項但書の規定に従い取締役会が定める機関）の承認を要する。

8．取得条項

(1)　当社は、無償割当効力発生日以後の日で取締役会が定める日において、未行使の新株予約権の全額を以下のとおり取得することができる。

①　上記5(1)(2)の規定に従い行使可能な（すなわち特定買収者等に該当しない者が保有する）新株予約権（上記5(3)に該当する者が保有する新株予約権を含む）：取得に係る新株予約権の数に、新株予約権1個当たりの目的となる株式の数を乗じた数の整数部分に該当する数の当社普通株式

②　①以外の新株予約権：取得に係る新株予約権と同数の新株予約権で特定買収者等の行使に制約が付されたもの（譲渡承認その他取締役会が定める内容のものとする）

(2)　新株予約権の強制取得に関する条件充足の確認は、上記5(2)に定める手続に準じた手続で取締役会が定めるところによる。

9．資本金及び準備金に関する事項

新株予約権の行使及び取得条項に基づく取得等に伴い増加する資本金及び資本準備金に関する事項は、法令の規定に従い定める。

10．端　　数

新株予約権を行使した者に交付する株式の数に1株に満たない端数があるときは、これを切り捨てる。但し、当該新株予約権者に交付する株式の数は、当該新株予約権者が同時に複数の新株予約権を行使するときは各新株予約権の行使により交付する株式の数を通算して端数を算定することができる。

11．新株予約権証券の発行

第3章　第4節　新株予約権

　　　　新株予約権については新株予約権証券を発行しない。
　二　新株予約権の無償割当ての内容は以下のとおりとする。
　　　１．株主に割り当てる新株予約権の数
　　　　　当社普通株式（当社の有する普通株式を除く）１株につき新株予約権１
　　　　個の割合で割り当てることとし、割り当てる新株予約権の総数は、無償割
　　　　当基準日における当社の最終の発行済株式総数（但し、当社の有する普通
　　　　株式の数を除く）と同数とする。
　　　２．新株予約権の無償割当ての対象となる株主
　　　　　無償割当基準日における当社の最終の株主名簿又は実質株主名簿に記載
　　　　又は記録された当社普通株式の全株主（但し、当社を除く）
　　　３．新株予約権の無償割当の効力発生日
　　　　　無償割当基準日以降の日で取締役会が別途定める日
　　　　　　　　　　　　　　　　　　　　　　　　　　　　　　　　　以　上

208

I コーポレート・ガバナンスの意義

# 第4章 | コーポレート・ガバナンス

## 第1節 総 説

### Ⅰ コーポレート・ガバナンスの意義

#### 1 コーポレート・ガバナンスとは何か

　コーポレート・ガバナンス（企業統治）を一義的に定義することは困難であるが、原則として、出資者、すなわち株主が企業経営を監視・監督するしくみをいかに構築するかという命題である。

　わが国においてコーポレート・ガバナンスに関する議論が活発に行われるようになった契機は、バブル経済崩壊後の大企業における不祥事の頻発にあるといわれている。[1,2]

　コーポレート・ガバナンスという用語は、いわゆる「もの言う株主」による経営への積極的な意見表明によって一般的にも知られるようになった。折からの経済の国際化時代を背景として、企業が継続的に業績を上げて発展していくために、企業の意思決定のしくみをいかに客観的かつ効率的に構築すべきかとの点においても、コーポレート・ガバナンスについては積極的な議論がなされるようになっているのである。[3]

---

1　稲葉威雄＝尾崎安央編『改正史から読み解く会社法の論点』73頁。

2　例として、当時の代表的商法学者であった河本一郎教授の『現代会社法』では、1995年に出版された新訂第7版において、初めて事項索引に「コーポレート・ガバナンス」の語が登場している。

3　神田秀樹「上場会社に関する会社法制の将来」金法1909号21〜22頁。

*209*

第4章 第1節 総 説

## 2 コーポレート・ガバナンスの起源

コーポレート・ガバナンスという用語が用いられるようになったのは比較的最近であるために、これを欧米によって強制された一時的なルールでしかないと誤解する向きもないではない。しかし、コーポレート・ガバナンスを「株主による経営者への監視・監督のしくみをいかに構築するかの命題」と認識することができれば、その起源は株式会社制度の始まりまでさかのぼることが理解できる。

株式会社制度の沿革は、1602年に設立されたオランダ東インド会社にその起源が求められる[4]。同社の設立においては、株主の有限責任と株式譲渡の自由という株式会社制度における基本的な考え方、いわゆる「所有と経営の分離」という原則が確立されるに至ったのである。さればこそ、かかる株式会社制度の確立こそが世界経済を発展させる成長エンジンの一つになったといわれているのである。

その一方で、経営者が株主の犠牲の下に恣意的な経営を行うことの弊害も、東インド会社設立時からすでに問題化していた[5]。

このように、株式会社制度の歴史は、一方では経済活動の世界的な発展に寄与した歴史であるとともに、他方では株主による経営者への監視・監督制度の歴史でもあった。コーポレート・ガバナンスという用語それ自体は比較的新しいものではあっても、そこで議論されているテーマは、株式会社の所有と経営の分離から宿命的に生じるところの、経営者を監視・監督するしくみをいかに構築するかという根源的な問題なのである。

## 3 会社法をとらえる視点

平成18年に施行された会社法は、平成26年に最初の大きな改正を迎えることとなった。

---

4 大塚久雄『株式会社発生史論』328頁以下。
5 大塚・前掲書（注4）359頁以下参照。

今次の改正には企業の実務的な要請に応える改正点も含まれているが、むしろコーポレート・ガバナンスの確立が主眼となっている。会社法の改正に際しては、もっぱら個々の改正内容とその理由に対する技術的な論点に議論が集中しがちであるが、法改正の視点や背景には、株主が経営者を監視・監督するしくみをどのように構築するべきかという、古くて新しい命題が根幹にあることに意を用いなければならない。

## 4 コーポレートガバナンス・コード

上場会社には、平成27年6月1日からコーポレートガバナンス・コードの適用が開始された。

コーポレートガバナンス・コードには73の原則が含まれているが、上場会社の判断に従って実施する原則を選択することが許される。しかし、実施しない原則については東京証券取引所の上場規程に基づきその理由を説明しなければならない。説明が虚偽である場合は処罰の対象となる。

ここで注意が必要なのは、コーポレートガバナンス・コードの定義するコーポレート・ガバナンスとは、「会社が、株主をはじめ顧客・従業員・地域社会等の立場を踏まえた上で、透明・公正かつ迅速・果断な意思決定を行うための仕組み」のことを指していることである[6]。

したがって、今後は、コーポレート・ガバナンスとは、リスク回避や不祥事防止のための透明性・公正性もさることながら、健全な企業家精神の発揮を促すしくみとして理解することが必要となる。

---

6 東京証券取引所「コーポレートガバナンス・コード——会社の持続的な成長と中長期的な企業価値の向上のために——」〈http://www.jpx.co.jp/equities/listing/cg/tvdivq0000008jdy-att/code.pdf〉2頁。

## II 株式会社における機関設計

### 1 株式会社の区分

　会社法では、物的会社である株式会社でも、その会社の株式が公開されているか否か、また、規模の大小などに応じて、それぞれ異なる規律を定めている（〔図表4-1〕参照）。

(1) **公開性の有無による区分——公開会社と非公開会社**
　株式には譲渡性があるが、定款に定めをおくことにより譲渡を制限することができる（107条1項1号、108条1項4号）。
　すべての株式が譲渡制限株式である会社を非公開会社といい、一部でも譲渡制限株式ではない株式を発行する旨を定款に定めている会社を公開会社という（2条5号）。
　公開会社という言葉は、証券取引所に株式を上場している会社のことを指して用いられる場合があるが、会社法でいうところの公開会社とは意味が異

〔図表4-1〕 会社法の規律

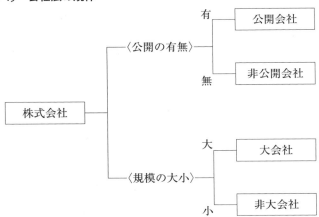

なるので注意が必要である。

　公開会社の場合、株式の流通が予定され、株主間や株主と会社との関係が希薄となり、一般に株主の経営参加の意欲や能力が乏しいことから、経営を専門家に委ね（所有と経営の分離）、また、株主が不測の損害を被らないよう株主間の平等な取扱いが徹底されている（109条1項）。

　他方、非公開会社は、株主が少数で固定化されており、機関設計や利益分配などの内部事項は、債権者を害さない範囲内で株主が話し合いにより自由に決めるほうがむしろ合理的ともいえるから、株主や株主総会の権限を広く認め、内部自治の拡大が図られている。

　また、株主の権利についても、配当や議決権を頭割りで取り扱うことが許されるなど、特別な取扱いが許容されている（109条2項）。

　この公開会社か非公開会社かの区分は、株式会社の区分の中でも最も重要なものの一つといえよう（〔図表4-2〕参照）。

### (2)　規模の大小による区分——大会社と非大会社の区分

　会社法では、最終事業年度の貸借対照表上の資本金の金額が5億円以上または負債総額が200億円以上の会社を大会社とし、それ以外の会社を非大会社として区別する取扱いをしている。

　大会社にあっては、取引の種類と規模が多岐にわたり、かつ専門化しているため、債権者や株主保護の観点から、次の①〜④のとおり、業務執行の適正化のための規制が強化されている。

① 　会計監査人の設置義務
② 　監査役（公開会社では監査役会）の設置義務：指名等委員会設置会社の場合は監査委員会、監査等委員会設置会社の場合は監査等委員会
③ 　取締役（会）の内部統制システム構築義務
④ 　貸借対照表と損益計算書の公告義務

## 2　機関の種類

　株式会社では、所有と経営が分離され、経営をつかさどる機関としては直

第4章　第1節　総説

〔図表4-2〕　公開会社・非公開会社の区分

| | 公開会社 | 非公開会社 |
|---|---|---|
| 意　義 | 一部または全部に譲渡制限なし | 全株式が譲渡制限株式 |
| 特　徴 | ・知らない株主が存在する<br>・株主多数・変動の可能性 | ・株主は全員顔見知り（閉鎖性）<br>・株主は少数かつ固定的 |
| 視　点 | ①株主が不測の損害を受けないよう株式の数・内容に応じた平等取扱い（株主平等原則）の徹底<br>②株主が適宜集まって経営や内部事項を決めることは困難なので、専門家に経営とチェックを委ねる<br>③株主保護のため、株主総会の招集手続は厳格 | ①機関設計や利益配分などの内部事項は適宜株主が話し合いにより決めることとしたほうがむしろ実態に沿う（内部自治の拡大）<br>②株主の意向を重視することが望ましいので株主権限を強化<br>③株主が少なく固定化しているので、株主総会の招集手続を簡素化しても問題は少ない |
| 株主の権利（議決権、配当請求権） | ・株式の内容および数に応じて平等<br>・総会決議事項は法定または定款事項のみ | ・株主ごとの特別扱いも可能<br>・総会の権限は一切の事項に及ぶ（取締役会不設置の場合）<br>・少数株主権等の保有要件なし |
| 機関設計 | ・取締役会・監査役（or 委員会）は必須<br>・取締役の任期は原則2年（定款または株主総会で短縮が可能。指名委員会等設置会社は1年、監査等委員会設置会社の一般の取締役は1年、監査等委員たる取締役は2年） | ・株主総会と取締役以外の機関は任意（ただし大会社ならば監査役が必要）<br>・取締役の任期を10年まで伸長できる<br>・取締役資格を株主に限定できる<br>・監査役の権限を会計監査に限定可能 |
| 総会招集通知 | ・計算書類を添付した招集通知を書面等で発送しなければならない<br>・招集通知の発送は会日の2週間前までに行う | ・招集方法に制限なし（取締役会不設置の場合）<br>・招集通知の発送は会日の1週間前までに行う |

Ⅱ　株式会社における機関設計

〔図表4-3〕　**機関と職務権限など**

| 機関等 | 職務権限等 |
|---|---|
| 株主総会 | 株主全員によって組織される株式会社の最高意思決定機関 |
| 取締役 | 取締役会不設置会社では業務執行機関<br>取締役会設置会社では取締役会の構成員 |
| 取締役会 | 会社の業務を決定し、取締役・執行役の職務執行を監督する機関<br>取締役3名以上で構成される |
| 代表取締役 | 会社を代表し、業務を執行する常置機関<br>取締役会設置会社の代表機関 |
| 会計参与 | 取締役・執行役と共同して計算書類等の作成などを行う機関 |
| 監査役 | 取締役および会計参与の職務執行を監査する機関 |
| 監査役会 | 監査役全員で構成され、監査報告の作成、常勤監査役の選定、解職、監査方針等の決定を行う機関<br>監査役3名以上で、半数以上は社外監査役でなければならない。 |
| 指名委員会等 | 取締役会の内部機関であり、指名・監査・報酬の3委員会で構成される<br>各委員会は、取締役3名以上で、過半数が社外取締役で構成<br>指名委員会等設置会社は、監査役・監査役会をおくことができない |
| 監査等委員会 | 取締役の内部機関として、取締役の職務執行の監査と、監査報告の作成等を行う<br>取締役3名以上で構成され、過半数が社外取締役で構成<br>監査等委員会設置会社は、監査役・監査役会をおくことができない |
| 執行役 | 指名委員会等設置会社の業務執行および受任事項の業務決定をする機関 |
| 代表執行役 | 指名委員会等設置会社の代表機関<br>執行役から選定される（執行役が1名なら当然代表権をもつ） |
| 会計監査人 | 計算書類等を監査し、会計監査報告を作成する |

215

接的に業務執行にあたる取締役のほかに、機能ごとに分化されている。株式会社の機関と主な職務権限等は〔図表 4-3〕のとおりである。

## 3　会社の区分により設置が強制される機関

　会社法では、最低限設置すべき機関として株主総会と取締役の設置が義務づけられる一方、その他の機関の設置については任意の選択が許容されている。しかし、公開会社または大会社にあっては〔図表 4-4〕のとおりの機関を設置しなければならない。

## 4　機関設計の選択肢

　会社法では、上述のとおり公開の有無や規模の大小による株式会社の区分によって設置が義務づけられる機関があるほか、監査役会をおいた場合には取締役会の設置が義務づけられている（327条1項1号）。このように、ある機関を任意で設置した場合には、それに伴って他の機関の設置を義務づけられるルールがいくつか定められているので留意する必要がある（327条、328条）。

　これらのルールを整理すると、機関設計の選択肢は〔図表 4-5〕のようになる。

## 5　取締役会の設置の有無による規律の違い

　取締役会は、公開会社であれば必ず設置しなければならないが、非公開会社の場合には、設置するか否かは会社の任意に委ねられる。

　取締役会設置会社では、業務決定権が取締役会に委譲されるため株主総会の権限は一定の事項に限定されている。それゆえ株主総会の頻繁な開催は想定されていないが、一方で会社との関係が密ではない株主が総会に出席する機会を保護するため、株主総会の招集手続に関して、法定の期間や添付すべき書類などに関して多くの定めがおかれている。

　しかし、取締役会をおかない会社では、株主が日常的に株主総会を通じて

〔図表4-4〕 **会社の区分により設置が強制される機関**

|  | 非大会社 | 大会社 |
|---|---|---|
| 非公開会社 | 株主総会＋取締役 | ＋監査役＋会計監査人 |
| 公開会社 | 株主総会＋取締役会＋代表取締役＋監査役 | ＋監査役会＋会計監査人 |

〔図表4-5〕 **株式会社の機関設計**

| | | 大会社 | 非大会社 | |
|---|---|---|---|---|
| | | 会計監査人義務設置 | 会計監査人任意設置 | 会計監査人不設置 |
| 公開会社 | 取締役会義務設置 | 監査役会<br>3委員会<br>監査等委員会 | 監査役<br>監査役会<br>3委員会<br>監査等委員会 | 監査役<br>監査役会 |
| 非公開会社 | 取締役会設置 | 監査役<br>監査役会<br>3委員会<br>監査等委員会 | 監査役<br>監査役会<br>3委員会<br>監査等委員会 | 会計参与<br>監査役<br>（会計監査のみも可）<br>監査役会 |
| | 取締役会不設置<br>（取締役は設置） | 監査役 | 監査役 | なし<br>監査役<br>（会計監査のみも可） |

　業務の決定に関与することを前提に、株主総会の権限は一切の事項に及ぶとされている。そして取締役会非設置会社では会社と株主の関係が密であり株主が総会開催に関する情報を得やすい環境にあるといえるため、総会招集手続も必ずしも厳格なものにする必要がなく、簡素化されている。

　公開会社と非公開会社並びに取締役会の有無による株主総会の規律の違いは、〔図表4-6〕のとおりである。

*217*

第4章 第1節 総説

〔図表4-6〕 公開会社・非公開会社並びに取締役会の有無による株主総会の規律の相違

| | 公開会社 | 非公開会社 | |
|---|---|---|---|
| | | 取締役会設置会社 | 取締役会非設置会社 |
| 総会決議事項 | 法令・定款で定めた事項 | | あらゆる事項 |
| 招集決定 | 取締役会 | | 取締役 |
| 招集地 | 制限なし | | |
| 招集方法 | 書面または電磁的方法 | | 制限なし |
| 議題の記載 | 義　務 | | 任　意 |
| 招集通知の発出 | 会日の2週間前 | 会日の1週間前 | 会日の1週間前（定款で短縮可） |
| 計算書類の添付 | 義　務 | | 任　意 |
| 総会招集請求権 | 総株主の議決権の3％以上を6カ月間保有する株主 | 総株主の議決権の3％以上を保有する株主 | |
| 株主提案権 | 総株主の議決権の1％以上または300個以上を保有する株主 | 議決権のある株主全員 | |
| B/S・P/L の承認 | 一定の要件の下、報告事項にできる | | 必ず決議事項 |
| 剰余金配当 | 一定の要件の下、報告事項にできる | | 必ず決議事項 |

## 6　監査役の業務監査権限の有無による規律の違い

　業務監査権限のある監査役をおいているか否かによっても、会社法は異なる取扱いを定めている。

　すなわち、業務監査権限のある監査役をおいている会社では、監査役が会社の業務監査を行うが、おいていない会社では、株主が自ら業務監査を行うことができるように株主の権限が強化されている。

　株主権限の強化についての具体的な内容は〔図表4-7〕のとおりである。

218

〔図表 4-7〕 監査役の業務監査権限の有無による規律の相違

| 視　点 | 業務監査権限あり<br>監査役が取締役の職務執行を監査 | 業務監査権限なし<br>株主自ら取締役の職務執行を監査 |
|---|---|---|
| 取締役が会社に著しい損害を及ぼす事項を発見したとき | 監査役に報告 | 株主に報告 |
| 株主による取締役の違法行為の差止め（360条） | 会社に「回復することのできない損害」が生ずるおそれがあるとき | 会社に著しい損害が生じるおそれがあるとき |
| 株主による取締役会招集請求 | できない | できる |
| 取締役会議事録の閲覧請求 | 裁判所の許可 | 裁判所の許可は不要 |
| 定款に基づく取締役会決議による役員の責任軽減 | 可　能 | 不　可 |

---

## 第2節　株主総会

---

### Ⅰ　株主総会の意義と権限

　株主総会とは、株主によって構成される会社の最高意思決定機関である。

　取締役会設置会社においては、株主総会は、法令または定款に定めた事項に限って決議することができる（295条2項）。取締役会設置会社は、業務執行を原則として、取締役会に委ねる機関構成を有するからである。

　これに対して、取締役会設置会社以外の会社では、会社の組織、運営、管理その他会社に関する一切の事項について、強行法規や会社の本質に反しない限り、制限なく決議することができる（295条1項）。これらの会社では、

第4章　第2節　株主総会

株主が株主総会を通して、会社の経営に関与することが念頭におかれているからである。

# Ⅱ　招集手続・株主提案権

## 1　招集の時期・招集地

### (1)　定時株主総会

定時株主総会は、毎事業年度終了後、一定の時期に招集しなければならない（296条1項）。貸借対照表および損益計算書の確定、事業報告および計算書類の承認、剰余金配当の決議を目的とする（438条）。

会社は、一定の日（基準日）を定めて、この日に株主名簿に記載され、または記録されている株主を、株主総会において権利を行使できる者と定めることができるが（124条1項）、この場合、基準日から3カ月以内に株主総会を開催しなければならない（同条2項）。

一般的に、基準日を決算日としている会社が多いことから、決算日から3カ月以内（124条1項・2項）に開催されることが多い。したがって、たとえば3月決算（決算日は3月31日）の会社が多いわが国では、6月30日までに株主総会を開催することになり、6月の特定の日に株主総会が集中的に開催されることになる。この場合、株主が株主総会に出席するのが困難な場合が生じるが、特定の株主を排除する目的で集中開催日に株主総会を開催する等の特段の事情がない限り違法とはならない（神戸地尼崎支判平成12・3・28判タ1028号288頁）。

### (2)　臨時株主総会

臨時株主総会は、必要ある場合に随時招集する（296条2項）。

### (3)　招集地

株主総会の招集地に制限はない。したがって、株主の分布状況等を考慮し、年度ごとに主要都市を巡回するいわゆるサーキット総会も可能である。

## 2 招集権者

### (1) 取締役または取締役会

株主総会は取締役が招集する（296条3項）。

取締役会設置会社においては、取締役会が開催の日時、場所、会議の目的たる事項（議題）、欠席株主の議決権行使方法等を決定し（298条4項）、代表取締役が招集するのが一般である（349条）。

代表取締役が取締役会決議を経ることなく株主総会を招集した場合、決議取消事由となり（東京高判昭和30・7・19下民集6巻7号1488頁）、重要事項を含む議案を付していれば、株主総会決議の取消請求を裁量棄却することは許されない（高知地判平成16・12・14資料版商事251号208頁）。

他方、代表取締役以外の取締役が取締役会決議を経ることなく株主総会を招集した場合は、決議不存在事由となる（最判昭和45・8・20判時607号79頁）。

なお、職務代行者が取締役会決議を経ることなく株主総会を招集した場合、決議無効原因とはならないが、決議取消事由となる（最判昭和39・5・21民集18巻4号608頁）。

### (2) 少数株主の招集権（〔図表2-1〕参照）

6カ月前から引き続き総株主の議決権の100分の3以上を有する株主は、会議の目的たる事項および招集の理由を取締役に示して、株主総会の招集を請求することができる（297条1項）。

ただし、公開会社でない会社については、6カ月前からの継続保有の要件はない（297条2項）。

株主総会の招集請求に対して、取締役が、遅滞なく招集手続をとらなかった場合または請求があった日から8週間以内の日を株主総会の日とする招集通知が発せられない場合には、招集を請求した株主は裁判所の許可を得て、自ら総会を招集することができる（297条4項）。

なお、裁判所の許可した決議事項を逸脱した事項について決議した場合、決議取消事由となる（金沢地判昭和34・9・23下民集10巻9号1984頁）。

## 3　招集方法

### (1)　招集通知

　株主総会を招集するには、公開会社においては、会日より2週間前に、各株主（その総会において議決権を行使することができない株主を除く）に対して、書面による通知を発送しなければならない（299条。招集通知の具体例については、【書式4-1】参照）。

　公開会社でない会社においては、1週間前に通知すればよく、当該会社が取締役会非設置会社の場合には、定款により、さらに期間を短縮することができるほか（299条1項）、口頭や電話など書面によらない通知も有効と解される（同条2項2号）。公開会社でない会社は一般に株主数も少なく、日頃会社・株主間の連絡も緊密な場合が多いからである。ただし、このような会社でも書面または電磁的方法により議決権行使ができる旨を定めた場合には、2週間前の書面による通知が必要である（同条1項・2項1号、325条）。

　なお、招集通知の発送期間の不遵守は、決議取消事由となり（大判昭和10・7・15民集14巻1401頁）、裁量棄却することは許されない（東京地判昭和54・7・23判時964号115頁）。

　株主の承諾がある場合には、書面による招集通知の発送に代えて、電磁的方法により通知を発することができる（299条3項）。

　招集通知には、株主総会の、①開催の日時・場所、②目的事項（議題）、③欠席株主が書面・電磁的方法により議決権を行使できる場合はその旨、④その他法務省令で定める事項を記載または記録する必要がある（299条4項）。通知しなかった決議事項を決議した場合、当該事項の決議には決議取消事由がある（最判昭和31・11・15民集10巻11号1423頁）。

　また、書面投票および電子投票のどちらも採用しない場合に、以下に掲げる事項が株主総会の目的事項であるときは、当該事項に係る議案の概要（議案の内容・趣旨・提案理由）を招集通知に記載しなければならない（298条1項5号、施規63条7号）。その内容は、株主が議案を了解することができるに

十分な記載でなければならず、たとえば、「会社の株式の譲渡は取締役の承認を要する」旨の定款変更の決議をなす場合、単に「定款の一部変更の件」とのみ記載したのでは足りず、かかる瑕疵は、決議取消事由となる（名古屋地判昭和46・12・27判タ274号212頁）。

なお、議案が確定していない場合にあっては、その旨を記載することとなる。

① 役員等の選任

② 役員等の報酬等

③ 全部取得条項付種類株式の取得

④ 株式の併合

⑤ 募集株式の有利発行

⑥ 募集新株予約権の有利発行

⑦ 事業譲渡等

⑧ 定款の変更

⑨ 合　併

⑩ 吸収分割

⑪ 吸収分割による他の会社がその事業に関して有する権利義務の全部または一部の承継

⑫ 新設分割

⑬ 株式交換

⑭ 株式交換による他の株式会社の発行済み株式全部の取得

⑮ 株式移転

### (2) 全員出席総会の場合

招集権者による招集がなくても、株主全員がその開催に同意して出席した場合（全員出席総会）は、株主総会は適法に成立する。

また、株主が作成した委任状に基づいて選任された代理人が出席することにより、株主全員が出席したこととなる場合も全員出席総会と認められる（最判昭和60・12・20民集39巻8号1869頁）。

さらに、いわゆる1人株主の場合には、その1人株主が出席すれば株主総会は成立し、招集手続を要しない（最判昭和46・6・24民集25巻4号596頁）。

### (3) 招集手続の瑕疵

株主に招集通知をしなかった場合は、株主総会の決議取消事由となる。

他の株主に招集通知がされなかった場合、通知を受けていた株主も決議取消しの訴えを提起することができる（最判昭和42・9・28民集21巻7号1970頁、最判平成9・9・9判時1618号138頁）。その株主が招集通知を受け、総会に出席していれば決議の結果が変わった可能性もあるからである。なお、招集通知漏れの程度が高い場合は、決議不存在事由となる（最判昭和33・10・3民集12巻14号3053頁、大阪高判平成2・7・19判時1377号123頁）。

取締役会設置会社においては、取締役は、定時株主総会の招集の通知に際して、法務省令で定めるところにより、株主に対し、取締役会の承認を得た計算書類および事業報告を添付しなければならない（437条）。

また、監査役設置会社においては監査報告を、会計監査人設置会社においては会計監査報告をそれぞれ添付する必要がある。

さらに、定時株主総会の招集に際して、取締役（会）が書面投票または電子投票を決定した場合には、株主に対し、株主総会参考書類および議決権行使書面を交付する必要がある（301条、302条）。

### 【書式4-1】　定時株主総会招集通知例

（証券コード○○○○）

平成○年○月○日

株　主　各　位

東京都○○区△△○丁目○番○号

○　○　○　○　株　式　会　社

取締役社長　　○　○　○　○

#### 第○回定時株主総会招集ご通知

Ⅱ 招集手続・株主提案権

拝啓　ますますご清栄のこととお喜び申し上げます。

　さて、当社第〇回定時株主総会を下記のとおり開催いたしますので、ご出席くださいますようご通知申し上げます。

　なお、当日ご出席願えない場合は、以下のいずれかの方法によって議決権を行使することができますので、お手数ながら後記の株主総会参考書類をご検討のうえ、平成〇年〇月〇日（〇曜日）午後〇時までに議決権を行使してくださいますようお願い申し上げます。

〔郵送による議決権行使の場合〕

　同封の議決権行使書用紙に議案に対する賛否をご表示のうえ、上記の行使期限までに到着するようご返送ください。

〔インターネットによる議決権の行使の場合〕

　当社指定の議決権行使ウェブサイト（http://www.〇〇〇〇）にアクセスしていただき、同封の議決権行使書用紙に表示された「議決権行使コード」および「パスワード」をご利用のうえ、画面の案内にしたがって、議案に対する賛否をご入力ください。

　インターネットによる議決権行使に際しましては、〇頁の「インターネットによる議決権行使のご案内」をご確認くださいますようお願い申し上げます。

　なお、議決権行使書面とインターネットによる方法と重複して議決権を行使された場合は、インターネットによる議決権行使を有効なものといたします。

敬具

記

１．日時　　　平成〇年〇月〇日（〇曜日）午前10時

２．場所　　　東京都〇〇区△△〇丁目〇番〇号当社本店

３．目的事項

報告事項　　　１．第〇期（平成〇年〇月〇日から平成〇年〇月〇日まで）事業報告の内容、連結計算書類の内容ならびに会計監査人および監査役会の連結計算書類監査結果報告の件

　　　　　　　２．第〇期（平成〇年〇月〇日から平成〇年〇月〇日まで）計算書類の内容報告の件

決議事項

（会社提案）

225

第4章　第2節　株主総会

　　第1号議案　当社定款を次の1乃至3のとおり一部変更する件
　　第2号議案　取締役○名選任の件
　　第3号議案　退任取締役および退任監査役に対し退職慰労金贈呈の件
　　第4号議案　役員賞与の支給の件
　　第5号議案　取締役および監査役の報酬額改定の件
　　第6号議案　取締役に対するストックオプション報酬額および内容決定の件
（株主提案）
　　第7号議案　取締役○名選任の件
4．招集にあたっての決定事項
　(1)　当社は、株主総会招集通知書とその添付書類ならびに株主総会参考書類
　　　をインターネット上の当社のウェブサイト（http://www.○○○○）に掲
　　　載しておりますので、法令ならびに当社定款第○条の規定に基づき、本招
　　　集通知には、以下の事項は記載しておりません。
　　　①　株主総会参考書類の以下の事項
　　　　・・・・・・・・・・・・（各社が定めた事項を記載する）
　　　②　事業報告の以下の事項
　　　　・・・・・・・・・・・
　(2)　株主総会にご出席いただけない場合、議決権を有する他の株主1名を代
　　　理人として株主総会にご出席いただくことが可能です。ただし、代理人を
　　　証明する書面のご提出が必要となりますのでご了承ください。
　(3)　・・・・・・・・・・・（各社が定めた招集の決定事項を記載する）

以上

◎当日ご出席の際は、お手数ながら同封の議決権行使書用紙を会場受付にご提
　出くださいますようお願い申し上げます。
◎株主総会参考書類ならびに事業報告、計算書類および連結計算書類に修正が
　生じた場合は、インターネット上の当社のウェブサイト（http://www.○○
　○○）に掲載させていただきます。

インターネットによる議決権行使のご案内
〈　略　〉

226

以上

## 4　株主提案権

　株主提案権には、議題提案権と議案提案権がある。

　株主提案権は、会社の経営に関心をもち、会社に対して発言しようとする株主に対し、その発言する機会を提供するという機能を果たしている。

　株主が、株主提案権を行使できる事項は、当該提案株主が、議題または議案について議決権を行使することができる事項に限る。

　なお、株主提案議案を議題としなかった場合でも、その株主総会における他の決議自体には瑕疵がないため、決議取消事由とはならない（東京地判昭和60・10・29金判734号23頁）

### (1)　議題提案権

　株主は、取締役に対し、いつでも、一定の事項を株主総会の目的（議題）とすることを請求することができる（303条１項）。

　取締役会設置会社においては、議題提案権は一定の制限を受ける（少数株主権）。すなわち、

①　総株主の議決権の100分の１以上の議決権または300個以上の議決権を
②　６カ月前から引き続き保有する株主が
③　株主総会の日の８週間前までに

請求した場合に限り、行使することができる（303条２項）。

　なお、上記①③の要件については、定款によりそれを下回る割合・数または期間を定めることができ、②の要件については、非公開会社の取締役会設置会社においては要求されない（303条３項）。

### (2)　議案提案権

#### (ア)　会場における提案権

　株主は、株主総会において、株主総会の目的である事項につき、議案を提

出することができる（修正動議、単独株主権。304条）。この場合、議長は、修正動議より先に原案について採決することについて議場に諮って承認を得て、原案を先に採決することができる（仙台地判平成5・3・24資料版商事109号64頁）。

　ただし、当該議案が法令もしくは定款に違反する場合または、過去に実質的に同一の議案につき総株主（当該議案につき議決権を行使できない株主を除く）の議決権の10分の1（定款でこれを下回る割合を定めることができる）以上の賛成が得られなかった日から3年を経過していない場合は、会社は提案を拒絶できる（304条ただし書）。

　(イ)　議案の通知請求

　株主は、取締役に対し、株主総会の8週間前までに、株主総会の目的である事項につき当該株主が提出しようとする議案の要領を株主に通知することを請求することができる（議案の通知請求。305条1項）。ただし、8週間前という期間は定款により短縮することができる。

　議案の要領とは、株主総会の議題に関し、当該株主が提案する議案の基本的内容について、会社および一般株主が理解できる程度の記載をいう（東京地判平成19・6・13判タ1262号315頁）。

　会社は、議案が株主の提出による場合は、株主総会参考書類に一定事項を記載する必要がある（施規93条）。そこで、株主が議案の通知請求に際してその理由を通知したとき、会社は、株主総会参考書類に当該理由を記載する必要があるが、その全部を記載することが適切でない程度の多数の文字、記号等をもって構成されているときは、その事項の概要を記載すれば足りる（施規93条1項3号）。

　したがって、たとえば、株主提案の提案理由が多数の文字で構成されている場合、株主提案の提案理由の添付の別表部分を参考書類で削除したとしても違法とはならない（札幌高判平成9・1・28資料版商事155号109頁）。

　なお、株主提案に係る議案については、議長は提案者たる株主に対し、提案理由を説明する機会を付与すべきであると考えられている（山形地判平成

元・4・18判時1330号124頁)。

　取締役会設置会社においては、議案の通知請求権は一定の制限を受ける（少数株主権）。すなわち、

①　総株主の議決権の100分の1以上の議決権または300個以上の議決権を
②　6カ月前から引き続き保有する株主が
請求した場合に限り、行使することができる（305条1項ただし書）。

　②の要件について、6カ月間の算定の起算日は請求の日であり（東京高判昭和60・10・29金判1159号43頁）、期間計算にあたっては、株式を取得した日当日すなわち初日は算入すべきではない（東京高判昭和61・5・15商事1079号43頁）。

　なお、上記①の要件については、定款によりこれを下回る割合または数を定めることができ、②の要件については、定款によりこれを下回る期間を定めることができ、また、非公開会社の取締役会設置会社においては要求されない（305条2項）。

　議案の通知請求についても、議案提案権と同様の拒絶事由がある（305条4項）。

## III　議　事

### 1　報告事項と決議事項

　株主総会では、報告事項の報告と決議事項の決議がなされる。

　報告事項とは、株主総会において株主に対し報告しなければならない事項であり、決議事項とは、株主総会において株主の承認を得なければならない事項である。

　計算書類・事業報告については、会計監査人設置会社以外の会社では、取締役は、これを定時株主総会に提出し、計算書類の承認を受け、事業報告の内容の報告をしなければならない（438条）。この点、決算書類に関する承認

**229**

第4章 第2節 株主総会

〔図表4-8〕 計算書類・事業報告

| | 会計監査人設置以外の会社 | 会計監査人設置会社 |
|---|---|---|
| 報告事項 | 事業報告 | ①事業報告<br>②貸借対照表<br>③損益計算書<br>④株主資本変動計算書<br>⑤個別注記表 |
| 決議事項 | ①貸借対照表<br>②損益計算書<br>③株主資本変動計算書<br>④個別注記表 | |

決議につき、株主総会招集通知に当該計算書類の添付がない場合、決議取消事由となる（大阪地堺支判昭和63・9・28判時1295号137頁）。

　他方、会計監査人設置会社では、計算書類が法令、定款に従い、会社の財産および損益の状況を正しく表示しているものとして法務省令（施規116条5号、計規135条）で定める要件に該当する場合には、株主総会の承認を受ける必要はなく、取締役がその内容を報告すれば足りる（439条。〔図表4-8〕参照）。

## 2　議事運営

### ⑴　議　長

　株主総会の議長は、定款に定めがないときは総会において選任する。実務上は、多くの会社で、定款に社長が議長を務める旨定めている。ただし、少数株主の招集した株主総会では、同株主総会で、議長を選任すべきものと考えられている（横浜地判昭和38・7・4下民集14巻7号1313頁）。

　議長は、総会の秩序を維持し（秩序維持権）、議事を整理する（議事整理権）。また、命令に従わない者や総会の秩序を乱すものを退場させることができる（315条。東京地判平成8・10・17判タ939号227頁）。なお、退場処分を受けた株主が株主権を行使できなくても、決議に瑕疵が生じないのは当然である（東

京地判昭和5・7・25新聞3153号6頁）。

　また、議長は、株主が質問を希望する場合であっても、議題の合理的な判断のために必要な質問が出尽くしたときは質疑を打ち切ることができる（東京地判平成4・12・24判時1452号127頁、札幌地判平成5・2・22資料版商事109号56頁、大阪地判平成9・3・26資料版商事158号40頁、東京地判平成10・4・28商事1504号附録判例1976頁）。

---

### ✤ *One point advice*　株主総会出席禁止仮処分命令申立事件　——

　株主総会会場内における総会の円滑な進行を妨げる行為を個別具体的に禁止するだけでは足りず、株主総会への出席自体を阻止する必要性が高い場合には、株主総会出席禁止仮処分命令の申立てを検討することも1つの手段である（京都地決平成12・6・23判時1739号138頁）。

---

### (2)　議事運営

　株主総会を混乱なく円滑に開催するために、会社は、会場設営、入場時のチェック、議長の議事進行など、さまざまな工夫をするのが一般である。

　会社は、株主に対し、ビデオカメラやマイク等の持ち込みを制限することや（東京地決平成20・6・25判時2024号45頁）、所持品検査を行うことができる（福岡地判平成3・5・14判時1392号126頁）。また、株主総会の議事録作成と証拠保全のため、会場の様子をビデオカメラで撮影することは、発言者を特定するに必要な限度にズームアップをとどめ、会場の後方から撮影するなど撮影方法が相当であれば許される（大阪地判平成2・12・17資料版商事83号38頁）。

　従業員である株主が、株主総会に出席し、議長の議事進行に協力することも、総会に出席している他の株主と同一、平等に扱う限り問題ない。

　ただ、会社が、従業員である株主を他の株主より先に会場に入場させて、株主席の前方に着席させるなどの措置を講ずることは適切でない（最判平成8・11・12判時1598号152頁）。

　この点、株主総会の開催場所を当日に変更する場合は、会場変更について

やむを得ない理由が必要であり、かつ、株主に対し会場変更を周知させる必要がある（広島高松江支判昭和36・3・20下民集12巻3号569頁）。会場変更についてやむを得ない理由がない場合は、決議不存在事由となる（大阪高判昭和58・6・14判タ509号226頁）。

　なお、定刻より3時間以上遅れて開催された株主総会の決議には、決議取消事由があるとされた裁判例があるので、株主総会の開催が定刻より大幅に遅れないように運営する必要がある（水戸地下妻支判昭和35・9・30下民集11巻9号2043頁）。

---

### ✤ *One point advice*　会場の大きさ・複数会場の設置

　株主総会のために参集したすべての株主に対し、何らかの方法で議決権行使の機会を与えるべきであることから、出席株主の予想数に応じた会場を、適宜、用意すべきである。

　株主総会当日、会場に参集した株主を収容しきれなかった事案において、株主総会の期日を変更し、延期しまたは続行することにより、株主のために議決権行使の機会を確保しなければならず、かつ、それは可能であったにもかかわらず、そのような措置をとらないでした決議は、取消事由があると判示した裁判例（大阪地判昭和49・3・28民集37巻5号575頁）があることに留意すべきである。

　なお、複数会場を設置する場合は、第1会場のみならず、第2会場の株主についても、質問の機会を与え、第1会場と第2会場を分断しないようにする必要がある（大阪地判平成10・3・18判タ977号230頁）。

---

## 3　説明義務

### (1)　回答拒否事由

　取締役および監査役等は、株主総会において、株主の求めた事項について、説明をしなければならない（314条本文）。説明義務を負う質問は、質問者である株主の質問が意見表明ではなく、真に「質問」といえるものであり、しかも、「質問」が明瞭である場合にのみ生じるものと考えられている（東京

地判昭和62・1・13判時1234号143頁）。

　株主に質疑討論の機会を与えることなく決議した場合は、審理不尽として決議取消事由となり得る（大阪高判昭和42・9・26判時500号14頁）。

　ただし、次のような回答拒否事由がある（314条ただし書）。

①　会議の目的事項に関係しないもの

②　株主共同の利益に著しく反するもの

③　その他正当事由として法務省令で定めるもの

　この点、説明義務の範囲を回答拒否事由で区切ることは現実的には困難な場合もある。すなわち、会議の目的事項に関係しないものについては、回答を拒否できるとしても、事業報告、貸借対照表、損益計算書には、1年間の会社の活動の結果が記載されており、その意味では、会社の経営にかかわるあらゆるものが会議の目的となりうる。また、株主共同の利益に著しく反するものについても、企業秘密等が該当すると考えられるが、その適用範囲は極めて狭くなるからである。

　なお、会社法施行規則71条は正当事由として次の①〜④のとおり定める。

①　株主が説明を求めた事項について説明をするために調査をすることが必要である場合。ただし、次に掲げる場合を除く。

　ⓐ　当該株主が株主総会の日より相当の期間前に当該事項を株式会社に対して通知した場合（いわゆる質問状）

　ⓑ　当該事項について説明をするために必要な調査が著しく容易である場合

②　株主が説明を求めた事項について説明をすることにより株式会社その他の者（当該株主を除く）の権利を侵害することとなる場合

③　株主が当該株主総会において実質的に同一の事項について繰り返して説明を求める場合

④　上記①〜③のほか、株主が説明を求めた事項について説明をしないことにつき正当な理由がある場合

(2) **説明義務の範囲と程度**

　説明義務の範囲と程度について、判例・学説は、説明義務の制度趣旨を議題の合理的判断のために必要な付加的情報の提供であると解し、会社役員が、合理的な平均的株主の立場を基準に、議題の合理的判断のために必要な範囲で、必要な程度において説明したか否か（広島高松江支判平成8・9・27資料版商事155号104頁、東京地判平成16・5・13金判1198号18頁、東京地判平成19・10・31金判1281号64頁）をもって、画するとしている（必要性の要件）。

　しかし、実際に多数の株主の質問を前にして、議長が瞬時に必要性の要件の充足の有無を判断するのは、事実上困難である。そこで、説明義務の範囲と程度について、次のような実務上の工夫がなされている。

　(ア) **説明義務の範囲**

　決議事項については、株主総会参考書類に記載される事項、報告事項については附属明細書に記載される事項が、説明義務の範囲を画するとする取扱いをしている（大阪地判平成元・4・5資料版商事61号15頁、東京地判平成10・4・28商事1504号附録判例1976頁）。すなわち、法が、書面投票制度を採用する際に株主総会参考書類の交付を要求しているのは、株主総会参考書類を参照すれば、株主総会に出席しなくても議決権行使の実効性が担保されると解しているからであり、他方、附属明細書は計算書類の内容を補足する書面である。とするならば、株主総会に出席した株主に対しても、株主総会参考書類および附属明細書に記載される範囲の事項について説明すれば、説明義務の範囲としては十分ということになるからである。

　(イ) **説明義務の程度**

　説明義務の程度は、実務上、報告事項よりも決議事項についてより慎重に取り扱う必要がある。

　すなわち、報告事項は、決算承認取締役会において法的に確定し、株主総会の承認を要せず、報告をもって足りるのであって、いわば自己完結しているからである。要するに、報告事項は決議を要さないから、仮に説明義務が尽くされなくても決議取消しの対象となることはない（福岡地判平成3・5・

Ⅲ　議　事

14判時1392号126頁）。

　一方、決議事項は、株主総会において株主の承認を得なければならない事項であり、株主総会での承認があって初めて内容が確定する。したがって、決議事項について説明義務を尽くさなかった場合、決議取消しの対象となりうる。そこで、決議事項は報告事項に比べて説明義務違反の効果が会社にとって重大であるから、実務では決議事項を慎重に扱っている。

---

### ✣ *One point advice*　退職慰労金贈呈議案の説明義務 ─────

　株主は、株主総会において、取締役・監査役の退職慰労金額、その最高限度額または具体的な金額等を一義的に算出しうる支給基準を決議しなければならない以上、その金額または支給基準の内容について具体的に説明を求めることができる。

　説明を求められた取締役は、①会社に現実に一定の確定された基準が存在すること、②その基準は株主に公開されており周知のものであるか、または株主が容易に知りうること、③その内容が前記のとおり支給額を一義的に算出できるものであること等について、説明すべき義務を負う。

　したがって、取締役の説明が、算出方法については基礎額と乗数と在位年数を乗じて計算するというだけで、結局は取締役会および監査役の協議によって具体的金額を決定するとの説明に終始しているにすぎず、十分な説明がされたと認められない場合は、決議取消事由となる（奈良地判平成12・3・29判タ1029号299頁、東京地判昭和63・1・28判時1263号3頁）。

---

## ⑶　質問状と一括回答

　あらかじめ会社に質問状が提出されていても、株主総会で株主が質問しなければ取締役等は、これに対して説明する必要はない（東京地判平成元・9・29判時1344号163頁、東京地判平成10・4・28商事1504号附録判例1976頁、宮崎地判平成14・4・25金判1159号43頁）。ただ、総会の運営を円滑に行うために、あらかじめ質問状の提出があったものについて、総会であらためて質問を待つことなく説明することは差し支えない。その際、質問状の内容を整理して項目ごとに一括して回答することも認められる（東京高判昭和61・2・19判時

235

1207号120頁）。

一括回答は、質問状によって判明した株主の疑問点について、あらかじめ、一般的説明をしたということであり、株主総会における株主の質問に対する説明義務の履行としてされたものではないので、取締役等は一括回答によって回答する内容を取捨選択することができ、このような一括回答による一般的説明において自己の通知した質問事項に対する説明がなかった株主は、議長から発言の許可を得たうえ、当該質問事項につき説明を求めることができる（前掲東京地判平成元・9・29）。

## Ⅳ 議決権の行使

### 1 1株1議決権の原則

株主は、1株につき1個の議決権をもつのが原則である（1株1議決権の原則。308条1項本文）。

ただし、1株1議決権の例外は、次の①〜⑦の場合に認められる。

① 単元未満株式

1単元の株式の数を定めている場合には、1単元の株式につき1個の議決権をもつ（308条1項ただし書）。

② 議決権制限株式

議決権を制限された事項については、議決権を行使できない（108条2項3号）。

③ 取締役・監査役の選解任につき内容の異なる種類株式

この場合、取締役・監査役の選解任は、種類株主総会で行われる（108条2項9号）。

④ 自己株式

会社は、自己株式については、議決権をもたない（308条2項）。

⑤ 相互保有株式

会社が、その総株主の議決権の4分の1以上を有すること、その他の事由を通じて、株式会社が、その経営を実質的に支配することが可能な関係にあるものとして、会社法施行規則67条で定める株主は、議決権をもたない（308条1項本文カッコ書）。

⑥　特別利害関係を有する株主が有する株式

会社が自己株式を取得する場合、取得の相手方となる株主は、自己株式取得を承認する株主総会において、議決権を行使することができない（140条3項、160条4項）。

⑦　基準日後に発行された株式

基準日後に発行・移転された株式の株主については、総会での議決権行使者を確定するという基準日の趣旨から、総会での議決権行使は認められない。ただし、会社が当該株主の議決権行使を認めることは、基準日株主の権利を害さない限りにおいて認められる（124条4項）。

## 2　累積投票制度

累積投票制度は、全取締役の選任を一括して行い、かつ、各株主は1株につき選任すべき取締役の数だけの議決権を有し、そのすべてを1人の候補者に投じてもよいし、分散して投じてもよいという制度である（342条、施規97条）。この場合、定款上、累積投票制度を排除していない会社では、株主に累積投票の請求をするか否かを判断させるために、取締役選任を議題とする株主総会の招集通知には、選任される取締役の数を記載しなければならない（東京高判平成3・3・6金判874号23頁）。

この点、「取締役全員任期満了につき改選の件」とのみ記載されていて数についての記載がない場合は、特段の事情がない限り、従前の取締役と同数の取締役を選任する旨の記載があると考えることができるとされる（最判平成10・11・26金判1066号18頁）。

また、定款による累積投票の請求を排除していない株式会社の株主総会で、その招集通知に記載された取締役の数より1名少ない候補者が付議された場

第4章　第2節　株主総会

合、株主から累積投票の請求がなければ、その招集通知は不適法ではないと
考えることができるとされる（前掲最判平成10・11・26）。

## 3　議決権の行使方法

### (1)　株主総会に出席して議決権を行使する場合

株主総会に出席して議決権を行使するのが原則である。

しかし、株主数の多い会社にあっては、株主が株主総会に出席することが
困難な場合がある。そこで、次の(2)〜(5)のような議決権行使方法が用意され
ている。

### (2)　書面による行使（書面投票制度）

#### (ア)　議決権を有する株主の数が1000人以上の大会社の場合

議決権を有する株主の数が1000人以上の会社においては、株主総会に出席
しない株主は、書面によって議決権を行使できる（298条2項）。

この場合、会社は、株主総会招集通知書に、①議決権の行使について参考
となるべき事項を記載した書類（株主総会参考書類）、②議決権を行使するた
めの書面（議決権行使書面）を交付しなければならない（301条、298条2項）。

#### (イ)　その他の会社の場合

議決権を有する株主の数が1000人以上の会社以外の会社であっても、①総
会ごとに、②取締役（会）の決定により、総会に出席しない株主が、書面に
より議決権を行使できる旨を定める場合には、書面投票制度を採用すること
ができる（298条1項）。

この場合には、会社は株主総会の招集通知にその旨を記載または記録しな
ければならない（299条4項）。株主が当然に書面投票をすることができるわ
けではない点で、議決権を有する株主の数が1000人以上の会社とは異なる。
書面投票制度を採用する場合は、会社は総会の招集通知に、株主総会参考書
類と議決権行使書面を交付しなければならない（301条）。

会社法が書面投票において参考書類の交付を義務づけているのは、株主の
議決権行使の実効性を担保するためである。

*238*

■ Ⅳ 議決権の行使

㈢ 書面投票の方法と効果

書面投票をする株主は、議決権行使書面に、必要事項を記載し、総会の前日までに会社に提出することにより議決権を行使することができる。

議決権行使書面を提出した株主であっても、現実に総会に出席することはできる。この場合、書面による議決権行使はその効力を失う。

株主総会参考書類と議決権行使書面の記載事項は、会社法施行規則に規定されている（株主総会参考資料の具体例については、【書式4-2】参照）。

### ✤ *One point advice*　出席株主による投票方法と議決権行使書面による投票方法

取締役選任議案について、株主総会当日に、株主提案に基づく各候補者と会社提案に基づく各候補者とに分けたうえ、順次に各候補者を一括して投票した場合、書面によって議決権を行使した株主は、各取締役候補者のそれぞれに賛否の意見を表明することができるのに対し、株主総会に出席した株主は、会社提案および株主提案のそれぞれの各取締役候補者について一括して賛否の意見を表明することを求められ、各取締役候補者についてそれぞれ各別に賛否の意見を表明することができない。

この場合、株主総会に出席した株主は、書面によって議決権を行使した株主よりも不利益であるとして、株主平等原則に反するのだろうか。

この点が問題となった事案において、裁判所は、株主総会に出席した株主は、株主総会において直接に自らの意見を表明する機会が与えられていること、この投票方法における相異は、大規模会社の多数の株主に株主総会における意見表明の機会を保障しようとの見地に立脚して採用された書面による議決権行使制度に内在する技術的な制約によるものであると認められることに鑑みれば、当該投票方法における相異をもって、本件株主総会決議が株主平等原則に反する違法のものであると解することはできないと判示している（名古屋高判平成12・1・19金判1087号18頁）。

### (3) 電磁的方法による行使（電子投票制度）

会社は、取締役（会）の決定により、総会に出席できない株主が電磁的方法により議決権を行使できる旨を定めることができる。この場合においては、

*239*

会社は、株主総会の招集通知に、その旨を記載または記録しなければならない（299条4項）。

また、会社は、株主総会参考書類および議決権行使書面の内容に相当するものを株主に交付しなければならない（302条）。

株主は、株主総会の日時の直前の営業時間の終了時までに、電磁的方法により議決権を行使することができる（312条、施規70条）。

#### (4) 不統一行使

株主は、2個以上の議決権をもつときは不統一行使することができる（313条1項）。取締役会設置会社では、会日より3日前に、会社に対し、書面によりその旨および理由を通知することが必要である（313条2項）。

株主が、他人のために株式を有する者でないときは、会社は、不統一行使を拒むことができる（313条3項）。

#### (5) 代理行使

株主は、代理人により、その議決権を行使することができる（310条1項前段）。代理人となる者の資格は、法定されていないが、定款をもって、代理人を株主に限る旨を定めることができるほか（最判昭和43・11・1民集22巻12号2402頁）、会社は、株主総会に出席できる代理人の数を制限することができる（同条5項）。

ただし、議決権行使の代理人資格を株主に限定する定款がある場合でも、法人株主の従業員が議決権を代理行使することは、特段の事情がない限り、定款に反しない（最判昭和51・12・24民集30巻11号1076頁、東京地判昭和61・3・31判時1186号135頁）。

また、代理人として選任された弁護士が株主総会に出席し、議決権を行使しても株主総会が撹乱されるなど、会社の利益が害されるおそれがないと認められる場合には、その名による議決権の代理行使が認められるとした裁判例がある（神戸地尼崎支判平成12・3・28判タ1028号288頁）が、会社が、株主総会を撹乱するおそれの有無について個別具体的に検討することは、円滑な総会運営を阻害するおそれが高いため、弁護士による株主権代理行使を拒否

したとしても決議取消事由とならないとした裁判例もある（宮崎地判平成
14・4・25金判1159号43頁）。

その株主または代理人は、その代理権を証する書面を会社に差し出さなければならない（310条1項後段・3項、325条）。

この点、当該書面の方式については、法律上、特に定めはないことから、株主総会において株主権行使の権限の委任があったことを知るに足る記載があればよく（東京地判昭和5・7・25新聞3153号6頁）、会社は、会社があらかじめ用意した定型委任状以外の私製委任状であっても、受け取りを拒否することはできず（前掲宮崎地判平成14・4・25）、受任者の氏名が補充されていないいわゆる白紙委任状であっても、その所持者は、その委任状の所持自体によって受任者たる資格を主張できる（東京地判昭和44・1・21商事479号附録判例478頁）。

また、議決権行使の代理権授与は、株主総会ごとに行わなければならない（310条2項、325条）。経営陣が、会社支配のために代理権を濫用する危険を考慮したものである。

なお、従業員の持株を持株会の理事長に信託する形をとる従業員持株会の場合、その信託契約は、株主の議決権を含む共益権の自由な行使を阻害するものとして無効と考えられる（大阪高決昭和58・10・27高民集36巻3号250頁）。会社法310条2項の趣旨に反すると考えられるからである。

### (6) 委任状勧誘

委任状勧誘とは、会社またはそれ以外の者（株主を含む）が、株主に対し、株主総会における議決権を自己または第三者に代理行使させること（310条）を勧誘することである。

上場株式の議決権行使につき委任状勧誘を行う場合、勧誘者が誰であろうとも、一定の例外を除き（金商令36条の6）、金融商品取引法による規制がなされ（金商194条）、株主が十分な情報提供を受け、その意思を決議に反映できるようにしている。

勧誘者は、被勧誘者に対し、法定事項（上場株式の議決権の代理行使の勧誘

に関する内閣府令1条〜41条）を記載した参考書類を提出しなければならず（金商令36条の2）、その委任状用紙は、議案ごとに被勧誘者が、賛否を明記することができるものでなければならない（同条5項、上場株式の議決権の代理行使の勧誘に関する内閣府令43条）。

また、委任状勧誘は、議決権の代理行使（310条）となるため、議決権の代理行使に関する規制がなされる（上記(5)参照）。

### (7) 議決権行使書面の様式と株主提案の扱い

議決権行使書面には、各議案ごとに株主が賛否を記載する欄を設けなければならない（施規66条1項1号）。保留・棄権欄を設けるか否かは、会社の裁量に委ねられている（同号。大阪地判平成13・2・28金判1114号21頁）。

賛否いずれの記載もない議決権行使書面が会社に提出された場合、各議案についての賛成、反対または棄権のいずれかの意思表示があったものとして取り扱う旨を記載することができる（施規66条1項2号）。株主提案があった場合には、取締役（会社）提出議案については賛成、株主提出議案については反対と取り扱うことも認められる（札幌高判平成9・1・28資料版商事155号109頁、前掲大阪地判平成13・2・28）。

### (8) 株主の権利の行使に関する利益供与の禁止

会社は、何人に対しても、株主、株式交換等完全子会社に係る適格旧株主、および最終完全親会社等の株主の権利の行使に関し、会社または子会社の計算において財産上の利益を供与してはならない（120条）。これに反した取締役・執行役等には刑罰が科されるほか（970条1項。情を知って利益供与を受け、または要求した者も同じ（同条2項・3項））、関与した取締役・執行役は、その職務を行うについて、注意を怠らなかったことを証明しない限り、供与した利益の価格に相当する額を連帯して会社に支払う義務を負う（120条4項）。いわゆる「総会屋」への利益供与の根絶を目的とする規定であるが、「総会屋」以外の者に対する利益供与にも適用される。

なお、株主総会における議決権の行使を条件にQuoカードを提供した会社の行為について、当該総会では株主提案権が行使され、会社と提案株主と

が株主の賛成票の獲得をめぐって対立関係にあったことなどを考慮し、本件贈呈は、本件会社提案への賛成票の獲得を目的としたもので違法な利益供与にあたるとした裁判例がある（東京地判平成19・12・6判タ1258号69頁）。

## ⚜ *One point advice* 信用取引で株式を取得した証券会社の議決権行使 ───────

　信用取引とは、投資家が証券会社に一定の担保（委託保証金）を差し入れることにより、金銭や株式を借り入れ、株式等の売買を行うことをいう（金商156条の24参照）。

　たとえば、信用取引により株式の買付け（信用買い）をする場合、投資家は、証券会社から金銭を借り入れて株式の買付けを委託し、証券会社は、当該委託に基づき市場で株式を取得する。借り入れた金銭の返済（決済）にあたっては、差金決済（当初の信用買いの買付代金と売付代金の差額を決済する方法）または現引き（証券会社に買付代金を支払い、株式を取得する方法）があり、現引きをするまでは、株主としての権利は当該証券会社にある。

　信用取引は、委託保証金に比して多額の株式の売買を行うことができるという点に魅力があることから、株式売買により利益を得ることを目的とした投資家が利用していた。

　平成22年10月、（株）幻冬舎がMBO（management buy-out の略。経営陣が企業や事業部門を買収することをいう）による非上場化の方針を発表した。投資ファンドであるイザベル・リミテッドは、この発表後、信用取引を利用して幻冬舎の株式を立花証券を通じて大量に買い付けた。ところが、平成23年2月15日に開催された幻冬舎の臨時株主総会の基準日までに現引きを行っていなかったことから、総会での議決権は、市場から株式を取得した立花証券にあった。

　これまで、信用取引により株式を取得した証券会社は、議決権を行使しないのが通例であった。しかし、今回は、立花証券の保有した議決権割合が、株主総会の特別決議を否決する3分の1を超えていたこと、イザベル・リミテッドが同証券会社に議決権行使を促したことが予想されたことから、その動向が注目されたものである。

　幻冬舎の臨時株主総会は、信用取引において株主となった証券会社の議

*243*

決権行使のあり方について議論を投げかける形となった。

なお、同総会に立花証券は参加せず、議決権も行使しなかったことから、議案は賛成多数で可決した。

【書式4-2】 株主総会参考書類モデル

---

## 株主総会参考書類

議案および参考事項

（会社提案）

第1号議案　当社定款を次の1乃至3のとおり一部変更する件

　1　定款変更1について

　　現行定款の一部を次の変更案（変更部分は下線で示す。）のとおり改めたいと存じます。

| 現行定款 | 変更案 | 変更の理由 |
|---|---|---|
| （目的）<br>第○条　当会社は、次の事業を営むことを目的とする。 | （目的）<br>第○条　当会社は、次の事業を営むことを目的とする。 | 今後の事業展開に備えるため事業目的を追加いたしたいと存じます。 |
| 1・・・・・・・<br>　2・・・・・・・<br>（新設）<br>　_3_　前各号に付帯関連する一切の事業 | 1　・・・・・・・<br>2　・・・・・・・<br>_3_　・・・・・・・<br>_4_　前各号に付帯関連する一切の事業 | |

　2　定款変更2について

　　今般、敵対的買収防衛策を導入するに際して、現行定款に新たに「第○章　敵対的買収防衛策」を新設したく存じます（新設部分は下線で示す。）。

| 現行定款 | 変更案 | 変更の理由 |
|---|---|---|
| （新設） | 第○章　敵対的買収防衛策<br>（防衛策の内容）<br>第○条・・・・・<br>（防衛策の発動） | 当社企業価値・株主価値を、敵対的買収者による買収から防衛すると同時に、濫用的な防衛策の発動がなされないよう、 |

244

IV 議決権の行使

| | 第○条・・・・・ | 株主意思を防衛策の発動に際して反映させることを目的とするものです。 |
|---|---|---|

3　定款変更3について

（省略）

## 第2号議案　取締役○名選任の件

　取締役全員（○名）は、本総会の終結の時をもって任期満了となりますので、つきましては、経営陣の強化を図るため、1名増員し取締役○名の選任をお願いいたしたいと存じます。

　取締役候補者は、次のとおりであります。

| 候補者番号 | 氏　名<br>（生年月日） | 略歴、地位、担当および重要な兼職状況 | 所有する当社株式の数 |
|---|---|---|---|
| 1 | ○○　○○<br>（昭和○年<br>○月○日生） | 昭和○年○月　　当社入社<br>昭和○年○月　　当社○○部長<br>平成○年○月　　当社取締役<br>平成○年○月　　当社常務取締役<br>　　　　　　　（経理・総務担当）<br>　　　　　　　現在に至る<br>（他の法人等の代表状況）<br>○○株式会社代表取締役副社長 | ○○○株 |
| 2 | ※<br>□□　□□<br>（昭和○年<br>○月○日生） | 昭和○年○月　　○○株式会社入社<br>昭和○年○月　　同社○○部長<br>平成○年○月　　同社代表取締役社長<br>　　　　　　　現在に至る<br>（他の法人等の代表状況）<br>○○株式会社代表取締役社長 | ○○○株 |
| （以下省略） | | | |

（注）1．候補者と当社との間に特別の利害関係はありません。

　　　2．※は新任候補者であります。

　　　3．△△△△氏、◇◇◇◇氏は社外取締役候補者であります。

　　　4．社外取締役候補者の選任理由、社外取締役としての独立性及び社外取締役との責任限定契約について

　　　（1）社外取締役の候補者の選任理由及び独立性について

245

第4章　第2節　株主総会

① 　△△△△氏につきましては・・・・・

② 　◇◇◇◇氏につきましては・・・・・

③ 　社外取締役候補者は、いずれも、過去5年間に当社又は当社の特
定関係事業者（会社法施行規則第2条第3項第19号の定義による。
以下同じ。）の業務執行者（同規則同条同項第6号の定義による。）
となったことはありません。社外取締役候補者は、いずれも、過去
2年間に合併、吸収分割、新設分割若しくは事業の譲受けにより当
社が権利義務を承継した株式会社において、当該合併等の直前に当
該株式会社の社外取締役又は監査役ではなく、業務執行者であった
ことはありません。

④ 　社外取締役候補者は、いずれも、当社又は当社の特定関係事業者
から多額の金銭その他の財産を受ける予定はなく、また過去2年間
に受けていたこともありません。

（省略）

(2) 　在任中に不当な業務遂行が行われた事実及びその事実の発生防止及
び発生後の対応について

（省略）

(3) 　社外取締役との責任限定契約について

当社は、社外取締役として有用な人材を迎えることができるよう、
現行定款におきまして、社外取締役との間で、その損害賠償責任を一
定の範囲に限定する契約を締結できる旨を定めております。これによ
り、社外取締役候補者である△△△△氏及び◇◇◇◇氏は、当社との
間で、当該責任限定契約を締結しております。

その契約内容の概要は以下のとおりです。

・ 　社外取締役が任務を怠ったことによって当社に損害賠償責任を負
う場合は、会社法第427条第1項に規定する最低責任限度額を限度
として、その責任を負う。

・ 　上記の責任限定が認められるのは、当該社外取締役が責任の原因
となった職務について善意かつ重大な過失がない場合に限るものと
する。

第3号議案　退任取締役および退任監査役に対し退職慰労金贈呈の件

IV 議決権の行使

　取締役○○○○、○○○○、○○○○の３氏および監査役○○○氏は、本総会の終結の時をもって退任されますので、それぞれ在任中の労に報いるため、当社における一定の基準に従い相当額の範囲内で退職慰労金を贈呈することとし、その具体的金額、贈呈の時期、方法等は、取締役については取締役会に、監査役については監査役の協議によることにご一任願いたいと存じます。

　退任取締役および退任監査役各氏の略歴は、次のとおりであります。

| 氏　　名 | 略　　　　歴 |
|---|---|
| ○ ○　○ ○ | 平成○年○月　　当社取締役<br>平成○年○月　　当社常務取締役<br>平成○年○月　　当社専務取締役　　　現在に至る |
| ○ ○　○ ○ | 平成○年○月　　当社取締役<br>平成○年○月　　当社常務取締役　　　現在に至る |
| ○ ○　○ ○ | 平成○年○月　　当社取締役　　　現在に至る |
| ○ ○　○ ○ | 平成○年○月　　当社監査役　　　現在に至る |

第４号議案　役員賞与の支給の件

　当期末時点の取締役○名（うち社外取締役○名）および監査役○名に対し、当期の業績等を勘案して、役員賞与総額○○○円（取締役役分○○○円、社外取締役分○○○円、監査役分○○○円）を支給することといたします。

第５号議案　取締役および監査役の報酬額改定の件

　当社の取締役および監査役の報酬額は、平成○年○月○日開催の第○回定時株主総会において取締役の報酬額を年額○○○円以内（うち社外取締役分は○○○円以内）、監査役の報酬額を年額○○○円以内とご決議いただき今日に至っておりますが、その後の経済情勢の変化等諸般の事情を考慮して、取締役の報酬額を年額○○○円以内と改めさせていただきたいと存じます。

　なお、取締役の報酬額には、従来どおり使用人兼取締役の使用人分給与は含まないものといたしたいと存じます。

　現在の取締役は○名（うち社外取締役○名）、監査役は○名でありますが、第２号議案が原案どおり承認可決されますと、取締役は○名（うち社外取締役○名）、監査役は○名となります。

第６号議案　取締役に対するストックオプション報酬額および内容決定の件

247

第4章　第2節　株主総会

　当社取締役（社外取締役を除く。）に対して、報酬として新株予約権を年額〇〇〇円の範囲で付与することにつきご承認をお願いするものであります。現在の取締役は〇名（うち社外取締役〇名）でありますが、第2号議案が原案どおり承認可決されますと〇名（うち社外取締役〇名）となります。なお、付与する新株予約権の内容は、次のとおりであります。

(1)　新株予約権の総数および目的となる株式の種類および数

　　　新株予約権の個数　　〇,〇〇〇個を1年間の上限とする。

　　　目的となる株式　　　普通株式　　〇,〇〇〇,〇〇〇株を1年間の上限とする。

　　　新株予約権1個当たりの目的となる株式数は1,000株とする。

　　　なお、当社が合併、募集株式の発行、会社分割、株式分割または株式併合等を行うことにより、株式数の変更をすることが適切な場合は、当社は必要と認める調整を行うものとする。

(2)　各新株予約権の行使に際して払込みをなすべき金額

　　　新株予約権1個当たりの払込金額は、次により決定される1株当たりの払込金額に、(1)に定める新株予約権1個当たりの株式数を乗じた金額とする。

　　　1株当たりの払込金額は、新株予約権を発行する日の属する月の前月の各日（取引が成立していない日を除く。）における〇〇証券取引所における当社株式普通取引の終値の平均値に1.XXXを乗じた金額（1円未満の端数は切上げ）とする。

　　　ただし、当該金額が新株予約権発行日の前日の終値（取引が成立しない場合はその前日の終値）を下回る場合は、当該終値とする。

　　　なお、当社が募集株式の発行、合併、会社分割、株式分割または株式併合等を行うことにより、払込金額の変更をすることが適切な場合は、当社は必要と認める調整を行うものとする（調整による1円未満の端数は切り上げる）。

(3)　新株予約権を行使することができる期間

　　　付与から〇年以内までの期間を別途定める。

　　　（省略）

（株主提案）

248

V　株主総会の決議

第7号議案は株主提案によるものであります。

第7号議案　取締役○名選任の件

(1)　提案の内容

取締役候補者は次のとおりであります。

| 氏　　名<br>（生年月日） | 略歴、地位、担当および重要な兼職状況 | 所有する当社の株式の数 |
|---|---|---|
| ○　○　○　○<br>（昭和○年<br>○月○日生） | 昭和○年○月　　　○○大学卒業<br>昭和○年○月　　　○○株式会社入社<br>平成○年○月　　　同社取締役<br>平成○年○月　　　○○株式会社設立<br>　　　　　　　　　代表取締役<br>（他の法人等の代表状況）<br>○○株式会社代表取締役 | ○,○○○株 |

（社外取締役候補者に関する事項）

　　　（省略）

(2)　提案の理由

| （省略） |
|---|

(3)　取締役会の意見

当社の取締役会としては、会社提案の取締役候補者を選任していただくことが、将来の経営体制を勘案しても、最適であると考えます。

したがいまして、本案には反対いたします。

以　　上

# Ⅴ　株主総会の決議

## 1　決議の種類

### (1)　普通決議事項

普通決議事項とは、議決権を行使することができる株主の議決権の過半数

第4章　第2節　株主総会

を有する株主が出席し（定足数）、その議決権の過半数をもって決議される
事項をいう（309条1項）。定足数については、定款によりその要件をはずし、
出席株主の議決権の過半数で決議できる旨を定款で定める例が多い。ただし、
役員の選任・解任決議については、定款の定めによっても、定足数を議決権
の3分の1未満にすることはできない（341条）。

　なお、著しい定足数不足が決議不存在事由となるか否かが争われた事案に
おいて、決議不存在事由ではなく、決議取消事由となるとした裁判例がある
（東京高判昭和59・4・17判時1126号120頁）。

---

〔普通決議事項〕

①　自己株式の買受け（156条）

②　取締役の選任、取締役（累積投票によって選任された取締役および
　　監査等委員である取締役を除く）の解任（329条1項、339条）

③　監査役の選任（329条1項、339条）

④　取締役・監査役の責任軽減決議後の退職慰労金等の支払い（425条
　　4項前段）

⑤　取締役・清算人の報酬（361条、482条4項）

⑥　監査役の報酬（387条）

⑦　計算書類の承認（438条）

⑧　法定準備金減少（448条）

⑨　利益の資本組入れ（450条）

⑩　清算人の選任（478条）

⑪　清算開始財産目録・貸借対照表の承認（492条）

⑫　清算貸借対照表・事務報告書の承認（497条）

⑬　清算決算報告書の承認（507条）

⑭　清算人の解任（479条1項・2項）

⑮　会計監査人の選任・解任（329条1項、339条）

## (2) 特別決議事項

特別決議事項とは、議決権を行使することができる株主の議決権の過半数または定款に定める議決権の数を有する株主が出席し（定足数）、その議決権の3分の2以上にあたる多数決により決議される事項をいう（309条2項）。会社にとって重要な事項であることから、普通決議事項よりも厳格な要件を定めたものである。

定足数について、定款の定めによる場合は、これを総株主の議決権の3分の1未満にすることはできない（309条2項）。

なお、決議要件は、3分の2を上回る基準を定款で定めることができる。

---

〔特別決議事項〕

① 譲渡制限株式の会社による買取り（140条2項・5項、309条2項1号）

② 自己株式の相対での買受け（156条、160条1項、309条2項2号）

③ 全株式譲渡制限会社における募集株式の発行、新株予約権の発行等（199条2項、200条1項、202条3項4号、204条2項、205条2項、238条2項、239条1項、241条3項4号、243条2項、244条3項、309条2項5号・6号）

④ 株式併合（180条、309条2項4号）

⑤ 事業譲渡等（467条、309条2項11号）

⑥ 事後設立（467条1項5号、309条2項11号）

⑦ 累積投票によって選任された取締役・監査等委員である取締役・監査役の解任（339条1項、309条2項7号）

⑧ 取締役・監査役の責任軽減（425条1項、309条2項8号）

⑨ 新株の有利発行、新株予約権の有利発行等（199条2項、201条1項、238条2項、240条1項、309条2項5号・6号）

⑩ 定款変更（466条、309条2項11号）

⑪ 株式交換（783条1項、795条1項、309条2項12号）

⑫ 株式移転（804条1項、309条2項12号）

第4章 第2節 株主総会

⑬ 新設分割（804条1項、309条2項12号）

⑭ 吸収分割（783条1項、795条1項、309条2項12号）

⑮ 吸収合併（783条1項、795条1項、309条2項12号）

⑯ 新設合併（804条1項、309条2項12号）

⑰ 資本減少（447条1項、309条2項9号）

⑱ 解散（471条3号、309条2項11号）

⑲ 会社の継続（473条、309条2項11号）

⑳ みなし解散会社の継続（473条、309条2項11号）

**(3) 特殊の決議**

㋐ 新たに株式の譲渡制限を設置する場合等

議決権を行使することができる株主の半数以上が出席し（定足数）、その議決権の3分の2以上にあたる多数決により決議する（309条3項）。定足数および決議要件ともに定款により加重することができる。

㋑ 非公開会社において、剰余金の配当を受ける権利等につき、株主ごとに異なる取扱いを行う旨定款で定める場合

総株主の半数以上が出席し（定足数）、総株主の議決権の4分の3以上にあたる多数決により決議する（309条4項）。定足数および決議要件ともに定款により加重することができる。

---

✤ *One point advice* **議決権停止の仮処分** ────────

　新株発行の無効を理由とする議決権行使停止の仮処分決定が出されている事案において、株主総会の定足数を計算する際、議決権行使停止の仮処分を受けた新株式は発行済株式の総数に算入すべきではないと判示した裁判例がある（神戸地判昭和31・2・1下民集7巻2号185頁）。

　また、株式返還請求訴訟を本案とし、互いに株主たることを主張する者同士の間の紛争で出席権・議決権停止の仮処分決定が出された事案において、同仮処分は当事者間において不作為義務を課しただけのもので、同仮処分の当事者ではない会社にその効力を及ぼさないと解するのが相当であ

Ⅴ　株主総会の決議

るとし、同仮処分を受けた当事者が加わって定足数が成立した株主総会における決議は当然に無効とはならないと判示した裁判例がある（横浜地判昭和38・7・4下民集14巻7号1313頁）。

## 2　審議および採決の方法

### (1)　議案の審議方式

議案の審議方式については、法定されていないが、個別審議方式と一括審議方式が一般的である。

個別審議方式とは、議案ごとに審議採決するもので、各議案について説明義務を尽くしやすいが、議長は、株主からの質問が審議している当該議案に関連するものかどうかを判断しなければならないので議事整理の負担が生じ得る。

一括審議方式とは、報告事項終了後、直ちにすべての議案を上程し、報告事項とすべての議案について審議を行い、審議終了後、順次、各議案の採決を行うもので、株主は、報告事項と決議事項のいずれに関しても自由に質問できるが、特定の議案についての質問が集中する場合があるので、各議案についてバランスよく質問を受け説明義務を果たすことが必要となる。

その他、質問の集中が予想される議案とそれ以外の議案をグループ分けして審議する分割審議方式や決議事項の審議を報告事項の質疑に優先させる決議事項先議方式もある。

議長は、審議の目的事項や質疑内容等を考慮して、その裁量により合理的と思われる審議方法を採用することができ（名古屋地判平成5・9・9資料版商事116号187頁）、それぞれの審議方式の特長に合わせた運用が望ましい。

### (2)　採決の方法

採決方法については、法定されていない。

定款に別段の定めがない場合、議長の合理的裁量に委ねられると考えられ、議長は、挙手、拍手、起立、記名投票その他議案に対する賛否の判定ができ

253

る適当な方法により採決をとることができる（最判昭和42・7・25民集21巻6号1669頁）。

　なお、議長が投票という採決方法を採用した場合、会社提案に対する賛成の意向が明確な株主（会社の取締役など）がいたとしても、その株主が実際に投票をしなければ、その株主が有する議決権の個数を賛成したものとして算入することはできないと考えられるので注意が必要である（大阪地判平成16・2・4金判1191号38頁）。

## 3　総会決議の省略（みなし決議・書面決議）

　総会の決議の目的である事項につき、取締役または株主より提案がある場合において、その事項につき議決権を行使することができるすべての株主が、①取締役または株主の提案の内容、②上記①の提案に同意する旨を記載または記録したる書面または電磁的記録をもって、その提案に同意したときは、その提案を可決する総会の決議があったものとみなす（319条1項）。

## 4　総会検査役と調査者

### ⑴　総会検査役

　会社または総株主の議決権（取締役会設置会社では当該議案に関する議決権）の100分の1（定款によりこれを下回る割合を定めることができる）以上の議決権を有する株主（公開会社では6カ月前（定款でこれを下回る期間を定めることができる）から引き続き有するものに限る）は、株主総会の招集手続および決議の方法を調査させるために当該株主総会に先立って、裁判所に対して、検査役の選任を申し立てることができる（306条1項）。

　株主総会が紛糾することが予想される場合に、後日の決議取消訴訟に備えて、証拠を保全するために、会社または株主が、その選任を求める制度である。

　なお、株主が裁判所に検査役選任の申請をした時点で、持株要件を充足していたとしても、その後、当該会社が新株を発行したことにより、持株要件

を充足しないものとなった場合には、当該会社が当該株主の上記申請を妨害する目的で新株を発行したなどの特段の事情のない限り、申請人の適格を欠くことになると考えられている（最判平成18・9・28民集60巻7号2634頁）。

**(2) 調査者**

株主総会の決議によって、取締役、会計参与、監査役（会）、会計監査人が総会に提出・提供した資料を調査する者を選任することができる（316条1項）。

少数株主による招集請求の手続により招集された株主総会では、その決議により、会社の業務および財産の状況を調査する者を選任することができる（316条2項）。

## 5 決議の瑕疵

**(1) 各種の訴え**

株主総会の決議に手続上または内容上の瑕疵がある場合、そのような決議は違法な決議であるから、その決議の効力は否定されるはずである。

しかし、株主総会の決議は、会社の意思決定の中でも特に重要なものであり、決議が有効か否かは会社・取締役、株主等多数の者の利害に影響を与える。したがって、株主総会の決議に手続上または内容上の瑕疵がある場合でも、直ちにその効力を否定することは妥当ではない。

そこで会社法は、株主総会の決議に瑕疵がある場合でも、訴えにより事後的にその決議の効力が否定されない限り、決議を有効なものとして扱うこととしたのである。

会社法上、決議の瑕疵に対しては、決議取消しの訴え（831条）、決議無効の訴え（830条）、決議不存在確認の訴え（決議不存在の訴えが訴権の濫用にあたるとされた例として、最判昭和53・7・10民集32巻5号888頁）が用意されている（〔図表4-9〕参照）。

第4章　第2節　株主総会

〔図表 4-9〕　決議取消し、決議不存在確認・決議無効の訴えの方法

| | 決議取消しの訴え | 決議不存在確認 | 決議無効の訴え |
|---|---|---|---|
| 提訴権者 | ①株主<br>②取締役<br>③執行役<br>④監査役<br>⑤清算人<br>⑥当該決議の取消しにより株主となる者<br>⑦当該決議により解任された取締役等 | 誰でも | 誰でも |
| 提訴事由 | ①招集手続または決議方法が法令・定款に違反または著しく不公正<br>②決議内容が定款に違反<br>③決議につき特別利害関係を有する株主が議決権を行使したことにより著しく不当な決議がなされた場合 | 決議が不存在 | 決議内容が法令に違反 |
| 提訴期間 | 決議の日から3カ月以内 | いつでも | いつでも |
| 効　果 | 決議の時点にさかのぼって無効<br>判決の効力は第三者にも及ぶ（対世効） | | |

## ✣ *One point advice*　決議につき特別利害関係を有する株主による議決権行使

　株主総会決議に特別の利害関係を有する株主が、その議決権を行使したことによって、著しく不当な決議がされたときは、決議取消事由となる（831条1項3号）。

　たとえば、株主代表訴訟により損害賠償責任が認められた取締役を免責する旨の株主総会において、当該取締役たる株主は特別利害関係人に該当し、著しく不当な決議がされたか否かについては、当該取締役の会社での地位や権限、会社の経営等についての関与の有無および程度、当該取引に対して果たした役割、会社が右取引をなすに至った経緯や目的および当該取引が会社に与える効果等についての知識の有無および程度等の諸事情を

256

考慮して、一般的に、当該取締役について責任を免除することが不合理な
ものであったか否かの観点から判断されるのが相当である（神戸地尼崎支
判平成10・8・21判タ1009号250頁、同控訴審：大阪高判平成11・3・26金
判1065号8頁）。


## (2)　訴訟当事者

　決議取消しの訴えの提訴権は、株主、取締役（清算人）、執行役、監査役、
当該決議により解任された取締役等が有する（831条1項）。この点、平成26
年改正により、株主総会決議の取消しにより株主となる者にも原告適格が認
められることになった（831条1項後段）ので、キャッシュ・アウトにより保
有株式を失った者にも原告適格が認められることが明らかになった。

　被告は、会社である（834条17号）。取締役は、取締役選任決議取消しの訴
訟においても、会社に共同訴訟参加することはできない（最判昭和36・11・
24民集15巻10号2583頁）。

## (3)　決議取消しの訴えにおける訴えの利益

　決議取消しの訴えは、形成の訴えなので、法定の要件が満たされる限り、
原則として、当然に訴えの利益は認められる。しかし、決議後の事情の変化
により、これを喪失する場合がある。

　たとえば、役員選任の株主総会決議取消しの訴えが係属中に、その決議に
基づいて選任された役員がすべて任期満了により退任し、その後の株主総会
決議によって、新たに役員が選任された場合は、特別の事情がない限り、決
議取消しの訴えは、訴えの利益を失ったものとして、訴えは却下される（最
判昭和45・4・2民集24巻4号223頁）。

　これに対して、株主総会における計算書類等の承認決議の手続に法令違反
等があるとして取消しを求める訴訟の係属中に、翌期以降の計算書類が承認
されたとしても、訴えの利益を失うものではない（最判昭和58・6・7民集37
巻5号517頁）。

第4章　第2節　株主総会

**✤ *One point advice*　決議不存在確認の訴えと確認の利益 ──**

　確認の訴えは、その判決に執行力がなく権利の実現性が低いにもかかわらず、確認の対象は無限にあることから、権利の確認による紛争解決の必要性や有効性の観点から、訴えの利益の有無を慎重に検討する必要がある。

　この点、すでに退任している取締役および監査役の選任決議の決議不存在確認の訴えは、現在の法律関係を確定するものではなく即時確定の利益に欠けるとされている（最判昭和43・4・12判時520号51頁）。

　また、新株がすでに発行された後に、新株発行に関する決議無効確認の訴えを提起した場合、新株発行を無効にするためには、新株発行無効の訴えを提起する必要があるので、確認の利益を欠く（最判昭和40・6・29民集19巻4号1045頁）。

### (4)　決議不存在と決議取消し

　株主総会において取締役選任決議が存在したとはいえない場合には、当該取締役によって構成される取締役会は正当な取締役会とはいえず、かつ、その取締役会で選任された代表取締役も正当に選任されたものとはいえない。

　したがって、このような取締役会の招集決定に基づいて、この代表取締役が招集した株主総会で取締役選任決議がなされても、そのような決議は、全員出席総会等の特段の事情がない限り、不存在と評価される。この場合は、不存在とされた決議をした株主総会から10年以上経過していても、当該総会以前の取締役が取締役としての権利義務を有する（346条1項。最判平成2・4・17民集44巻3号526頁）。

　このように、取締役選任決議が不存在とされると、以後、連鎖的に取締役の地位は否定される。

　これに対して、取締役選任決議に取消事由が存するにすぎない場合は、決議取消訴訟が提起されても、その係属中に、当該取締役の任期が満了すれば、原則として訴えの利益は喪失する点で、扱いは大きく異なる。

　このような扱いの違いは、取消原因とされる手続上の瑕疵が、無効原因とされる内容上の瑕疵に比べ、一般にその程度が軽い点に着目して、法的安定

性の要請を加味したことに起因する。ただ、いずれも決議の効力を否定すべき原因となる点において差異はない。したがって、決議無効の確認を求める訴えにおいて、無効原因として主張された瑕疵が、取消原因にも該当し、しかも、決議取消訴訟の原告適格や出訴期間等の要件を満たしているときは、決議取消しの主張が出訴期間経過後になされても、決議無効確認訴訟提起時から提起されたものと扱われる（最判昭和54・11・16民集33巻7号709頁）。

### (5) 裁量棄却

裁量棄却とは、株主総会等の決議取消しの訴えが提起され、決議取消事由が認められる場合でも、裁判所が一定の要件の下に請求を棄却することができるとする制度である（831条2項）。手続的瑕疵のうち、違反事実が重大でなく、かつ決議の結果に影響を及ぼさないと認められる場合に可能となる。違反事実が重大な場合は、その瑕疵が決議の結果に影響を及ぼさないと認められる場合でも棄却することは許されない（最判昭和46・3・18民集25巻2号183頁）。

## 第3節　取締役および取締役会

## Ｉ　取締役

## 1　意　義

### (1) 取締役

会社の事業活動（広い意味での「業務執行」）は、「業務執行の意思決定」（たとえば、経営の基本方針や重要な契約締結の決定）に基づいて、具体的な「業務執行行為」（たとえば、契約の交渉・調印や製品の生産等）が行われる。会社法は前者を「業務執行の決定」といい、後者を単に「業務の執行」（狭い意味での「業務執行」）という（363条1項等）。取締役とは、このような会

社の「業務執行の決定」と「業務の執行」にかかわる必須の機関であり、会社の所有者である株主から会社の経営を委託される機関である。

### (2) 社外取締役

#### (ア) 社外取締役の意義

社外取締役は、次の5つの条件をすべて満たす取締役である（2条15号）。会社と利害関係のない社外の意見を経営に取り入れるため設けられたものであり、指名委員会等設置会社、監査等委員会設置会社、特別取締役を採用する要件とされている。[7]

〔社外取締役の要件〕

① 当該株式会社またはその子会社の業務執行取締役（363条1項）、執行役、支配人その他の使用人（以下、「業務執行取締役等」という）でなく、かつ、その就任の前10年間当該株式会社またはその子会社の業務執行取締役等であったことがないこと

② その就任の前10年内のいずれかの時において当該株式会社またはその子会社の取締役、会計参与、監査役であったことがある者（業務執行取締役等であったことがある者を除く）にあっては、当該取締役、会計参与、または監査役への就任の前10年間当該株式会社またはその子会社の業務執行取締役等であったことがないこと

③ 当該株式会社の親会社である自然人または親会社等の取締役、執行役、支配人その他の使用人でないこと

④ 当該株式会社の親会社等の子会社等（当該株式会社およびその子会社を除く）の業務執行取締役等でないこと

---

7 指名委員会等設置会社では、取締役3名以上で組織される各委員会の委員の過半数は社外取締役でなくてはならない（400条1項・3項）。監査等委員会設置会社の監査等委員会も同様である（331条6項）。したがって、指名委員会等設置会社、監査等委員会設置会社においては、最低限2名の社外取締役の選任が必要である。なお、特別取締役をおく場合には、社外取締役1名以上の選任が必要である（373条1項）。人材確保の見地から、社外取締役は、非業務執行取締役等として責任限定契約ができる（427条1項）。

260

⑤　当該株式会社の取締役、執行役、支配人、その他の重要な使用人、親会社である自然人の配偶者または2親等内の親族でないこと

　㈤　上場会社等における社外取締役をおいていない場合の理由の開示

　大規模な会社に社外取締役の導入を促進する見地から、事業年度の末日において監査役会設置会社（公開会社かつ大会社であるものに限る）で有価証券報告書を提出しなければならないもの（特定監査役会設置会社。施規74条の2第2項）が社外取締役をおいていない場合においては、取締役は、当該事業年度に関する定時株主総会において、「社外取締役を置くことが相当でない理由」を説明しなければならない（327条の2）。さらに、事業報告においても、社外取締役をおくことが相当でない理由を内容に含めなければならない（施規124条2項）。また、社外取締役をおいていない特定監査役会設置会社が取締役選任議案を株主総会に提出するにもかかわらず、社外取締役となる見込みである者を候補者とする取締役選任議案を当該株主総会に提出しない場合「社外取締役を置くことが相当でない理由」を株主総会参考書類に記載しなければならない（施規74条の2第1項）。

### ⚜ *One point advice* 上場会社に独立社外取締役2名以上の選任を義務づける動き

　平成27年6月1日から適用開始となった「コーポレートガバナンス・コード」（以下、「コード」という）では、独立社外取締役を複数名設置すればその存在が十分に活かされる可能性が大きく高まる、という観点から、上場会社は「独立社外取締役を少なくとも2名以上選任すべき」であり、「業種・規模・事業特性・機関設計・会社をとりまく環境等を総合的に勘案して、自主的な判断により、少なくとも3分の1以上の独立社外取締役を選任することが必要と考える上場会社は、上記にかかわらず、そのための取組み方針を開示すべき」ものとされている（コード「原則」4-8「独立社外取締役の有効な活用」）。

　「独立社外取締役」とは、一般株主と利益相反が生じるおそれのない社外取締役をいうものとされている（東京証券取引所有価証券上場規程436

条の2）。

コードは、「コンプライ・オア・エクスプレイン」の形式をとっている。すなわち、法令と異なり、法的拘束力を有する規範ではなく、「実施しない理由」を十分に説明することにより、一部の原則を実施しないことも想定している（コード序文11項）。

そして東証一部、二部上場企業については、コードの「基本原則」に加えて「原則」についても、「実施しない理由」を説明する必要があるものとされている（東京証券取引所「コーポレートガバナンス・コードの策定に伴う上場制度の整備について（2015年2月24日）」〈http://www.jpx.co.jp/rules-participants/public-comment/detail/d1/nlsgeu0000007k0q-att/150305_jojo1.pdf〉）から、コードの「原則」に従って独立社外取締役を2名以上選任しない場合、「実施しない理由」を説明する必要がある。

言い換えれば、東証一部、二部上場企業であっても「実施しない理由」を説明すれば、独立社外取締役を2名以上選任する必要はないが、「実施しない理由」の説明を負担に感じる企業は多いと考えられる。

そのため、以上のようなコードの策定は、事実上独立社外取締役2名以上の選任を義務づける動きであると評価できる。

## ✚ *One point advice* 独立役員

独立役員とは、「一般株主と利益相反が生じるおそれのない社外取締役又は社外監査役」である。上場会社においては、各証券取引所の規則において、以下のような基準に適合した1名以上の独立役員（独立取締役または独立監査役）を確保し、指定することが義務づけられており、さらに、取締役である独立役員を確保するよう努力義務が課されている（例：東京証券取引所有価証券上場規程436条の2、445条の4）。

東京証券取引所の規定（「独立役員の確保及びコーポレート・ガバナンス報告書における開示等について」平成21年東証上場第65号）によれば、以下の①から⑤に掲げるいずれかの事由に現在または最近において該当している場合には、原則として一般株主との利益相反が生じるおそれがあると判断される。

① 当該会社の親会社または兄弟会社の業務執行者
② 当該会社を主要な取引先とする者もしくはその業務執行者または当該会社の主要な取引先もしくはその業務執行者

③　当該会社から役員報酬以外に多額の金銭その他の財産を得ているコンサルタント、会計専門家または法律専門家（当該財産を得ている者が法人、組合等の団体である場合は、当該団体に所属する者をいう）

④　最近において①から③までに該当していた者

⑤　次の@から©までのいずれかに掲げる者（重要でない者を除く）の近親者

　　@　①から④までに掲げる者

　　ⓑ　当該会社またはその子会社の業務執行者（社外監査役を独立役員として指定する場合にあっては、業務執行者でない取締役または会計参与（当該会計参与が法人である場合は、その職務を行うべき社員を含む）を含む）

　　©　最近において前ⓑに該当していた者

## 2　資格・選任・終任等

### (1)　取締役の資格

#### ㋐　取締役の欠格事由

次の者は、取締役になることができない（331条）。

---

〔取締役の欠格事由〕

①　法人

②　成年被後見人もしくは被保佐人または外国の法令上これらと同様に取り扱われている者

③　会社法もしくは一般社団法人及び一般財団法人に関する法律に違反し、または金融商品取引法や各種倒産法制等に定める所定の罪により、刑に処せられ、その執行を終わり、または執行を受けることがなくなった日から2年を経過しない者

④　上記③に定める以外の法令の規定に違反し、禁錮以上の刑に処せられ、その執行を終わるまで、または、その執行を受けることがなくなるまでの者（ただし、刑の執行猶予中の者を除く）

---

263

第4章　第3節　取締役および取締役会

　また、取締役とその会社の監査役、親会社の監査役との兼任は、自己監査の問題が生ずるため認められない（335条2項）。取締役とその会社の会計参与、親会社の会計参与との兼職禁止（333条3項1号）、指名委員会等設置会社の監査委員である取締役と会社の執行役等との兼職禁止（400条4項）、監査等委員会設置会社の監査等委員である取締役についての業務執行取締役等との兼職禁止（331条3項）も同様の趣旨である。

　一方、使用人が取締役を兼務することは可能であり、実際に、多くの会社で使用人兼務取締役が存在する。[8]

> ✤ *One point advice*　**取締役の資格を制限することはできるか** ―
> 　定款で取締役の資格制限をすることは可能であるが、株主であることを取締役の資格要件にすることはできない（331条2項本文）。
> 　会社法は、会社の経営を、会社の所有者である株主から分離し、経営の専門家である取締役に委ねている（所有と経営の分離）が、株主であることを取締役の資格要件とすることは、この趣旨に反するからである。
> 　ただし、公開会社でない株式会社においては、所有と経営の分離の趣旨が必ずしも妥当しないことから、株主であることを取締役の資格要件とすることも可能である（331条2項ただし書）。

　㈠　**未成年者、破産手続開始の決定を受けた者の選任**

　未成年者は欠格事由に含まれていないので、取締役に選任することが可能である。ただし、就任には親権者の営業の許可が必要となる（民823条1項）。

　旧商法では、破産手続開始の決定を受け復権しない者は取締役の失格事由とされていたが、会社法ではこのような者の取締役への選任も認められる。ただし、破産手続開始の決定は委任の終了事由であることから、任期中の取締役が破産手続開始の決定を受けた場合は、当然に取締役を退任する（330条、民653条）。

---

8　指名委員会等設置会社の取締役はその会社の使用人を兼ねることができない（331条4項）。監査等委員会設置会社の監査等委員である取締役についても同様である（同条3項）。

### (2) 取締役の員数・任期

#### ㈦ 員　数

取締役は、会社にとって必須の機関である。取締役会非設置会社では1名以上をおけば足りる（326条1項）が、取締役会設置会社では、3名以上でなければならない（331条5項）。なお、定款で、上記規定に反しない範囲で、最小員数を定め、または、最大員数を定めることができる。

#### ㈦ 任　期

取締役の任期は、選任後2年以内に終了する事業年度のうち最終のものに関する定時株主総会の終結の時までである（332条1項）。定款または株主総会の決議でこの期間を短縮することができる（同項ただし書）。多くの上場企業では、定款で、取締役の任期は、選任後1年以内に終了する事業年度のうち最終のものに関する定時株主総会の終結の時までと短縮している。取締役の任期を短縮することにより、剰余金の配当等を株主総会ではなく取締役会が定めることができるからである（459条1項）。指名委員会等設置会社の取締役と、監査等委員会設置会社の取締役（監査等委員は除く）の任期は、選任後1年以内に終了する事業年度のうち最終のものに関する定時株主総会の終結の時までである（332条6項・3項）。なお、監査等委員会設置会社の監査等委員である取締役の任期は、監査等委員の地位強化の趣旨で、選任後2年以内に終了する事業年度のうち最終のものに関する定時株主総会の終結の時までであり、定款や総会決議でその任期を短縮できないとされている（332条4項）。

非公開会社（2条5号）は、定款の規定により、任期を選任後10年以内に終了する事業年度のうち最終のものに関する定時株主総会の終結の時まで延長することができる（332条2項）。

#### ㈦ 欠員が生じた場合の処置

法律または定款に定められた取締役の員数を欠くに至った場合には、会社は遅滞なく株主総会を招集して、後任の取締役を選任しなければならない。

取締役が欠員取締役を補充するための株主総会を開くことを怠った場合、

第4章　第3節　取締役および取締役会

100万円以下の過料に処される（976条22号）。

　法律または定款に定められた取締役の員数を欠くに至った場合には、任期の満了または辞任によって退任した取締役は、株主総会によって後任の取締役が選任され、就任するまでの間は、引き続き取締役としての権利義務を有する（346条1項）。解任された取締役には本条項の適用がない。例外的な場合であっても、解任された取締役に引き続き職務を遂行させるのは適当でないからである。

　監査等委員会設置会社において、監査等委員である取締役とそれ以外の取締役は異なる類型の役員として扱われる。たとえば、監査等委員である取締役に法定の員数が欠けた場合には、それ以外の取締役がいても欠員が生じる。

　なお、退任取締役が引き続き取締役としての権利義務を有している間は、退任の登記をすることはできない（最判昭和43・12・24民集22巻13号3334頁）。

### (3)　取締役の選任

　取締役は、株主総会の決議によって選任する（329条1項）[9]。

　取締役の選任は、株主総会の専権事項であり、定款をもってしても、その選任を取締役会その他の機関または第三者に委ねることはできない（295条3項）。

#### ㋐　定足数・決議の要件

　選任決議は、原則は、議決権を行使することができる株主の議決権の過半数が出席し（定足数）、出席した株主の議決権数の過半数（議決要件）をもって行う（341条）。

　株主総会の普通決議については、会社法の定める定足数や議決要件を定款によって変更することが可能であるが（309条1項）、取締役の選任・解任決議については、取締役の地位の重要性に鑑み、定足数を議決権総数の3分の1未満にすることは許されず、議決要件も過半数未満にすることができない（341条カッコ書）。一般の普通決議より決議の要件を厳格にしたものである。

---

　9　監査等委員会設置会社の監査等委員である取締役は、それ以外の取締役と区別して選任しなければならない（329条2項）。監査役に類した特殊な地位を有するためである。

Ⅰ　取締役

#### (イ)　書面投票または電子投票

　書面投票制度または電子投票制度を採用した会社は、株主総会を開催するにあたり、招集通知のほか株主総会参考書類と議決権行使書面を株主に交付または提供する必要がある（301条、298条1項3号・4号、299条2項・3項）。取締役選任議案については、株主総会参考書類には原則として次の①～⑦の事項を記載しなければならない（施規74条1項・2項。なお、【書式4-2】参照）。

---

〔参考書類の記載事項〕（監査等委員会設置会社ではない公開会社の場合で、また社外取締役でない場合）

①　候補者の氏名、生年月日、略歴

②　就任の承諾を得ていないときは、その旨

③　責任限定契約を締結し、または締結する予定があるときは、その契約の内容の概要

④　その有する会社の株式の数

⑤　重要な兼職（他の会社の代表者等）があるときはその事実

⑥　会社との間に特別の利害関係があるときはその概要

⑦　現に当該会社の取締役であるときは、当該会社における地位および担当

---

　なお、2名以上の候補者の選任を提案する場合は、議決権行使書面には、候補者ごとに株主が賛否を記載できる欄を設けなければならない（施規66条1項1号）。

　社外取締役を選任する場合には、株主総会参考書類に、当該候補者が社外取締役候補者であること、候補者とした理由等を記載しなければならない（施規74条4項。なお、【書式4-2】参照）。

#### (ウ)　累積投票

　2名以上の取締役の選任を目的事項とする総会の招集があったときは、株主は、定款に別段の定めがあるときを除いて、会社に対し、累積投票による

267

べきことを求めることができる（342条）。

　累積投票とは、同じ株主総会において取締役を2名以上選任する場合に、各株主が1株について選任される取締役の人数と同じ数の議決権を有し、株主は議決権の全部を1名の候補者に集中投票することも、それらを適宜分割して数人に投票することもでき、投票の多数を得た者から順次当選者とする制度である。累積投票は一種の比例代表制度であり、少数派株主にもその持株数に応じて取締役を選出する可能性を与えるための制度である。しかし、ほとんどの会社では定款で累積投票を排除しているため、実務上、累積投票がなされることはあまりない。

> ✤ **One point advice　取締役選任の効力発生** ──────
>
> 　取締役の選任の効力は、株主総会による取締役選任決議を受けて、被選任者がこれを承諾した時に発生する。選任決議は、会社内部の意思決定または被選任者に対する任用契約の申込みにすぎないと解するのが通説である。この見解によれば、被選任者の承諾によって、会社と被選任者との間で、取締役任用契約が締結され、その効果として、被選任者は取締役の地位につくことになる。
>
> 　実務上は、会社提案による取締役選任議案がほとんどであるので、事前に取締役候補者が会社に対し取締役就任承諾書を提出していることが多い。就任承諾の意思表示は黙示的なものでもよいが、取締役就任による変更登記をするためには、就任を承諾したことを証する書面が必要である（商登54条1項）。登記実務上は、株主総会議事録に就任を承諾した旨の記載があれば、これが就任を承諾したことを証する書面として取り扱われる。

### (4)　取締役の終任

　(ア)　終任事由

　取締役は任期の満了で終任となる（332条）。取締役と会社との関係は委任の規定に従うため（330条）、取締役はいつでも辞職することができる（民651条）。また、取締役の死亡、破産手続開始決定、後見開始審判（同法653条）、資格喪失（331条）、解任（339条1項）、会社の解散（471条）、会社法332条7

項記載の事由（監査等委員会または指名委員会等をおく旨の定款変更、全部株式譲渡制限会社から公開会社への定款変更等）も取締役の終任事由となる。

### (イ)　取締役の解任

#### (A)　株主総会による解任

取締役はいつでも、株主総会の普通決議をもって、これを解任することができる（339条1項）。その決議は議決権を行使することができる株主の議決[10]権の過半数が出席し（定足数。定款で3分の1以上の割合を定めた場合はその割合）、出席した株主の議決件数の過半数（議決要件。定款でそれ以上の割合を定めた場合はその割合）をもって行う（341条）。

取締役に任期の定めがある場合において、正当な理由なくしてその任期の満了前に取締役を解任された場合には、その取締役は会社に対し、解任によって生じた損害の賠償を請求することができる（339条2項）。

---

### ✦ *One point advice*　取締役解任の正当理由 ───────

最判昭和57・1・21判時1037号129頁は、「Y株式会社の代表取締役であったXが、持病の悪化により療養に専念するため、その有していた右会社の株式を取締役Aに譲渡し、Aと代表取締役の地位を交替し、その後Aが、経営陣の一新を図るため臨時株主総会を招集し、右株主総会の決議により、Xを取締役から解任したときは、右解任につき商法257条1項但書（筆者注：現会社法339条2項）にいう『正当ノ事由』がないとはいえない」とした。取締役の職務執行における不正の行為や法令、定款違反行為だけでなく、療養のため取締役としての職務の遂行が困難な場合も正当理由がないとはいえないとしたものである。

---

#### (B)　裁判所に対する解任の訴え

取締役の職務遂行に関して、不正の行為または法令もしくは定款に違反する重大な事実があるにもかかわらず、株主総会で取締役の解任決議が否決さ

---

10　累積投票によって選任された取締役および監査等委員会設置会社の監査等委員である取締役を解任するには、株主総会の特別決議が必要である（309条2項7号）。

れた場合には、総株主の議決権または発行済み株式の100分の3以上を有する（公開会社ではさらに6カ月前より引き続き有する要件が必要）株主は、その株主総会の日から30日以内に、会社と解任を求める取締役双方を共同被告として、その取締役の解任の訴えを裁判所にすることができる（854条、855条）。

## 3 職務・権限・義務

### (1) 業務執行

前述のように、会社の事業活動は、「業務執行の決定」に基づいて、具体的な「業務の執行」が行われる。

#### (ア) 取締役会非設置会社

取締役会非設置会社においては、取締役が、広義の業務執行（「業務執行の決定」と「業務の執行」の双方）を行う（348条1項）。

取締役が2人以上ある場合には、定款に別段の定めがある場合を除き、取締役の過半数をもって、業務執行に関する意思決定を行う（348条2項）。

後者の場合、次の①～⑤の事項については個々の取締役に委任してはならない（348条3項）。

① 支配人の選任および解任
② 支店の設置、移転および廃止
③ 株主総会の招集の決定
④ 内部統制システムの整備
⑤ 定款の定めによる役員等の責任免除

#### (イ) 取締役会設置会社の取締役の権限

一方、取締役会設置会社では、会社の取締役会が広義の業務執行のうち「業務執行の決定」を行い（362条2項1号・4項）、業務執行取締役が具体的な「業務の執行」を行う（363条1項）。

業務執行取締役でない取締役は、取締役会が有する業務執行取締役の職務の執行に対する監督権（362条2項2号）を通じて、業務執行取締役の職務の執行を監督する。

I　取締役

## ✦ *One point advice*　業務執行取締役とは ─────────

会社法は、下記の①から③を合わせて業務執行取締役という（２条15号イ）。

① 代表取締役

② 代表取締役以外の取締役であって、取締役会の決議によって取締役会設置会社の業務を執行する取締役として選定されたもの

③ ①②以外の取締役が、代表取締役から具体的な行為の委任を受けて、会社の業務を執行することがあるが、その場合の取締役

①②の取締役は、取締役会設置会社の業務執行権限を包括的に付与された取締役である（363条１項）。

代表取締役と代表取締役以外の業務執行取締役は、対内的な業務執行権限を有することでは共通するが、代表取締役以外の業務執行取締役は、対外的な代表権を当然に有するものではないから、この点で、代表取締役と相違する。


㈡　指名委員会等設置会社の取締役の権限

指名委員会等設置会社では、業務執行は執行役が行い取締役は業務執行権限を有しないため（415条、418条）、取締役は、取締役会設置会社の業務執行取締役でない取締役と同様に、取締役会の監督権限を通じて、執行役の業務執行を監督する（416条１項２号）。

### (2)　会社の代表権

取締役会非設置会社においては、取締役各自が、会社の業務に関する対外的な代表権を有する（349条１項・２項）。代表取締役を選定した場合には、その代表取締役が代表権を有し（同条４項）、その余の取締役は、代表権を失う（同条１項ただし書）。取締役会設置会社では、代表取締役を選任しなければならない（362条３項）。

指名委員会等設置会社においては、代表執行役が代表権を行使するため（420条１項）、取締役は代表権を有しない。

第4章　第3節　取締役および取締役会

## ✤ *One point advice* 「業務執行の決定」と「業務の執行」「代表権」の関係

　広義の業務執行について、その意思決定と具体的な執行行為を区別したものが「業務執行の決定」と「業務の執行」という概念であるが、具体的な「業務の執行」のうち、会社の外部に対する「業務の執行」権限が「代表権」である。会社の機関（取締役）の行為の効力を会社に帰属させる権限が、代表権（実務上、民法の代理権とパラレルに扱われる）であり、株式会社内部での業務執行権限と区別することができる。

　たとえば、取締役会設置会社における代表権を有しない業務執行取締役は、株式会社内部的には「業務の執行」権限を有するが、「代表権」がないため対外的には契約等の執行の効力を会社に帰属させることができない。

### (3)　取締役の義務

#### ㋐　善管注意義務と忠実義務

　会社と取締役との法律関係は、委任に関する規定に従う（330条）。したがって、取締役が職務を執行するに際しては、善良な管理者の注意義務を負い（民644条。善管注意義務）、法令および定款の定め並びに株主総会の決議を遵守し、会社のために忠実にその職務を遂行しなければならない（355条。忠実義務）。

　具体的には、取締役は、会社の経営者として、会社利益を最大化するため、リスク管理システムの構築・管理を行い、一方で、会社の統治者として、遵法経営を徹底するため内部統制システムの構築・管理を行い、取締役としての職務を遂行する。

## ✤ *One point advice*　善管注意義務と忠実義務との関係

　最高裁大法廷判決（最大判昭和45・6・24民集24巻6号625頁〔八幡製鉄政治献金事件〕）は、善管注意義務と忠実義務との関係について、忠実義務は「商法254条3項（筆者注：現会社法355条）、民法644条に定める善管義務を敷衍し、かつ一層明確にしたにとどまるのであって、通常の委任関係に伴う善管義務とは別個の、高度な義務を規定したものではない」と判示し、善管注意義務と忠実義務とは同じものであると解釈している。

272

〔図表 4-10〕　業務執行の権限

| | 取締役会非設置会社 | | | 取締役会設置会社 | | | |
|---|---|---|---|---|---|---|---|
| | 代表取締役未選定の場合 | 代表取締役選定の場合 | | | | | |
| | 取締役 | 代表取締役 | 取締役 | 取締役会 | 代表取締役 | 業務執行取締役（代取以外） | 取締役 |
| 業務執行の決定 | 取締役の過半数（348Ⅱ） | 取締役の過半数（348Ⅱ） | | ○決議（362Ⅱ①） | ←構成員（362Ⅰ） | | |
| 業務の執行（対内的） | ○ | ○ | ○(※) | — | ○ | ○ | × |
| 代表権 | ○ | ○ | × | — | ○ | × | × |
| 取締役の業務執行への監視義務 | ○ | ○ | ○ | ○ | ○ | ○ | ○ |

（※）　反対説あり。

### (イ)　内部統制システムの整備義務

　規模がある程度以上の会社になると、健全な会社経営のために、会社の営む事業規模、特性に応じたリスク管理、法令遵守体制を含めた内部統制システムを整備する必要がある。

　すべての大会社および指名委員会等設置会社、監査等委員会設置会社においては、「取締役の職務の執行が法令および定款に適合することを確保するための体制その他株式会社の業務並びに当該株式会社及びその子会社から成る企業集団の業務の適正を確保するために必要な体制等（内部統制システム）の整備」の基本方針を決定しなければならない（取締役会非設置会社につき、348条4項。取締役会設置会社につき、362条5項。指名委員会等設置会社につき、

第4章　第3節　取締役および取締役会

416条2項。監査等委員会設置会社につき、399条の13第2項）。

このような体制の具体的内容は、取締役会・監査役設置会社の場合は、次のとおりである（施規100条。非取締役会設置会社の場合につき同規則98条。指名委員会等設置会社の場合につき同規則112条、監査等委員会設置会社の場合につき同規則110条の4）。

① 当該株式会社の取締役の職務の執行に係る情報の保存および管理に関する体制

② 当該株式会社の損失の危険の管理に関する規程その他の体制

③ 当該株式会社の取締役の職務の執行が効率的に行われることを確保するための体制

④ 当該株式会社の使用人の職務の執行が法令および定款に適合することを確保するための体制

⑤ 次に掲げる体制その他の当該株式会社並びにその親会社および子会社からなる企業集団における業務の適正を確保するための体制

 ⓐ 当該株式会社の子会社の取締役、執行役、業務を執行する社員、法人が業務を執行する社員である場合の職務を行うべき者その他これらの者に相当する者（ⓒおよびⓓにおいて「取締役等」という）の職務の執行に係る事項の当該株式会社への報告に関する体制

 ⓑ 当該株式会社の子会社の損失の危険の管理に関する規程その他の体制

 ⓒ 当該株式会社の子会社の取締役等の職務の執行が効率的に行われることを確保するための体制

 ⓓ 当該株式会社の子会社の取締役等および使用人の職務の執行が法令および定款に適合することを確保するための体制

⑥ 監査役設置会社である場合には、次に掲げる体制を含む。

 ⓐ 当該監査役設置会社の監査役がその職務を補助すべき使用人をおくことを求めた場合における当該使用人に関する事項

 ⓑ ⓐの使用人の当該監査役設置会社の取締役からの独立性に関する事

項

ⓒ　当該監査役設置会社の監査役のⓐの使用人に対する指示の実効性の確保に関する事項

ⓓ　次に掲げる体制その他の当該監査役設置会社の監査役への報告に関する体制

　　ⓘ　当該監査役設置会社の取締役および会計参与並びに使用人が当該監査役設置会社の監査役に報告をするための体制

　　ⓘⓘ　当該監査役設置会社の子会社の取締役、会計参与、監査役、執行役、業務を執行する社員、法人が業務を執行する社員である場合の職務を行うべき者その他これらの者に相当する者、および使用人またはこれらの者から報告を受けた者が当該監査役設置会社の監査役に報告をするための体制

ⓔ　ⓓの報告をした者が当該報告をしたことを理由として不利な取扱いを受けないことを確保するための体制

ⓕ　当該監査役設置会社の監査役の職務の執行について生ずる費用の前払いまたは償還の手続その他の当該職務の執行について生ずる費用または債務の処理に係る方針に関する事項

ⓖ　その他当該監査役設置会社の監査役の監査が実効的に行われることを確保するための体制

なお、これらの内部統制システムの整備の決定は、取締役の過半数または取締役会で決定する必要がある。内部統制システムの整備の重要性が高いためである（348条3項4号、362条4項6号、416条2項、399条の13第2項）。

内部統制システムの整備の「決議の内容の概要」およびその「運用状況の概要」については、事業報告の記載事項とされ、株主総会に報告される（施規188条2号）。

(ウ)　競業避止義務

(A)　**株主総会または取締役会の承認**

取締役は、自己または第三者のために、会社の事業の部類に属する取引を

275

なすには、株主総会または取締役会で、その取引について重要なる事実を開示したうえで、その承認を受けることが必要である（356条1項1号、365条1項）。

会社の事業の部類に属する取引とは、具体的には、会社が実際に行っている取引と、目的物（商品・役務などの種類）および、市場（地域、流通段階など）が競合する取引である。会社の事業の部類に属する取引に関する裁判例として、東京地判昭和56・3・26判時1015号27頁は、①会社の代表取締役が、競業を行う別会社の代表者としてではなく事実上主催者として経営をしたことを、第三者のための競業とし、また、②会社の現在の営業活動の地域とは遠隔地において会社と同種の営業を行ったとしても、会社がその地域に進出を決意しその準備を行っていた場合は、営業の部類に属する取引にあたると判断した。

取締役会設置会社においては、取引をなした取締役は、遅滞なく、その取引につき重要な事実を、取締役会に報告しなければならない（365条2項）。

これらは、取締役が、その地位に基づいて得た事業に関する知識を使って、会社の利益を害する取引行為等を防止する趣旨の規定である。

　(B)　**包括的承認**

条文の文言からすれば、競合する個々の取引について承認を得ることが必要であるが、実務的には、ある程度包括的な承認がなされることが多い。

しかし、このような場合であっても、競業内容を全く特定しないことは許されず、取引相手方、目的物、数量、価格、取引期間等については特定しておく必要があると解されている。

　(C)　**違反の効果**

取締役が取締役会の承認を得ないで競業取引をした場合には、その取引により取締役または第三者が得た利益の額が会社の被った損害額と推定され、会社は取締役等に損害賠償請求をすることができる（423条1項・2項）。

*276*

I 取締役

## ✛ *One point advice* 競業取引の承認を得たが、会社に損害が生じたら ━━━━

この場合も、競業取引をした取締役および承認を与えた取締役につき、任務懈怠があった場合には、損害賠償責任を免れない（423条1項・2項）。

しかし、競業承認は、会社が取締役を系列会社や関係会社等に派遣するためになされること等も多く、結果的に損害が生じたとしても、必ずしも取締役に過失があると判断されるわけではない。

### ㈑ 利益相反行為

#### (A) 直接取引

取締役が、自己または第三者のために、会社と取引をするには、その取引につき重要な事実を開示して、取締役会非設置会社は株主総会、取締役会設置会社では取締役会の承認を受けなければならない（356条1項2号、365条1項）。

直接取引とは、会社が、その会社の取締役自身または取締役が代表する他の会社と、製品などの財産の譲渡、金銭の貸借などの取引をする場合をいう。このような場合、取締役が会社の利益を犠牲にして、自己または第三者の利益を図るおそれがあるので、取締役会等の承認を得ることによりそれを防止するための制度である。

もっとも、運送契約等普通取引約款が適用されたり、会社が取締役から無担保無利息で貸付けを受ける場合のように、契約の形態上会社に損害が生じるおそれのない取引には、承認は不要と解される。一方、親子会社間の取引であったとしても、取締役が共通するため上述の要件に合致すれば、利益相反取引に該当し、取締役会等の承認が必要である。[11]

### ✛ *One point advice* 手形行為と利益相反取引 ━━━━━━

約束手形を振り出す行為は利益相反取引にいう「取引」にあたるかどう

---

11 ただし、会社とその全株式を所有する取締役との取引には承認が不要とされている（最判昭和45・8・20民集24巻9号1305頁）。

かについて、判例は、「約束手形の振出は、単に売買、消費貸借等の実質的取引の決済手段としてのみ行なわれるものではなく、簡易かつ有効な信用授受の手段としても行なわれ、また、約束手形の振出人は、その手形の振出により、原因関係におけるとは別個の新たな債務を負担し、しかも、その債務は、挙証責任の加重、抗弁の切断、不渡処分の危険等を伴うことにより、原因関係上の債務よりもいっそう厳格な支払義務であるから、会社がその取締役に宛てて約束手形を振り出す行為は、原則として、商法265条（筆者注：現会社法356条）のいわゆる取引にあたり、会社はこれにつき取締役会の承認を受けることを要するものと解するのが相当」とした（最判昭和46・10・13民集25巻7号900頁）。

### ✤ *One point advice*　どのような場合に承認が必要か

甲社（取締役会設置会社）の代表取締役A、平取締役B、乙社の代表取締役B、C（共同代表ではない）の事例で、下記の当事者間の取引について、甲社の取締役会の承認（356条1項2号）の要否については以下のとおりである。

| No. | 甲社代表者 | 取引相手 | 甲社取締役会の承認 |
|---|---|---|---|
| ① | 甲社代表者A | A個人 | 要 |
| ② | 甲社代表者A | B個人 | 要 |
| ③ | 甲社代表者A | 乙社代表者B | 要 |
| ④ | 甲社代表者A | 乙社代表者C | 不要 |

①②の場合、甲社が、甲社の取締役自身と取引をしているため、甲社取締役会の承認が必要となる。③の場合、甲社と、（甲社の取締役である）Bが第三者乙社のために取引をしているため、承認が必要となる。④の場合、甲社は、Bが代表取締役として就任している乙社と取引しているが、その取引についてはCが乙社を代表しており、（甲社の取締役である）Bは甲社と取引をしていないため、356条1項2号の対象とならないと解される（通説）。

実務では、④のように、取引相手（乙社）に自社（甲社）の取締役以外の代表者がいる場合、自社の取締役でない代表者（本例ではC）を取引の相手方（乙社）代表者として契約することにより、356条1項2号の適

用を免れる取扱いをすることがある。

### ✤ *One point advice* 株主全員の合意と利益相反取引 ━━━━

株主全員の合意がある場合の利益相反取引について、判例は、356条1項2号の趣旨は、「取締役がその地位を利用して会社と取引をし、自己又は第三者の利益をはかり、会社ひいて株主に不測の損害を蒙らせることを防止することにあると解される」とし、したがって、株主全員の合意がある場合には、「別に取締役会の承認を要しない」とする（最判昭和49・9・26民集28巻6号1306頁）。

#### (B) 間接取引

会社が、取締役以外の者との間で会社と取締役の利害が相反する取引（「間接取引」という）をする場合も同様に、株主総会・取締役会の承認が必要である（356条1項3号、365条1項）。

間接取引とは、具体的には、会社が取締役の債務の保証、債務引受け、物上保証などを取締役の債権者との間に締結するような場合である。

会社と取締役が直接取引をしなくても、取締役等が会社の利益を犠牲にして、自己または第三者の利益を図るおそれがあるため、直接取引と同様に株主総会・取締役会の承認が必要とされる。

#### (C) 違反の効果

取締役会の承認を得ないで行った利益相反取引は無効である。ただし、会社の利益保護を図るという会社法356条の趣旨により、会社から取締役に対して当該取引の無効を主張することはできるが、取締役から会社に対して無効を主張することはできない（最判昭和48・12・11民集27巻11号1529頁参照）。

### ✤ *One point advice* 利益相反取引の事後承認の可否 ━━━━

会社法356条2項が、会社の承認を受けた直接取引には民法108条を適用しないとしていることから、この反対解釈により、承認を受けないでした取引は、一種の無権代理人の行為として無効となる、とした判例があり（最判昭和43・12・25民集22巻13号3511頁）、事前承認を受けない利益相反

取引は、一種の無権代理行為であると考えられる。したがって、追認としての意味をもつ事後承認をすることは可能であると解されている。

## 4　報酬等

### (1)　報酬の決定方法

　取締役の報酬につき、①額が確定しているものについては、その額を、②額が確定していないものについては、その具体的な算定方法を、③金銭ではないものについては、その具体的な内容を、定款もしくは株主総会の決議で定めなければならない（361条1項）。

　これは、取締役自身に自己に対する報酬を決定する権限を与えると、いわゆるお手盛りの危険が存在することから、その防止のため、定款または株主総会の決議を要することとしたものである。取締役については、定款または株主総会の決議によって報酬の金額が定められなければ具体的な報酬請求権は発生せず、取締役が会社に対して報酬を請求することはできない（最判平成15・2・21金法1681号31頁）。

　取締役の報酬のうち、上記②の額が確定していないものとは、業績連動型報酬、すなわち、当該取締役が責任をもつ部門の利益率などの基準に応じて、報酬の多寡を決定する場合などである。

　また、③の金銭でないものとは、取締役に対して住宅を無償または近隣の相場に比して廉価に提供する場合などである。

　高額の報酬により株主の利益を害することを防止するのが本条の趣旨であるから、株主総会では、取締役の報酬の総額を決定すれば足り、個々の取締役の報酬額までを決定する必要はないと解されている（最判昭和39・12・11民集18巻10号2143頁）。

　実務上、取締役の報酬の内容を定款で具体的に定める例は少なく、株主総会決議により、その総額の最高限度額を定め、各取締役への配分は取締役会の決議に一任することが多い。

監査等委員会設置会社においては、監査等委員の報酬は、株主総会の決議で、監査等委員とそれ以外の取締役とを区別して定めることを要し（361条2項）、監査等委員の具体的配分額は、監査等委員である取締役の協議によって定める（361条3項）。指名委員会等設置会社の取締役の報酬は、株主総会ではなく報酬委員会が決定する（404条3項、409条）。

### ⚜ *One point advice* 取締役の報酬を無報酬に変更することの可否

株式会社において、定款または株主総会の決議によって取締役の報酬額が具体的に定められた場合には、その報酬額は会社と取締役間の契約内容となり、契約当事者である会社と取締役の双方を拘束するから、その後、株主総会が当該取締役の報酬につきこれを無報酬とする旨の決議をしたとしても、当該取締役は、これに同意しない限り、右報酬の請求権を失うものではない（最判平成4・12・18民集46巻9号3006頁）。

### ⑵ ストック・オプション

#### ㈠ 意　義

ストック・オプションとは、株式会社の取締役等に、インセンティブ報酬の趣旨で、あらかじめ定められた期間内に、あらかじめ定められた価額を払い込むことにより、会社から一定数の株式を取得できる新株予約権を付与することをいう。

#### ㈡ 手　続

会社法は、取締役に対して付与するストック・オプションについては、「報酬等のうち額の確定したもの」であり、かつ「報酬等のうち金銭でないもの」に該当するものとして、その額および具体的内容を株主総会の普通決議により定めることで足りると解されている（361条1項1号・3号）。

上場会社では、後述の退職慰労金を廃する代わりに、会社の業績に応じてストック・オプションを取締役に付与することとする会社が増えている。

第4章　第3節　取締役および取締役会

### ✢ *One point advice* ストック・オプションの設計例 ━━━

ストック・オプションの主な設計例は以下のとおりである。

① 業績連動型ストック・オプション

権利行使時の払込み価格を、発行時の株価（もしくはそれ以上）に設定することで、権利行使時までの株価の上昇分が報酬相当となる例。権利行使時に株価が下落している場合には、権利行使はしないことが通常であり、その場合には上昇分の利益は取得できない。

② 有償発行型ストック・オプション

新株予約権を有償（時価等の公正な価格）で発行し、権利行使時の株価が新株予約権の発行価額を上回る場合に、その差額が報酬相当となる例。新株予約権発行後に株価が一定額にまで下落した場合には、権利を消滅させるまたは強制的に権利行使をさせる等の条件がつくこともあり、経営に対する責任を示す効果もある。

③ 株式報酬型ストック・オプション

権利行使時の払込み価格を、1円等の極めて低廉な額に設定し、権利行使を認められることで株式自体が報酬となるとともに、株価の上昇がさらなる報酬となる例。権利行使時に株価が下落した場合でも、払込み価格以上の利益は確保可能となる。


### ✢ *One point advice* ストック・オプションの課税関係 ━━━

発行会社にとっては、新株予約権の発行・行使は、通常の新株発行と同様の資本取引であるから、課税は発生しない。

これに対して、新株予約権の取得者にとっては、原則として、新株予約権の権利行使時に実現した経済的利益（権利行使時の株式の時価と株式の発行価額の差額）につき給与所得として課税される。

しかし、租税特別措置法に定められる一定の要件を満たせば、権利行使時には課税されず、株式売却時（譲渡所得）まで、課税が繰り延べられる（租税特別措置法29条の2。税制適格ストック・オプション）。


## (3) 役員賞与

会社法は、役員賞与を剰余金の処分の対象とはせず、役員賞与も、取締役の報酬その他の職務執行の対価として会社から受ける財産上の利益としてい

る（361条1項）。

　したがって、役員賞与を支給するに際しては、

①　定款に役員賞与の支給額について規定する。

②　株主総会において、役員賞与支給議案を提出し決議をとる。

③　株主総会において、役員賞与部分を業績連動型報酬とする役員報酬議
　　案を提出し株主総会の決議をとる。

等の方法により役員賞与を付与する。


⚜ *One point advice*　**社外取締役、監査役等に対する役員賞与**　─

　　社外取締役、監査役、会計参与に、役員賞与を支給する決議をすること
　も可能である。しかし、業務執行に直接関与しないこれらの役員の報酬に
　ついては年俸のみにより、役員賞与をしない例が多い。


### ⑷　退職慰労金

　退職慰労金は、退任する取締役等に在任中の功労に報いるため支払われる
が、在職中の職務執行の対価として支払われる限り、報酬の一種である。し
たがって、定款に定めがなければ、株主総会における決議が必要となる
（361条1項）。

　日本の株式会社においては、諸外国に比して、取締役の年俸が低く抑えら
れていることから、退職慰労金が事実上報酬の後払い的性格を有するものと
して機能しているといわれている。しかし、海外投資家等の理解を得にくい
ことや株主に対する取締役の報酬の透明化等の要請から、上場企業では退職
慰労金制度を廃止する会社が増えている。


⚜ *One point advice*　**退職慰労金付与決議の方法**　────────

　　実務的には、プライバシーの問題や、株主総会で個々の取締役の執務状
　況などを判断することは難しいことなどから、株主総会で退職慰労金の具
　体的金額を決定せず、役員退職慰労金規程を定めたうえで、具体的金額、
　贈呈時期、方法などは会社所定の基準に従って取締役会決議に一任する株

283

主総会決議の方法がとられることが多い。

　判例は、このような退職慰労金の額の決定を取締役会決議に一任する旨の総会決議の可否について、無条件に取締役会決議に一任する総会決議は無効であるが、具体的金額、支給期日、支給方法について一定の枠にはめたうえでの一任であると解される場合は有効としている（最判昭和39・12・11民集18巻10号2143頁）。

　このような決議をする場合、議決権行使のための株主総会参考書類に、その基準の内容を記載しなければならない（施規82条2項）が、一般的には、当該基準を記載した書面もしくは電磁的記録を本店に備置し、株主の閲覧に供して、株主総会参考書類には記載を省略するケースが多い（同項ただし書）。しかし、このような取扱いでは具体的支給額が株主に不明であることもあり、近時の上場企業の株主総会においては、海外投資家を中心として、退職慰労金の議案に、反対する株主が増加してきている。会社としては、その役員が具体的にどのような功績があったのかを明らかにすることや、業績悪化や不祥事などの責任があると考えられる取締役に対しては、基準どおりではなく支給額を減額することを議案において明記したうえで決議をとる等の対応が求められる。

## 5　補欠取締役・一時取締役

### (1)　補欠取締役

　会社は、取締役が欠けた場合または会社法もしくは定款で定める取締役の員数を欠くこととなるときに備えて、補欠の取締役を選任することができる（329条3項）。特定の候補者を、複数の役員（たとえば取締役と監査役）の補欠として選任することも可能である（施規96条2項4号）。補欠取締役の選任の効果は、定款に別段の定めがある場合を除き、原則として、その選任決議後最初に開催される定時株主総会の開始時までとなる（同条3項）。

　補欠取締役は、補欠選任の条件が成就して取締役に選任されるまでは、取締役ではなく、取締役としての職務を行うことはなく、義務も負わない。

---

12　監査等委員会設置会社において、監査等委員である取締役とそれ以外の取締役は異なる類型の役員として扱われる。

### (2) 一時取締役

取締役が欠けた場合または会社法もしくは定款で定める取締役の員数が欠けた場合において、任期の満了または辞任により退任した取締役は、新たに選任された取締役が就任するまでの間、なお取締役としての権利義務を有する（346条1項）。会社の業務を行う者がいなくなるのを防ぐための規定である。この規定は解任された取締役には適用されない。

しかし、辞任や任期満了の場合でも、取締役が引責辞任した場合等取締役の終任の理由によっては、退任取締役が引き続き取締役としての権利義務を有することが不適当である場合もありうる。このような場合は、裁判所は利害関係人の請求により、一時取締役の職務を行う者（一時取締役）を選任することができる（346条2項・3項）。ここにいう利害関係人とは、株主、取締役、会計監査人、使用人、債権者、監査役等である。

一時取締役が選任されると、新たにその取締役が就任したことになるから、会社法346条1項に基づき退任後もなお会社の役員としての権利義務を有する者の権限は消滅する。

一時取締役が選任された場合には、裁判所書記官の嘱託により、会社の本店および支店の所在地において登記がなされる（937条1項2号イ）。

**❧ *One point advice*　欠員取締役を補充するための臨時総会を開かずに、次の定時総会まで一時取締役で対応することはできるか**────────

法律または定款に定めた取締役の員数を欠いた場合には、会社は速やかに株主総会を招集して後任の取締役を選任しなければならない。取締役がこれを怠れば過料の対象となる（976条22号）。また、一時取締役の制度は、あくまで後任の取締役を選任するまでの間、会社の運営を滞らせないようにするための制度であるから、欠員取締役を補充するための臨時総会を開催することが可能であるにもかかわらず、これを開かずに長期間仮の取締役で対応することはできない。

実務上も、裁判所は、申請人の利害関係、取締役に欠員を生じている事

第4章　第3節　取締役および取締役会

実、一時取締役を選任する必要性について審理をしたうえでその選任をするから、臨時株主総会を招集して後任の取締役を選任できるような場合には、一時取締役を選任する必要性なしとして、選任がなされない可能性がある。

## 6　職務執行停止・職務代行者

### (1)　職務執行停止の仮処分、職務代行者の選任

取締役の職務代行者とは、取締役の職務執行停止の仮処分が行われた場合に、裁判所が選任する取締役の職務を代行する者である（352条1項）。通常は、弁護士が選任される。

取締役の選任決議の無効確認、決議不存在の確認もしくは決議取消しの訴え（830条、831条）、または取締役解任の訴え（854条）が提起されたとき、訴えの提起により当然にその対象取締役の職務執行停止の効力が発生するわけではない。これらの訴えに理由があるか否かは、裁判手続によって最終的に判断されるものだからである。

しかし、訴えられた取締役にそのまま職務執行を継続させることが不適当な場合がある。このような場合には、民事保全法上の仮処分（民保23条2項）の制度に基づき、取締役の職務執行の停止、さらに職務代行者の選任を申し立てることができる。

上記仮処分が認められた場合は、本店または主たる営業所および支店または従たる事務所の所在地において裁判所書記官の嘱託により登記がなされる（917条、民保56条）。取締役の職務執行停止の仮処分の効力について、判例は、取締役の職務を停止しその代行者を選任する仮処分は、旧民事訴訟法760条（現民事保全法23条2項）のいわゆる仮の地位を定める仮処分の性質を有するものであって、職務の執行を停止された取締役が辞任し、新たに取締役が選任されても、直ちに代行者の権限が消滅するものと解すべきでなく、仮処分の取消しがあって初めて効果が発生するというべきである、とする（最判昭

和45・11・6民集24巻12号1744頁）。

### (2) 職務代行者の権限

職務代行者は、仮処分命令に別段の定めがある場合を除いて、会社の常務に属さない行為をすることはできない（352条1項）。会社の常務に属する行為とは、会社事業の通常の経過に伴う業務行為、会社として日常行われるべき事務等をいい、通常の程度における原材料等の仕入れ、製品の販売等がこれにあたる。新株発行、社債の募集、営業譲渡、取締役の解任を目的とする臨時株主総会の招集等は、会社の常務に属さない（取締役の解任を目的とする臨時株主総会の招集について、最判昭和50・6・27民集29巻6号879頁）。

ただし、職務代行者は、裁判所の個別の許可を得た場合には、会社の常務に属さない業務であっても、これを行うことができる（352条1項）。

## Ⅱ 取締役会

## 1 意 義

取締役会設置会社では、取締役会が、広義の業務執行のうち「業務執行の決定」を行い（362条2項1号・4項）、取締役の中から選定される業務執行取締役が具体的な「業務の執行」を行う（363条1項）。

取締役会とは、取締役の全員をもって構成され、その会議における決議により業務執行に関する会社の意思を決定するとともに、業務執行機関としての業務執行取締役の「業務執行」を監督する機関である。

公開会社、監査役会設置会社、指名委員会等設置会社、監査等委員会設置会社は、取締役会をおかなければならない（327条1項）。

## 2 取締役会の職務・権限

取締役会は、次の職務を行う（362条2項）。[13]

① 取締役会設置会社の業務執行の決定

② 取締役の職務の執行の監督

③ 代表取締役の選定および解職

**(1) 業務執行に関する意思決定**

取締役会は会社の業務執行に関する意思決定を行う（362条2項1号）。

法律の規定により株主総会の決定事項とされている事項（第2節 I 参照）について、株主総会に代わって取締役会がその決定を行うことは、定款で規定しても許されない（295条3項）。

取締役会は定期的に開催される会議体であるから、すべての業務執行の決定を行うことは困難であり、重要な業務執行の決定以外の決定は、業務執行取締役に委ねることが多い。

しかし、法律上取締役会において決定すべきものと明記されている事項については、必ず取締役会で決定しなければならず、その決定を業務執行取締役に委ねることはできない（362条4項）。この事項は次の①〜⑦のとおりである。

① 重要な財産の処分および譲受け

② 多額の借財

③ 支配人その他の重要な使用人の選任および解任

④ 支店その他の重要な組織の設置、変更および廃止

⑤ 募集社債に関する重要な事項（676条1号、施規99条）

⑥ 内部統制システムの整備（取締役の職務の執行が法令および定款に適合することを確保するための体制、その他株式会社の業務並びに当該株式会社およびその子会社からなる企業集団の業務の適正を確保するために必要なものとして法務省令で定める体制の整備）

⑦ 会社法426条1項による定款の定めに基づく役員等の責任免除

これらの事項について、業務執行取締役の決定に委ねるとすれば、取締役会が業務執行取締役を監督することにより、代表取締役の専横を防止すると

---

13 指名委員会等設置会社の取締役会の権限については416条、監査等委員会設置会社については399条の13参照のこと。

いう会社法の制度趣旨に反するからである。[14]

　逆に、業務執行のうち、法定事項以外の事項についても、取締役会で意思決定することができ、その場合、業務執行取締役は取締役会の決定に拘束される。しかし、取締役会は招集に応じて会合する会議体であるから、日常的事項に関する意思決定まで必ず取締役会で行うとするのは、業務執行の迅速性に欠けるおそれがあり妥当ではない。

　そのほか、個々の法律の規定により、取締役会の決議事項とされているのは、主に次のとおりである。

---

①　種類株式の内容の決定（108条3項）

②　譲渡制限株式の譲渡承認・指定買取人の指定（139条1項、140条5項）

③　自己株式の取得価格等の決定（157条2項）

④　子会社からの自己株式の取得の決定（163条）

⑤　取得条項付株式の取得の決定（168条1項、169条2項）

⑥　自己株式の消却（178条2項）

⑦　特別支配株主の株式等売渡請求の承認等（179条の3第3項、179条の6第2項）

⑧　株式分割（183条2項）

⑨　株式無償割当てに関する事項の決定（186条3項）

⑩　単元株式数についての定款変更（195条1項）

⑪　所在不明株主の株式の競売、売却、買取り（197条4項）

⑫　公開会社における新株発行、内容の決定（201条1項、202条3項）

⑬　譲渡制限株式の株式割当ての決定（204条2項）

⑭　1株に満たない端数の買取り（234条5項）

⑮　公開会社における新株予約権の発行の決定（240条1項、241条3項）

---

14　指名委員会等設置会社や一定の要件を備えた監査等委員会設置会社では、執行と監督の分離の見地から、より広範な業務の決定を、取締役会が執行役や代表取締役に委任することが認められている（416条4項、399条の13第5項・6項）。

*289*

⑯　譲渡制限株式の募集新株予約権の割当ての決定（243条2項）

⑰　譲渡制限新株予約権の譲渡の承認（265条1項）

⑱　取得条項付新株予約権の取得の決定（273条1項、274条2項）

⑲　新株予約権の消却（276条2項）

⑳　新株予約権無償割当てに関する事項の決定（278条3項）

㉑　株主総会の招集に関する事項（298条4項）

㉒　業務執行取締役の選定（363条1項）

㉓　監査役設置会社以外の会社と取締役との訴訟における代表者の選任（353条、364条）

㉔　取締役による競業取引および利益相反取引の承認（356条、365条1項）

㉕　取締役会を招集する取締役の決定（366条1項ただし書）

㉖　特別取締役の設置（373条1項）

㉗　指名委員会等設置会社における執行役への業務決定の委任（416条4項）

㉘　指名委員会等設置会社における執行役の選任・解任（402条2項、403条1項）

㉙　指名委員会等設置会社における代表執行役の選任・解任（420条）

㉚　計算書類の承認（436条3項）

㉛　臨時計算書類の承認（441条3項）

㉜　連結計算書類の承認（444条5項）

㉝　一部の資本金・準備金の減少（447条3項、448条3項）

㉞　中間配当の決定（454条5項）

㉟　一定の会社における剰余金の配当等の決定（459条）

---

⚜ *One point advice*　**重要な財産や重要な使用人等の意味**　──

最判平成6・1・20民集48巻1号1頁は「商法260条2項1号（筆者注：

現会社法362条 4 項 1 号）にいう重要な財産の処分に該当するかどうかは、当該財産の価額、その会社の総資産に占める割合、当該財産の保有目的、処分行為の態様及び会社における従来の取扱い等の事情を総合的に考慮して判断すべきものと解するのが相当である」とし、「本件株式の帳簿価額は7800万円で、これは X 社の前記総資産47億8640万円余の約1.6パーセントに相当し、本件株式はその適正時価を把握し難くその代価いかんによっては X 社の資産及び損益に著しい影響を与え得るものであり、しかも、本件株式の譲渡は X 社の営業のため通常行われる取引に属さないのであるから、これらの事情からすると、原判決の挙示する理由をもって、本件株式の譲渡は同号（筆者注：現会社法362条 4 項 1 号）にいう重要な財産の処分に当たらないとすることはできない」とした。

　また、一般的には、代表取締役でない役付取締役、部長、工場長および支店長といった高級役職者を任命解職する場合、重要な使用人の選任解任となり、本店に事業本部を新設する場合、子会社を設立して業務の一部を委託する場合などは重要な経営事項にあたるが、それぞれの会社の規模や業種により異なり、取締役会の決議が必要か必ずしも明確ではない。

　そこで、実務上は取締役会規則や職務権限規定で、重要な財産や重要な使用人にあたる場合等取締役会の決議を要する具体的な事項を定めておくことが多い。

### (2)　業務執行の監督・取締役の監視義務

#### (ア)　取締役会の業務執行の監督権

　取締役会は、取締役の職務の執行（業務執行のほか、業務執行以外の職務を含む）を監督する（362条 2 項 2 号）。[15]

　取締役会は業務執行に関する会社の意思決定をする会議体であるから、その性質上自ら業務執行にあたることはできない。取締役会は、業務執行取締役（代表取締役を含む）の業務執行について、取締役会の意思決定に合致しているか否かを監督することになる。

---

15　指名委員会等設置会社については416条 1 項 2 号、監査等委員会設置会社については399条の13第 1 項 2 号参照。

第4章　第3節　取締役および取締役会

### ㈠　取締役の監視義務

個々の取締役は、取締役会の構成員として、取締役会の監督権限（362条2項2号）を通じて、他の取締役の行為が法令・定款を遵守し、適法かつ適正になされているかを監視する権限と義務を負う。

判例では、監視義務違反により旧商法266条の3第1項（会社法429条1項）の責任が問題となった事例につき、「取締役会を構成する取締役は、会社に対し、取締役会に上程された事柄についてだけ監視するにとどまらず、代表取締役の業務執行一般につき、これを監視し、必要があれば、取締役会を自ら招集しあるいは招集することを求め、取締役会を通じて業務執行が適正に行われるようにする職務を有する」との判断がなされている（最判昭和48・5・22民集27巻5号655頁）。

---

**✤ *One point advice*　取締役会の機能不全？** ─────

　従来から、取締役会の代表取締役の業務執行に対する十分な監督がなされず、コーポレート・ガバナンスが機能しないことが指摘されている。

　この理由として、使用人兼務取締役が多いことがあげられている。使用人兼務取締役は、取締役であると同時に、代表取締役の指揮命令を受ける使用人であり、代表取締役が決定したことについて事実上異議を述べることが困難だからである。

　このような問題意識から、最近、代表取締役から独立性の高い社外取締役を選任したり、業務執行と業務執行の監督を分離した指名委員会等設置会社や監査等委員会設置会社に移行する等、コーポレート・ガバナンスの実効性を確保する必要性が注目されている。

---

### ㈡　業務執行に対する監督権を担保するためのしくみ

取締役会には、取締役の業務執行に対する監督権を担保するために、会社法上、次の①〜③の権限が与えられている。

①　代表取締役の選定・解職権（362条2項3号）

②　代表取締役以外の業務執行取締役の選定・解職権（363条1項2号）

③　代表取締役および取締役会が選定した業務執行取締役の、取締役会に対する3カ月に1回以上の報告義務（363条2項）

## 3　取締役会の招集

### (1)　開催の頻度

取締役会は必要に応じて開催されるが、代表取締役および取締役会が選定した業務執行取締役は3カ月に1回以上の報告義務を負っているから、最低限3カ月に1回は開催する必要がある（363条2項）。

### (2)　招集権限

各取締役が取締役会を招集することができるのが原則である。しかし、定款や取締役会で招集をなすべき取締役をあらかじめ定めておくことができ、実務上は、代表取締役に招集権が付与されていることが多い（366条1項）。

取締役会を招集する取締役が決まっている場合でも、招集権を付与されていない取締役は、次の①②の法定の要件に従って、自ら取締役会を招集することができる（366条2項）。

①　招集権が付与された取締役に対して、会議の目的たる事項を示して、取締役会の招集を請求したとき

②　①の請求から5日以内に、招集権を付与された取締役が、①の請求から2週間以内の日を会日とする取締役会の招集通知を発しなかったとき

したがって、取締役は取締役会の不開催をもって代表取締役の監督ができなかったと弁解することは許されないことに注意を要する。

### (3)　招集手続

招集権者は、取締役会の会日より1週間前まで（ただし、定款の定めで短縮可能である）に、各取締役および各監査役に対し、招集の通知を発する必要がある（368条1項）。通知の方法は、書面に限らず口頭でもよい。

取締役会は、取締役および監査役の全員の同意があるときは、招集の手続を経ないで開催することができる（368条2項）。したがって、あらかじめ決めた定例日（たとえば、「毎月第2水曜日」等）に取締役会を開催する場合に

第4章　第3節　取締役および取締役会

は、招集手続は不要となる。

　取締役会の招集手続が、株主総会の招集手続に比較して簡易なものとなっているのは、取締役会の構成員たる取締役は、株主から会社の経営を委ねられた経営の専門家として会社の状況を常に把握しているはずであり、また、議題となる会社経営は極めて機動性を要するからである。

　招集手続に瑕疵がある取締役会でなされた決議は、特段の事情がない限り無効になる（最判昭和44・12・2民集23巻12号2396頁）。

---

### ⚜ *One point advice*　代表取締役の解職と招集通知の内容 ──

　取締役および監査役に対し招集通知を必要とした会社法368条の趣旨は、取締役および監査役に取締役会への出席の機会と十分な討議のための準備の機会を担保することにある。このことから、代表取締役を解職しようとする場合には、「代表取締役解職の件」を議題として通知するのが原則である。

　しかし、この議題のように、その内容が人事に及ぶような場合には、事前に通知することにより、解任予定の代表取締役に多数派工作をされるおそれもあるため、なかなか原則どおりにはいかないこともある。

　実務上は、議題を「人事の件」と通知したり、議題の中に「その他」と記載したうえで、取締役会であらためて「代表取締役解職の件」を議題として提出する等の対応をしている。

---

## 4　取締役会の決議

### (1)　決議の方法

　取締役会の決議は、議決に加わることができる取締役の過半数が出席し、その出席した取締役の過半数の賛成をもってなされる。ただし、定款をもってこの要件を加重することができる（369条1項）。

　取締役会の決議をする場合に、特別の利害関係を有する取締役は、決議に参加することができない（369条2項）。そのため特別の利害関係を有する取締役の数は、取締役会の定足数の計算の基礎に含めない。

294

取締役会は、経営の専門家としての取締役が意見を交換することが期待されているため、現実に開催する必要があり、いわゆる持回り決議は有効な決議と認められない（最判昭和44・11・27民集23巻11号2301頁）。一方、テレビ会議等の意見交換が可能な方法による場合には、取締役が現実に一堂に会さなくても、取締役会と認められる。

### ✤ *One point advice* 代表取締役の解職と利害関係 ─────

最判昭和44・3・28民集23巻3号645頁は、「代表取締役は、会社の業務を執行・主宰し、かつ会社を代表する権限を有するものであって……、会社の経営、支配に大きな権限と影響力を有し、したがって、本人の意志に反してこれを代表取締役の地位から排除することの当否が論ぜられる場合においては、当該代表取締役に対し、一切の私心を去って、会社に対して負担する忠実義務……に従い公正に議決権を行使することは必ずしも期待しがたく、かえって、自己個人の利益を図って行動することすらあり得る」として、代表取締役の解職決議に際し、当該代表取締役は旧商法262条の2第2項（会社法369条2項）の特別利害関係人にあたると判示している。

### (2) 取締役会決議の省略、報告の省略

取締役が取締役会の決議の目的である事項について提案した場合において、当該提案につき決議に加わることができる取締役の全員が書面または電磁的記録により同意の意思表示をしたときは、当該提案を可決する旨の取締役会の決議があったものとみなす旨を定款で定めることができる（370条）。一定の要件の下、取締役会決議の省略（取締役会の書面決議ということもある）を認めたものである。

ただし、監査役が取締役会決議の省略に異議を述べた場合には、取締役会決議の省略は認められない。監査役の取締役会において意見を述べる権利を阻害しないためである。

また、取締役、会計参与、監査役または会計監査人が取締役（監査役設置

会社にあっては、取締役および監査役）の全員に対して取締役会に報告すべき事項を通知したときは、当該事項を取締役会へ報告することを省略することができる（372条1項）。

しかし、取締役会が選定した業務執行取締役による、3カ月に1回以上の取締役会への報告は省略することができない（372条2項）。

### (3) 取締役会の決議を経ない取引の効力

必要な取締役会の決議を経ない取引の効力については争いがあるが、判例は、「株式会社の一定の業務執行に関する内部的意思決定をする権限が取締役会に属する場合には、代表取締役は、取締役会の決議に従って、株式会社を代表して右業務執行に関する法律行為をすることを要する。しかし、代表取締役は、株式会社の業務に関し一切の裁判上または裁判外の行為をする権限を有する点にかんがみれば、代表取締役が、取締役会の決議を経てすることを要する対外的な個々的取引行為を、右決議を経ないでした場合でも、右取引行為は、内部的意思決定を欠くに止まるから、原則として有効であって、ただ、相手方が右決議を経ていないことを知りまたは知り得べかりしときに限つて、無効である、と解するのが相当である」とし、いわゆる心裡留保説を採用している（最判昭和40・9・22民集19巻6号1656頁）。

### (4) 取締役会の決議を経ない重要な取引の無効を取引の相手方が主張できるか

取締役会の決議を経ない重要な取引の無効を誰が主張できるかについて、判例は、「会社法362条4項が重要な業務執行についての決定を取締役会の決議事項と定めたのは、代表取締役への権限の集中を抑制し、取締役相互の協議による結論に沿った業務の執行を確保することによって会社の利益を保護しようとする趣旨に出たものと解される。この趣旨からすれば、株式会社の代表取締役が取締役会の決議を経ないで重要な業務執行に該当する取引をした場合、取締役会の決議を経ていないことを理由とする同取引の無効は、原則として会社のみが主張することができ、会社以外の者は、当該会社の取締役会が上記無効を主張する旨の決議をしているなどの特段の事情がない限り、

これを主張することはできないと解するのが相当である」とし、取引相手方からの無効主張を制限している（最判平成21・4・17民集63巻4号535頁）。

## 5　取締役会議事録

### (1)　作　成

取締役会の議事については、議事録を作成しなければならない（369条3項）。議事録には、議事の経過の要領およびその結果を記載または記録する。

議事録を書面によって作成したときは、出席した取締役および監査役がこれに署名または記名押印しなければならない（369条3項）。議事録が電磁的記録により作成された場合には、出席した取締役および監査役は、電子署名しなければならない（同条4項、施規225条1項6号）。

決議に参加した取締役で、議事録に異議をとどめないものは、決議に賛成したものと推定される（369条5項）。

議事録は10年間本店に備え置かなければならない（371条1項）。

> ⚜ *One point advice*　**議事録に署名しない者がいる場合の議事録の効果**
>
> 　署名は、議事録の内容の正確性を担保する趣旨のものと解されるから、解職された業務執行取締役が署名を拒否する等のように出席した取締役および監査役の一部が署名をしない場合にも、議事録が無効になると解する必要はない。実務的には、議事録作成者が署名しない取締役や監査役を表示し、その者が署名できない理由を付記しておくべきである。

### (2)　株主等の閲覧・謄写請求権

株主または親会社の株主は、裁判所の許可を得て取締役会議事録の閲覧・謄写を請求することができる（371条3項・2項・5項）。ただし、業務監査権限をもつ監査役がいない会社において、その株主が請求する場合は、裁判所の許可なく、閲覧・謄写を請求することが可能である（同条2項）。後者の場合、株主自身が、取締役の監視をする必要があるからである。

第4章　第3節　取締役および取締役会

　裁判所は、取締役会議事録の閲覧・謄写により、会社またはその親会社もしくは子会社に著しい損害を及ぼすおそれがある場合には、閲覧・謄写を許可することができない（371条6項）。

　従前、企業秘密の漏洩や閲覧権の濫用をおそれて取締役会議事録がごく簡単なものとなり、取締役会における議論を記録するものとして十分な情報を有さなくなった。そこで、取締役会議事録の閲覧・謄写に裁判所の許可を必要とすることにより、閲覧・謄写の弊害を除去し、もって取締役会議事録の内容の充実を図ったものである。

　なお、取締役会設置会社の債権者は、役員の責任を追及するために必要があるときは、同様に、裁判所の許可を得て、取締役会議事録の閲覧・謄写を請求することができる（371条4項）。

## 6　代表取締役

### (1)　代表取締役の意義

　代表取締役とは、対内的には業務執行を行い、対外的には会社を代表する機関である。

　取締役会設置会社では、取締役会は会社の意思を決定する会議体にすぎないことから、決定事項を執行する機関として代表取締役が必須となる。

### (2)　代表取締役の選定

#### (ア)　選　定

　取締役会設置会社では、取締役会の決議をもって、取締役の中から、会社を代表すべき取締役を選定しなければならない（362条3項）。代表取締役が取締役会の構成員を兼ねることにより、取締役会における業務の意思決定と、具体的な業務執行とを連携させることができる。

　なお、取締役会非設置会社では、個々の取締役が業務執行権限を有する（348条1項）から、代表取締役を選定するか否かは任意である。取締役の互選や定款の規定により代表取締役を定めた場合（349条3項）には、会社の代表権は代表取締役が有し、他の取締役は代表権を失う（同条1項ただし書）。

298

Ⅱ　取締役会

　代表取締役の氏名および住所は、本店および支店の所在地において登記する（911条3項14号、915条）。ただし、登記は選定の効力発生要件ではないから、代表取締役に選定された以上、その登記前でも、その職務を執行することができる。

　㈣　員　数

　選定する人数は1人でも数人でもよい。数人が選定された場合は、各自が代表権を有する。実務上は、定款をもって社長、専務取締役、常務取締役等をおき、これらの者が代表取締役とされることが多い。しかし、社長、専務等の呼称は会社法上の名称ではないことに注意を要する。

---

### ✤ *One point advice*　選定と解職 ────────

　代表取締役や特別取締役（373条1項）のように、いったん選任された機関（この場合は取締役）の中から、さらに機関が選ばれることを、「選任」ではなく「選定」という。逆に、「選任」された機関が、選任した機関からその職を奪われることを「解任」というが、「選定」された機関が、選定をした機関からその職を奪われることは「解職」という（362条2項3号・3項参照）。

---

　㈦　代表取締役の選定、解職につき、定款をもって株主総会の権限とすることができるか

　株主総会が会社の実質的所有者の意思決定機関であり、取締役会の上位機関であることに鑑みれば、代表取締役の選定、解職につき、定款をもって株主総会の権限とすることも許されるとする考え方も可能である。しかし、会社法362条3項が、代表取締役の選定、解職を取締役会の権限と定めているのは、代表取締役に対する取締役会の監督権限を実効化するためであることからすれば、代表取締役の選定、解職につき、定款をもって株主総会の権限とすることは、本条の趣旨に反し、認められるべきではない。実務も同様に解している。

299

第4章　第3節　取締役および取締役会

### (3)　代表取締役の権限

#### (ア)　業務執行権

代表取締役は、会社内外の業務執行を行う。

具体的には、株主総会または取締役会の決定事項を実行に移すとともに、日常の業務等について取締役会によって委任された事項または法律上代表取締役の職務とされた事項について決定し、かつ執行する。

実務上、定款をもって社長を会社の最高執行責任者とし、専務または常務取締役をその補佐とする等、会社の統一ある業務執行のために、内部的な権限分掌がなされることが多い。

#### (イ)　代表権の包括性・不可制限性

代表取締役は、会社の営業に関する一切の裁判上または裁判外の行為について、会社を代表する（349条4項）。

代表取締役の代表権を会社の内部において制限しても、善意の第三者に対しては、その代表権の制限を主張することができない（349条5項）。

この意味で、代表取締役の代表権は包括的であり、かつ不可制限的である。

### (4)　代表取締役の終任

取締役会設置会社では、取締役会は、いつでもその決議をもって代表取締役を解職することができる（362条2項3号）。

また、代表取締役は、いつでもその地位を辞任することができる（330条3項、民651条1項）。任期満了または辞任によって代表取締役を退職した者は、原則として後任者の就任まで引き続き代表取締役の権利義務を有する（351条1項）。

なお、代表取締役は、取締役の資格を失うと当然に代表取締役ではなくなるが、代表取締役の資格を失ったからといって、取締役の資格を当然に失うわけではない。

### (5)　表見代表取締役

社長、副社長、専務取締役、常務取締役、その他会社を代表する権限を有する者と認められる名称を付した取締役（これらの取締役を、「表見代表取締

300

役」という）が対外的になした行為は、その者が代表権を有さない場合でも、善意・無重過失の第三者との間では有効となる[16]（354条）。

## 7 特別取締役による取締役会の決議

会社法は、重要な財産の処分、譲受けおよび多額の借財について、一定の要件の下、取締役会があらかじめ選定した3人以上の取締役である特別取締役のうち、議決に加わることのできるものの過半数が出席し、その過半数により決議した場合、当該決議をもって取締役会の決議とすることを認めている（373条1項）。

特別取締役を選定できる会社の要件は次のとおりである。

① 取締役会設置会社であること（指名委員会等設置会社を除き、監査等委員会設置会社では399条の13第5項・6項の適用がある場合を除く）

② 取締役の数が6人以上であること

③ 取締役のうち1人以上が社外取締役であること

特別取締役による決議の定足数および決議要件は、取締役会決議と同様であるが、会社法370条の書面決議は認められない（373条1項・4項）。

また、特別取締役による決議がなされた場合には、特別取締役の互選によって定められた者は、遅滞なく当該決議の内容を特別取締役以外の取締役に報告しなければならない（373条3項）。取締役会の監督機能を確保することがその目的である。

特別取締役の制度は、取締役会の決議事項のうち、重要な財産の処分と譲受けおよび多額の借財について、これを特別取締役の権限とすることで取締役会の負担を軽減しようとするものであるが、権限が限定されていること、下記の経営会議や執行役員の運用で不都合がないことから、実務上ほとんど採用されていない。

---

16 重過失ある第三者は保護されないとした判例につき最判昭和52・10・14民集31巻6号825頁。

第4章　第4節　監査役および監査役会等

**✣ *One point advice*　経営会議・執行役員会** ─────

　規模の大きな株式会社では、取締役が多くなり、機動的に取締役会を開いたり、取締役会で実質的討議をすることが困難になる。

　そのため、実務上は、少人数の業務執行取締役で構成される経営会議や常務会といわれる会議をもち、取締役会で審議される事項についてあらかじめ実質討議をしたり、緊急の事項を討議する取扱いが行われている例がある。

　逆に、取締役の選任は少人数にとどめ、業務執行については、執行役員（取締役または執行役ではないが、代表取締役または執行役から具体的な業務執行を委譲された従業員）という取締役に準じる従業員に行わせ、取締役会を少人数で機動的に運営する取扱いも行われている。

## 第4節　監査役および監査役会等

## Ⅰ　監査役

## 1　意　義

　監査役とは、取締役の職務執行を監査する株式会社の機関である（381条1項）。株式会社は、定款の定めによって、監査役または監査役会を設置することができる（326条2項）。任意の機関であるが、取締役会設置会社では、公開会社でない会計参与設置会社、指名委員会等設置会社、監査等委員会設置会社の場合を除き、監査役をおく必要がある（327条2項）。

　取締役の職務執行に対しては、株主総会も取締役の選任・解任および決算の承認を通して監督する。また、個々の株主も、少数株主権等によって取締役の職務執行を監督することができる。しかし、所有と経営が分離している株式会社においては、株主の大半は会社経営に関心のない投資株主であり、株主による監督のみでは会社の適法経営を担保するのに不十分である。そこ

*302*

で、監査役が取締役の職務執行が適法になされているか否かを監査する機関として用意されている。

## 2 資格・選任・終任

### (1) 監査役の資格

監査役の資格要件は、欠格事由や、定款でも株主に限定できないこと等、原則として取締役と同様である（335条1項、331条1項・2項）。

ただし、監査役はその会社および子会社の取締役もしくは支配人その他の使用人または当該子会社の会計参与もしくは執行役を兼ねることができない（335条2項）。監査役は、取締役の職務執行を監査するという監査役の職務を有することと、子会社の業務監督も行うことから（381条3項）、このような兼任を認めると、自己監査の矛盾に陥り、監査が公正に行われないおそれがあるからである。

### ✤ *One point advice* 会社の顧問弁護士が監査役を兼任することの可否

会社の顧問弁護士については、「一般に、独立した自己の職業として、会社等との契約に基き、訴訟行為等の法律事務を受任し、あるいは顧問弁護士として会社等の役職員らからの法律相談に応じ、法律専門家としての自己の判断と責任において、受任した事務を処理しあるいは法律上の意見を述べるものであつて、会社の業務自体を行うものではなく、もとより業務執行機関に対し継続的従属的関係にある使用人の地位につくものでもないから、このような弁護士が会社の監査役に就任した場合においても、同人がその会社の組織機構の一員となり業務執行機関の指揮命令を受けるべき立場におかれるに至った場合、もしくはこれに準じてその会社に専属すべき拘束を受けている場合などの、特段の事情のない限り、右就任の事実だけから、直ちに商法276条（筆者注：現会社法335条2項）に違反するということはできないと解するのが相当である」とする下級審の裁判例（大阪高判昭和61・10・24金法1158号33頁）がある。

また、弁護士資格を有する監査役が特定の訴訟事件について会社の訴訟

第4章　第4節　監査役および監査役会等

代理人となった事例で、最高裁判所は、「監査役が会社又は子会社の取締
役又は支配人その他の使用人を兼ねることを得ないとする商法276条（筆
者注：現会社法335条2項）の規定は、弁護士の資格を有する監査役が特
定の訴訟事件につき会社から委任を受けてその訴訟代理人となることまで
を禁止するものではないと解するのが相当である」と判示した（最判昭和
61・2・18民集40巻1号32頁）。

### (2)　監査役の選任

#### (ア)　選任手続

監査役は、株主総会の決議により選任される（329条1項）。

選任決議の定足数・決議の要件については、取締役と同様である（341条）。

#### (イ)　監査役の選任議案に対する同意権、提案権、意見陳述権

取締役は、監査役の選任に関する議案を株主総会に提出するには、監査役
（監査役が複数のときは過半数、監査役会設置会社では監査役会）の同意を得な
ければならない（343条1項・3項）。

監査役（監査役会設置会社では監査役会）は、取締役に対し、監査役の選任
を株主総会の議題とし、または監査役選任の議案を提出することを請求する
ことができる（343条2項・3項）[17]。

監査役（選任対象でない他の監査役を含む）は、監査役の選任について株主
総会で意見を述べることができる（345条4項・1項）[18]。

いずれも監査役の人事について監査役（監査役会設置会社では監査役会）の
意見を反映させるための制度である。

### (3)　監査役の員数・任期・社外監査役

#### (ア)　員　数

会社法上、監査役の員数は1人でも数人でもよい。ただし、監査役会設置

---

17　監査等委員会設置会社の監査等委員会には、同様の同意権、提案権（344条の2）、が認めら
れている。

18　監査等委員会設置会社の監査等委員会、監査等委員である取締役には、同様の意見陳述権
（342条の2）が認められている。

会社にあっては、監査役は3人以上で、そのうち半数以上は、社外監査役でなければならない（335条3項）。

社外監査役とは、次の要件をすべて満たす者をいう（2条16号）。

---

〔社外監査役の資格要件〕

① その就任の前10年間当該株式会社またはその子会社の取締役、会計参与、執行役、支配人その他の使用人であったことがないこと

② その就任の前10年内のいずれかの時において当該株式会社またはその子会社の監査役であったことがある者にあっては、当該監査役への就任の前10年間当該株式会社またはその子会社の取締役、会計参与、執行役、支配人その他の使用人であったことがないこと

③ 当該株式会社の親会社である自然人または親会社等の取締役、監査役、執行役、支配人その他の使用人でないこと

④ 当該株式会社の親会社等の子会社等（当該株式会社およびその子会社を除く）の業務執行取締役等でないこと

⑤ 当該株式会社の取締役、支配人その他の重要な使用人、親会社等である自然人の配偶者または二親等内の親族でないこと

---

　㋑　任　期

監査役の任期は、選任後4年内に終了する事業年度のうち最終のものに関する定時総会の終結の時までである（336条1項）。ただし、非公開会社においては、定款により、監査役の任期を選任後10年以内に終了する事業年度のうち最終のものに関する定時総会の終結の時まで伸長することができる（同条2項）。

監査役の任期が取締役の任期よりも長期なのは、監査役の地位の安定と取締役からの独立性を保つためである。このような趣旨から、監査役の任期を定款の規定により短縮することはできない。ただし、定款で、任期の満了前に前監査役が退任した場合には、その監査役の補欠として選任された監査役

第4章 第4節 監査役および監査役会等

の任期を、退任した監査役の任期の満了時までとすることは許される（336条3項）。

### (4) 監査役の終任

#### (ア) 終任事由

監査役の終任は、①任期満了、②辞任、解任、③監査役の死亡・破産手続開始決定・後見開始審判（民653条）・資格喪失（335条、331条）、④会社の解散であるのは、取締役と同様である。その他、⑤会社法336条4項記載の事項（指名委員会等設置、監査等委員会設置の定款変更等）も終任事由となる。

#### (イ) 監査役の解任と意見陳述権

監査役の解任には、他の役員と異なり、株主総会の特別決議が必要である（339条1項、309条2項7号）。監査役（解任されない他の監査役も含む）は、株主総会において、監査役の解任について意見を述べることができる（345条4項・1項）。[19]

#### (ウ) 監査役の辞任に関する意見陳述権

監査役を辞任した者は、その後最初に招集されたる株主総会に出席し、その旨および理由を述べることができる（345条4項・2項）。会社は、辞任監査役に対し株主総会に出席し、辞任の理由を述べる機会を与えるため株主総会を招集する旨と招集の内容を通知しなければならない（同条3項）。さらに、辞任した監査役以外の監査役も、株主総会において、当該監査役の辞任について意見を述べることができる（同条4項・1項）。[20]

株主総会において監査役の辞任について意見を述べることができるようにしたのは、監査役が取締役から辞任を強要されることを防止する趣旨である。

---

19 監査等委員会設置会社の監査等委員会、監査等委員である取締役には、同様の意見陳述権（342条の2）が認められている。

20 監査等委員会設置会社の監査等委員会、監査等委員である取締役には、同様の意見陳述権（342条の2）が認められている。

## 3 職務・権限・義務

### (1) 監査役の職務

#### (ア) 監査の内容

監査役とは、取締役の職務の執行を監査する機関である（381条1項）から、その職務権限は、会計の監査を含む業務全般の監査に及ぶ。ただし、公開会社でない株式会社は、その監査役の監査の範囲を会計に関するものに限定する旨を定款で定めることができる（389条1項）。この場合は、当該定款の定めを登記しなければならない（911条3項17号イ）。

監査役による監査は、適法性監査に限られるとするのが実務および多数説である。この点については、監査役の権限について規定する会社法381条が、監査役は取締役の職務の執行を監査するとのみ規定しており、何らの制限も設けていないことを理由に、監査役の監査権限は妥当性監査にまで及ぶとする見解もある。しかし、会社の業務執行に関する意思決定は取締役の権限であって、その妥当性について、取締役の選任権限を有しない監査役に判断させるものとすることは困難であり、監査役監査は適法性監査に限られると解するのが妥当である。

> ⚜ *One point advice*  **監査役の職務と会計監査人の職務との関係** ―
>
> 　会社法は、会計監査人設置会社においては、①計算書類およびその附属明細書については、監査役および会計監査人が監査を行う、②事業報告およびその附属明細書については、監査役が監査を行う、と規定する（436条2項）。
>
> 　会計監査人が設置されている場合にも、監査役の会計監査義務が免除されない点に留意すべきである。
>
> 　監査役は、通常の場合は、会計監査について職業的専門家である会計監査人の監査を前提として、会計監査人の監査を監査する方法をとることとなる（計規127条2号）。監査役は、必要があるときは、会計監査人に対し、その監査に関する報告を求めることができるのであり（397条2項）、会計

*307*

監査人の監査の方法または結果が相当でないと認めたときは、独自に会計監査をしなければならない。

仮に、監査役がかかる義務を怠った場合には、善管注意義務違反を問われることになる。

### (イ) 監査報告の作成

監査役は、取締役の作成する、計算書類・臨時計算書類・連結計算書類・事業報告・その附属明細書を監査し（436条、441条2項、444条4項）、その監査報告を作成する（381条1項）。

監査報告の記載事項は以下のとおりである。

---

〔会計監査人設置会社以外の会社の監査役（監査役会設置会社の場合は、「監査役および監査役会」）の監査報告の内容〕（計規122条、123条）

① 監査役（監査役会監査報告の場合は、「監査役および監査役会」）の監査の方法およびその内容

② 計算関係書類が当該会社の財産および損益の状況をすべての重要な点において適正に表示しているかどうかについての意見

③ 監査のために必要な調査ができなかったときは、その旨およびその理由

④ 次に掲げる事項その他の事項のうち、監査役の判断に関して説明を付す必要がある事項または計算関係書類の内容のうち強調する必要がある事項（追記情報）

   ⓐ 会計方針の変更

   ⓑ 重要な偶発事象

   ⓒ 重要な後発事象

⑤ 監査報告または監査役会監査報告を作成した日

---

〔会計監査人設置会社の監査役（監査役会設置会社の場合は、「監査役および監査役会」）の監査報告の内容〕（計規127条、128条）

①　監査役（監査役会監査報告の場合は、「監査役および監査役会」）の監査の方法およびその内容

②　会計監査人の監査の方法または結果を相当でないと認めたときは、その旨およびその理由（会計監査人が通知期限までに会計監査報告の内容を監査役（会）に通知しなかった場合には、会計監査報告を受領していない旨）

③　重要な後発事象（会計監査報告の内容となっているものを除く）

④　会計監査人の職務の遂行が適正に実施されることを確保するための体制に関する事項

⑤　監査のため必要な調査ができなかったときは、その旨およびその理由

⑥　監査報告または監査役会監査報告を作成した日

### (2)　監査役の権限・義務

#### (ア)　取締役会への出席義務および意見陳述義務

　監査役は、取締役会において違法または著しく不当な決議がなされることを防止するため、取締役会に出席する義務があり、意見を述べなければならない（383条1項）。必要があれば取締役会の招集を求め、自ら招集することもできる（383条2項、382条）。

#### (イ)　報告要求および調査

　監査役はいつでも取締役および会計参与並びに支配人その他の使用人に対して、事業の報告を求め、会社の業務、財産状況を調査することができる（381条2項）。親会社の監査役は、その職務遂行上必要があれば、子会社に対して、営業の報告を求め、または子会社の業務、財産状況を調査することができる（同条3項）。

　また、取締役は、会社に著しい損害を及ぼす事実を発見したときは、直ち

に監査役にこれを報告しなければならない（357条1項）。

### (ウ) 取締役（取締役会設置会社では取締役会）への報告義務

監査役は、取締役が不正の行為をし、もしくは当該行為をするおそれがあると認めるとき、または法令もしくは定款に違反する事実もしくは著しく不当な事実があると認めるときは、遅滞なく、その旨を取締役（取締役会設置会社では取締役会）に報告しなければならない（382条）。

### (エ) 株主総会に対する報告義務

監査役は、取締役が株主総会に提出しようとする議案・書類に法令・定款違反または著しく不当な事項があると認めるときは、株主総会にその調査の結果を報告しなければならない（384条）。実務では、株主総会会場において、適正意見であってもその旨を報告する例が多い。

### (オ) 取締役の違法行為等の阻止（差止請求権）

監査役は、取締役が会社の目的の範囲外の行為その他法令もしくは定款に違反する行為をし、またはこれらの行為をするおそれがある場合において、当該行為により会社に著しい損害が生じるおそれがあるときは、取締役に対して、その行為の差止めを請求することができる（385条1項）。

### (カ) 会社・取締役間の訴訟

監査役は、会社が取締役に対し、または取締役が会社に対し、訴えを提起する場合には、当該訴えについて会社を代表する（386条1項）。したがって、株主による取締役の責任追及のための提起請求（847条1項）や和解に関する通知催告（850条2項）は、監査役に対して行うことになる（386条2項）。

---

#### ⚜ *One point advice* 子会社監査

近時では、持株会社形態が増加する等、株式会社とその子会社からなる企業集団（グループ）による経営が進展していることから、株式会社の株主にとっては子会社の経営の適正性・効率性がより重要となっている。

子会社に対する管理・監督義務は、会社法上明文では規定されていないものの、親会社取締役の子会社に対する監視義務違反が認められる事例も出ており（福岡高判平成24・4・13金判1399号24頁）、子会社監査の必要

性・重要性はより大きくなっている。

　もっとも、親会社監査役の主な役割は、親会社取締役会が適切に企業集団の内部統制システムを構築・運用しているかを監視することにあり、また、大規模な会社では子会社の数・範囲も多岐に上ることが多いため、親会社の内部統制システム自体の検証や監査の過程で発見された問題点の検証等の必要に応じて、子会社に対する往査や子会社管理部門・監査役・会計監査人との連携等によって子会社に対する監査を行うことになる。

## 4　報　酬

　監査役の地位の独立性を確保するため、監査役の報酬は、定款または株主総会の決議で定める（387条1項）。監査役が2人以上ある場合に、定款または総会決議に各監査役の報酬額の取決めがない場合には、その配分は、監査役の協議によって定める（同条2項）。監査役の具体的報酬の配分を取締役会や代表取締役の決定に一任することは許されない。

### ✦ *One point advice*　監査役の協議の意味

　複数の監査役が選任されている会社では、株主総会で取締役報酬とは別に監査役の報酬の総額（または上限）を決め、監査役の具体的報酬額を監査役の協議に委ねる決議をする例が多い。ここで、監査役の協議により配分を決定するという意味は、監査役の全員が同意するという意味と解されている。仮に協議が調わない場合は、監査役には具体的な報酬請求権が発生していないと考えるべきであり、監査役が会社に報酬の支払いを請求することはできない。

## 5　補欠監査役

　監査役が欠けた場合または会社法もしくは定款に定める監査役の員数を欠くことになる場合に備え、あらかじめ定時株主総会において補欠監査役を選任することができる（329条3項、施規96条）。

第4章 第4節 監査役および監査役会等

　なお、実務では、補欠監査役（または監査等委員である補欠取締役）が選任される場合が多く、補欠取締役（監査等委員である取締役を除く）が選任される例は少ない。これは、ある程度以上の規模の上場会社においては、取締役（監査等委員である取締役を除く）は法定人数を超えて選任されるが、監査役（または監査等委員である補欠取締役）は法定人数ぎりぎりの員数しか選任されないことが多いためである。なお、補欠監査役選任の条件成就は、監査役の法定（定款）の定員の欠員が生じたときである。たとえば、常勤監査役1名、社外非常勤監査役3名の監査役会設置会社で、定款で監査役の定員の規定がない場合に、常勤監査役1名が辞任すると、常勤監査役はいなくなるが、監査役の法定人数3名には欠員は生じないため、補欠監査役の選任の効果は生じない。

## 6　職務執行停止・職務代行者

　選任決議の不存在、無効確認または取消しの訴えを本案とする職務執行停止または職務代行者選任の仮処分については、取締役の場合と同様である（917条。第3節Ⅰ6参照）。

# Ⅱ　監査役会

## 1　意　義

### (1)　監査役会

　大会社（非公開会社、指名委員会等設置会社、監査等委員会設置会社を除く）においては、各監査役の役割を分担・共同することに合理性があり、情報の共有化を通して、組織的・効率的な監査をすべく、監査役会の設置が義務づけられている（328条1項）。

　監査役会とは、監査役の全員をもって構成され、その会議における決議により監査の方針、会社の業務および財産の状況の調査方法、その他監査役の

職務執行に関する事項を決定し、監査報告の作成をする機関である（390条
1項・2項）。

### (2) 常勤監査役

監査役会は、監査役の中から常勤監査役を最低1名選定する必要がある
（390条2項2号・3項）。常勤監査役とは、他に常勤の仕事がなく、営業時間
中、監査役の職務に専念する監査役である。

## 2 監査役会の職務・権限

### (1) 職　務

監査役会は、職務として、①監査報告の作成、②常勤監査役の選定、解職、
③監査の方針、監査役会設置会社の業務および財産の状況の調査の方法その
他の監査役の職務の執行に関する事項の決定を行う（390条2項）。

そのほかに、④監査役の選任および会計監査人の選任・解任に関する株主
総会議案の決定権（343条、344条）、⑤取締役、会計監査人等からの報告の受
領（357条、397条）も、監査役会の権限とされている。

なお、次の@〜©を行う場合には、監査役会の決議ではなく、監査役全員
の同意が必要となる。

　@　監査役会による会計監査人の解任（340条2項・1項・4項）

　ⓑ　取締役の責任軽減議案提出への同意（425条3項1号）

　ⓒ　株主代表訴訟で会社が取締役等へ補助参加する場合の同意（849条3
　　項1号）

---

**✛ *One point advice*　監査役と監査役会の関係**
**（監査役の独任制）**

　監査役の職務である取締役の職務執行に対する違法性に関する判断は、
多数決で決すべきではないとの観点から、監査役の監査業務の遂行は本来
的に単独でなされるべき職務であり、監査役は独任制の機関とされている。
監査役会設置会社においても、監査役の職務は、独任制が維持されていて、
監査役会の権限は法定の事項に限られ、また、各監査役の役割分担の取決

めをしても、範囲外の監査権限の行使を妨げることができないとされている（390条2項ただし書）。

### (2) 監査役会の監査報告の作成

監査役会設置会社では、個々の監査役が作成した監査報告とは別に、監査役会も、監査役が作成した監査報告に基づき、監査役会の監査報告を作成する（390条2項、計規123条、128条）。二重に監査報告を作成するのは、監査役会設置会社においても、監査役は独任制の機関だからである。

監査役会監査報告は、監査役会の多数決で確定する（393条1項、390条2項1号）。ただし、各監査役は監査役会監査報告の内容が、当該事項に係る監査役の監査役監査報告の内容と異なる場合には、当該事項に係る各監査役の監査報告の内容を監査役会監査報告に付記することができる（計規123条2項）。

## 3 監査役会の招集・決議・議事録

### (1) 招 集

監査役会は各監査役が招集する（391条）。

監査役会を招集するには、会日より1週間前に、各監査役に対して、通知しなければならない。ただし、その期間は定款をもって短縮することができる（392条1項）。

監査役会は、監査役の全員の同意があるときは、招集手続を経ないで開催することができる（392条2項）。

### (2) 決議・議事録

監査役会の決議は、監査役の過半数で行う（393条1項）。書面決議や持回決議は認められない。

監査役会の議事については、議事録を作成しなければならない（393条2項）。議事録には、議事の経過の要領およびその結果を記載または記録する。

議事録を書面によって作成したときは、出席した監査役がこれに署名する

必要があり、議事録が電磁的記録により作成された場合には、出席した監査役は、電子署名をしなければならない（393条2項・3項、施規225条1項7号）。

議事録の閲覧・謄写等は取締役会の場合と同様である（394条。第3節Ⅱ5(2)参照）。

## 第5節　会計監査人

### Ⅰ　意義・資格

会計監査人とは、計算書類およびその附属明細書、臨時計算書類並びに連結計算書類を監査することを職務とする機関である（396条1項）。なお、会計監査人は役員には含まれない（329条1項）。

会計監査人設置会社においては、計算書類および附属明細書、臨時計算書類、連結計算書類について、監査役の監査のほか、会計監査人の監査を受けなければならない（436条2項、441条2項、444条4項）。

### Ⅱ　資格・選任・終任

#### 1　会計監査人の資格・選任・任期

会計監査人は、株主総会の決議により選任される（329条1項）。

会計監査人は、公認会計士または監査法人でなければならず（337条1項）、会社との関係は、役員と同じく委任に関する規定に従う（330条）。実務では、監査契約書が締結されるのが通例である。

会計監査人の任期は、選任後1年以内に終了する事業年度のうち最終のものに関する定時株主総会の終結の時までであるが、定時株主総会において別段の決議がされなかったときは、その総会において再任されたものとみなさ

第4章 第5節 会計監査人

れる（338条1項・2項）。

監査役設置会社では、会計監査人選任議案の内容および会計監査人の再任をしないことに関する議案の内容は、監査役（監査役が複数の場合は監査役の過半数をもって、監査役会設置会社では監査役会）が決定する（344条1項～3項）。

## 2 会計監査人の終任

### (1) 株主総会による解任

会計監査人は、いつでも、株主総会の決議をもって解任することができる（339条1項）。会計監査人の解任を議題とする場合には、監査役設置会社では監査役（監査役が複数の場合は監査役の過半数をもって、監査役会設置会社では監査役会）がその議案の内容を決定する（344条1項～3項）。

### (2) 監査役会または監査役による解任

会計監査人が、次の各号の一つに該当するときは、監査役全員の同意をもって監査役（監査役会設置会社では監査役会）が、その会計監査人を解任することができる（340条1項）。

① 職務上の業務に違反し、または職務を怠ったとき

② 会計監査人たるにふさわしくない非行があったとき

③ 心身の故障のため、業務の遂行に支障があり、または業務の遂行に堪えないとき

### (3) 会計監査人の意見陳述権

会計監査人は、会計監査人の選任、解任、不再任、辞任について、株主総

---

21 指名委員会等設置会社では監査委員会がこれを決定し（404条2項2号）、監査等委員会設置会社では監査等委員会が決定する（399条の2第3項2号）。

22 指名委員会等設置会社では、監査委員会がこれを決定し（404条2項2号）、監査等委員会設置会社では監査等委員会が決定する（399条の2第3項2号）。

23 指名委員会等設置会社では、監査委員の委員全員の同意をもって監査委員会が（340条6項）、監査等委員会設置会社では監査等委員全員の同意をもって監査等委員会が、解任できる（340条5項）。

316

会に出席して意見を述べることができる（345条1項・5項）。

# Ⅲ　会計監査人の権限・義務・責任

## 1　会計監査人の職務

会計監査人は、計算書類およびその附属明細書、臨時計算書類、連結計算書類を監査し、会計監査報告を作成する（396条1項）。

## 2　会計監査人の権限

会計監査人の権限は、①会社の会計帳簿および資料の閲覧謄写権、②取締役および会計参与並びに支配人その他の使用人に対する会計報告請求権、③会社の業務および財産状況の調査権、④子会社に対する会計報告請求権または業務および財産状況の調査権、である（396条2項・3項）。

また、会社法396条の書類が法令または定款に適合するかどうかについて、会計監査人が監査役（監査役会設置会社では監査役会または監査役[24]）と意見を異にするときは、会計監査人は定時株主総会に出席して意見を述べることができる（398条1項・3項）。

取締役が、会計監査人の報酬を定めるときは、監査役（監査役が2人以上ある場合はその過半数。また、監査役会設置会社では監査役会[25]）の同意を得なければならない（399条1項・2項）。

## 3　会計監査人の義務・責任

会計監査人が、職務遂行に際し、取締役（指名委員会等設置会社の場合は、

---

24　指名委員会等設置会社では、監査委員会またはその委員（398条5項）、監査等委員会設置会社では、監査等委員会または監査等委員（398条4項）。

25　指名委員会等設置会社では、監査委員会（399条4項）、監査等委員会設置会社では、監査等委員会（399条3項）。

*317*

取締役または執行役）の違法行為を発見した場合には、監査役（監査役会設置会社では監査役会）に遅滞なく報告しなければならない（397条1項・3項）。監査役は、その職務を行うため必要があるときは、会計監査人に対して、監査に関する報告を求めることができる（同条2項）。

　会計監査人が、任務懈怠により会社に損害を生じさせたときは、会社に対し、連帯して損害賠償責任を負う（423条1項、430条）。

　会計監査人が、悪意または重大な過失による任務懈怠をしたことにより、第三者に損害を生じさせたときは、その第三者に対し連帯して損害賠償責任を負う（429条1項、430条）。

　会計監査人が、重要な事項について会計監査人の会計監査報告に虚偽の記載をしたことにより、第三者に損害を生じさせたときも、その第三者に対し、連帯して損害賠償責任を負う（429条2項4号、430条）。ただし、その職務を行うに際して注意を怠らなかったことを証明したときは、この限りでない（429条2項ただし書）。

---

#### ⚜ *One point advice*　粉飾決算を看破できなかった監査法人の債務不履行責任 ─────

　大阪地判平成20・4・18判時2007号104頁は、被監査会社が粉飾決算を行っていた事例において、「監査人としては、『通常実施すべき監査手続』の履行として、被監査会社の監査上の危険を正確に検証し、財務諸表に不自然な兆候が現れた場合は、不正のおそれも視野に入れて、慎重な監査を行うべき」であり、その対象となった被監査会社の工事の具体的事情における不自然さから、「単に入金を確認するのみならず、契約の実在性についても監査手続を行うべきであったといえ、平成13年3月期において、その工事の実在性について、追加監査手続を実施しなかったことは、『通常実施すべき監査手続』を満たしているとはいえず、監査手続きに過失が認め

---

26　指名委員会等設置会社では、監査委員会（397条5項）、監査等委員会設置会社では、監査等委員（397条4項）。

27　指名委員会等設置会社では、監査委員会が選定した監査委員会の委員（397条5項）、監査等委員会設置会社では、監査等委員会が選定した監査等委員（397条4項）。

られる」としたうえ、「粉飾決算が組織ぐるみで実行されていたことからすれば、同社に損害を与えた責任の大半は被監査会社の経営者にあり、過失相殺の規定の適用を認めるべきである」とした。会計監査人の債務不履行責任を認めた初めての公表判例とされている。

## 第6節　会計参与

### Ⅰ　意　義

　会計参与とは、取締役（指名委員会等設置会社では、執行役）と共同して、計算書類およびその附属明細書、臨時計算書類並びに連結計算書類を作成することを職務とする機関である（374条）。会計参与をおくか否かは会社の任意であるが、取締役会設置会社（監査等委員会設置会社、指名委員会等設置会社を除く）で監査役をおかない場合には、会計参与をおく必要がある（327条2項）。

### Ⅱ　資格・選任・終任

#### 1　会計参与の資格・選任・任期

　会計参与は、株主総会の決議により選任する（329条）。会計参与は、その選任について株主総会で意見を述べることができる（345条1項）。

　会計参与は、公認会計士もしくは監査法人または税理士もしくは税理士法人でなければならない（333条1項）。会社またはその子会社の取締役、監査役もしくは執行役または支配人その他の使用人との兼任はできない（同条3項1号）。また、会計監査人との兼任もできない（337条3項2号）。

　会計参与の任期は、原則として、選任後2年以内に終了する事業年度のう

ち最終のものに関する定時株主総会の終結の時までであり（334条1項、332条1項）、取締役の任期と同様の規律がなされる。

## 2　会計参与の終任

### (1)　株主総会による解任

会計参与は、いつでも、株主総会の決議をもって解任することができる（339条1項）。

監査役と同様に、会計参与は、その解任について株主総会で意見を述べることができる（345条1項）。

### (2)　辞　任

会計参与を辞任した者は、その後最初に招集された株主総会に出席し、その旨および理由を述べることができる（345条1項）。会社は、辞任した会計参与が株主総会に出席し辞任の理由を述べる機会を与えるため、株主総会を招集する旨と招集の内容を通知しなければならない（同条3項）。

# Ⅲ　会計参与の権限・義務・責任

## 1　会計参与の職務

会計参与は、取締役（指名委員会等設置会社の場合は、執行役）と共同して、計算書類、その附属明細書等を作成し、会計参与報告を作成する（374条1項・6項）。この計算書類等の作成について、取締役（指名委員会等設置会社の場合は、執行役）と意見を異にするときは、会計参与は、株主総会で意見を述べることができる（377条1項・2項）。作成された計算書類等は会計参与が定めた場所に5年間備え置き、株主、会社債権者は、これらの閲覧、謄本等の交付を請求できる（378条1項・2項）。

Ⅲ　会計参与の権限・義務・責任

## 2　会計参与の権限

　会計参与は、①会社の会計帳簿またはその資料の閲覧謄写権、②取締役および支配人その他の使用人に対する会計報告請求権、③会社の業務および財産の状況の調査権、④子会社に対する会計報告請求権または業務および財産状況の調査権、を有する（374条2項・3項）。

　また、計算書類等の承認をする取締役会への出席義務と意見陳述権がある（376条1項・2項）。

## 3　会計参与の義務・責任

　会社と会計参与の関係は委任契約（330条）であり、会計参与は職務執行について、善管注意義務を負う。

　会計参与が、職務を行うに際し、取締役の職務の執行に関し不正の行為または法令・定款に違反する重大な事実があることを発見した場合には、株主（監査役設置会社では監査役、監査役会設置会社では監査役会）に遅滞なく報告しなければならない（375条）。

　会計参与が、任務懈怠により会社に損害を生じさせたときは、会社に対し、連帯して損害賠償責任を負う（423条1項、430条）。

　会計参与が、悪意または重大な過失による任務懈怠をしたことにより、第三者に損害を生じさせたときは、その第三者に対し、連帯して損害賠償責任を負う（429条1項、430条）。

　会計参与が、重要な事項について計算書類およびその附属明細書、臨時計算書類並びに会計参与報告に虚偽の記載または記録したことにより、第三者に損害を生じさせたときも、その第三者に対し、連帯して損害賠償責任を負

---

28　指名委員会等設置会社においては執行役および取締役（374条6項）。
29　指名委員会等設置会社においては執行役および取締役（375条4項）。
30　指名委員会等設置会社においては監査委員会（375条4項）、監査等委員会設置会社では、監査等委員会（同条3項）。

第4章　第7節　指名委員会等設置会社

う（429条2項2号、430条）。ただし、その職務を行うに際して注意を怠らなかったことを証明したときは、この限りでない（429条2項ただし書）。

⚜ *One point advice*　**会計参与と監査役との関係** ─────────

　会計参与は会社法374条記載の計算書類等を、取締役と共同して作成する機関であり、監査役のように、取締役の職務執行を監査する機関ではない。しかし、会計の専門家が選任されるため、計算業務の適正化が期待され、監査役に準じた権限が付与されている。会計参与と監査役が併設された場合には、監査役は、取締役と会計参与が共同して作成した計算書類等について、監査を行うことになる（381条1項・2項）。

　会計参与は、中小規模の会社の計算の適正化のため、会社法制定の際に新たに導入された機関であるが、コストや会計参与の責任が重いことから、現実に選任されている例は多くない。

---

## 第7節　指名委員会等設置会社

### Ⅰ　総　説

#### 1　はじめに

　「指名委員会等設置会社」とは、定款の定めにより指名委員会、監査委員会、報酬委員会の3委員会（以下、「指名委員会等」という）を設置する株式会社をいい、経営の効率性の確保および監督機能の強化をめざす制度である。

　指名委員会等設置会社は、委員会等設置会社として、平成15年4月施行の株式会社の監査等に関する商法の特例に関する法律（商法特例法。現在は廃止）の改正により創設された会社経営の形態であり、会社法施行後は委員会設置会社とよばれたが、平成26年会社法改正における監査等委員会設置会社の創設に伴い、指名委員会等設置会社とよばれるようになった。

322

監査役会設置会社、指名委員会等設置会社および監査等委員会設置会社の
しくみは〔図表4-12〕〔図表4-13〕〔図表4-14〕のとおりである。監査等委
員会設置会社の詳細については第8節で詳述するが、ここでは監査役会設置
会社、指名委員会等設置会社および監査等委員会設置会社の各会社形態を比
較しながら、それぞれの特色について論述する（〔図表4-11〕参照）。

監査役会設置会社においては、業務意思決定機関および監督機関である取
締役会、業務執行および代表機関である代表取締役、監査機関である監査役
会という各機関の設置が義務づけられている。さらに、業務執行機関として
業務執行取締役が任意の機関として設置されることが多い。

指名委員会等設置会社においても、取締役会の設置が義務づけられるが、
その機能は大きく異なる。すなわち、取締役会の内部機関として指名委員会、
監査委員会、報酬委員会の3委員会が設けられ、取締役会は業務意思決定機
関より監督機関としての色彩が濃いものとなる。また、業務執行機関として
執行役、代表機関として代表執行役が設置され、これらの者が業務執行を行
う。

平成26年会社法改正により創設された監査等委員会設置会社は、監査役会
設置会社と指名委員会等設置会社の中間的な会社形態として位置づけられる。
すなわち、監査等委員会設置会社では、監査役会設置会社と同様に取締役会
が業務意思決定を行い、代表取締役や業務執行取締役が業務を執行するが、
監査を行う主体は取締役会から独立した監査役ではなく取締役である監査等
委員により構成される監査等委員会である。取締役により構成される委員会
が監査を行う点で、監査等委員会設置会社は指名委員会等設置会社と同様で
あるが、指名委員会等設置会社では業務意思決定や業務執行を執行役が行う
という点で差異がある。このため監査等委員会設置会社は取締役会、代表取
締役、監査等委員会の設置が義務づけられるが、監査役を設置することはで
きない（327条4項）。

第4章　第7節　指名委員会等設置会社

〔図表 4-11〕 監査役会設置会社、監査等委員会設置会社、指名委員会等設置会社の機能の比較

| 機能 | 監査役会設置会社 | 監査等委員会設置会社 | 指名委員会等設置会社 |
|---|---|---|---|
| 業務意思決定 | 取締役会 | 取締役会（一定の場合には取締役に委任可能） | 主として執行役 |
| 業務執行 | 代表取締役・業務執行取締役 | 代表取締役・業務執行取締役 | 代表執行役・執行役 |
| 業務に対する監督（監査） | 取締役会・監査役（会） | 取締役会・監査等委員会 | 取締役会・監査委員会 |
| 代　表 | 代表取締役 | 代表取締役 | 代表執行役 |

〔図表 4-12〕 監査役会設置会社のしくみ

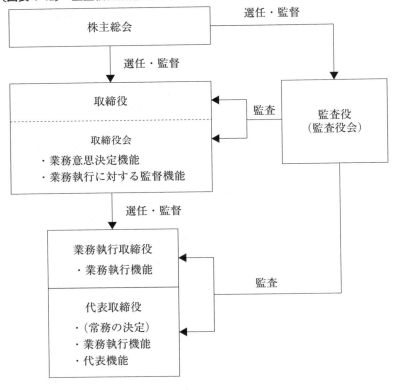

324

〔図表 4-13〕 指名委員会等設置会社のしくみ

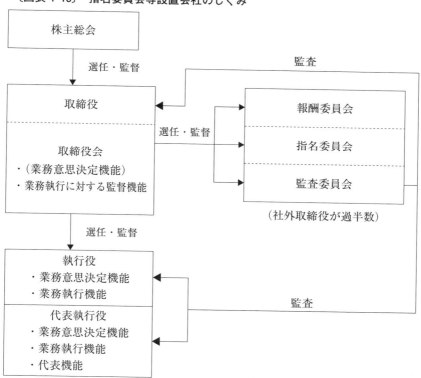

## 2　指名委員会等設置会社の趣旨

### (1)　企業経営の効率性の確保

　監査役会設置会社では、取締役会によって会社の業務に関する意思決定がなされ、かかる決定に基づいて代表取締役およびその指揮下にある業務執行取締役が業務を執行する。また、取締役会は業務執行を監督するから、代表取締役による権限の濫用を防止するため、取締役会の専属的決議事項が会社法上多く規定されている。

　もっとも、規模の大きい会社においては一般に取締役の人数が多いため、

第4章　第7節　指名委員会等設置会社

〔図表4-14〕　**監査等委員会設置会社のしくみ**

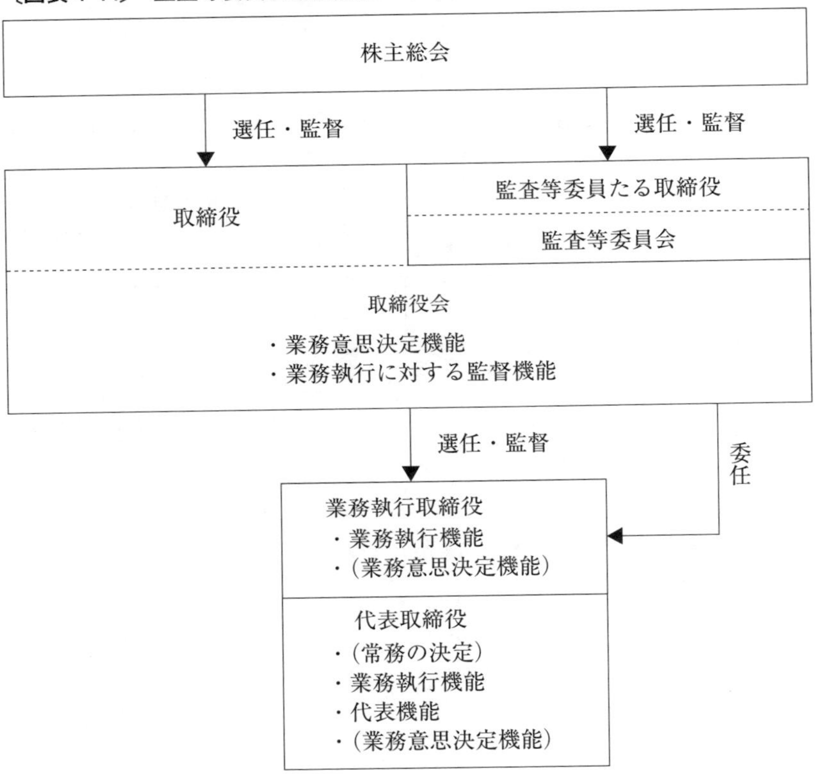

```
┌─────────────────────────────────────────────┐
│                    株主総会                      │
└─────────────────────────────────────────────┘
        │ 選任・監督              │ 選任・監督
        ▼                        ▼
┌──────────────────┬──────────────────────────┐
│                  │     監査等委員たる取締役        │
│      取締役        ├──────────────────────────┤
│                  │       監査等委員会             │
├──────────────────┴──────────────────────────┤
│                    取締役会                      │
│            ・業務意思決定機能                      │
│            ・業務執行に対する監督機能                │
└─────────────────────────────────────────────┘
            │ 選任・監督                    │ 委任
            ▼                             │
┌──────────────────────────┐           │
│      業務執行取締役           │◀──────────┘
│      ・業務執行機能           │
│      ・（業務意思決定機能）     │
├──────────────────────────┤
│      代表取締役              │
│      ・（常務の決定）         │
│      ・業務執行機能           │
│      ・代表機能              │
│      ・（業務意思決定機能）     │
└──────────────────────────┘
```

　頻繁に取締役会を開催することができず、機動的な意思決定を行えないおそれがある。

　そこで指名委員会等設置会社では、機動的な経営を可能とするため、業務執行に専従する者として「執行役」を設置し、経営の基本方針や剰余金の処分など経営上特に重要な事項を除き、会社法362条4項の「その他の重要な業務執行」等の業務意思決定権限の多くを取締役会から執行役に委任することを認めている。

　会社法416条1項は取締役会の専決事項を詳細に定めるが、これらは基本

326

的に組織的事項ないし監督関連事項であり、それ以外の事項については原則として執行役に権限委譲することが可能である（〔図表4-11〕参照）。

このように、指名委員会等設置会社では取締役会決議事項をスリム化することにより、業務意思決定と業務執行の機動性を図ることを企図している。

これらに対し、両者の中間的な会社形態である監査等委員会設置会社では、取締役会によって会社の業務に関する意思決定を行うことが原則であるが、①取締役の過半数が社外取締役である場合、②または定款の定めがある場合には、業務に関する意思決定を取締役に委任することもできる（399条の13）。取締役に委任することが可能な範囲は、指名委員会等設置会社において執行役に委任することができる事項と実質的に同様であり、この点で監査等委員会設置会社では、指名委員会等設置会社と同様に機動的な業務意思決定と業務執行を行うことが可能となっている。

## (2) 監督機能の強化

監査役会設置会社においては、取締役の職務執行の監視・監督は取締役会が行い、その監査は監査役（会）が行う建前となっている。

しかし、監査役（会）には代表取締役の選定・解任に関する権限がなく、逆に業務執行の監督機関である取締役会を構成する取締役の人事権並びに報酬決定権は事実上代表取締役が握っていることなどから、経営陣に対し十分な監査がなされないおそれがある。

そこで、指名委員会等設置会社では、業務執行機関として執行役を設置し、取締役会の有する業務意思決定権限を大幅に執行役に委任することを認める代わりに、取締役会を業務執行に対する監督機関として位置づけている。かかる監督機関としての機能を十分に発揮させるため、内部機関として指名・報酬・監査を担当する3委員会を設置し、指名委員会等の構成員の過半数は社外取締役でなければならないとしている。

さらに、指名委員会等設置会社では、原則として、①取締役は会社の業務を執行することができず（415条。ただし、後述のように執行役との兼務は可能である）、②取締役会は会社の業務執行の決定を取締役には委任できないこ

ととしている（416条3項）。これにより取締役を業務執行から分離して、監督と執行を峻別することにより取締役会による監督の実効性を高めることを企図している。

　ただし、監査委員を除き取締役が執行役を兼任し、執行役として業務執行することは可能である（402条6項、400条4項）。

　これらに対し、監査等委員会設置会社においては、取締役会のほか、取締役である監査等委員により組織される監査等委員会も監査を行う。すなわち、監査等委員会設置会社においては、3名以上の取締役で構成され、その過半数は社外取締役である監査等委員会が、指名委員会等設置会社における監査委員会が有する権限だけでなく、株主総会における監査等委員以外の取締役の選任・解任・辞任に関する意見陳述権や、報酬等に関する意見陳述権を有し、監査等委員会はそれらの権限を行使して、取締役の職務の執行の監査を行うのである。

## 3　指名委員会等設置会社となるための要件

　指名委員会等設置会社となるための要件は、①取締役会設置会社であること、②会計監査人設置会社であること、③定款で指名委員会等を設置する旨の定めがあることの3つである。

### (1)　取締役会設置会社であること

　指名委員会等設置会社である株式会社は、取締役会をおかなければならない（327条1項4号）。指名委員会等設置会社は、取締役会および指名委員会等が、執行役の業務執行をモニタリングする統治形態であるから、取締役会の設置が当然に義務づけられる。

### (2)　会計監査人設置会社であること

　また、指名委員会等設置会社は、会計監査人をおかなければならない（327条5項）。これは会計監査人を設置することで、企業の財務報告の信頼性を確保する趣旨である。

*328*

## I 総説

### (3) 定款で指名・監査・報酬の3委員会を設置する旨の定めがあること

会社法2条12号は、指名委員会等設置会社を、指名委員会、監査委員会および報酬委員会をおく株式会社をいうと定義し、会社法326条2項は、株式会社は、定款の定めによって、指名委員会等をおくことができる旨規定している。このため指名委員会等設置会社となるためには、定款において指名委員会、監査委員会および報酬委員会を設置する旨定める必要がある。

## 4　指名委員会等設置会社と登記

### (1) 指名委員会等設置会社の登記

指名委員会等設置会社においては、次の①〜⑤の事項を登記しなければならない（911条3項23号）。

① 指名委員会等設置会社である旨
② 取締役が社外取締役であるときはその旨
③ 指名委員会、監査委員会および報酬委員会を組織する取締役の氏名
④ 執行役の氏名
⑤ 代表執行役の氏名および住所

このうち、①については定款変更に関する株主総会議事録が、②については社外取締役選任に関する株主総会議事録が、③〜⑤については株主総会後の取締役会において決議することになるため、その取締役会議事録が、それぞれ登記申請の際の添付書面となる。

### (2) 指名委員会等設置会社に関する変更の登記

指名委員会等設置会社に関する登記事項に変更が生じた場合、変更事項が生じた後、本店所在地において2週間以内に変更登記をしなければならない（915条1項）。

*329*

第4章 第7節 指名委員会等設置会社

# Ⅱ 取締役会

## 1 取締役会

### (1) 取締役会の権限

#### (ア) 業務意思決定権限

指名委員会等設置会社においても、監査役会設置会社と同様に、会社の業務執行の意思決定権限は本来的には取締役会に帰属する。

もっとも、監査役会設置会社では、代表取締役の権限濫用を防止するため、多くの重要な業務執行について、取締役会で決定しなければならないとされているのに対し（178条2項、183条2項、362条4項、201条、240条など）、指名委員会等設置会社では、経営の基本方針、監督体制の設計、内部統制システムの設計、剰余金の分配や企業再編等の重要事項に限り取締役会の専決事項とし（416条）、その他の事項はすべて執行役に委任しうることとされている（後掲Ⅳ参照、418条）。取締役会決議事項および執行役が決定できる事項については、〔図表4-15〕のとおりである。

なお、監査役会設置会社と指名委員会等設置会社との中間的な会社形態である監査等委員会設置会社においては、業務執行の意思決定は原則的に取締役会が行うが、①取締役の過半数が社外取締役である場合、②または定款の定めがある場合には、業務に関する意思決定を取締役に委任することができ、その範囲は指名委員会等設置会社において執行役に委任することができる事項と実質的に同様である。

#### (イ) 取締役および執行役の職務執行に対する監督権限

##### (A) 取締役会による監督

指名委員会等設置会社では、業務の決定権限を執行役に委任することにより迅速な経営を可能とする代わりに、取締役会に執行役の選任・解任権を付与するとともに、過半数が社外取締役で構成される指名委員会・監査委員

*330*

〔図表 4-15〕 取締役会決議事項・執行役決定事項の比較

| | 事　　項 | 解　　説 |
|---|---|---|
| 取締役会専決事項 | ①　経営の基本方針 | 経営の基本方針とは、取締役会および執行役がその権限を行使するにあたって遵守すべき基本的な方針、すなわち、取締役会による業務決定の基本方針、取締役・執行役の職務執行に対する監督の基本方針、執行役による業務執行の決定または執行の基本方針をいう。 |
| | ②　監査委員会の職務の遂行のため必要なものとして法務省令で定める事項 | 監査委員会の職務の遂行のために必要な事項とは、監査委員会の職務を補助すべき取締役および使用人に関する事項、これら取締役および使用人の指示の実効性の確保に関する事項、その他の監査委員会への報告に関する事項等であり（施規112条、1(1)(イ)参照）、監査の独立性・実効性を担保する制度の構築等を意味する。<br>執行役の業務執行が法令および定款に適合し、効果的になされることを確保するためのリスク管理システム、内部統制システムに関する重要事項を定めたもの。社外監査役が過半数を占め、常勤の監査委員をおくことが強制されていない監査委員会が的確かつ合理的な監査をするためには、内部統制システムの確立がなされていることが必要である。 |
| | ③　執行役が２人以上ある場合における執行役の職務の分掌および指揮命令の関係その他の執行役相互の関係に関する事項 | 執行役が数人いる場合に、執行役による業務執行が迅速かつ円滑に行われるためには、業務意思の決定権限を委任されている執行役間で職務を分掌し、執行役間での指揮命令関係を定めておくことが不可欠である。 |
| | ④　執行役から取締役会の招集の請求を受ける取締役 | 指名委員会等設置会社では、執行役はその職務の執行状況を取締役会に対して報告する義務を負うが（417条４項）、この報告義務を適正に履行するため、 |

| | | |
|---|---|---|
| 取締役会専決事項 | | 執行役の側から取締役会の招集を請求することができる（同条2項）。そこで、かかる請求を受ける取締役を指定しておくことが必要となるが、これは、取締役会の自治事項であり、本来的に取締役会において定められる事項である。 |
| | ⑤ 内部統制システムに関する事項<br>・執行役の職務の執行が法令および定款に適合することを確保するための体制<br>・株式会社の業務並びに当該株式会社およびその子会社からなる企業集団の業務の適正を確保するために必要なものとして法務省令で定める体制 | 内部統制システムの具体的内容として<br>・執行役の職務の執行に係る情報の保存および管理に関する体制<br>・損失の危険の管理に関する規程その他の体制<br>・執行役の職務の執行が効率的に行われることを確保するための体制<br>・使用人の職務の執行が法令および定款に適合することを確保するための体制<br>・当該株式会社並びにその親会社および子会社からなる企業集団における業務の適正を確保するための体制について決定しなければならない。 |
| | ⑥ 委員会の組織に関する事項<br>・各委員会を組織する取締役の決定 | 各委員会は取締役会の内部機関であることから、各委員会を組織する取締役の選定を取締役会の権限とした。 |
| | ⑦ 執行役の監督のために必要な事項<br>・執行役の選任および解任<br>・代表執行役の選定および解職 | 執行役は取締役会から業務の決定権限の委任を受け、取締役会の監督に服することから、取締役会の権限とされる。 |
| | ⑧ 株主総会の運営あるいは株主の利益にかかわる事項<br>・計算書類および事業報告並びにこれらの附属明細書の承認<br>・株主総会の招集の決定<br>・株主総会に提出する議案の内容の決定（取締役および会計監査人の選任および解任並びに会計監査人を再任しないことに関するものを除く）<br>・金銭の分配（中間配当） | 指名委員会等設置会社においては、会計監査人および監査委員会の適法意見がある場合、貸借対照表、損益計算書、利益処分および損失処理案について、取締役会の承認があれば足りるとされることから、計算書類および附属明細書の承認を執行役に委ねることはできない。そのほかの事項についても、会社の基本事項であり株主の利益にかかわる重要な事項である。したがって、株主から選任され株主への説明責任を |

Ⅱ　取締役会

| | | |
|---|---|---|
| 取締役会専決事項 | ・譲渡制限株式の譲渡承認および買受人の指定<br>・譲渡制限新株予約権の譲渡承認 | 負っている取締役によって構成される取締役会が決定すべきものとされる。 |
| | ⑨　企業再編等に関する事項<br>・事業譲渡の内容の決定（簡易手続による他の会社の営業全部の譲受けを行う場合を除く）<br>・事後設立に関する契約内容の決定<br>・株式交換契約書の内容の決定（簡易手続による場合を除く）<br>・株式移転事項の決定（同上）<br>・新設分割の分割計画書の内容の決定（同上）<br>・吸収分割の分割契約書の内容の決定（同上）<br>・合併契約書の内容の決定（同上） | 会社にとって重要な影響があり、合議体による議論による慎重な決定がなされることが必要とされる事項である。 |
| | ⑩　競業取引、自己取引、責任限定など取締役の責任にかかわる事項<br>・取締役および執行役の競業取引の承認<br>・会社と取締役および執行役の利益相反取引の承認<br>・定款規定に基づく取締役、執行役の責任の免除 | 会社にとって重要な影響があり、合議体による議論による慎重な決定がなされることが必要とされる事項である。 |
| | ⑪　その他の取締役会決議事項<br>・監査委員が会社に訴えを提起した場合に会社を代表する者の決定<br>・取締役会の招集権者の決定 | 取締役会で定めなければ仕方のないもの、もしくは取締役会の自治事項であり、本来的に取締役会において定められるべき事項である。 |
| | ⑫　執行役等の職務の執行の監督 | 取締役会による執行役の業務執行のモニタリングについて規程したものである。 |
| | ・自己株式の処分<br>・子会社からの自己株式の買受け<br>・自己株式の消却<br>・株式分割<br>・１単元の株式数の減少 | |

| 執行役が決定できる事項 | ・強制転換条件付株式の転換<br>・所在不明株主の株式の競売、買受け<br>・募集株式、新株予約権の募集事項の決定<br>・消却する新株予約権の決定<br>・電磁的方法による計算書類の公告<br>・準備金の資本組入<br>・社債の発行<br>・社債権者集会による電磁的方法による議決権行使<br>・新株予約権付社債の発行<br>・株式分割の決定<br>・簡易手続による組織再編など |
|---|---|

会・報酬委員会の3委員会を設け、業務執行に対する監督機能を強化している。

### (B) 監督の対象・方法

#### (i) 監督の対象

指名委員会等設置会社において会社の業務執行を担当するのは執行役であるから、取締役会による監督の対象となるのも主として執行役である。

取締役に関しても、業務執行は担当しないが、取締役会の構成員としての職務を担当しているため、その職務の執行状況が監督される。たとえば、取締役会への出席状況、取締役または執行役の競業取引や自己取引（利益相反取引）について取締役会の承認をなすにあたり、各取締役が善管注意義務を尽くしているか、妥当な判断をしているかなどの点が監督の対象となる。

また、指名委員会等の構成員となっている取締役に関しては、委員としての職務の執行も監督の対象となる。

#### (ii) 監督の方法

取締役会における監督の方法としては、執行役から取締役会へ、職務の執行状況を3カ月に1回以上の報告をさせるほか（417条4項）、取締役会から執行役に対し、取締役会に出席して説明するよう求めることができる（同条5項）。執行役の選任・解任権は取締役会にあり、取締役会はこの報告・説明を聞いて執行役の職務の執行状況を把握し、その適否を判断して、執行役

の選任・解任を行うことになる（402条2項、403条1項）。

指名委員会等を組織する取締役に対しては、指名委員会等を構成する取締役（委員会で選定する者）から取締役会へ職務の執行状況を遅滞なく報告させるほか（417条3項）、個々の取締役において指名委員会等の議事録を閲覧・謄写することにより監督を行う（413条2項）。取締役会は、これらの報告や議事録をみて委員の職務の執行状況を把握し、その適否を判断して、指名委員会等の委員を決定することになる（各委員会を組織する取締役は、取締役会の決議により定められる。400条2項）。

### (2) 取締役会の招集手続・運営等

指名委員会等設置会社においては、取締役会の招集権者の定めがある場合であっても、指名委員会等において取締役会の招集が必要であると判断した場合には、各委員会がその委員の中から選定する者が、取締役会を招集することができる（417条1項）。

また、執行役は、あらかじめ取締役会において選定された取締役に対し、取締役会の目的である事項を示して、取締役会の招集を請求することができる。この場合、当該請求があった日から5日以内に、当該請求があった日から2週間以内の日を取締役会の日とする取締役会の招集の通知が発せられないときは、取締役会の招集を請求した執行役が、取締役会を招集することができる（417条2項）。

## 2 取締役

### (1) 取締役の選任・解任

指名委員会等設置会社における取締役の選任・解任については、株主総会により行われる（329条1項、339条）。株主総会に提出される取締役の選任および解任の議案の内容の決定は、指名委員会が行う（404条）。

### (2) 資格・任期

#### (ア) 取締役の資格要件

指名委員会等設置会社においては、取締役は支配人その他の使用人を兼務

することはできない。定款による資格制限、取締役の欠格事由など取締役となるための資格はその他の会社と同様である（331条）。

　(イ)　**取締役の任期**

　指名委員会等設置会社では、取締役の任期は「選任後1年以内に終了する事業年度のうち最終のものに関する定時株主総会の終結の時まで」とされている（332条6項）。

### (3)　取締役の員数

　取締役の員数については、その他の取締役会設置会社と同様、3人以上の取締役を選任する必要がある。

　さらに、指名・監査・報酬の各委員会はそれぞれ3名以上の取締役で構成され、そのうちの過半数が社外取締役（2条15号、400条3項）であることが要求されているため、指名委員会等設置会社においては、2名以上の社外取締役が必要となる。

### (4)　取締役の権限

　指名委員会等設置会社では、原則として、取締役は会社の業務を執行することはできず（415条）、委任を受けて業務を決定することもできない（416条3項）。したがって、業務執行取締役（専務取締役、常務取締役）はおけず、使用人や支配人の兼務は認められない（331条4項）。指名委員会等設置会社における取締役は、取締役会の構成員としての職務、委員会構成員としての職務を担うにすぎないのが原則である。

　しかし、取締役と執行役の兼務は禁止されていないので（402条6項）、取締役も執行役を兼ねることにより、執行役の立場で業務の執行および取締役会から委任された業務の決定を行うことは許されている。取締役全員を社外取締役、非業務執行者とした場合には、適切な業務意思決定、執行役への実効的な監督ができないおそれがあるからであるが、この意味では取締役と執行役の分離の徹底化は図られていないといえる。

　(ア)　**会社の帳簿書類の閲覧・謄写請求権**

　取締役については、会社の帳簿書類の閲覧・謄写請求権に関する規定が設

けられていない。

　しかし、個々の取締役についても、取締役会における決議の準備、議案提出の準備、取締役会の監督機能を十分に働かせる必要があるから、帳簿書類等を閲覧できると従来から解されてきた。したがって、取締役会の監督機能が強化されている指名委員会等設置会社においても、個々の取締役に会社の帳簿書類の閲覧・謄写請求権が認められると解するのが当然である。

　㋑　指名委員会等の議事録の閲覧・謄写請求権

　個々の取締役は各委員会の構成員でなくても指名委員会等の議事録を閲覧・謄写することが可能である（413条2項）。

　⑸　**取締役の義務**

　指名委員会等設置会社における取締役は、株主から委任を受けた者として、善管注意義務（330条、民644条）および株主総会における説明義務（314条）を負う。また、忠実義務（355条）、競業避止義務（356条1項1号）、利益相反取引制限の義務（同項2号・3号）も、取締役としての地位に基づく義務であり、指名委員会等設置会社の取締役も当然に負うものである。

　もっとも、監査役設置会社における取締役と異なり、指名委員会等設置会社における取締役は業務を執行しないため、業務執行における報告義務を負うことはない。

# Ⅲ　指名委員会等

## 1　概　要

　各委員会の権限は〔図表4-16〕のとおりである。これらの権限は、取締役会が各委員会に対し委任した権限ではなく、各委員会固有の権限である（各委員会の構成と権限については、〔図表4-17〕参照）。

*337*

第4章　第7節　指名委員会等設置会社

## 2　指名委員会等の構成等

### (1)　委員の人数・選任

各委員会は、3人以上の取締役により構成される（400条1項）。

各委員会を構成する取締役は、取締役会の決議により定められる（400条2項）。

### (2)　社外取締役

業務執行を行う取締役からは独立した者に監督を行わせることにより、監督の実効性を高める見地から、各委員会を組織する取締役の過半数は、社外取締役でなければならない（400条3項）。指名委員会等の構成員すべてを社外取締役とすることまで要求されていないのは、監督や監査の実効性確保の観点から十分な情報を入手できるようにするためである。社外取締役の要件については、第3節Iで詳述のとおりである。

なお、1人の社外取締役が複数の委員会の委員を兼務することは禁止されていない。したがって、定款に別段の定めがない限り、最低2人の社外取締役を選任し、各委員会の委員を兼務させることは可能である。

### (3)　監査委員会の特例

監査委員会を組織する取締役は、指名委員会等設置会社もしくはその子会社の執行役もしくは業務執行取締役または指名委員会等設置会社の子会社の

〔図表4-16〕　各委員会の権限

| | 権　限 |
|---|---|
| 指名委員会 | 株主総会に提出する取締役または会計参与の選任および解任に関する議案の内容を決定する権限 |
| 監査委員会 | 取締役および執行役または会計参与の職務執行の監督、会計監査人の選任・解任および会計監査人の不再任に関する議案の内容を決定する権限 |
| 報酬委員会 | 取締役および執行役または会計参与が受ける個人別の報酬の内容を決定する権限 |

Ⅲ　指名委員会等

〔図表 4-17〕　各委員会の構成と権限の関係図

| 指名委員会 | |
| --- | --- |
| 3名以上の取締役でうち過半数は社外取締役 | 株主総会に提出する取締役または会計参与の選解任議案の内容の決定 |

| 監査委員会 | |
| --- | --- |
| 3名以上の取締役でうち過半数は社外取締役、全員について会社もしくはその子会社の執行役、業務執行取締役または、子会社の会計参与、支配人その他の使用人の兼務禁止 | ・取締役および執行役または会計参与の職務執行の監査<br>・株主総会に提出する会計監査人の選解任、不再任議案の内容の決定<br>・取締役の違法行為の差止め<br>・計算書類の監査 |

**取締役会**

各委員会の委員の選定

| 報酬委員会 | |
| --- | --- |
| 3名以上の取締役でうち過半数は社外取締役 | 取締役および執行役または会計参与の個人別の報酬の内容を決定する |

委員会が選定した委員は、取締役会の招集ができる。各委員会が選定した者は、取締役会に報告の義務がある。

＊各委員会の決定事項は取締役会では変更廃止できない

会計参与もしくは支配人その他の使用人を兼ねることはできない（400条4項）。したがって、執行役を兼ねる取締役は、監査委員会の委員となることはできない。

　監査委員会の重要な職務は、執行役の業務執行を監督することにあり、執行役を兼ねる取締役が監査委員会を組織することになると、監査する者と監査される者とが同一となるから、いわゆる自己監査となり、監査の実効性を確保することができないためである。

　他方、指名委員会や報酬委員会には、会長や社長等の執行役を兼任する取

*339*

締役が委員として参加することができる。社外取締役が執行役サイドと連携して取締役の人事と取締役・執行役の報酬について決定することが合理的と考えられたためである。

## 3 指名委員会等の権限および義務

　指名委員会等設置会社における指名委員会等は、取締役会の内部機関としてそれぞれ固有の権限を有し、その職務を遂行する。指名委員会等は取締役会と緊密な連携関係を確保しつつ、取締役会から独立した権限を有する機関である。指名委員会等の決定は取締役会の決定を待つことなく、会社の機関の決定として扱われ、取締役会と並んで機関性が認められる。このため、指名委員会等には、取締役会への報告義務、取締役会の招集権限等が定められている。

### (1) 取締役・執行役の委員会への出席・説明義務

　指名委員会等では、それぞれの目的に従い委員会を開催し、議案の決定または監査報告書の作成を行う。委員会の権能を適切に行うため、取締役および執行役は、各委員会の要求があったときは、当該要求をした指名委員会等に出席し、当該委員会の求めた事項について説明をしなければならない（411条3項）。

### (2) 取締役会の招集権限

　取締役会を招集すべき取締役が定められている場合であっても、指名委員会等を組織する取締役であってその所属する委員会が選定した者には、取締役会の招集権が与えられている（417条1項）。

　これは、取締役会の招集の必要がある場合に迅速に取締役会を開催し、指名委員会等の職務執行を遅滞なく取締役会に報告する機会を与える趣旨である。

　また、この規定により、指名委員会等、特に監査委員会には、必要に応じて取締役会を招集して代表執行役を解職し、執行役の職務分担を変更することを求めること等が期待される。

**Ⅲ　指名委員会等**

### (3)　指名委員会等から取締役会への報告義務

　指名委員会等を組織する取締役であって、その所属する指名委員会等が選定する者は、当該指名委員会等の職務執行状況を、取締役会に、遅滞なく報告しなければならない（417条3項）。ここで「遅滞なく」とは、「報告すべき事項が生じたら遅滞なく」という意味である。これは、取締役会と指名委員会等との連携を図る趣旨である。

### (4)　指名委員会等の議事録の閲覧・謄写

　指名委員会等と取締役会との密接な連携を図る趣旨から、指名委員会等の議事録について、当該議事録に係る指名委員会等を組織する取締役でない場合であっても、取締役は、①当該議事録が書面で作成されているときは、その書面、②当該議事録が電磁的記録で作成されているときは、その電磁的記録に記録された情報の内容を法務省令で定める方法により表示したものを、それぞれ指名委員会等設置会社の本店において閲覧しまたは謄写することができる（413条2項）。

### (5)　費用前払請求等

　委員がその職務の執行（当該取締役が所属する指名委員会等の権限の行使に関するものに限る）につき指名委員会等設置会社に対して、①費用の前払い、②支出をした費用の償還および当該支出をした日以降における利息の償還、③負担した債務の債権者に対する弁済（当該債務が弁済期にないときは相当の担保の提供）の請求をしたときは、会社は、当該請求に係る費用または債務が当該委員の職務の執行に必要でないことを証明した場合でなければ、これを拒むことができない（404条4項）。

　活動に必要な費用であることを委員が立証する必要はなく、会社の側に不要である旨の立証責任を負わせているのは、費用の償還請求等を容易にして、指名委員会等の権限の適切な行使を図るものである。したがって、委員は、資金不足等を理由に委員会が適切な権限を行使できなかったという弁明をすることは困難であろう。

*341*

第4章　第7節　指名委員会等設置会社

## 4　指名委員会等の運営等

　指名委員会等の運営に関しては、基本的に、取締役会の場合と同様の内容が規定されているが、招集通知を発する時期、招集手続の省略、決議方法、議事録の規定が準用されている。しかし、招集通知期間の短縮や決議要件の加重については定款ではなく、取締役会決議で定めることができるというように、一部簡略化されている。

### ⑴　指名委員会等の招集権者

　指名委員会等は各委員が招集することができる（410条）。指名委員会等設置会社においては、社外取締役である委員の招集権を確保する必要から、特定の取締役に委員会招集権を専属させることはできない。

### ⑵　招集通知・招集手続の省略

　委員会の会日より1週間前に各委員に対して通知する。ただし、取締役会決議により短縮可能である（411条1項）。

　委員全員の同意があるときは、招集手続を省略して開くことも可能である（411条2項）。

### ⑶　決議方法

　議決に加わることができる委員の過半数が出席し、その過半数をもって決する。取締役会の決定でこの要件を加重することはできる（412条1項）。特別利害関係にある委員は決議に参加できない（同条2項）。

### ⑷　議事録の作成

　指名委員会等の議事録を作成することを要する。議事録には議事の経過の要領およびその結果等を記載し、出席した委員が署名または記名押印しなければならない（412条3項）。

　かかる議事録は10年間本店に備置しなければならず（413条1項）、株主、親会社の株主および会社債権者は裁判所の許可を得て議事録の閲覧・謄写を求めることができる（同条3項・4項）。

342

## 5 指名委員会等の権限

### ⑴ 指名委員会

指名委員会は、株主総会に提出する取締役・会計参与の選任および解任に関する議案の内容を決定する（404条1項）。

指名委員会等設置会社においても、取締役は株主総会において選任・解任されるが（329条1項、339条1項）、提出する取締役の選任・解任議案の内容は指名委員会が決定する。

監査役会設置会社においては、取締役選任に関する議案の内容の決定は取締役会が行う。ところが、代表取締役が実質的に取締役を選任し、社内での部下が取締役になることが多く、代表取締役の影響下にあるものが多かった。この結果、取締役が代表取締役の違法な業務執行を抑止できないという弊害が指摘されてきたところである。

指名委員会等設置会社においては、取締役と執行役の兼任は禁止されていない（402条6項）。そのため、取締役選任議案の決定を監査役会設置会社と同様に取締役会の権限とすると、実際には代表執行役や執行役を兼務する社内取締役によって取締役選任・解任の議案の内容が決定されてしまい、監査役会設置会社と同様の弊害が生ずるおそれがある。これでは事実上、監督機関である取締役会の構成員の人事権が執行機関に握られることになり、執行と監督の分離により監督機能の充実を図ろうとした指名委員会等設置会社制度の趣旨を没却しかねない。

そこで、過半数が社外取締役により構成され、取締役会から一定程度の独立性をもつ指名委員会が取締役選任議案の内容を決定することとしたのである。

指名委員会の取締役選任・解任議案の決定権限は指名委員会に与えられた固有の権限であり、同委員会に最終の決定権限がある。したがって、指名委員会が決定した選任・解任議案を取締役会が変更することはできない。

なお、執行役の選任・解任は、取締役会の権限とされており（402条2項、

403条1項)、指名委員会がこれを行うことはできない。

## (2) 監査委員会

監査委員会は、①取締役、執行役および会計参与の職務の執行の監査、②株主総会に提出する会計監査人の選任・解任および不再任議案の内容の決定を行う（404条2項）。

監査委員会は、監査役会設置会社における監査役の場合と異なり、いわゆる実査をすることは原則として求められておらず、内部統制部門を通じた監査を行う。また、監査役会設置会社における常勤監査役（390条3項）のような常勤監査委員の設置も義務づけられていない。もっとも、実務上は常勤の監査委員をおいている例が多い。

監査委員会においては、健全かつ効率的な経営のなされることをチェックすること、および取締役会において決定された内部統制部門ないし経営のリスク管理システム等の社内体制が効果的に運用されているかどうかを監査することを主眼とする。

### (ア) 監査委員会を組織する取締役の資格制限

監査委員の資格制限については、前記2(3)を参照されたい。

### (イ) 監査委員会の権限

### (A) 取締役および執行役（会計参与設置会社にあっては、執行役、取締役および会計参与）の職務の執行の監査

監査委員会または監査委員会が選定する監査委員には、以下のような権限が認められている。

#### (i) 取締役および執行役等に対する報告請求権・業務財産状況調査権

監査委員会には、一般的に委員会に認められている説明要求権（411条3項）のみならず、より強い報告請求権、業務財産状況調査権が認められている。

##### (a) 報告請求権・業務財産状況調査権

監査委員会が選定する監査委員は、いつでも、他の取締役、執行役、会計参与および支配人その他の使用人に対してその職務の執行に関する事項の報

告を求め、または指名委員会等設置会社の業務および財産の状況を調査することができる（405条1項）。

 (b) 子会社調査権

監査委員会が指名する監査委員は、監査委員会の権限を行使するために必要があるときは、子会社に対して、事業の報告を求め、または子会社の業務および財産の状況を調査することができる（405条2項）。

ただし、子会社は正当な理由がある場合には、報告または調査を拒むことができる（405条3項）。

 (c) その他

監査委員会が指名する監査委員は、報告の徴収または調査に関する事項についての監査委員会の決議があるときは、この決議に従わなければならない（405条4項）。

 (ⅱ) 差止請求権

監査役に認められている差止請求権（385条）が、個々の監査委員に認められている。なお、当該差止請求は裁判外でもなしうる。裁判所に差止めの仮処分を申し立てる場合も担保の提供は不要とされている（407条）。

① 監査委員は、執行役または取締役が不正の行為をし、もしくは当該行為をするおそれがあると認めるとき、または法令もしくは定款に違反する事実もしくは著しく不当な事実があると認めるときは、遅滞なく、取締役会において、その旨を報告しなければならない（406条）。

② 監査委員は、執行役または取締役が指名委員会等設置会社の目的の範囲外の行為その他法令もしくは定款に違反する行為をし、またはこれらの行為をするおそれがある場合に、その行為によって会社に著しい損害が生ずるおそれがあるときは、その執行役または取締役に対し、当該行為をやめることを請求することができる（407条）。

 (ⅲ) 訴訟代表権

指名委員会等設置会社が取締役もしくは執行役に対し訴えを提起し、または取締役もしくは執行役が指名委員会等設置会社に対し訴えを提起する場合、

**345**

第4章　第7節　指名委員会等設置会社

監査委員が訴えの当事者である場合を除き、監査委員会が選定する監査委員が当該指名委員会等設置会社を代表する（408条1項2号）。なお、監査委員が訴訟の当事者になる場合は、取締役会または株主総会が定める者が会社を代表するものとされる（同条1項1号）

　また、監査委員は、会社が株式交換等完全子会社の取締役等の責任を追及する訴えや、完全子会社等である会社の取締役等に対する特定責任追及の訴えを提起する場合にも、当該指名委員会等設置会社を代表する（408条3項・4項）。

### (iv)　その他

#### (a)　監査報告の作成

　監査委員会は監査報告を作成しなければならない（436条2項）。

　指名委員会等設置会社における監査報告の記載事項については、会社法施行規則131条1項で規定されており、監査役設置会社における監査報告の記載事項（施規129条1項2号〜6号）に加えて、「監査委員会の監査の方法及びその内容」「監査報告を作成した日」を記載すべきとされている。

#### (b)　組織的監査

　監査役会設置会社においては、監査役は独任制の機関とされる。すなわち、報告請求権、業務財産状況調査権、子会社調査権等の監査権限は各監査役に付与されており、他の監査役に拘束されず単独で行使できる。

　これに対し、指名委員会等設置会社において、執行役等に対する監査権限を有しているのは監査委員会である（404条2項）。執行役等に対する報告請求権、会社の業務財産状況調査権、子会社・連結子会社に対する報告請求権・調査権は、監査委員会が選定する監査委員に属するものとされ（405条1項・2項）、選定された監査委員は調査に関して監査委員会の決議があるときはそれに従わなければならない（同条4項）。

　このように、指名委員会等設置会社では、監査委員会による組織的監査が想定されており、監査委員会に与えられた上述のような諸権限を監査委員が分担して行使することにより、効率的な監査が行われることが期待されてい

*346*

る。

　ただし、取締役・執行役による違法行為のおそれがあり、それにより会社に著しい損害が生ずるおそれがある場合など緊急性を要し迅速な対応が要求される場合には、取締役会への報告や差止請求権について、監査委員が単独で行使することが認められている（407条）。

### (B)　会計監査人の選任・解任および再任しないことに関する議案の内容の決定

　監査役会設置会社では、株主総会に提出する会計監査人の選任・解任・不再任に関する議案の内容は、監査役会が決定する（344条1項・3項）。一定の事由があれば監査役会に解任権限が与えられる（340条）。

　指名委員会等設置会社では、会計監査人の選任・解任・不再任に関する議案の内容の決定は監査委員会が行う（404条2項2号）。

　会計監査人の選任等の議案の内容の決定を業務執行者から一定の独立性を有する監査委員会の権限とすることで、監査委員会と会計監査人との連携を強め、もって十分な監査を行うことを期待する趣旨である。

### (3)　報酬委員会

　報酬委員会は、取締役および執行役が受ける個人別の報酬の内容を決定する（404条3項、409条）。

　監査役会設置会社においては、取締役が受けるべき報酬は、定款に定めがなければ株主総会の決議で定めなければならないが、一般に議案の内容として株主総会で決議されるのは報酬総額の上限であり、取締役個人の具体的な報酬額の決定については、最終的に代表取締役に一任される場合が多い。しかし、代表取締役が個々の取締役の報酬について具体的な決定権を有すれば、代表取締役の職務執行に対する監督の実効性に疑問が生ずる。

　そこで、指名委員会等設置会社では、個々の取締役および執行役に対する報酬の決定を社外取締役が過半数を占める報酬委員会に帰属させ、これにより業務執行者（執行役）に対する監督の実効性を確保しようとしている。

　かかる趣旨から、報酬委員会では「議案の内容」を決定するのではなく、

第4章　第7節　指名委員会等設置会社

「報酬」自体を決定する。したがって、指名委員会等設置会社では、取締役および執行役の報酬は株主総会の決議事項ではない（404条3項）。

　取締役で構成される報酬委員会が取締役・執行役の報酬を決定する点では、お手盛りの危険が生ずるのではないかとの疑問が生じる。会社が公開会社であれば、個人別報酬の内容決定に関する報酬委員会の方針が事業報告（株主総会の招集通知に添付される）に記載されるほか（施規121条4号・5号、119条2号）、報酬委員会の構成員の過半数が社外取締役であることなどの点で、お手盛り防止を図っているといえる。

　報酬委員会は、取締役および執行役が受ける個人別の報酬の内容の決定に関する方針を定め（409条1項）、その方針に従って、個人別の報酬の内容を決定する（404条3項、409条2項）。

　報酬委員会は、次の①〜③を取締役および執行役が受ける個人別の報酬の内容とする場合には、その内容として、それぞれ以下の事項を決定しなければならない（409条3項）。

　　①　確定金額を報酬とする場合には個人別の額
　　②　不確定金額を報酬とする場合には個人別の具体的な算定方法
　　③　金銭以外のものを報酬とする場合には個人別の具体的な内容

　不確定金額を報酬とする場合とは、報酬を利益等の指標により定めるもので、業績連動型報酬として理解される。

　金銭以外の報酬とは、現物を給付することや社宅を廉価で提供すること、さらには、取締役や執行役が死亡した場合の死亡保険金請求権やいわゆる擬似的ストック・オプションの付与がその例である。

　なお、会社が公開会社の場合には、報酬委員会が定めた「報酬等の額またはその算定方法に係る決定に関する方針」を事業報告に記載しなければならない（施規121条6号）。また事業報告には報酬総額が記載される（同条5号）。

*348*

# Ⅳ 執行役

## 1 執行役の意義

指名委員会等設置会社では、業務執行を専担する機関として執行役がおかれ（402条）、指名委員会等設置会社の業務の執行および取締役会から委任を受けた業務の執行の決定を行う（418条）。

さらに、会社の代表機関として代表執行役がおかれ（420条）、取締役会や執行役が決定した事項について指名委員会等設置会社を代表する（同条3項）。

執行役および代表執行役は、（執行役の中から）それぞれ取締役会により選任（定）される（402条2項、420条1項。〔図表4-18〕参照）。

〔図表4-18〕 取締役と代表執行役の関係図

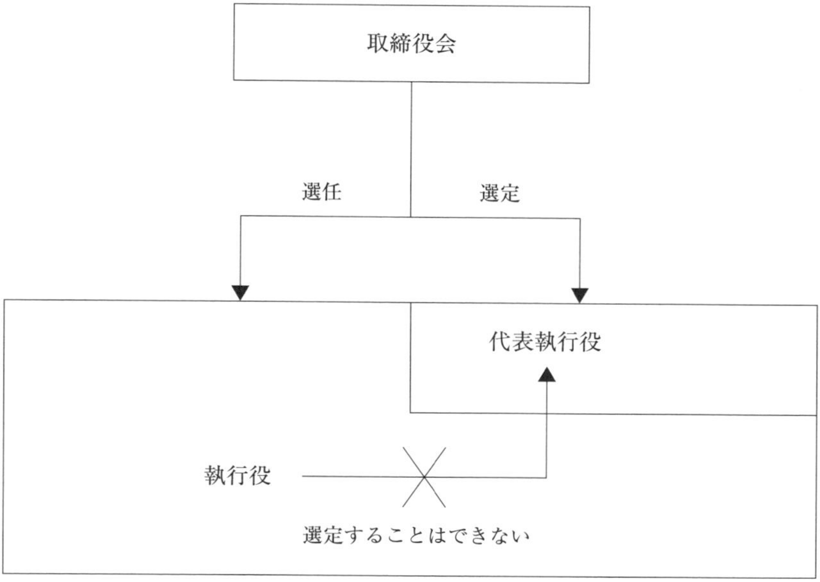

第4章　第7節　指名委員会等設置会社

## 2　執行役の選任・解任

　指名委員会等設置会社においては、執行機関として、1人または2人以上の執行役をおかなければならない（402条1項）。

　執行役の選任・解任の決定権限は取締役会にある（402条1項、403条）。

　指名委員会等設置会社では、業務執行の決定権限を執行役に大幅に委任することを認める代わりに、取締役会に執行役に対する監督を行わせている。かかる監督の実効性を上げるためには、取締役会が執行役の選任・解任の権限を有することが必要であるから、執行役の選任は株主総会ではなく取締役会で行われるのである。その議案提出者について明文の規定はないが、実務上、代表執行役である社長が執行役の選任議案を取締役会に提出することになろう。

　また、執行役が数人ある場合、執行役間の職務の分掌や指揮命令関係など執行役相互の関係に関する事項を決定する権限も取締役会が有する（416条1項1号ハ）。取締役会が執行役に適切かつ効率的な業務執行を行わせるためには、どの執行役に何の業務を委任するのか、執行役の間でどのように職務を分担させるべきかを決める権限を有していることが必要となるためである。

## 3　執行役の資格・任期等

### (1)　執行役の資格

　執行役の資格に関しては取締役の欠格事由に関する規定（331条1項、402条4項）が準用され、公開会社では定款の定めをもってしても、執行役が株主でなければならないと定めることはできない（同条5項）。

　取締役が執行役を兼務することは認められているが（402条6項）、監査委員たる取締役が執行役を兼務することは、監査の実効性確保の見地から認められない（400条4項）。

350

IV 執行役

## (2) 執行役の任期

執行役の任期は、「選任後1年以内に終了する事業年度のうち最終のものに関する定時株主総会の終結後最初に招集される取締役会の終結の時まで」である（402条7項）。

## 4 執行役の権限

### (1) 業務執行の決定を執行役に委任する旨の取締役会の決議に基づき、当該決議により委任を受けた事項の決定

会社における機動的な業務執行を企図するため、取締役会の法定決議事項とされているもの、および執行役に委任することができないとされている事項（416条1項・4項）を除き、業務執行の決定の大部分を取締役会により執行役に委任することが認められている（同条4項）。

### (2) 業務の執行

指名委員会等設置会社において、業務執行機能を担う者として設置されたのが執行役である。指名委員会等設置会社では取締役が業務執行を行うことを禁じているため、業務執行権限は執行役の専権となる。

### (3) 取締役会の招集請求権

執行役は、報告義務を適切に履行し、業務執行を適切・迅速に行うため、取締役（取締役会決議により、請求を受ける者として定められた取締役。416条1項1号ニ）に対し、会議の目的たる事項を示して、取締役会の招集を請求することができる（417条2項前段）。請求があったにもかかわらず、5日以内にこの請求の日から2週間内の日を取締役会の日とする取締役会の招集の通知が発せられないときは、執行役が自ら取締役会を招集することができる（同項後段）。

ただし、執行役は取締役会の構成員ではないため、執行役が招集した取締役会であっても、当該執行役がその取締役会へ当然に出席する権利は認められていない。

第4章　第7節　指名委員会等設置会社

## (4) 提訴権限

不適切な業務に対する是正措置をとることも執行役の職務と考えられたため、執行役は、以下の①～⑫の訴えを提起する権限をもつ。

① 株主総会決議取消しの訴え（831条1項）

② 新株発行無効の訴え（828条2項2号）

③ 株式交換無効の訴え（828条2項11号）

④ 株式移転無効の訴え（828条2項12号）

⑤ 新設分割無効の訴え（828条2項10号）

⑥ 吸収分割無効の訴え（828条2項9号）

⑦ 資本減少無効の訴え（828条2項5号）

⑧ 合併無効の訴え（828条2項7号・8号）

⑨ 設立無効の訴え（828条2項1号）

⑩ 自己株式の処分無効の訴え（828条2項3号）

⑪ 新株予約権の発行無効の訴え（828条2項4号）

⑫ 売渡株式等の取得の無効の訴え（846条の2第2条2号）

## 5　執行役の義務

執行役に対しては、業務執行機関として取締役会に対する職務執行状況の報告義務が規定されているほか、取締役の義務に関する規定が準用されている。

① 取締役会に対する職務状況の報告義務（417条4項・5項）

② 会社に著しい損害を及ぼすおそれのある事実を発見したときの監査委員への報告義務（419条1項）

③ 株主総会における説明義務（314条）

④ 善管注意義務、忠実義務、競業避止義務、利益相反取引の制限等（419条2項）

### (1) 取締役会に対する職務執行状況の報告義務

執行役は、3カ月に1回以上、取締役会において、自己の職務の執行の状

況を報告しなければならない（417条4項）。また、執行役は取締役会の要求があったときには、取締役会に出席し、取締役会の求める事項について説明義務を負う（同条5項）。

取締役会が執行役の監督を円滑に行うためには、執行役から報告を受けることが必要となる。このため、執行役は原則として各自報告しなければならないが、適宜、他の執行役の代理人として報告することも可能であり（417条4項）、下位の執行役の監督権限を有する上位の執行役（代表執行役等の統括者）がまとめて報告することも認められる。

さらに、執行役は、委員会の要求があったときには、その委員会に出席し、その求められた事項について説明しなければならないが（411条3項）、取締役会におけると同様、委員会出席権はない。

### (2) 会社に著しい損害を及ぼすおそれのある事実を発見したときの報告義務

執行役は、指名委員会等設置会社に著しい損害を及ぼすおそれのある事実を発見したときは、直ちに、監査委員に当該事実を報告しなければならない（419条1項）。

著しい損害を及ぼすおそれがある場合には緊急に対処しなければならないため、監査委員会に対してではなく、差止請求権を有している個々の監査委員に対して報告することとされた。

### (3) 株主総会における説明義務

執行役は、株主総会において株主の求めた事項につき、正当な事由がない限り、株主に説明する義務を負う（314条）。

### (4) 善管注意義務など取締役規定の準用

指名委員会等設置会社と執行役との間は委任関係にあるとされる（402条3項）。執行役は取締役会により選任される者であり、株主から直接選任される者ではないが、会社に対して善管注意義務および忠実義務を負う（善管注意義務について、402条3項、民644条。忠実義務について、419条2項、355条）。

また、競業避止義務、利益相反取引制限義務も負う（419条2項、356条、

353

365条）。

## 6 執行役相互の関係

執行役は取締役会から個別に個々の業務につき権限の委任を受ける独任制の機関であり、執行役相互間に当然には指揮命令関係は認められない。

たとえば、取締役会が執行役 X に財務に関する執行権限を付与し、執行役 Y に営業に関する執行権限を付与するなど、執行役に特定部門の執行権限を付与するときは、執行役はそれぞれ対等の立場で担当部門の業務執行を行うのが原則である。

もっとも、執行役が数人いる場合に、取締役会において、執行役の職務の分掌とともに指揮命令関係その他の執行役相互の関係に関する事項を定めることができる（416条1項1号ハ）。

そこで、実務上は、執行役についても、社長、副社長、専務といった名称を付与し、指揮命令関係を設けることができる。

## 7 その他

### (1) 執行役員との相違

企業の中には執行役員制度を採用するところがあるが、かかる「執行役員」と指名委員会等設置会社における「執行役」とは、法的性質において大きく異なる（〔図表4-19〕参照）。

すなわち、「執行役員」は法律上の地位ではなく、多くの場合、会社と雇用関係または委任関係にあり、重要な使用人あるいは受任者にすぎない。取締役の指揮・命令下にある一方、株主代表訴訟の被告とはならない。

これに対し、指名委員会等設置会社の「執行役」は、取締役と並ぶ会社の機関であり、株主代表訴訟の被告ともなる（847条1項）。

### (2) 執行役会の設置

執行役が複数いる場合であっても、法令上は執行役会を設置する義務はない。執行役は原則として業務執行機関であり、必ずしも会議体を組織する必

〔図表 4-19〕 執行役制度と執行役員制度との比較

| | 執行役制度 | 執行役員制度 |
|---|---|---|
| 地　位 | 会社の機関 | 重要な使用人または受任者 |
| 責任等 | 会社および第三者に対する特別の責任規定が設けられている（423条〜430条）株主代表訴訟の対象となる（847条1項） | 取締役を兼務しない執行役員については、取締役に関する責任や諸規制は及ばず、株主代表訴訟の対象ともならない。委任ないし雇用契約上の責任を会社に対して負うにとどまる |
| 任　期 | 1年（402条7項） | 任意　執行役員の任期を1年とすることは可能 |
| 取締役会決議事項の権限委譲 | 執行役に対して業務意思決定権限の大幅な権限委譲が可能 | 執行役員は取締役の指揮命令下にある。業務意思決定権限はない |

## ✛ *One point advice*　執行役員制度の意義 ━━━━━

　執行役員制度は会社法上の制度ではないため、会社により制度内容や運用が異なるが、その目的は主として取締役会の活性化と意思決定の迅速化にあるといえよう。

　すなわち、取締役が多数いる場合には取締役会での活発な議論や迅速な意思決定が期待しがたく、取締役会が形骸化する傾向にある。そこで、執行役員制度を導入し、業務執行取締役や使用人兼務取締役を執行役員として取締役の員数を減らすことで、取締役会を業務意思決定と監督機能に専念させることができ、取締役会の活性化と迅速な意思決定に資することとなる。


要はないためと解される。

　しかし、指名委員会等設置会社においては取締役会が執行役に業務意思決定権限を大幅に委任することを認めており、複数の執行役が業務意思決定権限を与えられた場合には、執行役間の意思疎通を図るため、任意的組織としての執行役会が設置されることが想定される。法もかかる任意的な執行役会

第4章　第7節　指名委員会等設置会社

を組織することまでは否定していない（416条1項1号ハ）。

# Ⅴ 代表執行役

## 1 代表執行役の意義

代表執行役とは、指名委員会等設置会社において、対外的に会社を代表する機関である。指名委員会等設置会社においては、代表取締役は存在せず、これに代わる代表機関として代表執行役が設けられている。

## 2 代表執行役の選定

代表執行役は、執行役の中から取締役会決議により選定される（420条1項前段）。

執行役の員数が1人である場合には、当該執行役が当然に代表執行役となる（420条1項後段）。

## 3 代表執行役の権限

代表執行役は、指名委員会等設置会社を代表すべき執行役であり、監査役会設置会社における代表取締役と同様、包括的かつ不可制限的な代表権を有する（420条3項、349条4項・5項）。会社の営業に関する一切の裁判上または裁判外の行為に及び、代表権に加えた制限は善意の第三者には対抗できない。

## 4 表見代表執行役

指名委員会等設置会社は、代表執行役以外の執行役に社長、副社長その他指名委員会等設置会社を代表する権限を有するものと認められる名称を付した場合においては、当該執行役がした行為について、善意の第三者に対してその責任を負う（421条）。

356

表見代表取締役（354条）と同じく、役付執行役に対する社会的信頼を保護するための善意の第三者保護規定である。

**✤ *One point advice* 会社を代表する権限を有するものと認められる名称**

「指名委員会等設置会社を代表する権限を有するものと認められる名称」として会社法421条は「社長」、「副社長」を例示するが、当該名称は取引通念上相手方に会社の代表権限を有しているとうかがわせるのに十分な名称であればよく、「CEO（最高経営責任者）」、「COO（最高執行責任者）」、「執行役会長」などもこれにあたるであろう。

## 第8節 監査等委員会設置会社

## Ⅰ 総 説

### 1 監査等委員会設置会社とは

監査等委員会設置会社とは、取締役3名以上（過半数は社外取締役）で構成する監査等委員会が取締役の業務執行を監査・監督するという機関設計を採用した株式会社をいう。監査等委員会制度は、平成26年の会社法改正により、従来の機関に加えて新たに創設された。

これは、監査役を設けずに、過半数が社外取締役により構成された独立性の高い「監査等委員会」を取締役会内に設置し、同委員会が監査役会の行ってきた監査・監督機能を代替するという新たなガバナンスのしくみである。

なお、監査等委員会は、監査権限のみならず、株主総会における人事・報酬等に関する意見陳述権をもつため、監査「等」委員会と称される。

第4章　第8節　監査等委員会設置会社

## 2　監査等委員会設置会社制度創設の背景

　平成14年商法改正によって導入された委員会設置会社制度（平成26年会社法改正により、指名委員会等設置会社制度に名称が変更された）は、指名・報酬・監査の3委員会を備えたすぐれたガバナンス制度として設計された。

　しかし、取締役会を中心に業務執行を行ってきた日本企業にとって、取締役会の権限を大胆に変更し、取締役の選任および解任、報酬といった経営上重要な権限を委員会に移譲してしまうことに抵抗感が強かったため、同制度の利用は期待どおりに進まなかった。

　他方、従来における機関設計の中心的存在であった監査役（会）設置会社制度については、海外の機関投資家等から、代表取締役など業務執行者の選定・解職権を有しておらず、また取締役会における議決権を有しない監査役では業務執行者に対する監督機能が不十分であるとの指摘がなされていた。また特に上場企業では社外取締役を監督者として活用すべきであるとの指摘もなされていたが、既存の監査役会設置会社において、社外監査役（335条3項。2人以上の選任が必要となる）に加えて社外取締役を選任するのは人選・コスト面から難しいこともある。

　そこで、社外取締役を活用しやすい新たな機関設計として、監査等委員会設置会社制度が創設された。

# Ⅱ　監査等委員会設置会社制度の概要

## 1　監査等委員会の設置

　監査等委員会は、定款の定めにより設置することができる（326条2項）。

　監査等委員会設置会社には、取締役会および会計監査人の設置が義務づけられている（327条1項3号・5項）。他方、監査等委員会を設置する場合には、監査役を併置することはできない（327条4項）。

*358*

Ⅱ　監査等委員会設置会社制度の概要

## 2　監査等委員の地位

### (1)　選任および解任

監査等委員は取締役でなければならない（399条の2第2項）。そして、監査等委員となる取締役を選任する場合は、株主総会の決議において、監査等委員である取締役と、監査等委員ではない取締役とを区別して選任する必要がある（329条2項）。

監査等委員である取締役が、監査等委員会設置会社またはその子会社の使用人等を兼ねることができない点は、監査役や指名委員会等設置会社の監査委員と同様である（331条3項）。

監査等委員である取締役を解任する場合は、監査等委員ではない取締役（342条3項から5項の規定により選任された取締役を除く）と異なり、株主総会の特別決議によらなければならない（309条2項7号）。このように、監査等委員である取締役は、解任について、監査役と同様の身分保障を受けている。

### (2)　任　期

監査等委員会設置会社では、監査等委員ではない取締役の任期は1年とされ、他方、監査等委員である取締役の任期は2年とされる（332条3項）。なお、監査等委員である取締役の任期は、定款または株主総会の決議で短縮することができない（332条1項・4項）。

監査等委員ではない取締役の任期が1年と短期化される一方、これを監査する監査等委員である取締役の任期はこれよりも1年長く設計されており、監査等委員である取締役は、任期の面でも、監査等委員ではない取締役とは異なる身分保障を受けている。

### (3)　報　酬

監査等委員である取締役の報酬は、他の取締役の報酬とは区別してこれを定めなければならない（361条2項）。そのため、監査等委員会設置会社においては、監査等委員を含む全取締役の報酬の総額を定めて株主総会で決議するという方法は行えない。

*359*

監査等委員である各取締役の個別報酬を定款または株主総会で定めなかった場合には、個別の報酬額は取締役会ではなく監査等委員である取締役の協議によって定めることとされ（361条3項）、報酬の決定についても監査役と同様の制度とされている。

#### (4) 同意権、議題・議案提出請求権、意見陳述権

監査等委員会は、監査等委員の身分保障に関し、以下の①および②の権限を有し、監査等委員は以下の③の権限を有する。

① 監査等委員選任議案に対する同意権

取締役会が監査等委員である取締役の選任議案を株主総会に提出する場合には、監査等委員会の同意を得る必要がある（344条の2第1項）。

② 監査等委員選任議案の提出請求権

監査等委員会は、取締役に対し、監査等委員である取締役の選任に関する議案を株主総会に提出するよう請求する権限を有する（344条の2第2項）。

③ 監査等委員の意見陳述権

監査等委員は、監査等委員である取締役の選任、退任、辞任および監査等委員の報酬について、株主総会で意見を陳述することができる（342条の2第1項・2項、361条5項）。

## 3 監査等委員会の構成等

#### (1) 監査等委員会の構成

監査等委員会は、3名以上の取締役で構成され、その過半数は社外取締役でなければならない（331条6項）。

そして、社外取締役を監査等委員である取締役の過半数に選任しなかったときは、当該監査等委員会設置会社の取締役等は、100万円以下の過料に処せられる（976条19号の2）。監査等委員である取締役が会社法または定款で定めた員数を欠くこととなった場合にその選任手続を怠ったときも同様である（同条22号）。

このような監査等委員の定員割れに対する予防策としては、事前に補欠の監査等委員を選任することが考えられる（329条3項、施規96条）。

### (2) 常勤の監査等委員

監査等委員会では、監査役会と異なり、常勤としての監査等委員を設ける必要はない。これは、自ら独任制による監査を行う監査役と異なり、監査等委員会では、指名委員会等設置会社の監査委員会と同様に、内部統制システムを利用した監査を行うことが想定されているためである。

ただし、監査を行う機関による社内の情報の把握につき常勤者が重要な役割を果たしているとの指摘がされたことを踏まえ、常勤の監査等委員の選定の有無およびその理由については、事業報告の記載事項とされている（施規121条10号イ）。

---

## 4 監査等委員と監査等委員会の権限

### (1) 監査役会または監査委員会と共通する権限等

監査役会設置会社における監査役会または指名委員会等設置会社における監査委員会と共通する監査等委員会の権限等として、以下のものがあげられる。

① 監査等委員会は、取締役の職務執行の監査を行い、監査報告書を作成する（399条の2第3項1号）。

② 監査等委員会は、会計監査人の選任、不再任、解任に関する議案の内容を決定する権限を有する（399条の2第3項2号）。

③ 監査等委員会の選定した監査等委員は、監査等委員会設置会社の取締役等に対し職務の執行に関する事項の報告を求める権限、業務および財産状況の調査権限を有する（399条の3第1項）。

④ 監査等委員会の選定した監査等委員は、監査等委員会設置会社の職務を執行するために必要があるときは、監査等委員会の子会社に対して事業の報告を求める権限、業務および財産状況の調査権限を有する（399条の3第1項）。

361

⑤　各監査等委員は取締役の不正行為等を取締役会に報告する義務を負い（399条の４）、取締役の法令違反行為等の差止請求権（399条の６）を有する。

⑥　監査等委員は株主総会提出議案等に法令違反等がある場合、株主総会への報告義務を負う（399条の５）。

　監査等委員は取締役が株主総会に提出しようとする議案等について法令違反等があると認めるときは、監査役と同様に、その旨を株主総会に報告しなければならない。監査役には、このような報告義務の前提として、議案等の調査義務が課されているが、監査等委員には、取締役として株主総会に提出される議案等の内容を調査・確認する義務があるから、重ねて監査等委員として調査義務を課す必要はないと考えられ、報告義務のみが課されている。

### (2)　監査等委員会特有の権限

　監査等委員会が選定する監査等委員は、次の権限を有する（399条の２）。

①　株主総会において監査等委員以外の取締役の選任、解任、辞任に関する監査等委員会の意見を述べることができる（342条の２第４項）。なお、取締役が監査等委員以外の取締役の選任議案を提出する場合、この監査等委員会の意見の内容の概要は株主総会参考書類に記載される（施規74条１項３号）。

②　監査等委員以外の取締役の報酬等に関して監査等委員会の意見を述べることができる（361条６項）。なお、取締役が監査等委員以外の取締役の報酬等に関する議案を提出する場合、この監査等委員の意見の内容の概要は、株主総会参考書類に記載される（施規82条１項５号）。

　これらの権限により、監査等委員会は、監査等委員以外の取締役の選任等および報酬について一定の影響力をもつこととなり、監査等委員会が、取締役の選任や報酬について、指名委員会等設置会社における指名委員会や報酬委員会に準じる監督機能を果たすことが期待されている。

　なお、監査等委員会は、①②の前提として、監査等委員会の意見を決定する（399条の２第３項３号）。

## 5 監査等委員会の運営

### (1) 運営方法

監査等委員会の運営等については、指名委員会等設置会社における監査委員会と同様の規定がおかれている（399条の8、399条の9、399条の10、399条の11）。

### (2) 監査等委員会の招集

監査等委員会は、各監査等委員が招集し（399条の8）、監査等委員会の会日より1週間前に各監査等委員に対して通知しなければならない（399条の9第1項）。ただし、定款により同期間を短縮することは可能である。

また、監査等委員全員の同意があるときは、招集手続を省略して開くことも可能である（399条の9第2項）。

### (3) 決議方法

監査等委員の過半数が出席し、出席した委員の過半数をもって決する（399条の10第1項）。ただし、取締役会の決定でこの要件を加重することはできる。

なお、特別利害関係にある委員は議決に参加することはできない（399条の10第2項）。

また、取締役会の場合と異なり、監査等委員会では、決議の省略（書面決議）は認められていない。

### (4) 議事録の作成

監査等委員会の議事録を作成することを要する。議事録には議事の要領およびその結果を記載し、出席した委員が署名または記名押印しなければならない（399条の10第3項、施規110条の3）。

かかる議事録は監査等委員会の日から10年間本店に備置しなければならず（399条の11第1項）、株主、親会社の社員および会社債権者は裁判所の許可を得て議事録の閲覧や謄写を求めることができる（399条の11第2項・3項）。

第４章　第８節　監査等委員会設置会社

## 6　監査等委員会設置会社の取締役会の権限等

### (1)　監査等委員会設置会社の取締役会の権限

監査等委員会設置会社の取締役会は次の権限を有する（399条の13第１項）。

①　監査等委員会設置会社の業務執行の決定（同条１項１号）

②　取締役の職務の執行の監督（同条１項２号）

③　代表取締役の選定および解職（同条１項３号）

そして、①監査等委員会設置会社の業務執行の決定（399条の13第１項１号）の内容としては、以下のⓐ〜ⓓが規定されている。なお、監査等委員会設置会社の取締役会は、ⓐ〜ⓒの事項を決定しなければならない（同条２項）。

ⓐ　経営の基本方針の決定（同条１項１号イ）

ⓑ　監査等委員会の職務の執行のため必要なものとして法務省令で定める事項の決定（同条１項１号ロ、施規110条の４第１項）

ⓒ　取締役の職務の執行が法令に適合することを確保するための体制その他株式会社の業務並びに当該株式会社およびその子会社からなる企業集団の業務の適正を確保するために必要な体制等（内部統制システム）の整備の基本方針の決定（同条１項１号ハ、施規110条の４第２項）

ⓓ　その他監査等委員会設置会社の業務執行の決定（同条１項１号柱書）

なお、取締役会の権限の詳細については、第４章第３節を参照されたい。

### (2)　取締役への重要な業務執行の決定の委任

監査等委員会設置会社の取締役会の権限について、取締役の過半数が社外取締役である場合または定款で定めた場合には、指名委員会等設置会社と同様に、取締役に広い範囲にわたり重要な業務執行の決定を委任することが認められている（399条の13第５項・６項）。

監査等委員以外の取締役の選任等および報酬に関する意見陳述権を付与された監査等委員会が、指名委員会等設置会社の指名委員会および報酬委員会と類似の監督機能を果たすことを前提に、代表取締役等への委任可能範囲を

拡張したものである。

### (3) 利益相反取引等における取締役の任務懈怠推定規定の適用除外

監査等委員会設置会社においては、自己取引または利益相反取引について、監査等委員会の承認を受けたときは、取締役の任務懈怠の推定規定（423条3項）を適用しないものとしている（同条4項）。

これは、監査役会設置会社、指名委員会等設置会社にはない監査等委員会設置会社独自の制度であり、利益相反取引等について任務懈怠の推定という制約を受けずに取締役が迅速な業務執行を行うことを可能とする。

なお、任務懈怠の推定についての詳細は、第5章を参照されたい。

# Ⅲ 監査等委員会設置会社への移行

## 1 監査等委員会設置会社への移行のメリット

### (1) 社外役員数の削減効果

監査等委員会設置会社へ移行すると、社外役員の員数を抑えることができるというメリットがある。

平成26年会社法改正により、社外取締役を選任しない場合、株主総会でその理由を説明しなければならなくなった（327条の2）。また、東京証券取引所（以下、「東証」という）においては、主として東証一部、二部上場企業に対し独立社外取締役の複数選任を推奨しており[31]、社外取締役候補者の選任は多くの企業にとって大きな課題となりつつある。

この点、監査役会設置会社において、社外監査役を最低2名選任しなければならないこと（335条3項）に加えて、社外取締役を最低2名選任するとすれば、社外役員の数としては最低4名が必要となってしまう。これに対し、監査等委員会設置会社に移行すれば、社外役員については社外取締役を2名

---

31 改正有価証券上場規程436条の3別添「コーポレートガバナンス・コード」「原則4-8. 独立社外取締役の有効な活用」（平成27年6月1日から施行）。

365

選任すれば足りることになる（336条6項）。

社外役員数を最小限に抑えつつ、指名委員会等設置会社に移行することで取締役会の機能を大きく変更してしまうことを避けながら、監査役会設置会社になじみやすい監査等委員会設置会社に移行するとの選択は、多くの上場会社にとって受け入れやすい選択肢であるともいえるだろう。

### (2) 監査等委員会設置会社独自の権限・制度

監査等委員会設置会社には、前述のⅡ6において述べたとおり、代表取締役等へ重要な業務執行の決定を委任する制度（399条の13第5項・6項）や、利益相反取引における取締役の任務懈怠推定の適用除外の制度（423条4項）といった、監査役会設置会社も指名委員会等設置会社にもない制度が導入されたことは、監査等委員会制度への移行を促進するための工夫が施されているといい得るであろう。

## 2 監査等委員会設置会社への移行の手続

### (1) 監査役（会）設置会社から監査等委員会設置会社に移行する場合

会社法上の重要な手続としては、以下のものがあげられる。

#### (ア) 監査等委員会の設置

監査等委員会をおく旨を定款に規定するため、株主総会において定款変更を行う必要がある（326条2項、466条、309条2項11号）。

なお、監査等委員会設置会社は監査役をおくことができず（327条4項）、監査等委員をおく旨の定款変更を行った場合には、監査役の任期は、当該定款の効力が生じた時に満了する（336条4項2号）。そこで、監査役（会）を設置する旨の定款の定めについては、削除することになる。

#### (イ) 監査等委員である取締役3名以上および監査等委員ではない取締役の選任等

監査等委員会をおく旨の定款変更をした場合には、取締役の任期は、当該定款の効力が生じた時に満了する（327条7項1号）。

したがって、監査等委員である取締役3名以上および監査等委員ではない

取締役を区別して選任する必要がある（329条2項、331条6項）。

　なお、監査等委員会設置会社は取締役会を設置する必要があるから（327条1項3号）、取締役会非設置会社が監査等委員会設置会社に移行する場合には、取締役会をおく旨の定款変更を行う必要もある。また報酬について、監査等委員である取締役と監査等委員ではない取締役を区別して定める必要もある（361条2項）。

　　(ウ)　会計監査人の設置

　監査等委員会設置会社は、会計監査人をおかなければならないので（327条5項）、監査等委員会設置会社に移行する会社が会計監査人設置会社ではなかった場合には、会計監査人をおく旨の定款変更を行う必要がある。

## (2)　指名委員会等設置会社から監査等委員会設置会社に移行する場合

　基本的には監査役（会）設置会社の場合と同様である。

　なお、指名委員会等設置会社が監査等委員会設置会社に移行する場合、指名委員会等設置会社は、監査等委員会をおくことができないので（327条6項）、指名委員会等をおく旨の定款の定めを廃止する定款の変更を行う必要がある。この場合、取締役および執行役の任期は当該定款の効力が生じた時に満了する（332条7項2号、402条8項）。

## (3)　変更の登記

　監査等委員会をおく旨の定款の変更の効力が生じた場合には、2週間以内に、その本店の所在地において、変更の登記をしなければならない（915条1項、911条3項22号）。移行手続により生じたその他の登記事項についても変更の登記を行う必要がある。

### ✤ *One point advice*　監査等委員会制度に移行する会社

　平成26年改正会社法施行日（平成27年5月1日）以後、新しい企業統治制度「監査等委員会設置会社」への移行を表明する上場企業が相次いでいる。

　平成28年6月末総会終了時点で600を超える上場企業が、監査等委員会

設置会社に移行することを決定しているが、これは上場企業全体の約2割にあたる（東京証券取引所ホームページ「コーポレートガバナンス情報サービス」より筆者調べ）。

　監査等委員会設置会社には、先述のとおり、社外役員数の削減効果があり、独立社外取締役を2名以上選任していない東証一部、二部上場企業にとっては、新たな社外役員の選任や「選任しない理由」の説明の負担を避けるために有用である。

　したがって今後も、独立社外取締役を選任していない東証一部、二部上場企業のうち新たな社外役員の選任が困難である等の事情のある会社が、社外役員数の削減効果を期待して監査等委員会設置会社へ移行する可能性がある。

# 第5章 役員等の責任

## 第1節 会社に対する責任

### Ⅰ 責任原因

#### 1 任務懈怠（423条1項）

(1) 役員等が負う法令上の義務と責任の内容

(ア) 善管注意義務と忠実義務

取締役・会計参与・監査役・執行役・会計監査人（以下、「役員等」という）は、その職務を、善良な管理者の注意をもって行わなければならない（善管注意義務。330条、民644条）。また、取締役と執行役は、法令・定款並びに株主総会決議を遵守し、会社のために忠実にその職務を行わなければならない（忠実義務。355条、419条2項）。これらの義務について判例は、忠実義務は、善管注意義務を敷衍して一層明確にしたにとどまり、善管注意義務とは別個の高度な義務ではないとしている（最判昭和45・6・24民集24巻6号625頁）。

そして、役員等は、その任務を怠ったときは、会社に対し、これによって生じた損害を賠償する責任を負う（423条1項）。任務懈怠には法令・定款違反も含まれる。なお、取締役には、すべての法令を遵守して職務を執行する義務があることから、「法令」には、公益保護を目的とする規定（刑法、独占禁止法等）も含まれると解される（会社を名宛人とし、会社がその業務を行うに際して遵守すべきすべての法令（本判決では独占禁止法）が含まれることを示したものとして、最判平成12・7・7民集54巻6号1767頁）。

*369*

〔図表 5-1〕 **会社法における取締役の責任体系一覧**

| 事　項 | | | 責　任 | 過失の<br>立証責任 | 条　文 |
|---|---|---|---|---|---|
| 任務懈怠行為 | | | 過失責任 | 会社・株主等<br>（※1） | 423① |
| | 利益相反<br>取引 | 自己のため | 無過失責任 | ― | 428① |
| | | 損害発生 | 過失責任（ただ<br>し過失推定） | 取締役（※2） | 423③ |
| 利益供与 | | 供与者 | 無過失責任 | ― | 120④但 |
| | | その他 | 過失責任 | 取締役（※2） | 120④但 |
| 違法配当 | | | 過失責任 | 取締役（※2） | 462② |

※1　取締役の責任を追及する者が取締役の過失を立証する。
※2　取締役が自分に過失がないことを立証しなければならない（立証責任の転換）。

### (イ)　業務執行上の判断の誤り

　取締役の経営判断の失敗が善管注意義務違反となる場合には、任務懈怠として、それにより会社に生じた損害を賠償する責任を負う。

　しかし、経営はある程度リスクを伴うものであるから、会社に損害が生じたからといって、そのすべての場合に取締役が責任を問われるとすると、取締役に極めて酷な結果となる。

　それゆえ、どのような場合に善管注意義務違反があるとするのか、その判断基準の見極めが重要となる。

### (ウ)　ビジネス・ジャッジメント・ルール

　アメリカの判例法においては、経営はある程度リスクを伴うものであるから、経営者の行動を萎縮させるような事後的な評価をするべきではなく、ある程度の裁量を認めるべきであるとして、一定の要件の下、裁判所は経営者がなした判断には干渉しないこととされている（ビジネス・ジャッジメント・ルール）。

　すなわち、アメリカにおいて、このルールの適用がある場合には、裁判所

は経営者の判断の当否について介入しない、という形で司法判断回避の理論として機能している。

### ㈢ 経営判断の原則

#### (A) 経営判断原則とは

これに対し、わが国の判例においては、経営判断の原則は、アメリカと異なり、裁判所が、経営判断が妥当であったかという点について実質的に判断するうえでの基準として運用されている。

わが国における経営判断の原則は、取締役の経営判断が善管注意義務違反になるかという点を裁判所が事後的に判断することを前提として、取締役の行動を委縮させるような事後的評価を避けるため、その経営判断に一定の裁量を認める裁判所の判断手法として機能している。

#### (B) 判　例

裁判例として、たとえば、東京地判平成5・9・16民集54巻6号1798頁〔野村證券損失補てん株主代表訴訟事件〕は、「（裁判所は）、実際に行われた取締役の経営判断そのものを対象として、①その前提となった事実の認識について不注意な誤りがなかったかどうか、また、②その事実に基づく意思決定の過程が通常の企業人として著しく不合理なものでなかったかどうかという観点から審査を行うべきであり、その結果、前提となった事実認識に不注意な誤りがあり、または意思決定の過程が著しく不合理であったと認められる場合には、取締役の経営判断は、許容される裁量の範囲を逸脱したものとなり、取締役の善管注意義務または忠実義務に違反するものとなると解するのが相当である」と判示している（同様の規範を示す事例として、取締役の貸付中止義務、貸付債権回収措置をとるべき義務の存在を否定した東京地判平成16・9・28判時1886号111頁がある）。

#### (C) 検　討

経営判断の原則の適用基準は、当該業務執行の意思決定を行うにつき、取締役に善管注意義務違反・忠実義務違反が存在するか否かを以下の項目に即して判断することになる。

第5章　第1節　会社に対する責任

具体的には、取締役が、①判断の前提となる事実調査を適切かつ十分に行ったか、②その前提事実に基づいて行った意思決定の過程・内容が著しく不合理ではないと評価できるか、という基準にあてはめて判断することになろう。なお、これらを明らかにするため、取締役は、取締役会議事録、弁護士や会計士の意見書などの客観的な資料等を整備しておく必要がある。

①　判断の前提となる事実調査を適切かつ十分に行ったか

　　新規事業に参入する場合には、市場動向、年代別・地域別の予想来場者数などの売上予測・経費予測等につき十分な資料を入手する必要がある。

　　特に、海外の事業であれば、その国のもつ政治・経済上のリスク（カントリーリスク）、税務上のリスク等についても詳細に調査する必要がある。

　　また、調査方法については、自社の調査のみならず、必要に応じて客観的な第三者（弁護士、会計士、税理士、コンサルティング会社等）の意見を聴取しておくことも必要である。

②　前提事実に基づく意思決定の過程・内容が著しく不合理でないか

　　経営はある程度リスクを伴うものであるため、取締役の判断に一定の裁量を認める必要があるが、通常の企業人として「著しく不合理な」判断であれば、当該取締役の経営判断は許容される裁量の範囲を逸脱したと評価される可能性がある。

　　一般的には、会社の規模、投資資金の種類（借入金か余剰資金か）を考慮して、投資リスクの程度、収支計算その他の経営見通しを十分に検討している必要があると考えられる。

以上のように検討した結果、当該意思決定に一定の合理性があれば、事後的に会社に損害が生じたとしても、取締役に善管注意義務違反および忠実義務違反が存在する、とされることはない。

取締役としては、上記基準を意識しながら意思決定を行うことはもちろん、上記基準に基づいて意思決定をしたことを事後的に明らかにできるよう、客

*372*

観的資料を整備しておくことが必要である。

### (D) 具体的事例

最近の判例として、食品衛生法上使用が認められていない添加物を使用した商品が販売されていたことを後から認識した取締役らがその事実を公表しなかったことが経営判断とは評価できないとしたダスキン株主代表訴訟事件（大阪高判平成18・6・9判タ1214号115頁）、銀行取締役の融資判断に善管注意義務違反を認めた拓銀カブトデコム事件（最判平成20・1・28判タ1262号69頁）、銀行取締役の融資に係る回収見込判断につき、善管注意義務違反を認めた四国銀行事件（最判平成21・11・27判時2063号138頁）、グループ会社の完全子会社化に際し株式の買取価格の妥当性が争われ、善管注意義務違反が否定されたアパマンショップ事件（最判平成22・7・15判時2091号90頁）等がある。

さらに、取締役の善管注意義務違反は、他の取締役等に対する監督義務違反を含む取締役の不作為についても問題になる。監督義務に関しては、ある程度以上の規模の会社の代表取締役には、業務執行の一環として、内部統制システムを整備する義務が存在する。

たとえば、東京高判平成20・5・21判タ1281号274頁〔ヤクルト事件〕は、資産運用の一環として行われたデリバティブ取引につき、当該取引を行った担当取締役以外の取締役および監査役には適切なリスク管理体制を構築し、これを中止させるべき義務があったにもかかわらず、これを怠ったことから善管注意義務違反があったとして争われた株主代表訴訟の事案であるが、当該事案では、善管注意義務違反は否定されている。これに対し、前述のとおり、ダスキン株主代表訴訟事件では、食品衛生法上使用が認められていない添加物を使用した商品の販売の事実について取締役が公表しなかったことについて、善管注意義務違反が肯定されている。

### (2) 損害額の推定（423条2項）

取締役または執行役が株主総会または取締役会の承認を得ずに、自己または第三者のために会社の事業の部類に属する取引（競業取引。356条1項1号）をした場合には、当該取引によって取締役、執行役または第三者が得た利益

の額は、取締役等の任務懈怠による会社の損害額と推定される。

たとえば、名古屋高判平成20・4・17金判1325号47頁は、競業取引によって取締役が得た利益は、当該取締役が競業会社において、資金調達、信用および営業について中心的役割を果たしていることに鑑みれば、当該取締役およびその家族である競業会社の役員らの報酬額の合計額の5割とするのが相当であり、同額が損害と推定されると判示している。

### (3) 責任を負うべき役員等の範囲

責任を負うのは、第1に任務懈怠に該当する行為（不作為を含む）をなした取締役自身であるが（423条1項）、その行為が取締役会等の決議に基づいてされた場合には、その決議に賛成した者も、それが任務懈怠に該当するときは、責任を負う。

なお、棄権した取締役または執行役の扱いについては、若干争いがあるが、取締役会は、取締役または執行役の職務執行を監督し（362条2項・3項、416条1項）、代表取締役または代表執行役の選定・解職権を有し（362条2項・3項、420条1項・2項）、代表取締役に職務執行の状況の報告義務を課す（363条2項）など、取締役会において他の取締役または執行役が監視義務を十分に果たすことを期待したものというべきである。

したがって、取締役または執行役が責任を免れるためには、あくまで「異議」をとどめる必要があり、棄権した取締役または執行役は異議をとどめたことにはならないと解すべきであろう。

また、責任を負う役員等が複数いる場合には、会社に対して連帯して責任を負う（430条）。

### (4) 任務懈怠の推定（423条3項）

取締役または執行役が、利益相反取引（356条1項2号（直接取引）・3号（間接取引、419条2項））をした結果、会社が損害を被った場合には、取締役会の承認を得ている場合でも、次の取締役および執行役について任務懈怠が推定される。

① 直接取引を行った取締役および執行役

Ⅰ　責任原因

②　会社が利益相反取引をすることを決定した取締役および執行役

③　利益相反に関する取締役会の承認決議に賛成した取締役

また、取締役会の決議に参加した取締役が、議事録に異議をとどめなかった場合は、その決議に賛成したものと推定される（369条5項）。さらに、自己のために利益相反取引の直接取引をした取締役および執行役の責任は無過失責任とされており、責任の一部免除も認められていない（428条1項・2項）。

ただし、監査等委員会設置会社では、監査等委員でない取締役が利益相反取引をする場合にその取引につき監査等委員会の承認を受けたときは、任務懈怠は推定されない（423条4項）。このような取扱いは監査役（会）設置会社・指名委員会等設置会社ではおかれておらず、監査等委員会設置会社に特有の規定である。推定規定を排除することにより、監査等委員でない取締役の業務執行を迅速に行わせることを可能とする趣旨である。

⚜ *One point advice*　**会計監査人の注意義務** ───────

　会社法423条の任務懈怠の事例ではないが、会計監査人は、被監査会社に対し、監査証明業務を行うにあたり、善管注意義務を負い（民644条）、それに違反した場合は、無過失を反証しない限り、被監査会社に対し債務不履行責任を負う（同法415条）。粉飾決済を見逃した大手監査法人に監査契約上の債務不履行を理由として損害賠償責任を認めた事例として、大阪地判平成20・4・18判時2007号104頁がある。

## 2　違法配当（462条1項）

　分配可能額を超えて剰余金分配がなされた場合には、当該行為に関与した業務執行取締役および執行役は、配当した価額に相当する額を会社に支払う責任を負う（462条1項）。ただし、職務を行うについて自らに過失がないことを立証すれば責任を免れることができる（同条2項）。なお、〔図表5-2〕にあげた民事上の責任のほかにも、刑事上の責任として、違法配当罪（963

375

第5章　第1節　会社に対する責任

〔図表 5-2〕　違法配当の責任を負う取締役および執行役

| 剰余金の配当が株主総会の決議による場合 | 剰余金の配当が取締役会の決議による場合 |
|---|---|
| イ　株主総会に係る総会議案提案取締役<br>ロ　剰余金の配当による金銭等の交付に関する職務を行った取締役および執行役<br>ハ　剰余金の配当に関する事項について説明をした取締役および執行役<br>ニ　分配可能額の計算に関する報告を監査役または会計監査人が請求したときは、当該請求に応じて報告をした取締役および執行役 | イ　取締役会に係る取締役会議案提案取締役<br>ロ　剰余金の配当による金銭等の交付に関する職務を行った取締役および執行役<br>ハ　剰余金の配当に賛成した取締役<br>ニ　分配可能額の計算に関する報告を監査役または会計監査人が請求したときは、当該請求に応じて報告をした取締役および執行役 |

（462条1項6号、計規159条8号）

条5項2号）が成立する。

　これに対し、分配可能額を超えて剰余金の配当を受けた株主は、自分が交付を受けた金銭等（分配可能額を超える部分だけでなく、交付を受けたものすべて）の支払義務を負い（462条1項）、この義務は過失の有無を問わない。

## 3　利益供与（120条4項）

　株主の権利（適格旧株主、最終完全親会社等の株主の権利を含む）の行使に関し、会社または子会社の計算において、財産上の利益を供与することに関与した取締役および執行役は、職務を行うについて注意を怠らなかったことを証明した場合を除き、供与した利益の価額に相当する額を会社に弁済しなければならない（120条4項）。なお、利益供与をした取締役および執行役は無過失責任である。

　利益供与に関して責任をとるべき取締役および執行役（120条4項、施規21条）は次のとおりである。

　①　利益供与に関する職務を行った取締役および執行役

　②　利益供与に関する職務を行った取締役以外の取締役（〔図表 5-3〕）

376

Ⅰ　責任原因

〔図表 5-3〕　利益供与の責任をとるべき取締役および執行役

| 利益の供与が取締役会の決議に基づいて行われたとき | 利益の供与が株主総会の決議に基づいて行われたとき |
|---|---|
| イ　当該取締役会の決議に賛成した取締役<br>ロ　当該取締役会に当該利益の供与に関する議案を提案した取締役および執行役 | イ　当該株主総会に当該利益の供与に関する議案を提案した取締役<br>ロ　イの議案の提案の決定に同意した取締役（取締役会設置会社の取締役を除く）<br>ハ　イの議案の提案が取締役会の決議に基づいて行われたときは、当該取締役会の決議に賛成した取締役）<br>ニ　当該株主総会において当該利益の供与に関する事項について説明をした取締役および執行役 |

※この責任は総株主の同意があれば免除することができる（利益供与した取締役を除く）。

　また、「株主の権利行使に関し」という文言に株式の譲渡が含まれるかどうかに関する判例として、①株式譲渡自体は直ちに利益供与行為にはあたらないが、その意図・目的が経営陣に敵対的な株主に対し株主総会において議決権の行使をさせないことにある場合には、権利行使を止める究極的手段として行われたものとして「権利の行使に関し」といえるとした東京地判平成7・12・27判時1560号140頁、②株式譲渡自体は「株主の権利の行使」とはいえないが、会社からみて好ましくないと判断される株主が議決権等の株主の権利を行使することを回避する目的で、当該株主から株式を譲り受けるための対価を供与する行為は「株主の権利の行使に関し」といえるとした最判平成18・4・10民集60巻4号1273頁〔蛇の目ミシン株主代表訴訟事件〕がある。

　⚜ *One point advice*　**総会屋に対する贈収賄罪** ───────

　　私企業の役員等にも贈収賄罪が成立しうること（967条、968条）は、意外と知られていない。会社役員が、新製品開発に関する経営上の失策を株主総会において追及されることを回避するために総会屋に報酬を与え、一

377

第5章 第1節 会社に対する責任

般株主の発言を抑えて議案を会社原案のまま成立させるような議事進行を
図ることを依頼したことが「不正の請託」に該当するとされたものに、最
判昭和44・10・16刑集23巻10号1359頁がある。

# Ⅱ 責任減免

## 1 責任の全部免除

　役員等の任務懈怠責任は、総株主（議決権のない株主を含む）の同意があれ
ば免除することができる（424条）。これに対し、利益供与に関与した取締役
の責任といった任務懈怠責任以外の責任の免除については個別に規定されて
いる（120条5項、462条3項など）。

　なお、会社に最終完全親会社等がある場合、多重代表訴訟の役員等の「特
定責任」（847条の3第4項。詳細は後述する）の免除にあたっては、当該会社
の総株主の同意に加え、最終完全親会社等の総株主の同意が必要とされてい
る（同条10項）。

## 2 責任の一部免除

　会社法423条1項の責任については、その役員等が職務を行うにつき、善
意かつ無重過失の場合には、以下の方法により、賠償額の一部を免除するこ
とができる（〔図表5-4〕〔図表5-5〕参照）。

### (1) 株主総会の特別決議による事後的な減免

#### (ア) 免除額

　会社法423条1項に基づく責任は、その役員等に「職務を行うにつき善意
でかつ重大な過失がないとき」は、賠償責任額から下記①②の金額の合計額
（会社法は「最低責任限度額」とよぶ）を控除した額を限度として、株主総会
の特別決議（309条2項8号）により免除することができる（425条1項、施規

113条、114条)。

① その役員等がその在職中に会社から職務執行の対価として受け、または受けるべき財産上の利益の1年間あたりの額に相当する額として法務省令で定める方法により算定される額(施規113条)について、ⓐ代表取締役・代表執行役の場合は6年分、ⓑ代表取締役以外の取締役(業務執行取締役等であるものに限る)・代表執行役以外の執行役については4年分、ⓒⓐⓑ以外の取締役・会計参与・監査役・会計監査人の場合は2年分。

② その役員等が当該会社の新株予約権を引き受けた場合におけるその新株予約権に関する財産上の利益に相当する額として法務省令で定める方法により算定される額(施規114条)。

なお、多重代表訴訟の「特定責任」の場合は、あわせて最終完全親会社等

〔図表5-4〕 賠償額の算定の基礎となる報酬

〔図表5-5〕 立場の違いによる免除限度額

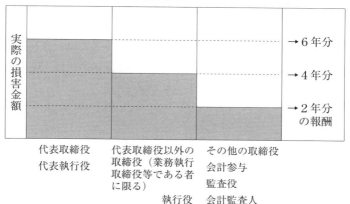

379

の株主総会の特別決議を経る必要がある（425条1項）。

　㈠　開　示

　役員の責任を免除する決議をなすためには、取締役（多重代表訴訟の対象
となる特定責任については、対象会社の取締役と最終完全親会社等の取締役）は、
①責任の原因たる事実、賠償額、②責任免除をすることができる額の限度と
その算定の根拠、③免除すべき理由と免除額を開示する必要がある（425条
2項）。

　㈡　監査役等の同意

　取締役（監査等委員または監査委員であるものを除く）および執行役の責任
の免除に限り、責任の免除に関する議案を株主総会に提出するには、監査役
（監査等委員会設置会社では監査等委員、指名委員会等設置会社では監査委員）全
員の同意が必要となる（425条3項、426条2項、427条3項）。

　㈣　免除後の退職慰労金等

　なお、責任軽減の決議があった場合、会社が、免除を受けた役員等に対し、
退職慰労金その他の法務省令で定める財産上の利益（施規115条[1]）を与えると
きは、他の役員等に支給する退職慰労金等の総額を示すのでは足らず、当該
役員等に支給する額を明らかにして株主総会（最終完全親会社等の株主総会も
含む）の承認を得なければならない（425条4項前段、施規84条の2、115条）。
責任免除後に、当該役員等が新株予約権の行使・譲渡をするときも同様であ
る（425条4項後段）。

　責任免除後に役員等が新株予約権証券を所持するときは、会社に遅滞なく
預託しなければならず、その譲渡のための返還を求めるには上記の譲渡を承
認する株主総会決議が必要である（425条5項）。

---

1　425条4項に規定する法務省令で定める財産上の利益とは、①退職慰労金、②当該役員等が当
　該株式会社の取締役または執行役を兼ねていたときは、当該取締役または執行役としての退職
　慰労金、③当該役員等が当該株式会社の支配人その他の使用人を兼ねていたときは、当該支配
　人その他の使用人としての退職手当のうち当該役員等を兼ねていた期間の職務執行の対価であ
　る部分、④①ないし③に掲げるものの性質を有する財産上の利益をいう（施規115条）。

**Ⅱ　責任減免**

### (2)　定款の定めによる取締役会決議による責任の減免

#### (ア)　定款の規定

取締役が２人以上の監査役設置会社・監査等委員会設置会社・指名委員会等設置会社は、役員等の任務懈怠（423条１項）による責任について、上記２(1)(ア)の免除額を限度として、定款で、取締役会決議（非取締役会設置会社では責任を負う取締役以外の取締役の過半数の同意）により責任を免除することができる旨を定めることも可能である（426条１項）。

定款には、免除の要件として、①役員等の任務懈怠の責任であること、②職務を行うにつき当該役員等が善意・無重過失であること、③「責任の原因となった事実の内容、当該役員等の職務の執行の状況その他の事情を勘案して特に必要と認めるとき」に免除することができる旨を定める。

定款変更には株主総会の特別決議が必要であり（466条、309条２項11号）、この定款の定めは登記する必要がある（911条３項24号）。

#### (イ)　監査役等の同意

監査役（監査等委員、監査委員）全員の同意は、上記の定款変更議案を株主総会に提出する場合と、免除に関する議案を取締役会に提出する場合の両方に必要である（426条２項）。

#### (ウ)　株主への通知等

定款の定めに基づき取締役会で責任減免の決議をした場合には、取締役は遅滞なく、前述の総会決議で開示される事項および、異議があれば一定期間にこれを述べるべき旨を公告または株主に通知する必要がある（426条３項）。会社に最終完全親会社等があり、免除の対象が特定責任であるときは、最終完全親会社等の株主に対する公告・通知も要する（同条５項・６項）。

仮に、総株主（責任を負う役員等であるものを除く）の議決権の３％以上（定款で軽減可能）の株主（最終完全親会社等がある場合で、免除の対象が特定責任であるときは、当該会社の株主（同上）の議決権の３％以上（定款で軽減可能）、または最終完全親会社等の株主（同上）の議決権の３％以上（定款で軽減可能））が異議を述べた場合には、免除をなすことができない（426条７項）。

381

第5章　第1節　会社に対する責任

### (エ)　免除後の退職慰労金等

免除後の退職慰労金の支給等の規定は、上記2(1)(エ)の場合と同様である（426条8項）。

## (3)　定款の定めに基づく契約による減免——非業務執行取締役等の場合

### (ア)　定款の規定

事前に定款の定めをおき、非業務執行取締役等（業務執行取締役以外の取締役、会計参与、監査役または会計監査人）と契約を締結することにより、責任限度額をあらかじめ定めることができる（427条1項）。

事前に定款に定める事項とは、①非業務執行取締役等の任務懈怠の責任であること、②同人が職務を行うにつき善意・無重過失であること、③定款で定めた額と法定の最低責任限度額とのいずれか高い額を限度として非業務執行取締役等が賠償責任を負う旨の契約を会社・非業務執行取締役間で締結することができる旨、④③でいう「定款で定めた額」、である（427条1項）。

定款変更には株主総会の特別決議が必要であり（466条、309条2項11号）、この定款の定めは登記する必要がある（911条3項25号）。

なお、契約を締結した非業務執行取締役等が業務執行取締役等に就任したときは、その契約は将来に向かって効力を失う（427条2項）。

### (イ)　監査役等の同意

上記の定款変更議案を株主総会に提出する場合には、監査役（監査等委員、監査委員）全員の同意が必要である（426条2項）。

### (ウ)　開　示

非業務執行取締役等の行為により損害が発生した場合には、会社はその直後の株主総会（当該損害が「特定責任」に係るものであるときには、最終完全親会社等の株主総会も含む）において、法定された事項を開示しなければならない（427条4項）。

### (エ)　免除後の退職慰労金等

免除後の退職慰労金の支給等の規定は、上記2(1)(エ)の場合と同様である（427条5項）。

**382**

Ⅱ 責任減免

〔図表 5-6〕 責任減免制度の手続

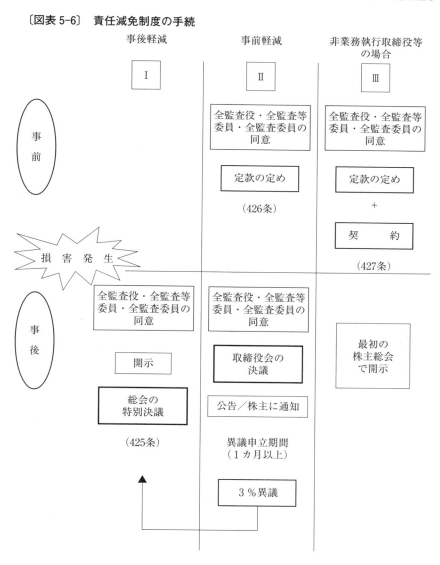

第5章　第1節　会社に対する責任

## 3　訴訟上の和解

　取締役の会社に対する責任を追及する訴訟につき、和解をする場合には、総株主の同意は要しない（850条4項）。また、立場の相違による免除額の定めにも拘束されない。

　これは、訴訟上の和解は、裁判外の和解と異なって、裁判所が関与しており、その監督が期待できるため、和解内容についてある程度合理性が確保されていると考えられるためである。

　会社が和解の当事者でないときは、会社の承認が必要である（850条1項）。裁判所は、会社に対し、和解の内容を通知し、かつ、和解に異議があれば2週間以内に述べるべき旨を催告し（同条2項）、会社がその期間内に書面で異議を述べなかった場合は、上記の通知の内容で和解することを承認したものとみなされる（同条3項）。

## 4　会社役員賠償責任保険（D&O保険）

　会社役員賠償責任保険（D&O保険）とは、取締役や監査役などの会社役員に対して、その業務執行にあたり、第三者から損害賠償請求がなされることにより、役員が被る損害をてん補するための賠償責任保険をいう。

　現在販売されているD&O保険は、損害賠償請求の形態に応じて、普通保険約款と株主代表訴訟担保特約条項、会社補償担保特約条項で構成されている。

　この保険料を会社が負担することができるかは争いがあるが、実務的には総会で定めた報酬枠の範囲内で、取締役報酬に上乗せして取締役に支払い、これを保険料の支払いにあてるという方法がとられることが少なくない。

# Ⅲ　責任の消滅時効・遅延損害金の利率

　なお、取締役の会社に対する損害賠償債務の消滅時効期間は、民法167条

１項により10年となり、商法522条所定の５年ではないことに注意されたい（最判平成20・1・28民集62巻１号128頁）。

また、遅延損害金の利率は民法所定の年５分である。取締役の会社に対する損害賠償債務は、期限の定めのない債務であり、履行の請求を受けた時に遅滞に陥る（最判平成26・1・30判時2213号123頁）。

## 第2節　株主代表訴訟

## Ⅰ　制度趣旨

株主代表訴訟（責任追及の訴え）とは、株主が会社に代わって発起人、設立時取締役、設立時監査役、役員等もしくは清算人の責任等を追及する訴訟をいう（847条）。なお、取締役の責任には、取締役の地位に基づく責任のほか、取締役の会社に対する取引債務についての責任も含まれると解されている[2]。

なお、平成26年改正で「多重代表訴訟」制度が導入されたが、後述する。

## Ⅱ　株主代表訴訟の手続

## 1　訴えの提起

### (1)　手　続

株主（公開会社においては６カ月前（定款による短縮可能）から引き続き株式

---

2　①株式会社と取締役の間の借用契約の終了に基づく所有権移転登記手続の請求について株主代表訴訟で追及できるとした事例として、最判平成21・3・10民集63巻3号361頁、②不動産所有権の真正な登記名義の回復請求について、株式会社に訴え提起懈怠の可能性があるとして株主代表訴訟の対象になるとした事例として、大阪高判昭和54・10・30判時954号89頁参照。

385

第5章　第2節　株主代表訴訟

を有するものに限る）は、会社に対し、書面その他の法務省令（施規217条）
で定める方法により、会社が取締役等に「責任追及等の訴え」を提起するよ
うに請求することができる（847条1項）。

　請求の宛先は、監査役設置会社では監査役（386条）、指名委員会等設置会
社では、監査委員（監査委員が訴訟の当事者である場合は、株主総会または取締
役会が定めた者。408条1項）、監査等委員会設置会社では監査等委員会が選定
する監査等委員（監査等委員が訴訟の当事者である場合は、株主総会または取締
役会が定めた者。399条の7第1項）それ以外の会社では、株主総会（取締役会
設置会社の場合は取締役会）が定める者（353条、364条）である。

　会社がこの請求を受けてから60日以内（会社に回復することができない損害
が発生する場合は直ちに）に訴えを提起しない場合（訴えを提起するか否かは、
監査役・監査等委員・監査委員会が決定する）には、その株主は、会社のため
に訴えを提起することができる（847条3項・5項）。なお、単元未満株主で
あっても、定款の定めにより制限されなければ株主代表訴訟を提起すること
ができる（189条2項、施規35条参照）。

　上記の訴えは、本店所在地を管轄する地方裁判所の専属管轄である（848
条）。

　訴額は、実際の請求額ではなく、財産権上の請求でない請求として算定さ
れるので、申立て時に裁判所に納める費用の額は、一律に1万3000円である
（847条の4第1項、民事訴訟費用等に関する法律4条2項・別表第1）。

　株主は、代表訴訟を提起したときは、遅滞なく、会社に対し、訴訟告知を
しなければならない（849条4項）。

　提訴後に原告が、①株式交換・株式移転により完全親会社となる会社の株
主となるときや、②原告が当該会社が合併により消滅する会社となる合併に
より設立または存続する会社もしくはその完全親会社（施規219条）の株式を
取得したときは、訴訟の原告適格を喪失しない（851条1項1号・2号）。また、
平成26年改正では、提訴より先に上記①②がなされた場合についても、旧株
主に原告適格を認める旨の規定が導入された（847条の2）。

*386*

Ⅱ　株主代表訴訟の手続

## ✢ One point advice　責任追及の請求の宛先を定めなかった場合の扱い ──────

　株主が会社に対し、取締役の責任追及等の訴えを提起するよう請求する場合の請求の宛先は、前述のとおりである。

　では、監査役設置会社や指名委員会等設置会社、監査等委員会設置会社ではない会社が、請求の宛先を株主総会または取締役会で定めていなかった場合は、誰を請求の宛先とすればよいのだろうか。

　この点につき、353条、364条は、いずれも取締役会、株主総会に訴えの代表となる者を定める義務があるとはしていない。そのため、そのいずれも積極的に代表となる者を定めることをしない場合には、現在の代表取締役が会社を代表することになる（349条）。

　もっとも、353条、364条が会社と取締役の利害衝突あるいは取締役同士の馴れ合いを防止する趣旨であることを踏まえれば、紛争の発生を見据えて、請求の宛先を定めておくことが望ましい。


### ⑵　株主代表訴訟を提起することができない場合

　会社法は、株主が自己もしくは他人の不正な利益を図り、または会社に損害を加える目的を有する場合には、株主代表訴訟の提起を請求できないとしている（847条1項ただし書）。

### ⑶　不提訴理由の通知

　会社が、株主から取締役の責任について提訴請求を受け、60日以内に責任追及の訴えを提起しなかった場合、会社は、当該株主または取締役等の請求により、遅滞なく、これらの者に対し訴えを提起しなかった理由を書面をもって通知しなければならない（847条4項、施規218条）。

　不提訴理由の開示を求める権利を株主に認めることで、会社における充実した調査を期待することができる一方、不提訴理由は被告とされた取締役等にとって有利な内容をもっていることもあるので、対象となった取締役等にも開示を求める権利を認めたものである。

### ⑷　担保提供

　被告は、濫用的な株主代表訴訟に対抗するため、裁判所に対して担保の提

*387*

供を申し立てることができ、裁判所が原告株主に対してこれを命ずることがある（847条の4第2項）。

この担保は、原告の提起した代表訴訟が不法行為に該当する場合に被告が被る損害の賠償請求権を担保するためのものである。

担保提供を申し立てた場合には、被告は原告が提起した株主代表訴訟が悪意から出たものであることを疎明しなければならない（847条の4第3項、民訴188条）。

悪意の判断基準については、一般的には、提訴株主の請求に理由がなく、かつ同人がそのことを知って訴えを提起した場合（不当訴訟要件）をいうと考えられているが、過失による不当訴訟も「悪意」になり得るとする見解もある。今後の判例の動向が注目されるところである。[3]

### ✤ *One point advice* 責任追及等の訴えの提訴請求を受けた場合の監査役の対応 ─────

　責任追及の訴え等の提訴請求書を受け取った場合の監査役の具体的な対応の内容は、次のとおりである。
① 　株主の資格要件の確認
② 　提訴請求書の確認
　ⓐ 　提訴請求書の宛先は正しいか

---

3 　①ⓐ請求原因として主張する事実をもってしては請求を理由あらしめることができない場合、ⓑ請求原因の立証の見込みが極めて少ないと認められる場合、ⓒ被告の抗弁が成立して請求が棄却される蓋然性が高い場合に、これら事情を認識しながら訴えを提起していると認められる場合には、自己の請求が理由のないことを知って訴えを提起したものと推認できるとした事例として蛇の目ミシン担保提供事件（東京高決平成7・2・20判タ895号252頁）、②株主の主張が十分な事実的・法律的根拠を有しないため、代表訴訟において取締役の責任が認められる可能性が低く、かつ、通常人であれば、容易にこのことを知り得たときは、右訴訟の提起が「悪意」に出たものとして、相当の担保の提供を命ずることができるとした事例として東海銀行事件（名古屋高決平成7・3・8判時1531号134頁）、③本訴請求は、請求原因の重要な部分に主張自体失当の点があり、主張を大幅に補充または変更しない限り請求が認容される可能性がない点などを認識しながらあえて提起したものと推認するのが相当であるとした事例としてミドリ十字事件（大阪地判平成9・3・21判時1603号130頁、大阪高決平成9・8・26判時1631号140頁）、④③と類似する事例として大和銀行事件（大阪地判平成9・4・18判時1604号139頁、大阪高決平成9・11・18判時1628号133頁）。

Ⅱ　株主代表訴訟の手続

　ⓑ　代表訴訟の被告とすべき役員は特定されているか
　ⓒ　責任の発生事実が記載されているか
　ⓓ　提訴請求書が役員の責任追及の提訴請求である旨が明確か
③　取締役の責任の調査
　ⓐ　事実関係の確認
　ⓑ　法的責任発生の検討
　ⓒ　取締役の責任を基礎づける証拠の調査
　　以上の調査は、監査役が調査チーム等を結成して行うのが適切かつ効率的である。なお、調査の結果訴えの提起につき監査役の意見が分かれた場合であっても、監査役は判断決定の権限を独立して有しているため、1人で提訴は可能である。

## 2　審　理

### (1)　訴訟参加

　馴れ合い訴訟や、取締役等に不当に有利な和解の防止のため、①会社が提起した役員等の責任を追及する訴えには株主が、②株主が提起した訴えには会社または他の株主が、当事者の一方に参加することができる（849条1項）。

　会社は、特段の事情がない限り、取締役を補助するために訴訟に参加することが許される。取締役会の意思決定の違法を原因とする、会社の取締役に対する損害賠償請求が認められれば、その取締役会の意思決定を前提として形成された会社の法的地位または法的利益に影響を及ぼすおそれがあるため、会社は取締役の敗訴を防ぐことに法律上の利害関係を有するといえるからである（最決平成13・1・30民集55巻1号30頁）。なお、会社法では、「補助参加の利益」は不要とされている。

　会社が訴訟参加する場合においては、会社の判断の適正を確保するため、監査役（監査等委員・監査委員）全員の同意を要するものとされている（849条3項）。

## (2) 判決の効力

株主は会社のために訴えを提起するので、判決の効力は、勝訴・敗訴ともに会社に及ぶ（民訴115条1項2号）。

## (3) 代表訴訟の和解

代表訴訟につき和解がなされる場合で、会社が和解の当事者でない場合には、会社の承認が必要である（850条1項）。裁判所は会社に対して、その内容を通知し、異議があれば2週間以内に異議を述べるべき旨を催告しなければならない（同条2項）。会社がその期間内に異議を述べないときは、その通知の内容によって会社が承認したものとみなされる（同条3項）。

## (4) 費用の会社負担

代表訴訟において株主が勝訴した場合（一部勝訴を含む）、株主の負担で会社が利益を得たことになるので、株主はその支出した必要費用（調査費用等。訴訟費用を除く）と弁護士報酬のうちの相当額の支払いを会社に請求することができる（852条1項）。敗訴した場合には、悪意があったときでなければ、会社に対し損害賠償責任を負うことはない（同条2項）。

# III 多重代表訴訟

## 1 制度趣旨

いわゆる「多重代表訴訟」とは、会社の親会社の株主が、当該会社の取締役等の責任を追及する訴えを意味する。

かかる制度は、持株会社の解禁や株式交換・株式移転制度の創設により持株会社が広まったことで生じた、業務や経営の中心が子会社にあっても子会社取締役に持株会社（親会社）の株主のコントロールが及ばない、子会社取締役に任務懈怠責任の追及がなされないという不都合を解消し、親会社株主を保護するという観点から平成26年改正で導入された。

なお、「多重代表訴訟」は、正式には、「最終完全親会社等の株主による特

定責任追及の訴え」（847条の3）であり、「特定責任」という用語が、概念の中心になる。

## 2　手　続

多重代表訴訟の提訴要件は、基本的には、従来の株主代表訴訟（責任追及等の訴え。上記Ⅱ参照）に沿うものになっている（847条の3第1項）。

多重代表訴訟の固有の要件としては、以下のとおりである。

### (1)　持株要件

持株要件として、公開会社の場合、6カ月前（定款で短縮可能）から引き続き会社の最終完全親会社等の総株主の議決権（決議事項の全部につき議決権を行使できない株主を除く）または発行済株式（自己株式を除く）の100分の1（定款で軽減可能）以上を有する株主であることが求められる。非公開会社にはこのような保有継続期間要件は定められていない（847条の3第6項）。

### (2)　最終完全親会社の株主

「当該会社（子会社）の完全親会社等（847条の3第2項）であって、その完全親会社等がないもの」の株主であることが必要である。

たとえば、A社がB社の100％子会社であり、B社株式の100％をC社とD社が合計で保有し、C社とD社がそれぞれE社の100％子会社であるような場合で、E社にはその完全親会社等が存在しない場合、E社がA社の最終完全親会社等になる。

### (3)　特定責任の追及

「特定責任追及の訴え」であることが必要である（847条の3第4項）。

「特定責任」とは、「株式会社の発起人等の責任の原因となった事実が生じた日において、最終完全親会社等およびその完全子会社等における当該株式会社の株式の帳簿価格が当該最終完全親会社等の総資産額（単体ベース）の5分の1（定款で軽減可能）を超える場合における当該発起人等の責任」を指す。なお、最終完全親会社等が完全子会社等を通じて間接保有する株式は、この株式の帳簿価額において合算の対象となる。

391

これは、子会社の規模に関する要件であり、親会社の取締役等に相当し得る重要な子会社の取締役等の責任に限って、多重代表訴訟の対象とする趣旨である。

### (4) 適用除外

多重代表訴訟は、株主もしくは第三者の不正な利益を図り、または会社もしくは最終完全親会社等に損害を加えることを目的とする場合や、特定責任の原因となった事実によって最終完全親会社等に損害が生じていない場合（子会社・親会社間の利益移転、兄弟会社間の利益移転等により、子会社単体でみれば損害が生じていても、結果として最終完全親会社に損害が生じているとはいえない場合等）は提起することができない（847条の3第1項ただし書）。後者は、多重代表訴訟特有の除外事由である。

## 第3節　第三者に対する責任

## I　悪意・重過失による任務懈怠の責任

役員等が、その職務を行うにつき、悪意または重過失があった場合には、その役員等は、第三者に対しても、連帯して損害賠償の責任を負う（429条1項、430条）。

たとえば、放漫経営などにより会社が倒産した場合に、会社債権者が、債権回収のために役員等を訴える、という形で使われるケースが多い。

役員等の第三者に対する責任の性質につき、判例は、取締役の職務の重要性を考慮し、第三者保護の立場から、取締役が悪意・重過失により、会社に対する任務を懈怠し第三者に損害を被らせたときは、当該任務懈怠行為と第三者の損害に相当因果関係がある限り、間接損害・直接損害のいずれであるかを問わず、損害賠償責任を負わせたものであると解している（最判昭和44・11・26民集23巻11号2150頁）。

392

## 1 間接損害

役員等の任務懈怠から会社が損害を被り、その結果第三者に損害が生じる場合を、「間接損害」という。

具体例としては、取締役の放漫経営により、会社が倒産した場合に会社債権者が被る損害があげられる。

## 2 直接損害

役員等の任務懈怠により、会社には損害が生じていないものの、直接第三者に損害が生じる場合を、「直接損害」という。

具体例としては、会社が倒産に瀕した時期に、取締役が返済見込みのない借入れ等を行った場合、代金支払いの見込みがないにもかかわらず商品購入を行った場合に、それぞれ契約の相手方である第三者が被る損害があげられる。

# Ⅱ 責任を負う取締役

## 1 名目的取締役

名目だけの取締役に対して、代表取締役の職務執行を何ら監督しなかった点を、重過失による任務懈怠であるとして、監督義務違反による責任を課した判例もあるが[4]、近時の裁判例においては、その責任を否定するものも少なくない。

---

4 ①代表取締役の独断専行型の株式会社であっても、取締役は、会社に対し、代表取締役が行う業務執行につき、これを監視し、必要があれば、取締役会を自ら招集し、あるいは招集することを求め、取締役会を通じてその業務執行が適正に行われるようにする職責があるとした事例として最判昭和48・5・22民集27巻5号655頁、②いわゆる社外重役として名目的に就任した取締役につき第三者に対する損害賠償責任が認められた事例として最判昭和55・3・18判時971号101頁)。

第5章　第3節　第三者に対する責任

　これに対して、報酬を一切受けない名目的取締役には重過失による任務懈怠があるとはいえないとするもの（東京高判昭和57・4・13判時1047号146頁）、たとえ監視義務を尽くしても、ワンマン社長の業務執行を是正することは不可能であったとして、任務懈怠と第三者の損害の因果関係を否定するもの（大阪地判昭和59・8・17判タ541号242頁）などの事例もある。

　名目的取締役が責任を負うか否かについては、①代表取締役に事実上の影響力をもっている、②代表取締役の不正な業務執行を知りながら、あるいは当然知りうべきであったのに放置していた、等の事実が考慮されて判断されるものと考えられる。

## 2　事実上の取締役

　正式に取締役として選任されていないにもかかわらず、事実上会社の業務を執行している者につき、第三者に対する責任を認めた例もある。

　裁判例としては、不実の取締役就任登記の出現に加功したことを理由とするもの[5]、事実上会社を主宰していたことを理由とするもの（東京地判平成2・9・3判時1367号110頁）がある。

　一方、取締役を辞任したにもかかわらず、辞任登記を申請しないで不実の登記を残存させることにつき明示的に承諾を与えた元取締役に対し、第三者に対する責任を認めた例もある（最判昭和62・4・16判時1248号127頁）。

## Ⅲ　書類等の虚偽記載・虚偽登記等の責任

　取締役および執行役が、①株式、新株予約権、社債、新株予約権付社債を引き受ける者の募集をする際に通知しなければならない重要な事項について

---

5　①選任決議を欠く登記簿上の取締役であっても対第三者責任を免れないとした事例として最判昭和47・6・15民集26巻5号984頁、②会社に融資しその取締役となった金融業者に対し、当該会社の代表取締役に対する監視義務違反があるとして対第三者責任が認められた事例として前橋地高崎支判昭和49・12・26判時780号96頁など。

の虚偽の通知または当該募集のための当該会社の事業その他の事項に関する説明に用いた資料についての虚偽の記載・記録、②計算書類・事業報告並びにこれらの附属明細書・臨時計算書類に記載・記録すべき重要な事項についての虚偽の記載・記録、③虚偽の登記、④虚偽の公告（440条3項に規定する措置を含む）を行ったときは、その記載をなすにつき注意を怠らなかったことを証明しない限り、第三者に対し、連帯して損害賠償責任を負う（429条2項1号、430条）。

　たとえば、東洋経済新報社発行の『会社四季報』によってA社の業績を調査した手形割引業者が、A社の取締役が虚偽の内容の計算書類を作成していたために損害を被ったとしてA社の取締役に対し旧商法266条ノ3第1項後段（現会社法429条2項1号ロ）により損害賠償請求したところ、被った損害は保護の範囲外にあるとして請求が棄却された事例がある（名古屋高判昭和58・7・1判時1096号134頁）。

　また、ファンドを利用した親会社発行株式の売却について、実質的には子会社による売却であると認めるのが相当であり、これを親会社の連結損益計算書に売上げと記載すること等は、親会社の有価証券報告書の「重要な事項」について虚偽の記載があるというべきであるとしたうえで、この虚偽記載のある有価証券報告書を提出した親会社等の役員らについて損害賠償責任の有無が判断された事例がある（東京地判平成21・5・21判時2047号36頁〔ライブドア株式一般投資家集団訴訟事件〕）。

　その他、監査役、監査等委員および監査委員が、監査報告書に記載すべき重要な事実につき、虚偽の記載をした場合には、その記載をなすにつき注意を怠らなかったことを証明しない限り、第三者に対し、連帯して損害賠償責任を負う（429条2項3号、430条）。

# Ⅳ　責任の消滅時効・遅延損害金の利率

取締役の第三者に対する責任の消滅時効期間は、10年であり、遅延損害金

の利率は年5分である。

## 第4節　違法行為のその他の是正手段

### I　違法行為の差止請求権

#### 1　差止請求

　取締役（または執行役）が会社の目的の範囲外の行為その他法令・定款違反行為をし、またはこれらの行為をするおそれがある場合で、その行為によって会社に著しい損害が生じるおそれがある場合には、6カ月以上前（定款で短縮可能。非公開会社では6カ月要件はない）より引き続き株式を有する株主は、その取締役（または執行役）に対して、その行為の差止めを請求することができる（360条）。類似の制度が募集株式の発行等の場合も認められているが、その場合の相手方は会社である（171条の3、179条の7、182条の3、210条、784条の2、796条の2、805条の2）。

　上記の「著しい損害」は、監査役設置会社・監査等委員会設置会社・指名委員会等設置会社では「回復することができない損害」に限定される（360条3項、422条1項）。これは、「著しい損害」が生じるおそれがある場合は、監査役・監査等委員・監査委員が差止請求をする権限を有するからである（385条、399条の6、407条）。

　これに関する参考判例として、取締役に法令違反行為はないとして、請求が棄却された事例[6]がある。

---

6　電力会社の株主から同会社の取締役に対する、同取締役の業務執行行為としての原子力発電所の発電用原子炉の運転継続命令の差止めを求める請求が棄却された事例として、東京高判平成11・3・25判時1686号33頁、経営不振の状態に陥っているグループ企業を支援するために同社の優先株を引き受ける旨を決定したことが取締役としての善管注意義務に違反するとはいえないとされた事例として、東京地判平成16・6・23金判1213号61頁。

396

## 2 差止めの仮処分

差止請求訴訟の判決確定までに取締役が係争行為をなすおそれがある場合には、同人に対しその行為の不作為を命ずる仮の地位を定める仮処分が認められる（民保23条2項）。

# Ⅱ 検査役選任請求権

総株主（株主総会において決議をすることができる事項の全部につき議決権を行使することができない株主を除く）の議決権または発行済株式（自己株式を除く）の100分の3（定款で軽減可能）以上を有する株主は、会社の業務の執行に関し、不正の行為または法令もしくは定款に違反する重大な事実があることを疑うに足りる事由があるときは、当該会社の業務および財産の状況を調査させるため、裁判所に対し、検査役の選任の申立てをすることができる（358条）。

重大な事実に該当するかに関する裁判例としては、旧商法時代の判例であるが、会社が2期の営業年度にわたり定時株主総会を開催せず、同2期に関し法定の計算書類を作成し、その承認を求める手続をなさず、また、代表取締役の任期満了にかかわらず取締役選任手続を怠り、さらに、代表取締役に対する金員の支出、役員報酬額につき不正、法令違反の疑いがある等の事実を認め、これを肯定した大阪高判昭和55・6・9判タ427号178頁がある。

なお、申請後に100分の3の要件を欠くに至った場合には、申請は却下される（最決平成18・9・28民集60巻7号2634頁）。

第6章 第1節 総説

# 組織再編

## 第1節 総説

### Ⅰ 組織再編とは何か

　組織再編の概念は多義的であり、たとえば、会社法743条以下に規定される組織変更、合併、会社分割、株式交換および株式移転の総称をもって組織再編としたり、これらから組織変更を除いた行為をもって組織再編（狭義の組織再編）としたり、より広くは、事業譲渡、事業譲受け、現物出資、株式の譲渡等が含められることもある。本章では、事業譲渡・譲受け、株式の譲渡、合併、会社分割、株式交換、および株式移転について、解説する。
　まず、①事業譲渡とは、事業上の権利義務の全部または一部を他の会社に承継させることをいい、事業譲受けとは、他の会社の事業上の権利義務の全部または一部を承継することをいう（467条以下）。また、②合併とは、複数

〔図表6-1〕　組織再編

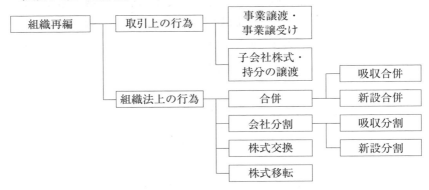

の会社が1つの会社となること（748条以下）、③会社分割とは、事業上の権利義務の全部または一部を他の会社に包括的に承継させること（757条以下）、④株式交換とは、発行済株式の全部を既存の他の会社に取得させること（767条以下）、⑤株式移転とは、発行済株式全部を新設する株式会社に取得させること（772条以下）をいう（〔図表6-1〕参照）。

　組織再編行為は、リストラクチャリング（Restructuring（事業再構築））やM&A（Merger & Acquisition（合併と買収））の手法として利用される。たとえば、ある会社が、特定の事業を保有する必要がなくなった場合にその事業を切り離すため、事業譲渡や会社分割を利用して経営の効率化・合理化を図ったり、一定の基盤を有する他社事業を譲り受けたり合併したりすることで、シェアの拡大や新事業分野への進出を比較的容易に果たすことができる。

　組織再編行為の中でも、事業譲渡・事業譲受けは取引法上の行為であるのに対し、合併、会社分割、株式交換、および株式移転は組織法上の行為と解されている。組織法上の行為である合併や会社分割の場合、対象となっている会社・事業の権利義務関係は包括的に承継されるのに対し、取引上の行為である事業譲渡・事業譲受けでは個別に権利義務の移転行為を行う必要がある。

## Ⅱ　組織再編行為の特徴

　株式会社がM&Aやリストラクチャリングの手法として組織再編行為を選択する際は、それぞれの特徴を踏まえて、各社の目的に適した手法を検討することになる（〔図表6-2〕参照）。

　組織再編にあたり、取引対象となる事業や株式の対価が支払われることがあるが、この対価は存続会社等の株式に限られておらず、社債、新株予約権、新株予約権付社債、現金等すべての財産を対価とすることが認められている。このように柔軟な対価の設定が可能であるため、たとえば、合併の対価として親会社の株式を交付する三角合併や現金を交付する交付金合併等の多様な組織再編が存在する。

第6章　第1節　総説

〔図表 6-2〕　組織再編行為の特徴

| | 事業譲渡 | 子会社株式・持分の譲渡 | 合　併 | 会社分割 | 株式交換・移転 |
|---|---|---|---|---|---|
| 移転対象 | ・事業 | ・子会社の株式・持分 | ・消滅会社 | ・事業 | ・株式 |
| 可能な会社 | ・株式会社 | ・株式会社 | ・全会社 | ・株式会社<br>・合同会社 | ・株式会社 |
| 対　価 | ・原則現金 | ・原則現金 | ・存続会社株式等 | ・承継会社株式等 | ・親会社株式等 |
| 特　徴 | ・権利義務の個別承継が必要<br>・瑕疵を切断できる<br>・資金調達が必要 | ・子会社の権利義務の包括的移転 | ・包括承継<br>・瑕疵を引き継ぐ<br>・資金調達不要 | ・包括承継<br>・対抗要件具備が必要<br>・資金調達不要 | ・完全親子会社形成<br>・資金調達不要 |
| 渡す側の決定（株式会社） | ・重要な一部譲渡は総会特別決議が必要<br>・簡易・略式手続あり | ・重要な子会社株式・持分の譲渡には総会特別決議が必要<br>・略式手続あり | ・総会特別決議<br>・略式手続あり<br>（略式は吸収のみ） | ・総会特別決議<br>・簡易・略式手続あり<br>（略式は吸収のみ） | ・総会特別決議<br>・略式手続あり<br>（略式は交換のみ） |
| 受ける側の決定（株式会社） | ・取締役・取締役会決議<br>・全部の譲受けは総会特別決議<br>・簡易・略式手続あり | ・取締役・取締役会決議<br>・略式手続あり | （吸収合併のみ）<br>・総会特別決議<br>・簡易・略式手続あり | （吸収分割のみ）<br>・総会特別決議<br>・簡易・略式手続あり | （株式交換のみ）<br>・総会特別決議<br>・簡易・略式手続あり |
| 効力発生日 | ・契約による | ・契約による | ・吸収→契約による<br>・新設→設立登記日 | ・吸収→契約による<br>・新設→設立登記日 | ・交換→契約による<br>・移転→設立登記日 |

また、簡易手続とは、取得する会社・事業・株式が、会社の規模に照らして僅少な場合（20％以下）に、株主総会を省略できる（事業譲渡、吸収分割では譲渡側にとって切り出す事業が僅少な場合にも認められる）手続をいい、略式手続は、当事会社間に強い支配関係がある場合に、被支配会社の株主総会決議を省略できる手続をいう。

# Ⅲ 組織再編行為に潜在するリスク

組織再編行為は、実質的には、組織的一体として機能する財産である会社の事業を一体として譲渡する行為であり、買い手側からすれば、グループ会社内の再編の場合を除き、その譲渡を受ける資産の内容や価値を認識していないのが通常であるため、その内容を組織再編行為の前提として調査する必要がある。また、売り手側としても、自身の売却資産の価値や売却先が適当かどうか等、調査をする必要がある。

そこで、組織再編行為を行うにあたっては、通常、当事会社間で、①守秘義務契約を締結して、②デューデリジェンス（「Due Diligence」（買収監査））を行い、法務・会計・税務・ビジネス・人事等のさまざまな観点から対象会社を調査したうえで、③覚書（レター・オブ・インテント）を締結し、その後、④買収契約書等を正式に締結して、組織再編行為を実行していくことになる（なお、事案により②と③は前後することがありうる）。ただ、上記手続においては売り手と買い手の種々のしのぎ合い、端的にいえば、高く売りたい側と安く買いたい側の交渉が生じ、法的紛争に発展する場合がある。

この点に関連して、たとえば次のような裁判例がある。

① 協議禁止条項の効力が争われた事案（最判平成16・8・30民集58巻6号1763頁）

この判例は、甲社と乙社らとの間で、最終的な合意をめざして締結された基本合意書中に、競業者等の第三者との間で基本合意の目的と抵触し得る取引等に係る協議を行わないこと等を相互に約する条項があった

401

第6章　第1節　総説

ところ、甲社は、乙社らがこの条項に違反したこと等を理由に、乙社らによる第三者との間の協議等の差止めを求める仮処分命令の申立てを行った事案である。

裁判所は、乙社らが協議を回避する条項に違反することによる甲社の損害は事後的な損害賠償で償えないものとまではいえないこと、甲社と乙社らとの間で最終的な合意が成立する見込みが低かったこと、甲社の申立てが認容されることで乙社らが被りうる損害が大きいこと等を総合考慮して、本件仮処分命令申立てにおいては、保全の必要性を欠くとして、甲社の主張を退ける判断をした。

② 　表明保証条項違反を理由とした解除の効力が争われた事案（東京地判平成22・3・8判時2089号143頁）

この裁判例は、甲社が、乙社らとの間で同社らが保有する丙社発行済み株式のすべてを譲り受ける株式譲渡契約を締結したものの、乙社らが甲社に交付した丙社の株価算定表等の重大な点に誤りがあったとして同契約上の表明保証条項違反を主張し、同契約の解除を主張した事案である。ここで、表明保証条項とは、契約の一方当事者が他方当事者に対し、契約に関連する一定の事実等が真実かつ正確であることを表明し、その内容を保証する条項であり、甲社と乙社らの株式譲渡契約では、乙社らが、丙社の株価算定表等に重大な誤りがないことを表明・保証し、その違反については契約の解除事由とされており、甲社は、同条項に基づいて契約の解除を主張していた。

裁判所は、甲社と乙社らの株式譲渡契約上の表明保証条項の文言を解釈する中で乙社らの表明保証の対象を制限し、甲社の主張を退けた。具体的には、株式譲渡の際に、対象会社の保有する財産の価値や株価をどう評価するかは、当事者の交渉で決せられるべきこと、株式の譲受人である甲社が上場企業であり株式譲受けを強制される立場になかったことを勘案し、表明保証の対象には財産や株価の評価の妥当性までは含まれないとした。また、乙社らにとって、丙社の所有する資産や債務に関す

*402*

る一切の情報を表明保証の対象に含めると過大な負担となると判断した
うえで、社会的な不動産市況下での価値の下落のような特定の資産だけ
でない一般的な事象については表明保証の対象に含まれないと判断した。

　裁判所は、結論として、契約上の表明保証条項における保証対象を当
事者の立場や負担等を考慮したうえで限定的に解釈し、乙社らの表明保
証条項違反を否定して甲社の主張を退けた。

## 第2節　事業譲渡等

## Ⅰ　事業譲渡の意義

### 1　意義と内容

　事業譲渡とは、事業上の権利義務の全部または一部を他の会社に承継させ
ることをいう（467条。〔図表6-3〕参照）。会社が重要な財産を処分するため
には、原則として取締役会決議（362条4項1号）が必要であり、それで十分
であるが、次の場合には株主総会の特別決議が必要とされている（467条1
項1号）。

---

〔株主総会の特別決議が必要な場合〕

① 　事業の全部の譲渡

② 　事業の重要な一部の譲渡

③ 　他の会社の事業全部の譲受け

④ 　事業の全部の賃貸、事業の全部の経営の委任、他人と事業上の損益
　　の全部を共通にする契約、その他これに準ずる契約の締結、変更また
　　は解約

---

第6章　第2節　事業譲渡等

〔図表6-3〕　事業譲渡

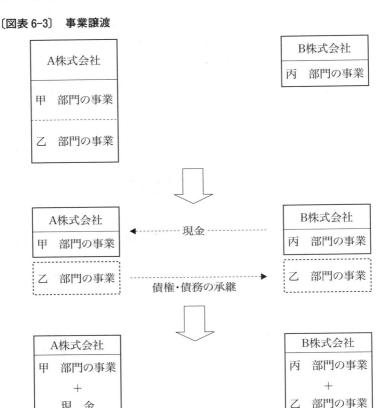

## ✣ One point advice 「事業」（467条）譲渡の意義についての判例等の考え方

昭和40年9月22日の最高裁判決（民集19巻6号1600頁）では、旧商法245条1項1号の「営業譲渡」（会社法467条1項における「事業譲渡」）の意義を、商法16条（旧商25条）以下にいう「営業譲渡」と同義と判断したうえで、「一定の営業目的のため組織化され、有機的一体として機能する財産（得意先関係等の経済的価値のある事実関係を含む。）の全部または重要な一部を譲渡し、これによって、譲渡会社がその財産によって営んでいた営業的活動の全部または重要な一部を譲受人に受け継がせ、譲渡会社

404

がその譲渡の限度に応じ法律上当然に同法25条に定める競業避止義務を負う結果を伴うものをいう」と判断した。

裁判所が示した「営業譲渡」の内容は、次の３つの要素に分けられる。

①　一定の事業目的のために組織化され、有機的一体として機能する財産（得意先関係等の経済的価値のある事実関係を含む）の移転

②　譲渡会社から譲受人への事業活動の承継

③　譲渡会社の競業避止義務の負担

学説では、事業譲渡（営業譲渡）の要件として、判例のいう上記①の有機的一体性のある組織的財産の移転のみがあれば足り、②および③は不要とする見解が有力である（落合誠一編『会社法コンメンタール⑿定款の変更・事業の譲渡等・解散・清算 [１]』29頁）。

この見解は、会社法467条１項の立法趣旨を、会社がその営業を継続できなくなるか、少なくともその営業規模を大幅に縮小せざるを得ないような事業に重大な影響を及ぼす譲渡行為を事業譲渡（営業譲渡）として扱い、取締役会の決定ではなく、株主総会の特別決議を要求する点にあると解したうえで、営業活動の承継と競業避止義務の負担を伴わない場合でも、事業譲渡（営業譲渡）として取り扱うべきと解することを理由とする。

## 2　事業譲渡の該当性の判断基準の具体例

たとえば、精密機械の製造および販売を行っている株式会社Ｈが、同社の製品の市場占有率が低く採算が合わないため、売上総額の40％程度を占める製造部門の財産等（その帳簿価格合計は、同社の総資産の45％程度）を、一括して精密機械製造業者のＳ株式会社に譲渡し、今後は、精密機械の販売に特化して資本を集中させたいと考えているとする（ただし、取引上の得意先関係は、移転しない予定である）。この場合、株式会社Ｈは、Ｓ株式会社に対して、どのような手続により製造部門の財産等を譲渡するべきであろうか。

株式会社Ｈは、工場の敷地と建物等に限定せず、精密機械の製造に関する財産等を一括してＳ株式会社に譲渡しようとしている。ここで、「事業」すなわち「一定の営業目的のために組織化され、有機的に一体となった財

**405**

産」を組成する中核となるものを、取引上の得意先関係ととらえ、その移転がない場合には会社法467条の事業譲渡に該当しないと考えるならば、本ケースでは得意先関係の移転がないため事業譲渡に該当しない。

しかし、株式会社Hが、得意先関係を除く精密機械の製造に関する財産等をS株式会社に譲渡すれば、その後精密機械の製造をすることができなくなり、株式会社Hの事業に重大な影響を及ぼすこととなる。

したがって、このような場合には、得意先関係の移転があるか否かにとらわれることなく、有機的一体性のある組織的財産の移転であるとして、事業譲渡に該当するといえるだろう。

次に、株式会社Hの事業の全部ではなく、製造部門のみを譲渡の対象としているので、これが会社法467条1項2号の「重要な一部」に該当するかどうかが問題となる。

まず、「重要な一部」か否かの判断にあたり、平成17年会社法改正前は、明確な基準はなく、会社の事業全体からみて譲渡される事業が占める割合等の量的観点、その事業が移転することによる会社全体への影響等の質的観点等から、総合的に判断されていた。

しかし、現在では、譲渡資産が「重要な一部」に該当する場合であっても、譲渡する資産が総資産額の20%を超えない場合には、株主総会特別決議を不要とする「簡易事業譲渡」という特則が設けられており、量的基準が明定されている（467条1項2号カッコ書）。

会社法上、明確に規定された量的基準である総資産額の20%という数字が事実上かなり高いラインであることも踏まえると、少なくとも20%を超えた場合には株主総会の特別決議による契約の承認が必要と考えるべきであろう。

株式会社Hにおいては、その精密機械製造部門が売上高の40%、譲渡資産は総資産の45%を占めていることから、簡易事業譲渡（467条1項2号カッコ書）に該当することもなく、事業の「重要な一部の譲渡」（同号本文）に該当するといえる。

そのため、株式会社Hは、株主総会特別決議を経たうえで、製造部門の

財産等を譲渡する必要がある。

# Ⅱ 事業譲渡・譲受けの手続

## 1 事業譲渡契約の締結

通常の事業譲渡・譲受けの具体的手続は、〔図表 6-4〕のとおりとなる。

事業譲渡を行うためには、通常、当事会社の取締役会決議を経て、代表取締役が事業譲渡契約を締結する。

〔図表 6-4〕 **事業譲渡・譲受けの手続（上場会社の場合）**

覚書の締結
   事業譲渡契約書（案）または事業譲渡契約の骨子について合意
取締役会決議（事業譲渡、譲受けの承認、株主総会の招集）
事業譲渡契約書の締結【書式 6-1】
   公表、証券取引所、監督官庁への届出
株主総会開催のための基準日
  〔2 週間前〕（124条 3 項）
基準日
   株主確定
株主総会招集通知発送【書式 6-2】【書式 6-3】
  〔2 週間前〕（299条）
株主総会
公正取引委員会への届出
  〔原則30日〕（独禁16条）
事業譲受禁止期間満了
反対株主の株式買取請求権行使期日
  〔20日以内〕（469条 5 項）
譲渡期日（効力発生日）

〔3 カ月以内〕（124条 2 項）

*407*

第6章 第2節 事業譲渡等

　会社法は、事業譲渡契約書の様式について特に規定をおいていないが、一般的には次のような事項が規定される。なお、事業譲渡契約書の具体例は、【書式6-1】のとおりである。

---

〔事業譲渡契約書の記載内容〕
①　契約当事者／②　譲渡対象／③　譲渡時期／④　譲渡財産／⑤　譲渡財産の引渡時期／⑥　譲渡価額および支払方法／⑦　移転手続／⑧　従業員の引継ぎ／⑨　善管注意義務／⑩　事情変更／⑪　瑕疵担保責任／⑫　株主総会の承認／⑬　契約の効力発生要件　　　など

---

【書式6-1】　事業譲渡契約書例

---

**事業譲渡契約書**

　株式会社H（以下「甲」という。）とS株式会社（以下「乙」という。）とは、甲の乙に対する事業の譲渡につき次のとおり契約する。

第1条（目的）
　　甲は、乙に対し、平成○年○月○日（以下「譲渡日」という）をもって、現在の甲の精密機械製造業およびこれに関連する事業（以下「本件事業」という）を乙に譲渡する。ただし、手続の進行に応じ必要があるときは、甲乙協議のうえ譲渡日を変更することができる。

第2条（譲渡財産）
　　前条により譲渡すべき財産（以下「譲渡財産」という）は、別紙目録記載のとおりとする。ただし、甲及び乙は、譲渡財産の状況に変更が生じた場合その他必要と認めるときは別途協議し、譲渡財産を変更できるものとする。

第3条（譲渡財産の引渡時期）
　　甲は、乙に対し、譲渡日に第2条に定める譲渡財産を表象する書類を含めた一切の譲渡財産を引き渡す。ただし、法令上の制限又は手続上の事由によ

---

408

り必要があるときは、甲乙協議のうえ変更することができる。

第4条（従業員）

　乙は、本件事業に従事する甲の従業員を譲渡日において引き継ぐものとし、従業員に関するその他の取り扱いについては、甲乙別途協議して定める。

第5条（譲渡価格および支払）

　譲渡財産の対価は、○○円とする。

②　乙は、甲に対し、前項の対価を譲渡日に譲渡財産の引渡しと引き換えに、甲の指定する銀行口座へ電信振込（振込手数料は乙の負担）の方法で支払うものとする。

第6条（公租公課）

　譲渡財産にかかる公租公課、保険料等は、譲渡日の前日までの分は甲が負担し、譲渡日以降の分は乙が負担する。

第7条（対抗要件等）

　譲渡財産のうち対抗要件の具備、登録または届出等の手続は乙が譲渡日以降遅滞なく行い、甲はこれに協力する。

②　前項の対抗要件具備に必要な登録免許税、その他の費用は乙が負担するものとする。

第8条（善管注意義務）

　甲は、本日以降譲渡日まで、譲渡財産について、善良なる管理者の注意をもって譲渡財産を管理する。甲が譲渡財産について管理行為以外の行為をするときは、予め乙と協議する。

第9条（事情変更時の取扱い）

　本契約締結後、譲渡財産の引渡し完了までの間において、天災地変等の事由により譲渡財産に重大な変動を生じた場合またはその他の事由により本契約の履行が困難になった場合は、甲乙協議のうえ譲渡条件を変更または本契約を解除することができる。

第10条（瑕疵担保責任）

　譲渡財産に重大な瑕疵があった場合は、本契約の趣旨に従い甲乙協議のうえその解決に当たる。

第11条（競業避止）

　本契約により事業を譲渡した後の甲の競業避止義務の範囲については、甲

乙協議のうえ決定する。

第12条（譲渡承認株主総会）

　甲および乙は、平成○年○月○日までにそれぞれ株主総会を開催し、本契約の承認を求めるものとする。

第13条（協議事項）

　本契約の履行につき必要な事項並びに本契約に定めない事項は、甲乙協議のうえ決定する。

第14条（効力発生要件）

　本契約は、甲乙双方の株主総会の承認により効力を生じ、本契約による事業譲渡は、私的独占の禁止および公正取引の確保に関する法律に定める手続の完了後に行うものとする。

　甲と乙は、本証書2通を作成し、記名押印のうえ各1通を保有する。

平成○年○月○日

　　　　　　　　　　　　　○○県○○市○○町○丁目○番○号

　　　　　　　　　　　　　（甲）株式会社H

　　　　　　　　　　　　　代表取締役社長　甲山　一郎　㊞

　　　　　　　　　　　　　○○県○○市○○町○丁目○番○号

　　　　　　　　　　　　　（乙）S株式会社

　　　　　　　　　　　　　代表取締役社長　乙川　二郎　㊞

## 2　株主総会決議

　事業の全部もしくは重要な一部を譲渡する場合、または事業の全部を譲り受ける場合には、株主総会の特別決議を得なければならない（309条2項11号、467条1項）。

　株主総会を開催するためには、取締役会の招集決議が必要であり（298条1項・4項）、公開会社においては、総会の日の2週間前に株主に書面または

II　事業譲渡・譲受けの手続

電磁的方法により招集通知を発送しなければならない（299条）。

　事業譲渡契約等の承認に関する議案を提出する場合には、株主総会参考書類に次の①～③の事項を記載しなければならない（施規92条）。

---

〔参考書類記載事項〕

①　当該事業譲渡等を行う理由

②　当該事業譲渡等に係る契約の内容の概要

③　当該契約に基づき当該株式会社が受け取る対価または契約の相手方に交付する対価の算定の相当性に関する事項の概要

---

株主総会参考書類の記載例は、【書式6-2】のとおりである。

**【書式6-2】　議決権行使についての参考書類例**

---

**議決権行使についての参考書類**

1　総株主の議決権の数　○○○○個

2　議案および参考書類
　議　案　事業一部譲渡の件
　１．事業譲渡等を行う理由
　　（略）

　２．事業譲渡契約書の内容
　　　　　　　　（事業譲渡契約書（案）を添付）

　３．事業譲渡契約に基づき交付する対価の算定の相当性に関する事項
　　（略）

　４．事業譲受会社の概要

第6章 第2節 事業譲渡等

|     |        |                              |
| --- | ------ | ---------------------------- |
| (1) | 商　号 | 札幌精密株式会社                   |
| (2) | 本店所在地 | 北海道札幌市○○町○○丁目○○番○○号 |
| (3) | 設立年月日 | 昭和○○年○月○日                 |
| (4) | 資本金   | ○○百万円                      |
| (5) | 主な事業内容 | ○○○○                        |
| (6) | 資本構成 | 当社○○％、丙○○％、丁○○％      |

5．譲渡予定資産

（平成○○年○月○日現在）

| 科　　目 | 金　額（簿　　価） |
| --- | --- |
| 流動資産 | ○○億円 |
| 固定資産 | ○○億円 |
| 合　　計 | ○○億円 |

（注）金額は、億円未満切捨てにより表示しております。

## 3　株式買取請求権

### (1)　行使要件

　事業譲渡・譲受けが決議された場合、当該決議に反対した株主に投下資本の回収を図らせ、経済的損失を免れさせるため、以下の要件を満たす株主は、株式を買い取ることを会社に対して請求することができる（株式買取請求。469条1項）。

　株主総会で議決権を行使する機会のある株主が、株式買取請求権を行使するための要件は、次の①～③のとおりである（469条2項1号イ）。

〔株式買取請求権行使の要件〕（議決権を行使する機会のある株主）

①　株主総会前に書面等による反対の通知

②　事業譲渡承認総会での反対の議決権行使

③　効力発生日の20日前から効力発生日の前日までに、買取りを請求する株式の数を明らかにして請求

　これに対し、当該株主総会で議決権を有していない株主は、上記①および②の手続を要せず買取請求をすることができる（469条2項1号ロ）。

### ⚜ *One point advice*　簡易な組織再編の際の株式買取請求権の不存在 ─────

　　従来、簡易手続等の株主総会決議によらない事業譲渡の場合も株主は株式買取請求ができた。しかし、平成26年会社法改正により、簡易な事業譲渡における譲受会社の株主は株式買取請求ができなくなった（469条1項2号）。その他、簡易吸収合併の存続会社の株主、簡易吸収分割の承継会社の株主、簡易株式交換の完全親会社の株主の場合も、株式買取請求ができなくなった（797条1項ただし書）。この改正により、株式買取請求権を行使される会社の負担が緩和され、より機動的な組織再編が可能となった。

### (2)　株式買取手続と買取価格

　株式買取請求は、株主の意思表示が会社に到達した時に当然に会社との間で売買契約が成立する（民97条1項）。しかし、株式の移転は、会社が買取代金を株主に支払った時に行われる（470条5項）。

　買取請求がなされると、買取価格について当事者間で協議を行う（470条1項）。

　ここでの買取価格は、「公正な価格」であり、その算定は、公開会社では通常市場価格を基準に決定されるが、非公開会社においては市場価格が存在しないため、純資産価値方式、類似会社比準方式、投資価値方式等のさまざまな価格決定方式があり、困難を極める。

　協議が調えば、会社は、効力発生日から60日以内に買取代金を支払わなければならない（470条1項）。

　効力発生日から30日以内に協議が調わない場合には、会社と株主はその期

*413*

第6章　第2節　事業譲渡等

間の満了の後30日以内に、裁判所に価格の決定の申立てをすることができる（470条2項）。

株式買取請求の手続を整理すると、〔図表6-5〕のとおりになる。

〔図表6-5〕　株式買取請求権の行使方法

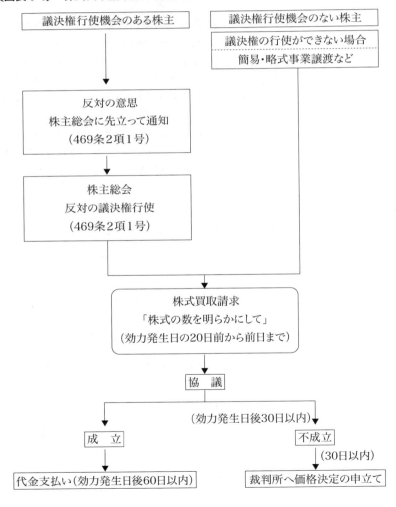

Ⅱ 事業譲渡・譲受けの手続

### ✤ *One point advice* 会社法改正による振替申請の必要性 ━━

平成26年会社法改正により、振替株式発行会社の株主が株式の買取りを請求する際には、当該請求をする株主の口座から会社が特別に設けた買取口座への振替申請を行い、買取口座に記載または記録されることが必要となった。一方で、株主が一度株式買取請求をした後で、その撤回をする場合には、会社が、買取口座から株主の口座に振替申請することが必要となる。このような取扱いにより、株主が、株式買取請求中に、会社の承諾なく当該株式を売却することが防止される。なお、振替株式発行会社ではない場合で、株券を発行しているならば、株式買取請求の際に株券の提出が必要となり、株券の発行がない場合も、名義の書換えが禁止されることで、株式買取請求中の勝手な株式売却が防止される。

### (3) 買取請求権の例外

事業の全部の譲渡の場合において、事業譲渡の決議と同時に解散の決議がなされたときは、株式買取請求権は発生しない（469条1項1号）。これは、会社の清算手続によって、株主は残余財産の分配を受けられるからである。

## 4 子会社株式（持分）の譲渡

親会社にとっての子会社株式の譲渡は、実質的には、親会社の事業の一部を譲渡した場合と同等の影響力がある。そこで、平成26年会社法改正により、親会社株主の関与しないところで、重要な子会社の株式が譲渡されぬよう、当該株式等の帳簿価格が、親会社の総資産額として法務省令で定める方法により算定される額の5分の1（これを下回る割合を定款規定で定める場合は、その割合）を超える場合で、当該株式譲渡の効力発生日において当該子会社の議決権の総数の過半数を有しない結果になるときは、親会社は株主総会の特別決議によりその契約の承認を受けなければならないこととされた（467条1項2号の2、309条2項11号）。この場合も、反対株主には、株式買取請求が認められる（469条）。

415

第6章　第2節　事業譲渡等

## 5　事業譲渡の実行

　事業譲渡の場合には、合併と異なり、譲渡の対象となる事業を構成する個々の財産について個別の移転手続が必要である。

　移転手続にあたっては、不動産であれば所有権移転登記、動産であれば引渡し、債権であれば債権譲渡通知等各財産について必要な対抗要件を備えることが必要である。免責的債務引受けにより債務を移転する場合には、債権者の承諾が必要である。

　また、事業譲渡をした場合、当事者間に特約のない限り、譲渡会社は従来の営業所所在の市区町村およびこれに隣接する市区町村内において、事業を譲渡した日から20年間同一の事業をすることができない（競業避止義務。21条1項）。

　この競業避止義務は、当事者間の特約により、加重・軽減・免除することはできる。ただし、加重する場合でも、30年以内でなければならない（21条2項）。

　また、免除する場合でも、譲渡会社は不正競争の目的をもって同一の事業をすることはできない（21条3項）。

> ✣ *One point advice*　**譲渡会社の商号の続用** ─────
> 　譲受会社が譲渡会社の商号を続用した場合、譲渡会社の事業によって生じた債務について譲渡会社とともに弁済責任を負担しなければならない（22条1項）。
> 　商号の続用に伴う弁済責任を免れようとする場合には、譲渡後遅滞なく譲受会社が譲渡会社の債務を負担しない旨を登記するか、譲渡会社および譲受会社から債権者に対して個別に通知をしなければならない（22条2項）。
> 　商号の続用がある場合、譲渡の対象となっていない債権の債務者が、事業譲渡の事実を重過失なく知らずに譲受会社へ債務を弁済した場合、その弁済は有効となる（22条4項）。

*416*

また、商号を続用しない場合でも、譲受会社が譲渡会社の営業により生じた債務を引き受ける旨の広告をしたときは、譲受会社に当該債務の弁済責任が生じる（23条）。

　会社法23条における債務引受広告は、その中に必ずしも債務引受けの文字を用いなくても、社会通念上、当該事業によって生じた債務を引き受けたものと債権者が一般に信じるようなものであれば足りると解されている。この点について、判例では、「今般弊社は6月1日を期し品川線、湘南線の地方鉄道軌道業並に路線バス事業を甲会社より譲受け、乙会社として新発足することになつた」との広告をもって債務引受広告と判断しており、事業の譲受けという文字が債務引受けの趣旨を包含するものとしている（最判昭和29・10・7民集8巻10号1795頁参照）。

# Ⅲ　会社再建手段としての事業譲渡と事後設立

以下、具体事例に即して検討することとする。

---

〈*Case*〉　**事業譲渡によって不利益を受ける少数株主等の救済方法**

　株式会社Ｃは、子会社である株式会社Ａ（出資比率70%）の経営状態が危機に瀕しているため、早期に100%子会社である株式会社Ｂを設立したうえ、債務を除くＡ社の事業全部をＢ社に譲渡して、事業の再出発を図ることを計画した。この計画に対し、Ａ社の少数株主であるＤ（出資比率30%）は、譲渡対価が安すぎるため、この事業譲渡に反対したいと考えている。このような場合に、Ｄを救済する方法はあるか。Ａ社の既存債権者を救済する方法はどうか。

第6章 第2節 事業譲渡等

【事案】

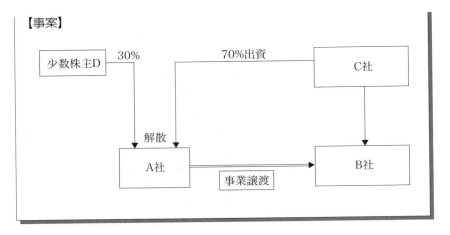

## 1 会社再建手段としての事業譲渡

　本業は好調であるが、バブル期に過剰借入れ、過剰投資を行ったために多額の有利子負債を抱え、経営が危機的状態に瀕した場合において、従前の会社の株主を中心に別会社を設立し、会社の事業用財産のうち債務を除く部分を別会社に譲渡して再出発を試みるケースがみられる。
　事業譲渡は、事業に関する一切の財産を相手方に譲渡しなければならないものではなく、一部の財産を除外しても、なお一定の事業目的のために組織化され、有機的一体として機能する財産を譲渡する限り、事業譲渡に該当する。
　したがって、〈Case〉も事業譲渡ということができ、A・B両社において株主総会の特別決議が必要となる。

## 2 事後設立

　会社成立後2年以内に、その成立前から存在し、事業のために継続して使用する財産を、純資産額の20％を超える対価で取得する場合には、事後設立に該当し、株主総会の特別決議が必要とされる（309条2項11号、467条1項5

号）。

したがって、B社が純資産額の20％以上の対価で、A社から事業を譲り受ける場合には、株主総会の特別決議が必要である。

## 3　少数株主の救済方法

〈*Case*〉におけるDは少数株主であり、仮に事業譲渡の株主総会において反対の議決権を行使しても、C社が議案に賛成すれば3分の2の可決要件を満たすため、株主総会決議によっては救済されない。

しかし、事業譲渡のような会社の運命を左右する議案に反対する少数株主については、前記の株式買取請求が認められており、少数株主はこの方法により救済を受けられるのが通常である（469条1項本文）。

ただし、仮にA社が事業譲渡決議と同時に解散決議をも行う場合には、Dは株式買取請求権を行使することはできない。この場合、Dは、解散後の清算手続の中から残余財産の分配を受けることとなるが、株主への残余財産の分配は、債権者への弁済がなされた後に行われるため、債務弁済後に残余財産がない場合には分配を受けられない。

この場合、Dは、事業譲渡に反対したにもかかわらず救済を受けられないことになりそうであるが、A社の事業譲渡の対価が不当に安価な場合には、DがB社に対して当該事業譲渡行為を詐害行為として取り消すことや、事業譲渡を行ったA社取締役の善管注意義務・忠実義務違反を問う余地は残されている。

なお、合併等の組織再編行為と異なり、株主による差止めおよび無効の訴えの制度は存在しない（748条の2、796条の2、805条の2、828条参照）。

## 4　債権者の保護

A社からB社への事業譲渡がなされると、A社の債権者にとっては、その引当てとなる財産がB社に移転することで、その債権が害されうる。この場合、A社の債権者としては、当該事業譲渡行為について、詐害行為と

第6章　第2節　事業譲渡等

して取消しを主張したり（民424条）、B社が、A社の商号を継承したことや債務の引受けを広告したこと等を理由にB社に対して請求したりすることが考えられる（22条、23条）。

## Ⅳ　簡易事業譲渡、略式事業譲渡

会社法においては、株主総会決議を省略し、簡易・迅速に事業の譲渡を行う手続として、簡易事業譲渡、略式事業譲渡という特則が用意されている。

### 1　簡易事業譲渡

事業の重要な財産の一部の譲渡であったとしても、当該譲渡資産の帳簿価額が、当該会社の総資産額の20％以下の場合には、株主総会の決議が不要となる（467条1項2号カッコ書）。

同様に、他の会社の事業の全部の譲受けであったとしても、事業の全部の対価として交付する財産の帳簿価格の合計額の、当該株式会社の純資産額に対する割合が20％以下の場合には、株主総会決議は不要となる（468条2項）。

以上を踏まえ、事業譲渡、譲受けにおいて、必要とされる手続を整理すると、〔図表6-6〕、〔図表6-7〕のとおりとなる。

(1)　**事業譲渡の場合**

事業の全部、重要な一部の譲渡は、株主保護の観点から、原則として株主総会特別決議（309条2項11号、467条1項1号・2号）が要求される。

ただし、重要な一部の譲渡であっても、当該譲渡資産の帳簿価格が、総資産額の20％以下の場合には、簡易な事業譲渡として、特別決議は不要である（467条1項2号参照）。

(2)　**事業譲受けの場合**

事業の譲受けについては、原則として事業の全部の譲受けの場合にのみ、株主総会特別決議（467条1項3号、309条2項11号）が要求される。

ただし、全部の譲受けであっても、当該資産の対価として交付する財産の

420

Ⅳ　簡易事業譲渡、略式事業譲渡

〔図表6-6〕　簡易手続の利用が可能な場合（事業譲渡）

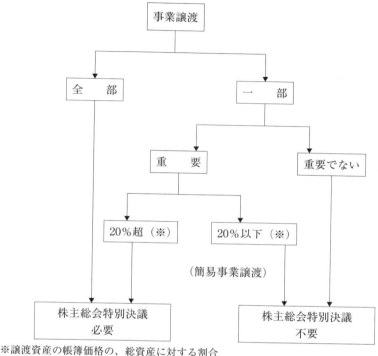

帳簿価格の合計額が、当該会社の純資産額の20％以下の場合には、簡易な事業譲受けであるとして、株主総会の特別決議は不要である（468条2項）。

(3)　**簡易事業譲渡・譲受けの流れ**

簡易事業譲渡・譲受けの手続は〔図表6-8〕のとおりである。

まず、事業譲渡の効力発生日の20日前までに、事業譲渡等をする旨を公告するか、または株主（事業譲渡の相手方が特別支配会社（ある株式会社の総株主の議決権の10分の9（これを上回る割合を当該株式会社の定款で定めた場合にあっては、その割合）を保有する他の会社）の場合の当該特別支配会社を除く）に通知しなければならない（469条3項・4項。【書式6-3】参照）。

421

〔図表6-7〕 簡易手続の利用が可能な場合（事業譲受け）

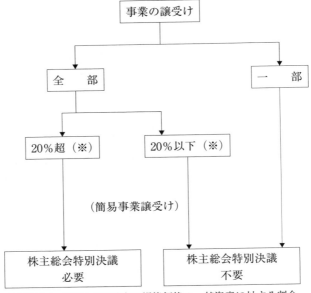

この公告・通知の日から2週間以内に、会社に対して書面で反対の意思を通知した株主が会社の総株主の議決権の原則として6分の1以上に達したときは、株主総会特別決議を省略することはできない（468条3項、施規138条1項1号）。

## 2　略式事業譲渡

事業の全部もしくは重要な一部の譲渡等に係る契約の相手方が、当該事業譲渡等をする株式会社の議決権の90％以上を有する特別支配会社である場合には、当該被支配会社における株主総会の決議は不要となる（468条1項）。

Ⅳ 簡易事業譲渡、略式事業譲渡

〔図表6-8〕 簡易事業譲渡・譲受けの手続

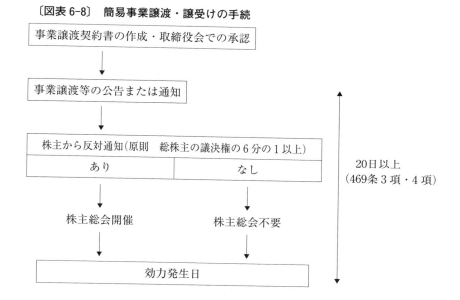

【書式6-3】 事業譲受公告例

事業譲受公告

　平成○年○月○日付け事業譲渡契約書により、当社は、株式会社Ｘ（本店所在地○○県○○市○○町○丁目○番○号）の事業全部を次の要領のとおり譲り受けることと致しましたので、会社法第469条第4項により公告します。
要領
一、趣旨
　　精密機械の製造を業とする株式会社Ｘの営業の全部を譲り受けようとするものです。
二、譲受けの理由
　　精密機械の製造に関する営業は、近年需要がますます増加している分野であり、これを譲り受けることによって、当社の経営の多角化を図り、その発展を期するものであります。

*423*

三、譲受時期

　　平成○年○月○日（予定）

四、譲受財産

　　譲り受ける営業に含まれる財産の全てを譲り受けるものであります。なお、主要な固定資産の平成○○年○月○○日現在の帳簿価格は次のとおりです。

|  |  |
|---|---|
| 土地 | ○○億円 |
| 建物および構築物 | ○○万円 |
| 機械装置 | ○○万円 |
| その他 | ○○万円 |

五、譲渡会社の概要

|  |  |
|---|---|
| 商号 | 株式会社X |
| 設立年月日 | 平成○年○月○日 |
| 本店所在地 | ○○県○○市○○町○丁目○番○号 |
| 事業目的 | 精密機械の製造・販売 |
| 発行する株式の総数 | ○○○○株 |
| 発行済株式総数 | ○○○○株 |
| 資本金 | ○○○○万円 |
| 株主（略） |  |

六、その他（略）


　　平成○年○月○○日

　　　　　　　　　　住所　　　○○県○○市○○町○丁目○番○号

　　　　　　　　　　会社名　株式会社Y

　　　　　　　　　　　　　　代表取締役　○　○　○　○


# 第3節　合　併


## $\boxed{I}$　合併の意義


　合併とは、2つ以上の会社が、契約によって1つの会社に合体すること

ある。

　合併により、当事会社の全部または一部が清算手続を経ることなく解散し、株式が合併の対価として交付された場合には、解散した会社の株主は、存続会社または新設会社の株主となる。当事会社の財産は包括的に存続会社または新設会社に移転する。

　なお、合併は2つ以上の会社が合体するものであり、場合によっては3社以上の合併も可能である。

# Ⅱ 合併の種類

　吸収合併（2条27号）とは、会社が他社とする合併であって、合併により消滅する会社の権利・義務の全部を、合併後存続する会社に承継させるものをいう。

　新設合併（2条28号）とは、2以上の会社が行う合併であって、合併により消滅する会社の権利・義務の全部を、新たに設立する会社に承継させるものをいう。

　ただし、実務上は、新設合併はあまり用いられていない。これは、①新設合併の場合、すべての当事会社が消滅してしまい、当事会社が保有している営業の許認可・免許等も消滅し、原則としてあらためて取得し直さなければならないこと、②登録免許税についても、吸収合併の場合には合併による資本の増加額のみを基礎とするのに対し、新設合併の場合には資本金額を基礎とすること、③新設合併では、商業登記または不動産登記の変更手続が煩雑となること等の理由から、吸収合併のほうが有利な場合が多いからである。

---

　⚜ *One point advice* **合併と事業譲渡の違い** ───────

　事業譲渡の場合、事業の譲渡会社Bの債務を譲受会社Aに移すには、Bの債権者の個別の承諾が必要となる。

　他方で、合併の場合には、株主総会の特別決議その他の手続を履行すれ

第6章　第3節　合　併

ばよく、各債権者について承諾をとる必要はない。

ただし、債権者保護手続（789条1項）が必要となる。

## Ⅲ　合併の手続

### 1　合併の具体的手続

通常の合併の手続は、〔図表6-9〕のとおりとなる。

### 2　合併契約書

合併をする会社は、合併契約を締結して、合併の条件や手続の進行時期等を定めるが、会社法は合併契約書に記載する事項を定めている（749条、753条。【書式6-4】参照）。

#### (1)　吸収合併における合併契約書の記載事項

吸収合併の合併契約書の必要的記載事項（749条1項）は、次の①〜⑥のとおりである。

---

〔吸収合併契約書の必要的記載事項〕

① 　存続会社および消滅会社の商号および住所（1号）

② 　合併にあたり交付される株式、社債、新株予約権、新株予約権付社債、金銭その他の財産の種類、内容、数、金額等に関する事項（2号）

③ 　交付される金銭等の割当てに関する事項（3号）

④ 　消滅会社が新株予約権を発行している場合には、新株予約権者に交付する存続会社の新株予約権の数もしくは内容、金銭の額等に関する事項（4号）

⑤ 　上記④で規定した場合の新株予約権または金銭の割当てに関する事

Ⅲ　合併の手続

〔図表6-9〕　通常の合併手続（上場会社の場合）

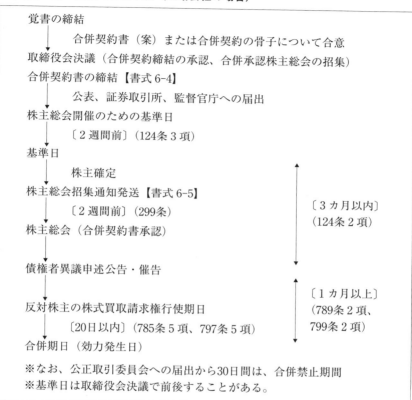

項（5号）

⑥　合併の効力発生日（6号）

## (2)　新設合併における合併契約書の記載事項

　新設合併の合併契約書の記載事項（753条）は、次の①〜⑪のとおりである。

〔新設合併契約書の記載事項〕

① 消滅会社の商号および住所（1号）

② 新設合併設立会社の目的、商号、本店所在地および発行可能株式総数（2号）

③ その他新設合併設立会社の定款で定める事項（3号）

④ 新設合併設立会社の設立時の取締役の氏名（4号）

⑤ 新設合併設立会社の設立時に監査役等を設置する場合には監査役等の氏名等（5号）

⑥ 合併にあたり交付される株式の数、その算定方法、新設合併設立会社の資本金および準備金に関する事項（6号）

⑦ 交付される株式の割当てに関する事項（7号）

⑧ 合併にあたり社債、新株予約権、新株予約権付社債を交付する場合、その種類、内容、数等に関する事項（8号）

⑨ 上記⑧の場合に交付される社債等の割当てに関する事項（9号）

⑩ 消滅会社が新株予約権を発行している場合には、新株予約権者に交付する存続会社の新株予約権の数もしくは内容、金銭の額等に関する事項（10号）

⑪ 上記⑩で規定した場合の新株予約権または金銭の割当てに関する事項（11号）

なお、合併契約書には、任意的に、当事会社の利害に関する事項（たとえば、役員への退職慰労金額、合併契約の変更・解除に関する事項など）が記載されることがあるが、これらは合併承認決議の対象とはならない。

【書式6-4】 合併契約書例

## 吸収合併契約書

X株式会社（以下「甲」という）とY株式会社（以下「乙」という）は、

合併に関し次のとおり契約を締結する。


（合併の方法）

第1条　甲および乙は、対等の精神で合併することとするが、手続上吸収合併の方法をとることとし、甲は存続し、乙は消滅する。

（定款の変更）

第2条　甲は、合併によりその定款を別紙1のとおり変更する。

（合併に際しての募集株式の発行および割当）

第3条　甲は合併に際して普通株式○○株を発行し、効力発生日現在の乙の株主名簿に記載された株主に対し、その所有する乙の株式1株につき、甲の株式1株の割合をもって割り当て交付する。

（増加すべき資本金、資本準備金その他）

第4条　甲は合併により資本の額を○○円増加し、増加後の資本の額は○○円とする。

2．甲は、合併により効力発生日に乙から承継する正味財産の額が、資本を超える場合は資本準備金からなる額を資本準備金、利益準備金からなる額を利益準備金とし、なお残額がある場合は任意積立金、その他留保利益とする。

　　ただし、任意積立金その他の留保利益として積み立てるべき項目は、甲・乙協議の上決定する。

（合併承認総会）

第5条　甲および乙は平成○年○月○日までに、それぞれ株主総会を招集し、本契約の承認および合併に必要な事項に関する決議を求める。ただし、合併手続の進行に応じ、必要があるときは、甲・乙協議してこの期日を変更することができる。

（合併の効力発生日）

第6条　合併の効力発生日は、平成○年○月○日とする。ただし、合併手続の進行に応じ必要あるときは、甲・乙協議によりこの期日を変更することができる。

（役員の選任）

第7条　合併に伴い新たに甲の取締役または監査役となるべき者は、別紙2のとおりとする。ただし、就職すべき時期は、効力発生日とする。

第6章　第3節　合　併

（合併前に就職した甲の取締役および監査役の任期）

第8条　甲の取締役および監査役であって、合併前に就職したものは、合併後
　　　最初の定時総会終結の時に退任しない。その任期は、甲の定款第○条の定め
　　　に従って取り扱うものとする。

（会社財産の引継ぎ）

第9条　乙は、平成○年○月○日現在の貸借対照表、財産目録、その他同日現
　　　在の計算書類を基礎とし、これに合併期日までの増減を加除した資産、負債
　　　および権利義務一切を、効力発生日において甲に引き継ぎ、甲はこれを承継
　　　するものとする。

２．乙は、平成○年○月○日から合併期日に至る間の資産および負債の変更に
　　　ついては、別に計算書を添付して、その内容を甲に明示する。

（善管注意義務）

第10条　甲および乙は、本契約締結後効力発生日に至るまで、善良なる管理者
　　　の注意を持ってそれぞれの業務を執行し、かつ、一切の財産を管理運営し、
　　　その財産および権利義務に重要な影響を及ぼす行為をなす場合は、予め甲・
　　　乙協議して合意の上これを実行する。

（株式の利益配当の起算日）

第11条　甲が第3条により発行する株式に対する利益配当の計算は、平成○年
　　　○月○日を起算日とする。

（役員の退職慰労金）

第12条　甲は乙の取締役または監査役のうち、合併後引き続き甲の取締役また
　　　は監査役に選任されない者があるときは、その者に対する退職慰労金を、予
　　　め甲・乙協議し、第5条に定める乙の株主総会の承認により支払うことがで
　　　きる。

（従業員の処遇）

第13条　甲は、乙の全従業員を、効力発生日において甲の従業員として引き継
　　　ぐものとし、従業員に関するその他の取り扱いについては、甲・乙別途協議
　　　して決める。

（合併条件の変更、合併契約の解除）

第14条　本契約締結の日から効力発生日に至るまでの間において、天災地変そ
　　　の他の事由により甲・乙の財産状態もしくは経営状態に著しい変動が生じた

ときは、甲・乙協議の上、本契約を変更し、または解除することができる。

（本契約の効力）

第15条　本契約は、本契約について必要となる関係官庁等の許認可等を受ける
　　　ことができない場合、または、第5条に定める甲および乙の株主総会の承認
　　　を得ることができない場合には、その効力を失うものとする。

（本契約規定以外の事項）

第16条　本契約に定めるもののほか、合併に関し必要な事項は本契約の趣旨に
　　　従って甲・乙協議の上これを決定する。

（以下省略）

## 3　事前の開示

### (1)　備置開始日

備置開始日とは、①株主総会の2週間前の日（書面同意（319条1項）の場合には、目的事項の提案があった日）、②株式買取請求権を行使しうる株主への通知を要する場合に、合併の効力発生日20日前までに行う株主に対する通知または公告の日、③消滅株式会社等については、新株予約権買取請求権を行使しうる新株予約権者に対して行う通知または公告の日、④債権者保護手続における債権者に対する個別の催告または公告の日、のうちいずれか早い日である（782条2項、794条2項）。

### (2)　閲覧・謄写

各当事会社は、上記の備置開始日から効力発生日後6カ月を経過する日までの間、合併契約その他法務省令で定める書類（または電磁的記録）を本店に備え置いて開示し（782条1項、794条1項、施規182条）、営業時間内はいつでも、株主・会社債権者の閲覧・謄写に供する必要がある（782条3項、794条3項）。

## 4 合併承認株主総会

各当事会社は、合併契約書に定められた日に株主総会を開催し、合併契約書について承認を受けなければならない（783条1項、795条1項。株主総会参考書類の記載例は【書式6-5】参照）。

株主総会を開催しなくてよい場合としては、簡易合併、略式合併の例外があるが、これについては後述する。

株主総会の承認は、原則として、特別決議が必要である。

ただし、消滅会社が公開会社（2条5号）であり、合併の対価として消滅会社の株主に譲渡制限株式等を交付する場合には、消滅会社の株主総会においては、議決権を行使できる株主の半数以上（これを上回る割合を定款で定めた場合には、その割合以上）であって、議決権を行使できる株主の3分の2（これを上回る割合を定款で定めた場合には、その割合）以上の賛成が必要である（309条3項2号）。

なお、ある種類の株式の内容として合併についてその種類株主総会の決議事項とされているときには、当該種類株式の種類株主を構成員とする種類株主総会の決議がなければその効力は生じない（323条、324条1項）。

また、合併がある種類の株式の株主に損害を及ぼすおそれがある場合は、当該種類株式に関する種類株主総会の特別決議が必要となる（322条1項7号、324条2項4号）。ただし、定款でその種類株式の内容として、合併の場合には種類株主総会の決議を要しないと定めている場合は、その決議は不要となる（322条2項）。

## 5 少数株主保護

さらに、合併に反対の株主については、一定の要件の下、反対株主の株式買取請求権が認められている（785条1項、797条1項）。

この点が問題となった裁判例として、合併発表後に株式を取得した反対株主の株式買取請求につき、どの程度の金額が認められるか争われた事案があ

る（東京地判昭和58・10・11下民集34巻9〜12号968頁）。この裁判例では、商法408条ノ3第1項（現会社法785条1項）における「承認ノ決議ナカリセバ其ノ有スベカリシ公正ナル価格」については、通常、合併承認決議当日の影響を受けることなく形成されたと想定される合併承認決議当日の交換価格をいうとされた。そのうえで、同条が、合併承認決議の反対株主に株式買取請求を認めた趣旨が、合併の際に、相手会社の内容、合併条件等により不利益を被りうる少数株主に経済的救済を与える点にあるところ、合併計画を知って株式を取得した者は、この経済的救済に配慮する必要がないとされた。

　結論としては、商法408条ノ3第1項の直接適用は認めなかったものの、その規定の趣旨から、合併発表後に株式を取得した反対株主の株式買取価格は、合併を前提とした市場価格によるべきとした。ただし、反対株主を不当に利するべきでもないため、株式買取価格は、反対株主が株式を取得した当時の価格を超えることもないとされた。

　なお、消滅会社の新株予約権者は、一定の場合、消滅会社に対して、自己の新株予約権を公正な価格で買い取るよう請求できる（787条1項1号）。

**【書式6-5】　議決権行使についての参考書類例**

### 議決権行使についての参考書類

1　総株主の議決権の数　　　　　○○○○個


2　議案および参考書類
　議　案　合併契約書承認の件
　1．当該吸収合併を行う理由
　　　（略）
　2．吸収合併契約の内容の概要
　　　　　　　（合併契約書（写し）を添付）
　3．会社法749条1項第2号および第3号の定める相当性に関する事項

第6章　第3節　合　併

当社は、X株式会社との平成○○年○月○日を効力発生日とする合併について、交付する株式数を以下のとおり決定いたしました。

(1)　当社およびX株式会社は、合併比率を決定するに際し、公正性、妥当性を確保する観点から、中立的な第三者機関として、○○コンサルティング株式会社を財務アドバイザーとして両社共同で任命し、合併比率決定の参考とすべき合併比率算定書の作成を依頼いたしました。

(2)　○○コンサルティング株式会社は、株価平均法、時価純資産評価額法、類似会社比較法および参考手法として用いたDCF（ディスカウンティッド・キャッシュフロー）法により、当社およびX株式会社の連結および単体ベースでの株式価値を算定し、各評価手法の結果を総合的に勘案したうえで、当社株式1株につきX株式会社株式0.8～1.2株を割当交付する合併比率が適当である旨の合併比率算定書を、平成○○年○月○日に当社及びX株式会社に提出いたしました。○○コンサルティング株式会社は、合併比率の算定にあたって、△△による当社に関するデューデリジェンス報告書ならびに□□によるX株式会社に関するデューデリジェンス報告書の内容も踏まえております。○○コンサルティング株式会社の合併比率算定書における評価手法の概要は以下のとおりです。

①　株価平均法については、広く一般の投資家が判断し、その需要・供給によって形成される市場株価が最も客観的であるとの考え方に基づき、株価に影響を与える重要情報が公表され、それが株価形成に織り込まれていること、また、両社の株価形成に明らかな異常性がないことを検証したうえで、一定期間にわたる平均株価による株式価値および合併比率の分析が行われております。

②　時価純資産価額法については、当社およびX株式会社の簿価純資産に対して、準備金の調整、資産・負債の時価評価を勘案したうえで算出された1株当たり時価純資産価額による株式価値および合併比率の分析が行われております。

③　類似会社比較法については、○○証券取引所に上場されている同業他社の資産性指標および収益性指標の両面から比較することにより算出された当社およびX株式会社の株式価値および合併比率の分析が

行われております。

④　DCF法については、当社およびX株式会社が提出した平成○○年度までの事業計画をもとに算出された株式価値の分析が行われておりますが、合併比率の算定においては参考値にとどめ、直接には使用されておりません。

(3)　この合併比率算定書を参考に、当社はX株式会社と交渉、協議を行った結果、平成○○年○月○日、当社取締役会は、当社株式1株につきX株式会社株式1株を割当交付する合併契約書案を承認し、X株式会社との間で合併契約書を締結いたしました。なお、取締役会に付議された合併契約書に含まれる上記合併比率は、当社にとって財務的な見地から妥当なものである旨の意見書を○○会社から受領しております。

（以下省略）

## 6　債権者保護手続

債権者にとって、債務者である会社の合併は、債務の返済の可能性に重大な影響を与えるため、債権者は、合併に対して異議を述べ所定の保護を受ける機会が定められている（789条、799条）。

各当事会社は、①合併をする旨、②存続会社の商号および住所、③消滅会社、存続会社の計算書類に関する事項として法務省令（施規188条）に定めるもの（最終事業年度に係る貸借対照表の公告・電磁的方法による提供等の状況等）、④合併に異議のある債権者は1カ月以上の一定の期間内に申し出ることができる旨を官報で公告し、異議を述べられる「知れている債権者」には各別に催告しなければならない（789条2項、799条2項）。ただし、時事に関する事項を掲載する日刊新聞紙に掲載する方法または電子公告を公告方法として定款に定めている場合で、官報公告に加えてかかる方法により公告を行った場合には、個別の催告を省略できる（789条3項、799条3項）。

上記の期間内に異議を述べなかった債権者は合併を承認したものとみなさ

れる（789条4項、799条4項）。

　異議を述べた債権者に対しては、弁済・担保提供・弁済用財産の信託のいずれかをしなければならないが、合併してもその債権者を害するおそれがない場合には、そのような対応は不要である（789条5項、799条5項）。

　なお、消滅会社が株券発行会社であって、株券を発行している場合には、合併の効力の発生日までに株券を提出すべき旨を、効力発生日の1カ月前までに公告し、かつ当該株式の株主およびその登録株式質権者には、各別にこれを通知することが必要である（219条1項6号）。この場合、当該株券は、合併の効力発生日において無効となる（同条3項）。

## 7　合併効力発生日

　吸収合併の場合には、合併の効力発生日において、消滅会社の権利義務は、存続会社に承継され（750条1項）、消滅会社の株主に、合併の対価である存続会社の株式等が割り当てられる。合併の効力発生日は吸収合併契約に規定されるが（749条1項6号）、効力発生日は当事会社の合意により変更することも可能である（790条1項）。

　なお、新設合併の場合には、新設合併設立会社の成立の日、すなわち登記の時に効力が生じる（754条1項）。

## 8　合併登記

　吸収合併の場合には、上記のとおり、合併の効力発生日に、法的に合併の効力が生じるが、吸収合併消滅会社の解散は、吸収合併の登記の後でなければ、第三者に対抗することはできない（750条2項）。

　そのため、合併の効力発生日以後であって吸収合併登記の前に、消滅会社が行った取引については第三者との関係では有効となり、存続会社の取引として扱われることとなる。

## 9 事後の開示

存続会社は、合併の日の後遅滞なく、消滅会社から承継した権利義務その他法務省令で定める、合併に関する事項を記載しまたは記録した書面または電磁的記録（効力発生日等の合併に関する重要事項）を作成し、合併の日から6カ月間、本店に備え置いて、株主・会社債権者の閲覧・謄写に供する必要がある（801条1項・3項、815条1項・3項、施規200条、211条）。

# Ⅳ 簡易合併、略式合併

会社法では、株主総会決議を省略し、簡易・迅速に合併を行う手続として、簡易合併、略式合併という特則が用意されている。

## 1 簡易合併

### (1) 簡易合併とは

合併対価が僅少である場合には、存続会社の株主に与える影響が大きくないことから、株主総会の特別決議の厳重な手続を経る必要性は少ない。

そこで、吸収合併の対価として交付する財産の合計額の当該存続会社の純資産に対する割合が20％以下の場合には、吸収合併存続会社の株主総会決議を省略することが認められている（796条2項）。これを、簡易合併といい、この場合、取締役会の決議のみで合併を行うことができる。

### (2) 簡易合併の要件

簡易合併は、下記の要件を満たす吸収合併の場合（796条2項）に限定されている（〔図表6-10〕参照）。

〔簡易合併の要件〕
① 消滅会社の株主に交付する存続会社の株式数に、1株あたりの純資産額を乗じた額

[図表6-10] 簡易合併の構造

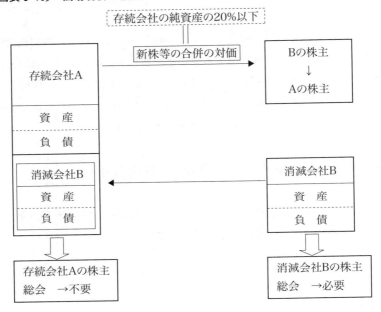

② 消滅会社の株主に交付する存続会社の株式以外の財産の帳簿価格の合計額
③ 存続会社の純資産額
(①＋②)÷③→20％以下、であれば簡易合併利用可能

(3) 簡易合併の手続

存続会社は、合併の効力の発生日の20日前までに、株主に対して、吸収合併をする旨等を通知または公告しなければならない（797条3項・4項）。

この通知または公告の日から2週間以内に、法務省令（施規197条）で定める株式数を有する株主（原則として、総株主の議決権の6分の1以上）が反対する旨を存続会社に通知した場合には、簡易合併を行うことができない。この場合、効力発生日の前日までに、株主総会の決議により、合併契約の承認

を得ることが必要となる（796条3項）。

## 2　略式合併

略式合併とは、合併の相手方が、議決権の90％以上を有する特別支配会社である場合に、被支配会社の株主総会決議を省略する合併をいう（〔図表6-11〕参照）。この場合、仮に株主総会を開催しても結論は変わらないことから、特則として株主総会決議の省略が認められている（784条1項、796条1項）。

また、〔図表6-11〕のケースで、旧B社の株主に対するA社の新株等、合併の対価が、A社の純資産の20％以内であれば、簡易合併として、存続会社Aにおいても株主総会決議は不要となる。

したがって、このようなケースでは双方の会社において株主総会を開催する必要がなく、手続の迅速化が図られることとなる。

〔図表6-11〕　略式合併の構造

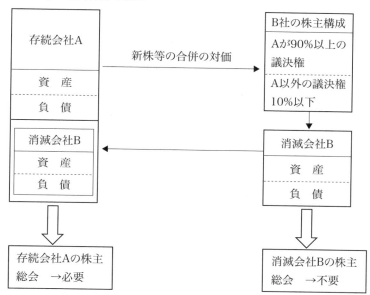

第6章 第3節 合 併

# $\boxed{\text{V}}$ 合併の無効

　合併の無効の事由については具体的に法定されていない。一般原則に従え
ば、合併手続に瑕疵がある場合、その合併は無効となるが、いつでも誰でも
無効を主張できるとすると、法的安定性が害され妥当でない。

　そこで、合併の無効の主張は、訴えによらなければならないこととされて
いる（828条1項7号・8号）。

　合併無効の訴えでは、無効の主張を制限し、無効の効果を画一的に確定す
るとともに、その遡及効を否定している（839条）。

## 1　無効事由

　合併は、下記①〜⑤などの重大な手続違反の場合には、無効になると解さ
れている。

〔合併無効事由〕
① 　合併契約書が作成されなかったとき
② 　合併契約書が作成されたが法定記載事項の記載が欠けていたとき
③ 　合併承認決議に無効または取消事由があるとき
④ 　合併契約の内容等の事前開示に不備があったとき
⑤ 　債権者保護手続がなされなかったとき

### ⚜ *One point advice*　合併比率と合併無効事由

　　合併の無効が問題となった裁判例として、合併比率が不当または不公正
であること自体が合併無効事由にあたるか争われた事案がある（東京高判
平成2・1・31資料版商事77号193頁）。この裁判例では、合併に反対する
株主は株式買取請求により救済されることに鑑み、合併比率の不当または

不公正ということ自体が合併無効事由に該当することはないと判断された。また、仮に合併比率が著しく不公正な場合に合併無効事由が認められるとしても、合併比率自体が多くの事情を勘案して算定されるものであり、客観的正確性をもって唯一の数値を確定することはできず、微妙な企業価値の測定として許される範囲を超えない限りは、著しく不当とはいえないと判断され、合併無効事由は認められなかった。

## 2 手 続

### (1) 提訴権者

合併無効の訴えを提起できる者は、各当事会社の株主・取締役・監査役・執行役・清算人・破産管財人・合併を承認しなかった債権者に限られる（828条2項7号・8号）。

### (2) 提訴期間

提訴期間は、合併の効力が発生した日から6カ月である（828条1項7号・8号）。この提訴期間内に訴えが提起されなければ、瑕疵ある合併であっても合併は有効なものと取り扱われることとなる。

なお、訴えの被告は存続会社または新設会社である（834条7号・8号）。

## 3 無効判決の効果

合併を無効とする判決は、第三者にも効力が及ぶ（対世効。838条）。原則として、判決の効力は訴えの当事者のみに及ぶ（民訴115条1項）ものの、合併の有効性は多数の第三者に重大な影響があるため、複雑な法律関係の画一的処理のために対世効が認められているのである。

また、合併を無効とする判決は、遡及効が否定される（839条）。本来、判決はさかのぼってその効力を有する（遡及効）が、遡及効を認めると、多数の第三者の権利義務関係の法的安定性が著しく害されるため遡及効が否定されている。

したがって、合併によって消滅した会社は復活し、新設した会社は解散し、

441

第6章 第3節 合 併

発行した株式は無効になる。各当事会社が合併当時に有していた財産で存続会社・新設会社に現存するものは元の会社に復活する。

しかし、存続会社・新設会社が合併後に取得した財産については、このような処理ができないので、対外的には、債務は当事会社の連帯債務とし（843条1項）、財産は当事会社の共有とし（同条2項）、対内的な負担部分または持分は当事会社の協議で決し、もし協議が調わないときは裁判所がこれを定めることとされる（同条3項・4項）。

## Ⅵ 合併の差止め

略式合併を含む略式組織再編手続においては、債権者異議手続がなく、取消しの対象となる株主総会決議も存在しない。しかし、被支配会社である存続会社または消滅会社の株主を保護する必要があるため、株主らには、略式組織再編の差止請求が認められている。具体的には、次の①、②の場合に差止請求が認められる（784条2項、796条2項）。

---

〔吸収合併の差止めの要件〕
① 略式組織再編が法令または定款に違反する場合
② 組織再編契約に定められた対価の内容もしくは割合が組織再編当事会社の財産の状況その他の事情に照らして著しく不当である場合

---

なお、従前の実務上、略式組織再編以外の組織再編について、株主総会決議取消しの訴えを本案とする仮処分を申し立てることで、組織再編を差し止める運用がなされてきた（甲府地判昭和35・6・28判時237号30頁）。

この手法に対しては、便宜的すぎるとして有力に反対する見解もあった。一方で、組織再編に反対する者は、吸収合併等の無効を事後的に主張することも考えられるが、この方法では法的安定性を損なう点に問題があると指摘されていた。そこで、平成26年会社法改正により、簡易組織再編以外の組織

442

II　会社分割の種類

再編についても、法令または定款に違反する場合の差止めが認められること
となった（784条の2第1項、796条の2第1項）。

## 第4節　会社分割

### Ⅰ　会社分割の意義

　会社分割とは、株式会社または合同会社が、その有する事業の全部または
一部を、既存の会社または新たに設立する会社に承継させることをいう（2
条29号・30号）。事業を分割する会社を分割会社、事業を承継する会社を承継
会社という。

　会社分割は、多角化した企業がその事業部門を独立させて経営の効率化を
図ったり、不採算部門や新製品開発部門等を独立させたり、他の会社の同じ
部門と合弁企業をつくる等の手段として利用される。

　このように会社分割は事業再編の一手法として使われるが、事業の売却・
買収や業務提携の手段として利用されることもある。

### Ⅱ　会社分割の種類

会社分割は、次のように分類することができる。

### 1　吸収分割と新設分割

　事業の承継先として、既存の会社に承継させる場合を吸収分割（2条29
号）、新たに設立する会社に承継させる場合を新設分割（同条30号）という。

**✤ *One point advice*　物的分割と人的分割** ────────
　旧商法下においては、承継の対価の割当先として、承継の対価を分割会

443

社に割り当てる場合を物的分割（分社型分割）、分割会社の株主に割り当てる場合を人的分割（分割型分割）とする区別がなされていた。

しかし、人的分割については、経済的にみれば、分割会社がいったん取得した対価を株主に分配するものと評価することができる。

そこで、会社法においては、会社分割は、すべて「物的分割」として構成されることとなり、人的分割は、「物的分割」に「分割会社による分割会社株主への剰余金の分配」を加えるという構成となった（758条4号、763条6号、なお、758条8号ロ、763条12号ロ参照）。

## 2 会社分割の方法

基本的に、会社分割の方法は、事業の承継先と承継の対価の割当先とにより、〔図表6-12〕記載の4通りの方法が考えられる。

## 3 会社分割の効果

承継される資産・負債との関係により、割り当てられる株式等の対価が定められ、それに応じて分割会社または分割会社の株主に、新設会社または承継会社の株式等が交付される。

新設会社または承継会社は、会社分割によって、分割の対象となる事業の全部または一部に属する債権債務を承継するところ、承継される債権債務は分割契約書または分割計画書に明記する必要がある（758条2号、763条5号）。

〔図表6-12〕 会社分割の方法

| 事業の承継先／承継の対価の割当先 | 既存の会社 | 新たに設立する会社 |
|---|---|---|
| 分割会社 | 物的吸収分割 | 物的新設分割 |
| 分割会社の株主 | （旧）人的吸収分割<br>→物的吸収分割＋剰余金の分配 | （旧）人的新設分割<br>→物的新設分割＋剰余金の分配 |

444

債務も、原則として債権者の同意なくして免責的に承継会社に移転する。

　したがって、会社分割により、新設会社または承継会社が交付する株式等を対価として分割の対象となる事業の全部または一部が新設会社または承継会社に包括的に移転することとなる。

　ただし、分割会社は分割後も存続するので、資産の移転については第三者対抗要件の具備が必要である。

　会社分割においては、分割計画または分割契約に記載すれば包括承継により労働契約を承継させることができる（759条1項、761条1項、764条1項、766条1項、会社分割に伴う労働契約の承継等に関する法律3条）。ただし、分割会社の労働者を保護するため、会社は、分割計画等の備置開始日より前に、労働者と協議することが必要とされている（商法等の一部を改正する法律附則5条1項）。

　この点に関して、会社分割の中で、分割会社からの労働契約の承継の有無が問題となった事案がある（最判平成22・7・12民集64巻5号1333頁）。

　この裁判例では、労働者との協議が全く行われなかった場合や、仮に行われていてもその際の分割会社からの説明や協議が著しく不十分であるために協議の実施を求めた法の趣旨に明らかに反するような場合には、労働契約の承継の効力を争うことも可能と判断された。ただし、結論としては、協議は存在し不十分でもなかったとして、労働契約の承継は認められている。

## Ⅲ　会社分割の手続

### 1　会社分割の具体的手続

会社分割の具体的な手続は、〔図表6-13〕のとおりである。

### 2　分割契約書・分割計画書

会社分割をするには、①吸収分割の場合は、当事会社（分割会社と承継会

445

第6章　第4節　会社分割

〔図表6-13〕会社分割の手続（吸収分割）

覚書の締結
　　　　　分割契約書（案）または分割契約の骨子について合意
取締役会決議（分割契約締結の承認、分割承認株主総会の招集）


分割契約書の締結【書式6-6】
　　　　　公表、証券取引所、監督官庁への届出
　　　　　労働者との協議
株主総会開催のための基準日
　　　　　〔2週間前〕（124条3項）

基準日
　　　　　株主確定
事前開示書面備置　　　　　　　　　　　　　　　　　　〔3カ月以内〕
労働者・労働組合宛て通知　　　　　　　　　　　　　　（124条2項）
株主総会招集通知発送
　　　　　〔2週間前〕（299条）
株主総会（分割契約書承認）


債権者異議申述公告・催告　　　　　　　　　　　　　　（1カ月以上）
　　　　　　　　　　　　　　　　　　　　　　　　　　（789条2項、
株主への通知・公告　　　　　　　　　　　　　　　　　799条2項）
　　　　　〔効力発生日の20日前まで〕（785条3項、797条3項）
反対株主の株式買取請求権行使期日
　　　　　〔20日以内〕（785条5項、797条5項）
分割期日（効力発生日）
分割による変更登記
事後開示書類備置
　　　　　〔効力発生日から6カ月間〕（791条2項、801条3項）
事前開示書面・事後開示書面備置義務の期限
※なお、公正取引委員会への届出から30日間は、分割禁止期間

社）の代表取締役が、分割契約書を作成して分割契約を締結し（757条）、また、②新設分割の場合は、分割会社の代表取締役が、分割計画書を作成し（762条）、分割の条件や手続の進行時期等を定める。

### (1) 吸収分割の分割契約書の記載事項

分割契約書の記載事項（758条）は、次の①〜⑦のとおりである（【書式6-6】参照）。

〔吸収分割契約書の記載事項〕
① 分割会社および承継会社の商号および住所（1号）
② 承継会社が吸収分割により承継する分割会社の資産、債務、雇用契約その他の権利義務（2号）
③ 承継会社が、分割会社の株式または承継会社の株式を承継するときは、当該株式に関する事項（3号）
④ 分割会社に対して、承継会社が承継する権利義務に代わって交付する株式、社債、新株予約権、新株予約権付社債、金銭その他の財産に関する事項（4号）
⑤ 承継会社が、分割会社の新株予約権者に、分割会社の新株予約権に代わり承継会社の新株予約権を交付するときは、当該新株予約権に関する事項およびその割当てに関する事項（5号・6号）
⑥ 吸収分割の効力発生日（7号）
⑦ 分割会社が効力発生日において、全部取得条項付種類株式を株主総会の決議により取得し、その対価として承継会社の株式を交付する場合、もしくは、剰余金の配当として承継会社の株式を分割会社の株主に交付する場合には、その旨（8号）

なお、分割契約書には、任意的に、当事会社の利害に関する事項（たとえば、役員への退職慰労金額、分割契約の変更・解除に関する事項など）が記載されることがあるが、これらは分割承認決議の対象とはならない。

第6章　第4節　会社分割

## ⑵　新設分割の分割計画書の記載事項

分割計画書の記載事項（763条）は、次の①～⑩のとおりである。

---

〔分割計画書の記載事項〕

① 　新設会社の目的、商号、本店所在地および発行可能株式総数（1号）

② 　新設会社の定款記載事項（2号）

③ 　新設会社の設立時の取締役（3号）

④ 　新設会社の設立時の会計参与、監査役、会計監査人等（4号）

⑤ 　新設会社が新設分割により承継する分割会社の資産、債務、雇用契約その他の権利義務に関する事項（5号）

⑥ 　承継する権利義務に代わって、新設会社が交付する新設会社の株式に関する事項（6号）

⑦ 　共同新設分割の場合には、複数の分割会社に対する新設会社株式の割当てに関する事項（7号）

⑧ 　新設会社が承継する権利義務に代わりその社債、新株予約権または新株予約権付社債を交付するときは、これらの社債等に関する事項、および共同新設分割の場合には、複数の分割会社に対する社債等の割当てに関する事項（8号・9号）

⑨ 　新設会社が、分割会社の新株予約権者に、分割会社の新株予約権に代わり新設会社の新株予約権を交付するときには、当該新株予約権に関する事項およびその割当てに関する事項（10号・11号）

⑩ 　分割会社が新設会社成立の日において、全部取得条項付種類株式を株主総会の決議により取得し、その対価として新設会社の株式を交付する場合、もしくは、剰余金の配当として新設会社の株式を分割会社の株主に交付する場合には、その旨（12号）

---

**448**

Ⅲ　会社分割の手続

## 3　事前の開示

　分割会社と承継会社は、備置開始日から分割の効力発生後6カ月を経過する日までの間、本店に、吸収分割契約その他法務省令で定める事項を記載した書面または電磁的記録を備え置きし、株主・会社債権者の閲覧・謄写に供する（782条1項、794条1項、803条1項、施規183条、192条、205条）。

　備置開始日とは、①株主総会の2週間前の日（書面同意（319条1項）の場合には、目的事項の提案があった日）、②株式買取請求権を行使しうる株主への通知を要する場合に、分割の効力発生日20日前（新設分割の場合には、株主総会決議から2週間以内）までに行う株主に対する通知または公告の日、③新株予約権買取請求権を行使しうる新株予約権者に対して行う通知または公告が必要な場合に、その通知または公告の日、④債権者保護手続における債権者に対する個別の催告または公告の日、⑤分割会社については、上記のいずれにも該当しない場合には吸収分割契約締結の日または新設分割計画作成の日から2週間を経過した日、のうちいずれか早い日である（782条2項、794条2項、803条2項）。

**【書式6-6】　吸収分割契約書例**

### 吸収分割契約書

　X株式会社（以下「甲」という）とY株式会社（以下「乙」という）は、甲の営む○○事業部門に関する事業（以下「本件事業」という）を乙が承継する吸収分割（以下「本件分割」という）に関し、以下のとおり、契約を締結する。

第1条（吸収分割）
　　甲は本件事業を分割し、乙はこれを承継する。
第2条（吸収分割に際して発行する株式）

449

乙は、本件分割に際して、普通株式○○○○株を新たに発行し、そのすべてを甲に割り当て交付する。

第3条（乙の増加すべき資本準備金）

乙は、本件分割に際し、資本金及び資本準備金として○○円を積み立てる。

第4条（乙が甲から承継する権利義務）

本件分割によって、乙が甲から承継する権利義務は、本件分割をなすべき時期における甲の営む本件事業に属する次に記載する権利義務とする。なお、承継する権利義務のうち資産および負債の評価については、平成○年3月31日現在の貸借対照表その他同日現在の計算を基礎とし、これに本件分割をなすべき時期までの増減を加除したうえで確定する。

(1) 本件事業に属する甲所有の工場の機械装置、工具器具備品、什器備品等の有形固定資産の一切。

(2) 本件事業に属する電話加入権、施設利用権等の無形固定資産の一切。

(3) 本件事業に属する現金預金、商品、製品、半製品、原材料、貯蔵品、下記(6)に記載の契約に基づき発生した売掛金、未収金、仮払金等一切の金銭債権（受取手形およびその原因債権を含む）等の流動資産の一切。

(4) 本件事業に属する退職給付引当金、貸倒引当金、下記(6)に記載の契約に基づき発生した買掛金、未払金、前受金等の金銭債務（支払手形およびその原因債務を含む）等の負債の一切。

(5) 本件事業に属する一切の知的財産権およびノウハウならびにこれらの使用権および実施権。

(6) 本件事業に属する売買契約、根抵当権設定契約、質権設定契約、保証契約、預り金契約、製造委託契約、運送契約、寄託契約、業務委託契約、賃貸借契約、リース契約、使用許諾契約、合弁契約、特定融資枠契約、金銭貸借契約その他の本件営業に属する一切の契約上の地位。

(7) 雇用契約

本件事業に主に従事する管理職従業員との間の雇用契約。

(8) 承継する債務

本件分割後も、甲は乙に承継される債務の全てについて、引き続き乙と連帯して債務を負担する。

第5条 （承認総会の日）

　　甲および乙は平成○○年○月○○日を開催日として、それぞれ株主総会を招集し、本契約書の承認および本件分割に必要な事項に関する決議を求める。ただし、分割手続の進行上、必要性、その他の事由により、甲乙協議のうえこの期日を変更することができる。

第6条 （吸収分割の効力発生日）

　　甲は、平成○○年○月○日に本件事業を分割し、乙はこれを承継する。ただし、分割手続の進行上、必要性、その他の事由により、甲乙協議のうえこの期日を変更することができる。

第7条 （分割前に就職した乙の取締役および監査役の任期）

　　本件分割前に乙の取締役および監査役に就任した者の任期は、本件分割がない場合に在任すべき時までとする。

第8条 （善管注意義務）

　　本件契約締結後本件分割をなすべき時期に至るまでの間、甲は本件事業を、乙はその一切の事業を、善良なる管理者の注意義務をもって継続し、通常の業務遂行に伴うものを除き、相手方の承諾なくしてこれらの営業およびこれに属する財産に変更を加えないものとする。

第9条 （条件変更）

　　本件契約締結後、本件分割をなすべき時期までの間において、天変地変その他の事由により、甲または乙の資産状態または経営状態に重大な変更を生じたとき、その他本件契約の目的の達成が困難となったときは、甲乙協議のうえ、本件分割条件その他本件契約の内容を変更し、または本件契約を解除することができる。

第10条 （分割契約の効力）

　　本件契約は、第5条に定める甲および乙の株主総会の承認または法令に定める関係官庁の承認が得られないときは、その効力を失う。

第11条 （協議事項）

　　本件契約に定めのない事項その他分割に関し必要な事項は、本件契約の趣旨に従い、甲乙協議のうえ、これを定める。


　　本件契約締結の証として本書2通を作成し、甲乙記名押印のうえ、各1通を

保有する。

(以下省略)

## 4 分割承認株主総会

　各当事会社は、株主総会を開催し、分割契約書・分割計画書を提出して、特別決議による承認を受けなければならない（309条2項12号、783条1項、795条1項、804条1項）。

　株主総会を開催しなくてもよい場合として、簡易分割、略式分割の例外があるが、これについては後述する。

　会社分割に反対の株主については、一定の要件の下、反対株主の株式買取請求権が認められている（785条1項、797条1項）。この点に関する判例として、完全子会社に対し吸収分割により権利義務を承継させたため、当事会社にとって、特段の相乗効果も企業価値や株主価値の毀損もなかった場合における反対株主の株式買取請求に係る「公正な価格」の意義およびその算定基準日が問題となった事案がある（最判平成23・4・19金判1375号16頁）。

　この判例では、吸収分割により企業価値等の増加がない場合の「公正な価格」（785条）の判断方法が問題となった。具体的には、①吸収分割により企業価値の増加がない場合の「公正な価格」とは何か、②「公正な価格」の基準日はいつか、③具体的な「公正な価格」はどのように算定するか、が問題となった。

　まず、①「公正な価格」について、裁判所は、株式買取請求（785条）の趣旨が、反対株主に会社から退出する機会を与え、吸収分割がなかった場合と同じ経済状態を保障し、吸収合併等（吸収分割を含む）により企業価値が増加する場合には、その増加分を適切に分配する点にあると判示し、かかる趣旨に従って「公正な価格」を算定するべきと判示した。そのうえで、「公正な価格」については特に法律上の規定がないため、その決定は裁判所の裁量

に委ねられるとし、吸収合併等のシナジーによる企業価値の増加がない場合は、吸収合併等を承認する株主総会決議がなかった場合の「ナカリセバ価格」をもって定めるべきと判示した。

また、②基準日について、売買契約が成立したのと同じ法律関係が生じ、株主が会社からの退出意思を表明した時点である株式買取請求がされた日を基準日として「公正な価格」を定めるのが合理的と判示した。

さらに、③具体的な算定方法に関して、「公正な価格」とされる「ナカリセバ価格」の算定にあたり基礎資料として市場価格を用いることは、それが企業の客観的価値を反映していない場合はともかく、そうでなければ合理的な方法といえると判示した。そのうえで、吸収合併等（吸収分割を含む）により企業価値の増加も毀損もない場合は、株式買取請求がなされた日の市場価値やこれに近接する一定期間の市場株価の平均値を用いることも、裁判所の合理的な裁量の範囲内にあると判示した。

なお、分割会社の新株予約権者も、一定の場合、分割会社に対し、自己の有する新株予約権を公正な価格で買い取ることを請求できる（787条1項2号、808条1項2号）。

## 5 債務の移転

原則として、分割会社は承継させる義務と承継させない義務を選択でき、たとえば1億円の金銭消費貸借契約が3つあった場合に、そのうちの1つのみを承継させることができる。また、分割により移転する営業に属する債務は、新設会社または承継会社だけが債務者となる形で移転することができるが、その場合でも債権者の承諾は不要である。

ただし、例外的に、分割会社が承継会社または新設会社に承継させない債務の債権者（残存債権者）を害することを知って会社分割をした場合には、詐害行為取消しが認められていたところ（最判平成24・10・12民集66巻10号3311頁）、平成26年会社法改正によって、残存債権者が、承継会社または新設会社に、同社らが承継した財産の限度で、債務の履行を請求できることと

なった（759条4項以下、764条4項以下）。

また、移転されずに残る債務については債務者の変更はないが、債権の引当てとなる会社財産は変動するので、次に述べる債権者保護手続が必要となる。

## 6 債権者保護手続

会社分割において、異議を述べることができる債権者は、分割の実行後分割会社に債務の履行を請求できない分割会社の債権者（789条1項2号、810条1項2号）および、承継会社のすべての債権者（吸収分割の場合。799条1項2号）である。

異議を述べることができる債権者がいる場合においては、1カ月以上の期間を定めて、その期間内に異議を述べることができる旨や計算書類等を官報に公告し、知れたる債権者には個別に催告しなければならない（789条2項、799条2項、810条2項）。

期間内に異議を述べなかった債権者は分割を承認したものとみなされる（789条4項、799条4項、810条4項）。

なお、従来、無記名債権者等会社に存在を知られていないために個別催告を受けられない債権者は、官報を確認して会社分割に異議を述べる必要があった（ただし不法行為債権者を除く）が、そこまでの行為を期待するのは難しいと考えられていた。そこで、平成26年会社法改正により、催告を受けるべきであったのにそれを受けることがなかった債権者は、承継会社に加え、分割会社にも分割時の財産の価額を限度として履行を請求できることとなった（759条4項）。

## 7 分割の効力発生日

吸収分割の場合には、分割契約書に定める効力発生日に、分割の対象となる分割会社の営業に属する債権債務が承継会社に引き継がれ、分割会社に対して承継会社の株式等の対価が割り当てられる（759条1項）。

新設分割の場合には、新設会社の成立の日、すなわち設立登記の日に、会社分割の効力が生じる（764条1項）。

## 8　事後の開示

吸収分割の場合、分割会社は、承継会社と共同して、吸収分割により承継会社が承継した分割会社の権利義務その他法務省令で定める効力発生日等の吸収分割に関する重要な事項を記載した書面または電磁的記録を作成し、それぞれ吸収分割の効力発生日から6カ月間、株主、債権者その他の利害関係人の閲覧に供するため、本店に備え置かなければならない（791条1項1号・2項、801条2項・3項2号、施規189条、201条）。

新設分割の場合も同様に、分割会社は、新設会社と共同して、同様の書面または電磁的記録を作成し、それぞれ新設会社成立の日から6カ月間、株主、債権者その他の利害関係人の閲覧に供するため、本店に備え置かなければならない（811条1項1号・2項、815条2項・3項2号、施規209条、212条）。

# Ⅳ　簡易分割、略式分割

合併等と同じく、会社分割についても、株主総会決議を省略し、簡易・迅速に会社分割を行う手続として、簡易分割、略式分割という特則が用意されている。

## 1　簡易分割

### (1)　簡易分割とは

会社分割にかかわる対価が僅少である場合には、承継会社の株主に与える影響は大きくない。また、分割する資産が僅少である場合には、分割会社の株主に与える影響も大きくはない。このような場合には、株主総会の特別決議の厳重な手続をとる必要性は少ない。

そこで、分割会社において分割する資産が僅少である場合および承継会社

において分割の対価が僅少である場合には、株主総会決議を省略することができるとの特則が設けられている。これを、簡易分割という（784条3項、796条3項、805条）。

(2) **簡易分割の要件**

(ア) **分割会社の場合**

分割会社が簡易分割を行うためには、下記の要件を満たす必要がある（784条3項）。

---

〔簡易分割の要件（分割会社）〕

① 分割により承継される資産の帳簿価格の合計額

② 分割会社の総資産額

①÷②→20％以下であること

---

(イ) **承継会社の場合**

承継会社が簡易分割を行うためには、下記の要件を満たす必要がある（796条2項）。

---

〔簡易分割の要件（承継会社）〕

① 分割会社に交付する承継会社の株式数に、1株あたりの純資産額を乗じた額

② 分割会社に交付する承継会社の株式以外の財産の帳簿価格

③ 承継会社の純資産額

（①＋②）÷③→20％以下であること

---

(3) **簡易分割の手続**

会社分割の効力の発生日の20日前までに株主に対して、吸収分割をする旨等を通知または公告しなければならない（797条3項・4項）が、その日から2週間以内に、法務省令で定める株式数を有する株主（原則として、総株主

の議決権の6分の1以上）が反対する旨を分割会社に通知した場合には、簡易分割を行うことができず、効力発生日の前日までに、株主総会の決議により、分割契約の承認を得ることが必要となる（796条3項）。

## 2 略式分割

略式分割とは、分割の相手方が、議決権の90％以上を有する特別支配会社である場合には、仮に株主総会を開催しても結論に変わりないことから、被支配会社の株主総会決議を省略することができる、という特則である（784条1項、796条1項）。

# Ⅴ 会社分割の無効

分割手続に瑕疵があった場合、一般原則によればその会社分割は無効となるが、いつでも誰でも無効を主張できるとすると法的安定性を害するので、無効の主張をするためには分割無効の訴えによらなければならないこととされている（828条1項）。

ただし、分割無効の訴えは、分割無効の主張を制限する一方で、分割無効の効果を画一的に確定し、その遡及効を否定している（839条）。

## 1 無効事由

会社分割は、下記①～⑤等、重大な手続違反が無効事由になると解されている。

〔会社分割無効事由〕
① 分割契約書が作成されなかったとき
② 分割契約書は作成されたが法定記載事項の記載を欠いていた場合
③ 分割承認決議に無効または取消事由があるとき
④ 分割契約の内容等の事前開示に不備があったとき

第6章　第4節　会社分割

⑤　債権者保護手続がなされなかったとき

　なお、会社法制定前は、分割会社が本店に備え置くべき書面として「各会社の負担すべき債務の履行の見込みがあることおよびその理由を記載したる書面」が要求されており、債務の履行の見込みが立たなくなる会社分割は認められないとした裁判例もあった（名古屋地判平成16・10・29判時1881号122頁）。しかし、会社法では、「債務の履行の見込みに関する事項」（吸収分割株式会社についての会社法施行規則183条6号、吸収分割承継会社についての同規則192条7号、新設分割株式会社についての同規則205条7号）の記載が要求されているにすぎず、会社分割により分割会社等の債務の履行の見込みがなくなるとしても債権者保護手続による保護があるため、債務超過会社による会社分割も認められると解される。

## 2　手続

### (1)　提訴権者
　分割無効の訴えを提起できる者は、各当事会社の株主・取締役・監査役・執行役・清算人・破産管財人・分割を承認しなかった債権者に限られる（828条2項9号・10号）。

### (2)　提訴期間
　提訴期間は、分割の効力が生じた日から6カ月である（828条1項9号・10号）。この提訴期間内に訴えが提起されなければ、瑕疵ある分割であっても会社分割は有効なものとして取り扱われる。
　なお、訴えの被告は、吸収分割の場合、吸収分割契約をした分割会社と承継会社、新設分割の場合は、分割会社と新設会社である（834条9号・10号）。

## 3　無効判決の効果

　会社分割を無効とする判決は、画一的に処理する必要から第三者にも効力が及び（対世効。838条）、また取引の安全を図る必要があるから遡及効が否

458

定される（839条）。

会社分割を無効とする判決が確定すると、分割会社は、分割の効力発生日以後に承継会社、新設会社が負担した債務について、連帯して弁済する責任を負う（843条1項3号・4号）。

## 4 その余の不服申立方法

### (1) 詐害的会社分割

従来、会社分割が、詐害行為取消権や否認権の対象となりうるかについては、議論があった。この点について、最高裁判決（最判平成24・10・12民集66巻10号3311頁）では、新設分割は財産権を目的とする法律行為としての性質を有する一方で、組織に関する行為でもあるため、その性質から直ちに、詐害行為取消権行使の可否を判断することはできず、新設分割に関する会社法その他の法令の内容を検討して判断することが必要とされた。そのうえで、新設分割につき詐害行為取消権行使の対象とすることを否定する条文がないこと、債権者保護手続の対象に含まれないため新設分割により新たに設立する会社に請求できない債権者を保護する必要があること、新設分割無効の訴えでは新会社設立に影響がないこと等を勘案し、新設分割について異議を述べることもできない分割会社の債権者は、民法424条の規定により、詐害行為取消権を行使して新設分割を取り消すことができると判示された。

その後、平成26年会社法改正により、上記最高裁判決（前掲最判平成24・10・12）と同様の内容で、分割会社の残存債権者に保護が与えられることとなった。具体的には、分割会社が承継会社または新設会社に承継されない債務の債権者である残存債権者を害することを知って会社分割をした場合には、残存債権者は、承継会社または新設会社に、承継した財産の価額を限度として、当該債務を履行請求できることとなった（759条4項以下、764条4項以下）。

### (2) 差止請求

また、略式分割を含む略式組織再編手続においては、債権者異議手続がな

く、取消しの対象となり得る株主総会決議も存在しないため、被支配会社である分割会社等の株主を保護するため、株主らには、①略式組織再編が法令または定款に違反する場合や、②組織再編契約に定められた対価の内容もしくは割合が組織再編当事会社の財産の状況その他の事情に照らして著しく不当である場合の差止請求が認められている（784条の2、796条の2）。

　もっとも、実務上、略式組織再編以外の組織再編についても、株主総会決議の取消しの訴えを本案とする仮処分を申し立てることによる差止めがなされている（甲府地判昭和35・6・28判時237号30頁）。

　また、平成26年会社法改正により、簡易組織再編以外の組織再編について、法令または定款に違反する場合の差止めが認められることとなった（784条の2第1項、796条の2第1項）。

## 第5節　株式交換

### Ⅰ　株式交換の意義

　株式交換は、株式会社がその発行済株式の全部を他の株式会社または合同会社に取得されることである（2条31号）。

　以下、具体事例に即して検討する。

---

**〈Case〉　株式交換の手法のメリット**

　JI社は、情報機器事業、フォトイメージング事業等を行っている会社で、情報機器事業においては業界3位のシェアを誇るが、同社は、近年のデジタル化、ネットワーク化の進展による技術の変化や、市場ニーズの多様化、異業種参入による競争の激化等急速な市場環境の変化に迅速に対応するため、類似の事業を営む株式会社T社の全株式を取得して傘下に収め、事業シナジーの追求による収益力の拡大を図るとともに、重複事業の統廃合により経営の効率化を徹底し、営業基盤を強化する方

針であり、T 社もこの方針を基本的には了承している。

そこで、JI 社は、どのような方法によれば、より確実に、かつより簡便に T 社の全株式を取得することができるのかを検討することとなった。

この場合に、考えられる方法とその特徴は、〔図表 6-14〕のとおりである。

〔図表 6-14〕　各方法の特徴

| | 株式買取り<br>＝ T 社の株主から T 社株式を購入（取得方法）<br>①　相対取引<br>②　市場買付け<br>③　公開買付け | 現物出資<br>＝ JI 社が T 社の株主から T 社株式の現物出資を受け、代わりに JI 社株式を割り当てる | 株式交換<br>＝ JI 社と T 社との株式交換契約により、JI 社の株式と T 社の株式とを交換 |
|---|---|---|---|
| 方　法 | | | |
| 特　徴 | ・T 社の全株主が承諾しない限り全株式を取得できない<br>・多額の買収資金の調達が必要 | ・T 社の全株主が承諾しない限り全株式の取得不可<br>・原則検査役の調査が必要なため、時間がかかる | ・株主の個別の同意は不要であり、株式交換契約の締結と株主総会特別決議により全株式を取得できる<br>・買収資金の調達不要 |

## 1　株式買取り

JI 社が T 社の株式を取得する方法としてまず考えつくのは、T 社の株主から現金で株式を購入することである（〔図表 6-15〕参照）。

その具体的方法としては、①各株主と相対で売買契約を締結する方法（相対取引）、②証券取引市場から購入する方法（市場取引）、および、③株式公開買付け（不特定多数の者に対し、新聞等での公告により一定期間内に一定価額で一定量の株式を買い付ける旨の申込みの勧誘を行い、証券取引市場外で株式の買付けを行うこと（金商第 2 章の 2 第 2 節））による方法の 3 種類がある。

*461*

〔図表6-15〕 株式買取りの関係図

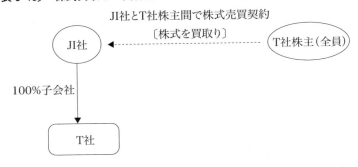

株式買取りによる方法では、T社の株主が株式の売却に同意しない限りJI社はT社の株式を取得できないため、株主が多数いる場合や所在不明の株主がいる場合には多大な労力を要するばかりか、全株式を取得することができないリスクがある。しかも、T社の株式時価総額が大きい場合には、JI社は全株式を取得するために多額の現金を調達しなければならない。

もっとも、手続上は取締役会決議さえあれば足りるため、T社の株主が少数であって比較的容易に売買の合意ができ、JI社が株式購入代金を調達できるのであれば、相対取引により株式を取得する方法が最も簡便といえる。

## 2 現物出資

JI社がT社の株式を取得する第2の方法としては、JI社がT社の株主からT社株式の現物出資を受け、代わりにJI社株式を割り当てる方法が考えられる（〔図表6-16〕参照）。

この現物出資による方法は、株式取得のために資金調達を行う必要がないという大きな利点があるものの、株式買取りによる方法と同様、株主が現物出資に同意しない限りJI社はT社の株式を取得できないため、全株式を取得することができないリスクがある。

しかも、現物出資については、原則として裁判所の選任した検査役の調査が必要となる（207条1項）。この調査の期間は通常1～2カ月間とされてい

I　株式交換の意義

〔図表6-16〕　現物出資の関係図

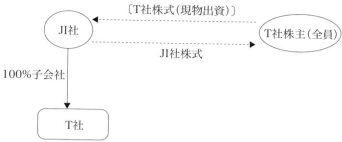

るものの、実際にその期間で調査が終了するとは限らないため、JI社がT社を傘下に収めるスケジュールを立てられないという不都合がある。

　もっとも、現物出資を受けるT社株式の合計額が500万円以下の場合や、現物出資が相当であることについて弁護士、公認会計士、税理士等の証明を受けた場合等には検査役の調査が不要とされるため（207条9項）、このような場合には、現物出資の方法によることが簡便である。

## 3　株式交換

　JI社がT社の株式を取得する第3の方法として、株式交換が考えられる。

　株式交換とは、完全子会社となる既存の会社（T社）の全株式を完全親会社となる既存の会社（JI社）に移し、その代わりに完全親会社となる会社（JI社）の株式を完全子会社となる会社（T社）の株主に割り当てることにより、完全親会社となる会社（JI社）が完全子会社となる会社（T社）の全株式を取得することをいう（767条。〔図表6-17〕参照）。

　株式交換によれば、株式買取りのように株式購入資金を調達する必要はなく、また現物出資のように検査役の調査も不要である。

　そればかりか、株式交換は、株式取得の際に株主の個別の同意を必要としないため、JI社がT社を完全子会社化する最も確実な方法といえ、特にT

463

第6章　第5節　株式交換

〔図表6-17〕　株式交換の関係図

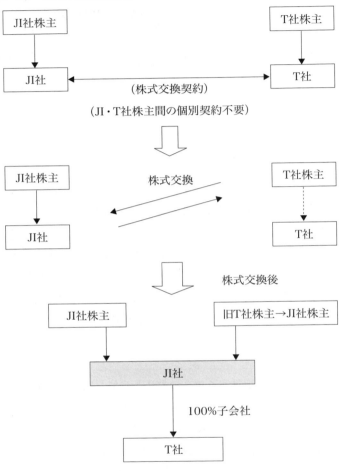

社の株主が全国に多数分散している場合には、ほとんど唯一の方法ということができる。

II 株式交換の手続

# Ⅱ 株式交換の手続

通常の株式交換の具体的手続は、〔図表6-18〕のとおりである。

## 1 株式交換契約

株式交換を行うためには、各当事会社の取締役会決議を経て、代表取締役が株式交換契約を締結し、株式交換の条件や手続の進行時期等を定めることになるが、会社法は株式交換契約書を作成することを要求している（768条1項。【書式6-7】参照）。

株式交換契約書の法定記載事項（768条）は、次の①～④のとおりである。

---

〔株式交換契約書の記載事項〕
① 完全親会社および完全子会社の商号および住所（1号）
② 完全子会社の株式に代わって、完全子会社の株主に完全親会社が交付する株式、社債、新株予約権、新株予約権付社債、金銭その他の財産に関する事項およびその割当てに関する事項（2号・3号）
③ 完全親会社が、完全子会社の新株予約権者に対し完全子会社の新株予約権の代わりに完全親会社の新株予約権を交付するときは、当該新株予約権に関する事項およびその割当てに関する事項（4号・5号）
④ 株式交換の効力発生日（6号）

---

なお、会社財産の管理等、必要的記載事項以外の条項を株式交換契約書に盛り込むことも可能である。

465

〔図表6-18〕 通常の株式交換の手続

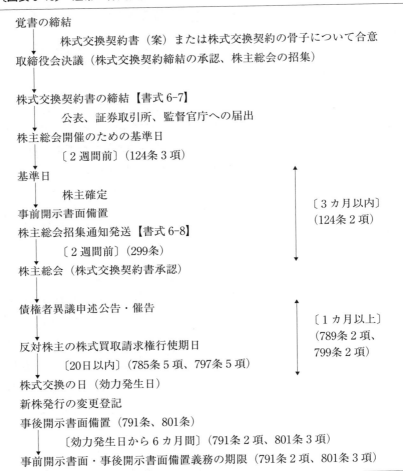

II 株式交換の手続

**【書式 6-7】 株式交換契約書例**

### 株式交換契約書

　JI 株式会社（以下「甲」という）と、株式会社 T 社（以下「乙」という）とは、次のとおり株式交換契約（以下「本契約」という）を締結する。


第 1 条（株式交換）

　　甲および乙は株式交換により、甲を完全親会社、乙をその完全子会社とする。

第 2 条（株式交換に際して発行する株式および自己株式の割当て）

　　甲は、株式交換に際して発行する普通株式〇〇〇株と、その保有する自己の普通株式〇〇株と合わせて合計〇〇〇〇株を、株式交換の日の前日の最終の乙の株主名簿（実質株主名簿を含む。以下、同じ）に記載された株主（実質株主を含む。以下、同じ）に対し、その所有する乙の株式〇株につき、甲の株式〇株の割合をもって割当交付する。ただし、甲の所有する乙の株式〇〇〇株については、甲の株式の割当ては行わない。

② 　前項の株式交換に際して発行する普通株式〇〇〇株に対する配当金は、平成〇年〇月〇日から起算する。

第 3 条（増加すべき資本金および資本準備金の額）

　　甲が株式交換に際し増加する資本金および資本準備金の額は、次のとおりとする。

　1　資本金　〇〇〇円

　　株式交換後の甲の資本金は〇〇〇〇円とする。

　2　資本準備金

　　株式交換の日に乙に現存する純資産額に、乙の発行済株式の総数に対する株式交換により甲に移転する株式の数の割合を乗じた額から、前号の金額および第 6 条により乙の株主に支払うべき金額の総額を控除した額

第 4 条（株式交換契約承認総会）

　　甲および乙は、平成〇年〇月〇日に、それぞれ株主総会（以下「交換契約承認総会」という）を招集し、本契約書の承認および株式交換に必要な事項に関する決議を求める。ただし、株式交換手続進行上の必要性その他の事由

467

第6章　第5節　株式交換

により、甲乙協議のうえ、これを変更することができる。

第5条（株式交換の日）

　株式交換の日は、平成○年○月○日とする。ただし、株式交換手続進行上の必要性その他の事由により、甲乙協議のうえ、これを変更することができる。

第6条（会社財産の管理等）

　甲および乙は、本契約締結後株式交換の日の前日に至るまで、善良なる管理者の注意をもってその業務の執行および財産の管理、運営を行い、その財産および権利義務に重大な影響を及ぼす行為については、あらかじめ甲乙協議し合意のうえ、これを行う。

②　甲および乙は、平成○年○月○日の最終の株主名簿に記載された株主または登録質権者に対し、それぞれ次の金額を限度として利益配当を行う。

　1　甲においては1株当たり○円、総額○○円

　2　乙においては1株当たり○円、総額○○円

第7条（株式交換前に就任した役員等の任期）

　株式交換の日前に甲の取締役および監査役に就任した者の任期は、本株式交換がない場合に在任すべき時までとする。

第8条（株式交換条件の変更および本契約の解除）

　本契約締結の日から株式交換の日の前日までの間において、天災地変その他の事由により、甲または乙の資産状態、経営状態に重大な変動が生じたときは、甲乙協議のうえ株式交換条件を変更し、または本契約を解除することができる。

第9条（本契約の効力）

　本契約は、第4条に定める甲および乙の交換契約承認総会の承認または法令に定める関係官庁等の承認が得られないときは、その効力を失う。

第10条（本契約に定めのない事項）

　本契約に定める事項のほか、株式交換に関し必要な事項は、本契約の趣旨にしたがい、甲乙協議のうえ定める。

（以下省略）

## 2 事前備置書類

完全親会社と完全子会社は、備置開始日から効力発生日後6カ月を経過するまでの間、本店において、株式交換契約その他法務省令で定める事項を記載または記録した書面または電磁的記録を本店に備え置いて、株主等の閲覧・謄写に供しなければならない（782条1項、794条1項、施規184条、193条）。

これは、承認総会における株主の議決権行使および株式交換無効の訴えのための判断材料を提供するためのものである。

なお、備置開始日は、①株主総会の2週間前の日（書面同意の場合は目的事項の提案があった日）、②株主への通知を要する場合に、株式交換の効力発生日の20日前までに行う株主に対する通知または公告の日、③完全子会社については、新株予約権者への通知または公告が必要な場合に、かかる新株予約権者に対して行う通知または公告の日、④債権者保護手続を要する場合の、債権者に対する個別の催告または公告の日、⑤株式交換の完全子会社については、①から④までのいずれにも該当しない場合には株式交換契約締結の日から2週間を経過した日の、それぞれのうちいずれか早い日である（782条2項、794条2項）。

## 3 株式交換承認総会

### (1) 招 集

株式交換を行うには株式交換契約書を作成し、原則として各当事会社において株主総会の承認を得なければならない（783条1項、795条1項）。

株主総会を開催するためには、取締役会の招集決議が必要であり（298条）、総会の日の2週間前に株主に書面または電磁的方法により招集通知を発送しなければならない（299条）。

株式交換契約の承認に関する議案を提出する場合には、招集通知に添付する株主総会参考書類には以下の①～④の事項の記載が必要である（施規88条。【書式6-8】参照）。

469

第6章　第5節　株式交換

---

〔参考書類記載事項〕
① 　当該株式交換を行う理由
② 　株式交換契約の内容の概要
③ 　当該株式会社が完全子会社の場合に、完全子会社の株主に対して交付する金銭等がある場合には、その相当性に関する事項の概要等
④ 　当該株式会社が完全親会社の場合に、完全子会社の株主に対して交付する金銭等がある場合には、その相当性に関する事項の概要等

---

(2)　決　議

　完全親会社および完全子会社は、株主総会を開催し、株式交換契約書について、原則として、特別決議による承認を受けなければならない（783条1項、795条1項、309条2項12号）。

　特別決議の要件は、議決権の過半数（3分の1以上の割合を定款で定めた場合にあっては、その割合以上）を有する株主が出席し、出席した株主の議決権の3分の2（これを上回る割合を定款で定めた場合にあっては、その割合）以上の賛成が必要である（309条2項12号）。

　ただし、完全子会社が公開会社で、その株主に対して譲渡制限株式等を交付する場合には、流動性の低い譲渡制限株式を交付されることとなる完全子会社の株主を保護する趣旨から、株主総会の特殊決議（309条3項2号）が要求されている。

　特殊決議の要件は、定款での要件の加重がない限り、議決権を行使できる株主の半数以上が出席し、議決権を行使できる株主の議決権の3分の2以上の賛成が必要となる（309条3項2号）。

　株主総会を開催しなくてよい場合として、簡易株式交換、略式株式交換の例外があるが、この点は後述する。

(3)　株式交換反対株主の株式買取請求権

　株式交換についても、事業譲渡や合併等と同様、反対株主の株式買取請求

権が認められている（797条1項、785条1項）。また、株式交換完全子会社が新株予約権を発行しているとき、一定の場合には、完全子会社に対して自己の有する新株予約権の公正な価格での買取りを請求できる（787条1項3号）。

　この点に関連して、株式交換によるいわゆる三角合併に反対する株主の株式買取請求における「公正な価格」が判断された事案がある（東京地判平成21・3・31判時2040号135頁）。この裁判例では、会社法785条1項の「公正な価格」について、株式買取請求の前提となる組織再編から生ずる相乗効果（シナジー）を適正に反映したものである必要があるが、同条項が買取価格の判断基準を特段規定していないことから、法律上、価格の決定は裁判所の裁量に委ねられていると判示された。そのうえで、当該株式交換の前提として、株式交換完全子会社となる会社の株式公開買付けがなされ、そこでの公開買付価格と株式交換における株式の基準価格が同じであった場合、その価格は、株式交換から生じる相乗効果（シナジー）を織り込んで設定されたと推認され、たとえ株式交換における基準価格の決定後に株価が下落しても、株式交換に反対する株主の株式買取請求における株式買取価格決定の際の「公正な価格」は、原則として、公開買付価格および株式交換における基準価格を下回ることはないと判示された。

**【書式6-8】　議決権行使についての参考書類例**

**議決権行使についての参考書類**

1　総株主の議決権の数　　　　○○○○個
2　議案および参考書類
議　案　当社と株式会社○社との株式交換契約書承認の件
　1．株式交換を行う理由
　　　（略）
　2．株式交換契約の内容の概要
　　　（略）

第6章　第5節　株式交換

3．会社法768条1項2号、3号に掲げる事項についての相当性に関する事
項
（略）

（以下省略）

## 4　株券提出手続

株券発行会社（214条）の場合、効力発生日までに株券を提出すべき旨を、
株式交換の効力発生日の1カ月前までに公告し、かつ当該株式の株主および
その登録株式質権者には、各別にこれを通知することが必要である（219条
1項7号）。

株券は、株式交換の効力発生日において無効となる（219条3項）。

## 5　株式交換の効力発生日

株式交換の効力は、株式交換契約書に記載された効力発生日に生じる。

株式交換の効力が生じると、株式は交換先の会社に移転し、株式交換元の
会社である株式交換完全子会社の株主は、株式交換の対価が株式である場合
には、株式交換先の株式交換完全親会社が株式交換に際して発行する新株の
交付を受けることにより、同社の株主となる。

株式交換完全子会社の株券に設定されていた質権は自動的に株式交換完全
親会社の株式に移転する。

## 6　債権者保護手続

株式交換完全親会社においては、①株式交換完全子会社の株主に対し、株
式交換完全親会社の株式以外のものを交付する場合、②株式交換完全子会社
の新株予約権付社債を株式交換完全親会社が承継する場合には、株式交換完
全親会社の債権者に対して債権者保護手続を行う必要がある（799条1項3

472

号）。

　また、株式交換完全子会社においては、その新株予約権付社債を株式交換契約により株式交換完全親会社に承継させる場合には、当該新株予約権付社債の社債権者に対して、債権者保護手続を行うことが必要となる（789条1項3号）。

## 7　登　記

　株式交換完全親会社となる JI 社は、通常、株式交換により発行済株式総数および資本の額が増加するので、変更登記が必要となる。

　T 社は、株主が従来の株主から JI 社に変わるのみであるから、通常は変更登記の必要はない。

## 8　事後の開示

　株式交換完全子会社は、株式交換完全親会社と共同して、株式交換により完全親会社が取得した完全子会社の株式の数その他法務省令で定める株式交換に関する事項を記載または記録した書面または電磁的記録を作成し、両社は、株式交換の効力発生日から 6 カ月間、本店に備え置きしなければならない（791条1項2号・2項、801条3項3号、施規190条。【書式6-9】参照）。

　株主等には、閲覧・謄写請求権が認められている（791条3項、801条4項・6項）。

**【書式6-9】　株式交換に関する事後開示例**

平成○年○月○日

### ○株式会社と△株式会社との株式交換に関する事項

東京都○○区○○町○丁目○番○号
○株式会社
代表取締役　○　○　○　○

第6章　第5節　株式交換

大阪市△△区△△町△丁目△番△号

株式会社△社

代表取締役　△　△　△　△

記

1．効力発生日

（略）

2．○株式会社が取得した△株式会社の株式の数

（略）

3．○株式会社における反対株主の株式買取請求手続及び債権者異議手続の経過

（略）

4．△株式会社における反対株主の株式買取請求手続、新株予約権買取請求手続及び債権者異議手続の経過

（略）

# Ⅲ　簡易株式交換、略式株式交換

会社法においては、株主総会決議を省略し、簡易・迅速に株式交換を行う手続として、簡易株式交換、略式株式交換という特則が用意されている。

## 1　簡易株式交換

### (1)　簡易株式交換とは

簡易株式交換とは、対価が僅少である場合は完全親会社となる会社の株主に与える影響が大きくないことから、株式交換の対価として交付する株式等の財産の合計額の、当該株式会社の純資産に対する割合が20％以下の場合に完全親会社となる会社の株主総会決議を省略できる、とする特則である（796条3項。〔図表6-19〕〔図表6-20〕参照）。

474

Ⅲ 簡易株式交換、略式株式交換

〔図表6-19〕 簡易株式交換の関係図

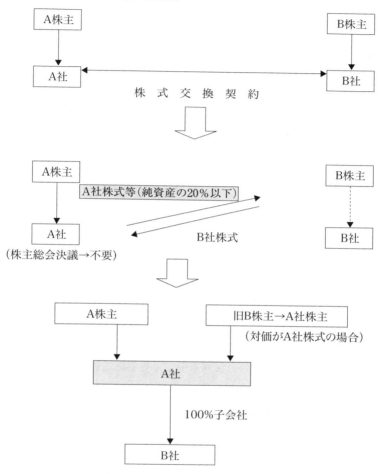

〔図表6-20〕 簡易株式交換の流れ

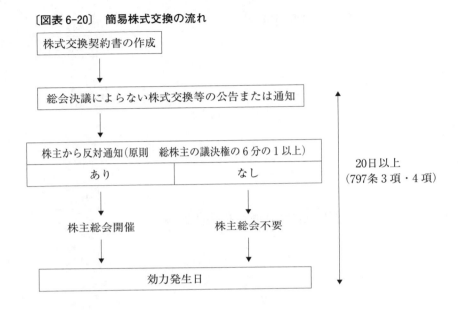

(2) 簡易株式交換の手続

株式交換の効力の発生日の20日前までに株主に対して、株式交換をする旨等を通知または公告しなければならない（797条3項・4項）。その通知または公告の日から2週間以内に、法務省令で定める株式数を有する株主（原則として、総株主の議決権の6分の1以上）が反対する旨を存続会社に通知した場合には、簡易株式交換を行うことができない（796条2項・3項、施規197条）。この場合、効力発生日の前日までに、株主総会の特別決議により、株式交換契約の承認を得ることが必要となる（309条2項12号、796条4項）。

⚜ *One point advice* 株式買取請求の制限 ─────
平成26年会社法改正により、簡易株式交換の際の完全親会社の株主の株式買取請求権が否定されることとなるのは第2節Ⅱ3(1)で述べたとおりである（797条1項ただし書）。

## 2 略式株式交換

略式株式交換とは、株式交換の相手方が、議決権の90％以上を有する特別支配会社である場合には、仮に株主総会を開催しても結論に変わりないことから、被支配会社の株主総会決議を省略することができる、という特則である（784条1項、796条1項）。

# Ⅳ　株式交換の無効

株式交換手続に瑕疵がある場合は、株式交換無効の訴えによってのみ無効の主張をすることができる（828条1項11号）。

## 1 無効原因

無効原因は法定されていないが、合併の無効原因と同様に解されている。

たとえば、下記①〜④等の重大な手続違反が無効事由になると解されている。

---

〔株式交換の無効原因〕

① 株式交換契約書が作成されなかった場合

② 株式交換契約書が作成されたが要件不備であった場合

③ 株式交換契約承認総会に無効または取消事由があった場合

④ 事前開示に不備があった場合

---

## 2 手　続

### ⑴　提訴権者

株式交換無効の訴えを提起できる者は、各当事会社の株主・取締役・監査役・清算人・破産管財人および株式交換を承認しなかった債権者である

第6章　第5節　株式交換

（828条2項11号）。

### (2) 提訴期間

提訴期間は、株式交換の効力が発生した日から6カ月である（828条1項11号）。この提訴期間内に訴えが提起されなければ、瑕疵ある株式交換であっても有効なものと取り扱われることとなる。

なお、訴えの被告は株式交換契約をした会社、すなわち完全親会社および完全子会社である（834条11号）。

## 3　無効判決の効果

株式交換を無効とする判決は、画一的に処理をする必要があるため第三者にも効力が及び（対世効。838条）、また取引の安全を図る必要があるため遡及効が否定される（839条）。

株式交換無効の判決が確定したときは、完全親会社は、完全親会社が株式交換により交付した完全親会社株式を株式交換の無効判決確定時において有する株主に対し、株式交換により取得した完全子会社の株式を交付しなければならない（844条1項）。

# Ⅴ　株式交換の差止め

略式株式交換を含む略式組織再編手続においては、債権者異議手続がなく、取消しの対象となり得る株主総会決議も存在しない。ただし、被支配会社である存続会社や消滅会社の株主を保護するため、株主らには、①略式組織再編が法令または定款に違反する場合や、②組織再編契約に定められた対価の内容もしくは割合が組織再編当事会社の財産の状況その他の事情に照らして著しく不当である場合の差止請求が認められている（784条2項、796条2項）。

なお、実務上、略式組織再編以外の組織再編についても、株主総会決議の取消しの訴えを本案とする仮処分を申し立てることで差止めがなされてきたが（甲府地判昭和35・6・28判時237号30頁）、平成26年会社法改正により、簡

478

易組織再編以外の組織再編について、法令または定款に違反する場合の差止めが認められることとなった（784条の2第1項、796条の2第1項）。

## 第6節　株式移転

### Ⅰ　株式移転の意義

#### 1　意　義

　株式移転とは、1または2以上の株式会社がその発行済株式の全部を新たに設立する株式会社に取得させることをいう（2条32号）。

　株式移転の効力が発生すると、完全子会社となる予定の会社の株主は、別会社である完全親会社の株主となり、その地位に重大な変更が生じることとなる。そのため、会社が株式移転をするためには、株主総会の特別決議による承認を得なければならない（804条1項、309条2項12号）。

> ✤ *One point advice*　**経営効率化を目的とした事業統合の諸方策** ―
> 　N株式会社は、関東を中心に輸入自動車の販売を行っている会社である。同社は、近年の輸入自動車の販売不振により業績が悪化していたため、関西を中心に輸入自動車販売を展開しているP株式会社と提携し、協調輸入により輸入コストの軽減を図ったり、中部地方へ共同で事業展開を行ったりしてきた。
> 　このたび、これらのメリットをさらに高め、過剰資源の削減、効率的な輸入および販売を行うとともに、集中投資による迅速な店舗展開を実現することをめざして両社は事業統合することとなったが、N社は、異業種のサービスのノウハウを応用した販売方法を採用し、またアフターサービスを充実させる等販売その他の業務において高い質を維持することによりシェアを維持してきたのに対し、P社は価格戦略と強気の営業活動によりシェア拡大を図ってきた。

*479*

このように、両社は販売戦略や企業文化に大きな違いがあるため、いきなり合併をすると、かえって従業員間の衝突や士気の低下を招くおそれがあったことから、N社とP社は、事業統合による利点をできるだけ早期に享受しつつ、統合による従業員の衝突や士気の低下をやわらげる方法について話し合ったとする。

N社とP社のように、同種事業を営む会社間で事業統合を行うと、経理や人事等の間接部門や競合関係にある店舗の統廃合を行うことにより会社資源のスリム化を図ることができる。また事業規模の拡大により大量仕入れを行うことで調達コストを引き下げることや、物流拠点・ルートの効率化を図ることもできるという利点がある。

このような企業間の統合を行う方法としては、事業譲渡や合併が考えられる。しかし、事業譲渡は取引行為であり、個々の資産の移転手続が煩雑であるうえ、譲受会社は多額の譲渡代金を調達しなければならない等、大規模企業の統合においては使い勝手が悪い。

他方、合併は、組織行為として企業全体を一括して統合させることができるものの、N社とP社のように、経営戦略や企業文化が異なるため、ある程度の時間をかけて段階的に統廃合を行ったほうが良い場合や、いくつかの事業をまず分断し、事業単位で統合したほうがメリットが大きいような場合には、必ずしも適当な方法とはいえない。

このような場合、まず両社の上に純粋持株会社をつくり、段階的にグループ事業の統廃合を行うことが有用であり、そのために株式移転の手続を利用することができる。

## 2　持株会社の解禁と利点

持株会社とは、子会社の株式の取得価格の合計額が会社の総資産の50％を超える会社をいう（独禁9条4項）。

持株会社は、戦前の財閥が数多くの企業を支配下におき、わが国の経済を支配することにより種々の弊害を引き起こしたことの反省から、長年その創設が禁止されてきた（旧独禁9条）。

しかし、経済のグローバル化の中で諸外国は持株会社を禁止しておらず、

また国際競争力を保持するためには過度の規制がかえって足枷となるという懸念から、平成9年の独占禁止法改正により、持株会社の設立が解禁された（独禁9条1項・2項）。

この持株会社を創設したとしても、合併とは異なり、それぞれの事業会社はそのまま存続するため、企業文化の違いや従業員の衝突等の問題は直ちには生じない。そのため、持株会社制度には、傘下にある各事業会社の事業の分離・統合を、人事・労務管理等に配慮しながら適切かつ柔軟に進めていくことができるという利点がある。

また、持株会社を創設することにより、持株会社がグループ経営戦略を集中して行う一方、各事業会社がそれぞれの事業の決定・執行を行うことで、適切な権限分配により効率的なグループ経営の実現を図ることもできる。

## 3　株式移転による純粋持株会社の創設

平成9年の独占禁止法改正により持株会社制度が解禁されたことを受け、平成11年商法改正により、株式交換および株式移転制度が創設された（767条以下）。

株式移転とは、完全子会社となる既存の会社（N社およびP社）の全株式を新たに設立する完全親会社に移転し、代わりにその完全親会社が発行する新株を完全子会社となる会社（N社およびP社）の株主に割り当てることにより、完全親会社を創設する場合をいう（2条32号、772条以下）。

純粋持株会社を創設する方法としては、下記①〜④等が考えられる。

①　新会社を設立し、N社およびP社の株主全員が新会社へ現物出資する方法

②　新会社を設立し、N社が新会社への事業譲渡を行うとともに、P社の株主がN社へ現物出資する方法（N社とP社が逆となってもよい）

③　N社が分社型会社分割を行うとともに、その親会社とP社とが株式交換する方法（N社とP社が逆となってもよい）

④　N社とP社とが共同株式移転をする方法

第6章 第6節 株式移転

このうち、④の共同株式移転による方法が、単一の手続で純粋持株会社を創設することができるという点では、最も簡便といえる。

## Ⅱ 株式移転の手続

株式移転の具体的手続を共同株式移転方式の場合で説明すると、〔図表6-21〕のとおりになる。

〔図表6-21〕株式移転の手続

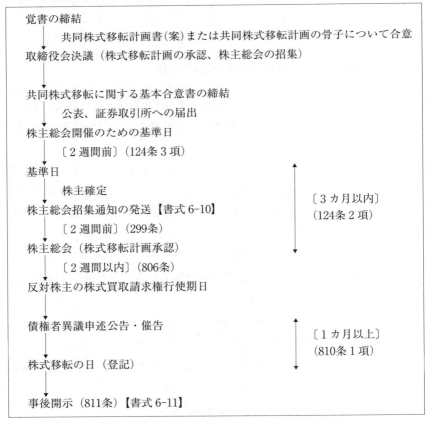

## 1 株式移転計画

　株式移転を行う場合、株式移転計画を作成する必要がある。共同株式移転の場合には、共同して株式移転計画を作成する必要がある（772条2項）。

　株式移転計画の法定記載事項（773条）は、以下のとおりである。

〔株式移転計画の記載事項〕
① 設立される完全親会社の目的、商号、本店所在地および発行可能株式総数、その他定款で定める事項（1項1号・2号）
② 完全親会社の設立時の取締役および監査役等の氏名（1項3号・4号）
③ 完全子会社の株式に代わってその株主に完全親会社が交付する株式に関する事項およびその割当てに関する事項（1項5号・6号）
④ 完全子会社の株式に代わりその株主に完全親会社が社債、新株予約権または新株予約権付社債を交付するときは、これらの社債等に関する事項およびその割当てに関する事項（1項7号・8号）
⑤ 完全親会社が、完全子会社の新株予約権者に、完全子会社の新株予約権に代わり完全親会社の新株予約権を交付するときは、当該新株予約権に関する事項およびその割当てに関する事項（1項9号・10号）

## 2 事前備置書類

　完全子会社は、備置開始日から効力発生日後6カ月を経過するまでの間、本店において、株式移転計画その他法務省令で定める事項を本店に備え置いて、株主の閲覧・謄写に供しなければならない（803条1項、施規206条）。

　これは、承認総会における株主の議決権行使および株式移転無効の訴えのための判断材料を提供するためのものである。

　備置開始日とは、①株主総会の2週間前の日（書面同意（319条1項）の場

第6章　第6節　株式移転

合には、目的事項の提案があった日）、②株主への通知を要する場合には、株主総会決議の日から2週間以内に行う株主に対する通知または公告の日、③新株予約権者に対して通知または公告が必要な場合には、その通知または公告の日、④債権者保護手続を要する場合における債権者に対する個別の催告または公告の日、のうちいずれか早い日である（803条2項）。

## 3　株式移転承認株主総会

### (1)　招　集

株式移転を行うには株式移転計画を作成し、株主総会の承認を得なければならない（804条1項）。

株主総会を開催するためには、取締役会の招集決議が必要であり（298条1項）、原則として総会の日の2週間前に株主に書面または電磁的方法により招集通知を発送しなければならない（299条1項）。

株式移転の承認に関する議案を提出する場合には、招集通知に添付する株主総会参考書類には、以下の①～⑦の事項を記載することとなる（施規91条。【書式6-10】参照）。

---

〔参考書類記載事項〕

① 当該株式移転を行う理由

② 株式移転計画の内容の概要

③ 株式移転に際し完全子会社の株主に交付するその株式に代わる完全親会社の株式の数等の相当性に関する事項の概要

④ 完全親会社の取締役になる者についての選任に関する参考事項

⑤ 完全親会社が会計参与設置会社であるときは、会計参与になる者についての選任に関する参考事項

⑥ 完全親会社が監査役設置会社であるときは、監査役になる者についての選任に関する参考事項

⑦ 完全親会社が会計監査人設置会社であるときは、会計監査人になる

---

484

II 株式移転の手続

者についての選任に関する参考事項

【書式6-10】 議決権行使についての参考書類例

### 議決権行使についての参考書類

1　総株主の議決権の数　　　　○○○○個
2　議案および参考書類
　　第1号議案　　株式移転による完全親会社設立の件
　(1)　株式移転を行う理由
　(2)　株式移転計画の内容の概要
　　　①　設立する完全親会社の定款
　　　②　設立する完全親会社が株式移転に際して発行する株式の種類および数
　　　　ならびに完全子会社となる会社の株主に対する株式の割当て
　　　③　設立する完全親会社の資本の額および資本準備金
　　　④　株式移転期日
　　　⑤　各会社が株式移転の日までにする利益配当の限度額
　　　⑥　設立する完全親会社の取締役および監査役の選任に関する事項
　　　⑦　会計監査人の選任に関する事項
　(3)　会社法773条1項5号から8号までに掲げる事項についての定めの相当
　　性に関する事項
　(4)　本議案に関する事項
　　第2号議案　　定款一部変更の件

以上

⚜ *One point advice*　**株式移転後の基準日の扱い**　────────

　たとえば、決算期が3月末日の会社は、3月末日を定時株主総会の基準日とする定款規定が設けられていることが多い。このような会社が、12月に臨時株主総会を開催して、株式移転期日を4月1日とする株式移転承認

決議を行うような場合、基準日の規定をそのままにしておくと、株式移転の効力が発生した後に行われる完全子会社の定時株主総会（6月頃に開催）に株式移転前の既存株主が議決権を行使することができることになる。

そこで、このような事態を回避するため、株式交換や株式移転承認決議を行う場合、完全子会社となる会社は、その承認総会において、基準日に関する定款規定を削除することが一般的である。

### (2) 決 議

完全子会社は、株主総会を開催し、株式移転計画について、原則として、特別決議による承認を受けなければならない（804条1項、309条2項12号）。

ただし、完全子会社が公開会社で、その株主に対して譲渡制限株式等を交付する場合には、流動性の低い譲渡制限株式を交付されることとなる完全子会社の株主を保護する趣旨から、株主総会の特殊決議（309条3項3号）が要求されている。なお、株式移転については、簡易・略式手続の特則はない。

また、株式移転についても、事業譲渡や合併等と同様、反対株主の株式買取請求権や新株予約権の買取請求権が認められている（806条1項、808条1項）。

この点に関連して、資本関係のなかった2つの会社が、経営統合のため、株式移転設立完全親会社を設立したうえで同社の株式移転完全子会社となる計画を実行したところ、当該株式移転に反対する株主が株式買取請求権を行使したものの会社との価格協議が決裂したため、買取価格決定の申立てがなされたという事案がある（最判平成24・2・29判タ1370号108頁）。

この判例では、株式移転により企業価値が増加する場合の「公正な価格」（806条2項）の判断方法が問題となった。具体的には①「公正な価格」算定の基準日はいつか、②株式移転により企業価値が増加する場合の「公正な価格」は何か、③具体的な「公正な価格」はどのように算定するか、が問題となった。

まず、①「公正な価格」の算定基準日について、裁判所は、株式買取請求（806条）の趣旨が、反対株主に会社から退出する機会を与え、株式移転がな

かった場合と同じ経済状態を保障し、株式移転により企業価値が増加する場合は、その増加分を適切に分配する点にあると判示した。そのうえで、算定基準日は、反対株主が、退出意思を明示して株式移転完全子会社との売買契約が成立したのと同じ法律関係が生じる株式買取請求日と解するのが合理的と判示した。

さらに、②株式移転により企業価値が増加する場合の「公正な価格」について、株式移転後の企業価値が株式移転計画上の株式移転比率により株主に分配されるとの理解の下、その株式移転比率が公正であれば、原則として、株式買取請求がされた日にその株式が有していると認められる価格をいうと判示した。また、ここでの株式移転比率の公正性について、相互に特別の資本関係のない会社間で適切・適法な株主総会等公正な手続を通じ株式移転がなされた場合は、その株主総会における株主の合理的判断が妨げられたと認められる特段の事情がない限り株式移転比率は公正と解されると判示した。

そのうえで、③具体的な「公正な価格」の算定方法に関して参照すべき市場株価として、株式買取請求日の市場株価や、これに近接する一定期間の市場株価の平均値を用いることは、個別具体的事情を踏まえた裁判所の合理的な裁量の範囲内にあると判示した。

## 4 株券提出手続

株券を発行している株券発行会社（117条6項）の場合には、完全親会社の成立の日までに株券を提出すべき旨を、完全親会社の成立の日1カ月前までに公告し、かつ、株主およびその登録株式質権者に各別に通知しなければならない（219条1項8号）。

株券は、完全親会社の成立の日に無効となる（219条3項）。

## 5 債権者保護手続

完全子会社は、その新株予約権付社債を株式移転計画に従い、完全親会社に承継させる場合には、当該新株予約権付社債の社債権者に対して債権者保

護手続をとることが必要である（810条1項3号）。

異議を述べることができる債権者がいる場合には、1カ月以上の期間を定め、その期間内に異議を述べることができる旨等を官報に公告し、かつ、知れている債権者に各別に催告しなければならない（810条2項）。ただし、定款において、時事に関する事項を掲載する日刊新聞紙に掲載する方法または電子公告を公告方法として定めている場合、官報公告に加えてかかる方法による公告を行えば、上記の催告は省略できる（同条3項）。

## 6 株式移転の登記

株式移転は、完全親会社の成立の日、すなわち設立された完全親会社がその本店所在地において設立登記をすることによって効力が生じる（774条）。

なお、完全子会社となる会社については、株主に変動が生じるだけなので、株式移転による登記手続はない。

## 7 事後の開示

完全子会社は、完全親会社と共同で、株式移転により完全親会社が取得した完全子会社の株式の数その他法務省令に定める株式移転に関する事項を記載した書面または電磁的記録を作成し、両社は、かかる書面または電磁的記録を、株式移転の日（完全親会社成立の日）から6カ月間、本店に備え置かなければならない（811条1項2号・2項、815条3項3号、施規210条。【書式6-11】参照）。

完全親会社成立の日に完全子会社の株主または新株予約権者であった者、完全親会社の株主および新株予約権者は、かかる書面または電磁的記録を閲覧・謄写することができる（811条4項、815条6項）。

**【書式6-11】 株式移転に関する事後開示例**

平成○○年○月○日

N株式会社とP株式会社との株式移転に関する事項

東京都○○区○○町○丁目○番○号
N株式会社
代表取締役　大野　太郎
大阪市○○区○○町○丁目○番○号
P株式会社
代表取締役　山下　　賢
東京都○○区○○町○丁目○番○号
WHホールディングス株式会社
代表取締役　大野　太郎

　N株式会社とP株式会社は、平成○年○月○日開催のそれぞれの臨時株主総会において、共同株式移転により完全親会社であるWHホールディングス株式会社を設立することを決議しました。これに基づいて、両社は、平成○年○月○日をもって株式移転を実施して、同日付で設立登記を行いました。この株式移転に関する事項は、下記のとおりであります。

記

1．N株式会社およびP株式会社において、会社法806条の規定により、株式の買取請求をされた株主、会社法808条の規定により新株予約権の買取請求をされた新株予約権者は、ともにありませんでした。

2．会社法810条の規定により、N株式会社およびP株式会社は、平成○○年○月○日付の官報および同日付の日本経済新聞で、それぞれ債権者に対し、株式移転に対する異議申述の公告をいたしましたが、両社の異議申述期限の平成○○年○月○日までに、異議申述をされた債権者は両社ともありませんでした。

3．N株式会社とP株式会社は、会社法219条の規定により、それぞれ平成○年○月○日付の日本経済新聞で、N株式会社およびP株式会社の株主に対し、平成○年○月○日開催のそれぞれの臨時株主総会において、共同して株

式移転により完全親会社であるWHホールディングス株式会社を設立することを決議した旨、平成○年○月○日までに株券を提出されたい旨ならびに株式移転の日において株券は無効となる旨を公告し、かつ、それぞれの株主および株主名簿に記載された質権者に対し、各別に通知を行いました。

4．平成○年○月○日（株式移転の日）におけるN株式会社に現存する純資産額（暫定）は、○○億円、P株式会社に現存する純資産額（暫定）は○○億円であります。

5．株式移転によってWHホールディングス株式会社に移転したN株式会社の株式の数は○○○○株、P株式会社の株式の数は○○○○株であります。

6．WHホールディングス株式会社は、株式移転に際して発行する普通株式○○○株を、株式移転をなすべき日の前日（平成○年○月○日）の最終のN株式会社およびP株式会社の株主名簿（実質株主名簿を含む）に記載された株主に対し、その所有するN株式会社の○○株につきWHホールディングス株式会社○○株、その所有するP株式会社の株式○○株につきWHホールディングス株式会社の株式○○株の割合をもってそれぞれ割当交付いたしました。

7．WHホールディングス株式会社は、株式移転に関する株主総会の承認に基づき、株式移転をすべき日の前日の最終の両社の株主名簿に記載された株主に対して、以下のとおり株式移転交付金を支払います。

　N株式会社の株式：　総額○○○,○○○円（1株につき○円○銭）

　P株式会社の株式：　総額○○○,○○○円（1株につき○円○銭）

8．この株式移転の結果、WHホールディングス株式会社は、資本金が○○○○○円、資本準備金（暫定）が○○○○○円となっております。

以　上

（注）　上記第4項および第8項に関しては、平成○年○月○日現在、数値が確定していないことから、平成○年○月○日現在のN株式会社およびP株式会社のそれぞれの貸借対照表に基づいた暫定数値を記載いたしました。

## Ⅲ　株式移転の無効

株式移転手続に瑕疵がある場合は、株式移転無効の訴えによってのみ無効の主張をすることができる（828条1項12号）。

### 1　無効原因

無効原因は法定されていないが、合併の無効原因と同様と解されている。

たとえば、下記①～④等の重大な手続違反が無効事由になると解されている。

---

〔株式移転無効事由〕

①　株式移転計画が作成されなかった場合

②　株式移転計画が作成されたが要件不備であった場合

③　株式移転計画承認総会に無効または取消事由があった場合

④　事前開示に不備があった場合

---

### 2　手　続

#### (1)　提訴権者

株式移転無効の訴えを提起できる者は、株式移転の効力が生じた日において、完全子会社の株主、取締役、監査役、清算人等であった者、または完全親会社の株主、取締役、監査役、清算人等である（828条2項12号）。

#### (2)　提訴期間

提訴期間は、株式移転の効力が発生した日から6カ月である（828条1項12号）。この提訴期間内に訴えが提起されなければ、瑕疵ある株式移転であっても有効なものと取り扱われることとなる。

なお、訴えの被告は、完全親会社および完全子会社である（834条12号）。

*491*

第6章　第7節　キャッシュアウト

## 3　無効判決の効果

　株式移転を無効とする判決は、画一的に処理をする必要から第三者にも効力が及び（838条。対世効)、また取引の安全を図る必要があるから遡及効が否定される（839条)。

　株式移転無効の判決が確定したときは、完全親会社は、完全親会社が株式交換により交付した完全親会社株式を株式移転の無効判決確定時において有する株主に対し、株式移転により取得した完全子会社の株式を交付しなければならない（844条1項)。

　　❦ *One point advice*　**組織再編に対する差止め請求** ─────
　　　平成26年会社法改正により、簡易組織再編以外の組織再編について、法令または定款に違反する場合の差止めが認められることとなった（805条の2第1項)。

## 第7節　キャッシュアウト

　ある会社が、特定の会社について、非公開化等を目標に完全子会社化を図ることがある。その際に、自社以外の株主を締め出すための方法として、キャッシュアウトという手法がある。

　このキャッシュアウトの手法として、公開買付け（不特定かつ多数の者に対し、公告により株式等の買付け等の申込みまたは売付け等の申込みの勧誘を行い、証券取引市場外で株式等の買付け等を行うもの（金商27条の2)）等を行って一定数の株式を確保したうえで、以下のような組織再編手続等を利用することがある。

# Ⅰ 株式交換・合併の利用

　まず、キャッシュアウトの手法として株式交換（767条以下）や合併（782条以下）が利用されることがある。たとえば、Ａ社について大量に株式を取得したＢ社が、自社以外のＡ社株主Ｘらの締め出しを目論んだとする。こ

〔図表6-22〕　**株式交換によるキャッシュアウトの場合**

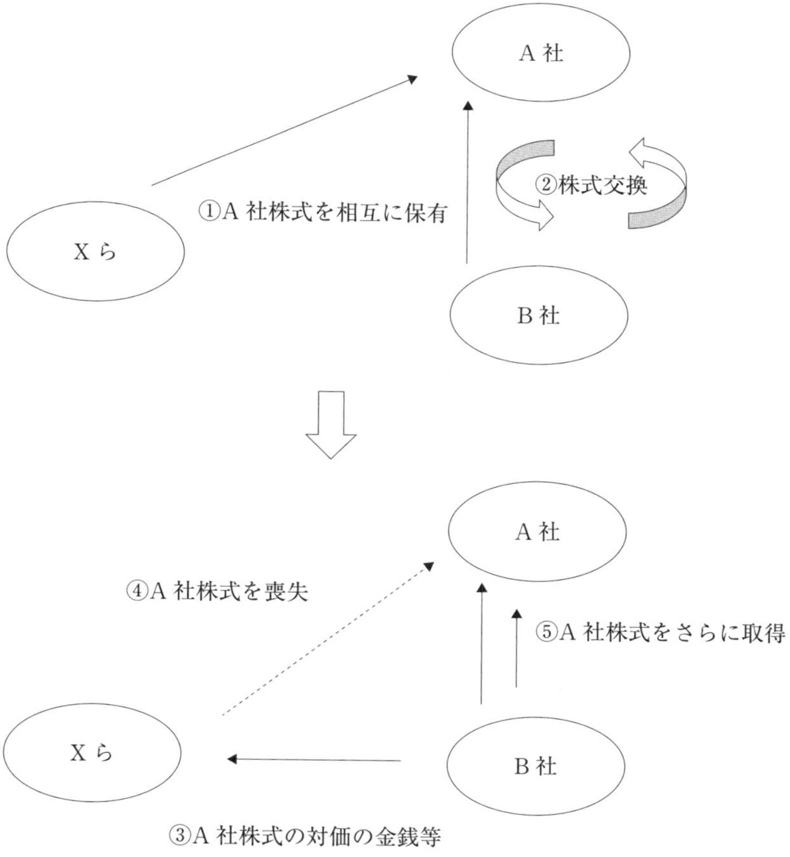

A 社

②株式交換

X ら

①A 社株式を相互に保有

B 社

④A 社株式を喪失

A 社

⑤A 社株式をさらに取得

X ら

B 社

③A 社株式の対価の金銭等

〔図表6-23〕 吸収合併によるキャッシュアウトの場合

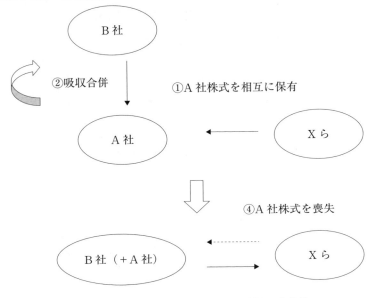

の場合、B社は、自社を株式交換完全親会社、A社を株式交換完全子会社として株式交換を行ったり、B社を吸収合併存続会社、A社を吸収合併消滅会社としてA社と合併したうえで、Xらに対しB社株式以外の金銭等を交付することで、Xらを締め出すことが可能である（〔図表6-22〕〔図表6-23〕）。

〔株式交換・吸収合併によるキャッシュアウト〕
① A社とB社において株式交換手続ないしは合併手続を行う。
② B社が、Xらに対し対価として金銭等を交付（768条2項2号、749条1項2号）するか、または、合併比率についてXらに交付する株式が1株未満となるよう設定し、端数処理の中でXらに金銭を交付する（234条）。

なお、反対株主の保護は、株式買取請求権（785条1項、797条1項）の行使等により図られる。

# Ⅱ　全部取得条項付種類株式の利用

　キャッシュアウトの手法として全部取得条項付種類株式（108条1項7号）が利用されることがある。この手法は、組織再編を利用する場合と異なり、課税が発生しない等のメリットがあるため、現在では主流の方法とされる。

　たとえば、A社について大量に株式を取得したB社が、自社以外のA社株主Xらの締め出しを目論んだ場合、B社は、A社株式を全部取得条項付種類株式に変更してA社にすべての株式をいったん取得させ、B社のみが1株以上の新しいA社株式を取得できるよう対価を設定し、1株未満の端数株式を取得させたXらに対しては金銭を交付して、XらをA社から締め出すことが可能である（〔図表6-24〕）。

---

〔全部取得条項付種類株式によるキャッシュアウト〕
① 　A社において種類株式発行会社への定款変更（309条2項11号、466条）
② 　A社において発行済株式の内容を全部取得条項付種類株式に変更することを内容とする定款変更に関する株主総会決議（309条2項11号、108条1項7号）および種類株主総会決議（324条2項1号、111条2項）
③ 　A社において全部取得条項付種類株式を取得する旨の決議（309条2項3号、171条1項1号）
④ 　A社から、B社に対し、全部取得条項付種類株式の対価として新しいA社株式1株以上の交付
⑤ 　A社から、Xらに対し、端数株式の処理としての金銭の交付（234条）

---

495

〔図表 6-24〕 全部取得条項付種類株式によるキャッシュアウト

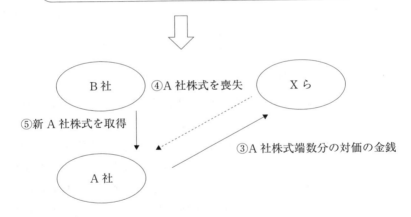

なお、反対株主の保護は、発行済株式の内容を全部取得条項付種類株式に変更する定款変更の際の株式買取請求権の行使（116条1項2号）および価格決定の申立て（117条）により図られる。

また、全部取得条項付種類株式に関し、平成26年会社法改正により、組織再編手続との平仄を意識したうえでの株主保護の手続が整備された。具体的

には、株式取得前の通知公告（172条）、総会決議事項等の事前備置および事後備置（171条の2）、法令または定款違反の場合の差止請求（171条の3）等が規定された。

# III 株式併合の利用

理論上、キャッシュアウトの手法として株式併合（180条）を利用することが考えられる。たとえば、A社について大量に株式を取得したB社が、自社以外のA社株主Xらの締め出しを目論んだ場合、B社は、株式併合後のXらの各株式が1株未満の端数となるよう併合割合を定めたうえで、X

〔図表6-25〕 株式併合によるキャッシュアウト

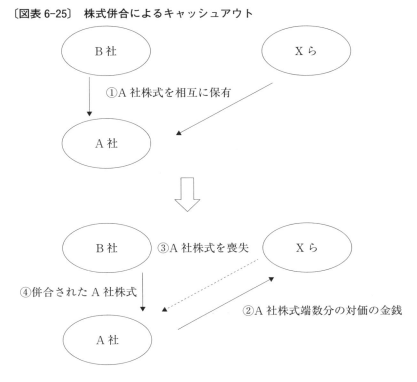

らに対し金銭を交付して（235条）、XらをA社から締め出すことも可能である（〔図表6-25〕）。

　もっとも、株式併合を利用したキャッシュアウトの場合、株主総会の特別決議が必要となる（309条2項4号、180条2項）ものの、従前は、組織再編を利用した場合や全部取得条項付種類株式を利用した場合と異なり、反対株主による株式買取請求等の機会が与えられていなかった。そのため、反対株主保護の見地から、実務上、株式併合を利用してキャッシュアウトをすることはできないと考えられてきた。

　しかし、平成26年会社法改正により、キャッシュアウトとして株式併合が利用されるような場合、すなわち、対象会社の単元株式数に併合の割合を乗じて得た数に1に満たない端数が生ずる場合については、株主を保護する手続が規定された。具体的には、株式併合の効力発生の2週間前までに行うことが要求されていた株主に対する通知等（181条）について20日前までに行うよう前倒しし（181条、182条の4）、総会決議事項等の事前備置および事後備置、法令または定款違反の場合の差止請求（182条の3）、反対株主の株式買取請求（182条の4、182条の5）について規定された。

# Ⅳ　株式等売渡請求制度

　以上のように、従来は、キャッシュアウトの手法として、組織再編や全部取得条項付種類株式が利用されてきたが、いずれも少数株主の排除そのものを目的とした制度ではないため、複数の株主総会決議等が必要となるなど手続として迂遠であることや株主保護として不十分であること等が指摘されていた。

　これらの指摘を受けて、平成26年会社法改正により、金銭による少数株主の排除を目的とした制度として、一定の株主による株式等売渡請求制度が創設されることとなった（179条1項）。すなわち、総株主の議決権の90％以上を保有する株主は、売渡株式の対価等の一定の事項を定めたうえで対象会社

〔図表6-26〕 株式等売渡請求制度によるキャッシュアウト

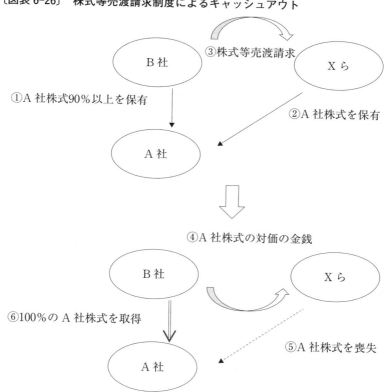

に対し株式等売渡請求をすることを通知し、対象会社の取締役会における承認決議を経ることで、他の株主から、直接、株式等を譲り受けることができることとなった。

株式等売渡請求の制度は、総株主の議決権の90％以上という厳格な要件があるものの、全部取得条項付種類株式や株式併合を利用した手続と異なり、株主総会決議が不要であり、株式の端数処理の手間も要しないため、簡易迅速性という点に大きなメリットがある。

第6章　第7節　キャッシュアウト

〔図表6-27〕　キャッシュアウト手法の特徴の比較

| | 株式等売渡請求 | 全部取得条項付種類株式の取得 | 株式併合 | 組織再編 | |
|---|---|---|---|---|---|
| | | | | 略式 | 略式以外 |
| 代金支払者 | 買収者<br>（直接移転型） | 対象会社<br>（端数処理型） | 対象会社<br>（端数処理型） | 買収者<br>（直接移転型） | |
| 買収者の属性 | 限定なし | 限定なし | 限定なし | 株式会社・合同会社 | |
| 対象証券 | 株式・新株予約権<br>新株予約権付社債 | 株式 | 株式 | 株式 | |
| 株主総会 | 不要 | 必要 | 必要 | 被支配会社につき不要 | 必要 |
| キャッシュアウトに必要な議決権 | 90％以上 | 3分の2以上 | | | |
| 開示手続 | 事前・事後措置<br>株主への通知・公告 | 事前・事後措置<br>株主への通知・公告 | 事前・事後措置<br>株主への通知・公告 | 事前・事後措置<br>株主への通知・公告 | |
| 差止請求 | 法令違反<br>対価が著しく不当 | 法令定款違反 | 法令定款違反 | 法令定款違反<br>対価が著しく不当 | 法令定款違反※1 |
| 株式買取請求<br>価格決定申立て | 価格決定申立て | 株式買取請求<br>価格決定申立て | 株式買取請求 | 株式買取請求※1 | |
| 事後救済 | 無効訴訟 | 取消訴訟 | 取消訴訟 | 無効訴訟 | |
| 対象会社に対する課税 | 課税なしと解釈 | 課税なし | 課税なし | 時価評価課税<br>（非適格再編） | |
| 対象会社の有報提出義務 | 消滅しないと解釈 | 消滅 | 消滅しない | 消滅しない | |

※1　簡易組織再編の場合は適用されない。

〔株式等譲渡請求制度〕

① 特別支配株主から対象会社に対する売渡請求に関する通知（179条の2、179条の3）

② 対象会社の承認（179条の3。取締役会設置会社の場合は取締役会による承認決議）

③ 売渡株主等に対する通知および公告（179条の4）

④ 売渡株主等に対する通知および公告について、対象会社において事前備置および事後備置（179条の5、179条の10）

これまで述べたキャッシュアウト手法の特徴を比較すると、〔図表6-27〕のとおりとなる。

## 第8節　M&Aの会計と税務

　第1節から第7節にかけて、各組織再編行為の特徴を説明したが、株式会社がM&Aの手法として各組織再編行為を選択する際は、これらの特徴のみならず、当該組織再編行為が会計および税制上どのように取り扱われるかも実務上大きな考慮要素となる。

　そして、会計については、会社計算規則の該当条文のみならず、企業会計基準委員会によって公表されている「企業結合に関する会計基準」（企業会計基準第21号）、「事業分離等に関する会計基準」（企業会計基準第7号）、および「企業結合会計基準及び事業分離等会計基準に関する適用指針」（企業会計基準適用指針第10号）が、税務については、法人税法の「企業組織再編税制」の理解が重要となるが、本書の目的からして、ここではその概要を説明するにとどめる。

501

第6章　第8節　M&Aの会計と税務

# $\boxed{\text{I}}$　M&A の会計

　企業結合に関する会計基準は、企業結合の取引を行った際の会計処理について規定し、事業分離等に関する会計基準は、会社分割や事業譲渡等の場合における事業を分離する企業（分離元企業）の会計処理（移転損益を認識するか）や、合併や株式交換等の企業結合における結合当事企業の株主に係る会計処理（交換損益を認識するか）を規定する。そして、企業結合会計基準および事業分離等会計基準に関する適用指針は、両基準の詳細を規定している。

　なお、上記基準は、主に上場会社に適用されるものであり、中小企業が行う M&A に関しては、別途の考慮を要する。

## 1　企業結合に関する会計基準

　企業結合に関する会計基準は、企業結合を、「ある企業又はある企業を構成する事業と他の企業又は他の企業を構成する事業とが１つの報告単位に統合されること」としたうえで、合併、株式交換、株式移転、会社分割等によって行われる企業結合を法形式ではなく、その実態に即して、下記①～④に分類し、①については時価に再評価して計上する方式（パーチェス法）、②、③、④については従来の帳簿価格のまま引き継ぐ方式で会計処理される。

---

〔企業結合に関する会計基準における「企業結合」の分類〕

① 「取得」（ある企業が他の企業または企業を構成する事業に対する支配を獲得すること）

② 「逆取得」（取得に該当する取引のうち、消滅会社、現物出資会社、吸収分割会社、完全子会社が取得企業となる場合）

③ 「共通支配下の取引」（結合当事企業（または事業）のすべてが、企業結合の前後で同一の株主により最終的に支配され、かつ、その支配が一時的ではない場合の企業結合）

---

*502*

④ 「共同支配企業の形成」（複数の独立した企業が契約等に基づき、当該共同支配企業を形成する企業結合）

## 2 事業分離等に関する会計基準

事業分離等に関する会計基準は、会社分割や事業譲渡等の場合における事業を分離する企業（分離元企業）の会計処理を定め、移転した事業に関する投資が継続しているとみられる場合には、分離元企業は事業の移転損益を認識せず、投資が清算されたとみられる場合には、移転損益を認識するとする。

## 3 会社計算規則の規定

会社計算規則は、上記の会計基準に合わせ、①吸収合併の際の存続会社における株主資本の変動（計規35条、36条）、②吸収分割の際の承継会社における株主資本の変動（同規則37条、38条）、③株式交換の際の完全親会社における株主資本の変動（同規則39条）、④新設合併の際の設立会社における株主資本の計上（同規則45条～48条）、⑤新設分割の際の設立会社における株主資本の計上（同規則49条～51条）、⑥株式移転の際の設立会社における株主資本の計上（同規則52条）に関して、それぞれ規定する。

# Ⅱ M&A の税務

株式会社が合併・分割等により、組織再編を行う場合には、組織再編に伴って、会社の有する資産等が他の会社に移転するため、キャピタル・ゲイン／ロスが実現することになり、資産等を譲渡した会社に対する譲渡損益課税が発生する。

このような原則的な課税が行われる場合には、会社が合併・分割等を通じ組織を柔軟に変更・再編することやグループ化することに対し税制が妨げになることから、組織再編に対する税の障害を取り除くために、一定の条件に

503

第6章　第8節　M&Aの会計と税務

合致する組織再編について、資産等を移転した会社に生じる譲渡損益課税を繰り延べるとともに、組織再編に伴って株式が移転した株主等に生じるみなし配当課税および譲渡損益課税を繰り延べる制度が設けられている（適格組織再編税制、平成13年度税制改正）。

　適格組織再編成には、「企業グループ内の組織再編成」（持株比率が50％超の法人間の組織再編成）と「共同事業を営むための組織再編成」（別々の企業グループに属する企業がそれぞれの事業を切り出して共同事業を営むような場合）に区別され、それぞれ適格組織再編となる要件が定められている。

　なお、持株会社制等の株式会社の組織形態の多様化等に対応するため、平成22年度税制改正により、グループ法人税制の整備が図られた。

## Ⅲ　IFRS

### 1　IFRSとは

　平成21年6月、金融庁は、「我が国における国際会計基準の取扱いについて（中間報告）」を公表し、これにより、平成22年3月期からのIFRS（International Financial Reporting Standards）の任意適用の方向性が示された。IFRSは、世界的に承認・遵守されることを目的とした会計基準のことである。IFRSのメリットとしては、国際共通的な会計基準を導入することで、国境を超えた投資家による企業の比較、検討、分析を可能にし、より海外マネーの呼び込みが期待できるようになること、世界中に業務を展開している会社にとっては重複する財務情報の作成を回避できたり、デューデリジェンスの効率化等により海外企業との業務提携が容易になったりと、その負担が軽減されること等があげられる。

### 2　IFRS適用による組織再編への影響

　組織再編に関連して、IFRSの適用により具体的に生じる違いの一つとし

504

て、のれんの扱いがあげられる。

のれんは、法的権利ではなく、得意先関係や営業上の秘訣等の経済的価値のある事実関係をいい、組織再編に伴い帳簿上の価額として顕在化することがある。たとえば、2つの会社の間で吸収合併が行われる場合、合併存続会社が、合併消滅会社に対して交付する対価が、合併消滅会社の資産と負債の差額より大きい場合におけるその超過額がのれんに相当する。

これまで国内では、のれんについては、その効果が及ぶ20年以内の期間にわたり、定額法（原則として毎年同額を償却する方法）その他の合理的な方法により規則的に償却すべきものとされてきた。

他方で、IFRS においては、のれんにつき定期的な償却はなされず、その代わりに毎期減損テストが実施される。減損テストとは、一般的には、減損の兆候が認められる資産につき、帳簿価格と回収可能価格を比較し、減損損失を測定することをいう。ただし、いまだ使用可能な状態にないのれんについては、減損の兆候の有無にかかわらず、毎期減損テストが実施される。

## 3　国内における IFRS 適用の動向

国内における IFRS 適用の流れの中で、会社計算規則および連結財務諸表規則が改正され、会社法および金融商品取引法上、一定の要件を満たす日本企業が、IFRS に準拠して連結財務諸表を開示することが可能となっていた。平成21年6月の中間報告では、IFRS の「強制適用」の判断を平成24年頃までに行い、平成27年または同28年に強制適用開始とすることが考えられていた。

しかし、国内の会計基準と IFRS には基本的な考え方において調整が必要な項目があることや、国内の企業経営や事業活動の実際に合わず導入費用も過大と考えられる項目もあるため、平成26年6月時点においても、IFRS の強制適用は実現されておらず、慎重にその導入が進められている。この点に関連して、平成25年6月、金融庁の企業会計審議会が、「国際会計基準（IFRS）への対応のあり方に関する当面の方針」を公表したところ、その中

第6章 第9節 登記

では、純粋な IFRS ではなく「あるべき IFRS」、「我が国に適した IFRS」という見地から IFRS の個別基準を検討し、必要に応じて一部基準を削除または修正して採択するエンドースメント（自国基準への IFRS の取込み手続）のしくみを導入することが、国内における IFRS 任意適用企業数の増加を図る一方で、世界金融危機のような非常時に国内独自で対応することも可能とするため、有用と考えられる旨の記載がなされた。

　平成29年 2 月時点において、IFRS を任意適用している会社は102社にとどまるものの、その適用を予定している会社も33社あり、企業のグローバル展開の促進とともに IFRS を適用する会社は今後も増加することが予想される。今後は、会計基準等も IFRS に収れんさせる形で変容し続けることが想定されるため、組織再編の際には、適宜、行為時に適用される会計基準を確認することが重要である。

# 第 9 節　登　記

## Ⅰ　組織再編における登記

　組織再編では、会社法、商業登記法、法務省民事局長通達等の法令に従って登記することが要求されているところ、必要な登記の内容等は、組織再編の種類や当事会社の立場により異なる。以下では、組織再編を、新設型組織再編、吸収型組織再編、事業譲渡等に分けて説明する。

## Ⅱ　登記の内容

### 1　新設型組織再編

　組織再編手続のうち新設合併、新設分割、および株式移転が新設型組織再

編にあたる。この場合に必要な登記の内容は、〔図表6-28〕のとおりである。

　新設型組織再編の場合、登記により新たな会社が成立し（創設的効力。819条1項カッコ書、49条）、組織再編の効力が生じるため、登記が効力発生要件を有することとなる。

## 2　吸収型組織再編

　組織再編手続のうち、吸収合併、吸収分割、および株式交換が吸収型組織再編にあたる。この場合に必要な登記の内容は、〔図表6-29〕のとおりである。

　吸収型組織再編の効力の発生日は、組織再編契約の必要的記載事項である効力発生日（749条1項6号、758条7号、768条1項6号）とされており、登記は効力発生要件ではない（750条1項・3項、759条1項・4項、769条1項・3項）。

　吸収型組織再編の場合、新設型組織再編と異なり、登記は対抗要件となる（750条2項参照）。

## 3　事業譲渡等

　事業譲渡等の場合、合併等とは異なり、組織再編行為の事実自体を登記する制度はない。

　しかし、個別の不動産登記（民177条）、債権譲渡登記（動産及び債権の譲渡の対抗要件に関する民法の特例等に関する法律4条1項）、動産譲渡登記（同法3条1項）については、第三者に対する対抗要件として必要となる。

　また、事業の譲受会社が、譲渡会社の商号を続用する場合、債権者保護の見地から譲受会社も譲渡会社の事業により生じた債務を弁済する責任を負うところ（22条1項）、譲受会社が事業譲受け後、遅滞なく債務を弁済しない旨の登記をすれば、この責任を免れることができる（同条2項前段）。

第6章　第9節　登　記

〔図表 6-28〕　新設型組織再編の場合の登記の概要

| 新設型組織再編 | | 登記の種類 | 登記の時期 |
|---|---|---|---|
| 新設合併 | 設立会社 | 設立の登記<br>（922条） | 次の各区分の中でいずれか遅い日から2週間<br>1　消滅・分割するのが株式会社のみの場合 |
| | 消滅会社 | 解散の登記<br>（922条）<br>（※1） | ①新設合併・分割の契約等に関する株主総会決議の日<br>②新設合併・分割の契約等に関する種類株主総会決議の日 |
| 新設分割 | 設立会社 | 設立の登記<br>（924条） | ③株式買取請求手続に係る通知・公告から20日後<br>④新株予約権買取請求手続に係る通知・公告から20日後 |
| | 分割会社 | 変更の登記<br>（924条）<br>（※2） | ⑤債権者保護手続が終了した日<br>⑥新設合併・分割の当時会社が合意した日<br>2　消滅・分割するのが合同会社のみの場合<br>⑦新設合併・分割の契約等につき総社員が同意した日<br>⑧債権者保護手続が終了した日<br>⑨新設合併・分割の当事会社が合意した日<br>3　消滅・分割するのが合同会社と株式会社の場合<br>⑩1・2のいずれか遅い日 |
| 株式移転 | 設立完全親会社 | 設立の登記<br>（925条） | 次の各区分の中でいずれか遅い日から2週間<br>①株式移転の契約等に関する株主総会決議の日<br>②株式移転の契約等に関する種類株主総会決議の日<br>③株式買取請求手続に係る通知・公告から20日後<br>④新株予約権買取請求手続に係る通知・公告から20日後<br>⑤債権者保護手続が終了した日<br>⑥株式移転の当事会社が合意した日 |
| | 完全子会社 | 変更の登記<br>（915条1項）<br>（※3） | 変更の日から2週間以内 |

※1　新設合併会社の代表者が、同社の本店の所在地を管轄する登記所を経由して、同社の登記申請と同時に行う必要がある（商登82条）。

※2　分割会社の変更の登記申請は、新設分割設立会社の本店の所在地を管轄する登記所を経由して、同社の登記申請と同時に行う必要がある（商登87条）。

※3　株式移転完全子会社の新株予約権に代えて株式移転設立完全親会社の新株予約権を交付する場合、株式移転完全子会社の新株予約権を消滅させることにつき変更の登記が必要となりうる。この場合、株式移転完全子会社の登記は、株式移転設立完全親会社の本店所在地を管轄する登記所を経由して、同社の登記申請と同時に行う必要がある（商登91条）。

508

Ⅲ　登記申請の方式

〔図表 6-29〕　吸収型組織再編の場合の登記の概要

| 吸収型組織再編 | | 登記の種類 | 登記の時期 |
|---|---|---|---|
| 吸収合併 | 存続会社 | 変更の登記<br>（921条） | 吸収合併・分割の効力発生から 2 週間以内 |
| | 消滅会社 | 解散の登記<br>（921条）<br>（※ 1 ） | |
| 吸収分割 | 承継会社 | 変更の登記<br>（923条） | |
| | 分割会社 | 変更の登記<br>（923条）<br>（※ 2 ） | |
| 株式交換 | 完全親会社 | 変更の登記<br>（915条 1 項） | 変更の日から 2 週間以内 |
| | 完全子会社 | 変更の登記<br>（915条 1 項）<br>（※ 3 ） | |

※ 1　吸収合併存続会社の代表者が、同社の本店の所在地を管轄する登記所を経由して、同社の登記申請と同時に行う必要がある（商登82条）。
※ 2　分割会社の変更の登記申請は、承継会社の本店の所在地を管轄する登記所を経由して、同社の登記申請と同時に行う必要がある（商登87条）。
※ 3　株式交換完全子会社の新株予約権に代えて株式交換完全親会社の新株予約権を交付する場合、株式交換完全子会社の新株予約権を消滅させることにつき変更の登記が必要となりうる。この場合、株式交換完全子会社の登記は、株式交換完全親会社の本店所在地を管轄する登記所を経由して、同社の登記申請と同時に行う必要がある（商登91条）。


# Ⅲ　登記申請の方式

　具体的な登記の申請は、会社法、商業登記法、法務省民事局長通達等の法令に従って行う必要がある。

　たとえば、登記申請の際に必要となる書類としては、①組織再編に関する契約書、②組織再編に係る株主総会決議や取締役会決議の議事録、③会社の登記事項証明書、④公告および催告をしたことの証明書、⑤異議ある債権者

第6章　第9節　登　記

がいないことの上申書、⑥株券提出公告をしたことの証明書、⑦資本金額が
会社法の規定に従い計上されたことの証明書、⑧登録免許税の計算に関する
証明書等が、法令で要求される。

【書式6-12】　吸収合併による変更登記申請書例

**株式会社合併による変更登記申請書**

1．商　　　　号　　　○○○株式会社
1．本　　　　店　　　○県○市○番○号
1．登記の事由　　　吸収合併による変更
1．○大臣の許可書（又は認可書）到達年月日　　平成○年○月○日
1．登記すべき事項

受付番号票貼付欄

1．課税標準金額　　　金○○○円
1．登録免許税　　　　金○○○円
1．添付書類
　合併契約書　　　　　　　　　　　　　　　　　　　　　　　　1通
　合併に関する株主総会議事録　　　　　　　　　　　　　　　　2通
　取締役会議事録　　　　　　　　　　　　　　　　　　　　　　1通
　略式合併又は簡易合併の要件を満たすことを証する書面　　　　○通
　簡易合併に反対の意思の通知をした株主がある場合における会社法第
　796条第4項の株主総会の承認を受けなければならない場合には該当
　しないことを証する書面　　　　　　　　　　　　　　　　　　○通
　公告及び催告をしたことを証する書面　　　　　　　　　　　　○通
　異議を述べた債権者に対し弁済若しくは担保を供し若しくは信託した
　こと又は合併をしてもその者を害するおそれがないことを証する書面
　　　　　　　　　　　　　　　　　　　　　　　　　　　　　　○通

消滅会社の登記事項証明書　　　　　　　　　　　　　　　　1 通

株券提供公告をしたことを証する書面　　　　　　　　　　　1 通

新株予約権証券提供公告をしたことを証する書面　　　　　　1 通

資本金の額の計上に関する証明書　　　　　　　　　　　　　○通

登録免許税法施行規則第12条第5項の規定に関する証明書　○通

取締役及び監査役の就任承諾書　　　　　　　　　　　　　　○通

認可書（又は許可書、認証がある謄本）　　　　　　　　　　1 通

委　　任　　状　　　　　　　　　　　　　　　　　　　　　1 通


　　上記のとおり登記の申請をする

　　平成○年○月○日


　　○県○市○丁目○番○号

　　申請人　　○○○株式会社


　　△県△市△丁目△番△号

　　代表取締役　　○○　○○　㊞


　　□県□市□丁目□番□号

　　上記代理人　□□　□□　㊞


　　連絡先の電話番号　○○-○○○○-○○○○


　　○○法務局　　　○○○支　　局　御中

　　　　　　　　　　　　　　　　出張所

　　　　　　　　　　　　　　　〔略〕

# 第7章 計算

## Ⅰ 総論

### 1 会計の意義

**(1) 会計の機能**

　株式会社においては、①資本と経営の分離により株主に対する経営者の説明責任が生じ、②投資に対するリターンが稼得利益の配分という形で行われるため分配可能額の計算が必要となる。また、③株式の証券化は企業の財務情報の開示を要求することになる。その結果、会社法や金融商品取引法などにより、計算書類の株主総会での報告制度、貸借対照表に基づく配当可能額の算定制度、有価証券報告書による財務情報の開示制度などが設けられている。

　会計は、関係者の意思決定に必要な情報を提供する機能、財産管理者の受託責任を明らかにする機能、経済活動の結果を分配するための手段となる機能、という3つの機能を有している。このため、株式会社の①～③の必要性に応えるものとして利用され、会社法でも第2編第5章「計算等」においてその内容を定めている。

**(2) 財務会計と管理会計**

　会計は、国を主体とする国民経済会計、地方自治体などを主体とする公会計、会社などを主体とする企業会計などに分類でき、そのうちの企業会計は、会計情報の利用者が企業外部の者であるか内部の者であるかによって、財務会計と管理会計に分類される。

　財務会計は、企業の外部の者、すなわち株主、債権者、投資家などが主た

る利用者であり、会計の機能のうち、受託責任を明らかにする機能、分配の手段としての機能が重視され、また、意思決定に必要な情報としては、投資家のための財務情報などが想定されることになる。

これに対して、管理会計は、企業内部の者の意思決定に関する情報を提供するものであり、設備投資の回収に関するキャッシュ・フロー計算や事業部門の業績管理に関する EVA 計算などがこれに該当する。

管理会計は、企業経営上の重要なツールではあるが、内部管理を目的とするため法令等の規制の対象とする必要性は乏しい。これに対して、財務会計は、利害関係者が多岐にわたり、これを統一的なものとする必要性が高いので、法令等による規制の対象となり、会社法計算規定もこの財務会計に関するものを定めている。

## 2　会計に関する法令等による規制

### ⑴　会計規範の相互関係

#### ㋐　会計慣行と法令

財務会計は、会社法のほかに金融商品取引法、法人税法によっても規制され、これをトライアングル体制と称している。

会社法および金融商品取引法は、いずれも「一般に公正妥当と認められる企業会計の慣行」（Generally Accepted Accounting Principles ＝ GAAP）に従うものとされており、また、法人税法も、会社法の会計を基礎とする確定決算主義をとり、しかも、費用収益の計算を「一般に公正妥当と認められる会計処理の基準に従う」ものとしているところから、会社法同様 GAAP を基礎とすることになる。結局、制度会計のトライアングル体制は、GAAP を基礎とし、GAAP によって結び付けられているということができる。

GAAP を成文化したものとしては、企業会計基準委員会から公表されている各種の企業会計基準やその下位規範である実務指針等があり、国際的な会計規制の統一化の要請もあって、多数の基準等が定められ、企業が従うべき会計規範として重要な位置を占めるに至っている。

*513*

第7章 計 算

〔図表 7-1〕 会計制度のトライアングル体制

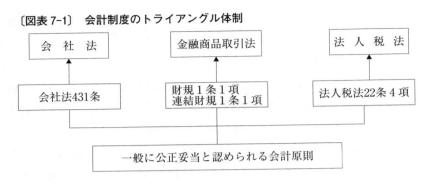

なお、有価証券報告書の虚偽記載に関して、GAAPとは何かについて争われた事件として、いわゆる長銀事件（大阪高判平成16・5・25判時1863号115頁）がある。

(イ) 会社法による会計規制と金融商品取引法、税法による会計規制の関係

会社法、金融商品取引法、法人税法は、大きな枠としては、いずれもGAAPに従うが、これらの法令は、規制の目的とするところを異にしている。

会社法は、公開会社、大会社、中小会社などさまざまな会社を規制の対象としており、会計情報を必要とする関係者としては、株主、債権者などを想定している。

これに対して、金融商品取引法の会計規制は、公開会社などへ投資する者に対する情報提供を主たる目的としているため、たとえば、分配可能額をめぐる株主と債権者の利害の調整などを行うことは必要としないし、また、適用対象は公開会社が中心となる。

もともと旧証券取引法計算規定は、全面的に会計基準に準拠することとされていたところ、旧商法では、会計基準との調和を図りつつも、旧証券取引法計算規定とは異なる部分があった。しかし、会社法は、会計基準と調和を図る立場をさらに推し進め、GAAPに従うものとされたため（431条）、公開

I　総論

〔図表7-2〕　会計に関する会社法上の規定

| 会社法の規定 | 内　容 | |
|---|---|---|
| 431条（会計の原則） | 総　則 | 実質面の規制 |
| 432条（会計帳簿の作成及び保存）<br>435条（計算書類等の作成及び保存） | 会計記録の内容に関する規制 | |
| 445条（資本金の額及び準備金の額） | 資本金・準備金の計上額に関する規制 | |
| 447条（資本金の額の減少）　2項<br>448条（準備金の額の減少）　2項<br>452条（剰余金についてのその他の処分） | 資本金・準備金の減少額の上限に関する規制 | |
| 446条（剰余金の額） | 剰余金の計算方法に関する規制 | |
| 458条（適用除外）<br>461条（配当等の制限） | 分配額の計算に関する規制 | |
| 447条（資本金の額の減少）　1項・3項<br>448条（準備金の額の減少）　1項・3項<br>449条（債権者の異議） | 資本金・準備金を減少させる際の手続に関する規制 | 手続面の規制 |
| 433条（会計帳簿の閲覧等の請求）<br>434条（会計帳簿の提出命令）<br>437条（計算書類等の株主への提供）<br>438条（計算書類等の定時株主総会への提出等）<br>439条（会計監査人設置会社の特則）<br>440条（計算書類の公告）<br>442条（計算書類等の備置き及び閲覧等）<br>443条（計算書類等の提出命令） | 受託責任の報告手続に関する規制 | |
| 436条（計算書類等の監査等） | 計算書類の機関決定手続に関する規制 | |
| 453条（剰余金の配当）<br>454条（剰余金の配当に関する事項の決定）<br>455条（金銭分配請求権の行使）<br>456条（基準株式数を定めた場合の処理）<br>457条（配当財産の交付の方法等）<br>459条（剰余金の配当等を取締役会が決定する旨の定款の定め）<br>460条（株主の権利の制限） | 分配額の機関決定および分配手続に関する規制 | |

515

第7章　計　算

| 462条（剰余金の配当等に関する責任）<br>463条（株主に対する求償権の制限等）<br>464条（買取請求に応じて株式を取得した場合の責任）<br>465条（欠損が生じた場合の責任） | 分配額の規制に違反した場合の責任 |
| --- | --- |
| 444条（連結計算書類） | 連結計算書類の内容および作成・報告手続に関する規制 |
| 441条（臨時計算書類） | 臨時計算書類の内容および作成・報告手続に関する規制 |

会社についていえば、会社法の会計規制には、金融商品取引法の会計規制が対象としない部分（配当可能額の計算など）が存在するものの、両者が重なる部分については、ほとんど同一であると考えてよい。

これに対して、税法の会計については、確定決算主義により、会社法の会計と相互に結びつき、影響を与え合っているといえるものの、税負担の公平や行政上の実現可能性の要請など、単純に会計基準を適用するだけでは律することができない側面が大きい。このため、確定決算を基礎としつつも、そこにさまざまな修正を加えて課税所得を計算する構造となっており、会計基準とは異なる規律が適用される部分が少なくない。

### (2)　会社法計算規定の全体像

会社法では、431条から465条までが計算規定であるが、これらを規制の対象とするところにより分類すると〔図表7-2〕のようになる。

これらの規定のうち、記録・測定という会計処理の実質的内容を規制するものは、会計帳簿の内容を定める432条、計算書類の内容を定める435条、資本金および準備金を計上する場合の内容を定める445条、資本金等の減少額の上限を規制する447条2項および448条2項、剰余金と分配可能額の計算を規制する446条、458条および461条であり、その他の規定は、会計帳簿の閲覧の際の手続を定めるもの（433条など）、計算書類や分配額の機関決定手続を定めるもの（436条など）など、そのほとんどが手続的規制に関する規定で

516

ある。

しかも、会計処理の実質的内容を規制する規定のうち、会計帳簿に関する432条および計算書類に関する435条は、全面的に法務省令にその具体的内容を委ねており、結局、会社法の本法においては、主として手続的な規制を規定し、特に債権者にとって利害関係が大きいと思われる資本金・準備金の計上および減少と分配額の計算方法についてのみ、その実質的内容を規制しているということができる。

# Ⅱ 決算と計算関係書類の作成

## 1 決算の意義

### (1) 事業年度

株式会社は、恒久的に存在することを前提としているから、会計を通じて関係者に情報を提供し、受託責任を明らかにし、分配額を算定するためには、一定の期間を区切って計算することが必要であり、この計算期間を事業年度とよんでいる（計規59条2項）。

会社法上は、事業年度の期間は1年以内とされ、その開始日および終了日を一定の日とすべき規制はないものの、通常は、開始日を4月1日、終了日を3月31日というように、定款で特定の日を定めて1年間を事業年度とすることがほとんどである。

事業年度は、会社法上は、計算書類等の作成日のほか、定時株主総会の招集すべき時期の基準ともなり（296条1項）、法人税法上は、課税所得の計算期間・申告期限の基準となる（法人税法21条、74条）。

### (2) 決 算

決算とは、事業年度の終了ごとに会計データを中心とする資料を作成し、その資料を株主等の利害関係者に開示する一連の手続のことであり、会社法においては、決算手続として、貸借対照表をはじめとする計算書類とその附

属明細書、事業報告とその附属明細書を作成し、株主等に開示すべきことを定めている（435条〜440条）。

## 2 会計帳簿の作成

### (1) 会計帳簿の作成義務

　会社法における決算手続は、事業年度期間中の会計処理を記録した帳簿である会計帳簿を基にして計算書類を作成し（計規59条3項）、その計算書類を関係者に報告することで完了する。

　したがって、決算を適切に行い、これによって、経営者の受託責任を明らかにし、分配額の算定を適切に行うためには、基礎となる会計帳簿が正確であることが必要であり、そのため、会社法では、会計帳簿を適時かつ正確に作成すべきことおよび事業に関する重要な資料とともに、閉鎖の時から10年間保存すべきことを定めている（432条1項・2項）。

　適時かつ正確に作成された会計帳簿とはいかなる帳簿であるかについては、企業会計原則における「正規の簿記の原則」、すなわち、①記録すべき事実がすべて正しく記録されており（記録の網羅性）、②記録が監査などにより検証できるものであり（記録の検証性）、③一定の法則に従って、秩序立てて記録が行われている（記録の秩序性）、という3つの要件を満たしている帳簿がこれに該当するものとされている。

### (2) 会計帳簿の閲覧

　会計帳簿とその作成のための基礎資料は、会社の計算が正しく行われているかどうか、取締役などの業務執行が適切に行われているか、についての重

〔図表7-3〕 株式会社の決算手続

## Ⅱ　決算と計算関係書類の作成

〔図表 7-4〕　会計帳簿の開示対象者

| 請求者 | 対象物 | 要件 | 拒否事由 |
|---|---|---|---|
| 議決権または発行数ベースで3％以上の株式を有する株主（433条1項・2項） | 会計帳簿またはその関連資料の閲覧・謄写 | 営業時間内であること | ・権利の確保・行使に関する調査以外の目的である場合<br>・会社の業務の遂行を妨げ、株主の共同の利益を害する目的である場合<br>・請求者が会社の業務と実質的に競争関係にある事業を営業・従事している者である場合<br>・閲覧・謄写によって知り得た事実を利益を得て第三者に通報するための請求である場合<br>・請求者が、過去2年内に、閲覧・謄写によって知り得た事実を利益を得て第三者に通報したことがある場合 |
| 親会社の社員（433条3項・4項） | 同上 | ・権利を行使するため必要であること<br>・裁判所の許可を得ること | 同上の事由がある場合、裁判所は許可できない |
| 訴訟当事者の提出の申立て（434条） | 会計帳簿の全部または一部 | 裁判所の命令があること | ―― |

要な判断材料であるため、一定の大株主について会社に対する閲覧または謄写請求権が認められるなど、開示の対象となる。

　閲覧の対象となる会計帳簿については、主要簿、補助簿は当然含まれるが、さらに広く、株式会社の会計に関する一切の帳簿（とそれに関する資料）も含まれるとする見解もあり、この見解によれば、直接的には会計に関しない契約書、信書等も含まれることになる。たとえば、横浜地判平成3・4・19判時1397号114頁は、「会計ノ帳簿」とは、通常会計学上の仕訳帳、元帳および補助簿をいい、総勘定元帳、手形小切手元帳、現金出納帳、売上明細補助

519

第7章　計　算

簿は、右帳簿に該当し、「会計ノ書類」とは、会計帳簿作成にあたり直接の
資料となった書類、その他会計帳簿を実質的に補充する書類をいうとしてい
る。

## 3　計算書類の作成

### (1)　計算書類の種類

　会社法では、株式会社がそれをもって株主等への報告などを行うべき会計
書類のうち、個別の株式会社ごとに作成されるものを計算書類とよんでいる
（会社計算規則では、個別計算書類という呼び方もされており、本書でも連結計算
書類と対比させてこの語を用いる場合がある）。

　計算書類は、①貸借対照表、②損益計算書、③株主資本等変動計算書、お
よび、④個別注記表、からなり（435条2項、計規59条1項）、株式会社は、こ
れらの書類を事業年度ごとに作成しなければならない（435条2項）。

### (2)　貸借対照表および損益計算書

#### (ア)　残高試算表の作成

　勘定元帳の各勘定科目の一定時点における借方と貸方の差し引き額を残高
といい、すべての勘定科目についての残高の一覧表を残高試算表という。

　残高試算表では、会計処理に誤りがなければ、複式簿記の原理により、そ
の借方合計と貸方合計が必ず一致する。そのため、会計処理の正確性の検証
に便利であり、また、一覧性にもすぐれていることから、法定の書類ではな
いが、決算手続の実務においては、ほとんどの場合に作成されている。

#### (イ)　貸借対照表および損益計算書の作成

　計算書類のうち、貸借対照表（B/S：balance sheet）は、事業年度末日（開
始貸借対照表は、会社成立日（435条1項））における会社の資産、負債および
資本の残高を示す表であり、損益計算書（P/L：profit and loss statement）は、
事業年度期間中のすべての収益および費用を報告書の形式で記載したもので
ある。

520

### (ウ) 表　示

会計帳簿の勘定科目の区分などは会社によって異なっており、残高試算表の科目や区分をそのまま貸借対照表や損益計算書として利用したのでは会社外部の者が混乱するおそれがあり、また、報告書類としてのフォーム自体についても、統一されていたほうが企業間の比較などをする際にも便利である。

このため、貸借対照表および損益計算書の表示方法については、法令などで定められており、残高試算表の科目の区分や科目の名称を法令に合わせて修正したうえで、貸借対照表および損益計算書は作成されることになる。

#### (A)　貸借対照表（計規72条〜86条）

貸借対照表は、会社計算規則72条以下に定められた方法により作成しなければならない。これに従って作成された貸借対照表は〔図表7-5〕のようになる。

#### (B)　損益計算書（計規87条〜95条）

損益計算書は、売上高、売上原価、販売費および一般管理費、営業外収益、営業外費用、特別利益、特別損失、に分類し、利益区分として、売上総利益、営業利益、経常利益、税引前当期純利益、当期純利益を表示する。

損益計算書の記載例は〔図表7-6〕のようになる。

### (3)　株主資本等変動計算書

株主資本等変動計算書は、貸借対照表でいう純資産の部の項目について、前期末残高と当期末残高およびその変動の内容を示す書類であり、会社計算規則では、株主資本等変動計算書について、分類・表示の方法を定めている（計規96条）。

### (4)　個別注記表および附属明細書

会社法では、貸借対照表、損益計算書または株主資本等変動計算書の内容を理解するのに有用な情報を補足する資料として、注記表と附属明細書という2つの書類を作成すべきことを要求している。

このうち、個別注記表および連結注記表は、重要な会計方針に係る事項等を記載し（計規97条）、計算書類の一つとして、株主へ提供・報告をするこ

第7章　計　算

〔図表7-5〕　貸借対照表

〔貸借対照表〕

（平成××年×月×日現在）

（単位×円）

| （資産の部） | | （負債の部） | |
|---|---|---|---|
| 流動資産 | ×××× | 流動負債 | ×××× |
| 　現金及び預金 | ×× | 　支払手形 | ×× |
| 　受取手形 | ×× | 　買掛金 | ×× |
| 　売掛金 | ×× | 　短期借入金 | ×× |
| 　有価証券 | ×× | 　未払費用 | ×× |
| 　製品 | ×× | 　前受金 | ×× |
| 　半製品・仕掛品 | ×× | 　その他 | ×× |
| 　原材料・貯蔵品 | ×× | 固定負債 | ××× |
| 　繰延税金資産 | ×× | 　社債 | ×× |
| 　その他 | ×× | 　長期借入金 | ×× |
| 　貸倒引当金 | △×× | 　退職給付引当金 | ×× |
| 固定資産 | ×× | 　その他 | ×× |
| 　有形固定資産 | ×× | 　　負債合計 | ×××× |
| 　　建物・構築物 | ×× | （純資産の部） | |
| 　　機械・装置 | ×× | 株主資本 | ××× |
| 　　工具器具備品 | ×× | 　資本金 | ×× |
| 　　土地 | ×× | 　資本剰余金 | ×× |
| 　　建設仮勘定 | ×× | 　　資本準備金 | ×× |
| 　無形固定資産 | ×× | 　　その他資本剰余金 | ×× |
| 　　工業所有権 | ×× | 　利益剰余金 | ×× |
| 　　その他 | ×× | 　　利益準備金 | ×× |
| 　投資その他の資産 | ×× | 　　任意積立金 | ×× |
| 　　投資有価証券 | ×× | 　　別途積立金 | ×× |
| 　　子会社株式 | ×× | 　　その他利益剰余金 | ×× |
| 　　繰延税金資産 | ×× | 　自己株式 | ×× |
| 　　その他 | ×× | 評価・換算差額等 | ×× |
| 　　貸倒引当金 | △×× | 　その他有価証券評価差額金 | ×× |
| 繰延資産 | ×× | 　繰延ヘッジ損益 | ×× |
| 　社債発行差金 | ×× | 新株予約権 | ×× |
| | | 　　純資産合計 | ××× |
| 　　資産合計 | ×××× | 　負債及び純資産合計 | ×××× |

522

Ⅱ　決算と計算関係書類の作成

〔図表 7-6〕　損益計算書

| 損益計算書<br>自　平成××年×月×日　至　平成××年×月×日 | | （単位×円） |
|---|---|---|
| 売上高 | | ×××× |
| 売上原価 | | ××× |
| 　　売上総利益 | | ×××× |
| 販売費及び一般管理費 | | |
| 　給料手当 | ×× | |
| 　広告宣伝費 | ×× | |
| 　貸倒引当金繰入額 | ×× | |
| 　減価償却費 | ×× | |
| 　その他 | ×× | |
| 営業利益 | | ××× |
| 営業外収益 | | |
| 　受取利息 | | ×× |
| 　その他 | ×× | ×× |
| 営業外費用 | | |
| 　支払利息 | ×× | |
| 　その他 | ×× | ×× |
| 　経常利益 | | ×× |
| 特別利益 | | |
| 　固定資産売却益 | ×× | |
| 　その他 | ×× | ×× |
| 特別損失 | | |
| 　固定資産売却損 | ×× | ×× |
| 　税引前当期純利益 | | ×× |
| 　法人税等 | | ×× |
| 　法人税等調整額 | | ×× |
| 　当期純利益 | | ×× |

とが必要となる。

　これに対して、附属明細書は、注記表と同じ趣旨で作成が要求されるものであるが、注記表とは異なり計算書類ではなく、したがって、招集通知の際の株主への提供および定時株主総会での提出等の対象とならない。

*523*

第7章　計　算

附属明細書に記載すべき事項については、会社計算規則では、①有形固定資産および無形固定資産の明細、②引当金の明細、③販売費および一般管理費の明細、などの明細をあげているが（計規117条）、これ以外のどのような事項を附属明細書に記載すべきかについては、企業会計基準等の公正な会計慣行に委ねられることになる。

## 4　事業報告の作成

株式会社の決算においては、計算書類のほかに、会社の状況に関する重要な事項を報告するために、事業報告およびその附属明細書が作成される（435条2項、施規118条、128条）。

公開会社に関しては、事業報告の記載事項について、株式会社の現況に関する事項や役員の状況その他の事業報告に記載すべき事項が具体的に定められている（施規119条〜124条）。

## 5　連結計算書類の作成

### (1)　連結計算書類を作成する会社

連結計算書類とは、連結貸借対照表、連結損益計算書、連結株主資本等変動計算書および連結注記表の総称であり、企業集団の財産および損益の状況を示すことを目的として作成される（444条1項、計規61条）。

連結計算書類の作成については、①会計監査人設置会社については、「作成することができる」、②事業年度の末日において大会社であって、金融商品取引法上の有価証券報告書の提出義務のある会社は、「作成しなければならない」、とされている（444条1項・3項）。

②の会社が連結計算書類を作成することが義務的であるのは、この類型の会社については、連結財務諸表を金融商品取引法上の義務として作成しており、会社法上の機関として会計監査人がおかれているはずでもあるから、会社法上の決算手続の一環として連結計算書類の作成を要求したとしても、会社の負担は少ないし、そうであれば、関係者にとって有用な情報を提供する

524

連結計算書類の作成を必須のものとしたほうがよいからである。

### (2) 連結の範囲の確定

#### (ア) 連結会社

株式会社およびその連結子会社を、連結会社という（計規2条3項21号）。

すべての子会社が連結対象となるのが原則であるが（計規63条1項本文）、親会社による支配が一時的なものである場合などは連結対象外であり、また、重要性の乏しい子会社は、連結対象外とすることが可能である（同項ただし書、63条2項）。

連結の範囲によっては、連結計算書類は大きく異なったものとなることがありうるが、連結の範囲の決定には実質的な判断が必要であり、実務上は、日本公認会計士協会が定める監査上の判断基準等により連結子会社を決定することになる。

#### (イ) 持分法適用会社

連結の対象からはずした子会社および関連会社については、持分法、すなわち、保有する株式等の評価額を保有先の純資産の変動により修正する方法が適用される（計規69条1項本文）。

なお、関連会社についても連結同様、除外事由が定められている（計規69条1項ただし書・2項）。

### (3) 連結決算特有の会計処理

連結範囲の確定が済むと、各連結会社の個別計算書類を基礎にして連結計算書類を作成する（計規65条～67条）。

実務上は、各会社の個別計算書類を合算して、そこに連結上必要な修正仕訳を加える手続がとられており、連結修正仕訳の内容としては、①連結親会社と連結子会社の決算日の差異から生じる会計記録の不一致を修正すること（計規64条1項ただし書・2項。ただし、差異が3カ月を超える場合は、このような簡便的な修正処理ではなく、連結子会社で連結のための決算が必要となる（計規64条1項））、②支配開始日を基準として連結子会社の資産および負債を時価に評価替えすること（同規則68条）、③連結親会社の投資勘定と連結子会社

第7章　計　算

の資本勘定を相殺すること（同条）、④連結会社間の取引高を消去すること、⑤持分法の適用により関連会社等に対する投資勘定を修正すること、などがある。

### (4) 連結計算書類の表示方法

連結計算書類の表示方法については、少数株主持分など連結特有の勘定科目以外は、個別計算書とほぼ同じである。

有価証券報告書を提出する会社については、連結財務諸表の用語、様式及び作成方法に関する規則の規定に従って、有価証券報告書の一部として連結貸借対照表、連結損益計算書および連結株主資本等変動計算書をそれぞれ作成しており、これらの書類を会社法の連結計算書類としても利用することになると考えられる。

## 6　計算書類の監査と承認

### (1) 計算書類、事業報告書の確定手続

前項までの決算作業を経て作成された計算書類および事業報告書とこれに付随する附属明細書は、法的にいえば、完成書類ではなく「案」の段階であり、これらの書類を最終的なものとするためには、下記のように、会社法の定める機関の監査および承認を得る必要がある。

### (2) 計算書類および事業報告の監査

#### (ア) 計算書類の監査と事業報告の監査

計算書類および事業報告とこれら附属明細書については、監査役などの監査が行われるが、同じ決算書類といっても、事業報告は、会計にかかわる部分とそうでない部分の両方を含んでおり、監査の方法も監査人に要求される資質も計算書類と大きく異なるものとなる。

この点について、会社法施行前には、営業報告書の会計にかかわる部分のみを会計監査人の監査対象としていたが、明確に区切ることが難しい場合があるため、会社法では、会計監査人設置会社であっても、会計監査人の監査対象となるのは、計算書類とその附属明細書のみとし（436条2項）、事業報

*526*

〔図表7-7〕 計算書類の確定手続

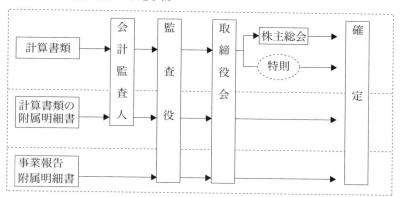

※該当する機関のない会社では当該機関の監査・承認は行われない。

告はそのすべてについて監査役による監査のみ行うものとしている。

なお、監査役も監査委員会も設置されない会社については、当然のことながら、これらの書類についての監査は行われない。

　(イ)　計算書類の監査
　　(A)　会計監査人設置会社の場合
　　　(ⅰ)　会計監査人監査と監査役監査

　会計監査人設置会社では、計算書類とその附属明細書は、会計監査人と監査役（または監査委員会）の二重の監査を受けることになるが、会計監査人の監査報告の結論部分が「計算関係書類が当該株式会社の財産及び損益の状況をすべての重要な点において適正に表示しているかどうかについての意見」であるのに対して（計規126条1項2号）、監査役は「会計監査人の監査の方法又は結果を相当でないと認めたときはその旨及びその理由」を監査報告に記載すべきとされている点（同規則127条2号）に端的に示されているように、監査の実質を担うのは、会計の専門家である会計監査人であり、監査役は、会計監査人監査の妥当性を判断する役割を負うことになる。

　なお、監査役会設置会社においても、監査の実施機関は各監査役であり、

第7章 計 算

〔図表7-8〕 監査報告通知期限と監査報告提出先

| 監査機関 | 期　　限 | 監査報告提出先 |
|---|---|---|
| 会計監査人（計規130条） | 以下のうち、いずれか遅い日（連結計算書類については、合意した日が優先する）<br>・計算書類の全部を受領した日から4週間を経過した日<br>・附属明細書を受け取った日から1週間を経過した日<br>・特定取締役、特定監査役および会計監査人の間で合意した日 | 特定監査役および特定取締役※ |
| 監査役<br>監査役会<br>監査委員会<br>（計規132条） | 以下のうち、いずれか遅い日（連結計算書類については、合意した日が優先する）<br>・会計監査報告を受領した日から1週間を経過した日<br>・特定取締役および特定監査役の間で合意した日 | 特定取締役および会計監査人 |

※特定監査役とは、監査報告の通知を受け取る者として定められた監査役（定めのないときは全監査役）または監査委員であり、特定取締役とは、監査報告の通知を受け取る者として定められた取締役または執行役（定めのないときは、計算関係書類を作成した取締役または執行役）である。

　監査役会としての監査報告は、各監査役の監査報告を基にして作成されることになる（計規128条1項）。そのため、監査役会と監査役の監査報告が異なる場合には、監査役会の監査報告にその旨を付記することになる（同条2項。また、監査等委員会設置会社の場合につき同規則128条の2）。

　　(ii)　監査スケジュール

　計算書類の監査は、監査を担当する機関が計算書類を受け取るところから始まり、監査報告の通知により終了するが、監査報告通知期限と監査報告の提出先については、〔図表7-8〕のように定められている。

　このようにして作成された監査報告は、特定取締役に提出されるとともに、取締役会設置会社では、定時株主総会の招集通知の際、計算書類などとともに株主に提供されることになるため、実務上は、招集通知の印刷に必要な時間なども見込んで、スケジュールを立てておく必要がある（437条）。

*528*

### (B) 会計監査人設置会社以外の場合

会計監査人設置会社以外の会社では、監査役が会計監査の実質を担うことになり、監査報告の内容および報告通知期限も会計監査人のそれに準じる。

### ㈡ 事業報告の監査

事業報告とその附属明細書については、会計監査人設置会社においてもそれ以外の会社においても、監査役（または監査委員会）のみが監査を行うことになる（436条1項・2項）。

監査役が事業報告を受け取ってから、監査報告を通知するまでの期限は、会計監査人設置会社以外の会社での計算書類の監査の場合に準じるが、監査報告の内容については、①監査の方法およびその内容、②事業報告とその附属明細書が法令または定款に従い株式会社の状況を正しく示しているかどうかについての意見、③取締役の職務執行に不正な行為または重大な法令・定款違反行為があったときはその事実、④監査のため必要な調査ができなかったときは、その旨およびその理由、⑤事業報告に内部統制システムの整備に関する決定・決議の内容が記載されている場合に、その内容が相当でないと認めるときはその旨およびその理由、⑥買収防衛策が事業報告の内容になっているとき、または親会社等との取引であって関連当事者との取引として個別注記表に注記を要する事項が事業報告の附属明細書の内容となっているときは、当該事項に関する意見、⑦監査報告を作成した日、をその内容としなければならない（施規129条1項）。

### (3) 取締役会の承認

監査を受けた計算書類などは、取締役会設置会社では、取締役会の承認を得る必要がある。このような承認が必要とされるのは、経営責任を明らかにする決算書類の作成について、経営の意思決定を担う機関であり、業務執行機関の監督機関でもある取締役会を介在させることが適当であるからである。

また、取締役会の承認を監査の後にするのは、順序を逆にすると、監査において修正すべき事項が発見された場合に、再度、取締役会の承認が必要となるためである。

第7章　計　算

### ⑷　株主総会による承認

　取締役会での承認を受けた計算書類などは、その後、株主へ報告されることになるが、会社法では、決算書類（電磁的記録の場合もある）の種類に応じて、①株主総会の手続の中で情報提供をすべきもの（直接開示）で、株主総

〔図表7-9〕　直接開示の方法

| 対象書類 | 開示行為 | 開示を行う会社類型 |
|---|---|---|
| 個別計算書類 | 定時株主総会の招集通知に際しての株主への提供 | 取締役会設置会社のみ |
| | 定時株主総会への提出または提供 | すべての株式会社 |
| | 定時株主総会での報告（会計監査人設置会社における計算書類承認の特則） | 次のいずれも満たす場合<br>①会計監査人設置会社であること<br>②会計監査人の監査意見が無限定適正意見であること<br>③監査役の監査意見が相当意見であること |
| | 定時株主総会での承認 | 会計監査人設置会社における計算書類承認の特則以外の場合 |
| 事業報告 | 定時株主総会の招集通知に際しての株主への提供 | 取締役会設置会社のみ |
| | 定時株主総会への提出または提供 | すべての株式会社 |
| | 定時株主総会での報告 | すべての株式会社 |
| 附属明細書 | 対象外 | ― |
| 連結計算書類 | 定時株主総会の招集通知に際しての株主への提供 | 連結計算書類を作成する会社のうち取締役会設置会社のみ |
| | 定時株主総会への提出または提供 | 連結計算書類を作成する会社 |
| | 定時株主総会での報告 | 連結計算書類を作成する会社 |

II　決算と計算関係書類の作成

〔図表7-10〕　間接開示の方法

| 対象書類 | 備置期間 | 閲　覧　方　法 |
|---|---|---|
| 個別計算書類 | 定時株主総会の日の1週間前（取締役会設置会社については2週間前）から、本店では5年間、支店では3年間 | ①株主および債権者は、営業時間内にいつでも、閲覧および謄本・抄本の交付を請求できる ②親会社社員は、権利行使に必要な場合に、裁判所の許可を得て、閲覧および謄本・抄本の交付を請求できる ③訴訟の当事者は、裁判所に提出命令の申立てを行うことができる |
| 事業報告 | | |
| 附属明細書 | | |
| 連結計算書類 | 対象外 | — |

会での承認を要するもの、②直接開示であるが株主総会の承認までは要しないもの、③会社に備え置き、閲覧に供する方法での情報提供をすべきもの（間接開示）、に区分している。

　直接開示の対象書類等は〔図表7-9〕のとおりである。

　間接開示の対象書類等は〔図表7-10〕のとおりである。

　決算書類の種類に応じて、このような差異が設けられているのは、①個別計算書類は、経営者の受託責任を明らかにするための重要な資料であるとともに、分配可能額の計算の基礎となる数値を決定する資料であるため、株主にその内容の決定に関与させるのが適当であるが、事業報告や連結計算書類にはこのような性質がないため、株主に対する報告で足りると考えられること、②附属明細書は、直接開示資料の補足資料であるので、個々の株主の必要性に応じて開示すれば足りると考えられること、③会計監査人設置会社については、会計監査の専門家である会計監査人が計算書類の適正性を保証し、かつ、監査役・取締役会がそれを認めている場合に、非常設・非専門家集団である株主総会がその是非をさらに判断する必要性は乏しいし、その能力も備えていないことが多いため、このような場合には、株主総会の承認を要しないとしたほうが適当であること、などの理由による。

第7章　計　算

## (5)　計算書類の確定

計算書類や事業報告など、決算にあたり作成される書類は、会社法の定める機関の承認を得ることで最終的なものとなり、このことを計算書類などの確定とよんでいる。

取締役会設置会社での各書類の確定の時期をまとめると〔図表7-11〕のようになる。

ただし、決算関係の書類が確定したからといって、その内容が真実であると決まるわけではないので、確定後であっても、誤りが発見された場合には、必要な決算手続を経て、決算書類の修正が行われることがありうる（正当な理由に基づく過年度修正については、当期の定時株主総会において修正後の過年度事項を提供できる（計規133条3項））。

## (6)　公　告

確定された決算関係の書類は、株主以外の者に対しても、情報提供が行われる必要があるが、会社法では、その方法として、上記(4)で述べた備置・閲覧による間接開示のほかに、公告手続を定めている。

ただし、公告の対象となる書類については、公告を行う会社の費用負担を考慮して、貸借対照表（大会社にあっては、貸借対照表と損益計算書）と注記事項のうち、継続企業の前提など重要なもののみで足りるとされ、しかも、官報や日刊新聞紙で公告を行う会社については、その要旨のみでよいものと

〔図表7-11〕　取締役会設置会社の計算書類の確定時期

| 書　類 | 確　定　時 | |
|---|---|---|
| 個別計算書類 | 会計監査人設置会社における計算書類承認の特則の適用がある場合 | 取締役会の承認時 |
| | 上記以外 | 株主総会の承認時 |
| 事業報告 | 取締役会の承認時 | |
| 附属明細書 | 取締役会の承認時 | |
| 連結計算書類 | 取締役会の承認時 | |

されている（440条 1 項・ 2 項、計規136条 1 項）。

また、有価証券報告書を提出する会社については、有価証券報告書に加えて、さらに公告により決算情報を開示する必要性が乏しいため、公告義務が免除される（440条 4 項）。

### (7) 計算書類等に関する責任

決算手続の過程で取締役などに任務懈怠があった場合には、会社法423条および429条に従って、これらの者が責任を負うほか、計算書類の公告もしくは通知を怠ったときまたは不正の公告もしくは通知をしたとき、不実記載があったとき、または備置義務違反があったときには過料の制裁の定めがある（976条 1 項 2 号・ 7 号・ 8 号）。

## 7 上場会社の決算開示制度

### (1) 投資家保護のための決算開示制度の必要性

証券取引所に株式の登録を行っている上場会社などについては、決算情報の開示について、主として投資家の保護を目的として、会社法のほかに、金融商品取引法や各証券取引所の規則による規制を受けることになる。

これは、会社法で開示される決算情報は、経営者の受託責任を明らかにすることや分配額の決定についての情報としては十分であっても、投資の意思決定のための情報としては、①開示の内容と、②開示の適時性の点で不十分な面があり、証券市場から資金を調達する会社については、より大きな開示コストを負わせてでも、さらに必要な開示を行わせるべきであると考えられるからである。

金融商品取引法や証券取引所の規則は、このような観点から、開示内容を充実させるため、注記事項を詳細なものとしたり、キャッシュ・フロー計算書を作成すべきことを要求し、また、開示情報の適時性を高めるため、四半期報告書制度や決算短信制度を設けている。

## (2) 開示すべき内容

### (ア) 有価証券報告書

　有価証券報告書は、募集・売出しのために有価証券届出書を内閣総理大臣に提出した会社や、株式を証券取引所に上場している会社などが作成すべきものである。

　有価証券報告書には、企業の概況、事業の状況、設備の状況などとともに、連結情報を中心とした経理の状況などが記載される（金商24条1項、企業開示15条1号）。

　有価証券報告書の虚偽記載と損害の間の因果関係が問題となった事例として、東京地判平成20・4・24判時2003号147頁、虚偽記載に関する損害額推定規定における「公表」の意義について、東京地判平成20・6・13判時2013号27頁、有価証券報告書の虚偽記載に基づく役員等の責任が問題となった事例として、東京地判平成21・5・21判時2047号36頁がある。

#### (A) 財務諸表

　金融商品取引法は、経理の状況を示す書類として、貸借対照表、損益計算書、キャッシュ・フロー計算書、株主資本等変動計算書および附属明細表を作成して有価証券報告書に記載しなければならないとしており、これらの書類を財務諸表とよんでいる（財規1条）。

　また、連結決算にかかわる資料についても、連結貸借対照表、連結損益計算書、連結キャッシュ・フロー計算書、連結株主資本等変動計算書および連結附属明細表を作成して有価証券報告書に記載すべきことを定め、これらを連結財務諸表とよんでいる（連結財規1条）。

#### (B) キャッシュ・フロー計算書

　キャッシュ・フロー計算書とは、事業年度における現金および現金同等物（短期預金やコマーシャルペーパーなど）の増減を、その発生原因がわかるように区分して表示した計算書であり、金融商品取引法では、有価証券報告書の一部として作成すべきことが要求されている。

　期中における現金の増減は、会社の資金調達力や支払能力を判断するうえ

で重要な情報であるが、それが営業活動の結果によるものか、借入れによる
ものかによって、投資家の判断に与える影響は異なるものとなると考えられ
るため、キャッシュ・フロー計算書では、現金の増減を、①主として売上げ
や仕入れなどの営業利益の対象となった取引にかかわるキャッシュ・フロー
を記載する「営業活動によるキャッシュ・フロー」の区分、②固定資産の売
買など投資の結果生じたキャッシュ・フローを記載する「投資活動によるキ
ャッシュ・フロー」の区分、③増資や借入れなど資金調達やその返済から生
じたキャッシュ・フローを記載する「財務活動によるキャッシュ・フロー」
の区分、の３区分に分けて表示することにしている。

　なお、キャッシュ・フロー計算書の「営業活動によるキャッシュ・フロ
ー」の区分の表示方法として、〔図表7-12〕のように税金等調整前当期純利
益から、減価償却などの非資金損益項目などを加減して営業キャッシュ・フ
ローの合計額を算出する方法を「間接法」といい、売上げによるキャッシ
ュ・インや仕入れによるキャッシュ・アウトなど主要な取引ごとに現金の収
入総額、支出総額を記載する方法を「直接法」という。

　間接法は、損益計算書のデータをキャッシュ・フロー計算書の作成に利用
できる利点があり、作成作業の簡便性にすぐれているという理由により、実
務上は間接法による場合が圧倒的に多い。

　　（C）　**セグメント情報**

　セグメント情報とは、事業の種類や所在地などの区分ごとの売上高や利益
などの財務情報である。

　企業集団の多角経営化、国際化が進んでいる現在にあっては、投資にあた
って、このようなセグメント情報の分析が欠かせないため、投資家にとって
セグメント情報は極めて重要な情報となる。

　会社法では、事業報告に個別会社の部門別の情報を記載することになって
いるが、金融商品取引法では、連結財務諸表の注記事項として、注記すべき
とされる事項は、以下のとおりである。

第7章　計　算

〔図表7-12〕　連結キャッシュ・フロー計算書

| 連結キャッシュ・フロー計算書<br>自平成×年×月×日　至平成×年×月×日 | （単位×円） |
|---|---|
| 1、営業活動によるキャッシュ・フロー | |
| 　　税金等調整前当期純利益 | ××× |
| 　　減価償却費 | ××× |
| 　　貸倒引当金増加額 | ××× |
| 　　受取利息 | ××× |
| 　　売上債権の増加額 | ××× |
| 　　仕入債務の減少額 | ××× |
| 　　棚卸資産の減少額 | ××× |
| 　　有形固定資産売却益 | ××× |
| 　　……… | ××× |
| 　　　小計 | ××× |
| 　　利息及び配当金の受取額 | ××× |
| 　　利息の支払額 | ××× |
| 　　法人税等の支払額 | ××× |
| 　営業活動によるキャッシュ・フロー | ××× |
| | |
| 2、投資活動によるキャッシュ・フロー | ××× |
| 　　有価証券の取得による支出 | ××× |
| 　　有価証券の売却による収入 | ××× |
| 　　有形固定資産の取得による支出 | ××× |
| 　　有形固定資産の売却による収入 | ××× |
| 　　…… | ××× |
| 　投資活動によるキャッシュ・フロー | ××× |
| | |
| 3、財務活動によるキャッシュ・フロー | ××× |
| 　　短期借入による収入 | ××× |
| 　　短期借入金の返済による支出 | ××× |
| 　　長期借入による収入 | ××× |
| 　　長期借入金の返済による支出 | ××× |
| 　　…… | ××× |
| 　財務活動によるキャッシュ・フロー | ××× |
| | |
| 4、現金及び現金同等物に係る換算差額 | ××× |
| 5、現金及び現金同等物の増加額 | ××× |
| 6、現金及び現金同等物の期首残高 | ××× |
| 7、現金及び現金同等物の期末残高 | ××× |

〔セグメント情報として注記すべき事項〕（連結財規15条の2）
① セグメント情報
　ⓐ　報告セグメントの概要
　ⓑ　報告セグメントごとの売上高、利益または損失、資産、負債その
　　　他の項目の金額およびこれらの金額の算定方法
　ⓒ　ⓑの金額の項目ごとの合計額と当該項目に相当する科目ごとの貸
　　　借対照表計上額または損益計算書計上額との差額および当該差額の
　　　主な内容
② 関連情報
　ⓐ　製品およびサービスごとの情報
　ⓑ　地域ごとの情報
　ⓒ　主要な顧客ごとの情報
③ 報告セグメントごとの固定資産の減損損失、のれんの償却額および
　未償却残高並びに負ののれんの発生益の金額

(イ)　半期報告書・四半期報告書・臨時報告書

(A)　四半期報告書

　有価証券報告書提出会社のうち上場会社は、その事業年度が3カ月を超える場合、事業年度を3カ月ごとに区分した期間ごとに、四半期報告書を、その各期間経過後45日以内に、内閣総理大臣に提出することが義務づけられている（金商24条の4の7第1項）。四半期報告書にも、企業情報として、企業の概況、事業の状況とともに、経理の状況が記載される。四半期報告書は、迅速な開示が求められることから、記載項目は簡素化されている。

　有価証券報告書が事業年度ごとの財務報告であるとすれば、四半期報告書はタイムリーな開示を企図した、簡易版の財務報告といえる。

　なお、四半期報告書は、証券取引所に上場されている会社には義務づけられているが、その他有価証券報告書を提出している会社であれば、任意に提

第7章　計　算

出することができる（金商24条の4の7第2項）。

### (B)　半期報告書

有価証券報告書提出会社のうち、上記の四半期報告書を提出していない会社は、その事業年度が6カ月を超える場合には、事業年度ごとに、半期終了後3カ月以内に、半期報告書を提出しなければならない（金商24条の5第1項）。

### (C)　臨時報告書

同じく有価証券報告書提出会社は、会社の財政状態や経営成績に重大な影響を及ぼす事項が発生した場合、たとえば親会社や子会社、主要株主に異動があった場合、重要な災害が発生またはやんだ場合、代表取締役の異動があった場合、などに臨時報告書を作成して、内閣総理大臣に提出しなければならない（金商24条の5第4項、企業開示19条）。

---

> ⚜ *One point advice*　**有価証券報告書などにおける虚偽記載**　──
>
> 有価証券報告書などの開示書類について「虚偽記載」があった場合には、会社や役員において、金融商品取引法上、民事責任、刑事責任、課徴金（行政上の責任）が発生する可能性がある。これらの責任は、開示規制の義務違反者に対して制裁を課すことにより、情報開示の適正性を確保することを目的としている。なお、責任類型により異なりうるが、「虚偽記載」には、虚偽の記載を「行った」という積極的な虚偽記載のみならず、記載すべき事項の「記載がない」という消極的な虚偽記載も含まれることに留意が必要である。
>
> また、金融商品取引法は、投資家が、このような虚偽記載を行った会社や役員に対して、損害の賠償を直接請求することができる訴訟類型を定めている。さらに、この訴訟類型は、損害額の法定・推定規定や立証責任を転換する規定がおかれている。このように、金融商品取引法は、投資家が会社や役員に対して損害を追及しやすい制度設計をすることにより、投資家保護を図っている。

## Ⅱ 決算と計算関係書類の作成

### (3) 証券取引所の規制による開示

#### (ア) 決算短信

各証券取引所は、適時開示の一環として、上場会社に対して、本決算および中間決算の内容が決まった時点で、決算情報を速やかに投資家に周知することを義務づけ、これを「決算短信」とよんでいる。

決算短信の開示事項は、各証券取引所が「要請」として定めており、東京証券取引所などでは、四半期開示事項とほぼ同様のものとなっている。

上場会社の場合は、法制度上、有価証券報告書等によって詳細な情報提供が行われることになるが、それに先立って、その要点を開示することで投資家の要求に応えることとしているのである。

#### (イ) 適時開示

金融商品取引法上の開示制度として、有価証券届出書、有価証券報告書等の法定開示制度があるが、証券取引所に上場している会社は、証券取引所が定めた開示規制にも拘束される。

流通市場における売買は、時々刻々と発生する各種の会社情報により大きく影響を受けることから、重要な会社情報を適時、適切に投資家に対して開示する「適時開示」が、会社法、金融商品取引法の法定開示を補完する重要な役割を担っている。

適時開示については、上場有価証券の発行者が最低限遵守すべき重要な会社情報の適時開示の要件、方法等として、「上場有価証券の発行者の会社情報の適時開示等に関する規則」（以下、「適時開示規則」という）が制定されている。

第7章　計　算

## Ⅲ　計算書類の内容

## 1　資　産

### ⑴　資産の分類

　貸借対照表の資産の部に記載される科目は、流動資産、固定資産および繰延資産に分類され、いずれも、将来の収益獲得のために利用される経済的資源であるという点で共通の性質をもっている。

　このうち、流動資産と固定資産は、ともに換金価値を有する資産であり、換金化の期間が短期のものが流動資産、長期のものが固定資産に分類され、固定資産は、さらに、有形物である有形固定資産、無形物である無形固定資産、長期的な投資を意味する投資その他の資産に分けられる。また、資産のうち、繰延資産は、支出がすでに行われ、これに対応する役務の提供も受けているが、その効果が将来に発現する場合に、将来に発生する効果に対応し

〔図表7-13〕　資産の分類と内容

| 資産の区分 | | 内　　　　容 |
|---|---|---|
| 流動資産（計規74条3項1号） | | 現金および預金、受取手形、売掛金、売買目的有価証券、商品、製品、半製品、原料および材料、仕掛品および半成工事、消耗品その他、前渡金、前払費用、未収収益、繰延税金資産（流動資産に係わるもの）など |
| 固定資産 | 有形固定資産（同項2号） | 建物および付属設備、構築物、機械装置、船舶・車両、工具器具備品、土地，建設仮勘定など |
| | 無形固定資産（同項3号） | 借地権、工業所有権、鉱業権、漁業権、ソフトウエア、のれんなど |
| | 投資その他の資産（同項4号） | 関係会社株式その他の売買目的外有価証券、出資金、長期貸付金など |
| 繰延資産（同項5号） | | 社債発行費など |

540

Ⅲ　計算書類の内容

て支出額を資産として計上するものであり、換金価値がないという点で他の資産と区別される。

### (2)　資産の評価

資産の評価は、取得原価を基礎として行うことが原則である（計規5条1項。取得原価主義といわれる）。

取得原価主義は、取引額で資産の評価を行う方法であり、証拠の裏付けによる検証可能性、明確性、評価益を計上しないという点での保守主義性という特徴をもっているため、受託責任の説明と分配額の算定という会計の機能を果たすために適したものとして、資産の評価について伝統的にとられてきた方法である。

ただし、資産の時価が取得原価から著しく下落した場合や予測できない減損が生じた場合は、保守主義の観点から評価の切り下げが強制され（計規5条3項）、また、①時価が取得原価より低い資産、②子会社・関連会社株式並びに満期保有目的債券以外の市場価格のある資産、③その他時価または適正な価格を付することが適当な資産、については、時価または適正価格で評価することができる、とされている（同条6項）。

会社計算規則5条6項を適用して、資産を時価評価するか否かは、公正な会計慣行によって判断すべきことになるが、金融商品会計基準の適用のある会社については、子会社・関連会社を除く株式やデリバティブ取引から生じる債権などについては時価評価を行うべきことになる。

## 2　負　債

貸借対照表の負債の部に記載される科目は、会社が負担している経済的資源の支払義務を表しており、弁済期限の長短により、〔図表7-14〕のように流動負債と固定負債に分類される。

負債は、①債務額で評価するのが原則である（計規6条1項）。ただし、②

---

1　大蔵省企業会計審議会「企業会計原則注解」注15。

第7章　計　算

〔図表7-14〕　負債の分類と内容

| 負債の区分 | 内　　　　容 |
|---|---|
| 流動負債（計規75条2項1号） | 支払手形、買掛金、前受金、引当金（資産に係る引当金および1年内に使用されないと認められるものを除く）、短期の未払金・預り金、未払費用、前受収益、短期の繰延税金負債など |
| 固定負債（同項2号） | 社債、長期借入金、引当金（資産に係る引当金および流動負債に計上されるものを除く）、長期の繰延税金資産など |

引当金については、将来の発生見込額を合理的に見積もって評価を行う（同条2項1号）、③社債を割引発行した場合など、券面額と払込額が異なる場合は、当初、券面額で評価し、償還期に至るまで毎期一定の方法で償却する（同項2号、金融商品会計基準第三・五）、④デリバティブ取引から生じる債務は時価評価を行う（同会計基準第三・四）、ことになる。

## 3　純資産

### (1)　資本金、準備金およびその他剰余金

#### (ア)　株主資本の分類

　会社法では、会社の出資者の持分を表す株主資本を、①資本金、②資本準備金、③その他資本剰余金、④利益準備金、⑤その他利益剰余金、⑥自己株式、⑦新株式申込証拠金、⑧自己株式申込証拠金、に分類することとされている（計規76条2項・4項・5項）。

　会計的にみれば、資本金、資本準備金およびその他資本剰余金は株主の払込資本として共通の性質をもち、利益準備金およびその他利益剰余金は稼得利益の社内留保額として共通の性質をもっているが、会社法上は、その減少に関する手続的規制の観点から、資本金、準備金（資本準備金および利益準備金）、その他剰余金（その他資本剰余金およびその他利益剰余金）の3つの区分に分類することが可能である。

542

会社法が資本金および準備金の減少について、手続的な規制を定めているのは、これらの金額が分配可能額の計算の基礎となるため、その減少に一定の制約を加えることにより会社の財務安全性を確保するためである。

㈲　資本金および準備金の変動

(A)　増　資

株式の発行に際して、株主となる者が会社に対して払込みまたは給付した財産の額のうち2分の1以上は資本金に、残りは資本準備金に計上される（445条1項〜3項。ただし、組織再編に伴う場合は別途規定されている（同条5項））。

「払込または給付した額」の計算方法は、会社計算規則で規定されており（同規則43条）、会社設立時の株式の発行や募集株式の発行の場合は、基本的には、払込金銭・財産の価額を基に計算することとされている。

(B)　減資・減準備金

(i)　資本金・準備金減少の決議とその効果

会社法では、資本金について、株主総会の決議などによって、①減少額、②資本準備金への繰入額、③効力の発生日、を決定することにより、減少させることができるものとされており（447条1項。ただし、マイナスの資本金となるような減少は認められない（同条2項、448条2項））、このような決議が行われた場合には、資本金が減少し、資本準備金とその他資本剰余金が増加することになる（計規25条2項、26条1項1号、27条1項1号）。

また、資本準備金および利益準備金についても、株主総会の決定により減少させることができ、その場合には、当該決定に従って、資本金等が変動することになる（448条、計規26条2項、27条1項2号、28条2項、29条1項1号）。

(ii)　債権者保護手続

減資・減準備金について、株主総会の決定によるとしているのは、資本金や準備金の変動が株主資本の基本的な計数を変更し、分配可能額の計算に及ぼす影響も大きいからであるが、これは、同時に債権者の利害に与える影響も大きいことを意味する。

*543*

第7章　計　算

〔図表7-15〕　減資・減準備金決議とその機関

| 決議事項 | 決　議　機　関 | | 資本項目の変動 |
|---|---|---|---|
| 資本金の減少 | 原則（447条、309条2項9号） | 株主総会普通決議 | 決議の内容に従って、資本金が減少し、資本準備金、その他資本剰余金が増加する |
| | 欠損額の範囲内で資本金を減少させる場合（447条、309条2項9号カッコ書） | 定時株主総会特別決議 | |
| | 株式発行と同時に行う場合に、発行の前後で資本金が減少しない場合（447条3項） | 取締役会決議 | |
| 準備金の減少 | 原則（448条1項） | 株主総会普通決議 | 決議の内容に従って、準備金が減少し、資本金、その他資本剰余金またはその他利益剰余金が増加する |
| | 株式発行と同時に行う場合に、発行の前後で準備金が減少しない場合（448条3項） | 取締役会決議 | |
| | 剰余金の配当等に関する機関の特則に関する定款の定めをおいている会社が、欠損額の範囲内で準備金を減少させて剰余金を増加させる場合（459条1項2号） | 取締役会決議 | |

　そこで、会社法では、資本金等の減少について、会社が知れている債権者に対して、1カ月以上の期間を定めて、異議申述の公告および個別催告を行い（449条2項）、異議があった場合には、弁済等を行うことを定め、これらの手続が総会などで決めた効力発生日までに終わっていない場合には、資本金等の減少の効力が生じないものとしている（449条5項・6項。ただし、催告に代えて日刊新聞紙または電子公告による公告も可能であり、また、債権者を害するおそれがないときは、弁済等は不要である（同条3項・5項ただし書））。

　ただし、準備金の減少については、①定時株主総会で減少決議をし、②減少後の分配可能額がプラスにならない場合には、債権者保護手続は、不要と

---

2　係争中の債権者が「知れている債権者」に該当するかについて、大判昭和7・4・30民集11巻706頁がある。

544

されている（449条1項ただし書）。これは、社内留保に余裕をもたせるという準備金制度の趣旨からいって、分配可能額のマイナスをてん補するという準備金の本来的な処分の場合には、あえて債権者保護手続を行うことまでは必要ないと考えられるからである。

(iii)　資本金減少の無効

資本金の減少手続に瑕疵があった場合、無効の主張は、効力発生日から6カ月以内に訴えを提起する方法のみによって主張することができ、その訴えで無効判決が確定した場合には、将来に向かって資本金減少の効力が失われることになる（828条1項5号、839条）。

資本金減少の訴えの提訴権者は、会社の株主等、破産管財人または承認をしなかった債権者である（828条2項5号）。

### (C)　剰余金の資本金・準備金への組入れ

会社は、①減少する剰余金の額（効力発生日における剰余金の額以下である必要がある）、②効力発生日、を株主総会で決議することにより、その他資本剰余金・その他利益剰余金を減少させ、代わりに資本金または準備金を増加させることができる（450条、451条、計規25条1項2号、26条1項2号、27条2項）。

剰余金を資本金・準備金に組み入れる際に株主総会を関与させるのは、剰余金を資本金または準備金に振り替えることにより、分配可能額が減少することになるため、株主にとっての影響が大きいからである。

### (D)　配当による変動

(i)　その他資本剰余金・その他利益剰余金の減少

会社が剰余金の配当を行う場合、その他資本剰余金またはその他利益剰余金が減少する（計規23条）。

(ii)　準備金の積立て

剰余金の配当日における準備金合計額が資本金の4分の1未満である場合、配当額の10分の1と準備金合計額が資本金の4分の1に不足する額のうち、どちらか少ない額をその他資本剰余金またはその他利益剰余金から準備金に

545

振り替えなくてはならない（445条４項）。

将来の業績が悪化する事態に備えて、配当を行う際に、資本金の４分の１までは準備金を積み立てさせる趣旨である。

(E) **剰余金の処分**

株式会社は、株主総会の決議によって、損失の処理や任意積立金の積立てなど、剰余金を構成する各項目を増減させることができ、これを剰余金の処分とよんでいる（452条、計規153条１項）。

財産の流出を伴わず、分配可能額の計算にも影響を及ぼさない、剰余金を構成する各科目間の計数の変更については、株主総会の決定でこれを認める趣旨である。

(F) **当期純利益の利益剰余金への振替え**

損益計算書の当期純利益（純損失）は、その他利益剰余金の増加額（減少額）となる（計規32条１項１号・２項１号）。

(2) **自己株式**

(ア) 自己株式の取得

自己株式は、払込資本の払戻しの性質を有しているため、取得価額をもって株主資本の控除項目として計上することとされている（計規24条１項）。

(イ) 自己株式の処分

自己株式を処分した場合は、その帳簿価額を減少すべき自己株式の額とし（計規24条２項）、①処分差益は、その他資本剰余金に計上する、②処分差損は、その他資本剰余金から減額し、減額しきれない場合は、その他利益剰余金（繰越利益剰余金）から減額する（自己株式および準備金の額の減少等に関する会計基準９、10）。

(ウ) 自己株式の消却

自己株式を消却した場合は、帳簿価額を減少すべき自己株式の額とし、同時にその他資本剰余金を消却額だけ減額する（計規24条２項・３項。なお会計基準では、会社の意思決定に従い、その他利益剰余金またはその他資本剰余金のいずれも減額できるとされている）。

### (3) 評価・換算差額等

評価・換算差額等には、①資産または負債などを時価評価しているが、その評価差額を当期の損益としていない場合の当該評価差額、②連結貸借対照表の作成の際に、在外子会社等の貸借対照表項目の円貨への換算手続の結果発生する為替換算調整勘定、などが含まれる（計規53条1号～3号）。

これらの項目は、資産でもなければ負債でもないという理由から、純資産の部に計上することとされている。

### (4) 新株予約権

新株予約権は、株主資本とは別の項目として、金銭の払込額等をもって計上する（計規55条）。

わが国で利用されることの多い、ストック・オプションとしての新株予約権については、払込みの対価が労務であるため、その評価が問題となるが、会社法施行後に付与されたストック・オプションについては、適切なオプションの評価モデル等を利用して、新株予約権の公正な評価額を算定し、これを基礎として純資産の部に計上すべき金額を算定することになる[3]。

### (5) 少数株主持分

少数株主持分は、企業集団全体の出資者帰属部分のうち、親会社の出資者に帰属しない部分を意味しており、連結計算書類特有の項目である。

連結貸借対照表は、親会社の株主の観点から作成され、株主資本には親会社の株主に帰属する部分のみを計上すべきものと考えられるため、少数株主持分は、株主資本とは別の項目として取り扱われることになる。

## 4 収益および費用

### (1) 売上高、売上原価および販売費・一般管理費

損益計算書は、売上高から売上原価を差し引いて売上総利益を算出し、さらに販売費・一般管理費を差し引いて、会社の本来の営業目的による収益力

---

3 企業会計基準委員会「企業会計基準第8号・ストック・オプション等に関する会計基準（平成17年12月27日）」〈https://www.asb.or.jp/asb/asb_j/documents/docs/stockop/stockop_s2.pdf〉。

第7章　計算

を意味する営業利益を算出することになっている（計規87条、88条）。

　売上高は、当該事業年度において、商品の販売または役務の給付が履行されたものを計上し（実現主義という。企業会計原則第二・三 B、注 6）、また、売上原価は、売上高に対応する仕入原価または製造原価が計上される（同会計原則第二・三 C）。

　販売費・一般管理費には、会社の販売・管理業務のため発生した費用が計上され、代表的なものとして、給料手当、福利厚生費、広告宣伝費などがこれにあたる。

### (2)　営業外収益および営業外費用

　上記(1)で算出された営業利益に営業外収益・営業外費用を加減して経常損益が算出される（計規91条）。

　営業外収益・営業外費用は、会社本来の営業目的による活動から生じるものではないが、毎期経常的に発生する収益・費用でのことであり、したがって、これらを加減して算出される経常利益は、会社の長期的・全体的な収益力を意味することになる。

　営業外収益に記載される収益としては、受取利息や受取配当金などがあり、営業外費用に記載される費用としては、支払利息などがある。

### (3)　特別利益および特別損失

　特別利益・損失とは、経常的な活動とは関係なく発生する損益であり、固定資産売却損益、災害損失などの臨時損益、過年度引当金の過不足額などの前期損益修正が含まれる（企業会計原則注12）。

　損益計算書では、経常利益に特別利益・特別損失を加減して税引前当期純利益を算出し、さらに法人税等に関する項目を加減して当期純利益を算出することとされており、これが、出資者持分の増加を表すことになる。

548

## Ⅳ 臨時計算書類

### 1 臨時計算書類の作成目的

会社法では、各事業年度の末日に作成する計算書類とは別に、事業年度期間中の特定の日の財産の状況を把握するために計算書類を作成する場合を規定して、これを臨時計算書類とよんでいる（441条）。

どのような場合に臨時計算書類を作成することになるかについては、特に規定されていないが、臨時計算書類を作成した場合は、臨時決算日までの利益と臨時決算日までに処分した自己株式の対価を分配可能額に加えることができるため（461条2項2号）、実務上は、期中に剰余金の配当を行う場合に臨時計算書類を作成することが考えられる。

### 2 臨時計算書類の作成手続

#### (1) 臨時決算日

臨時決算日とは、最終事業年度の直後の事業年度に属する一定の日であり、臨時計算書類は、前事業年度の末日の翌日から臨時決算日までの期間の会計帳簿を基に作成された貸借対照表と損益計算書である（441条1項1号・2号、計規60条）。

#### (2) 監査および承認

臨時計算書類についても、通常の計算書類と同様、監査役、監査委員会、監査等委員会、会計監査人などの監査を受け、取締役会、株主総会などの承認を受けなければならない（441条2項～4項）。承認機関の特則についても、通常の計算書類と同じである（同条4項ただし書、計規135条）。

#### (3) 開 示

承認を得た臨時計算書類は、備置および閲覧等の開示の対象となるが、通常の計算書類とは違って、備置開始は書類作成日からとされ、また、公告の

549

第7章 計 算

対象とはならないものとされている（442条1項2号・2項2号など）。

# $\boxed{V}$ 剰余金の配当

## 1 会社法における配当規制

配当とは、営業を継続している株式会社が、営業の成果をその株主に対して分配することである。

配当をめぐる関係者の利害を考えると、①株主は、できるだけ多くの出資の見返りを得たいけれども、会社の基礎を危うくするほどの財産の流出は望ましくない。②債権者としては、自らの債権を回収するためにはできるだけ配当を少なくし、会社の内部留保を厚くしてもらったほうが有利である。③経営者は、経営責任の追及をおそれるあまり、無理な配当を行うこともあれば、十分な配当原資があるにもかかわらず、経営資源を確保するために配当額を抑えることもある。

会社法は、このような利害状況に関して、第1に、純資産額から、社内に留保すべき一定額としての資本金等の額や換金価値のないのれん・繰延資産に相当する額を差し引いて分配可能額を計算すること、第2に、原則として株主総会を配当決定機関とし、一定の要件を満たす場合には、取締役会の決定で配当が可能なものとすること、第3に、分配可能額を超えて配当がなされ、あるいは、事後的にそのような結果となる場合は、業務執行者と株主にてん補責任を負わせること、を内容とする規定をおくことにより、その調和を図っている。

## 2 分配可能額

### (1) 財源規制の対象となる行為

会社法では、剰余金の配当と自己株式の取得とでは株主に対する財産の払戻しという点で共通することから、①譲渡制限株式の譲渡承認請求を受けた

場合の自己株式の取得、②株主との合意による自己株式の取得、③全部取得条項付種類株式の取得日における取得、④一般承継により譲渡制限株式を取得した者に対する売渡請求による自己株式の取得、⑤株式の競売を行った場合の自己株式の取得、⑥端数の処理を行うための自己株式の取得（234条4項）、⑦剰余金の配当、をそれぞれ行う場合の株主に交付される額について、その効力を生ずる日における分配可能額を超えてはならないものとして、統一的に財源規制を課している（461条1項。なお、組織再編行為以外の場合の反対株主の株式買取請求に応じての自己株式の取得についても同様である（464条））。

### (2) 剰余金の計算

分配可能額については、損益計算書によって計算される「利益」を基礎として算定する方法も考えられるが、わが国では、伝統的に貸借対照表の「純資産」を計算の基礎とする方法をとっており、会社法でも「剰余金の配当」としてこの立場を受け継いでいる。

会社法の規定する最終事業年度末日における剰余金の額は、貸借対照表のその他資本剰余金とその他利益剰余金の合計額として計算され（446条1号）、最終事業年度末日以後の剰余金を計算する場合には、これに、最終事業年度末日以後の、①自己株式の処分差額・消却額、②資本金・準備金からの振替額、③配当による財産の流出額・準備金繰入額、④剰余金の資本金・準備金への繰入額、⑤組織再編による資本剰余金・利益剰余金の変動額、を加減することになる（同条2号～7号）。

### (3) 分配可能額の計算

分配可能額は、上記(2)で計算された剰余金の額を出発点とし、そこから、のれんと繰延資産の一部や有価証券評価差額がマイナスになる場合のマイナス額などを加減して計算されることになる（461条2項）。

また、最終事業年度末日後に、臨時計算書類を作成した場合や自己株式の処分を行った場合などには、①臨時計算書類を作成した場合には、臨時決算日までの利益と自己株式の処分対価を加える（461条2項2号・5号）、②自己株式を処分した場合には、当該自己株式の対価の額を減じる（同項4号）、

第7章 計 算

ことになる。

## 3 配当に関する手続

### (1) 配当に関する事項の決定

会社法では、剰余金の配当を行う場合、株主総会が、①配当財産の種類および帳簿価額、②割当てに関する事項、③効力発生日を決めるべきことを定めている（454条1項）。

#### (ア) 配当財産

配当財産の種類については、配当を行う会社の株式等（株式、新株予約権および社債）以外であれば特に制限はないが（454条1項1号）、金銭以外の財産を配当財産とする場合（現物配当という）には、当該財産の代わりに金銭の支払いを要求する権利を与えること、一定の数未満の株式しか有しない株主には配当財産の割当てをしないこと、を決めることができる（同条4項）。

現物配当の場合に、基準株式数以上を有する株主にだけ配当ができるものとするのは、財産の種類によっては、端数が生じる関係で株式数の比率に応じての割当てが困難となる場合があるからであり、したがって、基準株式数未満の株数しか有さない株主に対して現物財産の割当てを行わない場合は、それに相当する金銭を支払うことが必要となる（456条）。

また、現物配当を好まない株主に対して、金銭での支払いを要求する権利を与える方法も認められるが、その場合には、金銭分配請求権の行使期間を定め、期間の末日の20日前までに通知を行わなければならない（455条）。

株主に金銭分配請求権を与えない場合は、株主にとっての利害関係が特に大きいことから、株主総会の決定は、特別決議の方法によるべきことになる（309条2項10号）。

#### (イ) 割当てに関する事項

配当財産の割当ては、原則として、株主が有する株式数に応じて行う必要があるが（454条3項）、上述のとおり、一定株数以下の株主については現物配当の代わりに金銭配当を行うことや、種類株式の内容に応じて別異の特別

552

の取扱いを定めることも可能である（同条2項）。

### (2) 配当決定機関の特則

#### ㋐ 中間配当

会社法では、配当事項を決定する機関について、2つの特則を認めており、その1つが、中間配当とよばれる制度である。

中間配当とは、一事業年度の途中に1回だけ取締役会の決議によって剰余金の配当を金銭で行う配当であり、取締役会設置会社がその旨を定款で定めることによって行うことができる（454条5項）。

#### ㋑ 剰余金の配当等を取締役会が決定する旨の定款の定め

会社法は、一定の要件を満たす会社では、剰余金の配当等について株主総会の代わりに取締役会の決定によることができるものと定めている（459条）。

ただし、剰余金の配当方法として、株主にとって特に利害関係の大きい現物配当を、金銭分配請求権を与えず行う場合は、取締役会の決議による決定

〔図表7-16〕 剰余金の配当決定機関に関する特則

| 要　　　　件 | 決　定　事　項 |
|---|---|
| ・会計監査人設置会社であること<br><br>・取締役の任期が1年以内であること | ・株主を特定せずに行う、株主との合意による自己株式の有償取得の決定<br>・準備金を減少させて剰余金を増加させ、その結果、分配可能額がプラスとならない場合の準備金の減少の決定 |
| ・監査役会設置会社、監査等委員会設置会社または指名委員会等設置会社であること<br>・右の決議事項を取締役会の決議で行うことができる旨定款で定めること<br>・最終事業年度の計算書類について、会計監査人の無限定適正意見および監査役会（または監査委員会）の相当意見があること（459条2項、計規183条）。 | ・剰余金の処分の決定<br><br>・剰余金の配当に関する決定、現物配当の場合における金銭分配請求権に関する事項の決定および基準株式数未満の株主に配当財産を割り当てない旨と基準株式数の決定 |

は許されない（459条1項4号ただし書）。

なお、上記定款の定めをおいたとしても、対象とする事項の決定権を株主総会から奪うものではないが、これに加えて、対象とする事項を株主総会の決議によっては定めない旨の定款の定めをおくことで、決定を取締役会の専権とすることが可能である（460条1項）。

## 4 配当等に関する責任

### (1) 分配可能額を超えて配当等が行われた場合の責任

分配可能額を超えて剰余金の配当などを行った場合であっても、そのような行為が無効になるわけではないと解されているが、その場合は、配当は本来行われるべきでないものであり、配当財産の受領はいわば不当利得ということができる。

そこで、会社法では、当該行為によって金銭等の交付を受けた者に対して、交付された金銭等の帳簿価額に相当する金銭を支払う責任を負わせ、同時に、金銭等の交付を受けた者から回収することが実際には困難である場合も少なくないため、当該行為の業務執行者および当該行為が株主総会または取締役会の決議により行われた場合の議案の提出者についても、連帯しててん補責任を負うべきことを定めている（462条）。

金銭等の交付を受けた者自身の責任は、不当利得の返還の意味があるから、過失の有無は問題とならないが、業務執行者と議案の提出者の責任は、行為責任であるため、職務を行うについて注意を怠らなかったことを証明したときは責任を免れ（462条2項）、さらに、総株主の同意があれば、行為時における分配可能額を超えない部分については責任が免除される（同条3項。分配可能額を超える部分について、株主の同意による免除を認めないのは、債権者の利益を考慮したものである）。

また、業務執行者または議案の提出者が責任を果たした場合には、分配可能額を超えた配当等であることについて悪意の株主に対して求償することができる（善意の株主に対する求償が制限される（463条1項）のは、自ら違法行為

をした業務執行者などが善意の株主に求償することが不当であると考えられるためである）。

会社法462条1項により金銭の支払いを請求する者は、基本的には配当を行った会社自身であるが、462条1項の責任を負う株主に対しては、会社の債権者は債権額の範囲内で自身に対する支払いを請求することができる（463条2項）。

### ⑵ 欠損が生じた場合の責任（期末のてん補責任）

自己株式の取得や剰余金の配当を行った後に、その事業年度の計算書類を承認する時点で分配可能額がマイナスとなった場合、次の内容で関係者の責任が生じることになる（465条）。

### ⑦ てん補責任の対象となる行為

前期の計算書類の承認時から当期の計算書類の承認時までの間に行われた次の行為が対象となる。

#### (A) 自己株式の取得

会社法461条1号から7号に規定するもののほか、同法167条1項の規定による自己株式の取得（取得請求権付株式の株主の請求に応じての自己株式の取得）と同法170条1項の規定による自己株式の取得（全部の株式について一定の事由が生じた場合に会社が株式を取得することができると定めた場合における当該事由が生じたことによる自己株式の取得）が含まれる（465条1項4号・5号）。

#### (B) 剰余金の配当

ただし、定時株主総会における配当および資本金・準備金の減少と同時に行う配当については、対象外とされる（465条1項10号イ〜ハ）。

### ⑦ 責任を負う者

行為に関する業務執行者とされる。ただし、職務について注意を怠らなかったことを証明した場合は責任を負わず、また、総株主の同意があれば免責される。

第7章　計　算

㈦　責任の内容

　分配可能額のマイナス額と配当等による配当額・交付額とのいずれか小さい額を連帯して支払う義務を負うとされる。

# 第8章 解散・清算

## I 解散とは

株式会社の解散は、その法人格を消滅させる原因となる法的事実であり、株式会社は以下の事由により解散する。

〔株式会社の解散事由〕
① 定款で定めた存続期間の満了（471条1号）
② 定款で定めた解散の事由の発生（471条2号）
③ 株主総会の決議（471条3号）
④ 合併により消滅する会社に該当する場合（471条4号）
⑤ 破産手続開始の決定（471条5号）
⑥ 解散を命ずる裁判（471条6号）
⑦ 休眠会社のみなし解散（472条）
⑧ 特別法（銀行法、保険業法）上の解散原因の発生

上記は、①ないし④は任意解散、⑤ないし⑧は強制解散という分類もできる。

### 1 株主総会の決議（471条3号）

株式会社の解散は、株主総会決議によって行われる場合、解散の効力は株主総会決議の日に生じる。決議要件としては、特別決議（309条2項、471条3項）が必要である。

第8章　解散・清算

## 2　合併により消滅する会社に該当する場合（471条4号）

　吸収合併の場合、合併の効力発生日に吸収合併存続会社が吸収合併消滅会社の権利義務を承継し、吸収合併消滅会社は清算手続なしに消滅する（750条1項）。吸収合併消滅会社の吸収合併による解散は、吸収合併の登記の後でなければ、これをもって第三者に対抗することはできない（同条2項）。

　新設合併の場合、新設会社の設立の日に新設会社が新設合併消滅会社の権利義務を承継し、新設合併消滅会社は清算手続なしに消滅する（754条1項）。

## 3　解散を命ずる裁判（471条6号）

　解散を命ずるものには、解散命令（824条）と解散判決（833条）がある。

### (1)　解散命令

　解散命令は、株式会社を代表する権限を有する者が刑罰法令に触れる行為を継続し反復する場合等に、公益維持の見地から、法務大臣、株主、債権者その他の利害関係人の申立てによりなされる。

### (2)　解散判決

　解散判決は、次のいずれかの場合において、やむを得ない事由があるときに、総株主の議決権の10分の1以上の議決権を有する株主または発行済株式の10分の1以上の株式を有する株主の請求によりなされる。

①　株式会社が業務の執行において著しく困難な状況に至り、その株式会社に回復することができない損害が生じ、または生ずるおそれがある場合

②　株式会社の財産の管理または処分が著しく失当で、株式会社の存立を危うくする場合

## 4　休眠会社のみなし解散（472条）

　株式会社に関する登記が最後にあった日から12年を経過した株式会社（以下、「休眠会社」という）は、法務大臣が休眠会社に対し「2カ月以内に事業

558

を廃止していない旨の届出をすべき旨」を官報に公告した場合において、その届出をせず、かつ、当該期間内に当該休眠会社に関する登記がなされないときは、その2カ月の期間の満了の時に解散したものとみなされる。

# Ⅱ 清算とは

　株式会社が解散すると、合併や破産の場合を除き、清算手続が始まる。

　清算手続とは、法人格が消滅する前に、現務を結了し、債権の取立ておよび債務の弁済をし、株主に対して残余財産の分配等を行って、会社の法律関係の後始末をする手続であり（481条参照）、清算手続中の会社（以下、「清算会社」という）は、清算の目的の範囲内においてのみ存続し（476条）、清算手続の終了によって初めて消滅する。

　会社の清算には、通常清算と特別清算とがある。

## 1 通常清算

### (1) 意　義

　通常清算とは、特別清算以外の法定清算のことをいう。

### (2) 清算会社の機関

　清算会社は、清算会社の清算手続を遂行する者として、1人または2人以上の清算人をおかなければならず（477条、478条）、通常、清算会社の取締役であった者や株主総会で選任された者が清算人に就任する（478条1項1号・3号）。

　また、清算会社は、定款の定めによって、清算人会、監査役または監査役会をおくことができる（477条、478条）。

　監査役の設置は原則として義務ではないが、監査役会をおく旨の定款の定めがある清算会社は、清算人会の設置が必要である。

### (3) 清算人の職務

　清算人は、以下に記載する清算会社の業務の執行を行う（481条、482条1

559

項）。

### (ア) 財産目録等の作成

清算人は、就任後遅滞なく、清算会社の財産の現況を調査し、解散日における財産目録および貸借対照表を作成し、株主総会の承認を受けなければならない（492条3項）。清算人会設置会社の場合は、清算人会の承認を要する（同条1項〜3項）。

### (イ) 債権者に対する債権申出の公告、個別催告等

清算会社は、解散後遅滞なく、債権者に対し、一定の期間（2カ月以上）内に債権を申し出るべきこと、および期間内に債権者が債権申出をしないときには清算手続から除斥されることを記載した官報公告を行うとともに、知れている債権者に対して個別に債権申出の催告をしなければならない（499条）。

### (ウ) 現務の結了（481条1号）

現務の結了とは、解散前の会社の業務を終了させることであり、具体的には、解散前に受注した製品を完成して納品することや、解散前に提起された訴訟の承継についての処理等がこれにあたる。

### (エ) 財産の換価

換価の方法は、任意売却でよく、事業の全部または一部を譲渡することや、会社分割により清算会社の事業に関して有する権利義務を他の会社に承継することもできる。他方、解散後は、合併により合併存続会社になることや吸収分割により分割承継会社となることはできない（474条）。

### (オ) 債務の弁済

清算人は、清算事務として会社の債務について弁済する職務を行わなければならない。なお、債権者への公告期間（債権申出期間）内には、原則として債務の弁済をすることができない（500条1項）。

ただし、債権者への公告期間内であっても、清算会社は、①少額の債権、②担保権によって担保される債権、③その他弁済によって他の債権者を害するおそれがない債権（租税債権など）については、裁判所の許可を得て弁済

*560*

することができる（500条2項）。

(カ) 残余財産の分配

清算人は、清算会社の債務を弁済した後に、残った会社財産を株主に分配する場合には、清算人の決定（清算人会設置会社の場合、清算人会の決議）によって、残余財産の種類や株主に対する残余財産の割当てに関する事項を定めなければならない（504条）。

また、金銭以外の現物を交付する場合には、株主に金銭分配請求権が発生することから、清算人は、金銭分配請求権の行使できる期間、並びに一定の数未満の数の株式を有する株主に対して残余財産の割当てをしないこととする場合におけるその旨とその数を定めなければならない（505条1項）。清算会社は、そこで定めた金銭分配請求権行使期間末日の20日前までに、株主に対して上記各事項を通知しなければならない（同条2項）。

(4) 清算の終了

清算会社は、清算人により残余財産の分配が終了した後、決算報告を作成して株主総会に提出し、その承認を受けることをもって清算手続が終了し、法人格が消滅する（507条）。

清算人は、株主総会の承認の日から2週間以内に、清算手続が結了したことの登記を申請する必要がある（929条1項）。

## 2 特別清算とは

### (1) 意 義

特別清算とは、清算会社につき、①清算の遂行に著しい支障を来すべき事情がある場合、もしくは②債務超過（清算会社の財産がその債務を完済するのに足りない場合）の疑いがある場合に、債権者、清算人、監査役または株主が特別清算開始の申立てをし（511条）、裁判所が特別清算の開始を命ずることによって開始する清算手続のことをいう（510条）。

### (2) 特別清算手続のメリット・デメリット

特別清算手続も破産手続も法的清算手続という点で共通するが、特別清算

第8章　解散・清算

手続を利用するメリットとしては次のような点があげられる。

① 　特別清算開始後も清算人が清算事務を遂行するため、清算開始前の事業と清算事務との連続性を確保することができる。

② 　債権者と協定を締結することのほか、債権者と個別に異なる条件により和解をすることもでき、柔軟な対応ができる。

③ 　破産手続よりも費用を低廉に抑えられることが多い。

他方、特別清算を利用することのデメリットとしては次の点があげられる。

① 　債権の存否内容につき争いがある場合、破産手続では査定手続による簡易な債権確定手続が設けられているが、特別清算手続では通常の裁判により確定する必要があり、時間と労力がかかる。

② 　特別清算手続は協定案について債権者の多数決による賛成が必要となるため、大口の債権者から協定案についての同意が得られる見込みがなければ、特別清算手続によることが困難である。

③ 　特別清算手続には否認権が認められていないため、否認対象行為が存在するような場合には、特別清算手続ではなく破産手続を選択するべきである。

## ✤ *One point advice*　特別清算の利用 ─────

　以前は多数の一般債権者に対する債務を整理する手法として特別清算を利用することもあったが、最近では、債権者が親会社や金融機関等の少数しかおらず、対税目的で、子会社整理あるいはいわゆる第二会社方式における旧会社の清算のために特別清算が利用されるケースがほとんどである。そのため、申立て前から特別清算手続に入ることをほとんどの債権者があらかじめ了解しているケースが多い。

### ⑶ 　申立て

特別清算は、申立権者（または申立義務者）の申立てにより（511条）、裁判所が開始要件を満たしたと判断した場合に開始する。

　申立てがあった場合、裁判所は、清算株式会社に清算の遂行に著しい支障

562

を来すべき事情があるときまたは債務超過の疑いがあると認めるときは、次のいずれかに該当する場合を除き、清算会社に対して特別清算の開始命令をする（514条）。

① 特別清算の手続の費用の予納がないとき

② 特別清算によっても清算を結了する見込みがないことが明らかであるとき

多数の債権者または3分の2以上の債権額を占める債権者が特別清算による清算に反対し、協定または個別和解の見込みがないことが明らかな場合が該当しうる。

③ 特別清算によることが債権者の一般の利益に反することが明らかであるとき

債権者の一般の利益に反するかどうかは、弁済率や弁済時期等総合的に判断され、破産手続によるよりも特別清算手続によるほうが債権者の利益が下回る場合等がこれに該当しうる。たとえば、特別清算には破産手続と異なり否認権に関する規定がないため、清算会社について否認対象行為があり、破産管財人が否認権を行使したならば特別清算手続をとるよりも弁済率が上がるような場合には、「特別清算によることが債権者の一般の利益に反することが明らかであるとき」に該当すると判断される可能性がある。

④ 不当な目的で特別清算開始の申立てがされたとき、その他申立てが誠実にされたものでないとき

資産の隠蔽や偏頗弁済等を行うために破産手続における否認権行使の回避を目的に行う場合や強制執行の停止等特別清算手続における効果を得て、それを利用して自己に有利な情報を取り付ける目的で申立てが行われた場合等が該当しうる。

### (4) 清算人の職務等

開始後の特別清算手続について、財産目録の作成や財産の換価、債務の弁済等通常清算で必要な手続や清算人らの職務は特別清算においても原則とし

563

第 8 章　解散・清算

て必要とされる。

　これに対し、通常清算とは異なり、特別清算の開始決定がなされた株式会社の多くは債務超過の状態にあり、債務を完済できず債権者による債権放棄が想定されているため、債権者の利益を保護するために裁判所または裁判所が監督委員を選任した場合には監督委員の監督を受けることとされている（519条1項、527条1項、530条）。

　その監督の内容として、清算株式会社において次の事項が行われる場合には、裁判所の許可もしくは監督委員が選任されている場合には監督委員の同意（以下、「裁判所の許可等」という）が必要とされている（535条1項柱書）。ただし、100万円以下の価額を有するものに関する行為や、裁判所が許可を不要とした行為については、裁判所の許可も監督委員の同意も不要である。

　裁判所の許可等が必要とされる場合において、裁判所の許可等を得ないで次の①から⑥の行為がなされたときには、善意の第三者に対抗することはできないものの、それらの行為は無効となる（535条3項）。

① 財産の処分

② 借財

③ 訴えの提起

④ 和解または仲裁合意

⑤ 権利の放棄

⑥ 裁判所の指定する行為

　①から⑥以外の行為であっても、財産の減少や負担の増加により債権者の利益を害するおそれが想定される場合には、裁判所は裁判所の許可等が必要な行為として指定することができる。

　これらのほか、清算株式会社が事業の全部または譲渡資産の帳簿価格が総資産の5分の1を超える事業の重要な一部の譲渡をする場合においても、裁判所の許可が必要とされ（536条）、許可を得ないで行った場合には、その行為は無効となる（535条3項）。ただし、善意の第三者には対抗することができないとされている（同項ただし書）。

**564**

## Ⅱ　清算とは

### ✤ *One point advice*　裁判所の運用

　　特別清算手続に関する裁判所の運用は、解散公告前に特別清算の申立て
を受け付けるか否か、申立てに必要な費用、申立てを受けてから開始決定
を出すまでのスケジュールなど、裁判所によって運用が異なる。

　　そのため、特別清算の申立てを検討する場合には、事前に管轄裁判所に
費用やスケジュール等を確認しておくことが望ましい。

### (5)　協定型と和解型

　特別清算手続の場合、通常清算とは異なり、債務の減免等の債務整理が必
要となる。その手段として、特別清算の手続には協定型と個別和解型とがあ
る。

### ㋐　協定型

　協定型とは、債権者集会を開催して協定の決議を行い、可決認可された協
定に基づいて債権者に対して弁済等を実施し、あるいは債務の免除を受ける
方法で進める清算手続をいう。

　清算人は、協定案を作成し、債権者集会に対して協定の申出をすることが
できる（563条）。清算人が申し出た協定案が可決されるためには、出席議決
権者の過半数の同意（頭数要件）と議決権総額の3分の2以上の議決権を有
する議決権者の同意が必要となる（567条1項）。

　債権者集会において協定が可決された場合、清算会社は遅滞なく裁判所に
対し協定の認可の申立てをする必要があり（568条）、裁判所は、次の場合を
除いて、協定の認可の決定を行う（569条）。

①　特別清算の手続または協定に法律違反があるとき（569条2項1号）

　　債権者集会の招集手続に法令違反があった場合等がこれにあたるが、
法令に違反する場合であっても、その不備を補正することができる場合
や手続の法令違反の程度が軽微である場合には、裁判所は協定を認可す
ることができる。

②　協定が遂行される可能性がないとき（569条2項2号）

　　協定の内容とされた弁済について、その原資がないために協定を遂行

565

第8章　解散・清算

できない場合等である。

③　協定が不正の方法によって成立したとき（569条2項3号）

　　債権者等に利益供与が行われたことにより協定が成立したと認められる場合等である。

④　協定が債権者一般の利益に反するとき（569条2項4号）

　協定認可決定がなされた場合、裁判所により直ちにその旨の公告がされ（901条3項）、公告の効力発生日から2週間、認可の決定に対する即時抗告がなければ認可の決定が確定し（901条4項）、協定は効力を生じる（570条）。その後、清算会社は、認可決定の確定した協定内容に従って債務弁済等を履行し、また債務の免除等を受ける。

　他方、債権者集会で協定が否決された場合または裁判所により協定の不認可決定がなされた場合には、破産原因があれば破産手続に移行することとなる。不認可決定がなされた場合には即時抗告をすることができるが、裁判所の告知を受けた日から1週間以内にしなければならない（901条3項本文）。

　　㈡　個別和解型

　個別和解型とは、協定による方法でなく、各債権者と個別に和解契約を締結し、当該和解契約に基づいて債権者に弁済等を行う方法で進める清算手続のことである。

　和解契約の内容としては、清算会社が債権者に対し、債務の一部を弁済し、残債務を放棄してもらうとすることが多い。

　この場合、すべての債権者と和解契約を締結し、清算会社の債務をゼロにする必要がある。

　なお、和解契約の対象額が100万円を超える場合には、裁判所の許可を得る必要がある（535条）。

---

### ⚜ *One point advice*　和解型の場合の保証債務の付従性 ───

　　個別和解型によって債務を整理する場合、和解による主たる債務の免除は、保証の付従性により保証債務も免除される効果を生じる。

566

Ⅱ　清算とは

　そのため、会社の代表者等の保証債務が残っており、和解により保証債務も同時に免除することを予定していないような場合には、協定型によることが多い。ただし、債権者が、保証人から、主たる債務について和解による免除を受けた場合であっても、約定の保証債務を引き続き負担する旨の書面を提出させるなどにより、和解型で終わらせるケースもある。

### (6)　スケジュール

　協定型の場合、解散決議以降、一例として〔図表8-1〕のようなスケジュールで手続が進められる。

　個別和解型の場合、協定型の場合の〔図表8-1〕における⑧から⑭の手続の代わりに各債権者との個別の和解契約の締結および許可の取得をし、和解内容を実行する流れとなる。そのため、個別和解型は、協定型における債権者集会開催のための招集期間、協定認可確定のための公告期間等が不要であり、協定型に比して審理期間が短く、迅速な処理が行われる。

第8章　解散・清算

〔図表8-1〕　特別清算手続のスケジュール（協定型）

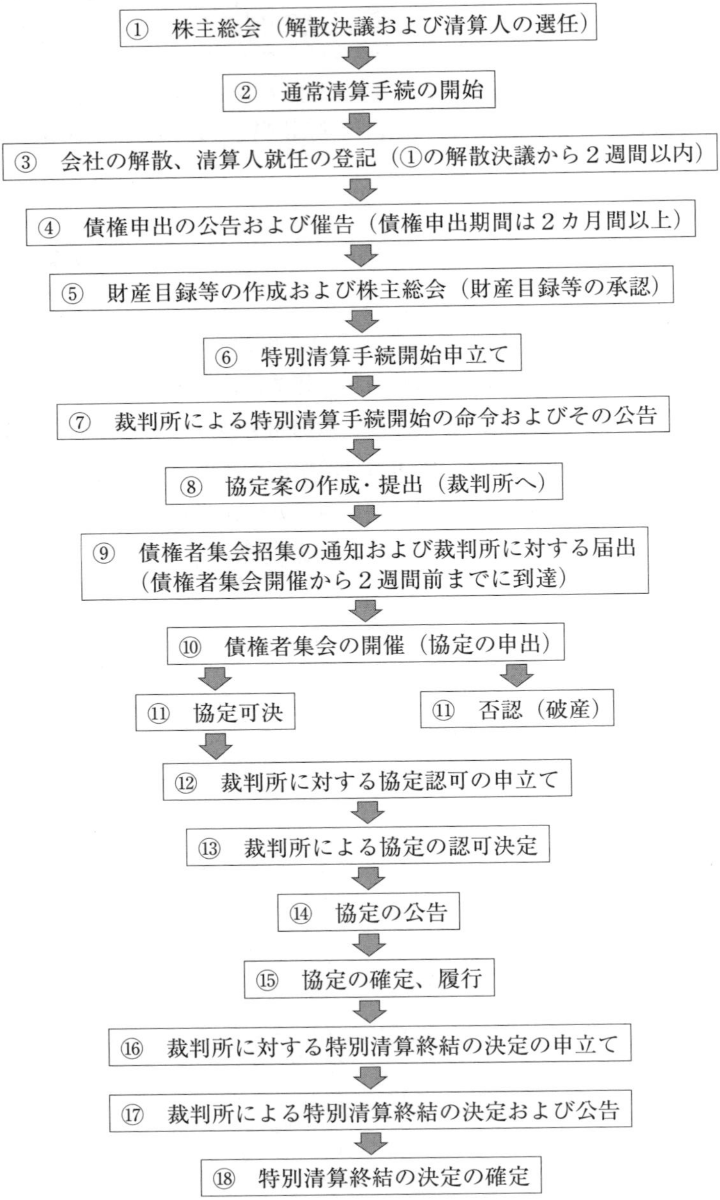

① 株主総会（解散決議および清算人の選任）

② 通常清算手続の開始

③ 会社の解散、清算人就任の登記（①の解散決議から2週間以内）

④ 債権申出の公告および催告（債権申出期間は2カ月間以上）

⑤ 財産目録等の作成および株主総会（財産目録等の承認）

⑥ 特別清算手続開始申立て

⑦ 裁判所による特別清算手続開始の命令およびその公告

⑧ 協定案の作成・提出（裁判所へ）

⑨ 債権者集会招集の通知および裁判所に対する届出
（債権者集会開催から2週間前までに到達）

⑩ 債権者集会の開催（協定の申出）

⑪ 協定可決　　　　　　⑪ 否認（破産）

⑫ 裁判所に対する協定認可の申立て

⑬ 裁判所による協定の認可決定

⑭ 協定の公告

⑮ 協定の確定、履行

⑯ 裁判所に対する特別清算終結の決定の申立て

⑰ 裁判所による特別清算終結の決定および公告

⑱ 特別清算終結の決定の確定

568

# 会社の種類——各種会社

## Ⅰ 会社の類型・種類

　旧商法における会社類型は、株式会社、有限会社、合名会社および合資会社であった。会社法では、有限会社が廃止され、また、人的資産を活用する新しい組織形態として、合同会社という類型が新設されている。その結果、会社法における会社は、株式会社、合名会社、合資会社および合同会社の4種類となる（2条1項）。合名会社、合資会社および合同会社を総称して持分会社という（575条1項）。

　株式会社は、社員間あるいは社員と会社との関係が希薄な物的会社と位置づけられ、持分会社はそれらの関係が強い人的会社と位置づけられている。すなわち、持分会社は柔軟な機関設計が可能であること、社員の議決権は原則として1人1議決権であること、持分の譲渡に制限はあるものの退社による持分の払戻しは緩やかである。

〔図表 9-1〕　会社の形態

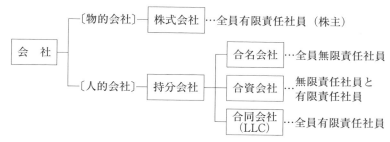

第9章　会社の種類──各種会社

### ✤ *One point advice*　会社の従業員は「使用人」────

　一般に会社で働く者（従業員）を「社員」とよぶことが多いが、会社法において「社員」とは「株主・出資者」のことを意味しており、株式会社においては「株主」とよんでいる。

　会社法では、いわゆる一般的にいわれる「社員」のことを「使用人」とよんでいる（2条15号参照）。

## Ⅱ　各種会社の特徴

### 1　株式会社

　株式会社は、各自が有する株式の引受価額を限度とする有限の間接責任（104条）を負うにすぎない社員（株主）のみからなる物的会社である。

　日本の会社の大部分は株式会社および（特例）有限会社である。

①　株主は、株主総会を通じて基本的事項の決定には参加するが、取締役会をおく場合には、業務執行に参加しない（所有と経営の分離）。また、機関設計については、株主や債権者の保護のため、ガバナンス上の規整が多い。

②　社員の地位は細かく単位化され（株式）、かつ、原則としてその譲渡は自由である（127条）。

③　誰でも容易に会社に参加することができる。

　このように、原則として社員の個性が問題とならないため、多人数の結集が可能であり、直接金融によって大きな企業を起こすのに適している。

　ただし、中小規模の会社では社員の個性が重視されることに鑑み、発行株式すべてを譲渡制限株式とすることができ（107条1項1号）、そのような会社（非公開会社という）については、機関設計等を緩和し、株主の経営参加を広く認めている。株式会社のうち、証券取引所の上場会社はわずかであり、ほとんどは中小規模の非公開会社である。

## 2 合名会社

合名会社は、会社の債務につき会社債権者に対し直接連帯無限の責任を負担する無限責任社員のみからなる人的会社である（576条2項）。

① 社員は、会社債権者に対し無限責任を負う。

② 定款に特段の定めがない限り、各社員が会社の業務を執行し、会社を代表する（590条1項、599条1項）。

③ 持分の譲渡および退社に社員全員の同意が必要である（585条1項、607条1項2号）。

このように社員の個性が重視されるため、誰でも容易に会社に参加することを前提としておらず、合名会社は人的信頼関係のある少人数の者による共同企業に適する会社である。

## 3 合資会社

合資会社は、無限責任社員と有限責任社員からなる人的会社である（576条3項）。

① 無限責任社員は合名会社の社員と同様に直接連帯無限の責任を負い、有限責任社員は出資額を限度とする有限責任を負う（580条2項）。

② 合名会社と同様、定款に特段の定めがない限り、各社員が会社の業務を執行し、会社を代表する（590条1項、599条1項）。旧商法では、有限責任社員には業務執行権がないとされていたが、会社法では社員の責任と業務執行権・代表権は切り離されている。

③ 持分の譲渡には、全社員の同意を必要とするのが原則だが（585条1項）、業務を執行しない有限責任社員の持分の譲渡は、業務を執行する社員全員の同意があればできる（同条2項）。

## 4 合同会社（日本版LLC）

合同会社は、会社法で新設された、有限責任社員のみからなる人的会社で

第9章　会社の種類──各種会社

ある（576条4項）。

　旧商法では、物的会社＝有限責任、人的会社＝無限責任の組合せしかなかったが、近年では知的財産を中心とした人的資産集約型のサービス産業が産業の中心となってきており、社員の有限責任を維持しつつも、柔軟な意思決定や権限・利益の配分が可能となるような制度の整備が必要となってきたことから、合同会社が新設された。

　合同会社は、米国のLLC（Limited Liability Company）を参考にしているため、日本版LLCともよばれている。

　合同会社は、全社員の責任が有限責任であり、業務執行や代表については合名会社・合資会社と同様である。社員のリスクを限定することができるため、コンサルティング業、研究開発事業、合弁事業など、専門性の高い事業や、組織・利益分配等について柔軟に決められることが収益性強化につながる事業などへの活用が期待されている。

　また、持分の譲渡については、合資会社の規律と同様である。

---

### ⚜ *One point advice*　有限責任事業組合（LLP）とは？ ────

　合同会社は、社員の有限責任と広範な内部自治が確保されている点で利便性が高いが、米国のLLCとは異なり、構成員課税のみでなく法人税がかかる点でやや使い勝手に問題があるともいわれている。

　この点につき、経済産業省主導で、合同会社と同様に、広範な内部自治と構成員全員の有限責任を認めつつ、法人税のかからない有限責任事業組合制度（有限責任事業組合契約に関する法律。日本版LLP）が創設され、平成17年8月1日に施行された。

　経済産業省の公表によれば、有限責任事業組合は、経営コンサルタント業やソフトウエア開発・コンテンツ制作業などで多く活用されている。

---

## 5　有限会社の帰すう

　会社法では、非公開会社と有限会社の規律が統合され、有限会社制度が廃

〔図表 9-2〕　**各種会社の特徴**

| | 会　　　社 | | | | 組　　合 | |
|---|---|---|---|---|---|---|
| | 株式会社 | 合同会社<br>（LLC） | 合資会社 | 合名会社 | LLP | 任意組合 |
| 対　　象 | 規模の<br>大小不問 | 共同事業<br>専門的事業 | 中小企業 | 中小企業 | 共同事業<br>専門的事業 | 共同事業 |
| 社員の<br>責　任 | 全員<br>有限責任 | 全員<br>有限責任 | 有限責任＆<br>無限責任 | 全員<br>無限責任 | 全員<br>有限責任 | 全員<br>無限責任 |
| 出　　資 | 財産 | 財産 | 信用・<br>労務も可 | 信用・<br>労務も可 | 財産 | 信用・<br>労務も可 |
| 内　部<br>組　織 | 株主総会、<br>取締役会等 | 自由 | 自由 | 自由 | 自由 | 自由 |
| 利　益<br>配　分 | 財源規制の<br>範囲内で出<br>資額に応じ<br>て分配 | 財源規制の<br>範囲内で自<br>由に分配可<br>能 | 自由 | 自由 | 財源規制の<br>範囲内で自<br>由に分配可<br>能 | 自由 |
| 課　　税 | 法人税 | 法人税 | 法人税 | 法人税 | 構成員課税 | 構成員課税 |

止された。そのため会社法施行後は有限会社を設立することはできず、また会社法施行前に存する有限会社は、施行後は株式会社となる。

　もっとも、有限会社は多数存在しており（日本の会社では株式会社と有限会社が圧倒的に多い）、これらを一斉かつ強制的に株式会社の規律へ移行させることは影響が大きいため、従来どおり有限会社の名称を用い、実質的に有限会社法の規律に服することを認めている（整備法2条）。このような会社を「特例有限会社」という（特例有限会社も株式会社の一種である）。

　このように、会社法施行前の有限会社は、何もせずにそのまま特例有限会社として存続することもできるし、通常の株式会社へ移行することもできる。

　通常の株式会社へ移行するには、定款変更（有限会社から株式会社への商号変更）と登記（現行有限会社の解散登記および株式会社の設立登記）で足りることになる。

　特例有限会社として存続することのメリットとしては、次のようなものがあげられる。

*573*

第9章　会社の種類——各種会社

〔図表9-3〕　有限会社の帰すう

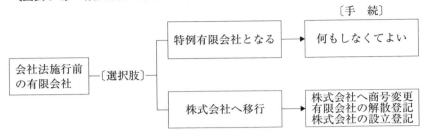

〔特例有限会社の3大メリット〕
① 大会社に該当しても監査役や会計監査人をおかなくてよい。
② 役員の任期に制限がない。
③ 決算公告義務がない。

## III　会社の類型・種類の変更

　会社法では、各種の会社組織を別の組織とすることが認められている。
　株式会社と持分会社（合名会社、合資会社および合同会社）との間の組織替えを「組織変更」といい、合名会社・合資会社・合同会社間での組織替えを「持分会社の種類の変更」という。
　組織変更は、組織変更計画を作成し（743条）、これを構成員全員が同意することにより行う（776条）。債権者保護手続も必要である（779条）。
　持分会社の種類の変更は、社員の責任の内容を変更する定款変更によって行う（638条）。

Ⅱ　機関設計の登記

# 第10章 | 登　記

## Ⅰ 会社法における登記

　会社が機関設計を行った場合、その結果につき登記する必要がある。株式会社において登記される事項は911条3項に定められており、これらの登記事項は当事者の申請または商業登記法の規定に従って登記される（907条）。

　登記の効力は、登記をした後でなければ善意の第三者に対抗できず、さらに、登記の後であっても第三者が正当な事由によりその登記のあることを知らなかったときは対抗できない（908条1項）。また、故意または過失によって不実の登記をした者は、当該登記が不実であることをもって善意の第三者に対抗することができない（同条2項）。登記事項に変更が生じた場合は、遅滞なく変更の登記または消滅の登記をしなければならない（909条）。

## Ⅱ 機関設計の登記

それぞれの機関設計の内容に応じて、下記①〜⑧の登記を行う必要がある。

---

〔機関設計の登記〕

① 取締役会設置会社である旨

② 監査役設置会社である旨

　ⓐ 監査役の監査の範囲を会計に関するものに限定する旨の定款の定めがある株式会社であるときはその旨

　ⓑ 監査役の氏名

③ 監査役会設置会社である旨

---

575

第10章 登記

- ・ 監査役のうち社外監査役である者については社外監査役である旨
④ 会計参与設置会社である旨
- ・ 会計参与の指名または名称
⑤ 会計監査人設置会社である旨
- ・ 会計監査人の氏名または名称
⑥ 特別取締役設置会社である旨
  ⓐ 特別取締役の氏名
  ⓑ 特別取締役のうち社外取締役である者について社外取締役である旨
⑦ 監査等委員会設置会社である旨
  ⓐ 監査等委員である取締役およびそれ以外の取締役の氏名
  ⓑ 取締役のうち社外取締役である者について社外取締役である旨
  ⓒ 399条の13第6項の規定による重要な業務執行の決定の取締役への委任についての定款の定めがあるときのその旨
⑧ 指名委員会等設置会社である旨
  ⓐ 取締役のうち社外取締役である者について社外取締役である旨
  ⓑ 各委員会の委員および執行役の氏名
  ⓒ 代表執行役の氏名および住所


## Ⅲ 就任時・退任時の役員等の登記

　上記機関設計の登記に加え、各機関に相当する役員等につき、就任（重任）・退任時に一定の事項の登記を行う必要がある。

　また、取締役、会計参与、監査役、執行役または会計監査人が負う責任の免除につき定款の定めがあるときはその定め、非業務執行取締役等が負う責任の限度に関する定めがあるときはその定めについても登記しなければなら

576

Ⅲ　就任時・退任時の役員等の登記

ない（911条3項24号・25号）。

## ● 事項索引 ●

### 【英数字】

100％減資  *41,83*
12時間ルール  *103*
１株１議決権の原則  *236*
４倍ルール  *134*
５％ルール  *40*
B/S  *520*
D&O 保険  *384*
DCF 法  *69*
DCF 方式  *66*
DES  *156*
EDINET  *150*
GAAP  *513*
IFRS  *504*
LLP  *572*
MBO  *243*
MSCB  *192*
MS ワラント  *193*
P/L  *520*
ToSTNeT-2  *79*
ToSTNeT-3  *79*

### 【あ行】

相対取引  *92*
預合い  *12*
安定操作取引  *108*
意見表明報告書  *94*
一時取締役  *285*
著しく不公正な発行価額  *158*
著しく不公正な払込価額  *158*
著しく不公正な方法による発行  *162*
一括回答  *236*
一括審議方式  *253*
一般管理費  *548*
委任状勧誘  *241*
違法行為の差止請求権  *396*
違法な自己株式取得  *84*
違法配当  *375*
インカム・アプローチ  *66*
インサイダー取引  *96*
打切発行の原則  *121*

売上原価  *548*
売上高  *548*
売出し  *148*
売主追加請求権  *77*
売渡強制条項  *27*
営業外収益  *548*
営業外費用  *548*
営業譲渡  *405*
営業利益  *548*
エクイティ・コミットメントライン  *193*
エクイティ・リンク債  *116*
黄金株  *40*
オプション評価理論  *177*
親会社  *61*
終値取引  *79*

### 【か行】

会計  *512*
会計監査人  *215,307,315,367*
　　——の解任  *316*
　　——の監査報告  *527*
　　——の権限  *317*
　　——の終任  *316*
　　——の注意義務  *375*
　　——の任期  *315*
　　——の報酬  *317*
会計参与  *215,319*
　　——の終任  *320*
　　——の任期  *319*
会計参与報告  *320*
会計帳簿  *518*
　　——の閲覧  *518*
会計ノ書類  *520*
会計ノ帳簿  *519*
外国会社  *120*
解散  *557*
解散判決  *558*
解散命令  *558*
開示  *148*
会社関係者（インサイダー取引）  *97,106*
会社の顧問弁護士  *303*
会社の事業の部類に属する取引  *276*

会社の常務に属する行為　287
会社の代表権　271,272
会社の帳簿書類の閲覧・謄写請求権　336
会社の不成立　21
会社の不存在　22
会社分割　399,443
　——の効力発生日　454
会社分割無効の訴え　457
会社役員賠償責任保険　384
回答拒否事由　232
買取強制条項　27
仮装取引　108
合併　398,424,493
　——の差止め　442
　——の無効　440
合併契約書　426
合併効力発生日　436
合併承認株主総会　432
合併登記　436
合併比率　440
合併無効の訴え　440
株券喪失登録制度　51
株券の再発行　52
株券の失効　52
株券発行会社　50
株券発行留保　51
株券不所持制度　51
株券不発行会社　50
株式　29,116
　——の移転　413
　——の買取り　33,462
　——の共同保有者　96
　——の共有　35
　——の公開買付け　78,91,461,492
　——の公開買付けの期間　94
　——の公開買付けの撤回　95
　——の公開買付けの方法　93
　——の社債化　118
　——の消却　85,136
　——の譲渡　27
　——の譲渡承認請求　63
　——の譲渡承認手続　63
　——の大量保有報告書　96
　——の大量保有報告制度　95

——の引受け　15
——の不公正発行　184
——の併合　44,136,137,497
——の申込み　15
——の割当て　16,137,146
株式移転　399,479,481
株式移転計画　483
株式移転後の基準日　485
株式移転比率の公正性　487
株式移転無効の訴え　491
株式売渡請求制度　65
株式会社　570
株式買取価格　33,433
株式買取価格決定の申立て　33,65,66,82,
　414,496
株式買取請求　412,452
　——の撤回　33
株式買取請求権　30,73,432,470,496
株式価額の算定方法　144
株式交換　399,460,463,493
　——の効力発生日　472
　——の差止め　478
株式交換契約　465
株式交換承認総会　469
株式交換無効の訴え　477
株式譲渡　68
株式譲渡契約　68
株式譲渡自由の原則　59
株式譲渡制限契約　67
株式譲渡代金の支払時期　70
株式等売渡請求制度　498
株式等振替制度　57
株式分割　46
株式報酬型ストック・オプション　282
株式無償割当て　47
株主　29
　——となる時期　154
　——の権利　29
　——の募集　15
株主意思の原則　205
株主資本等変動計算書　521
株主総会　215,219
　——の議長　230
　——の採決の方法　253

事項索引【か行】

──の招集　221
──の招集地　220
──の招集通知　222
──の招集手続の瑕疵　224
株主総会決議取消しの訴え　255
──における訴えの利益　257
──の提訴権　257
株主総会決議不存在確認の訴え　255
株主総会決議無効の訴え　255
株主総会出席禁止仮処分　231
株主代表訴訟　158,159,160,385
──の管轄　386
──の原告適格　386
──の訴額　386
──の判決の効力　390
──の費用の会社負担　390
──の和解　390
株主提案権　227
株主平等原則　36,183
株主名簿　53
──の閲覧　56
株主名簿管理人　54
株主優待制度　37
株主割当て　137
──の発行手続　146
簡易合併　437
簡易株式交換　474
簡易事業譲渡　406,420
簡易手続　401
簡易分割　455
監査委員会　344
──の権限　344
──の職務遂行のために必要な事項　331
監査委員の資格制限　344
監査スケジュール　528
監査等委員　359
──である取締役の任期　359
──である取締役の報酬　359
──の報酬　281
監査等委員会　215,357,358
──の運営　363
──の議事録　363
──の議事録の閲覧・謄写　363

──の権限　361
──の構成　360
──の招集　363
──の設置　366
監査等委員会設置会社　357
──の取締役会　364
監査の内容　307
監査報告　308,346
──の提出先　528
監査報告通知期限　528
監査役　215,302,307
──の員数　304
──の解任　306
──の協議　311
──の資格　303
──の辞任　306
──の終任　306
──の職務　307
──の選任　304
──の独任制　313
──の任期　305
──の報酬　311
業務監査権のある──　218
監査役会　215,312
──の監査報告　314,528
──の議事　314
──の決議　314
監査役会議事録の閲覧・謄写　315
監査役監査　527
間接開示　531
間接損害　393
間接取引　279
間接法　535
完全無議決権株式　118
管理会計　513
議案提案権　227
議案の通知請求　228
議案の要領　228
機関設計の選択肢　216
機関設計の登記　575
企業価値・株主共同の利益の確保・向上の原則　205
企業結合　502
──に関する会計基準　502

580

企業統治 *209*
企業防衛策 *204*
議決権行使書面 *242*
議決権行使の代理権授与 *241*
議決権制限株式 *39,118*
議決権停止の仮処分 *252*
議決権の代理行使 *240*
議決権の不統一行使 *240*
議決権復活条項付議決権制限株式 *39*
議事整理権 *230*
疑似発起人 *25*
基準日 *54,220*
基準日株主 *54*
議題提案権 *227*
希薄化防止条項 *173*
基本合意書 *69*
期末のてん補責任 *555*
記名社債 *115*
逆取得 *502*
キャッシュ・フロー計算書 *534*
キャッシュアウト *42,492*
吸収型組織再編 *507*
吸収合併 *425*
吸収分割 *443*
休眠会社 *558*
共益権 *29*
競業避止義務 *275,416*
業績連動型ストック・オプション *282*
業績連動型報酬 *348*
共通支配下の取引 *502*
協定型 *565*
共同支配企業の形成 *503*
業務監査権限のある監査役 *218*
業務財産状況調査権 *344*
業務執行取締役 *271*
業務執行の決定 *259,272*
業務執行を決定する機関 *100*
業務の執行 *259,272*
虚偽登記 *394*
拒否権付種類株式 *40*
金銭以外の報酬 *348*
金融機関からの借入れ *112*
繰延資産 *540*
クロージング *71*

――の前提条件 *70*
経営会議 *302*
経営の基本方針 *331*
経営判断の原則 *371*
――の適用基準 *371*
計算書類 *520*
――の確定 *532*
――の監査 *526*
形式的審査主義 *20*
経常損益 *548*
経常利益 *548*
軽微基準 *103*
契約による責任の減免 *382*
決議事項 *229*
決議事項先議方式 *253*
決算 *517*
決算短信 *539*
現金の増減 *535*
現経営陣の支配権維持 *163*
検査役選任請求権 *397*
検査役の選任 *397*
検査役の調査 *14,155,185,462*
減資 *543*
減準備金 *543*
減損テスト *505*
現物出資 *8,22,155,185,462*
現物出資者の責任 *159*
現物配当 *552*
現務の結了 *560*
権利株の譲渡 *16*
権利能力なき社団 *4*
公開会社 *62,212*
公開買付開始公告 *93*
公開買付者等関係者（インサイダー取引） *104,107*
公開買付説明書 *94*
公開買付撤回届出書 *95*
公開買付届出書 *94*
合資会社 *571*
行使価額修正条項付新株予約権 *193*
公正な価格 *452,471,486*
合同会社 *571*
合弁 *25*
――の解消 *28*

581

事項索引【か行・さ行】

合弁解消規定　28
合弁契約　26
公募　137
公募債　115
公募増資　167
公募発行　121
合名会社　571
ゴードン・モデル式　66
コーポレート・ガバナンス　209,211
コーポレートガバナンス・コード　211
コール・オプション　170
子会社　61
子会社株式の譲渡　415
子会社監査　310
子会社調査権　345
固定資産　540
個別審議方式　253
個別注記表　521
個別和解型　566
コベナンツ条項　70
混合株　39
コンプライ・オア・エクスプレイン　262

【さ行】

債権　116
債権者集会　565
債権者保護手続　454,543
財産引受け　9,22
最終完全親会社　391
最低責任限度額　378
財務会計　512
財務諸表　534
裁量棄却　259
詐害的会社分割　459
差止請求　459
差止請求権　310,345,362
参加的優先株　37
残高　520
残高試算表　520
残余財産の分配　561
自益権　29
時価純資産価額法　69
時間優先の原則　79
事業　405

事業譲渡　398,403
　――（営業譲渡）の要件　405
　――の該当性　405
事業譲渡契約書　408
事業年度　517
事業分離等に関する会計基準　503
事業報告　524
　――の監査　526,529
事業譲受け　398
資金調達　27
自己株式　62,546
　――の取得　73,105,109,550,555
　――の取得の対価　74
　――の消却　546
　――の処分　84,106,132,546
　――の処理方法　85
自己株式買付状況報告書　86
自己株式立会外買付取引　79
自己新株予約権　187
　――の消却　189
　――の処分　175,187
事後設立　10,418
資産　540
　――の評価　541
事実上の取締役　394
市場価格　58,78
　――のある有価証券　156
市場株価平均法　69
市場取引　78,91
事前開示・株主意思の原則　205
事前開示の原則　205
事前公表型の買付け　79
失権手続　16
執行役　215,349
　――の義務　352
　――の資格　350
　――の選任　350
　――の任期　351
執行役員　302,354
執行役会　354
質問状　235
指定買取人　64
四半期報告書　150,537
私募債　115

事項索引【さ行】

資本金減少の無効　545
指名委員会　343
指名委員会等　215
　　──の運営　342
　　──の議事録　342
　　──の議事録の閲覧・謄写請求権
　337,341
　　──の招集権者　342
指名委員会等設置会社　322
　　──となるための要件　328
　　──に関する変更の登記　329
　　──の登記　329
社員　570
社員権　29
社外監査役　305
社外取締役　260,338
社債　112,113
　　──の株式化　118
　　──の発行　120
　　──の銘柄統合　131
社債管理者　115,120,123
社債管理者設置債　115
社債券　122
　　──の占有者　130
社債権者集会　126
社債券不発行制度　118
社債原簿　122
社債申込証　121
収益還元方式　66
修正条項付転換社債型新株予約権付社債
　192
修正動議　228
重要事実（インサイダー取引）　99
重要な一部（事業譲渡）　406
重要な財産　290
重要な使用人　290
授権株式制度　134
授権決議　76
授権資本制度　134
出資の履行　16,154,185
取得　502
取得原価主義　541
取得条項付株式　41,81
取得条項付新株予約権　188

　　──の発行事項　188
取得請求権付株式　41,81
守秘義務契約　68
主要目的ルール　162,183,184
純資産方式　66
純粋持株会社　481
準則主義　18
準備金の積立て　545
ジョイント・ベンチャー　25
場外取引　91
償還株式　118
常勤監査役　313
常勤の監査等委員　361
承継会社　443
商号の続用　416
上場会社の決算開示制度　533
少数株主権　30
少数株主の招集権　221
少数株主持分　547
譲渡制限株式　41,62
譲渡制限新株予約権　187
譲渡担保　88,90
常務会　302
剰余金　110,545
　　──の計算　551
　　──の資本組入れ　545
　　──の準備金組入れ　545
　　──の処分　546
　　──の配当　111,555
　　──の分配可能額　551
所在不明株主　58
書面決議　254
書面投票制度　238,267
所有と経営の分離　213,264
書類等の虚偽記載　394
新株発行　132
　　通常の──　132
　　特殊の──　132
新株引受権付社債型　128,191
新株予約権　169,547
　　──の株主となる時期　185
　　──の株主割当て　179
　　──の権利行使価額の修正条項　173
　　──の行使方法　185

583

事項索引【さ行・た行】

——の公正な発行価額　177
——の譲渡方法　186
——の総数引受契約　180
——の発行　111
——の発行形態　175
——の発行方法　175
——の引受申込希望者に対する通知事項　178
——の不正発行　183
——の募集事項　176
——の無償割当事項　182
——の無償割当て　181
新株予約権原簿への記載・記録　187
新株予約権付社債　128,191
新株予約権付ローン　194
新設型組織再編　506
新設合併　425
新設分割　443
人的分割　444
信用取引　243
スクィーズ・アウト　42
ストック・オプション　177,195,281,547
正規の簿記の原則　518
清算　559
　——の終了　561
清算人　559,563
清算人会　559
税制適格ストック・オプション　282
セグメント情報　535
説明義務の程度（株主総会）　234
説明義務の範囲（株主総会）　234
設立時監査役　13,18,24
設立時取締役　13,17,24
設立中の会社　4
設立登記　18
設立に関する事項　17
設立費用　7
設立無効原因　20
設立無効の訴え　20
全員出席総会　223
善管注意義務　272,369
先買権条項　27
全部取得条項付種類株式　41,42,82,495
総会検査役　254

総額引受け　121
総株主通知　58
増資　543
相場操縦　108
創立総会　17
組織再編　398
組織的監査　346
組織変更　574
訴訟参加（株主代表訴訟）　389
訴訟上の和解　384
訴訟代表権　345
損益計算書　520
損害額の推定　373

【た行】

第一次情報受領者（インサイダー取引）　98
大会社　213
第三者割当て　137
対質問回答報告書　95
貸借対照表　520
退職慰労金　283
退職慰労金付与決議　283
代表権　271,272
代表執行役　215,349,356
代表訴訟制度　24
代表取締役　215,298
　——の権限　300
　——の終任　300
　——の選定　298
　——の代表権　300
多重代表訴訟　390
　——の提訴要件　391
多重代表訴訟特有の除外事由　392
単元株制度　47
単元未満株主　49
単独株主権　30
担保付社債　114
担保提供　387
秩序維持権　230
中間配当　553
忠実義務　272,369
調査者　255
直接開示　531

584

直接損害　*393*
直接取引　*277*
直接法　*535*
通常清算　*559*
定款の記載事項　*6*
定款の絶対的記載事項　*6*
定款の相対的記載事項　*7*
定款の任意的記載事項　*11*
定時株主総会　*220*
ディスクロージャー　*148*
定足数　*250,251*
適格機関投資家　*148*
適格組織再編成　*504*
適格組織再編税制　*504*
適時開示　*150,539*
デットエクイティスワップ　*156*
デットロック　*27*
デューデリジェンス　*69*
転換社債型　*128,191*
電磁的記録　*5*
電磁的定款　*5*
電子投票制度　*239,267*
登記　*174*
　　――の申請　*509*
当期純利益　*548*
投資家　*148*
投資その他の資産　*540*
登録質　*87,90*
特殊決議　*252*
　　――の要件　*470*
特定買付け　*92*
特定監査役　*528*
特定監査役会設置会社　*261*
特定責任　*379,381,382,391*
特定取締役　*528*
特定引受人　*152*
特定有価証券等　*103*
特に有利な（払込）金額　*143*
特に有利な条件（新株予約権）　*177*
特別関係者　*93*
特別決議事項　*251*
特別決議の要件　*470*
特別清算　*561*
特別損失　*548*

特別取締役　*301*
特別利益　*548*
独立社外取締役　*261*
独立役員　*262*
特例有限会社　*573*
トライアングル体制　*513*
取締役　*215,259*
　　――の員数　*265,336*
　　――の解任　*269,335*
　　――の解任の訴え　*270*
　　――の解任の正当理由　*269*
　　――の監視義務　*292*
　　――の義務　*272,337*
　　――の欠格事由　*263*
　　――の権限　*336*
　　――の資格　*263*
　　――の資格要件　*335*
　　――の終任　*268*
　　――の職務執行停止の仮処分　*286*
　　――の職務代行者　*286*
　　――の選任　*266,335*
　　――の任期　*265,336*
　　――の報酬　*280*
取締役会　*215,287*
　　――の業務執行の監督権　*291*
　　――の決議　*294*
　　――の決議による責任の減免　*381*
　　――の決議の省略　*295*
　　――の権限　*330*
　　――の招集権限　*340*
　　――の招集手続　*294,335*
　　――の書面決議　*295*
　　――への報告　*296*
取締役会議事録　*297*
　　――の閲覧・謄写　*297*
取締役等の責任　*159,160*

## 【な行】

内部者取引　*96*
内部統制システムの整備義務　*273*
内部留保　*110*
ナカリセバ価格　*453*
馴合取引　*108*
任務懈怠の推定　*365,374*

のれん　505

## 【は行】

パーチェス法　502
配当　550
配当還元方式　66
配当財産　552
　　——の割当て　552
配当優先株　37,118
発行登録制度　168
半期報告書　150,538
販売費　548
非公開会社　62,212,570
非参加的優先株　39
非参加的累積的優先株　39,118
ビジネス・ジャッジメント・ルール　370
非上場株式の評価　66
非大会社　213
備置開始日　431,449,469,483
必要性・相当性の原則　205
１人株主　224
評価・換算差額　547
表見代表執行役　356
表見代表取締役　300
表明保証　70
表明保証条項　402
非累積的優先株　39
風説の流布　109
負債　541
附属明細書　521
普通株　39
普通決議事項　249
普通社債　116
ブック・ビルディング方式　142
物的分割　444
不提訴理由の通知　387
不当訴訟要件　388
振替株式　57
分割会社　443
分割型分割　444
分割計画書　444,447
分割契約書　444,447
分割承認株主総会　452
分割審議方式　253

分社型分割　444
変態設立事項　7,14,17,18
ポイズン・ピル　204
報告事項　229
報告請求権　344
報酬委員会　347
保管証明責任　16
補欠監査役　312
補欠取締役　284
補欠の監査等委員　361
募集（会社法）　133
募集（金融商品取引法）　148
募集株式の総数引受契約　146
募集株式の発行等　111,132
　　——の手続　138
　　——に関する訴え　161
　　——の差止請求　162
　　——の不存在確認の訴え　166
　　——の無効　164
募集株式引受人の責任　159
募集事項の内容（募集株式発行手続）
　　141
募集新株予約権の発行差止め　183
募集新株予約権の発行不存在確認の訴え
　　183
募集新株予約権の発行無効の訴え　183
募集設立　2
補助参加の利益（株主代表訴訟）　389
発起設立　1
発起人　4,24
　　——の権限の範囲　4
発起人等の責任の免除　25
保有自己株式　84

## 【ま行】

マーケット・アプローチ　66
見せ金　12
みなし決議　254
無議決権株式　39
無記名社債　115
無形固定資産　540
無償強制消却　41
無担保社債　115
名義書換　55

事項索引【ま行・や行・ら行・わ行】

名目的取締役　*393*
目論見書　*148,168*
持株会社　*480*
持分会社　*569*
　　——の種類の変更　*574*
持分法適用会社　*525*
元会社関係者（インサイダー取引）　*98,
　106*
元公開買付者等関係者（インサイダー取
　引）　*107*

## 【や行】

役員賞与　*282*
役員選任権付種類株式　*40*
役員等の第三者に対する責任　*392*
役員の責任減免制度の手続　*383*
役員の責任の一部免除　*378*
役員の責任の全部免除　*378*
役員の責任の免除後の退職慰労金　*380,
　382*
役員の責任を免除する決議　*380*
有価証券届出書　*149*
有価証券報告書　*149,534*
　　——の虚偽記載　*538*
有形固定資産　*540*
有限責任事業組合　*572*
有償発行型ストック・オプション　*282*
優先株　*39*
有利発行　*139,142*

## 【ら行】

ライツ・イシュー　*183*
ライツ・オファリング　*194*
ライツ・プラン　*204*
利益供与　*376*
利益相反行為　*277*
利益相反取引の事後承認　*279*
略式合併　*439*
略式株式交換　*477*
略式事業譲渡　*422*
略式質　*86,89*
略式組織再編の差止請求　*442*
略式手続　*401*
略式分割　*457*

流動資産　*540*
臨時株主総会　*220*
臨時計算書類　*549*
臨時決算日　*549*
臨時報告書　*150,538*
類似会社比較法　*69*
累積的優先株　*39*
累積投票　*267*
累積投票制度　*237*
劣後株　*39*
連結会社　*525*
連結計算書類　*524*
　　——の表示方法　*526*
連結財務諸表　*534*
連結修正仕訳　*525*
連結注記表　*521*
連結の範囲　*525*
労働契約の承継　*445*

## 【わ行】

割当自由の原則　*16*

587

判例索引

# ● 判例索引 ●

（判決言渡日順）

## [大審院・最高裁判所]

| | |
|---|---|
| 大判昭和 2・7・4 民集 6 巻428頁 ………………………………… | *7,8* |
| 大判昭和 3・11・28民集 7 巻1008頁 ………………………………… | *123* |
| 大判昭和 7・4・30民集11巻706頁 ………………………………… | *544* |
| 大判昭和 8・5・22民集12巻1230頁 ………………………………… | *24* |
| 大判昭和10・7・15民集14巻1401頁 ………………………………… | *222* |
| 最判昭和28・12・3 民集 7 巻12号1299頁 ………………………… | *10* |
| 最判昭和29・10・7 民集 8 巻10号1795頁 ………………………… | *417* |
| 最判昭和30・10・20民集 9 巻11号1657頁 ………………………… | *54* |
| 最判昭和31・11・15民集10巻11号1423頁 ………………………… | *222* |
| 最判昭和33・10・3 民集12巻14号3053頁 ………………………… | *224* |
| 最判昭和33・10・24民集12巻14号3228頁 ………………………… | *5* |
| 最判昭和36・11・24民集15巻10号2583頁 ………………………… | *257* |
| 最判昭和37・3・8 民集16巻 3 号473頁 …………………………… | *135* |
| 最判昭和38・12・6 民集17巻12号1633頁 ………………………… | *13* |
| 最判昭和39・5・21民集18巻 4 号608頁 …………………………… | *221* |
| 最判昭和39・12・11民集18巻10号2143頁 ………………………… | *280,284* |
| 最判昭和40・6・29民集19巻 4 号1045頁 ………………………… | *258* |
| 最判昭和40・9・22民集19巻 6 号1656頁 ………………………… | *296* |
| 最判昭和41・7・28民集20巻 6 号1251頁 ………………………… | *56* |
| 最判昭和42・7・25民集21巻 6 号1669頁 ………………………… | *254* |
| 最判昭和42・9・28民集21巻 7 号1970頁 ………………………… | *56,224* |
| 最判昭和42・11・17民集21巻 9 号2448頁 ………………………… | *16* |
| 最判昭和43・4・12判時520号51頁 ………………………………… | *258* |
| 最判昭和43・11・1 民集22巻12号2402頁 ………………………… | *240* |
| 最判昭和43・12・24民集22巻13号3334頁 ………………………… | *266* |
| 最判昭和43・12・25民集22巻13号3511頁 ………………………… | *279* |
| 最判昭和44・3・28民集23巻 3 号645頁 …………………………… | *295* |
| 最判昭和44・10・16刑集23巻10号1359頁 ………………………… | *378* |
| 最判昭和44・11・26民集23巻11号2150頁 ………………………… | *392* |
| 最判昭和44・11・27民集23巻11号2301頁 ………………………… | *295* |
| 最判昭和44・12・2 民集23巻12号2396頁 ………………………… | *294* |
| 最判昭和45・4・2 民集24巻 4 号223頁 …………………………… | *257* |
| 最判昭和45・6・24民集24巻 6 号625頁〔八幡製鉄政治献金事件〕 ………… | *272,369* |
| 最判昭和45・7・15判時597号70頁 ………………………………… | *36* |
| 最判昭和45・8・20民集24巻 9 号1305頁 ………………………… | *277* |
| 最判昭和45・8・20判時607号79頁 ………………………………… | *221* |
| 最判昭和45・11・6 民集24巻12号1744頁 ………………………… | *286* |
| 最判昭和45・11・24判時616号97頁 ………………………………… | *36* |
| 最判昭和46・3・18民集25巻 2 号183頁 …………………………… | *259* |

588

判例索引

最判昭和46・6・24民集25巻4号596頁 ················································ *224*
最判昭和46・7・16判時641号97頁 ···················································· *165*
最判昭和46・10・13民集25巻7号900頁 ·············································· *278*
最判昭和47・6・15民集26巻5号984頁 ················································ *394*
最判昭和47・11・8民集26巻9号1489頁 ················································ *60*
最判昭和48・5・22民集27巻5号655頁 ········································ *292,393*
最判昭和48・6・15民集27巻6号700頁 ·················································· *65*
最判昭和48・12・11民集27巻11号1529頁 ············································ *279*
最判昭和49・9・26民集28巻6号1306頁 ·············································· *279*
最判昭和50・4・8民集29巻4号350頁 ················································· *158*
最判昭和50・6・27民集29巻6号879頁 ·············································· *287*
最判昭和51・12・24民集30巻11号1076頁 ··········································· *240*
最判昭和52・10・14民集31巻6号825頁 ·············································· *301*
最判昭和52・11・8判時875号101頁 ···················································· *52*
最判昭和53・7・10民集32巻5号888頁 ·············································· *255*
最判昭和54・11・16民集33巻7号709頁 ·············································· *259*
最判昭和55・3・18判時971号101頁 ··················································· *393*
最判昭和57・1・21判時1037号129頁 ················································ *269*
最判昭和58・6・7民集37巻5号517頁 ················································ *257*
最判昭和60・12・20民集39巻8号1869頁 ············································· *223*
最判昭和61・2・18民集40巻1号32頁 ················································ *304*
最判昭和61・9・11判時1215号125頁 ·················································· *10*
最判昭和62・4・16判時1248号127頁 ················································ *394*
最判昭和63・3・15判時1273号124頁 ·················································· *65*
最判平成2・4・17民集44巻3号526頁 ················································ *258*
最判平成2・12・4判時1389号140頁 ··················································· *36*
最判平成4・12・18民集46巻9号3006頁 ············································· *281*
最判平成5・3・30民集47巻4号3439頁 ················································ *64*
最判平成5・7・15判時1519号116頁 ··················································· *84*
最判平成5・9・9民集47巻7号4814頁 ················································· *84*
最判平成5・12・16民集47巻10号5423頁 ····································· *161,165*
最判平成6・1・20民集48巻1号1頁 ·················································· *290*
最判平成6・7・14判時1512号178頁 ················································· *165*
最判平成7・4・25集民175号91頁 ······················································ *67*
最判平成8・11・12判時1598号152頁 ················································ *231*
最判平成9・1・28民集51巻1号71頁 ················································· *165*
最判平成9・1・28判時1599号139頁 ··················································· *36*
最判平成9・9・9判時1618号138頁 ·················································· *224*
最判平成10・11・26金判1066号18頁 ················································· *237*
最判平成11・6・10刑集53巻5号415頁〔弁護士インサイダー取引事件〕················ *100*
最判平成12・7・7民集54巻6号1767頁 ·············································· *369*
最決平成13・1・30民集55巻1号30頁 ················································ *389*
最判平成15・2・21金法1681号31頁 ·················································· *280*
最決平成16・8・30民集58巻6号1763頁 ············································· *401*

589

判例索引

最判平成18・4・10民集60巻4号1273頁〔蛇の目ミシン株主代表訴訟事件〕············ *377*
最判平成18・9・28民集60巻7号2634頁················· *255,397*
最決平成19・8・7民集61巻5号2215頁················· *183*
最判平成20・1・28民集62巻1号128頁················· *385*
最判平成20・1・28判タ1262号69頁················· *373*
最判平成21・2・17集民230号117頁················· *67*
最判平成21・3・10民集63巻3号361頁················· *385*
最判平成21・4・17民集63巻4号535頁················· *297*
最判平成21・11・27判時2063号138頁················· *373*
最判平成22・7・12民集64巻5号1333頁················· *445*
最判平成22・7・15判時2091号90頁················· *373*
最判平成23・4・19金判1375号16頁〔楽天TBS事件〕················· *33,452*
最決平成23・4・26金判1375号28頁〔インテリジェンス事件〕················· *33*
最決平成23・6・6刑集65巻4号385頁················· *104*
最決平成24・2・29民集66巻3号1784頁〔テクモ事件許可抗告審〕················· *34*
最判平成24・2・29判タ1370号108頁················· *486*
最決平成24・3・28民集66巻5号2344頁················· *33*
最判平成24・4・24民集66巻6号2908頁················· *139*
最判平成24・10・21民集66巻10号3311頁················· *453,459*
最判平成26・1・30判時2213号123頁················· *385*
最判平成27・2・19判時2257号106頁················· *35*
最決平成27・3・26判タ1413号95頁················· *34*

## ［高等裁判所］

東京高判昭和30・7・19下民集6巻7号1488頁················· *221*
広島高松江支判昭和36・3・20下民集12巻3号569頁················· *232*
大阪高判昭和42・9・26判時500号14頁················· *233*
東京高判昭和46・1・28高民集24巻1号1頁················· *143*
東京高判昭和48・7・27判時715号100頁················· *144,159*
大阪高判昭和54・10・30判時954号89頁················· *385*
大阪高判昭和55・6・9判タ427号178頁················· *397*
東京高判昭和56・3・30高民集34巻1号11頁················· *89*
東京高判昭和57・4・13判時1047号146頁················· *394*
大阪高判昭和58・6・14判タ509号226頁················· *232*
名古屋高判昭和58・7・1判時1096号134頁················· *395*
大阪高決昭和58・10・27高民集36巻3号250頁················· *241*
東京高判昭和59・4・17判時1126号120頁················· *250*
東京高判昭和60・10・29金判1159号43頁················· *229*
東京高判昭和61・2・19判時1207号120頁················· *235*
東京高判昭和61・5・15商事1079号43頁················· *229*
大阪高判昭和61・10・24金法1158号33頁················· *303*
東京高判平成元・2・27判時1309号137頁················· *84*
大阪高判平成元・3・28判時1324号140頁················· *66*
東京高判平成2・1・31資料版商事77号193頁················· *440*

590

判例索引

大阪高判平成 2 ・ 7 ・19判時1377号123頁 ································· *224*
東京高判平成 3 ・ 3 ・ 6 金判874号23頁 ································ *237*
東京高決平成 7 ・ 2 ・20判タ895号252頁 ······························ *388*
名古屋高決平成 7 ・ 3 ・ 8 判時1531号134頁 ··························· *388*
広島高松江支判平成 8 ・ 9 ・27資料版商事155号104頁 ················· *234*
札幌高判平成 9 ・ 1 ・28資料版商事155号109頁 ··················· *228,242*
大阪高決平成 9 ・ 8 ・26判時1631号140頁 ···························· *388*
大阪高決平成 9 ・11・18判時1628号133頁 ···························· *388*
東京高判平成11・ 3 ・25判時1686号33頁 ····························· *396*
大阪高判平成11・ 3 ・26金判1065号 8 頁 ····························· *257*
名古屋高判平成12・ 1 ・19金判1087号18頁 ···························· *239*
大阪高判平成16・ 5 ・25判時1863号115頁 ···························· *514*
東京高決平成16・ 8 ・ 4 金判1201号 4 頁 ····························· *163*
東京高決平成17・ 3 ・23判時1899号56頁 ·························· *163,184*
大阪高判平成18・ 6 ・ 9 判タ1214号115頁 ···························· *373*
東京高決平成19・ 7 ・ 9 金判1271号17頁 ····························· *184*
名古屋高判平成20・ 4 ・17金判1325号47頁 ···························· *374*
東京高判平成20・ 5 ・21判タ1281号274頁〔ヤクルト事件〕 ············· *373*
東京高判平成20・ 6 ・12金判1295号12頁 ····························· *57*
東京高判平成20・ 9 ・12金判1301号28頁 ····························· *44*
大阪高決平成24・ 1 ・31金判1390号32頁 ····························· *34*
福岡高判平成24・ 4 ・13金判1399号24頁 ····························· *310*
東京高決平成24・ 7 ・12金判1400号52頁 ····························· *163*
東京高決平成25・ 2 ・28判タ1393号239頁〔テクモ事件の差戻審〕 ········ *34*

[地方裁判所]

東京地判昭和 5 ・ 7 ・25新聞3153号 6 頁 ························· *230,241*
神戸地判昭和31・ 2 ・ 1 下民集 7 巻 2 号185頁 ······················ *252*
金沢地判昭和34・ 9 ・23下民集10巻 9 号1984頁 ······················ *221*
甲府地判昭和35・ 6 ・28判時237号30頁 ························ *442,460,478*
水戸地下妻支判昭和35・ 9 ・30下民集11巻 9 号2043頁 ················· *232*
横浜地判昭和38・ 7 ・ 4 下民集14巻 7 号1313頁 ··················· *230,253*
東京地判昭和44・ 1 ・21商事479号附録判例478頁 ···················· *241*
名古屋地判昭和46・12・27判タ274号212頁 ··························· *223*
大阪地判昭和49・ 3 ・28民集37巻 5 号575頁 ························· *232*
前橋地高崎支判昭和49・12・26判時780号96頁 ························ *394*
東京地判昭和54・ 7 ・23判時964号115頁 ····························· *222*
東京地判昭和56・ 3 ・26判時1015号27頁 ····························· *276*
東京地判昭和58・10・11下民集34巻 9 〜12号968頁 ··················· *433*
大阪地判昭和59・ 8 ・17判タ541号242頁 ····························· *394*
東京地判昭和60・10・29金判734号23頁 ······························ *227*
東京地判昭和61・ 3 ・31判時1186号135頁 ···························· *240*
東京地判昭和62・ 1 ・13判時1234号143頁 ···························· *232*
東京地判昭和63・ 1 ・28判時1263号 3 頁 ····························· *235*

**591**

判例索引

大阪地堺支判昭和63・9・28判時1295号137頁 ·············· *230*
大阪地判平成元・4・5資料版商事61号15頁 ·············· *234*
山形地判平成元・4・18判時1330号124頁 ·············· *228*
東京地決平成元・7・25判時1317号28頁 ·············· *163,184*
東京地判平成元・9・29判時1344号163頁 ·············· *235,236*
東京地判平成2・9・3判時1367号110頁 ·············· *394*
大阪地判平成2・12・17資料版商事83号38頁 ·············· *231*
横浜地判平成3・4・19判時1397号114頁 ·············· *519*
福岡地判平成3・5・14判時1392号126頁 ·············· *231,234*
東京地判平成4・12・24判時1452号127頁 ·············· *231*
札幌地判平成5・2・22資料版商事109号56頁 ·············· *231*
仙台地判平成5・3・24資料版商事109号64頁 ·············· *228*
名古屋地判平成5・9・9資料版商事116号187頁 ·············· *253*
東京地判平成5・9・16民集54巻6号1798頁〔野村證券損失補てん株主代表訴訟事件〕
·············· *371*
東京地判平成7・12・27判時1560号140頁 ·············· *377*
東京地判平成8・10・17判タ939号227頁 ·············· *230*
大阪地判平成9・3・21判時1603号130頁 ·············· *388*
大阪地判平成9・3・26資料版商事158号40頁 ·············· *231*
大阪地判平成9・4・18判時1604号139頁 ·············· *388*
大阪地判平成10・3・18判タ977号230頁 ·············· *232*
東京地判平成10・4・28商事1504号附録判例1976頁 ·············· *231,234,235*
神戸地尼崎支判平成10・8・21判タ1009号250頁 ·············· *257*
神戸地尼崎支判平成12・3・28判タ1028号288頁 ·············· *220,240*
奈良地判平成12・3・29判タ1029号299頁 ·············· *235*
京都地決平成12・6・23判時1739号138頁 ·············· *231*
大阪地判平成13・2・28金判1114号21頁 ·············· *242*
宮崎地判平成14・4・25金判1159号43頁 ·············· *235,241*
大阪地判平成15・3・5判時1833号146頁 ·············· *84*
大阪地判平成16・2・4金判1191号38頁 ·············· *254*
東京地判平成16・5・13金判1198号18頁 ·············· *234*
東京地決平成16・6・1判時1873号159頁 ·············· *143*
東京地判平成16・6・23金判1213号61頁 ·············· *396*
東京地判平成16・9・28判時1886号111頁 ·············· *371*
名古屋地判平成16・10・29判時1881号122頁 ·············· *458*
高知地判平成16・12・14資料版商事251号208頁 ·············· *221*
東京地決平成17・3・11金判1213号2頁 ·············· *177*
東京地決平成17・7・29判時1909号87頁 ·············· *164*
東京地決平成18・6・30金判1247号6頁 ·············· *177*
東京地判平成19・6・13判タ1262号315頁 ·············· *228*
東京地決平成19・6・28金判1270号12頁 ·············· *184*
東京地判平成19・10・31金判1281号64頁 ·············· *234*
東京地判平成19・12・6判タ1258号69頁〔モリテックス事件〕 ·············· *37,243*
大阪地判平成20・4・18判時2007号104頁 ·············· *318,375*

判例索引

東京地判平成20・4・24判時2003号147頁 ……………………………………… *534*
東京地判平成20・6・13判時2013号27頁 ………………………………………… *534*
東京地決平成20・6・25判時2024号45頁 ………………………………………… *231*
東京地判平成21・3・31判時2040号135頁 ……………………………………… *471*
東京地判平成21・5・21判時2047号36頁〔ライブドア株式一般投資家集団訴訟事件〕
 ……………………………………………………………………………………… *395,534*
東京地判平成22・3・8判時2089号143頁 ……………………………………… *402*
東京地決平成25・3・14金判1429号48頁 ………………………………………… *34*
東京地決平成25・11・6金判1431号52頁 ………………………………………… *34*
仙台地決平成26・3・26金判1441号57頁 ………………………………………… *163*

*593*

## ● 会社法・会社法施行規則・会社計算規則条文索引 ●

〔会社法〕

2条　*41, 49, 61, 62, 113, 151, 152, 169, 212, 260, 265, 271, 305, 329, 336, 425, 443,460,481,569,570*
21条　*416*
22条　*16,416,420,507*
23条　*417,420*
25条　*3,17*
26条　*1,2,4*
27条　*6,11,20*
28条　*7,8,9,10,22*
30条　*5,20*
32条　*11,15,20*
33条　*7,8,9,14,17*
34条　*12,16*
35条　*16,19,60*
36条　*16,17*
37条　*6,134,135*
38条　*13*
39条　*13*
40条　*13*
41条　*13*
46条　*9,14,19*
47条　*3,13,14*
48条　*3,13*
49条　*18,19,507*
50条　*12,60*
51条　*15,16,19*
52条　*9,22,23,25*
52条の2　*12,23,25*
53条　*24*
54条　*24*
56条　*22*
57条　*2,3,15*
58条　*15*
59条　*7,15,16*
63条　*16,17,19,60*
64条　*12,16*
65条　*17,21*
67条　*17*
73条　*17,18*

86条　*17*
87条　*17,18*
88条　*13,18*
93条　*9,18*
94条　*9,18*
96条　*7,18*
97条　*18*
102条　*12,15,16,23*
102条の2　*23,25*
103条　*12,22,23,25*
104条　*570*
106条　*35*
107条　*37,41,62,63,81,178,212,570*
108条　*11,27,37,39,40,41,42,62,63,81, 118,157,178,212,236,289,495*
109条　*36,213*
110条　*42*
111条　*42,495*
113条　*134,135,137,174,194*
114条　*136*
115条　*40,136*
116条　*29,30,31,32,33,63,496*
117条　*33,34,50,487,496*
118条　*63*
119条　*348*
120条　*37,242,376,378*
121条　*53*
123条　*54*
124条　*55,163,220,237*
125条　*56*
126条　*54,58*
127条　*59,570*
128条　*19,60,88*
130条　*16,53,54*
132条　*55*
133条　*56*
134条　*55*
135条　*61,62,78*
136条　*63*
137条　*63*
139条　*63,145,178,289*
140条　*65,145,178,237,251,289*

| | |
|---|---|
| 141条 *65* | 180条 *134,136,137,251,497,498* |
| 142条 *65* | 181条 *498* |
| 144条 *65* | 182条 *85,136* |
| 145条 *64,145,178* | 182条の2 *44* |
| 146条 *87* | 182条の3 *46,396,498* |
| 147条 *87* | 182条の4 *31,32,33,46,498* |
| 150条 *90* | 182条の5 *33,34,498* |
| 151条 *89,90* | 182条の6 *46* |
| 154条 *90* | 183条 *289,330* |
| 155条 *60,74,132* | 184条 *85* |
| 156条 *74,76,250,251* | 185条 *47* |
| 157条 *76,289* | 186条 *289* |
| 158条 *76* | 188条 *47* |
| 159条 *76* | 189条 *49,386* |
| 160条 *77,237,251* | 191条 *50* |
| 161条 *77* | 195条 *50,289* |
| 162条 *78* | 196条 *58* |
| 163条 *62,78,289* | 197条 *58,59,289* |
| 164条 *78,145,178* | 199条 *85,132,138,140,142,143,157,251* |
| 165条 *79* | 200条 *142,251* |
| 166条 *74,81* | 201条 *134, 139, 141, 142, 144, 157, 166,* |
| 167条 *81,145,178,555* |     *251,289,330* |
| 168条 *81,145,178,289* | 202条 *139,147,152,251,289* |
| 169条 *81,145,178,289* | 203条 *144,145,146,168* |
| 170条 *74,82,552* | 204条 *145,146,148,251,289* |
| 171条 *41,82,495* | 205条 *146,153,251* |
| 171条の2 *43,497* | 206条の2 *139,142,151,152,153* |
| 171条の3 *43,396,497* | 207条 *155,185,462* |
| 172条 *43,82,497* | 208条 *60,141,154* |
| 173条 *82* | 209条 *154,160* |
| 173条の2 *43* | 210条 *161,162,396* |
| 174条 *63,66,145,178* | 211条 *146* |
| 175条 *66* | 212条 *158,159* |
| 176条 *66* | 213条 *159* |
| 177条 *66* | 213条の2 *155,160* |
| 178条 *85,289,330* | 213条の3 *155,160* |
| 179条 *498* | 214条 *50,472* |
| 179条の2 *501* | 215条 *19,51,60* |
| 179条の3 *289,501* | 217条 *51* |
| 179条の4 *501* | 219条 *81,83,436,472,487* |
| 179条の5 *501* | 221条 *51,52* |
| 179条の6 *289* | 223条 *51* |
| 179条の7 *396* | 224条 *52* |
| 179条の10 *501* | 225条 *52* |

*595*

会社法・会社法施行規則・会社計算規則条文索引

226条　*52*
228条　*52*
230条　*53*
234条　*46,47,289,494,495,551*
235条　*498*
236条　*169,171,188,190*
238条　*174, 175, 176, 181, 192, 193, 194, 251*
239条　*251*
240条　*177,191,251,289,330*
241条　*84,179,180,251,289*
242条　*178,179*
243条　*179,180,251,290*
244条　*180,251*
244条の2　*151*
245条　*181*
246条　*181*
247条　*183,184*
254条　*118,186*
255条　*186,187*
256条　*187*
257条　*186*
259条　*187*
260条　*187*
261条　*187*
265条　*290*
273条　*188,189,290*
274条　*189,290*
275条　*189*
276条　*189,290*
277条　*181*
278条　*182,290*
279条　*182*
280条　*185,189*
281条　*185*
282条　*169,185*
284条　*185*
290条　*173*
295条　*219,266,288*
296条　*220,221,517*
297条　*29,30,221*
298条　*221, 222, 238, 267, 290, 410, 469, 484*
299条　*7,222,238,240,267,411,469,484*

301条　*224,238,267*
302条　*224,240*
303条　*30,227*
304条　*77,228*
305条　*30,228,229*
306条　*30,254*
308条　*29,30,61,84,96,236*
309条　*11, 42, 50, 62, 65, 66, 77, 82, 142, 157, 176, 250, 251, 252, 266, 269, 306, 359, 366, 378, 381, 382, 410, 415, 418, 420, 432, 452, 470, 476, 479, 486, 495, 498,552,557*
310条　*240,241,242*
312条　*240*
313条　*240*
314条　*232,337,352,353*
315条　*230*
316条　*255*
319条　*254,431,449,483*
322条　*42,432*
323条　*432*
324条　*42,432,495*
325条　*84,222,241*
326条　*265,302,329,358,366*
327条　*216,287,302,328,358,366,367*
327条の2　*261,365*
328条　*216,312*
329条　*250, 266, 284, 304, 311, 315, 319, 335,343,359,361,367*
330条　*264, 268, 272, 300, 315, 321, 337, 369*
331条　*260, 263, 264, 265, 268, 303, 306, 335,336,350,359,360,367*
332条　*265,268,319,320,335,359,367*
333条　*263,319*
334条　*320*
335条　*263, 303, 304, 305, 306, 319, 358, 365*
336条　*305,306,365,366*
337条　*315,319*
338条　*316*
339条　*250, 251, 268, 306, 316, 320, 335, 343*
340条　*313,316,347*

会社法・会社法施行規則・会社計算規則条文索引

341条　*250,266,269,304*
342条　*237,268*
342条の2　*360,362*
343条　*304,313*
344条　*313,316,347*
344条の2　*304,306,360*
345条　*304,306,317*
346条　*258,266,285*
347条　*145,178*
348条　*270,273,275,298*
349条　*221,271,298,300,356,387*
351条　*300*
352条　*286*
353条　*290,386,387*
354条　*286,357*
355条　*272,337,353,369*
356条　*276, 277, 278, 279, 280, 290, 337,
353,373,374*
357条　*310,313*
358条　*30,397*
360条　*29,30,396*
361条　*196, 250, 280, 281, 283, 359, 360,
362,367*
362条　*120, 270, 271, 273, 275, 287, 288,
291, 292, 296, 298, 299, 300, 326, 330,
374,403*
363条　*259,270,271,287,290,292,374*
364条　*290,386,387*
365条　*276,277,279,290,354*
366条　*290,293*
368条　*293*
369条　*294,295,297,375*
370条　*295,301*
371条　*297*
372条　*296*
373条　*260,290,299,301*
374条　*319,320,321,322*
375条　*321*
376条　*321*
377条　*320*
378条　*320*
381条　*302,303,307,308,309,322*
382条　*309,310*
383条　*309*

384条　*310*
385条　*310,345,396*
386条　*310,386*
387条　*250,311*
389条　*307*
390条　*313,314,344*
391条　*314*
392条　*314*
393条　*314*
394条　*315*
396条　*315,317*
397条　*313,318*
398条　*317*
399条　*317*
399条の2　*316,359,361,362*
399条の3　*361*
399条の4　*362*
399条の5　*362*
399条の6　*362,396*
399条の7　*386*
399条の8　*363*
399条の9　*363*
399条の10　*363*
399条の11　*363*
399条の13　*143, 274, 275, 288, 289, 301,
327,364,366,576*
400条　*260, 264, 328, 335, 336, 338, 339,
350*
402条　*290, 328, 335, 336, 343, 349, 350,
351,353,367*
403条　*290,335,344*
404条　*281, 316, 335, 341, 343, 344, 346,
347,348*
405条　*345,346*
406条　*345*
407条　*345,347,396*
408条　*346,386*
409条　*281,347,348*
410条　*342*
411条　*340,342,344,353*
412条　*342*
413条　*335,337,341,342*
415条　*271,327,336*
416条　*143, 271, 273, 275, 288, 289, 290,*

597

326, 328, 330, 336, 350, 351, 354, 356, 374

417条　331,334,335,340,352,353

418条　271,330,349

419条　352,353,369

420条　271,290,349,356,374

421条　356

422条　30,396

423条　84, 276, 318, 321, 365, 366, 369, 373,374,375,378,381,533

424条　378

425条　250,251,313,378,380

426条　288,380,381,382

427条　260,319,380,382

428条　375

429条　24,292,318,321,392,395,533

430条　318,321,374,392,395

431条　514

432条　516,517,518

433条　30,516

435条　516,517,518,520,524

436条　290, 307, 308, 315, 346, 516, 526, 529

437条　224,528

438条　220,229,250

439条　230

440条　395,518,533

441条　290,308,315,549

442条　550

444条　290,308,315,524

445条　142,516,543,546

446条　516,551

447条　252,290,516,543

448条　250,290,516,543

449条　544,545

450条　250,545

451条　545

452条　546

453条　29,84

454条　290,552,553

455条　552

456条　552

458条　516

459条　265,290,553,554

460条　554

461条　59,65,67,74,516,549,551,555

462条　375,376,378,554,555

463条　554,555

464条　35,551

465条　74,555

466条　42,50,251,366,381,382,495

467条　11,73,251,398,403,404,405,406, 410,415,418,420

468条　420,421,422

469条　32,33,73,412,413,415,419,421

470条　33,34,413,414

471条　252,268,557,558

472条　557,558

473条　252

474条　560

475条　21,558

476条　559

477条　559

478条　250,559

479条　250

481条　559,560

482条　250,559

492条　250,560

497条　250,307

499条　560

500条　560

504条　29,84,561

505条　561

507条　250,561

510条　561

511条　561,562

514条　563

519条　564

527条　564

530条　564

535条　564,566

536条　564

563条　565

567条　565

568条　565

569条　565

570条　566

575条　569

会社法・会社法施行規則・会社計算規則条文索引

| | |
|---|---|
| 576条 | *570,571,572* |
| 580条 | *571* |
| 585条 | *571* |
| 590条 | *571* |
| 599条 | *571* |
| 607条 | *571* |
| 638条 | *574* |
| 676条 | *113,118,121,124,131,176,288* |
| 677条 | *121,124* |
| 678条 | *121* |
| 679条 | *121* |
| 681条 | *115,122,131* |
| 683条 | *130* |
| 687条 | *129,130* |
| 688条 | *129,130* |
| 689条 | *130* |
| 692条 | *129,130* |
| 693条 | *129,130* |
| 696条 | *122* |
| 697条 | *122* |
| 701条 | *122* |
| 702条 | *116,120,123,126* |
| 703条 | *120,123* |
| 704条 | *125* |
| 705条 | *123* |
| 706条 | *124,127* |
| 710条 | *124,125* |
| 711条 | *124* |
| 712条 | *124* |
| 715条 | *131* |
| 716条 | *126,127* |
| 718条 | *127* |
| 723条 | *126,127* |
| 724条 | *127* |
| 734条 | *127* |
| 740条 | *124* |
| 741条 | *125* |
| 743条 | *398,574* |
| 748条 | *399* |
| 748条の2 | *419* |
| 749条 | *85,426,436,494,507* |
| 750条 | *436,507,558* |
| 753条 | *85,426,427* |
| 754条 | *436* |

| | |
|---|---|
| 757条 | *399,447* |
| 758条 | *444,447,507* |
| 759条 | *445,454,459,507* |
| 761条 | *445* |
| 762条 | *447* |
| 763条 | *444,448* |
| 764条 | *445,454,455,459* |
| 766条 | *445* |
| 767条 | *399,463,481,493* |
| 768条 | *85,465,494,507* |
| 769条 | *321,507* |
| 772条 | *399,481,483* |
| 773条 | *483* |
| 774条 | *488* |
| 776条 | *574* |
| 779条 | *574* |
| 782条 | *431,449,469,493* |
| 783条 | *251,432,452,469,470* |
| 784条 | *442,456,457,459,477,478* |
| 784条の2 | *396,443,460,479* |
| 785条 | *32,33,432,433,451,452,471,495* |
| 786条 | *33,34* |
| 787条 | *190,433,453,471* |
| 789条 | *426,435,454,473* |
| 790条 | *436* |
| 791条 | *455,473* |
| 794条 | *431,449,469* |
| 795条 | *432,452,469,470* |
| 796条 | *437, 439, 442, 456, 456, 459, 474, 476,477,478* |
| 796条の2 | *396,419,443,460,479* |
| 797条 | *32,33,413,432,438,452,456,471, 473,476,495* |
| 798条 | *33,34* |
| 799条 | *454,472* |
| 800条 | *61* |
| 801条 | *437,455,473* |
| 803条 | *449,483,484* |
| 804条 | *452,479,484,486* |
| 805条 | *456* |
| 805条の2 | *396,419,492* |
| 806条 | *32,33,486* |
| 807条 | *33,34* |
| 808条 | *190,453,486* |

599

810条 *454,488*
811条 *455,488*
815条 *437,455,488*
819条 *507*
824条 *19,558*
828条 *20,21,161,164,165,183,352,419,*
*440,441,457,458,477,491,545*
829条 *161,166,183*
830条 *255,286*
831条 *255,256,257,286,352*
833条 *558*
834条 *165,257,441,458,478,491*
838条 *20,21,165,441,458,478,492*
839条 *20,21,85,165,440,441,459,478,*
*492,545*
840条 *165*
841条 *165*
843条 *442,459*
844条 *478,492*
846条の2 *352*
847条 *24,29,30,158,159,160,310,354,*
*385,386,387*
847条の2 *386*
847条の3 *378,391*
847条の4 *386,388*
848条 *386*
849条 *313,386,389*
850条 *310,384,390*
851条 *386*
852条 *390*
854条 *30,270,286*
855条 *270*
901条 *566*
907条 *575*
908条 *575*
909条 *575*
911条 *18,19,155,174,299,307,329,367,*
*381,382,575,577*
915条 *81,299,329,367*
917条 *286,312*
929条 *561*
937条 *285*
939条 *7*
963条 *375*

965条 *12*
967条 *377*
968条 *377*
970条 *242*
976条 *19,266,285,360,533*

〔会社法施行規則〕

3条 *61*
17条 *15*
21条 *376*
22条 *56*
23条 *61*
24条 *63*
26条 *145,178*
27条 *74*
28条 *77*
29条 *77*
30条 *78*
33条の2 *43*
33条の3 *43*
34条 *47*
35条 *386*
38条 *58*
40条 *144,166*
41条 *144*
42条 *145,168*
42条の2 *152*
42条の3 *152*
43条 *156*
44条 *159*
45条 *159*
46条 *159*
53条 *177*
54条 *178*
55条 *179*
63条 *222*
66条 *242,267*
67条 *237*
70条 *240*
71条 *233*
74条 *267,362*
74条の2 *261*
82条 *284,362*
84条の2 *380*

会社法・会社法施行規則・会社計算規則条文索引

| | | | | |
|---|---|---|---|---|
| 88条 | *469* | 224条 | *5* | |
| 91条 | *484* | 225条 | *315* | |
| 92条 | *411* | | | |
| 93条 | *228* | 〔会社計算規則〕 | | |
| 96条 | *284,311,361* | | | |
| 97条 | *237* | 2条 | *525* | |
| 98条 | *274* | 5条 | *541* | |
| 99条 | *288* | 6条 | *541* | |
| 100条 | *274* | 23条 | *545* | |
| 110条の3 | *363* | 24条 | *546* | |
| 110条の4 | *274,364* | 25条 | *543,545* | |
| 112条 | *274,331* | 26条 | *543,545* | |
| 113条 | *378,379* | 27条 | *543,545* | |
| 114条 | *379* | 28条 | *543* | |
| 115条 | *380* | 29条 | *543* | |
| 116条 | *230* | 32条 | *546* | |
| 118条 | *524* | 35条 | *503* | |
| 119条 | *524* | 36条 | *503* | |
| 121条 | *348,361* | 37条 | *503* | |
| 124条 | *261,524* | 38条 | *503* | |
| 128条 | *524* | 39条 | *503* | |
| 129条 | *346,529* | 43条 | *543* | |
| 131条 | *346* | 45条 | *503* | |
| 138条 | *422* | 48条 | *503* | |
| 182条 | *431* | 49条 | *503* | |
| 183条 | *449,458* | 51条 | *503* | |
| 184条 | *469* | 52条 | *503* | |
| 188条 | *275,435* | 53条 | *547* | |
| 189条 | *455* | 55条 | *547* | |
| 190条 | *473* | 59条 | *517,518,520* | |
| 192条 | *449,458* | 60条 | *549* | |
| 193条 | *469* | 61条 | *524* | |
| 197条 | *438,476* | 63条 | *525* | |
| 200条 | *437* | 64条 | *525* | |
| 201条 | *455* | 65条 | *525* | |
| 205条 | *449,458* | 67条 | *525* | |
| 206条 | *483* | 68条 | *525* | |
| 209条 | *455* | 69条 | *525* | |
| 210条 | *488* | 72条 | *521* | |
| 211条 | *437* | 76条 | *542* | |
| 212条 | *455* | 86条 | *521* | |
| 217条 | *386* | 87条 | *521,548* | |
| 218条 | *387* | 88条 | *548* | |
| 219条 | *386* | 91条 | *548* | |
| | | 95条 | *521* | |

601

会社法・会社法施行規則・会社計算規則条文索引

| | |
|---|---|
| 96条 *85,521* | 128条 *314,528* |
| 97条 *521* | 133条 *532* |
| 117条 *524* | 135条 *230,549* |
| 122条 *308* | 136条 *533* |
| 123条 *308,314* | 153条 *546* |
| 126条 *527* | 159条 *376* |
| 127条 *307,309,527* | |

## ● 執筆者略歴 ●

### 渡 邊　顯（わたなべ　あきら）
（略　歴）

早稲田大学法学部卒業、昭和48年4月弁護士登録（第一東京弁護士会）、第一東京弁護士会・商法部会部会長、法務省・法制審議会幹事、東京共同銀行検査役、わかしお銀行検査役、日弁連倒産法改正問題対策委員会副委員長、山一證券法的責任判定委員会委員長、オリンパス株式会社監査役等責任調査委員会委員長、大同コンクリート工業株式会社更生管財人、目黒雅叙園更生管財人、浅草花やしき更生管財人、目黒区包括外部監査人

（主な著書）：共著を含む

『会社役員これだけは知っておきたい新会社法』（商事法務研究会）

『敵対的買収──新会社法とM&A』（角川書店）

『コーポレートガバナンス・コード対応　ベストプラクティス株主総会』（商事法務）
など

### 土 岐 敦 司（とき　あつし）
（略　歴）

早稲田大学法学部卒業、昭和58年4月弁護士登録（第一東京弁護士会）、法務省・法制審議会商法部会（現会社法部会）幹事、新司法試験考査委員（商法・会社法担当）、第一東京弁護士会総合法律研究所元委員長・会社法研究部会元部会長・倒産法部会元部会長、日弁連倒産法制等検討委員会元副委員長、一般社団法人日本経済団体連合会監事

（主な著書）：編集・監修・共著を含む

『企業再編の理論と実務──企業再編のすべて──』（商事法務）

『執行役員制度の運用と実務』（新日本法規）

『新会社法による特例有限会社の法律実務』（新日本法規）　など

### 卜 部 忠 史（うらべ　ただし）
（略　歴）

早稲田大学法学部卒業、昭和58年4月弁護士登録（東京弁護士会）、司法研修所民事弁護教官、ジェーピーエヌホールディング株式会社監査役、株式会社荏原製作

所監査役、東京弁護士会司法修習委員会委員長

（主な著書）：共著を含む

『非公開中小会社の会社機関の選び方・運営の仕方 Q&A』（セルバ出版）

『Q&A 新会社法の実務』（新日本法規）

『民事事件における攻撃防御の訴訟実務』（新日本法規）　など


西江　章（にしえ　あきら）

（略　歴）

京都大学法学部卒業、大蔵省（現財務省）勤務（東京国税局長、税務大学校長等歴任）、横浜市立大学国際マネジメント研究科特別契約教授、平成20年7月弁護士登録（第一東京弁護士会所属）、株式会社栃木銀行社外監査役、株式会社二葉社外監査役、三栄源エフ・エフ・アイ株式会社社外監査役など

（主な著書）：編集・共著を含む

『私たちの税金』（大蔵財務協会）

『税務会計用語辞典』（財経詳報社）

『株主総会・役員六法』（民事法研究会）


渡辺昭典（わたなべ　あきのり）

（略　歴）

東京大学法学部卒業、昭和61年弁護士登録（第一東京弁護士会）、生命保険契約者保護機構・評価審査会委員、金融審議会・相互会社の株式会社化 WG 委員、金融審議会・保険基本問題 WG 委員、東京地方裁判所建築紛争専門部調停委員、東宮開発株式会社更生管財人

（主な著書）：いずれも共著

『民事弁護と裁判実務第7巻［倒産］』（ぎょうせい）

『倒産法実務事典』（きんざい）

『新・裁判実務大系⑽破産法』（青林書院）


田代桂子（たしろ　けいこ）

（略　歴）

東京大学法学部卒業、昭和62年弁護士登録（第二東京弁護士会）、ワシントン大学ロースクール（LLM）、ホワイト＆ケース法律事務所パートナー、成和明哲法律

事務所パートナー

## 辺見紀男（へんみ　のりお）

（略　歴）

中央大学法学部卒業、平成元年4月弁護士登録（第一東京弁護士会）、第一東京弁護士会総合法律研究所委員長・会社法研究部会前部会長、旧司法試験第二次試験考査委員（商法担当）、日本弁護士連合会常務理事、第一東京弁護士会副会長、サッポロホールディングス(株)社外監査役など歴任

（主な著書）：いずれも共著

『株式交換・株式移転の理論・実務と書式〔第2版〕』（民事法研究会）

『役員会運営実務ハンドブック』（商事法務）

『敵対的買収と企業防衛』（日本経済新聞社）

『企業再編の理論と実務──企業再編のすべて──』（商事法務）　など

## 福田大助（ふくだ　だいすけ）

（略　歴）

東京大学経済学部卒業、日本航空および日本興業銀行勤務、平成2年4月弁護士登録（第一東京弁護士会）、東京都中小企業再生支援協議会専門家アドバイザー、法政大学経営大学院講師（会社法・事業再生）

（主な著書）：共著を含む

『こんなときどうする会社役員の責任Q&A』（第一法規）

『入門民事訴訟法はこう読む』（日本実業出版社）

『中小企業再生実務と新会社法』（商事法務）

## 武井洋一（たけい　よういち）

（略　歴）

東京大学教養学部教養学科卒業、平成5年4月弁護士登録（第一東京弁護士会）、第一東京弁護士会総合法律研究所前委員長・会社法研究部会元部会長・会計監査制度研究部会副部会長、新司法試験考査委員（商法）、日本トムソン株式会社社外取締役など

（主な著書）：いずれも共著

『役員会運営実務ハンドブック』（商事法務）

『会社法関係法務省令逐条実務詳解』（清文社）

『新会社法 A2Z　非公開会社の実務』（第一法規）

『Q&A 新会社法の実務』（新日本法規）

『同族会社実務大全』（清文社）

『会社経営者・人事労務担当者のための労働法実務ハンドブック』（商事法務）　など

飯 田 直 樹（いいだ　なおき）

（略　歴）

立教大学経済学部経済学科卒業、株式会社丸井勤務、平成11年4月弁護士登録（第一東京弁護士会）、第一東京弁護士会総合法律研究所会社法研究部会員、弁護士業務改革委員会税務部会員、トレイダーズ証券株式会社監査役、バリオセキュア・ネットワークス株式会社取締役、株式会社山野楽器監査役、株式会社文教堂グループホールディングス取締役、富士紡ホールディングス株式会社社外監査役

（主な著書）：いずれも共著

『敵対的買収と企業防衛』（日本経済新聞社）

『役員の責任と株主代表訴訟の実務』（新日本法規）

『法的紛争処理の税務〔第2版〕』（民事法研究会）　など

西 村　　賢（にしむら　まさる）

（略　歴）

千葉大学法経学部法学科卒業、平成12年10月弁護士登録（第一東京弁護士会）、日本不動産学会会員、第一東京弁護士会総合法律研究所会社法研究部会員

（主な著書）：いずれも共著

『企業再編の理論と実務——企業再編のすべて——』（商事法務）

『株式交換・株式移転の理論・実務と書式〔第2版〕』（民事法研究会）

佐 藤 弘 康（さとう　ひろやす）

（略　歴）

早稲田大学法学部卒業、平成13年10月弁護士登録（第一東京弁護士会）、経営法曹会議会員

（主な著書）：いずれも共著

『敵対的買収と企業防衛』（日本経済新聞社）
『株主総会の要点』（商事法務）
『取締役の善管注意義務のはなし』（商事法務）


中 島 雪 枝（なかじま　ゆきえ）
（略　歴）
平成13年10月弁護士登録（第一東京弁護士会）、第一東京弁護士会総合法律研究所
会社法研究部会員・倒産法研究部会員
（主な著書）：いずれも共著
『Q&A 新会社法の実務』（新日本法規）
『新会社法 A2Z　非公開会社の実務』（第一法規）
『新会社法による特例有限会社の法律実務』（新日本法規）


山 内 宏 光（やまうち　ひろみつ）
（略　歴）
中央大学法学部卒業、中央大学大学院法学研究科刑事法専攻博士前期課程修了、平
成13年10月弁護士登録（第一東京弁護士会）
（主な著書）：いずれも共著
『Q&A 新会社法の実務』（新日本法規）
『こんなときどうする　会社役員の責任 Q&A』（第一法規）
『倒産・再生再編六法』（民事法研究会）


樋 口　　達（ひぐち　わたる）
（略　歴）
東京大学経済学部卒業、平成 9 年 4 月公認会計士登録、平成14年10月弁護士登録
（第一東京弁護士会）、青山学院大学非常勤講師、第一東京弁護士会弁護士業務改革
委員会税務部会員
（主な著書）：いずれも共著
『コーポレートガバナンス・コードに対応した招集通知・議案の記載例』（商事法
務）
『コーポレートガバナンス・コードが求める取締役会のあり方』（商事法務）
『法務 Q&A　会計不正　対応と予防のポイント』（中央経済社）

『IFRS で企業法務が変わる』（中央経済社）　など


村瀬幸子（むらせ　さちこ）

（略　歴）

立教大学法学部卒業、メーカー勤務、平成20年９月弁護士登録（第一東京弁護士会）、第一東京弁護士会総合法律研究所会社法研究部会員

（主な著書）：いずれも共著

『こんなときどうする会社役員の責任 Q&A』（第一法規出版）

『株主総会・役員六法』（民事法研究会）

『100分でわかる企業法務』（KADOKAWA）


平井智子（ひらい　ともこ）

（略　歴）

立教大学法学部卒業、中央大学法科大学院修了、平成20年12月弁護士登録（第一東京弁護士会、平成28年６月より釧路弁護士会）

（主な著書）：いずれも共著

『こんなときどうする会社役員の責任 Q&A』（第一法規）

『Q&A 新会社法の実務』（新日本法規）

『株主総会・役員六法』（民事法研究会）

『同族会社実務大全』（清文社）

『100分でわかる企業法務』（KADOKAWA）　など


山下成美（やました　なるみ）

（略　歴）

慶応義塾大学法学部法律学科卒業、慶應義塾大学法科大学院修了、平成22年12月弁護士登録（第一東京弁護士会）、平成28年７月株式会社中国銀行コンプライアンス部入行（岡山弁護士会）

（主な著書）：いずれも共著

『こんなときどうする会社役員の責任 Q&A』（第一法規）

『新会社法 A2Z　非公開会社の実務』（第一法規）

『100分でわかる企業法務』（KADOKAWA）

## 執筆者略歴

多田啓太郎（ただ　けいたろう）

（略　歴）

北海道大学法学部卒業、北海道大学法科大学院（司法試験合格により）中退、平成24年12月弁護士登録（第一東京弁護士会）、第一東京弁護士会総合法律研究所会社法研究部会員

（主な著書）：いずれも共著

『非公開会社・子会社のための会社法実務ハンドブック』（商事法務）

『同族会社実務大全』（清文社）

『役員会運営実務ハンドブック』（商事法務）　など


平井貴之（ひらい　たかゆき）

（略　歴）

立命館大学法学部卒業、京都大学法科大学院中退、平成24年12月弁護士登録（第一東京弁護士会）

（主な著書）：いずれも共著

『こんなときどうする会社役員の責任 Q&A』（第一法規）

『新会社法 A2Z　非公開会社の実務』（第一法規）

『役員の責任と株主代表訴訟の実務』（新日本法規）

『100分でわかる企業法務』（KADOKAWA）

『経営支配権をめぐる法律実務──解説・書式等とケーススタディ──』（新日本法規）


小松真理子（こまつ　まりこ）

（略　歴）

京都大学法学部卒業、首都大学東京法科大学院修了、平成26年12月弁護士登録（第一東京弁護士会）

（主な著書）：いずれも共著

『開示事例から考える「コーポレートガバナンス・コード」対応』（商事法務）

『コーポレートガバナンス・コードに対応した招集通知・議案の記載例』（商事法務）

『株式交換・株式移転の理論・実務と書式〔第 2 版〕』（民事法研究会）　など

執筆者略歴

## 西山　諒（にしやま　りょう）

（略　歴）

慶應義塾大学法学部法律学科卒業、慶應義塾大学法科大学院修了、平成26年12月弁護士登録（第一東京弁護士会）、第一東京弁護士会総合法律研究所会社法研究部会会員・倒産法研究部会会員

（主な著書）：いずれも共著

『役員会運営実務ハンドブック』（商事法務）

『Q&A 新会社法の実務』（新日本法規）

『新会社法 A2Z　非公開会社の実務』（第一法規）

『倒産・再生再編六法』（民事法研究会）　など


## 矢野亜里紗（やの　ありさ）

（略　歴）

立教大学法学部卒業、中央大学法科大学院修了、平成27年12月弁護士登録（第一東京弁護士会）、第一東京弁護士会総合法律研究所会社法研究部会会員

（主な著書）：いずれも共著

『新会社法 A2Z　非公開会社の実務』（第一法規）

『Q&A 新会社法の実務』（新日本法規）

〔編者所在地〕

〒105-6031　東京都港区虎ノ門4-3-1　城山トラストタワー31F
　　　　　　成和明哲法律事務所
　　　　　　TEL 03(5405)4080　FAX 03(5405)4081
　　　　　　http://www.seiwa-meitetsu.jp/

# 会社法実務大系

平成29年9月13日　第1刷発行

定価　本体5,800円＋税

編　　者　　成和明哲法律事務所
発　　行　　株式会社　民事法研究会
印　　刷　　株式会社　太平印刷社

発 行 所　株式会社　民事法研究会
　　　　　〒150-0013　東京都渋谷区恵比寿 3-7-16
　　　　　〔営業〕 TEL 03(5798)7257　FAX 03(5798)7258
　　　　　〔編集〕 TEL 03(5798)7277　FAX 03(5798)7278
　　　　　http://www.minjiho.com/　info@minjiho.com

落丁・乱丁はおとりかえします。　　ISBN978-4-86556-180-7　C3032　¥5800E
カバーデザイン：袴田峯男

## 契約・契約書関係の実践的手引書

反社会的勢力の排除、通知義務の基本条項の変更や最新の法令、実務の変更に対応！

# 取引基本契約書の
## 作成と審査の実務〔第5版〕

滝川宜信　著　　　　　　　　　　（A5判・474頁・定価 本体4000円＋税）

具体的な基本条項例を示しつつ、契約実務に実践的に活用できるよう懇切丁寧に解説！

# M&A・アライアンス
## 契約書の作成と審査の実務

滝川宜信　著　　　　　　　　　　（A5判・603頁・定価 本体5400円＋税）

実際の条文作成や審査に必要となるノウハウ・必修知識を条文変更例などとともに明示！

# 業務委託(アウトソーシング)
## 契約書の作成と審査の実務

滝川宜信　著　　　　　　　　　　（A5判・616頁・定価 本体5500円＋税）

契約書の基本から、専門用語や要点、後日のトラブルをなくすノウハウまでを、簡潔に解説！

# ビジネス契約書の
## 基本知識と実務〔第2版〕

弁護士　花野信子　著　　　　　　（A5判・247頁・定価 本体2000円＋税）

典型契約・非典型契約をめぐる成立の存否、解約の有効性、当事者の義務等の事件対応を解説！

# 事例に学ぶ契約関係事件入門
## ―事件対応の思考と実務―

契約関係事件研究会　編　　　　　（A5判・386頁・定価 本体3300円＋税）

発行　民事法研究会

〒150-0013 東京都渋谷区恵比寿3-7-16
（営業）TEL 03-5798-7257　FAX 03-5798-7258
http://www.minjiho.com/　　info@minjiho.com

# 最新実務に役立つ実践的手引書

多様な利害関係の適切・公正な調整を図るための「理論」「実務」「要件事実と裁判」を詳解！

## 【専門訴訟講座7】
## 会社訴訟 ―訴訟・非訟・仮処分―

浜田道代・久保利英明・稲葉威雄　編　　　　　（Ａ5判・1000頁・定価 本体8500円＋税）

内部統制システムと役員等による監視責任の構造を分析し、株主代表訴訟の準備、手続、執行方法まで解説！

## 内部統制システムと株主代表訴訟
### ―役員責任の所在と判断―

新谷　勝　著　　　　　　　　　　　　　　　（Ａ5判・488頁・定価 本体5200円＋税）

緊急事態への対応と再発防止策、事業再開への改善策などがわかる関係者必携の書！

## 製品事故・不祥事対応の企業法務
### ―実例からみた安全確保・安心提供の具体策―

弁護士　山崎良太　編著　　　　　　　　　　（Ａ5判・352頁・定価 本体3600円＋税）

情報漏えいを防止し、「情報」を有効活用するためのノウハウが満載！ 必備の書式35例付！

## 企業情報管理実務マニュアル
### ―漏えい・事故リスク対応の実務と書式―

長内　健・片山英二・服部　誠・安倍嘉一　著　　　（Ａ5判・442頁・定価 本体4000円＋税）

実務に直結した営業秘密の適切な管理手法を解説した実践的手引書！

## 営業秘密管理実務マニュアル
### ―管理体制の構築と漏えい時対応のすべて―

服部　誠・小林　誠・岡田大輔・泉　修二　著　　　（Ａ5判・284頁・定価 本体2800円＋税）

発行 ㊂ 民事法研究会

〒150-0013 東京都渋谷区恵比寿3-7-16
（営業）TEL03-5798-7257　FAX 03-5798-7258
http://www.minjiho.com/　　info@minjiho.com

# 事業再編シリーズ

手続の流れに沿って豊富な図表を織り込み具体的に解説をしつつ、適宜の箇所に必要な書式を収録した事業再編・会社再建のための実践的手引書！

● 分割行為詐害性をめぐる判例の分析、最新の実務動向に対応して改訂増補！

**2013年1月刊**

## 会社分割の理論・実務と書式〔第6版〕
―労働契約承継、会計・税務、登記・担保実務まで―

編集代表　今中利昭　編集　髙井伸夫・小田修司・内藤　卓
（A5判・702頁・定価 本体5600円＋税）

● 会社法・独占禁止法・企業結合基準・商業登記規則の改正等に対応し、改訂増補！

**2016年6月刊**

## 会社合併の理論・実務と書式〔第3版〕
―労働問題、会計・税務、登記・担保実務まで―

編集代表　今中利昭　編集　赫高規・竹内陽一・丸尾拓養・内藤　卓
（A5判・624頁・定価 本体5400円＋税）

● 企業結合ガイドラインの改定等に対応させ、最新の判例・実務の動向を織り込み改訂！

**2011年8月刊**

## 事業譲渡の理論・実務と書式〔第2版〕
―労働問題、会計・税務、登記・担保実務まで―

編集代表　今中利昭　編集　山形康郎・赫　高規・竹内陽一・丸尾拓養・内藤　卓
（A5判・303頁・定価 本体2800円＋税）

● 平成26年改正会社法等最新の法令・税制に対応し企業活動の効率化・活性化を図る手法を詳解！

**2016年8月刊**

## 株式交換・株式移転の理論・実務と書式〔第2版〕
―労務、会計・税務、登記、独占禁止法まで―

編集代表　土岐敦司　編集　唐津恵一・志田至朗・辺見紀男・小畑良晴
（A5判・374頁・定価 本体3600円＋税）

発行　民事法研究会

〒150-0013 東京都渋谷区恵比寿3-7-16
（営業）TEL 03-5798-7257　FAX 03-5798-7258
http://www.minjiho.com/　info@minjiho.com